普通高等教育“十四五”规划教材

密封技术

SEALING TECHNOLOGY

冯子明◎主　编

赵　岩　孙德清◎副主编

中国石化出版社

内 容 提 要

本书系统而全面地介绍了工业生产装备涉及的传统密封原理和密封技术，以及最新的密封技术。主要内容包括流体密封理论基础、垫片密封、胶密封、填料密封、机械密封、非接触密封、密封材料及密封失效分析。

本书可作为高等院校本科生、研究生的教材，也可供从事密封设计、制造和维护管理工作的技术人员参考。

图书在版编目(CIP)数据

密封技术 / 冯子明主编；赵岩，孙德清副主编.
—北京：中国石化出版社，2023.7
普通高等教育“十四五”规划教材
ISBN 978-7-5114-7143-7

Ⅰ.①密… Ⅱ.①冯… ②赵… ③孙… Ⅲ.①密封-高等学校-教材 Ⅳ.①TB42

中国国家版本馆 CIP 数据核字(2023)第 119367 号

中国石化出版社出版发行
地址：北京市东城区安定门外大街 58 号
邮编：100011 电话：(010)57512500
发行部电话：(010)57512575
http://www.sinopec-press.com
E-mail：press@sinopec.com
北京富泰印刷有限责任公司印刷
全国各地新华书店经销

*

787×1092 毫米 16 开本 20.5 印张 517 千字
2023 年 7 月第 1 版　2023 年 7 月第 1 次印刷
定价：59.00 元

前言

Preface

密封是指防止装置内的气体、液体及粉体泄漏到外部空间，或者防止装置外的气体、液体或者灰尘进入其封闭空间。密封技术广泛地应用于工业、农业、国防和人们的日常生活之中。现代的石油天然气、化工、航空航天、核工业以及深海工程的迅速发展，都对设备的密封提出了越来越苛刻的要求。密封如果失效，不但造成能源浪费、环境污染，甚至会造成财产损失和人员的伤亡。因此，现代生产系统的安全性、可靠性和经济性，很大程度上取决于密封的有效性。现代工业对大学毕业生的要求也不断提高，很有必要添加密封技术的教学内容，为工业设备的密封设计提供专业的技术指导。

本教材从理论性和实用性相结合出发，系统地介绍了工业工程中常用密封技术的主要内容、基本概念及最新进展。重点阐述了流体密封的理论基础、垫片密封、填料密封、胶密封、机械密封、非接触密封、密封失效及密封材料等问题；并对密封技术的基本概念、理论、结构形式、密封特性、材料、使用维护和故障处理等方面进行了详尽论述。

本教材引用了与密封技术相关的最新标准规范，内容全面，取材新颖，叙述清楚，理论联系实际，突出实用特色；是适合高等院校工科本科生和研究生的教学用书，也可作为高等院校选修课程的教材，还可以作为其他高等院校科研人员及科研院所技术人员的实用参考书。

在本书编写过程中，得到了温州大学机电工程学院和东北石油大学机械科学与工程学院诸多老师的支持和帮助。感谢李宝彦教授对本书的特别关注和精心指导，提出许多有建设性的意见。本书第1~7章由冯子明编写，第7章的第7.3~7.5节与第8章由孙德清编写，第9~10章由赵岩编写。

由于工作经验和理论水平所限，书中定有谬误和不当之处，欢迎各位读者不吝提出批评指正。

目录
Contents

第1章 绪　论

在石油化工、化工等过程工业的生产、加工、储存、运输等各个环节，常常伴随着“跑、冒、滴、漏”现象，同时这些泄漏的介质具有易燃、易爆、高温、高压、有毒、有害、腐蚀或放射性等危险性，是个“老、大、难”问题。泄漏是过程工业机械设备最常见的故障，据国外报道，泄漏事故为所有事故发生频率之首。过程工业中如容器、塔器、换热器、反应器、管道、管件、阀门等一旦发生泄漏，轻则造成能源和原材料的大量浪费、设备不能正常工作，重则导致设备报废、整个工厂或系统陷于瘫痪、人员伤亡和严重的环境污染。

据统计，在日常的机器设备维修中，对于机泵，几乎40%~50%的工作量是用于轴封的维修。离心泵的维修费大约有70%用于处理密封故障。在离心式压缩机失效原因中，润滑和密封系统的故障占55%~60%，密封系统占机组价格的20%~40%。美国的密封专家认为，由于开发密封技术，仅汽轮机一项，每年可节约能源费用3亿美元。全世界轴承年销售额为90多亿美元，其中90%的轴承都未达到设计寿命，而在轴承早期失效原因中，有75%是由于油封失效，仅此一项就花掉60多亿美元。

1.1 泄漏与密封

1.1.1 泄漏(leakage)

泄漏是指介质，如气体、液体、固体或它们的混合物，从有限空间内部跑到外部，或者其他介质从空间外部进入内部。单位时间内泄漏的介质量称为泄漏率(leakage rate)。

泄漏的形式包括界面泄漏、渗漏和扩散：

1. 界面泄漏

通常将通过密封面间隙的泄漏称为界面泄漏。此时被密封流体在密封件两侧压力差 Δp 作用下，通过宏观或微观的缝隙 h 泄漏，因此界面泄漏是单向泄漏。

2. 渗漏

在密封件两侧压力差作用下，被密封流体通过密封件材料的毛细管泄漏称为渗漏。因此，渗漏也是单向分子泄漏流动。

3. 扩散

在浓度差的作用下，被密封介质通过密封间隙或密封材料的毛细管产生的物质传递叫作扩散。介质通过密封件的扩散泄漏可分成三个阶段：①密封件吸收液(气)体；②介质通过密封件扩散；③介质从密封件的另一侧析出。扩散过程是双向进行的，扩散作用的介质泄漏量要比其他两类泄漏量小得多。

综上所述，造成泄漏的原因主要有两个方面：一是密封面上有间隙(包括宏观间隙或微观间隙)。这种间隙是由于机械加工的结果，在生产实际中表现为设计、制造、安装和维修过程中的失误以及工艺操作过程中存在的振动、冲刷、汽蚀等机械破坏，环境(温度、压力、转速及其波动)变化和介质的腐蚀，使得密封面上必然存在各种缺陷及形状、尺寸偏差。二是密封面两侧有压力差、浓度差、温度差、速度差等。消除或减少任一因素都可以阻止或减少泄漏。就一般设备而言，减小或消除间隙是阻止泄漏的主要途径。

1.1.2 密封(seal)

密封是防止流体或固体微粒从相邻结合面间泄漏，以及防止外界杂质如灰尘与水分等侵入机器设备内部。能起密封作用的零部件称密封件。较复杂的密封连接称为密封系统或密封装置。

在工程实践中，常用紧密性或密封性这个概念来评价密封连接的有效性。系统和设备紧密性可以通过泄漏率的大小来评定。从物理意义上讲，并不存在绝对的紧密性。所谓紧密性应该像其他物理量一样，可以定量地加以衡量。

连接的紧密性一般是这样定义：在一定的操作条件下，连接的泄漏率低于某一规定的指标泄漏率；或在规定的泄漏率指标下，连接能够承受特定的操作条件。满足上述条件的连接是紧密的，反之则认为是不紧密的。实际上连接的泄漏率大小是与检漏条件、检漏方法、检漏人员等密切相关的。不同的测试人员或采用不同的检漏方法、不同的检漏设备所得到的测试结果往往不一致。因而，对系统和设备紧密性的较严格定义为：在某一特定的操作条件下，采用指定的、具有相应测试分辨率的检漏方法测得的泄漏率低于某一规定的指标泄漏率。满足上述条件的系统和设备是紧密的，反之是不紧密的。

不同的工业部门对系统和设备的紧密性有不同的要求。例如，我国国家标准 GB/T 4622《管法兰用缠绕式垫片》中所规定的四级泄漏率指标($1.2\times10^{-5}cm^3/s$、$1.0\times10^{-4}cm^3/s$、$1.0\times10^{-3}cm^3/s$、$1.0\times10^{-2}cm^3/s$)可基本满足一般工业和某些石油化工企业装置的紧密性要求。对核能和某些重要的化工设备，其泄漏率则应控制在 $10^{-7}cm^3/s$ 以下。而心脏起搏器所用同位素电池的泄漏率数量级约为 $10^{-12}Pa\cdot m^3/s$。

泄漏率通常用体积流率、质量流率以及 pv 流率来表示，其常用的单位为 cm^3/s、g/s、$Pa\cdot m^3/s$ 等。

1.2 密封的基本方法

密封的本质在于阻止被密封的空间与周围介质之间的质量交换。密封的方法主要有下述几种：

1. 尽量减少密封部位的数量

在进行机器和设备设计时，在满足工作性能的前提下应尽可能减少设置密封部位。特别是对于那些处理易燃、易爆、有毒、强腐蚀性介质的容器和设备，更应少采用密封连接。例如用单级单吸泵和单级双吸泵输送上述化工物料时，宜选择前者，因为单吸泵比双吸泵少一处密封。

2. 堵塞或隔离泄漏通道

静密封采用的各种密封垫、密封胶、胶黏剂就属于这一类。对于动密封，泄漏主要发生在高低压相连通且具有相对运动的部位，由于有相对运动，则必然存在间隙。设法把间隙堵塞住，即可做到防止或减少泄漏，软填料密封属于这一类。隔离泄漏通道，就是在泄漏通道中设置障碍，使通道切断(泄漏亦被切断)，机械密封、油封等接触式密封都属于这一类。

3. 引出或注入

将泄漏流体引回吸入室或通常为低压的吸入侧(例如抽气密封、抽射器密封等)，或将对被密封流体无害的流体注入密封室，阻止被密封流体的泄漏(例如缓冲气密封、氮气密封等)。

4. 增加泄漏通道中的流动阻力

介质通过泄漏通道流动时会遇到阻力。阻力的大小与通道两端的压差、通道的长短、壁面的粗糙度以及通道中是否开槽(突然扩大、突然缩小)等有关。例如流动阻力与泄漏通道的长度成正比，与泄漏通道的当量半径的4次方(对于层流状态)或3次方(对于分子流状态)成反比。因此，在同样的压差下，可把通道加设很多齿，或开各式沟槽，以增加泄漏时流体的阻力，从而阻止或减少泄漏，如迷宫密封、间隙密封等。

5. 在通道中增设做功元件

因加设做功元件，工作时做功元件对泄漏液造成反压力，与引起泄漏的压差部分抵消或完全平衡(大小相等、方向相反)，以阻止介质泄漏。离心密封、螺旋密封即属于这一类。

6. 采用永久性或半永久性连接

采用焊接、钎焊或利用胶黏剂可形成永久性或半永久性连接。

7. 几种密封方法的组合

把两种或两种以上密封组合在一起来达到密封。例如填料-迷宫、螺旋-填料、迷宫-浮环密封等。

8. 其他新型密封

如磁流体密封、封闭式密封、蜂窝密封、袋式密封、毛刷密封、指尖密封等。

1.3 密封的分类

密封可分为相对静止接合面间的静密封和相对运动接合面间的动密封两大类。

静密封主要有垫密封、胶密封和接触密封三大类。根据工作压力，静密封又可分为中低压静密封和高压静密封。中低压静密封常用材质较软、垫片较宽的垫密封，高压静密封则用材料较硬、接触宽度很窄的金属垫片。

动密封可分为旋转密封和往复密封两种基本类型。按密封件与其做相对运动的零部件是否接触，可分为接触式密封和非接触式密封。一般说来，接触式密封的密封性好，但受摩擦磨损限制，适用于密封面线速度较低的场合。非接触式密封的密封性较差，适用于较高速度的场合。在接触式密封中，按密封件的接触位置又可分为圆周(径向)密封和端面(轴向)密封；端面密封又称为机械密封。

非接触式动密封有迷宫密封和动力密封等。前者是利用流体在间隙内的节流效应限漏，泄漏量较大，通常用在级间密封等密封性要求不高的场合。后者有离心密封、浮环密封、螺旋密封等，是靠动力元件产生压头抵消密封两侧的压力差以克服泄漏，它有很高的密封性，但能耗大，且难以获得高压头。非接触式密封，由于密封面不直接接触，起动功率小，寿命长。如果设计得合理，泄漏量也不会太大。但这类密封是利用流体力学的平衡状态而工作的，如果运转条件发生变化，就会引起泄漏量很大的波动；而且市场上不能直接购买到这类密封件，基本上都由用户自行设计。

根据密封结构的类型、密封机理、密封件形状和材料等，密封的分类见表 1–1。

表 1–1　密封的分类

<table>
<tr><td colspan="19">密封</td></tr>
<tr><td colspan="6">静密封</td><td colspan="13">动密封</td></tr>
<tr><td colspan="3">垫密封</td><td rowspan="2">胶密封</td><td rowspan="2">填料密封</td><td rowspan="2">波纹管</td><td colspan="7">接触式动密封</td><td colspan="6">非接触式动密封</td></tr>
<tr><td>非金属密封垫</td><td>非金属、金属组合垫</td><td>金属密封垫</td><td>软填料密封</td><td>成型填料密封</td><td>油封</td><td>防尘密封</td><td>机械密封</td><td>硬填料密封</td><td>胀圈密封</td><td>迷宫密封</td><td>离心密封</td><td>浮环密封</td><td>螺旋密封</td><td>磁流体密封</td><td>全封闭密封</td></tr>
</table>

1.4　密封的选型

对密封的基本要求是密封性好，安全可靠，寿命长，并应力求结构紧凑，系统简单，制造维修方便，成本低廉。大多数密封件是易损件，应保证互换性，实现标准化、系列化。

各种型式的密封均有其特点和使用范围，设计密封时应先进行分析比较。表 1–2 列出了各种常用密封方法的特征。

表 1–2　常用密封类型的特征

密封类型	使用条件		耐压性	耐高速性	耐热性	耐寒性	耐久性	用途	备注
	往复运动	旋转运动							
填料密封	良	良	良	良	良	可	可	泵、水轮机、阀、高压釜	可用缠绕填料、编织填料或成型填料
O 形圈密封	良	可	良	可–良	可–良	可	可	活塞密封	可广泛用作静密封，此时耐久性良好
Y 形圈密封	优		优	良	可–良	可	可	活塞密封	有时用作静密封
机械密封		优	优	优	优	优	优	泵、水轮机、高压釜、压气机、搅拌机	可用不同的材料组合，包括金属波纹管密封
油封	可	优	可	优	可–良	可	可	轴承密封	轴承密封或与其他密封并用，防尘
分瓣滑环密封	可	良	优	优	优	优	优	水轮机、汽轮机	多用石墨作滑环

续表

密封类型	使用条件		耐压性	耐高速性	耐热性	耐寒性	耐久性	用途	备注
	往复运动	旋转运动							
迷宫式密封	优	优	优	优	优	优	优	汽轮机、泵、压气机	往复用时，宜高速；低速不用
浮环密封	可	良	优	优	优	优	优	泵、压气机	
离心密封	×	优	良	良	良	良	优	泵	
螺旋密封	×	优	良	良	良	良	优	泵	
磁流体密封	×	优	可	优	良	优	优	压气机	只用气体介质

1.5 密封材料的一般要求

密封材料应满足密封功能的要求。由于被密封的介质不同，以及设备的工作条件不同，要求密封材料具有不同的适用性。对密封材料的要求一般是：

(1) 材料致密性好，不易泄漏的介质。

(2) 有适当的机械强度和硬度。

(3) 压缩性和回弹性好，永久变形小。

(4) 高温下不软化、不分解，低温下不硬化、不脆裂。

(5) 抗腐蚀性能好，在酸、碱、油等介质中能长期工作，其体积和硬度变化小，且不黏附在金属表面上。

(6) 摩擦系数小，耐磨性好。

(7) 具有与密封面接合的柔软性。

(8) 耐老化性好，经久耐用。

(9) 加工制造方便，价格便宜，取材容易。

显然，任何一种材料要完全满足上述要求是不可能的，但具有优异密封性能的材料能够满足上述大部分要求，橡胶是最常用的密封材料。除橡胶外，适合于作密封材料的还有石墨带、聚四氟乙烯以及各种密封胶等(表1-3)。

表1-3 密封材料种类和用途

类别		材料	用途
液体		高分子材料	液体密封胶、厌氧胶、热熔密封胶
纤维	植物纤维	棉、麻、纸、软木	垫片、软填料、防尘密封件、加布橡胶密封件
	动物纤维	毛、毡、皮革	垫片、软填料、成型填料、油封、防尘密封件
	矿物纤维	石棉	垫片、软填料
	人造纤维	有机合成纤维、玻璃纤维、碳纤维、陶瓷纤维	软填料、加布橡胶密封件

续表

类别		材料	用途
弹塑性体	橡胶	合成橡胶、天然橡胶	垫片、成型密封件、油封、软填料、防尘密封件
	塑料	氟塑料、尼龙、聚乙烯、酚醛塑料、氯化塑料、聚苯硫醚	垫片、成型密封件、油封、软填料、硬填料、活塞环、机械密封、防尘密封件
	密封胶	液体密封胶、厌氧胶	垫片、导管连接、螺纹密封
无机材料	柔性石墨	天然石墨	垫片、软填料、密封件
	碳石墨	焙烧炭、电化石墨	机械密封、硬填料、动力密封、浮环密封
	工程陶瓷	氧化铝瓷、滑石瓷、金属陶瓷、氧化硅、膨化铬	
金属	有色金属	铜、铝、铅、锌、锡及其合金	垫片、软填料、机械密封、迷宫密封、硬填料、浮环密封
	黑色金属	碳钢、铸铁、不锈钢、堆焊合金、喷涂粉末	垫片、硬填料、机械密封、活塞环、浮环密封、防尘密封、成型密封件
	硬质合金	钨钴硬质合金、钨钴钛硬质合金	机械密封
	贵金属	金、银、铟、钽	高真空密封、高压密封、低温密封

1.6 摩擦、磨损和润滑

在动密封中，两个相对运动的接触表面，由于机械加工的结果，必然存在各种几何形状和尺寸的误差，因此两表面的接触是不连续的，而且是不均匀的，实际接触面积只是表面宏观接触面积(名义面积)很小的一部分。当存在压差时，密封介质就会通过其间隙产生泄漏。一旦两表面做相对运动，必然伴随着摩擦，而摩擦就会导致摩擦副零件的生热和磨损，这是引起泄漏和密封件损坏的主要原因。对动密封而言，允许一定量的泄漏，往往是移走摩擦热，改善密封面润滑，减少摩擦副磨损所必需的。由此可见，动密封的使用过程是摩擦副的摩擦、磨损与密封之间的动态平衡过程，决定了机器的使用寿命。显然，摩擦、磨损和密封中的一切问题都与固体的表面性质和密封摩擦面相对运动时的摩擦状态有关。与滑动轴承类似，任何摩擦状况都与摩擦副的润滑状况有关，而后者往往决定密封特性。因此，动密封更关注的是摩擦副的表面润滑状态。按摩擦副之间流体膜的厚度，润滑可分为无润滑(固体摩擦)、边界润滑、薄膜润滑和流体润滑，它们分别对应干摩擦、边界摩擦、混合摩擦和流体摩擦状态。如果在某种程度上允许流体介质泄漏，就可以使密封处于功率消耗低、磨损极其轻微的流体润滑状态。这种状态的密封泄漏量与流体膜厚度有关，膜的厚度越厚，泄漏越多。为了减少泄漏，边界润滑就成为获得极薄流体膜的最佳选择，但是边界润滑对载荷、温度、速度变化等特别敏感。这些因素的变化往往会使边界润滑变成或有剧烈磨损的固体摩擦状态，或有过量泄漏的流体润滑状态。密封处在何种润滑状况，与具体的工况有关。

一般来说，有摩擦就会引起磨损，磨损必然降低了密封性能，缩短机器的使用寿命。由于磨损受很多因素的影响，例如摩擦副的材料、变形，表面粗糙度以及温度、压力和润滑条件等，所以其过程及现象十分复杂。磨损是一个多阶段的过程，是时间的函数，故磨损与密封寿命有直接关系。当密封摩擦面处在磨合阶段，在此期间内摩擦、磨损和摩擦热都变化较大，然后较快进入稳定的磨损阶段，这时磨损速度最小并几乎保持不变，也即是密封的正常工作阶段，最后是剧烈磨损阶段，由于表面受到损坏，表面温度升高，加上材料力学性能的变化使磨损量急剧增大，最终导致泄漏量超过了允许值。对于不同的密封结构和运行条件，密封摩擦副的磨损规律也不是一样的，因此磨损影响密封的过程也不尽相同。磨损形式有多种，包括黏着磨损、磨料磨损、腐蚀磨损、疲劳磨损和微动磨损等，较严重的磨损形式是磨料磨损，即由外来的硬固体颗粒进入密封表面使材料产生切削或划伤，或者由于流体带走固体颗粒的冲刷作用，从而导致正常泄漏状态遭到破坏。此外，摩擦材料与周围介质发生化学或电化学反应的腐蚀磨损也是密封中常见的磨损形式。

因此，为了延长密封的使用寿命，减少动力和材料的消耗，降低维修费用，需要采取各种有效的减摩和抗磨措施，例如应用减摩与耐磨材料，采用表面耐磨处理技术改善材料的表面性能，如提高密封摩擦副材料的硬度等，采取冷却、润滑、冲洗等辅助系统，以及采用设计合理的非接触密封等。

1.7 密封技术发展的历史过程

密封技术的发展已有几千年的历史，但与机械制造有关的历史只有二百多年，其发展大致经历了四个阶段：

1. 密封技术产生与发展的初级阶段(1900 年以前)

19 世纪以前，因生产发展的需要，各种密封技术不断出现和发展：早在 15 世纪，Leonard Da Vinci 就应用有弹性的材料为当时的提水机制作了“密封件”。这种“密封件”一直沿用到 1700 年左右的阿基米德时代，那时的提水机内又被加入了一种皮制的衬垫，即密封件。17 世纪，泵和液压传动一出现，就产生了软填料密封、皮碗密封和垫片密封；1882 年，首次在蒸汽机上使用编织软填料；1885 年，在英国出现了第一个机械密封专利；1900 年，首次在汽轮机上采用迷宫密封(梳齿密封)。

2. 密封理论的发展和产品涌现阶段(1901—1960 年)

此阶段，汽车、航海、石油化工、核工业和航空航天业的发展，促使密封技术的发展进入了跃进阶段。

(1) 密封形式方面：1900 年机械密封用于轴封，弹性体密封、磁流体密封、石棉密封、油封、天然橡胶 O 形圈、螺旋密封、叶轮密封(非接触式密封)相继问世并得以应用；此间，发明了适用于相对高压的平衡型机械密封和高速的中间环机械密封。

(2) 密封材料方面：PTFE、石墨、硬质合金和陶瓷；碳化硅、硅化石墨等新型高性能复合材料问世并成功应用。

(3) 加工技术方面：密封表面的表面粗糙度 R_a 达到 0.2~0.5。

(4) 有关的研究机构：1944 年，美国的 ASLE 组织成立；1947 年以后，英国的 BHRA (流体力学研究学会)、美国的 ASME 组织、日本的 JSLE 组织陆续成立，专业的研究团队、学者和研究人员从事密封理论、密封技术的研究开发工作。

(5) 专业密封生产厂家：美国的 Chesterton 公司、Sealol 公司、Dula 公司、Borgwama 公司，英国的 John Crane 公司、Flexibox 公司，德国的 Burgmann 公司，日本的 Eagle 公司、

Pillar 公司成立并研制开发和生产各种密封技术和产品。

3. 密封学的形成和发展阶段(1961—1990 年)

随着石油化工、天然气输送、热电、宇航、核电站等领域向纵深发展，为满足其客观需要，现代计算机技术发展和应用，促进了密封技术的迅速发展和提高。

(1) 新型密封结构：在流体动压润滑理论和流体静压润滑理论指导下，各种密封技术向着深度发展，出现了高参数和新结构的接触式和非接触式密封以及满足各种要求的组合密封和密闭式密封。热流体动压机械密封、气膜密封的问世，使机械密封技术实现了质的飞跃。

(2) 密封标准：API 610、API 682、DIN 24960、GB/T 6556—1994 等国内外密封标准相继制订实施并指导工程开发设计和应用。

(3) 密封材料：碳素纤维、膨胀石墨、芳纶纤维的出现，使软填料密封技术得以提升。

4. 发展密封学、提高密封技术阶段(1991 年至今)

(1) 新型密封涌现：在这一阶段大量新型密封技术的不断涌现，反映在密封新概念、新结构、新方法、新技术、新工艺和新材料等方面，如零泄漏机械密封、零逸出密封、上游泵送机械密封、非接触式机械密封的出现打破了普通非接触式密封总是泄漏的传统概念。

(2) 复合材料：是密封材料发展的一个趋势。

(3) 密封标准：API 610、API 682 等标准的进一步完善，使机械密封及其辅助系统的设计、使用及维护趋于规范。

(4) 密封系统工程设计：由简易的经验性设计向基于系统分析的专家性设计转变。

(5) 密封技术：向高参数(v、p、T)、高真空、超低温、高性能(干运转、无泄漏、无油润滑、含颗粒介质密封)、高水平(高 p、v 值、剖分式、监控密封、集装式密封)和组合密封方向发展。

(6) 迫切需要解决的问题：密封的失效机理、失效分析和失效监控，能够对密封的运行状态进行监控和寿命加以预测。

1.8 密封技术的发展趋势

随着现代工业的迅速发展，密封的使用环境正在发生深刻的变化，对其工况要求更加苛刻，操作条件正向高速、高压、高温、低温、高真空、大尺寸、微尺寸方向发展。以石油化工为例，石化用机泵的发展方向是大型化、高速化、机电一体化，泵产品成套化、标准化、系列化和通用化，多品种、性能广、寿命长及可靠性高。使机泵用密封向大型化和专业化方向发展，特别是适用高压、高速透平，高温、低温和超低温泵，高速泵，耐腐蚀泵，输送黏稠介质和带固体颗粒介质泵的密封技术和产品发展很快。电力、冶金等行业设备正向着大型化、高度自动化、智能化、节能和绿色环保的方向发展，对于高温、高压密封的要求越来越高。比如发电设备压力要求能承受 27~28MPa，耐热温度要求达到 600℃，这都需要密封等设备能够耐高温高压。密封技术的发展主要表现在以下几方面：

1. 密封理论、技术和产品不断创新

基于“健康、安全、环保、节能”理念的密封新技术、新概念、新结构、新材料、新工艺和新标准不断涌现：

(1) 高参数(如高压、高速、高温、大直径)。

（2）高性能（如干运转、零泄漏、无油润滑、密封浆液、高含固体颗粒）。

（3）高可靠性和高水平（如高 p、v 值、大型剖分式、状态监控）密封产品大量研制。

（4）密封失效机理（如疱疤、热裂、空化-汽蚀、橡胶密封圈泡胀和老化、气膜密封的悬滞等）、失效分析（如可靠性和失效概率）、密封系统失效专家诊断系统及失效监控技术（如流体膜、摩擦状态和相变）的研究和应用。

2. 密封设计由简易的经验性设计向理论性专家系统设计转变

（1）经验性设计：以机械密封为例，传统的设计方法是根据经验性知识，确立密封的几何参数和弹簧压力，依此计算出端面接触压力 p_c、线速度 v、摩擦功耗、摩擦热、冲洗液量，并确定相应的辅助系统；计算机辅助设计主要局限于密封零部件的绘制。

（2）理论性专家系统设计：先进的理论性专家系统设计则是以计算机为工具，根据具体的工艺条件，采用完善的专业数据库和软件，对密封进行性能分析、动态仿真、结构优化、参数化设计，尽可能在设计阶段使密封的使用性能达到最优，实现设计的合理准确和快捷高效，满足密封的规模化和专业化生产的需要。

3. 密封使用范围不断拓宽

（1）工业领域方面：在石化、石油、化工、造纸、汽车、船舶、家电、机械制造、冶金、矿业开采、原子能工业、航空航天、军工、电力、给排水系统、污水处理、生物制药、食品加工等重要工业领域密封技术都可应用并不断拓展。

（2）机械设备方面：机械密封不仅机泵阀可采用，而且工艺设备（如反应釜、转盘塔、搅拌机、离心机等）都可采用。

（3）工况参数方面：逐渐扩展到高压、高速、高 pv 值、高温、低温、高真空等方面。

4. 重视密封系统的开发、应用和维护

过去只局限于单独密封件的开发、设计、使用和维护，而现今已经发展到重视整个密封系统（包括密封件和密封辅助系统），而且已制订了新的转子泵用密封系统标准（API 682“离心泵与转子泵的轴封系统”标准）并不断完善。

5. 注意安全和环境保护、倡导节能减排

过去只注意眼睛可视的“泄漏”，例如，20 世纪 70 年代末美国一般工业的指标泄漏率（密封或密封装置能有效满足设计或生产所允许的泄漏率）是 10^{-3}mg/（s · mm），PVRC 推荐的暂定法兰连接密封准则中确定 2×10^{-3}mg/（s · mm）为标准级；但过去不注意眼睛看不见的易挥发物的气相“逸出”；现在发展到要求既控制液体的泄漏量又控制易挥发物的逸出量，也就是说从要求“零泄漏”发展到要求“零逸出”。美国环保局（EPA）在 1990 年发布了“空气净化法”（Clean Air Act），其中：①把 200 种化学品列入控制对象；②对泵、阀门和法兰密封制订了易挥发物逸出量的限制规定。

鉴于现阶段对密封的要求，应大力推广应用无危害性泄漏的非接触式气膜密封和液膜密封产品，在能够满足环保要求的前提下，可极大提高流体机械运行的可靠性和经济性，实现以人为本的健康、安全、环保和经济的现代化生产的理念。

6. 密封可靠性不断提高

在石油化工方面，为了延长工艺装置的检修周期和装置的操作周期，要求机械密封的工作寿命由 1 年延长到 2 年，国外由 2 年延长到 3 年甚至 5 年（API 682 中作了明确规定）。

7. 开发出适应性强的"个性化"实用密封技术和产品

不仅要求不断研制出高性能的密封产品，更重要的是要根据具体的工况条件研制开发出针对性很强的密封技术和产品，并使其得到实际应用。

8. 重视技术培训和技术咨询服务

涉及对企业内部员工的技术培训和对现场安装、使用和维护维修人员的技术性咨询服务两个方面。

复习思考题

1. 什么是泄漏？
2. 泄漏有几种形式？各自特点是什么？
3. 密封的分类？
4. 密封的基本方法有哪些？
5. 密封材料的一般要求有哪些？
6. 简述密封技术的发展趋势？

第 2 章　流体密封的理论基础

2.1　流体泄漏计算方法

设备动、静密封中被密封的流体通常以下列三种形式通过密封件泄漏：界面泄漏、渗透和扩散。对于流体密封来说，其最重要的性能是密封性，泄漏量是衡量密封装置密封性的主要指标，通常用体积泄漏流量 Q 或质量泄漏流量 G 来表示。由于大部分密封的泄漏是不可避免的，工程上一般给出一个最大允许泄漏量，其值按达到所需的工作可靠要求(与流体性质有关)和寿命的条件来确定。

1. *界面泄漏*

通常将流体通过密封面间隙的泄漏称之为界面泄漏。此时被密封流体在压力差 Δp(MPa)作用下通过宏观或微观的缝隙 h(m)泄漏，因此，界面泄漏是单向泄漏，动力是压力差 Δp。

对于理想模型，通过尺寸宽 B、高 h 和长 l 的平行平面缝隙泄漏时，在层流时单位周边液体体积泄漏流量为：

$$\overline{Q}=\frac{\psi \Delta p h^3 B}{\mu l} \tag{2-1}$$

式中　ψ——无因次形状系数，$\psi=0.1\sim0.2$；

μ——液体动力黏度，Pa·s。

在液体雷诺数 Re 超过临界雷诺数 Re_{cr}时，液体泄漏由层流转变为紊流状态，此时单位宽度液体体积泄漏量为：

$$Q_T=Q/B=\psi_T h\sqrt{\Delta p/\rho} \tag{2-2}$$

式中　ψ_T——紊流时无因次形状系数，$\psi_T=f(Re,\ h,\ \cdots)$，在紊流自模区几乎等于常数；

ρ——液体密度，kg/m^3。

对于气体来说，通常临界前等温流动单位宽度质量泄漏量为：

$$\overline{G}=Q/B=\psi_T \Delta p h^3\cdot\bar{\rho}/\mu l \tag{2-3}$$

式中　$\bar{\rho}$——气体平均密度，$\bar{\rho}=(\rho_1+\rho_2)/2=G/Q=0.5(p_1+p_2)M/(RT)$；

M，R，T，p_1 及 p_2——气体的相对分子质量(g/mol)、气体常数[J/(mol·K)]、温度(K)和缝隙进、出口气体压力(MPa)。

上式也可写成：

$$G=\frac{Mh^3}{24\cdot l}\cdot\frac{p_1^2-p_2^2}{\mu R\cdot T} \tag{2-3a}$$

但是，实际密封面由于间隙很小，粗糙度值相对较大，有时难以简化为上述理想情况。流体的流动状态也有所不同，上述公式仅可作为定性描述。

2. 渗漏

在压力差 Δp 的作用下，被密封流体通过密封件材料的毛细管泄漏称为渗漏。由于压力差的单向性，渗漏也是单向分子泄漏流动。通过半径为 r 的毛细管或接触面毛细通道的气体质量泄漏率为：

$$G=\frac{8\pi}{3}\sqrt{\frac{M}{2\pi R\cdot T}}\frac{r^3}{l}\Delta p \tag{2-4}$$

由于表面张力作用，液体很难产生这类泄漏流动。

3. 扩散

在浓度差 ΔC 的作用下，被密封介质通过密封间隙或密封材料的毛细管产生的物质传递，叫作扩散。由于浓度差通常是双向的，故扩散过程也是双向进行的，但扩散作用的介质泄漏量要比其他两类泄漏量小得多。

介质通过隔板的扩散泄漏可分成三个阶段：

(1) 密封件吸收液(气)体-吸附；

(2) 介质通过隔板的扩散；

(3) 介质从密封件的另一侧析出。

根据菲克(Fick)第一定律，在稳定过程中质量泄漏流量 G_s(kg/s)和体积泄漏流量 Q_s(m^3/s)分别与浓度梯度 $dc/dx\approx\Delta C/l$ 成正比。

接触面扩散的泄漏量与密封的周边成正比。由于扩散泄漏量小，一般可以忽略，但是在密封氢、氦离子等高渗透性物质以及剧毒、放射性物质时扩散泄漏不容忽视。

表 2-1 中列出了各种流体密封的密封等级和单位泄漏量。从表中还可以看到各种密封的目测泄漏(密封)的定性评定准则，可供实际判断中参考。泄漏 1mL=16~20 滴。

表 2-1　流体密封的密封等级和单位泄漏量

级别	比泄漏量			目测定性评定准则	典型密封形式
	单位长度 $\overline{Q}$/[mm^3/($m^2\cdot s$)]	单位面积 $\overline{V}$/(cm^3/m^2)	单位面积 $\overline{Q}_s$/[mm^3/($m^2\cdot s$)]		
0-0	$<1\times10^{-5}$	—	$<1\times10^{-5}$	绝对密封	金属波纹管密封、聚合物隔膜密封
0-1	$>1\times10^{-5}\sim1\times10^{-4}$		$>1\times10^{-5}\sim1\times10^{-3}$		
1-1	$>1\times10^{-4}\sim5\times10^{-4}$	—	$>1\times10^{-3}\sim5\times10^{-3}$	微弱嗅觉肉眼看不到冒汗	橡胶隔膜及软管、弹性体静密封
1-2	$>5\times10^{-4}\sim5\times10^{-3}$	$<1\times10^{-3}$	$>5\times10^{-3}\sim5\times10^{-2}$		
2-1	$>5\times10^{-3}\sim5\times10^{-2}$	$>1\times10^{-3}\sim1\times10^{-2}$	$>5\times10^{-2}\sim5\times10^{-1}$	不成滴状的渗漏	繁重工况静密封、弹性体往复密封及旋转密封
2-2	$>5\times10^{-2}\sim5\times10^{-1}$	$>1\times10^{-2}\sim2\times10^{-1}$	—		
3-1	$>5\times10^{-1}\sim2.5$	$>2\times10^{-1}\sim1$	—	滴状渗漏	繁重工况往复密封及旋转密封(唇状密封、端面密封、软填料密封)
3-2	$>2.5\sim10$	$>1\sim5$			
4-1	$>10\sim50$	$>5\sim50$	—	滴状渗漏频繁滴漏	旋转端面密封、软填料往复密封及旋转密封、间隙补偿密封的往复密封及旋转密封
4-2	$>50\sim5\times10^2$	—			
5	$>5\times10^2\sim1\times10^3$	—	—	连续泄漏	非接触式往复密封及旋转密封
6	$>1\times10^3$				

2.2 密封简单模型中流体流动

在流体密封中，许多性能都取决于流体流过密封(面)间隙的流动状态和流动阻力，而这些间隙通常又很小，例如浮动套密封的间隙约 10μm；机械密封端面间存在的液体膜层小于 1μm。因此，在研究和解决流体密封问题时，需要掌握密封间隙中流动流体的流体力学知识。

在密封中流体存在着缝隙流动、孔口与夹缝出流、转盘侧隙旋流和喷管气流等简单模型的流动问题。下面主要介绍利用上述基本方程来解决这几类模型流体密封中的流动问题，也就是确定流体密封的压力、流速、流量或泄漏量、间隙及其变化。

2.2.1 缝隙流动

假设流体密封的密封面间存在狭窄的缝隙，缝隙内流体流动的雷诺数通常很小，往往属于层流范围内。在此范围内有两种流动：缝隙两端压差引起的压差流(Poiseuille flow)和平面相对运动引起的剪切流(Couette flow)(图 2-1)。

平面缝隙流动是最简单的 N-S 方程精确解，对于许多密封来说都是较好的近似解。缝隙流动中的流速可以利用 N-S 方程求得，并作出下列假设：

(1) 重力场中 $X=Y=0$，$Z=-g$；即体积力只有重力。

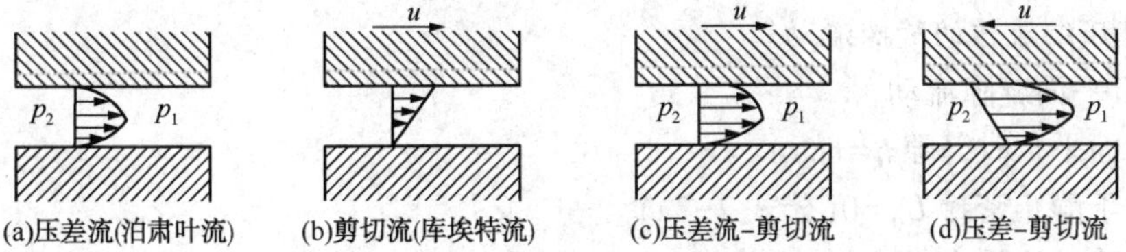

图 2-1 平行平面缝隙内流体流动

(2) z 轴垂直于某一壁面，x 轴与流向一致，$u_x=u$，$u_y=0$，$u_z=0$。

在此特定条件下，N-S 方程可简化为：

$$\left.\begin{aligned}
&-\frac{1}{\rho}\frac{\partial p}{\partial x}+v\left(\frac{\partial^2 u}{\partial x^2}+\frac{\partial^2 u}{\partial y^2}+\frac{\partial^2 u}{\partial z^2}\right)=u\frac{\mathrm{d}u}{\mathrm{d}x}\\
&-\frac{1}{\rho}\frac{\partial p}{\partial y}=0\\
&-g-\frac{1}{\rho}\frac{\partial p}{\partial z}=0
\end{aligned}\right\}\tag{2-5}$$

由第三式积分可以得出压力为：

$$p=-\rho gz+f(x)$$

由此可得 $\partial p/\partial x=f'(x)$，即 $\partial p/\partial x$ 与 z 无关。

第二式说明 $\partial p/\partial y=0$，压力 p 与 y 无关。

由第一式，根据连续性方程 $\partial u/\partial y\approx 0$，忽略 $\partial u/\partial y$，则得一维雷诺方程：

$$\partial p/\partial x=\mu\cdot \mathrm{d}u^2/\mathrm{d}z^2\tag{2-6}$$

对 z 两次积分得：

$$u=\frac{1}{\mu}\frac{\mathrm{d}p}{\mathrm{d}x}\frac{z^2}{2}+C_1z+C_2$$

利用边界条件：$z=0$ 时，$u=U_0$（下密封面滑动）；$z=h$ 时，$u=0$（上密封面静止）。

得积分常数 $C_2=U_0$ 及 $C_l=-\frac{1}{\mu}\frac{\mathrm{d}p}{\mathrm{d}x}\frac{h}{2}-\frac{U_0}{h}$，则得出

$$u=\frac{-1}{2\mu}\frac{\mathrm{d}p}{\mathrm{d}x}(h-z)z+U_0\left(\frac{h-z}{h}\right) \tag{2-7}$$

压差流分量　剪切流分量

这就是缝隙流动流速分布的普遍方程。当两个密封面均为静止时，$U_0=0$，上式给出一个抛物线分布图形[图 2-1(a)]，通常称为单纯的伯肃叶(Poiseuille)流或压差流。

$$u=\frac{-1}{2\mu}\frac{\mathrm{d}p}{\mathrm{d}x}(h-z)z \tag{2-7a}$$

当一个密封面(下密封面)移动，而两端无压差时，$\partial p/\partial x=0$，$U_0\neq0$，上式给出一个线性分布图形[图 2-1(b)]，通常被称为单纯的古埃特(Couette)流或剪切流。

$$u=U_0\left(\frac{h-z}{h}\right) \tag{2-7b}$$

总之，缝隙流动中的流速分布是由压差流分量和剪切流分量两者的叠加，因此称为古埃特-伯肃叶(Couette-Poiseuille)流。根据条件的不同，图形可以画成[图 2-1(c)]或[图 2-1(d)]。

1. 不可压缩流体的缝隙流动

1）平行平面缝隙流动

两密封面平行时缝隙 $h=\mathrm{const}$

（1）对于静止密封 $U_0=0$(公式 2-7a)。

通过缝隙的流量为：

$$Q=\int_u \mathrm{d}A=\int_0^h ub\mathrm{d}z=-b\int_0^h\frac{1}{2\mu}\frac{\mathrm{d}p}{\mathrm{d}x}(h-z)z\mathrm{d}z$$

因为缝隙很小，液流无 z 向流动，则 $\partial p/\partial x$ 与 z 无关，所以流量：

$$Q=-\frac{b}{2\mu}\frac{\mathrm{d}p}{\mathrm{d}x}\int_0^h(h-z)z\mathrm{d}z=-\frac{b}{12\mu}\frac{\mathrm{d}p}{\mathrm{d}x}h^3 \tag{2-8}$$

由此可得压力分布为 $\mathrm{d}p/\mathrm{d}x=-12\mu Q/bh^3=\mathrm{const}$，即沿 x 方向压力线为线性分布。若压力由 p_2 降至 p_1，即 $\Delta p=p_2-p_1$，则压力变化率为：

$$\mathrm{d}p/\mathrm{d}x=(p_2-p_1)/l=\Delta p/l$$

于是代入上式即得流速为：

$$u=\frac{-\Delta p}{2\mu l}(h-z)z \tag{2-9}$$

流量为：

$$Q=\frac{bh^3\Delta p}{12\mu l} \tag{2-10}$$

（2）对于一个密封面运动 $U_0\neq0$(公式 2-7)。

通过缝隙的流量为：

$$Q=\int_0^h ub\mathrm{d}z=b\int_0^h\left[-\frac{1}{2\mu}\frac{\mathrm{d}p}{\mathrm{d}x}(h-z)z+U_0\left(\frac{h-z}{z}\right)\right]\mathrm{d}z$$

积分后代入上下限，即得体积流量为：

$$Q=-\frac{bh^3}{12\mu}\frac{\mathrm{d}p}{\mathrm{d}x}+\frac{bh}{2}U_0 \tag{2-11}$$

当压力沿 x 方向线性分布时，$\mathrm{d}p/\mathrm{d}x=\Delta p/l$

得流速为：

$$u=\frac{-\Delta p}{2\mu l}(h-z)z+U_0\frac{(h-z)}{h} \tag{2-12}$$

流量为：

$$Q=-\frac{bh^3\Delta p}{12\mu l}+\frac{bh}{2}U_0 \tag{2-13}$$

当压力分布为未知时，将式(2-11)移项并对 x 积分可得到：

$$p=p_1+\frac{6\mu x}{h^2}\left(U_0-\frac{2Q}{bh}\right)$$

进而在缝隙的端点($x=l$，$p=p_1$)体积流量为：

$$Q=-\frac{bh^3}{12\mu l}(p_2-p_1)+\frac{bh}{2}U_0 \tag{2-13a}$$

将式(2-13a)与式(2-11)比较，可以看出对于压差流动，压力分布仍为 $\mathrm{d}p/\mathrm{d}x=(p_2-p_1)/l=\Delta p/l$，于是任一点的静压为：

$$p=p_2-\frac{x}{l}(p_2-p_1) \tag{2-14}$$

由此可见，缝隙内压力分布与剪切流无关，压力分布亦与间隙和流体性质无关。

2）倾斜平面缝隙流动[图 2-2(b)及图 2-2(c)]

如果两个平面不平行，其倾角为 α，根据图形可得出密封间隙的公式：

$$h=h_2\pm x\mathrm{tg}\alpha \tag{2-15}$$

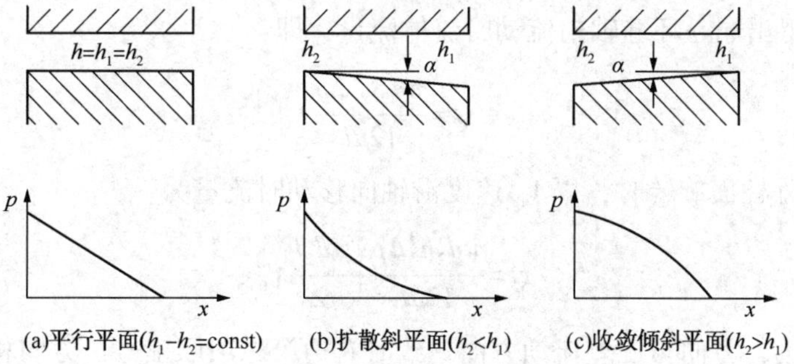

图 2-2　平行平面与倾斜平面缝隙

由于间隙 h 不是常数，故 $\mathrm{d}p/\mathrm{d}x$ 也不是常数，而是随 x 变化，即：

$$\frac{\mathrm{d}p}{\mathrm{d}x}=-\frac{12\mu Q}{bh^3}=-\frac{12\mu Q}{b(h_2+x\mathrm{tg}\alpha)^3}$$

积分后得出：

$$p=-\int\frac{12\mu Q}{b}(h_2+x\mathrm{tg}\alpha)^{-3}\mathrm{d}x=\frac{6\mu Q}{b\mathrm{tg}\alpha}\frac{1}{(h_2+x\mathrm{tg}\alpha)^2}+C$$

利用边界条件，当 $x=0$ 时，$p=p_2$，求得：$C=p_2-\dfrac{6\mu Q}{b\mathrm{tg}\alpha}\left(\dfrac{1}{h_2^2}\right)$

代入上式即得流体膜压为：

$$p=p_2-\frac{6\mu Q}{b\mathrm{tg}\alpha}\left(\frac{1}{h_2^2}-\frac{1}{h^2}\right) \tag{2-16}$$

这说明倾斜平面缝隙内压力为抛物线分布关系(图 2-2)。

当 $x=l$ 时，$h=h_1$，$p=p_1$ 且 $\mathrm{tg}\alpha=(h_2-h_1)/l$，代入上式得：

$$p=p_2-\frac{6\mu Q}{b\mathrm{tg}\alpha}\left(\frac{1}{h_2^2}-\frac{1}{h^2}\right)=p_2-\frac{6\mu Ql}{b}\left(\frac{h_1+h_2}{h_1^2h_2^2}\right)$$

由此得出流量为：

$$Q=\frac{\Delta p\cdot b(h_1h_2)^2}{6\mu l(h_1+h_2)} \tag{2-17}$$

3）环形轴向缝隙流动

(1) 同心环缝流动[图 2-3(a)]。

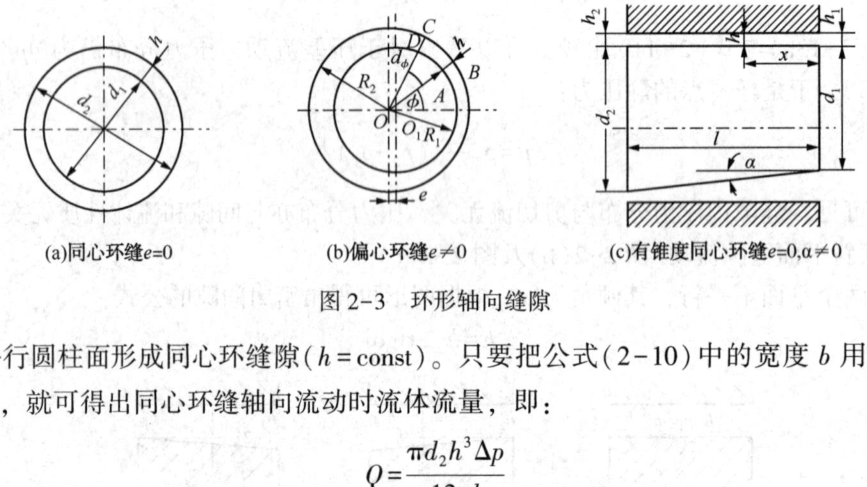

(a)同心环缝 $e=0$　　(b)偏心环缝 $e\neq0$　　(c)有锥度同心环缝 $e=0,\alpha\neq0$

图 2-3　环形轴向缝隙

两平行圆柱面形成同心环缝隙($h=\mathrm{const}$)。只要把公式(2-10)中的宽度 b 用环缝周长 πd_2 代替，就可得出同心环缝轴向流动时流体流量，即：

$$Q=\frac{\pi d_2h^3\Delta p}{12\mu l} \tag{2-18}$$

当内柱面或外柱面旋转时，以 V_0 速度沿轴向移动时流量为：

$$Q=\frac{\pi d_2h^3\Delta p}{12\mu l}\pm\frac{\pi d_2h}{2}V_0 \tag{2-18a}$$

式中　V_0——速度，方向与压差流动方向一致时右边第二项取正号，方向相反时取负号。

压差为：

$$\Delta p=\frac{12\mu lQ}{\pi d_2h^3} \tag{2-19}$$

缝隙内流体压力为：　$p=p_2-\Delta px/l$

其中流速分布为：

$$u=\frac{\Delta p}{2\mu l}(h-z)z$$

(2) 偏心环缝流动[图 2-3(b)]。

如图 2-3(b)所示，偏心距为 e 的偏心环缝。外圆半径为 R_2，内圆半径 R_1，缝隙 $h'=R_2-r$，h'为一变量：

$$h'=AB=OB-OA=R_2-(R_1+e\cos\varphi)=h-e\cos\varphi$$

取任意角 φ 处一微小周长 BC，其夹角为 α_φ，$BC=R_2\alpha_\varphi$。由于 BC 是微小周长，因此可认为 BC 与 AD 所形成的缝隙类似于两平行平面所形成缝隙，微小流量为：

$$\mathrm{d}Q=\frac{\Delta p}{12\mu l}h'^3R_2\mathrm{d}\varphi$$

以 $h'=h-e\cos\varphi$ 代入，并积分得：

$$Q=\int\mathrm{d}Q=\frac{R_2\Delta p}{12\mu l}\int_0^{2\pi}(h-e\cos\varphi)\mathrm{d}\varphi=\frac{\pi d_2}{12\mu l}\Delta ph^3(1+1.5\varepsilon^2) \tag{2-20}$$

式中　$\varepsilon=e/h$，偏心比；

$d_2=2R_2$。

当偏心距 $e=0$ 时，即居于同心，则变成公式(2-18)。

当偏心距 $e=h$ 时，即完全偏心时，则：

$$Q=2.5\frac{\pi d_2\Delta ph^3}{12\mu l} \tag{2-21}$$

由此可见，圆柱面完全偏心时其泄漏等于无偏心时的 2.5 倍，因此在使用中应尽可能保持圆柱面同心。

(3) 有锥度同心环缝流动[图 2-3(c)]。

当圆柱孔与锥形圆柱面配合成楔形环缝，同样可以用 $b\approx\pi d_2$ 代入公式(2-17)，即得流量为：

$$Q=\frac{\pi d_2\Delta p}{6\mu l}\frac{(h_1h_2)^2}{h_1+h_2} \tag{2-22}$$

缝隙内压力分布为：

$$p=p_2-\Delta p\frac{\left(\frac{h_2}{h}\right)^2-1}{\left(\frac{h_2}{h_1}\right)^2-1} \tag{2-23}$$

此式与公式(2-16)意义相同。

图 2-4 所示为不同形状缝隙内沿 x 方向压力分布。对于平行面间隙内沿长度 l 内压力近似的为线性分布。对于收敛面间隙，压力按抛物线规律呈凸形曲线分布。偏心时曲线的凸度更大[图 2-4(a)]。于是内柱面受压差影响而恢复原来的同心位置。对于扩散面间隙，压力按抛物线规律呈凹形曲线分布。偏心时曲线的凹度更大[图 2-4(c)]。于是内柱面受压差作用更偏向一边，加大偏心直到压在外孔壁面上为止。

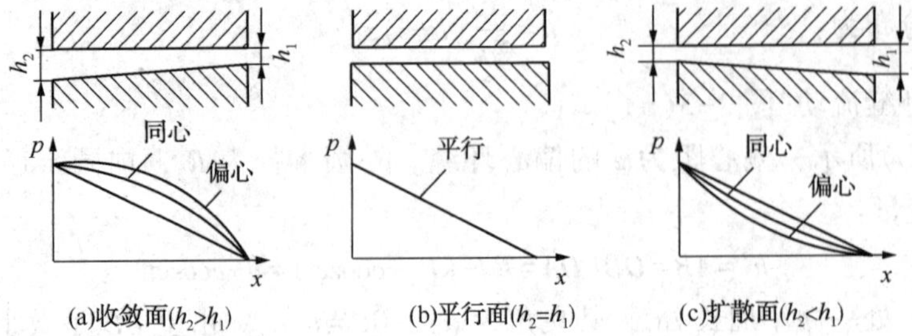

图 2-4 不同形状缝隙内压力分布

4）环面径向缝隙流动

环面径向缝隙流动为轴对称流动和非轴对称流动。液流从中心向四周径向流出叫作源流；从四周径向汇入中心叫作汇流（对于机械密封前者称为外装式-外流型，后者为内装式-内流型）。这是轴向端面动密封主要泄漏流动方式。法兰垫片静密封也是这样泄漏。求解环面径向缝隙流动问题通常用柱坐标体系。

（1）轴对称径向缝隙流动。

① 外流型（源流）—$p_1>p_2$［图 2-5（a）］。

由于平行端面缝隙为径向流动，故对 z 轴是轴对称的。这样运动参数就与 θ 无关。因为缝隙高度 h 很小，流动是径向的，所以环向流速 $u_\theta=0$，轴向流速 $u_z=\omega=0$，则径向流速 $u_r=u$。由 N-S 方程、连续方程和边界条件可解得：

$$u=-\frac{1}{2\mu}\frac{\mathrm{d}p}{\mathrm{d}r}(h-z)z$$

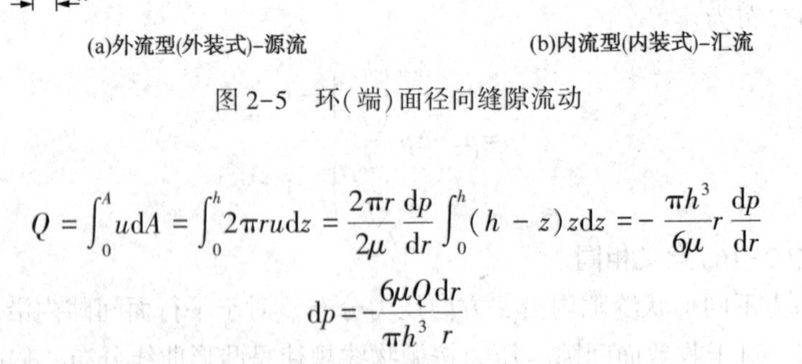

图 2-5 环（端）面径向缝隙流动

流量为：

$$Q=\int_0^A u\mathrm{d}A=\int_0^h 2\pi ru\mathrm{d}z=\frac{2\pi r}{2\mu}\frac{\mathrm{d}p}{\mathrm{d}r}\int_0^h(h-z)z\mathrm{d}z=-\frac{\pi h^3}{6\mu}r\frac{\mathrm{d}p}{\mathrm{d}r}$$

故

$$\mathrm{d}p=-\frac{6\mu Q}{\pi h^3}\frac{\mathrm{d}r}{r} \tag{2-24}$$

积分后利用边界条件：当 $r=R_2$ 时，$p=p_2$，得：

$$Q=\frac{\pi h^3\Delta p}{6\mu\ln\dfrac{R_2}{R_1}} \tag{2-25}$$

或
$$p-p_2=\Delta p\frac{\ln\dfrac{R_2}{r}}{\ln\dfrac{R_2}{R_1}} \tag{2-26}$$

这说明端面径向缝隙内流体膜压力按对数曲线分布。

② 内流型(汇流)—$p_2>p_1$[图 2-5(b)]。

同理可以得出缝隙内压力为：

$$p=p_1-\frac{6\mu Q}{\pi h^3}\ln\frac{r}{R_1} \tag{2-27}$$

流量公式与式(2-25)相同。

(2) 轴对称-非平行端面径向缝隙流动[图 2-6(a)]。

由于密封端面彼此不平行，故密封间隙 h 为半径的函数 $h=f(r)$。根据图形可以知道 $h=\dfrac{r}{R_1}h_0$，代入公式(2-24)积分后得到缝隙内压力：

$$p=p_1-\frac{2\mu QR_1^3}{\pi h_0^3}\left(\frac{1}{R_1^3}-\frac{1}{r^3}\right) \tag{2-28}$$

当 $r=R_2$ 时 $p=p_2$，流量：

$$Q=\frac{\pi\Delta p h_0^3R_2^3}{2\mu(R_2^3-R_1^3)}=\frac{\pi\Delta p h^3R_1^3}{2\mu(R_2^3-R_1^3)} \tag{2-29}$$

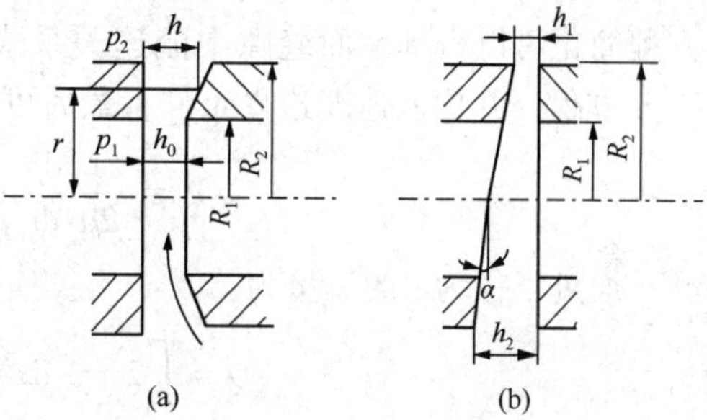

图 2-6　非平行端面径向缝隙流动

(3) 非轴对称-非平行端面径向缝隙流动[图 2-6(b)]。

由于密封端面不平行且非对称，故密封间隙 h 为半径和转动角度的函数，即 $h=f(r,\theta)$。根据图形可知间隙 $h=h_m+r\alpha\cos\theta$。

在 $R_1/R_2\approx1$ 条件下可推得：

$$p=(p_1-p_2)\frac{R_2-r}{R_2-R_1}\left\{1+\left[\left(\frac{h_1}{h}\right)^2\frac{h_2+h}{h_2+h_1}-1\right]\right\}+p_2 \tag{2-30}$$

显然，上式括号{　}内第一项为轴对称平行平面缝隙内膜压，第二项即括号[　]内为角度误差造成非轴对称的影响。泄漏量为：

$$Q=\frac{h_m^3}{12\mu}\frac{p_1-p_2}{R_2-R_1}\pi(R_2+R_1)\overline{Q} \tag{2-31}$$

式中　$\overline{Q}=1+\left[\dfrac{1}{(1+\bar{\varepsilon}^2)^{1/2}}-1\right]\left(1-\dfrac{\overline{R_1}}{\overline{R_m^2}}\right)^2+\dfrac{\bar{\varepsilon}^2}{2}\dfrac{\overline{R_1}}{\overline{R_m^2}}\left(1-\dfrac{\overline{R_1}}{\overline{R_m^2}}\right)+\dfrac{3}{2}\bar{\varepsilon}^2\dfrac{\overline{R_1}}{\overline{R_m^2}}$，无因次泄漏量；

$\bar{\varepsilon}=\varepsilon\overline{R_m}=\dfrac{\alpha R_2\overline{R_m}}{h_m}$，无因次倾斜度；

$\overline{R_1}=\dfrac{R_1}{R_2}$，无因次内半径；

$\overline{R_m}=\dfrac{R_m}{R_2}$，无因次平均半径。

(4) 轴对称考虑转速的平行端面径向缝隙流动(图 2-7)。

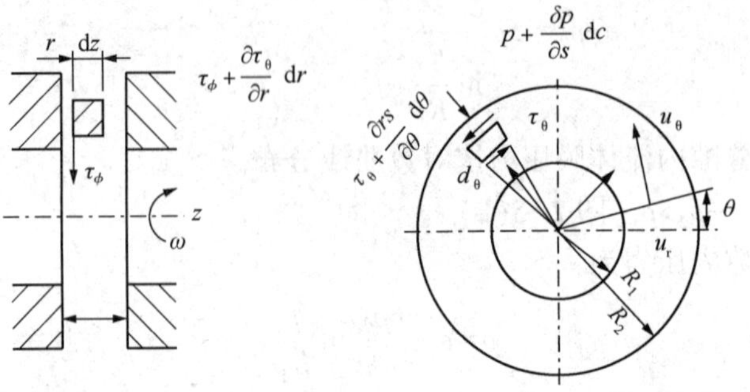

图 2-7　考虑诸因素变化的端面径向缝隙流动

前述公式中未考虑圆环转速的影响。为了考虑圆环转速对径向流动的影响，利用 N-S 方程简化可以得到端面缝隙中流速关系式。如图 2-7 所示，设 $u=u_\theta$，$u_z=0$，利用柱坐标 N-S 方程，并代入速度边界条件，最后可得：

$$u_r=-\frac{1}{2\mu}\frac{dp}{dr}z(h-z)+\frac{1}{12}\frac{r\omega^2 z}{h^2 v}(h^3-z^3)$$

通过半径为 r 的流量为：

$$Q=\int_0^h 2\pi r u_r dz=\frac{\pi h^3}{6\mu}\left(0.3\rho r^2\omega^2-r\frac{dp}{dr}\right)$$

得

$$\frac{dp}{dr}=0.3\rho r^2\omega^2-Q\frac{6\mu}{\pi h^3 r}$$

这表示径向压力梯度 dp/dr 为泄漏量 Q 和位置 r 的函数。

将此式积分并根据压力边界条件：当 $r=R_2$ 时，$p=p_2$；可求得径向压力分布为：

$$p=p_2+\frac{6\mu Q}{\pi h^3}\ln\frac{R_2}{r}-\frac{3\omega^2\rho}{20}(R_2^2-r^2)$$

当 $r=R_1$ 时，$p=p_1$，则得：

$$\Delta p=p_1-p_2=\frac{6\mu Q}{\pi h^3}\ln\frac{R_2}{R_1}-\frac{3\omega^2\rho}{20}(R_2^2-R_1^2)$$

于是考虑转速的离心力影响，泄漏量为：

$$Q=\frac{\pi h^3}{6\mu\ln\frac{R_2}{R_1}}[0.15\rho(R_2^2-R_1^2)\omega^2\pm\Delta p]$$

$$=\frac{\pi h^3}{6\mu\ln\frac{R_2}{R_1}}[0.15\rho(u_2^2-u_1^2)\pm\Delta p] \tag{2-32}$$

式中　u_2，u_1——圆环外、内半径处周速；

符号“±”——外、内流式密封。

将 Q 代入前式即得径向压力分布：

$$p=p_2+\frac{\ln\frac{R_2}{r}}{\ln\frac{R_2}{R_1}}[0.15\rho(u_2^2-u_1^2)\pm\Delta p]\pm0.15\rho(u_2^2-u_1^2) \tag{2-33}$$

(5) 轴对称考虑离心力和黏度影响的圆环端面径向流动(图 2-7)。

利用柱坐标 N-S 方程，考虑黏度随温度按双曲线规律变化，即得：

$$\mu=\mu_0(t/t_0\pm1)\text{ 或 }\mu=\mu_0t_0/t$$

及
$$t=t_2+(t_1-t_2)\frac{R_2-r}{R_2-R_1}$$

式中　t_0，t_1 及 t_2——相应的为初温和密封面内、外缘温度；

μ_0——初温下的动力黏度；

μ，t——相应的为任意点的动力黏度及温度。

利用压力、速度边界条件和柱坐标 N-S 方程，将 μ 值代入并对 r 积分，得压力分布为：

$$p=0.15\rho\omega^2(r^2-R_1^2)+\frac{p_2-0.15\rho\omega^2(R_2^2-R_1^2)}{\ln\left(\frac{CR_1-1}{CR_2-1}\cdot\frac{R_2}{R_1}\right)}\ln\left(\frac{CR_1-1}{CR_2-1}\cdot\frac{r}{R_1}\right) \tag{2-34}$$

流量为：
$$Q=\frac{\pi h^3}{6\mu_1(CR_1-1)}\frac{p_2-0.15\rho\omega^2(R_2^2-R_1^2)}{\ln\left(\frac{CR_1-1}{CR_2-1}\cdot\frac{R_2}{R_1}\right)} \tag{2-35}$$

式中　$C=(\mu_2-\mu_1)/(R_2\mu_1-R_1\mu_2)$，参数；$\mu_1$ 及 μ_2 表示密封面内、外缘温度下的动力黏度。

从式中可以看出，压力与间隙大小无关，而惯性和黏度变化的影响取决于包含角速度 ω 和参数 C 项。

2. 可压缩流体的缝隙流动

根据公式(2-17a)可得出，在缝隙中，两密封面均静止时层流流动的理论方程：

$$u=\frac{z^2-hz}{2\mu}\frac{\mathrm{d}p}{\mathrm{d}x}$$

给出速度按抛物线规律分布，任意截面的平均速度为：

$$u_m=\frac{1}{h}\int_0^h u\mathrm{d}z=-\frac{\mathrm{d}p}{\mathrm{d}x}\frac{h^2}{12\mu}$$

若窄缝宽度为 b，则质量流量为：

$$G=\rho bhu_m=-\frac{\rho bh^3}{12\mu}\frac{\mathrm{d}p}{\mathrm{d}x}$$

由此得出：
$$\mathrm{d}p/\mathrm{d}x=-12\mu G(\rho bh^3)$$

将状态方程 $\rho=p/RT$ 代入后得出：
$$p\mathrm{d}p=-\frac{12\mu RT}{bh^3}\mathrm{d}x \tag{2-36}$$

如果 T、b 和 h 都是 x 的已知函数，上式就可以写成积分并得出理论压力分布公式。

对于紊流流动，经验公式为：

$$p\mathrm{d}p=-\frac{0.067\mu^{1/4}RTG^{1/4}}{b^{7/4}h^3g^{3/4}}\mathrm{d}x \tag{2-36a}$$

1）平面缝隙流动

对于平板平面缝隙，其间隙 $h=\text{const}$。

（1）等截面缝隙流动(宽度 $b=\text{const}$)。

根据公式(2-36)，积分后可得出稳定层流公式：

$$p_1^2-p_2^2=\frac{24\mu RTG}{bh^3}(x_2-x_1) \tag{2-37}$$

对公式(2-36a)积分后可得出紊流公式：

$$p_1^2-p_2^2=\frac{0.134\mu^{1/4}RTG^{7/4}}{b^{7/4}h^3g^{3/4}}(x_2-x_1) \tag{2-37a}$$

（2）变宽度截面缝隙流动(宽度 $b=ax$)。

将 $b=ax$ 代入公式(2-36)，积分后得层流公式：

$$p_1^2-p_2^2=\frac{24\mu RTG}{ah^3}\ln\frac{x_2}{x_1} \tag{2-37b}$$

对于紊流，积分后得：

$$p_1^2-p_2^2=\frac{0.178\mu^{1/4}RTG^{7/4}}{a^{7/4}h^3g^{3/4}}\left(\frac{1}{x_1^{3/4}}-\frac{1}{x_2^{3/4}}\right) \tag{2-37c}$$

（3）变高度截面缝隙流动(间隙 $h=ax$)。

将 $h=ax$ 代入式(2-36)积分后得层流公式：

$$p_1^2-p_2^2=\frac{12\mu RTG}{ba^3}\left(\frac{1}{x_1^2}-\frac{1}{x_2^2}\right) \tag{2-37d}$$

对于紊流，积分后得：

$$p_1^2-p_2^2=\frac{0.067\mu^{1/4}RTG^{7/4}}{b^{7/4}a^3g^{3/4}}\left(\frac{1}{x_1^2}-\frac{1}{x_2^2}\right) \tag{2-37e}$$

2）环形端面径向缝隙流动

（1）层流流动工况。

对于气体多变流动，过程方程为：

$$p/\rho^m=C \text{ 或 } \rho=(p/C)^{\frac{1}{m}} \tag{2-38}$$

由过程方程和雷诺方程及边界条件可知：当时 $r=R_1$ 时，$p=p_1$；当 $r=R_2$ 时，$p=p_2$；当 $z=0$ 时，$u_r=0$；当 $z=h$ 时，$u_r=0$；故得缝隙内气体压力：

$$p=\left[p_1^{\frac{m+1}{m}}+(p_2^{\frac{m+1}{m}}-p_1^{\frac{m+1}{m}})\frac{\ln\frac{r}{R_1}}{\ln\frac{R_2}{R_1}}\right]^{\frac{m+1}{m}} \tag{2-39}$$

若将 $n=\dfrac{m+1}{m}$ 代入式(2-38)可得出通式：

$$p=\left[p_1^n+(p_2^n-p_1^n)\frac{\ln\dfrac{r}{R_1}}{\ln\dfrac{R_2}{R_1}}\right]^{\frac{1}{n}} \tag{2-39a}$$

式中指数 n 可用于不同种类和过程的流体(表 2-2)。

表 2-2　不同种类和过程的流体指数 n

流体种类或过程	不可压缩流体	可压缩流体		
		等温膨胀	多变膨胀	绝热膨胀
n	1	2	$\frac{m+1}{m}$	$\frac{k+1}{k}$
公式	(2-26)	(2-39)	(2-39)	—

缝隙中气体的质量流量为:

$$G=2\pi r\int_0^h \rho u_{\mathrm{r}}\mathrm{d}z=\frac{\pi r}{\mu}\int_0^h\rho\frac{\mathrm{d}p}{\mathrm{d}r}(z^2-hz)\mathrm{d}z=\frac{\pi\rho}{6\mu}rh^3\frac{\mathrm{d}p}{\mathrm{d}r} \tag{2-40}$$

将公式(2-38)中的 ρ 代入后得:

$$G=\frac{m}{m+1}\frac{\pi h^3}{6\mu RT}p_2^{-\frac{1}{m}}\frac{\left(p_2^{\frac{m+1}{m}}-p_1^{\frac{m+1}{m}}\right)}{\ln\dfrac{R_2}{R_1}} \tag{2-40a}$$

同样也可以写成通式:

$$G=\frac{1}{n}\frac{\pi h^3p_2^{1-n}(p_2^n-p_1^n)}{6\mu RT\ln\dfrac{R_2}{R_1}} \tag{2-40b}$$

(2) 紊流流动工况。

当雷诺数为 2000(不含)~3000 时为紊流工况。雷诺数为:

$$Re=\frac{G}{2\pi\mu(R_1+R_2)}$$

紊流工况下缝隙内气体的压力分布和质量流量为(设为等温流动):

$$p=\left[p_1^2-\frac{p_1^2-p_2^2}{\dfrac{1}{R_1}-\dfrac{1}{R_2}}\left(\frac{1}{R_1}-\frac{1}{r}\right)\right]^{\frac{1}{2}} \tag{2-40c}$$

$$G=\sqrt{\frac{8\pi^2h^3(p_1^2-p_2^2)}{\lambda_t RT\left(\dfrac{1}{R_1}-\dfrac{1}{R_2}\right)}} \tag{2-40d}$$

式中　$\lambda_t=\dfrac{0.3164}{\sqrt[4]{Re}}$。

2.2.2　孔口与夹缝出流

在流体密封中有图 2-8 所示的孔口与夹缝出流，其中有射流(抽子)密封中的喷嘴[图

2-8(a)]；口环、衬套、平衡鼓、底环等的环缝[图 2-8(b)]；迷宫密封中的直通迷宫的串孔出流[图 2-8(c)]和曲折的错乱迷宫密封[图 2-8(d)]。这些孔口与夹缝出流的流速和流量，可以利用一种能量方程——伯努利方程推导出的公式来计算。

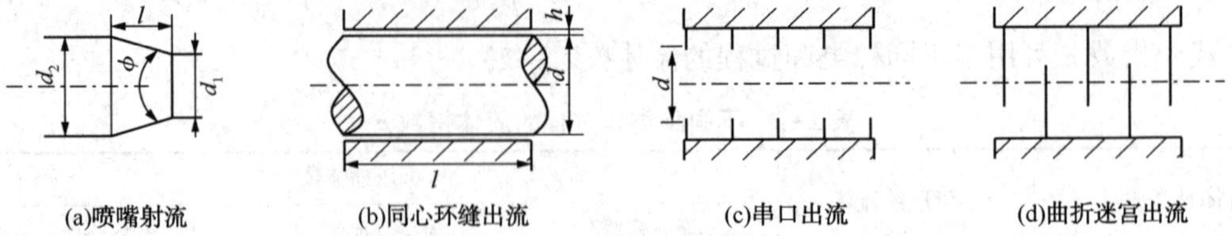

图 2-8　孔口与夹缝出流

列出断面 1-1 到 1-2 的伯努利方程：

$$gz_1+\frac{p_1}{\rho}+\frac{v_1^2}{2}=gz_2+\frac{p_2}{\rho}+\frac{v_2^2}{2} \tag{2-41}$$

考虑到阻力损失和速度不均匀等损失，可改写成：

$$gz_1+\frac{p_1}{\rho}+\frac{\alpha_1 v_1^2}{2}=gz_2+\frac{p_2}{\rho}+\frac{\alpha_2 v_2^2}{2}+\sum\xi\frac{v_2^2}{2} \tag{2-41a}$$

式中　$\sum\xi$——孔口出流的阻力系数；

α_1，α_2——速度系数，约等于 1。

根据连续性方程，$v_1=\frac{A_2}{A_1}v_2$，z_2-z_1 标高大小可忽略不计，则：

得
$$v_1=\frac{1}{\sqrt{1+\sum\xi}}\sqrt{\frac{2\Delta p}{\rho}} \tag{2-42}$$

通过孔口的流量为：

$$Q=v_2A_2=\varepsilon\cdot A_0\varphi\sqrt{2\Delta p/\rho}=\alpha A_0\sqrt{2\Delta p/\rho} \tag{2-43}$$

式中　$\alpha=\varepsilon\varphi=\frac{\varepsilon}{\sqrt{1+\sum\xi}}$，为流量系数(出流系数)；

$\varepsilon=A_2/A_0$，为收缩系数(A_0、A_2 为孔口断面与流束收缩断面)。

2.2.3　转盘侧隙流动

流体在转盘(例如离心-叶轮密封)与箱体(例如轴封箱)内，当转盘旋转时，转盘侧隙内液体的流动情况很复杂，其原因有：转盘侧壁表面和箱体侧壁内表面与液体发生摩擦；密封口环(叶轮泄漏)引起流动等。由于存在摩擦，转盘表面上的液体质点与之共转，并在离心力作用下远离轴心。根据连续性定理，液体质点在箱体内沿壁面流向轴心。就是这种漩涡流动和由于泄漏而引起的流动，构成了箱体侧壁与转盘侧壁之间间隙内液体的流动(图 2-9)。

根据动量矩定量和液体连续性方程可得出两种极限情况(离心泵叶轮与泵体口环处)箱内速度分布：

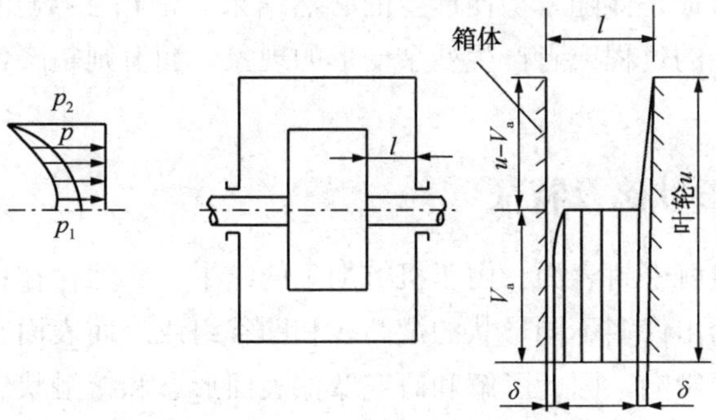

图 2-9　转盘侧隙流动

(1)在正常条件下泄漏量很小(接近零)时：

$$\omega_t = \frac{\omega_d}{2} \tag{2-44}$$

由公式(2-44)可知，当密封内泄漏量 Q 很小时，箱内液体如同固体一样，其角速度 ω_t 等于转盘角速度 ω_d 之一半。

(2) 在密封口环损坏泄漏量 Q 很大时：

$$\Delta(v_u r) = 0 \text{ 或 } v_u r = \text{const}$$

即速度矢周向分速 v_u 与 r 乘积为常数，箱内液体靠惯性自由运动，不受外力作用。

在正常工作条件下 $\omega_t = \frac{\omega_d}{2}$，则任意半径处压力：

$$p = p_2 - \rho\frac{v_2^2 - u^2}{8} = p_2 - \frac{\rho u_2^2}{8}\left[1 - \left(\frac{r}{R_2}\right)^2\right] \tag{2-45}$$

式中，u_2 为 R_2 处径向速度，这说明转盘侧隙内压力按抛物线规律分布[图 2-9(a)中实线]。

在密封口环损坏条件下，$v_u r = \text{const}$，则：

$$p = p_2 - \frac{\rho u_2^2}{8}\left(\frac{R_2}{r}\right)^2\left[1 - \left(\frac{r}{R_2}\right)^2\right] \tag{2-46}$$

压力同样也是抛物线分布[图 2-9(a)中虚线]，但两者差 $\left(\frac{R_2}{r}\right)^2$ 倍压力降。

2.3　密封摩擦学基础

摩擦学是研究相对运动的相互作用表面的有关理论与实践的一门科学和技术。摩擦学含摩擦科学和摩擦技术，它是一门多学科交叉的边缘学科，研究的内容很广泛，可以细分为摩擦物理学、摩擦化学、摩擦生物学等。这里介绍的是与密封有关的摩擦、磨损和润滑的基本知识。

摩擦与磨损是研究具有相对运动的、相互作用的表面间有关的理论与实践问题。摩擦是两个相互接触的物体在外力作用下，发生相对运动(或者有相对运动趋势)时产生切向运动阻力的物理现象，而磨损是伴随摩擦而产生的必然结果，是相互接触的物体在相对运动时，表层材料不断发生损耗的过程或者产生残余变形的现象，润滑则是降低摩擦和减少磨损的重要措施。

2.3.1 摩擦表面状态及特征

两个相对运动的接触密封表面，由于机械加工的结果，必然存在各种几何形状和尺寸的误差，导致摩擦表面均由许多不同形状的微凸峰和凹谷组成。而表面几何特征对于摩擦、磨损和润滑有着决定性的影响，因此了解和研究摩擦表面形态和接触状态是分析摩擦、磨损和润滑问题的基础。

1. 摩擦表面状态

摩擦表面几何形状由表面粗糙度、表面波度和表面形状误差（如机械密封端面平直度）三部分组成，如图 2-10 所示。

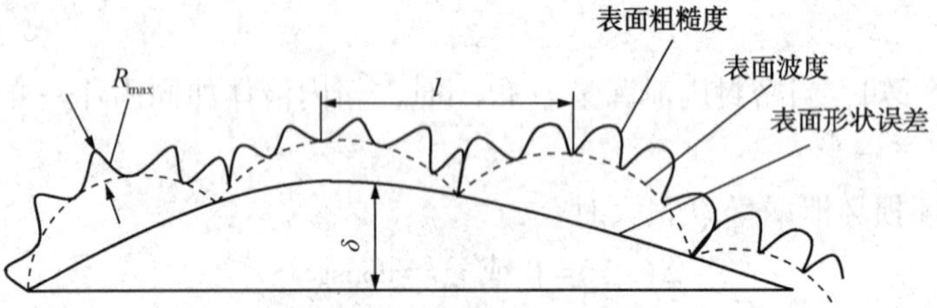

图 2-10 固体表面的几何形状

（1）表面形状误差。它是指零件在加工成型时所具有的宏观几何形状误差，对平面来说其形状公差用平面度和直线度表示；对圆柱面则用圆度和圆柱度表示。

（2）表面波度。零件表面形成的较长而有规律的波浪形纹理，是加工时机床—工具—工件系统的低频振动所引起的零件表面的几何误差，具有一定的波高和波距。

（3）表面粗糙度。切削工具对工作表面切削加工时在表面波纹上形成的较小的几何轮廓，它是微观形状误差，而表面形状误差是宏观形状误差，波度是中观形状误差。

2. 表面粗糙度的评定指标

（1）表面轮廓的算术平均偏差值 R_a 或中线平均值 *CLA*。

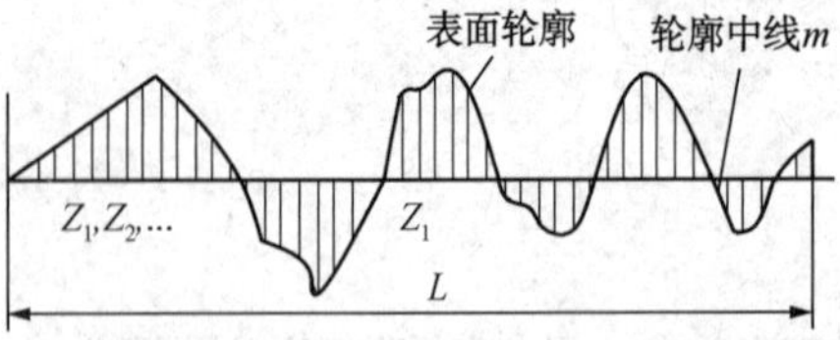

图 2-11 表面轮廓的算术偏差图

① 中线平均值（*CLA*）。在取样长度 L 内（图 2-11）被测轮廓上各点至轮廓中线 m 的距离 z_1，z_2，z_3，…z_i，…绝对值总和的平均值。

② 轮廓算术平均偏差值。轮廓线与中线 m 所围成的面积：

$$R_a = \frac{1}{L}\int_0^L |y(x)\mathrm{d}x| \tag{2-47}$$

或

$$R_a = \frac{1}{n}\sum_{i=1}^{n} |z_i| \tag{2-47a}$$

式中 n——取样数。

(2) 微观不平度十点平均高度 R_z。

在取样长度 L 内(图 2-12)5 个最大的轮廓峰高的平均值和 5 个最大轮廓谷深平均值之和为：

$$R_z = \left(\sum_{i=1}^{5} Z_{pi} + \sum_{i=1}^{5} Z_{vi} \right) / 5 \tag{2-47b}$$

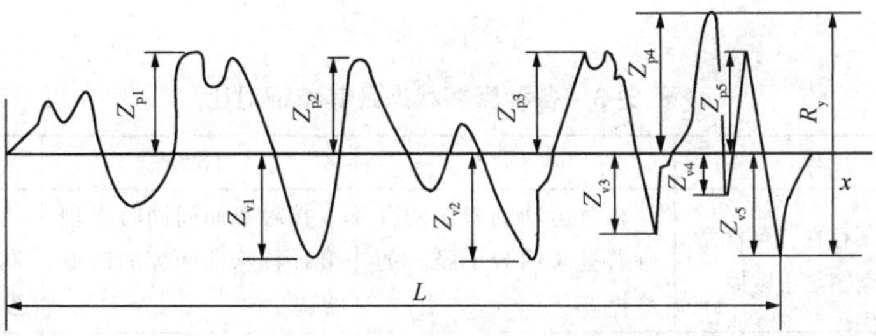

图 2-12 微观不平度十点平均高度

(3) 轮廓最大高度 R_y。

轮廓最大高度是指在取样长度内，轮廓峰顶线和轮廓谷底线之间的距离(图 2-12)。

3. *表面接触及实际接触面积*

当两个粗糙表面接触时，由于表面上存在宏观和微观偏差，最先是表面上那些最高凸起的微凸体相互接触，不可能形成整个表面的接触，实际的接触只能发生在表面的局部区域内。

(1) 名义接触面积 A_n。两接触物体宏观几何尺寸所决定的面积，这是工程计算中用于名义单位压力的面积。

(2) 轮廓接触面积 A_c。两物体在外载荷作用下相互挤压时，接触斑点将出现在表面的波峰上，轮廓接触微元面积的总和即为接触面积，其大小与轮廓形状及所受载荷有关。

(3) 实际接触面积 A_r。由微突体接触变形区域所形成的面积之和。粗糙表面的接触面积十分离散，实际接触面积仅占名义接触面积的极小部分，$A_r = (0.01 \sim 0.001) A_n$。对机械密封端面，表面粗糙度 R_a 为 0.05~0.2μm，实际接触面积不到 1%。由于载荷增大时有更多的新接触斑点产生，所以实际接触面积随着表面间载荷的增大而增加。接触斑点的大小随载荷的增大而增加，但由于新的较小的斑点数目增多，接触斑点的平均尺寸几乎保持不变。

2.3.2 摩擦状态、摩擦影响因素

物体之间的摩擦是一个物体与另一个物体在外部切向力的作用下，发生相对运动或者具有相对运动趋势时物体接触表面所受到的阻碍作用。如果两物体静止接触，切向力作用于某一物体之上使它有发生相对运动的趋势时，两物体接触面间作用着静摩擦力，其大小等于所施加的切向力。

通常是指使物体克服静摩擦面间的最大阻力而开始运动所需施加的最小切向力。物体在相对运动中所受的摩擦力叫作动摩擦力，通常小于最大静摩擦力。

1. *摩擦状态(工况)*

(1) 按照接触物体相互运动的形式，可分为滑动摩擦和滚动摩擦。

(2) 按照摩擦面间的摩擦状态，可分为：干摩擦、流体摩擦、边界摩擦和混合摩擦。

2. 影响摩擦的主要因素

物体间的摩擦是多个因素共同作用的复杂过程，不仅是摩擦材料的固有特性，而且是材料和摩擦条件的综合特性。摩擦系数是用来表示摩擦大小的一个参数，由具体的工作条件并考虑不同因素的影响才能确定。通过实验可以发现，加工质量、环境介质、压力、温度、滑动速度、材质、表面特性和时间均会对摩擦系数产生影响。各种摩擦状态的摩擦系数及其影响因素见表 2-3。

表 2-3　各种摩擦状态及其特征对比

摩擦工况	干摩擦	边界摩擦	混合摩擦	流体摩擦
定义	表面间不存在任何润滑物质时的摩擦是干摩擦	相对运动的表面间存在着极薄的分子膜时的摩擦	接触表面间同时出现几种特殊性摩擦的摩擦状态	密封面间具有足够的润滑剂流体膜层，摩擦发生在润滑剂的内部
润滑状态	无	分子吸附膜	部分	全部
黏度影响	无	无	部分	起决定作用
过程特征	微凸体接触	分子层、分子机械作用	混合作用，既有微凸体接触又存在分子层、分子机械作用和流体动静压效应	流体动静压效应
摩擦系数及其影响因素	0.1~0.6 f 是材料和环境的综合特性，它与接触面积、表面情况、滑动速	0.05~0.15 f 受润滑剂黏性等物理化学性质的影响	0.005~0.1 综合了干摩擦中接触面积、表面情况、滑动速度以及润滑剂的性质	0.001~0.05 主要受润滑剂的黏性的影响
	静摩擦系数随法向压力增大而降低，随静止时间的增长而增大 动摩擦系数受法向载荷、滑动速度、温度、表面粗糙度、材质和表面膜的影响			
膜厚比 λ	<0.4	≤1	≤3	3~5
流体膜承载比	$x_d=0$ （x_d 为流体摩擦载荷分配比）	$x_b=0$ （x_b 为边界摩擦载荷分配比）	$0<x_f<1$ （x_f 为混合摩擦载荷分配比）	1
摩擦状态模型	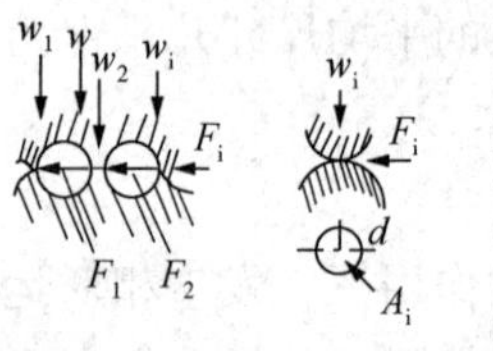	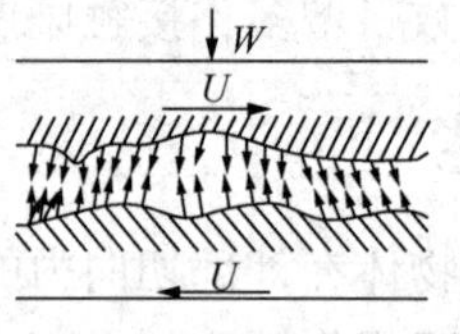	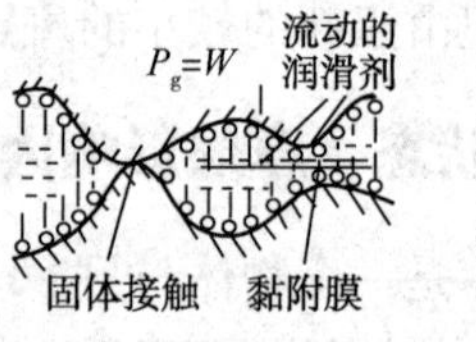	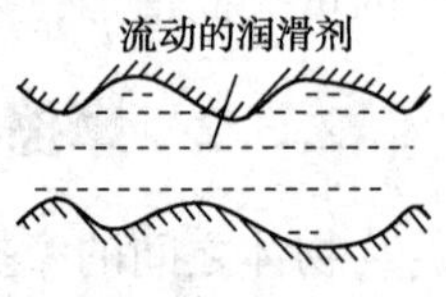

2.3.3 磨损形式与特征

磨损是伴随摩擦而产生的必然结果，是相互接触的物体在相对运动时，表层材料不断发生损耗的过程或者产生残余变形的现象。在考核密封的寿命时把磨蚀、腐蚀、疲劳、热裂、冲蚀、老化等损坏形式都当成磨损。其实密封面的磨损是一个同时包含着磨蚀、腐蚀、疲劳、冲蚀等在内的复杂过程。磨损不仅是材料消耗的主要原因，也是影响机器使用寿命的重要因素。为了延长密封的寿命，必须了解磨损机理、规律、影响因素和磨损率。

1. 磨损的主要形式及其转化

摩擦表面上可能出现的磨损形式有下列几种：黏着磨损、磨粒磨损、疲劳磨损、微动磨损和腐蚀磨损。其特征如下：

1）黏着磨损

由于表面上存在着粗糙凸起，表面间的接触发生在分散的凸起处。摩擦时接触点处发生变形，润滑油膜及表面膜破裂时，会出现金属间的直接接触。由于固相焊接，接触点的材料由一个表面转移到另一个表面，连接点不断被剪切断，同时又产生新的连接点。如铝活塞与缸体内壁的擦伤。

如果剪切发生在结合面上，则两表面没有磨损；如果剪切发生在金属内部，则会出现表面间金属的转移，表面受到破坏和磨损。从磨损外观看黏着磨损形式见表 2-4。

表 2-4　黏着磨损的主要形式

磨损形式	表 现 形 式
涂抹(Smearing)	一个表面的材料(通常是会软化或熔化的材料)发生迁移，并以薄层重新涂敷到一个或两个表面的现象
擦伤(Scratching)	由表面局部固相焊合而引起的沿滑动方向形成的微细擦痕的现象
划伤(Scoring)	由表面局部固相焊合引起的沿滑动方向形成较严重的抓痕的现象
胶合(Scuffing)	两滑动表面间发生固相焊合引起的局部损伤，但尚未出现局部熔焊的现象
咬死(Seizure)	有界面摩擦致使表面焊合而造成表面相对运动停止的现象

在某些情况下，黏着磨损所产生的表面间材料的转移可能是有利的。例如金属与高分子材料摩擦时，高分子材料转移到金属表面上去并在其上形成单分子层，会有利于降低摩擦与磨损。

2）磨粒磨损

接触表面做相对运动时由硬质颗粒或较硬材料上的微突体引起表面擦伤或表层材料脱落，磨粒磨损是最常见的一种磨损形式，如球磨机、破碎机、机械密封等。磨粒磨损的形式见表 2-5(按磨损件的相互位置分)。

表 2-5　磨粒磨损的形式

磨损形式	表现形式	模型
二体磨粒磨损	当磨料或一个硬质表面与一个表面相作用的情况	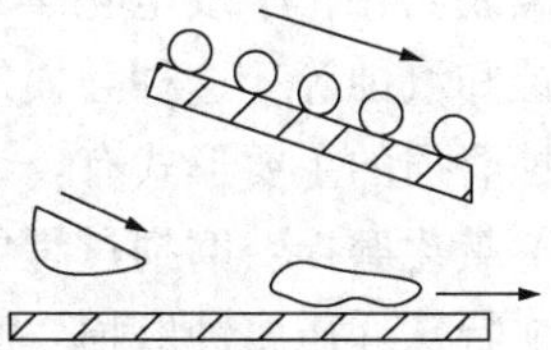
三体磨粒磨损	当两摩擦表面间存在第三物件(磨粒)及硬质颗粒，它与两表面具有相互作用的情况	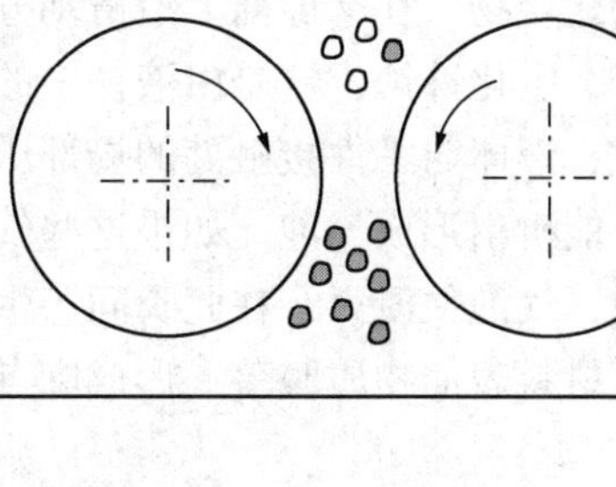

3）疲劳磨损

在交变周期性载荷的作用下，使摩擦副接触区产生很大的变形和应力，并形成裂纹而破坏，滚动轴承、齿轮副等经常会出现这种破坏形式，疲劳裂纹一般是在有缺陷的部位产生。这种由于交变应力使表面材料疲劳而产生物质转移的现象称为疲劳磨损。

磨损机理：由于表面粗糙度和波度的存在，使得两物体的表面接触是不连续的，导致了由于实际接触区的局部变形和局部应力而发生的材料机械破坏过程。根据实验现象，可以认为磨损过程有以下三个发展阶段：(a)表面的相互作用；(b)在摩擦力影响下，接触材料表层性质的变化；(c)表面的破坏和磨损微粒的脱落，如图 2-13 所示。

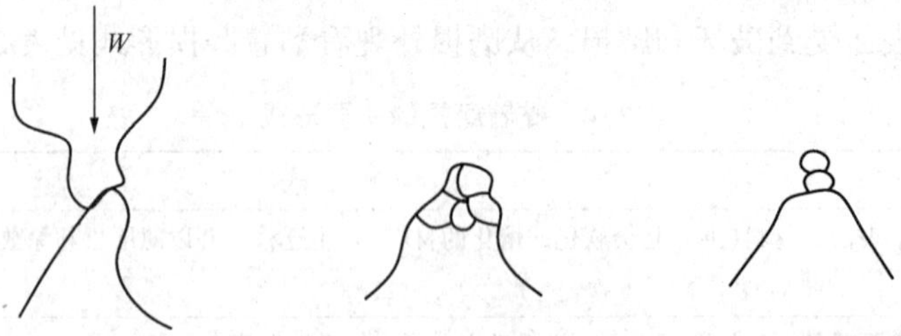

(a)表面的相互作用　(b)在摩擦力影响下,接触材料表层性质的变化　(c)表面的破坏和磨损微粒的脱落

图 2-13　磨损微粒形成的疲劳模型

4）微动磨损

两个表面之间由于振幅很小的相对运动而产生的磨损现象，如花键、传动销、螺钉的结合面上的磨损。

在相互接触的表面之间有一定的压力使表面凸峰黏着，在黏着处因为外界小振幅所引起的振动而不断地剪切，在剪切过程中，黏结点逐渐被氧化，会产生红褐色的 Fe_2O_3 磨屑。这种过程在不断地进行中，氧化磨屑脱离本体，黏着点被破坏，同时，这些磨屑还起着磨粒的作用，使接触表面产生磨粒磨损；当磨损区不断扩大时，最后引起接触表面完全破坏，这是微动磨损形成的机理。如果这种磨损在产生的过程中，两个表面间的化学反应起主要作用，则称为微动腐蚀磨损。

5）腐蚀磨损

金属表面在化学或电化学反应作用下产生的磨损，如氧化腐蚀磨损、特种介质腐蚀磨损、冲蚀和汽蚀等，这种磨损发生在水泵叶轮、水轮机叶片等表面。

腐蚀磨损的主要形式有：

（1）氧化磨损：磨损过程中的化学反应是以氧化或氧化反应占优势的一种磨损形式。

（2）特殊介质腐蚀磨损：摩擦副与碱、酸、盐等特殊介质作用，磨损颗粒是金属与周围介质的化合物，在摩擦面上沿滑动方向是匀细磨痕。

（3）空化冲蚀：这是由液体中的空化现象而产生的一种磨损。当零件接触并没有做相对运动时，液体与零件接触处的局部压力低于该液体的饱和蒸气压，将形成气泡，同时溶解气体也可能析出形成气泡。如果这些气泡流到了高压区，液体与零件接触处局部压力高于气泡压力时，气泡便溃灭，在此瞬间产生极大的冲击力及高温。这种气泡的形成和溃灭的反复过程，使材料表面物质脱落，形成麻点状及气泡海绵状的磨损痕迹。

应当明确，多数磨损是以复合形式出现的，如微动磨损就是一种复合磨损形式。在实际工程中，应抓住主要的磨损形式，才能采取有效措施，减少磨损，延长寿命。

2. 磨损规律及影响因素

1）材料的磨损规律

机器零件的磨损过程分为三个阶段：跑合阶段、稳定磨损阶段、急剧磨损阶段，常用磨损量-时间曲线与磨损速度-时间曲线来描述，如图 2-14 所示。

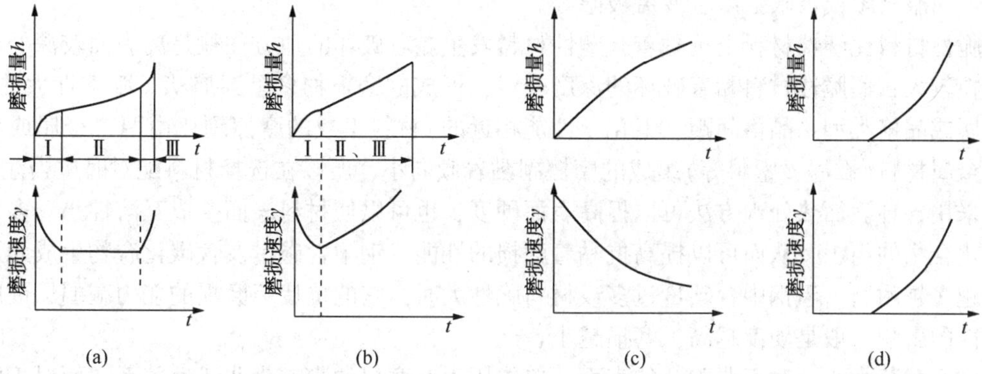

图 2-14　磨损量-时间曲线与磨损速度-时间曲线

图 2-14(a)表示的是最常见的一种磨损过程的磨损量-时间曲线与磨损速度-时间曲线。这两条磨损过程曲线(下面一条俗称“浴盆”曲线)一般可分为三个磨损阶段：

(1) 跑合(磨合)阶段Ⅰ。在这一阶段里摩擦表面上的原始表面粗糙度(它由机械加工最后工序得出来的，称为工艺粗糙度)经过跑合而发生了变化，使得表面粗糙度开始减小，变为一般正常使用的表面粗糙度，表面变得较光滑平整，磨损速度由快变慢直至某个定值。

(2) 稳定(正常)磨损阶段Ⅱ。在此阶段里磨损速度是个常数，如果没有其他特殊原因，磨损就会一直平稳地发展下去。这是机器零件正常工作的阶段。

(3) 急剧磨损(耗损)阶段Ⅲ。由于表面受到损坏，表面温度升高，加上材料机械性能的变化使磨损量急剧增大。随着磨损速度增快，最终导致零件失效。这个阶段常会出现磨损形式的改变。

图 2-14(b)所示的是另一种类型的磨损过程。在这种磨损过程中，各种影响因素作用的积累使第Ⅱ阶段缩短，第Ⅱ、第Ⅲ阶段间没有明显的界限，磨损速度是逐渐增大的。一般电子元件属于前一种[图 2-14(a)]，而机械元件属于后一种[图 2-14(b)]。例如阀门零件的磨损最终导致泄漏。

图 2-14(c)所示为物体的磨损量自始至终地随时间地推移稳定地增加，没有分段界限的一种磨损过程。磨损度在整个过程中是一直下降的。例如拖拉机、各种农业机械和挖掘机的零件，开始时磨损快，当表面磨钝后磨损速度就会降下来。

图 2-14(d)所示的磨损过程是：在开始一段工作时间内，摩擦表面完全不发生磨损，或者没有尺寸上的改变，也不影响零件的工作性能。例如齿轮、滚动轴承的工作表面层材料在运转一定时间后才发生疲劳破坏就属于这种情况。又如某些密封完善、润滑性能较好的机件，开始时也没有磨损，只是到以后工作条件发生改变了才引起磨损加剧。

2）影响磨损的因素

磨损的影响因素主要有：材料力学性能、表面硬度、载荷大小、滑动速度、表面温度、表面粗糙度、表面黏附物以及润滑状况等。

（1）材料的力学性能和表面硬度。摩擦副材料的力学性能、化学成分和材料组织结构对磨损速度有很大的影响。因为磨损的实质就是从表面上分离出磨损物质，从而使材料表面的微观体积受到破坏，所以，材料强度对磨损具有影响。与材料磨损性能有关的材料力学性能包括：屈服极限或极限强度、疲劳极限等。

脆性材料比塑性材料更抗黏着，塑性材料发生黏着破坏的地方往往是离表面较深处形成的磨粒较大；而脆性材料黏着破坏的深度较浅，形成的磨损物多呈磨屑状。互溶性大的(相同金属或晶格类型、晶格间距、电化学性能相近的)材料组成的摩擦副比由两个金属或金属与非金属材料(石墨、塑料等)组成的摩擦副黏着倾向小，所以在选择材料配对时应当注意。

采用各种表面热处理方法可以提高表面硬度，也可以使材料表面生成互溶性小、多相并带有化合物的组织，从而可以提高抗黏着磨损的性能。钢中含碳量及含碳化合物生成元素的含量越多越耐磨。但钢中含碳量过多或材料脆性大时，它的抗疲劳磨损的能力减弱。硬度对耐磨性的影响一般是硬度越高，磨损越小。

（2）载荷大小。对于非跑合的表面，单位压力对磨损的影响为非线性关系，而对于跑合表面，磨损率正比于单位压力。

载荷增加时，实际接触面积增大，摩擦力也增大。这时表面的温度会升高，从而导致接触表面加速破坏。载荷的增加将促使表面从轻微磨损转变为严重磨损，这大约发生在名义单位压力等于表面硬度 HB 值 1/3 的时候。

（3）滑动速度。实际上，如果只有滑动速度的增加还没有引起摩擦表面上温度的激增，滑动速度会使摩擦与磨损减少。因为滑动速度的大小决定着表面摩擦连接点作用的时间，如果时间很短，材料来不及变形，摩擦和磨损都变小。如果滑动速度很大，致使表面温度升高，影响材料的热传导和力学性能，则会加剧磨损。滑动速度对磨损的影响是通过摩擦热使材料性能发生变化而作用的。

（4）表面粗糙度。摩擦表面上微观几何不平度比表面波度对磨损的影响更严重。一般情况下，表面越粗糙，磨损就越严重。但是，十分平整光滑的表面，磨损也会很大，这是因为光滑表面间的实际面积(接触面积)将会很大，表面间的黏着作用会导致严重的黏着磨损。过于光滑的表面不利于润滑，也会使摩擦增大。

（5）表面温度。摩擦表面的温度对磨损的影响，主要有三个方面：改变摩擦材料的特性、影响表面黏附膜的形成以及表面润滑剂的特性。

材料硬度随温度的升高而降低。高温时，表面上的粗糙凸起容易发生变形和黏着，使硬度降低，从而使磨损增大。因此，在高温工作条件下应当选用耐热材料制造机件。在正常环境条件下，大多数金属表面上覆盖着一层氧化膜，薄膜的正确形状和厚度取决于形成薄膜的温度，温度越高，薄膜越完整且越厚。

表面间温度的升高会使表面的润滑油氧化，可能导致润滑失效。高温工作条件下应考虑使用循环往复润滑方式和使用高温的润滑剂，如石墨、二硫化钼等。

（6）表面污染层及润滑剂。摩擦表面上通常都吸附有各种物质。表面吸附层起着相当于润滑剂的作用，它的存在可以防止摩擦表面的直接接触，从而减少表面的摩擦与磨损。但是当污染物中有砂粒、尘埃等硬质颗粒时，则会加剧磨损。

干摩擦情况下表面的磨损速度最大，因为此时表面间很容易形成分子间的相互作用，使温度升高，加剧表面层材料的损坏。因此，应当尽可能避免出现干摩擦，并采用可靠的润滑方式来保证摩擦副间良好的润滑状态。在润滑油中加入油性和极压添加剂可以增加吸附能力和油膜强度及提高抗黏着磨损的能力。润滑油的黏度越高，接触面间的压力分布就越均匀，也就能提高其抗疲劳磨损的能力。润滑油的黏度越低，油越易渗入材料表面的裂纹中去，有时会加剧表面的损坏。

3）减少磨损的基本措施

（1）材料的选择。相同金属材料的磨损率大于不同金属材料的磨损率，金属材料配对摩擦副的磨损率大于金属材料与非金属材料配对的摩擦副。

（2）润滑。使摩擦副在流体润滑状态下工作。

（3）表面强化处理。渗碳、渗氮、喷沙等表面处理工艺。

（4）结构设计。如采用转移性原则，使一个摩擦面磨损而保护另一摩擦面。如：滑动轴承表面油槽的布置，提高其承载能力。

（5）使用保养。

2.3.4 流体润滑与密封

润滑是减少机械零部件磨损、延长使用寿命的有效措施。为了减少机器的磨损和发热，保证安全运转，延长使用寿命和降低能源的消耗，摩擦副表面间需要进行润滑。主要的润滑剂为液体润滑油。

依据流体润滑油膜压力形成方式的不同，流体密封的基本润滑型式如图 2-15 所示。

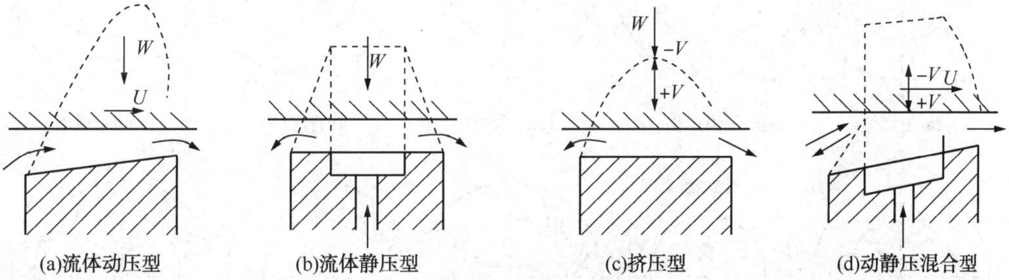

图 2-15 流体膜润滑效应

（1）流体动压型：流体膜承载能力是由摩擦副的两个配合表面做相对运动而产生的。

（2）流体静压型：流体膜承载能力是由内部压差流动引起的，与配合面运动无关。

（3）挤压流体膜型：流体膜承载能力是由配合面做垂直方向的运动而产生的。

1. 流体动压润滑

由摩擦表面间形成的收敛油楔和相对运动，使黏性流体形成压力以平衡外载荷。其主要控制方程是简化了的纳维-斯托克斯方程-雷诺方程。

$$\left(\frac{\rho h^3}{12\mu}\frac{\partial P}{\partial x}\right)+\frac{\partial}{\partial Y}\left(\frac{\rho h^3}{12\mu}\frac{\partial P}{\partial y}\right)=\frac{\partial}{\partial X}\left(\frac{\rho h U_0}{2}\right)+\left(\frac{\partial(\rho h)}{\partial t}\right) \tag{2-48}$$

压差流　　剪切流　　挤压流

流体动压润滑实现的必备条件为：

（1）摩擦面间存在收敛间隙，形成收敛形油楔。

（2）在摩擦面之间的润滑油必须是黏性流体。

（3）在摩擦表面之间要有相对运动。

要满足上述条件，密封面需要开一系列不同形式的流槽，使得润滑流体膜形成动压效应。图 2-16 即为各种封面、流槽形状及对中误差。

1）密封面流体膜(流槽)形状效应

（1）宏观几何形状模型[图 2-16(a)~图 2-16(l)，图 2-16(p)及图 2-16(q)]倾斜块(周向台阶、周向斜面、周向斜平面)、各种流槽(周向槽、直弦槽、三角槽、半圆形槽、矩形槽、弧形槽、叶形槽、圆弧槽、螺旋槽、人字形槽)、椭圆形密封面等。

（2）周向波动模型[图 2-16(o)]。

（3）微观表面粗糙度模型[图 2-16(x)]。

2）密封面变形产生的楔效应

（1）压力楔模型。由压力变形产生非平行楔效应及波度效应。

（2）热楔模型。由温度差热变形产生楔效应及波度效应。

（3）热流体动压楔模型[图 2-16(u)]。由局部压力及热变形产生的楔效应。

（4）微观楔模型[图 2-16(v)]。由微凸体楔产生楔效应。

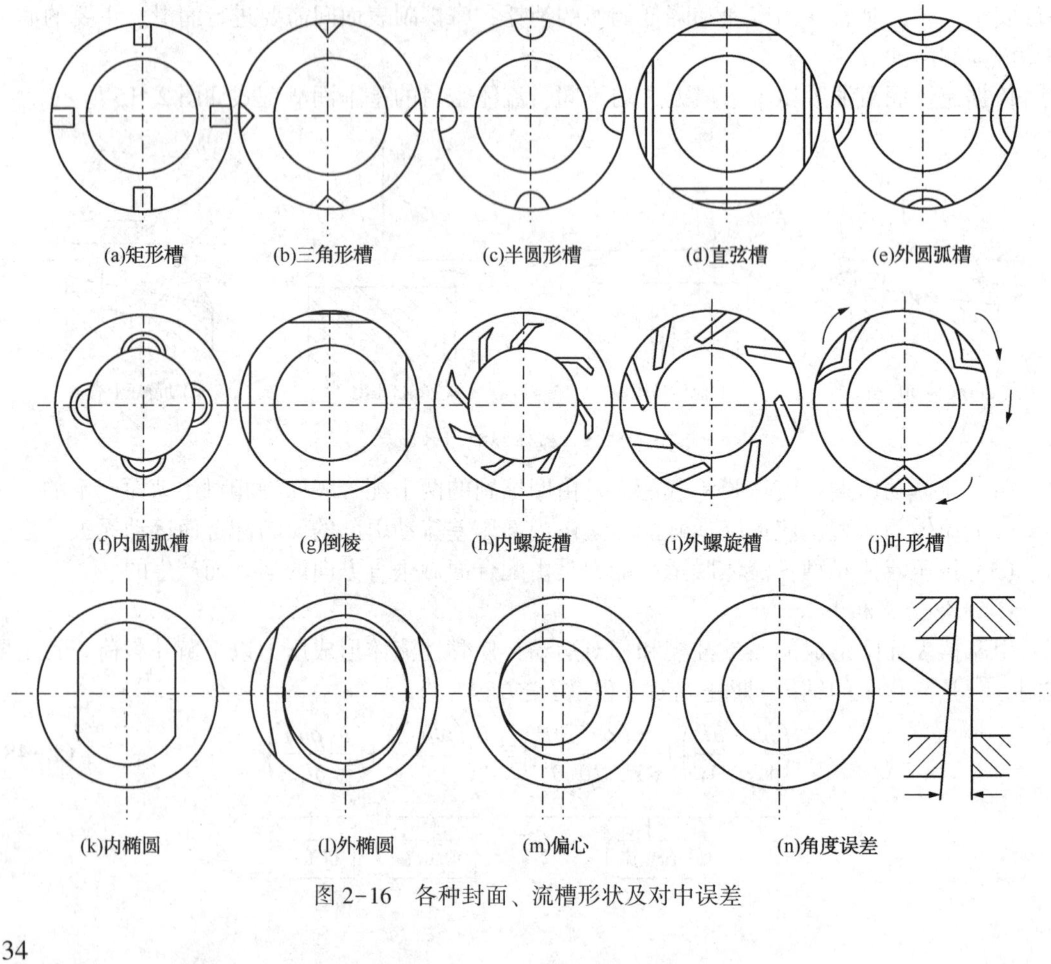

图 2-16　各种封面、流槽形状及对中误差

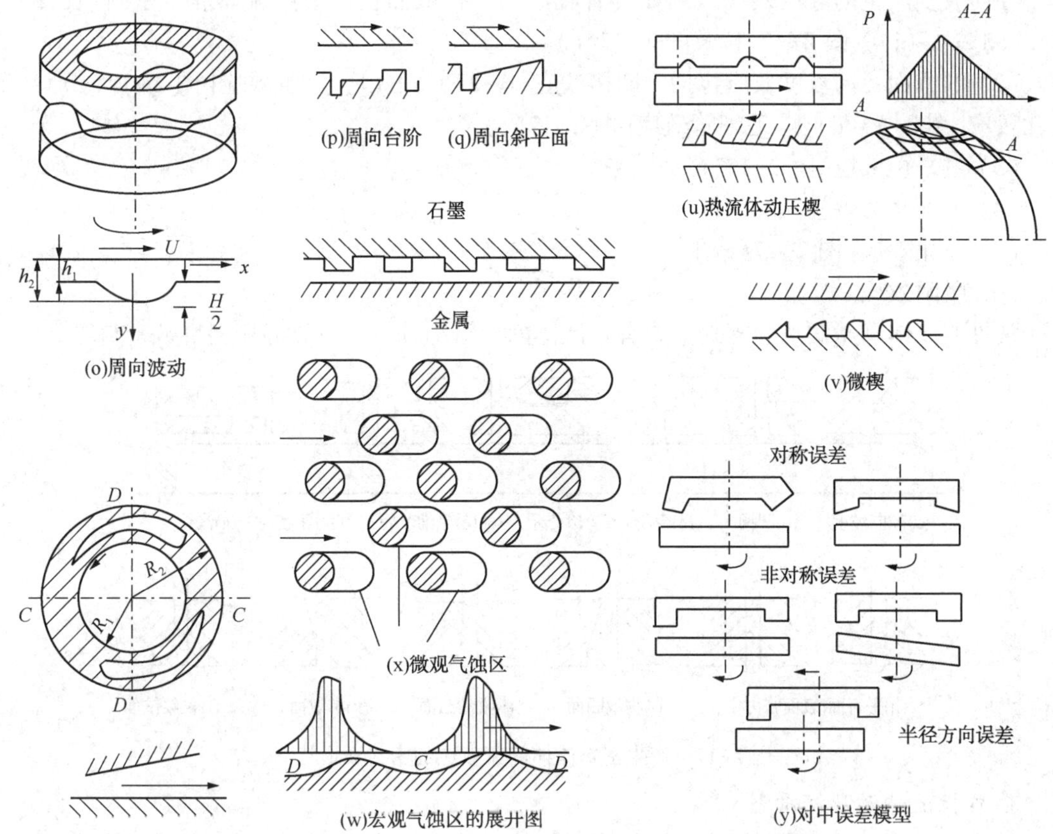

图 2–16　各种封面、流槽形状及对中误差(续)

3）非牛顿流体效应

(1) 黏温效应。

(2) 泵送效应。

4）空化(汽蚀)效应

(1) 宏观汽蚀效应[图 2–16(w)]。

(2) 微观汽蚀效应[图 2–16(x)]。

5）对中误差效应[图 2–16(y)]

(1) 偏心效应由对中误差产生流体动压效应[图 2–16(m)]。

(2) 偏斜模型由角度误差产生流体动压效应[图 2–16(n)]。

流体动压润滑在实际中的应用主要有：滑动轴承、浮环密封、气膜密封、上游泵送机械密封等。

2. 流体静压润滑

由内压力源或外压力源提供的压差流动产生流体膜压力静压垫具有一定的承载能力，是由内部压差流动引起的，故与配合面的相对运动无关。流体静压效应涉及斜平面径向坡度效应、凹凸面径向坡度效应、过平衡效应、表面张力效应、气蚀效应和吸附效应等。

(1) 斜平面径向坡度效应[图 2–17(a)]。由密封面的力变形或热变形或机械加工造成的。

径向坡度产生的静压效应，例如具有收敛面、扩散面径向坡度流体静压密封[图 2-17(i)，图 2-17(j)，图 2-17(l)及图 2-17(k)]。

(2) 凹凸面径向坡度效应包括：凹槽效应[图 2-17(b)]、台阶效应[图 2-17(c)]、节流孔效应[图 2-17(d)]、毛细管效应[图 2-17(e)]。

(3) 过平衡效应[图 2-17(f)]。

(4) 表面张力效应[图 2-17(h)]。

(5) 汽化效应[图 2-17(g)]。

(6) 吸附效应。

常见的流体静压润滑和密封形式有：流体静压滑动轴承、流体静压型机械密封等。

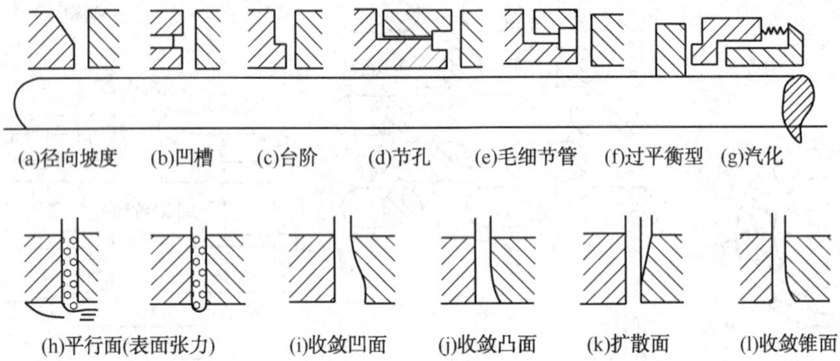

图 2-17　产生密封流体静压效应的密封面形状

3. 弹性流体动压润滑型

弹性流体动压润滑是研究高副接触中弹性体间的流体动压润滑问题。弹性流体动压润滑具有两个特点：

(1) 考虑了接触处摩擦副材料发生变形对润滑性能的影响。

(2) 考虑了润滑介质黏度随压力(温度)变化对润滑性能的影响。

广义上，只要表面弹性变形量和最小液膜厚度在同一个数量级，那么这种润滑问题即属于弹性流体的问题。两表面完全被润滑液膜所隔开的称为全膜弹性流体润滑，也称厚膜润滑。在这种情况下，摩擦副表面粗糙度对润滑的影响很小。但当液膜较薄时，使得摩擦表面上的微峰相互接触，这种情况被称为部分膜弹性流体润滑，简称部分弹流或薄膜润滑。这时一部分外载荷由液膜承受，另一部分则由表面的微凸体峰顶承受。如果接触区的温度作为等温场，则为等温弹性流体润滑，反之如果温度场有变化，那么称为热弹性流体润滑。工程实际中的应用有：重载滚动轴承、唇型油封、热流体动压机械密封等。

复习思考题

1. 流体力学的基本方程有哪些?
2. 密封简单模型中的流体流动有哪几种方式? 各自有什么特征?
3. 表面形状误差、表面波度、表面粗糙度有什么区别?
4. 简述摩擦状态及其特征。
5. 简述磨损的主要形式及各自的特征。
6. 流体密封的基本润滑形式有哪些?

第3章　垫片密封

垫片密封通常是指由容器、工艺设备、动力机器和连接管道等可拆连接处连接件和垫片组成的一种静密封结构形式。它在现代化工及石化装备中随处可见。例如，设备上的人孔、手孔、视孔、大盖法兰连接处；各种工艺管线、仪器仪表接管与设备、机泵、阀门法兰等连接处，都有这类结构。垫片密封所处的工况条件十分复杂，包含的流体介质范围相当广泛，防止液体或气体通过这些连接处泄漏出来，是工厂面对的最重要也是最困难的任务。虽然法兰连接接头与泵轴、阀杆、搅拌器等密封相比，其泄漏量不及它们大，但法兰连接接头的数量则比它们多得多，因此它们成为化工及石化装备泄漏的主要来源。泄漏会带来环境污染、产品损失，垫片密封的重要性不言而喻。由于它们通常采用螺栓法兰连接结构，因此装配时要将螺栓预紧到足以达到初步密封的要求，而精确地控制预紧水平恰恰是一个十分棘手的问题；此外，这一结构中的垫片更是一个受很多因素影响的密封元件。

垫片的应用范围极其广泛，垫片需要的预紧载荷也各不相同，如低压水泵薄法兰用的垫片需要的压紧载荷较低，而压力容器和管道法兰垫片，需要较大的压紧载荷和刚性较好的连接结构。对后者通常有标准可查，相对于特殊要求的垫片密封，没有标准的连接尺寸，如法兰厚度、螺栓尺寸、螺栓间距等，这就需要考虑专门的设计。

按照压力容器和管道所承受的压力的不同，垫片材料的结构、形式、要求也不尽相同，本章在内容安排上将分别介绍中低压(工作压力≤10MPa)和高压设备与管道的垫片密封。

3.1　中低压设备和管道的垫片密封

3.1.1　垫片密封的基本结构与工作原理

垫片是一种置于配合面间几何形状符合要求的薄截面密封件。其作用是在预定的使用寿命内，保持两个连接件间的密封。垫片必须能够密封结合面，使密封介质不渗透和不被密封介质腐蚀，并能经受温度和压力等的作用。

1. 垫片密封的基本结构

典型的垫片密封结构，一般由连接件、垫片和紧固件等组成。中低压设备和管道的垫片密封主要是如图3-1所示的法兰连接密封，其连接件和紧固件主要是法兰和连接螺栓、螺母等。垫片工作正常或失效与否，除了取决于设计选用的垫片本身性能外，还取决于密封系统的刚度和变形、结合面的粗糙度和不平行度、紧固载荷的大小和均匀性等。

2. 垫片密封的泄漏形式

就垫片密封而言，通常密封流体在垫片结合处的主要泄漏情况如图3-2所示。

(1) 界面泄漏。两连接表面(密封面)，从机械加工的微观纹理来看存在粗糙度和变形，它们与垫片之间总是存在泄漏通道，由此产生的流体泄漏称为界面泄漏，其泄漏量占总泄漏量的 80%~90%。

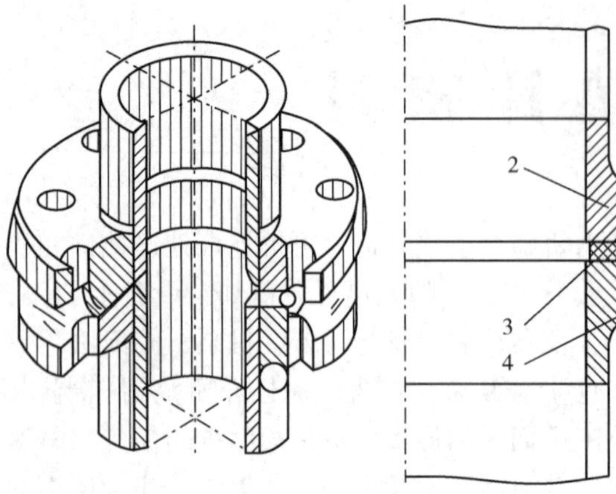

图 3-1 垫片-螺栓-法兰连接

1—螺母；2—法兰；3—垫片；4—螺栓

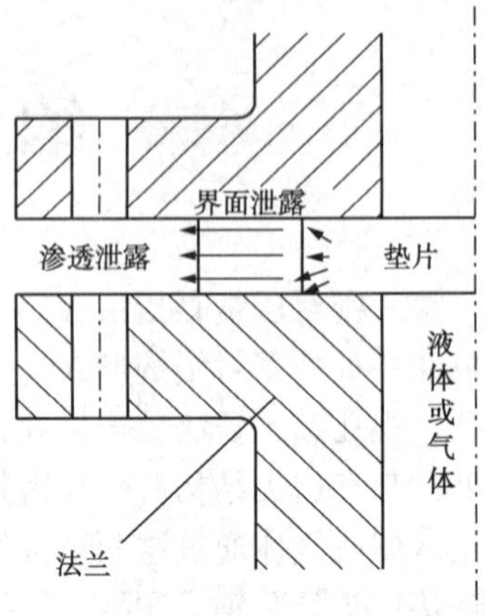

图 3-2 垫片泄漏形式

(2) 渗透泄漏。对非金属材质而言，从材料的微观结构来看，本身存在微小缝隙或细微的毛细管，具有一定压力的流体自然容易通过它们渗漏出来，此称为渗透泄漏，它占总泄漏量的 10%~20%。

(3) 吹出泄漏。当夹紧垫片的总载荷因各种原因减少到几乎等于作用在连接件端部的流体静压力，导致了密封面的分离。这时若增加密封面的压力，则对于机械完整性很差的垫片，如操作期间材料发生劣化，则沿垫片径向作用的流体压力会将其撕裂，引起密封流体的大量泄漏(图 3-3)，此被称为吹出泄漏，它属于一种事故性泄漏。

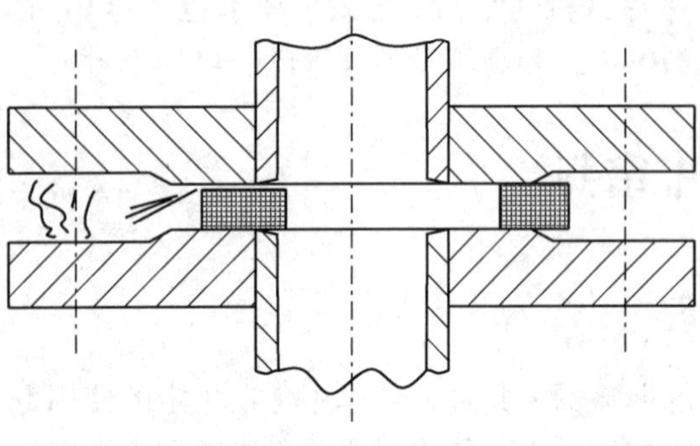

图 3-3 垫片密封吹出泄漏

对于渗透泄漏，通常可采用不同材料的复合或机械组合形成不渗透性结构，或者使用较大的夹紧力使材料更加密实，减少以至消除泄漏；而对于界面泄漏和事故性泄漏，与垫片材料的性质、接头的机械特征、密封面的性质与状态、密封流体的特性以及紧固件夹紧程度有关。它们也是解决垫片密封设计、安装、使用以及失效分析等问题的关键。

3. 垫片密封的工作原理

垫片密封的基本原理是靠外力压紧密封垫片，使其本身发生弹性或塑性变形，以填满密封面上的微观凹凸不平来实现密封。也就是利用密封面上的比压使介质通过密封面的阻力大于密封面两侧的介质压力差来实现密封。它包括初始密封和工作密封两部分。

(1) 初始密封。垫片用于对两个连接件密封面产生初始装配密封和保持工作密封。在理论上，如果密封面完全光滑、平行，并有足够的刚度，它们可直接用紧固件夹持在一起，不用垫片即可达到密封的目的(直接接触密封)。但在实际生产中，连接件的两个密封面上存在粗糙度，也不是绝对平行的，刚度也是有限的，加上紧固件的韧性不同及分散排列，因此垫片接受的载荷是不均匀的，为弥补不均匀的载荷和相应变形，在两连接密封面间插入一垫片，使之适应密封面的不规则性，以达到密封的目的。显然，产生初始密封的基本要求是使垫片压缩，在密封面间产生足够的压紧力 F_0，及垫片预紧应力 δ_{g0}(也称初始密封比压)，如图 3-4(a)所示，以阻止介质通过垫片本身的渗漏，同时保证垫片对连接件有较大的适应性，即垫片压缩后产生弹性或塑性变形 δ_0，如图 3-4(c)所示，能够填塞密封面的变形及其表面粗糙度而出现的微观凹凸不平，以堵塞介质泄漏的通道。

(2) 工作密封。当初始垫片应力加在垫片上之后，它必须在装置的设计寿命内保持足够的压紧应力，以维持允许的密封度。因为当接头受到流体压力作用时，密封面将被迫发生分离，此时要求垫片能释放出足够的回复量 δ，以弥补这一分离量，并且留下足以保持密封所需要的工作(残留)垫片应力 δ_g，如图 3-4(b)所示。此外，剩余弹性应变量还要补偿装置在长期运行过程中，任何可能发生的垫片应力的松弛。因为各种垫片材料在长期的应力作用下，都会发生不同程度的应力降低。此外，接头不均匀的热变形，例如连接件与紧固件材料的不同，热膨胀系数的不同，引起各自的热膨胀量不同，导致垫片应力的降低或升高；或者紧固件因受热引起应力松弛而减少作用在密封垫片上的应力等。

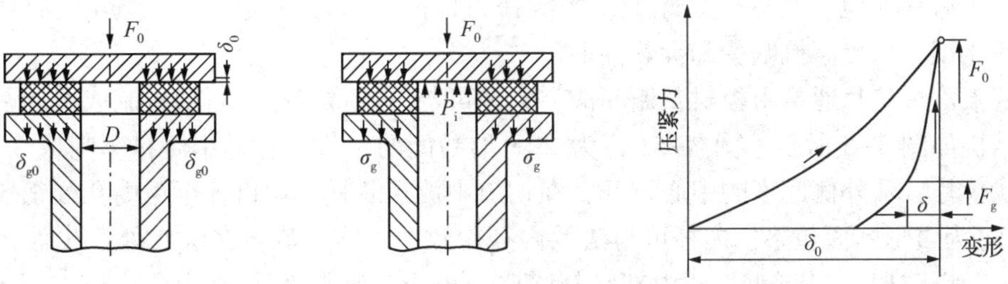

图 3-4 垫片密封过程

综上所述，任何形式的垫片密封，首先要在连接件的密封面与垫片表面之间产生一种垫片预紧力，其大小与装配垫片时的“预紧压缩量 δ_0”以及垫片材料的弹性模量等有关，而其分布状况与垫片截面的几何形状有关。从理论上说，垫片预紧应力越大，垫片中储存的弹性应变能力也越大，因而可用于补偿分离或松弛的余地也就越大，当然要以密封材料本身最大弹性变形能力为极限。就实际使用而言，垫片预紧应力的合理取值取决于密封材料与结构、密封要求、环境因素、使用寿命及经济性等。

3.1.2 垫片的种类及适用范围

1. 垫片的种类

垫片的种类多种多样，按其构造的主体材料可分为非金属、半金属和金属垫片三大类。

(1) 非金属垫片。非金属垫片质地柔软、耐腐蚀、价格便宜，但耐温和耐压性能差。多用于常温和中温的中、低压容器或管道的法兰密封。

非金属垫片包括橡胶垫、石棉橡胶垫、柔性石墨垫和聚四氟乙烯垫等，截面形状大多为矩形。

① 橡胶垫。制作橡胶板垫片的主要材料有天然橡胶、丁腈橡胶、氯丁橡胶、丁苯橡胶、乙丙橡胶、硅橡胶、氟橡胶等。由于橡胶材料质地柔软，经常在橡胶板中加入各种织物(例如加入尼龙布、涤纶布、玻璃纤维布及金属丝网等)以增加其强度。橡胶垫因具有组织致

密、质地柔软、恢复性好，容易剪切成各种形状，且便宜、易购等特点而被广泛使用于容器和管道密封中。

② 石棉橡胶垫。石棉橡胶垫是由石棉、橡胶和填料经压制而成的。一般石棉纤维占60%~85%。根据其配比工艺、性能及用途不同，主要有高压石棉橡胶垫，中、低压石棉橡胶垫和耐油石棉橡胶垫。

石棉橡胶垫有适宜的强度、弹性、柔软性、耐热性等性能；用它制作垫片，既方便又便宜，因此在化工企业中，尤其是在中小型化工企业中得到广泛应用。

③ 柔性石墨垫。柔性石墨垫是一种新颖的密封材料，有良好的恢复性、柔软性、耐温性，在化工企业中迅速得到推广和应用。

④ 聚四氟乙烯垫(简称 PTFE)。聚四氟乙烯以其耐化学性、耐热性、耐寒性、耐油性优于现在任何塑料而有“塑料之王”之称，它不易老化，不燃烧，吸水性近乎为零。其组织致密，分子结构无极性，用作垫片，接触面可做到平整光滑，对金属法兰不黏着。除受熔融碱金属及含氟元素气体的侵蚀外，它能耐多种酸、碱、盐、油脂类溶液介质的腐蚀。但是聚四氟乙烯受压后易冷流，受热后易蠕变，影响密封性能。通常在其中加入部分玻璃纤维、石墨、二硫化钼，以提高抗蠕变和导热性能。

聚四氟乙烯垫片通常由板材裁制而成。它还可与石棉橡胶板、石棉板制成聚四氟乙烯包垫，其结构如图 3-5 所示。图 3-5(a)为═⊃—形断面的包垫，它是用筒料车削成 0.8~1mm 厚的环状薄片，从外侧厚度的中心切开，在切口中放入芯材。切口开至距内孔处 1.5~2mm。图 3-5(b)为⊃形断面包垫，内径可与法兰内径一致，以防止流体在法兰处产生涡流。由于芯材放入后空隙比═⊃—形小，故内部空气膨胀量也小，密封性能好。图 3-5(c)为厚 0.4~0.8mm 的带状聚四氟乙烯薄膜，将它两端面热合后包在环状的芯材外面呈⊃形，制造简便，适用于直径较大的设备。

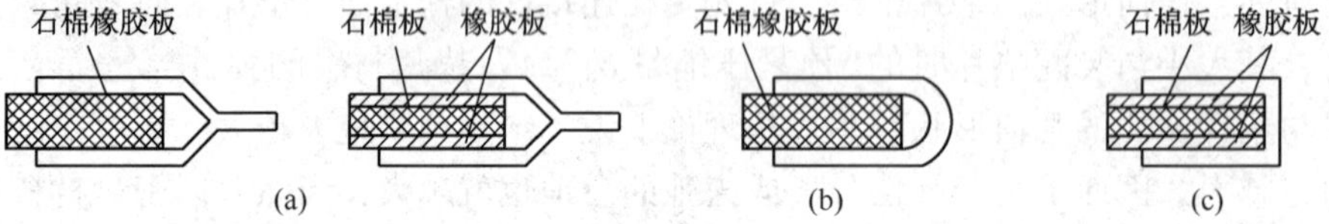

图 3-5　聚四氟乙烯包垫

(2) 半金属垫片(又称金属复合垫片)。非金属材料虽具有很好的柔软性、压缩性和螺栓载荷低等优点，但它的主要缺点是强度不高，恢复性差，不适合高压、高温场合，所以结合金属材料强度高、恢复性好、经受得起高温的特点，形成两者组合结构的垫片，即为半金属垫片。

半金属垫片是用不同材料的金属薄板把非金属材料包裹起来压制成型的。金属材料在外层，可耐高温；非金属材料在内层，使垫片具有良好的弹性和恢复性。这样组合后的垫片可满足高温和较高压力的使用要求。

半金属垫片主要有金属包覆垫片、金属缠绕垫片、金属波纹复合垫片、金属齿形复合垫片等。

① 金属包覆垫片。该垫片以非金属为芯材、外包厚度为 0.25~0.5mm 的金属薄板。按包覆状态，可分为全包覆、半包覆、波形包覆、双层包覆等，如图 3-6 所示。

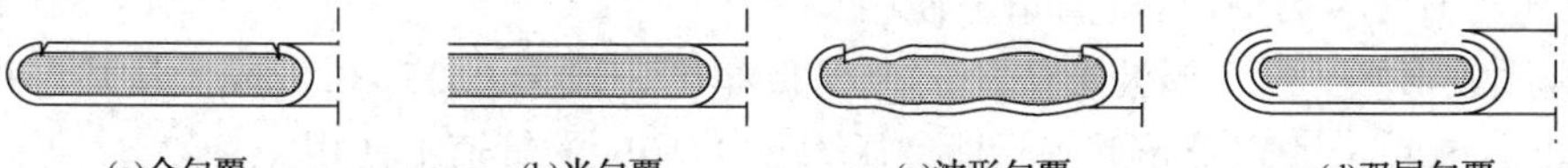

图 3-6 金属包覆垫片

金属薄板根据材料的弹塑性、耐热性、耐蚀性选取。主要有铜、镀锌铁皮、不锈钢、钛、蒙乃尔合金等。使用较多的是铜、镀锌铁皮和不锈钢。

作为金属包垫的芯材，耐热性是主要考核指标。一般采用石棉板或低橡胶石棉板、耐高温性能好的碳纤维或瓷质纤维及柔性石墨板材等。

金属包垫的另一特点是能制成各式异型垫片。可以满足各种热交换器管箱和非圆形压力容器密封的需要，而其他复合垫片却不能。

② 金属缠绕垫片。金属缠绕垫片是由薄金属波形带与石棉或柔性石墨等非金属带交替绕成螺旋状，将金属带的始末端点焊接制成。国外亦称作螺旋垫片。

金属缠绕垫片按结构形式的不同分为基本型、带内加强环型、带外加强环型及带内、带外加强环型四种，如图 3-7 所示。

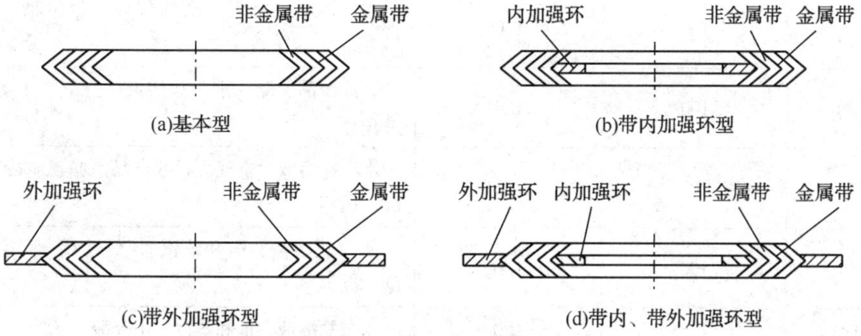

图 3-7 金属缠绕垫片

（3）金属垫片。在高温高压及载荷循环频繁等苛刻操作条件下，各种金属材料仍是密封垫片的首选材料，常用的材料有铜、铝、低碳钢、不锈钢、铬镍合金钢、钛、蒙乃尔合金等。为了减少螺栓载荷和保证结构紧凑，除了金属平垫尽量采用窄宽度外，各种具有线接触特征的环垫结构则是其优选的形式。

金属垫片的截面形状有平形、波形、齿形、椭圆形、八角形等，如图 3-8 所示。

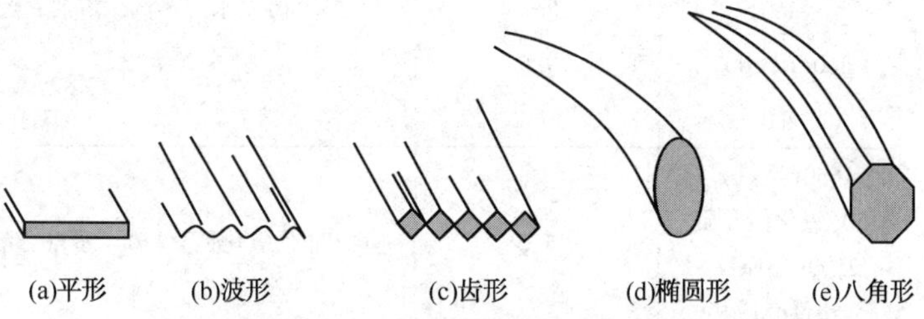

图 3-8 金属垫片的截面形状

① 金属平垫片。金属平垫片使用时分宽垫片和窄垫片两种。宽垫片因预紧力要求大，易引起螺栓和法兰变形，压力超过 1.96MPa 时在光滑面的法兰上很少使用。窄垫片容易预

紧，可在压力6.27~9.8MPa的管道上使用。

② 金属波形垫片。金属波形垫片的金属板厚度一般为0.25~0.8mm。垫片厚度一般为波长的40%~50%。适宜于光滑密封面、压力3.43MPa的管道上使用。

③ 金属齿形垫片。金属齿形垫片多用于6.27~9.8MPa的管道上。齿顶距约1.5mm，齿顶、齿根角均为90°。其密封性能比平垫好，压紧力也比平垫小。

2. 各种垫片的适用范围

各种非金属垫片、半金属垫片及金属垫片，由于其结构不同，性能不同，承载的温度和压力不同，所适用的工作范围也不同。在选择和使用垫片时，要充分考虑其特点和使用场合的不同。各种非金属垫片、半金属垫片及金属垫片的适用范围见表3-1~表3-3。

表3-1 常用非金属(软)垫片

类型	适用条件		
	最高温度/℃	最大压力/MPa	介质
纸质垫片	100	0.1	燃料油、润滑油等
软木垫片	120	0.3	油、水、溶剂
天然橡胶	100	1.0	水、海水、空气、惰性气体、盐溶液、中等酸、碱等
丁腈橡胶(NBR)	100	1.0	石油产品、脂、水、盐溶液、空气、中等酸、碱、芳烃等
氯丁橡胶(CR)	100	1.0	水、盐溶液、空气、石油产品、脂、制冷剂、中等酸、碱等
丁苯橡胶(SBR)	100	1.0	水、盐溶液、饱和蒸汽、空气、惰性气体、中等酸、碱等
乙丙橡胶(EPDM)	175	1.0	水、盐溶液、饱和蒸汽、中等酸、碱等
硅橡胶(MQ)	230	1.0	水、脂、酸等
氟橡胶(FKM)	260	1.0	水、石油产品、酸等
石棉橡胶垫片	150	4.8	水、水蒸气、空气、惰性气体、盐溶液、油类、溶剂、中等酸、碱等
聚四氟乙烯垫片			强酸、碱、水、蒸汽、溶剂、烃类等
纯车削板	260(限150)	10.0	
填充板	260	8.3	
膨胀带	260(限200)	9.5	
金属增强	260	17.2	
柔性石墨垫片	650(蒸汽) 450(氧化性介质) 2500(还原性、惰性介质)	5.0	酸(非强氧化性)、碱、蒸汽、溶剂、油类等
无石棉橡胶垫片			视粘接剂(SBR、NBR、CR、EPDM等)而定
有机纤维增强	370(连续205)	14	
无机纤维增强	425(连续290)		

表 3-2 半金属垫片

类型	使用条件	
	最高温度/℃	最大压力/MPa
金属缠绕垫片	取金属带或非金属填充带材料的使用温度	
	下列温度是非金属材料使用温度	42(有约束) 21(无约束)
填充 PTFE		
有约束	290	
无约束	150	
填充柔性石墨		
蒸汽介质	650	
氧化性介质	500	
填充白石棉纸	600	
填充陶瓷(硅酸铝)	1090	
金属包覆垫片		
内石棉板	400	6
内石墨板	500	
金属包覆波形垫片		
内石棉板	400	4
内石墨板	500	

表 3-3 金属垫片

类型	使用条件		类型	使用条件	
	最高温度/℃	最大压力/MPa		最高温度/℃	最大压力/MPa
金属平垫片			银	430	
铝	430		不锈钢		
碳钢	540		0Cr19Ni9(304)	510	
铜	320		0Cr17Ni12M02(316)	680	
镍基合金	1040				
铅		50	金属波形垫片	同上	7
有约束	200		金属齿形垫片	同上	15
无约束	100				
蒙乃尔合金			金属环形密封环(八角形或椭圆形环)	同上	70
蒸汽工况	430				
其他工况	820		金属中空 O 形密封环	815	280

3.1.3 法兰密封面形式和加工要求

1. 法兰密封面形式

法兰密封面的形式、大小与垫片的种类、使用场合及工作条件有关。常用的法兰密封面形式有全平面、突面、凹凸面、榫槽面和环连接面(或称梯形槽)等几种，如图 3-9 所示。

其中以突面、凹凸面、榫槽面最为常用。

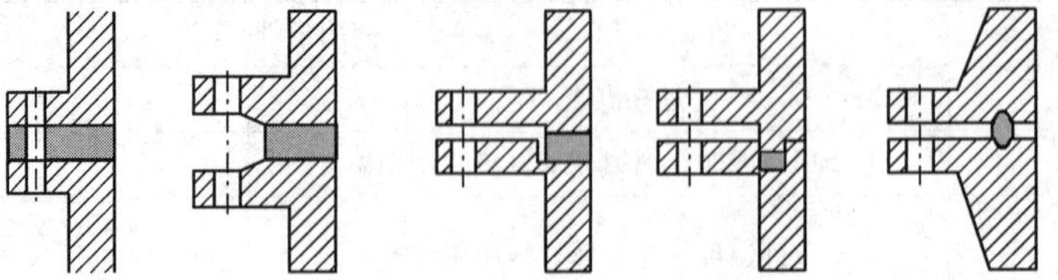

图 3-9　法兰密封面形式

对全平面的法兰，垫片覆盖了整个法兰密封面，由于垫片与法兰的接触面积较大，给定的螺栓载荷下垫片上的压缩应力较低，因此全平面法兰适用于柔软材料垫片或铸铁、搪瓷、塑料等低压法兰的场合。

对于突面法兰，尽管为了定位需要垫片的外径通常延伸到与螺栓接触，但起密封作用的仅是螺栓圆以内法兰凸面与垫片接触的部分，因此相对同样螺栓载荷下的全平面法兰而言，它能产生较高的垫片应力，适用于较硬垫片材料和较高压力的场合。突面结构简单、加工方便、装拆容易，且便于进行防腐衬里。压紧面可做成平滑的，也可以在压紧面上开 2~4 条、宽×深为 0.8mm×0.4mm、截面为三角形的周向沟槽。这种带沟槽的突面能较为有效地防止非金属垫片被挤出压紧面，因而适用范围更广。一般完全平滑的突面适用于公称压力 $PN\leqslant$ 2.5MPa 的场合，带沟槽后容器法兰公称压力可用至 6.4MPa，管法兰公称压力甚至可用至 25~42MPa，但随公称压力的提高，适用的公称直径相应减小。各种非金属垫片、包覆垫、金属包垫、缠绕式垫片等均可用于该密封面。

凹凸形密封面法兰是由一凹和一凸两法兰相配合而成，垫片放于凹面内。其优点是安装时易于对中，能有效地防止垫片被挤出，并使垫片免于遭受吹出。其密封性能好于突面密封面，可适用于 $PN\leqslant$6.4MPa 的容器法兰和管法兰。但对于操作温度高、密封口直径大的设备，使用该种密封面时，垫片仍有被挤出的可能，此时可采用榫槽面法兰或带有两道止口的凹凸面法兰等加以解决。各种非金属垫片、包覆垫、金属包垫、缠绕式垫片、金属波形垫、金属平垫、金属齿形垫等适用于该密封面。

榫槽形密封面法兰比凹凸形密封面法兰的密封面更窄，它是由一榫面和一槽面相配合而成的，垫片置于槽内。由于垫片较窄，压紧面积小，且因受到槽面的阻挡，垫片不会挤出压紧面，受介质冲刷和腐蚀的倾向少，安装时也易于对中，垫片受力均匀，密封可靠。可用于高压、易燃、易爆和有毒介质等对密封要求严格的场合，当公称压力 PN 为 20MPa 时，可用于公称直径为 DN800mm 的场合。当压力更低时，则可用于直径范围更大的场合，但该种密封面的加工和更换垫片比较困难。金属或非金属平垫、金属包垫、缠绕式垫片都适用于该种密封结构。

环连接面法兰是与椭圆形或八角形的金属垫片配合使用的。它是靠梯形槽的内外锥面和金属垫片形成线接触而达到密封的，具有一定的自紧作用，密封可靠。适用于压力和温度存在波动、介质渗透性大的场合，允许使用的最大公称压力为 70MPa。梯形槽材料的硬度值比垫圈材料硬度值高 30~40HB。

除了上述的密封面形式外，还有配用 O 形环、透镜垫等特殊形式的密封面，如图 3-10 所示。它在单面法兰上开一环形凹槽，内装垫片，螺栓预紧后，两法兰直接接触。这种结构的主要特点是将垫片压缩到预定厚度后，继续追加螺栓载荷直至两法兰面直接接触。所以当存在介质压力和温度波动时，垫片上的密封载荷不发生变化，以保证接头保持在最佳的泄漏控制点，同时螺栓也不承受循环载荷，减少了发生疲劳或松脱的危险。显然，它还减少了法兰的转角。

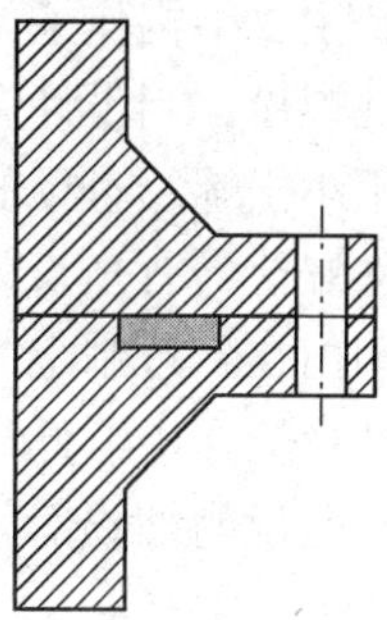

图 3-10 金属与金属接触

2. 法兰密封面的加工要求

对于任何一种法兰密封面，其表面粗糙度是影响密封性能的重要因素之一。在各种法兰标准中，虽然对其密封面的粗糙度有要求，但因垫片种类繁多，对粗糙度的要求不同，无法做出统一规定。因此应根据所用垫片的不同，提出不同的要求，具体可查相关标准。

法兰密封面在机械加工后，表面的切削纹路对密封也有一定的影响，通常有同心圆和螺旋形线两种。显然前者对密封是有利的，但不容易做到。但绝不允许有横跨内外的径向划痕，以免形成直接泄漏的通道。

3.1.4 高温螺栓法兰连接系统防漏措施

高温条件下，螺栓、法兰、垫片的弹性模量降低，材料发生蠕变，非金属垫片发软或变硬，金属垫片塑性增加，恢复能力降低；法兰挠曲和螺栓伸长现象加剧以及由于两者温差而产生的附加应力等原因，导致螺栓法兰连接系统泄漏严重，这种现象在设备开、停车或操作温度波动大时尤为常见。目前，高温螺栓法兰连接系统防止泄漏的方法主要有以下几种。

1. 采用弹性螺栓

在高温工况中使用弹性螺栓，能够防止螺栓法兰连接系统泄漏，这主要是有如下原因。

(1) 在工作条件下，螺栓除受拉伸外，还受弯曲、扭转以及冲击载荷影响。为使整个螺栓法兰连接系统的变形不至于过多地由螺栓的螺纹部分承担，势必要将螺栓设计成弹性结构，由于缩颈部分直径较螺纹根径小，所以应力最高。根据变形量=应力/弹性模量，缩颈部分可承受较多的变形，另外使用液压拉伸器上紧螺栓，也要求它具有缩颈结构。

(2) 在高温设备的升温阶段，法兰与螺栓之间存在着较大的温差。从内部加热时，螺栓温度低于法兰，故两者的膨胀程度不一致。由于它们互相约束，不能自由膨胀，必然产生附加的温差载荷。若法兰、螺栓材料相同，则载荷为：

$$F_t = aE\Delta TA_b \tag{3-1}$$

式中 F_t——附加温差载荷，N；

a——材料的线胀系数，℃$^{-1}$；

E——材料的弹性模量，Pa；

ΔT——温差，℃；

A_b——螺栓截面积，m^2。

式(3-1)表明：法兰与螺栓间的温差载荷 F_t 不仅正比于温差 ΔT，而且正比于螺栓截面积 A_b。对于弹性螺栓，螺栓芯杆直径 $d_s=0.8d$(螺纹直径)，而普通螺栓 $d_s=d$，则温差载荷前者为后者的64%。弹性螺栓对降低温差载荷能起到一定作用。

在国外的高压或高温设备中，早就使用了弹性螺栓。《AD 规范》B7 中对弹性螺栓使用场合及主要结构作了如下简要阐述：为使螺栓连接尽可能具有弹性，建议按 DIN2510 设计成弹性螺栓；当设计温度超过 300℃，或工作压力>4MPa 时，应当采用弹性螺栓。弹性芯杆长度不小于螺纹直径的两倍，只有螺栓芯杆直径 $d_s=0.9d$ 或其尺寸符合 DIN2510 的螺栓才算弹性螺栓，有全长螺纹的螺栓在计算时作刚性螺栓考虑。

国内在新近制定的设计规范中，高压密封所用螺栓的结构尺寸与弹性螺栓基本相同，但对弹性螺栓在中、低压密封中的作用重视不足，既无具体使用规定，又无结构尺寸的系列标准，只是说明缩颈部 $d_s<d$ 或 $d_s<$螺纹中径，这对高温密封是不够的。

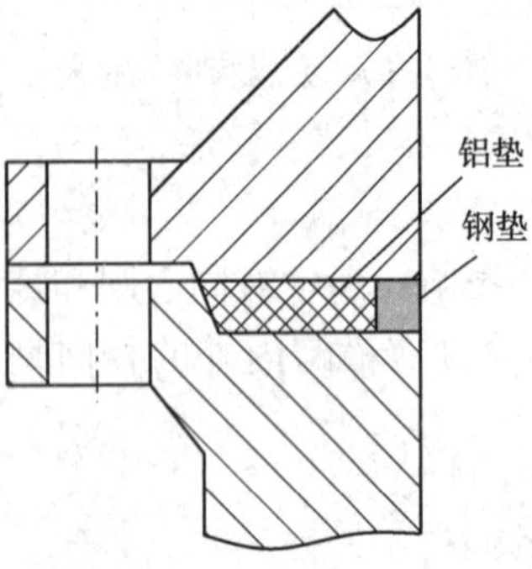

图 3-11　带钢圈的垫片结构

2. 防止垫片挤出

在中、低压高温螺栓法兰连接中，如采用凹凸面法兰和纯铝平垫时，应将法兰设计成带两道止口的形式。对于非平盖法兰，可在铝垫片的内圈侧另加一厚度稍薄的钢垫圈，如图 3-11 所示，以防止铝垫片被挤出并承受部分预紧力。当温度升高或因波动导致铝垫片放松时，钢圈释放出弹性能，这样减少了对铝圈密封比压的影响。

3. 采用高回弹性垫片

在高温情况下，尽可能采用回弹性能较好的垫片，如带内外环的柔性石墨缠绕垫。国外有换热器专用的密封垫，其外圈为缠绕垫(可带外环)，内圈是金属包垫，根据管箱的需要还可以做成异型的。采用一般的垫片不能满足换热器密封需要时，改用此种垫片后，结果令人满意。原使用金属包垫的换热器都可改用，其规格与缠绕垫相同，常用的厚度为 4.5mm，垫片最小宽度为 25mm，密封面表面粗糙度同金属包垫。

3.1.5　影响垫片密封的因素与垫片的选择

1. 影响垫片密封的因素

对垫片密封来说，其泄漏状况与被密封介质的物性、工况条件、法兰密封面的粗糙度、压紧应力以及垫片的基本特性、尺寸、加载卸载历程等诸多因素有关。

1）密封介质物性的影响

采用同样的密封连接形式，在同样的工况条件下，气体的泄漏率大于液体的泄漏率，氢气的泄漏率大于氮气的泄漏率。这主要是由于被密封介质的物性参数不同造成的。在被密封介质的物理性质中，黏性的影响最大。黏度是流体内摩擦力的量度，对于黏度大的介质，其泄漏阻力大，泄漏率就小；对于黏度小的介质，其泄漏阻力小，泄漏率就大。

2）工况的影响

垫片密封的工况条件包括介质的压力、温度等。在不同的压力、温度下，其泄漏率的大小则不同。密封面两侧的压力差是泄漏的主要推动力，压力差越大，介质就越易克服泄漏通道的阻力，泄漏就越容易。温度对连接结构的密封性能有很大的影响。研究表明，垫片的弹、塑性变形量均随温度的增高而增大，而回弹性能随温度增高而下降，蠕变量则随温度的升高而增大。且随着温度的升高，垫片的老化、失重、蠕变、松弛现象就会越来越严重。此外，温度对介质的黏度也有很大的影响，随着温度的升高，液体的黏度降低，而气体的黏度增加。温度越高，泄漏越容易发生。

3）法兰表面粗糙度的影响

相同的垫片预紧比压下，法兰表面粗糙度不同，泄漏率也不一样。通常，表面粗糙度越小，泄漏量越小。研磨过的法兰密封面，其密封效果要比未研磨的法兰密封面的密封效果好。这主要是由于粗糙度小的密封表面，其凹凸不平易被填平，从而使得界面泄漏大为减少。

4）垫片压紧应力的影响

垫片上的压紧应力越大，其变形量就越大。垫片的变形一方面有效地填补了法兰表面上的不平度，使得界面泄漏大为减少；另一方面使得垫片本身内部毛细孔被压缩，泄漏通道的截面减小，泄漏阻力增加，从而泄漏率大大减小。但如果垫片的压紧应力过大，则易将垫片压溃，从而失去回弹能力，无法补偿由于温度、压力引起的法兰面的分离，导致泄漏率急剧增大。因此，要维持良好的密封，必须使垫片的压紧应力保持在一定的范围内。

5）垫片性能和几何尺寸的影响

（1）垫片基本性能的影响

垫片基本特性主要包括两部分：一是垫片的力学性能，它包括垫片的压缩回弹特性、蠕变和应力松弛特性等；二是垫片的基本密封性能。垫片的基本性能对连接的密封性能影响很大。

螺栓法兰垫片连接的密封本质上是通过垫片变形，以增加流体流动阻力来实现的。垫片的压缩特性部分地反映了其表面与法兰面嵌合，形成初始密封的能力。在操作条件下，由于螺栓的伸长和法兰的变形，使法兰面和垫片产生相对分离(垫片所受压缩应力减少)的倾向，这时连接的紧密与否很大程度上取决于垫片的回弹能力。蠕变和应力松弛是相联系的，它反映了垫片材料在一定温度和载荷作用下，其变形随时间的增加而增加、其应力随时间的增加而减小的变化规律。蠕变和松弛是导致高温密封连接泄漏率增大的重要原因。垫片的密封性能表征了泄漏率与介质压力、垫片残余压紧应力和温度的关系，是垫片密封能力的一项综合性指标。

（2）垫片尺寸的影响

① 垫片厚度的影响。在同样的压紧载荷、同样的介质压力作用下，泄漏率随垫片厚度的增加而减少。这是由于在同样的轴向载荷作用下，厚垫片具有较大的压缩回弹量，在初始密封条件已经达到的情况下，弹性储备较大的厚垫片，比薄垫片更能补偿由于介质压力引起的密封面间的相对分离，并使垫片表面保留较大的残余压紧应力，从而使得泄漏率减少。但不能说垫片越厚，其密封性能越好。这是因为，垫片厚度不同，建立初始密封的条件也不同，由于端面上摩擦力的影响，垫片表面呈三向受压的应力状态，材料的变形抗力较大；而垫片中部，受端部的影响较小，其变形抗力也较小。在同样的预紧载荷下，垫片中部较垫片表面更易产生塑性变形，此时，建立初始密封面也越困难，故当垫片厚度达到一定数值以后，密封性能并无改变，甚至恶化。此外，垫片越厚，渗透泄漏的截面积越大，渗透泄漏率也就越大。

② 垫片宽度的影响。在一定的范围内，随着垫片宽度的增加，泄漏率呈线性递减。这是因为在垫片有效宽度内，介质泄漏阻力与泄漏通道的长度(正比于垫片宽度)成正比。但也不能说，垫片越宽越好，因为垫片越宽，垫片的表面积就越大，这样要在垫片上产生同样的压紧应力，宽垫片的螺栓力就要比窄垫片大得多。

2. 垫片的选择

垫片的选择应根据工作系统的温度、压力以及被密封介质种类、化学性能(如腐蚀性、毒性、易燃易爆性、污染性等)、物理性能(密度、黏度等)和密封面的形状等考虑。一般要求垫片材料不污染工作介质，具有良好的变形能力和回弹力；垫片的耐用温度应大于操作温度；要有一定的机械强度和适当的柔软性；在工作温度下不易变质硬化或软化；同时，应考虑介质的放射性、热应力以及外力等对法兰变形的附加影响；检修更换垫片是否容易；垫片现场加工是否可能；经济性以及材料来源等。

在垫片的使用中，压力和温度两者是相互制约的，随着温度的升高，在设备运转一段时间后，垫片材料发生软化、蠕变、应力松弛等现象，机械强度也会下降，密封的压力随之降低；反之亦然。现就具体情况进行分析。

1) 垫片材料的选择

选择垫片材料要考虑以下因素。

(1) 考虑易挥发有机物的逸出要求。从健康和环境保护的角度出发，严格控制易挥发有机物的逸出，减少来自法兰接头的泄漏成为优先考虑的因素。因此，出现了多种密封性能更好的材料，包括无石棉材料的垫片。由于它们具有不同的性能和局限性，正确选择、安装、使用和维护这类垫片，以得到最佳的性能变得尤其重要。

(2) 密封介质。垫片应在全程工作条件下不受密封介质的影响，包括抗高温氧化性、抗化学腐蚀性、抗溶剂性、抗渗透性等，显然垫片材料对介质的化学耐蚀性是选择垫片的首要条件。

(3) 温度范围。所选用垫片应在最高和最低的工作温度下有合理的使用寿命。为了在工作条件下保持密封，垫片材料应能耐受蠕变，以降低垫片的应力松弛。室温下，大多数垫片材料没有大的蠕变，不影响密封性能，但随着温度的升高(超过100℃)，蠕变变得严重。因此最容易区分垫片质量的优劣是垫片在不同温度下的蠕变松弛性能。除了短期能耐受最高或最低的工作温度外，还应考虑允许连续工作温度的影响，通常该温度低于最高工作温度而高于最低工作温度。

(4) 工作压力。垫片必须能承受最大的工作压力。这种最大工作压力可能是试验压力，因为它可能是最大工作压力的1.25~1.5倍。对于非金属材料的垫片，在选择其最大工作压力的同时，要考虑垫片所能承受的最高工作温度，尤其如饱和水蒸气，因其蒸汽压力越高，其蒸汽的温度也越高。用于真空操作的垫片也需作特殊考虑，如一般真空可采用橡胶黏结纤维压缩垫片；对于较高真空，可采用橡胶O形环或矩形模压密封条；对于很高真空，需采用特殊的密封材料和结构形式。

(5) 法兰密封面粗糙度。法兰密封面粗糙度是影响密封性能的重要因素之一，但不同形式的垫片和应用场合，对粗糙度有不同的要求，应具体情况具体分析。

(6) 其他考虑。还有许多影响选择垫片材料和结构形式的因素，如：

① 循环载荷。若温度或压力存在频繁波动，则必须选择有足够回弹能力的垫片。

② 振动。若管线有振动，则垫片必须能经受反复的高循环应力作用。

③ 污染介质。如密封介质是饮用水、血浆、药品、食品、啤酒等，要考虑垫片材料本身的化学物质是否会对介质造成污染，这时④应采用符合食品和医药卫生要求的PTFE或橡胶等材料。

④ 磨损。某些含悬浮颗粒的介质会磨损垫片，导致缩短垫片的使用寿命。

⑤ 法兰腐蚀。某些金属(如奥氏体不锈钢)有应力腐蚀的倾向，应保证垫片材料不含会引起各种腐蚀的超量杂质。如核电站不锈钢耐酸法兰用的柔性石墨垫片中的氯离子含量要求不超过 50×10^{-6}，总硫含量不超过 450×10^{-6}。

⑥ 安全性。如密封高度毒性的化学品，则要求垫片具有更大的安全性，如对缠绕垫片而言，则选用带外环形式，使之具有很高的抗吹出能力等；此外，对石油炼厂，还有防火的要求。

⑦ 经济性。虽然垫片材料相对比较便宜，但决定垫片的品质、类型和材料时，应计及泄漏造成的物料流失、停工损失以至发生重大破坏造成的经济后果，所以应综合考虑垫片的性能与价格比。

2）垫片尺寸选择的一般原则

（1）尽可能选择薄的垫片。垫片要求的厚度与其形式、材料、直径、密封面的加工状况和密封介质等有关。例如对大多数非金属垫片而言，随垫片厚度减少，其抵抗应力松弛的能力会增加；薄的垫片，其周边暴露于密封介质的面积也少，沿垫片本体的渗漏也随之减少。为保证垫片必须填补法兰密封面的凹凸和起伏不平的要求，垫片的最小厚度取决于法兰表面的粗糙度、垫片的压缩性、垫片应力、法兰的偏转程度等。如果法兰是平行的，则对非金属平垫片，其最小厚度可由下式计算：

$$t_{min}=2\times\text{法兰粗糙度的最大深度}\times100/C \tag{3-2}$$

式中　C——给定垫片应力下的压缩率，%。

（2）尽可能选择较窄的垫片。在同样的螺栓载荷下，垫片越窄，垫片应力就越高，密封压力也就越高；但垫片应不至于被压裂或压溃，同时要考虑具有必需的径向密封通道长度和足够的吹出抗力。一般的板状垫片通常可根据公称直径和公称压力选取，如图 3-12 所示，并按照实际法兰和使用情况做适当的修改，例如法兰密封面粗糙度低，或密封介质黏度低，则增加宽度。

（3）不要让垫片内径伸进管道内。也没有必要过分增加垫片的外径，前者会导致管内介质冲刷垫片，不但污染介质，增加流动阻力，还会因垫片材料被介质浸胀而损坏压缩部分的垫片；后者会因受环境的腐蚀，同样损害垫片。对于密封面为突面或全平面的法兰，当垫片仅位于螺栓孔中心圆内时，通常出于安装定位的需要，将垫片外径(或外环外径)取为螺栓孔中心圆直径减去螺栓孔(或螺栓)直径。

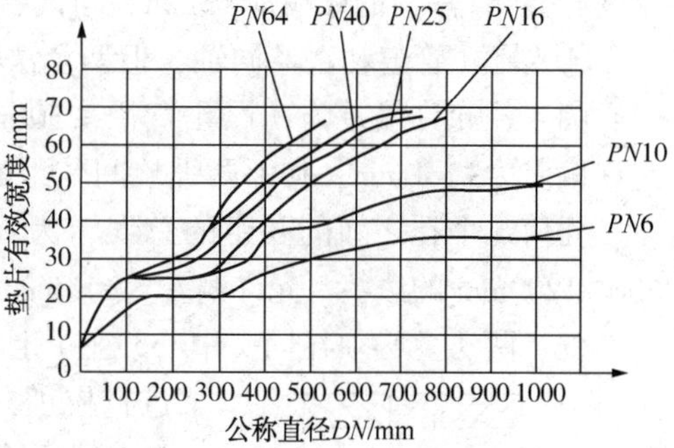

图 3-12　垫片宽度选择参考

3.1.6　垫片的保管及安装技术

1. 垫片的保管

除橡胶垫片外，其他各种垫片不允许弯折和在直径方向受挤压。垫片尽可能呈包装状态保管，不得淋雨或置于温度过高的地方，以防浸胀或老化。一般石棉橡胶板的储存期限为 2 年，耐油石棉橡胶板储存期限为一年半，并应存放在 10～30℃ 的室内，防止曝光照射而氧化。若石棉橡胶板长期置于 10℃ 以下的环境中，还会产生不同程度的失弹、发脆等现象。

2. 垫片的安装技术

垫片的精心设计和合理选择对垫片的有效工作固然重要，但是，经过详细计算和合理选择的垫片，如果在实际应用中安装不好，也不可能指望它起到密封作用，达到预期的密封效果；安装好、管理不好，垫片的使用寿命也会缩短。因此，合理安装垫片，是达到有效密封最关键的一步。同时在运行中，对那些容易泄漏的接头，有针对性地、有重点地保持经常维护、加强管理，也是保证设备和管路系统稳定可靠运行所必不可少的措施。现简述如下：

（1）安装前，应检查法兰的形式是否符合要求，密封面的粗糙度是否合格，有无机械损伤、径向刻痕和锈蚀等。

（2）对螺栓及螺母进行下列检查：①螺栓及螺母的材质、形式、尺寸是否符合要求；②螺母在螺栓上转动应灵活自如，不晃动；③对于螺纹，不允许有断缺现象；④螺栓不允许有弯曲现象。

（3）对垫片进行检查：①垫片的材质、形式、尺寸是否符合要求，是否与法兰密封面相匹配；②垫片表面不允许有机械损伤、径向刻痕、严重锈蚀、内外边缘破损等缺陷。

（4）安装椭圆形、八角形截面金属垫圈前，应检查垫圈的截面尺寸是否与法兰的梯形槽尺寸一致，槽内表面粗糙度是否符合要求。在垫圈接触面上涂红铅油，检查接触是否良好。如接触不良，应进行研磨。

（5）安装垫片前，应检查管道及法兰安装质量是否有下列缺陷：

① 偏口（管道不垂直、不同心，法兰不平行）。两法兰间允许的偏斜值如下：使用非金属垫片时，应<2mm；使用半金属垫片、金属垫片时，应<1mm。

② 错口（管道和法兰垂直，但两法兰不同心）。在螺栓孔直径及螺栓直径符合标准的情况下，不用其他工具可将螺栓自由地穿入螺栓孔为合格。

③ 张口（法兰间隙过大）。两法兰间允许的张口值（除去管子预拉伸值及垫片或盲板的厚度）为：管法兰的张口应<3mm；与设备连接的法兰应<2mm。

④ 错孔（管道和法兰同轴，但两个法兰相对应的螺孔之间的弦距离偏差较大）。螺栓孔中心圆半径允许偏差为：螺孔直径≤30mm 时，允许偏差为±0.5mm；螺孔直径>30mm 时，允许偏差为±1.0mm；相邻两螺栓间弦距的允许偏差为±0.5mm。

任何几个孔之间的弦距的总误差为：DN≤500mm 的法兰，允许偏差为±1.0mm；DN=600~1200mm 的法兰，允许偏差为±1.5mm；DN=1300~1800mm 的法兰，允许偏差为±2mm。

（6）两法兰必须在同一中心线上并且平行。不允许用螺栓或尖头钢钎插在螺孔内对法兰进行校正，以免螺栓承受过大剪应力。两法兰间只准加一张垫片，不允许用多加垫片的办法来消除两法兰间隙过大的缺陷。

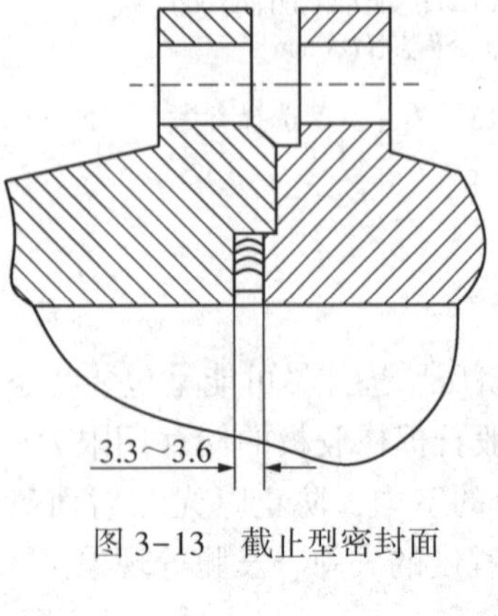

图 3-13　截止型密封面

（7）垫片必须安装准确，以保证受压均匀。对于大直径垫片，最好由 2 人以上安放。为防止垫片压缩过度，应该边测量边拧紧螺栓。尤其对基本型的缠绕垫必须格外注意。否则在开始使用时，会造成缠绕垫压散现象。一般 4.5mm 厚的缠绕垫压至 3.3~3.5mm 为宜。对带内、带外环的缠绕垫，压缩厚度可在 3.6~3.7mm 的范围内，极限值不低于 3.1mm。为此，法兰面可采用截止型结构，如图 3-13 所示。该结构的优点在于能防止过度压紧和压偏；其缺点在于不能二次压紧，必须测量螺栓压紧力。

(8) 为防止石棉橡胶垫粘在法兰密封面上不便于清理，可在垫片两面均匀涂上一层薄薄的密封糊料或石墨涂料。石墨可用少量甘油或机油调和。金属包垫、缠绕垫表面不需要涂石墨粉，有的单位在安装八角垫、椭圆垫时，也在其表面涂一层鳞状石墨涂料，但高温下曾出现过因使用涂料而在法兰的沟槽处发生腐蚀的现象。

(9) 安装螺栓螺母时，螺栓上钢印的位置应便于检查。螺栓的螺纹部分涂抹石墨粉或二硫化钼。

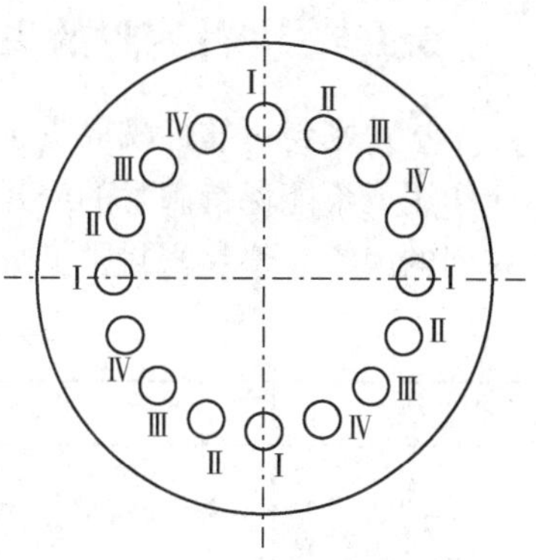

图 3-14 螺母拧紧顺序

(10) 拧紧螺母应按照图 3-14 所示的顺序进行。

(11) 拧紧 M22 以下的螺母可使用力矩扳手。M10~M16 的螺栓采用 1.5~2.0MPa · m 的力矩扳手；M18~M22 的螺栓采用 2.5~3.0MPa · m 的力矩扳手；M27 以上的螺母，应采用液压扳手。

高压设备螺栓的拧紧，提倡使用液压拉伸器。一般高压设备的大盖、人孔的螺栓直径比较粗大，以往采用人工锤击或吊车，卷扬机拉动长柄扳手拧紧螺栓，劳动强度大，工作效率低，用力不均匀，往往造成螺栓力不足或过大；而液压拉伸器是上紧螺栓较为理想的装置。液压拉伸器由三部分组成：高压油泵、油压传送管和拉伸器头。高压油泵一般为手动泵，油压传送管为高压橡胶管。国内已研制出最高压力为 150MPa 的液压拉伸器并投入小批量生产，液压拉伸器使用方便。高压油泵和油管可通用，只需根据高压螺栓直径大小配套一定数量的拉伸器即可，高压螺栓端部适当加长。这样均匀地施加螺栓力，还有利于减轻劳动强度，缩短检修周期。对于中、小型化工企业，具有实用价值。

(12) 无论使用何种工具，拧紧螺栓必须多次进行。一般中、低压设备分 2~3 次拧紧，高压设备分 4~5 次拧紧。例如，对于尿素装置高压设备，检修规程有如下规定：第一周期，油压为终压的 8%；第二周期，油压为终压的 21%；第三周期，油压为终压的 41%；第四、第五周期，油压为终压的 66%、100%。

现场操作中，有些大口径高压设备曾以三个周期拧紧螺栓，结果出现泄漏。

(13) 一般对操作温度超过 300℃ 的设备，在升温运行了一段时间后，需进行热紧。这是因为垫片在压缩状态下会产生应力松弛现象。如某种石棉橡胶垫，初始压紧应力为 30MPa，升温至 300℃ 并运转 10h 后，压紧应力下降为 18MPa；而常温下，10h 后下降为 26MPa。一般在通入介质后的 1~2h，压紧应力的下降占总下降值的 70%~80%；2h 后下降变得缓和。

(14) 换装垫片时，对那些输送易燃介质(例如氢、液化天然气和液化石油气等)的管道，应使用安全工具，以免因工具与法兰或螺栓相碰，产生火花，导致火灾。安全工具的材料为铍铜合金，它是含铍 0.6%、含钴 2.5%的铜合金，在 6.4MPa · m 的冲击能量之下，在沼气(甲烷)中仍不产生火花，且具有作为工具使用的强度和硬度。

垫片初装时，因管内尚无介质，可不使用安全工具。

3.1.7 垫片密封的失效分析

垫片密封可靠性既取决于最初的周密设计，还与现场中完善的工程实践有关。密封不能起作用或不能保持满意的密封状态，即发生超过“允许泄漏率”或谓之“密封失效”，有其一系列的因素。垫片密封常见故障、原因与纠正措施见表3-4。

表3-4 垫片密封常见故障、原因与纠正措施

故障	原因	纠正措施
垫片应力不足	螺栓预紧载荷不够	增加螺栓直径和数量 改换强度较高的螺栓材料
	垫片太薄	改换较厚垫片
	垫片过宽	减小垫片宽度
	垫片选择不当	改换装配应力较小的垫片
垫片应力过高	螺栓预紧载荷太大	减少螺栓数量 改换强度较低的螺栓材料
	垫片太厚	改换较薄垫片
	垫片过窄	增加垫片宽度
	垫片选择不当	改换装配应力较大的垫片
垫片压缩不足	螺栓紧固转矩不够	附加紧固转矩
	紧固步骤不正确	按照正确步骤紧固螺栓
	垫片材料过硬	改换较软垫片材料或选用较厚垫片
	垫片受热应力松弛	正确选择垫片或用碟形弹簧或“热预紧”
	螺纹啮合不良	保证紧固件良好的配合质量
	螺纹长度不够	保证足够的螺纹有效长度
密封面不平整	法兰太薄	法兰应具有足够的刚度，改换较柔软的垫片
	两法兰不平行或不同心	控制平行度和同心度要求
密封面损伤	外来的机械性损伤或清洁密封面的磨损	保证密封面清理干净，没有过深的凹坑或径向贯穿的通道等缺陷
	垫片尺寸不正确	防止伸入法兰孔或超出突面，保证垫片对中就位
密封面腐蚀或污染	旧垫片未清除干净	清理密封面上残留的垫片
	垫片选择不当	选择不腐蚀密封面的垫片材料
密封面纹理不正确	连续切削纹理的沟纹过深	高压场合建议采用同心圆切削纹理
垫片恢复性不足	重复使用旧垫片	不建议使用旧垫片
	垫片选择不当	选用恢复性较高的垫片
垫片材料变质或腐蚀	材料与密封介质和温度不相容	改换耐腐蚀的垫片
	装配垫片应力过大	改换承压能力高的垫片

续表

故障	原因	纠正措施
垫片过度延伸或挤出	使用不恰当的密封胶	建议用防黏处理的垫片材料
	垫片材料冷流性太大	改换蠕变松弛低的垫片材料
垫片压溃或压碎	垫片材料压溃强度低	改换承压能力高的垫片
	法兰结构上对压缩无限制措施	改进法兰设计，限制过分压缩垫片
垫片尺寸不正确	设计与制造错误或超差	正确合理设计，按标准尺寸要求制作

3.2 高压设备和管道的垫片密封

高压设备密封在石油化工行业中应用较广，其结构比较复杂，制造要求也高，与中、低压设备和管道密封相比，有以下几个特点：

(1) 为使垫片达到足够的预紧密封比压和操作密封比压，既保证密封性能而又不至于将垫片压溃，一般常采用金属垫片，且垫片与密封面的接触面甚窄，有时近乎线接触。

(2) 为减小包括主螺栓在内的密封件尺寸，密封面的直径应尽可能的小，密封面应尽量靠近筒体内壁处，且往往采用筒体端部法兰，并配以双头螺柱结构，且尽可能地减小端部法兰的直径。

(3) 为达到预期的密封性能，较多地采用自紧式或半自紧式密封结构，即尽量利用操作压力对垫片构成操作密封比压。

(4) 因高压设备的高压空间十分宝贵，所以密封结构应尽量少占用高压空间。

根据密封作用力的不同，高压密封可分为强制式密封、半自紧式密封和自紧式密封三种结构。

(1) 强制式密封是依靠螺栓的拉紧力来保证顶盖、密封元件和筒体端部法兰之间具有一定的接触压力(或密封比压)来达到密封的要求。这种密封要求有大的螺栓力，以保证工作状态下垫片与顶盖、筒体端部之间有可靠的密封性能。

(2) 半自紧式密封是依靠利用螺栓预紧力使密封元件产生弹性变形并提供建立初始密封的比压力，当压力升高后，密封面的接触应力也随之上升，从而保证密封性能。

(3) 自紧式密封是通过自身的结构特点，使垫片、顶盖与筒体端部之间的接触应力随工作压力升高而增大，并且高压下的密封性能更好。这种密封可不用大直径的螺栓，建立初始密封所需的螺栓力比强制式密封时的螺栓力要小得多。

随着石油化工生产向高压和大型化方向发展，所用容器直径随之增大，强制式密封和半自紧式密封将可能逐渐被自紧式密封所代替。

在设计或选用高压密封时应根据下列原则：①工作可靠，在正常操作或压力、温度有波动时，仍能保证容器的密封性能；②结构简单，装拆和维修方便；③结构紧凑，密封构件少；④加工制造方便，不要求有过高要求的加工粗糙度和精度；⑤所用紧固件应简单轻巧；⑥密封元件耐腐蚀，并能多次重复使用；⑦造价低廉。

下面着重介绍强制式密封和自紧式密封装置的结构及原理等。

3.2.1 强制式密封

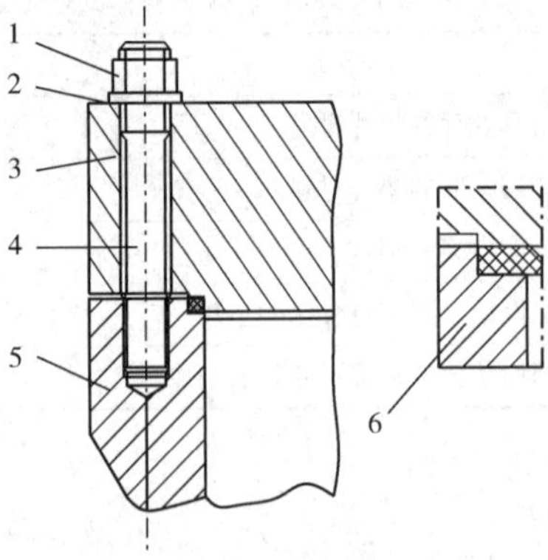

图 3-15 平垫密封结构

1—主螺母；2—垫圈；3—顶盖；4—主螺栓；5—筒体端部；6—平垫片

1. 平垫密封

平垫密封结构如图 3-15 所示，它由筒体端部、金属平垫片、顶盖和主螺栓组成，是最常见的强制式密封，这种结构与中、低压容器密封中常用的法兰垫片密封相似，只是将非金属垫片改成金属垫片，将宽面密封改成窄面密封。通过预紧螺栓力的作用，使垫片发生变形而填满密封面不平处，以达到密封的要求。平垫片的位置要尽量靠近筒体内壁，以减小介质对顶盖的总压力、主螺栓直径和法兰尺寸。为避免垫片向外侧流动，垫片应放在榫槽或梯形面中。为改善密封性能，有的平垫密封面上开有 2~3 条三角形截面的沟槽。沟槽的深度和宽度为 1mm。

这种密封一般仅适用于温度不高、压力不大和直径较小的高压容器。当容器直径大、压力和温度高(200℃)或温度、压力波动较大时，所需预紧力大，密封性能差，螺栓较粗，结构粗笨，每次检修几乎都要更换垫片，这种密封结构就不再适合了。但其制造、安装方便，使用历史久远，在小直径(<800mm)、压力低于 32MPa、温度低于 200℃的设备上使用比较成熟。

平垫密封所用的材料主要有退火铝(15~30HBS)、退火铜(30~50HBS)、10 钢。

2. 卡扎里密封

卡扎里密封属于强制式密封，有内螺纹卡扎里密封、外螺纹卡扎里密封和改进卡扎里密封三种形式。

(1) 内螺纹卡扎里密封占高压空间多，笨重，螺纹受介质影响，工作条件差，拧紧时不如外螺纹卡扎里密封省力，在较小直径的高压设备上使用较为合适。

(2) 外螺纹卡扎里密封是一种较好的强制式高压密封结构，国内用得也比较广泛，通常直接简称为卡扎里密封，其结构如图 3-16 所示。它是通过拧紧预紧螺栓，使压环紧压垫片，并贴紧顶盖和筒体端部而建立初始密封。操作过程中若发现螺栓有松动现象，可以继续上紧，因而密封性可靠。这种密封结构中无主螺栓，紧固件是一个带有上、下锯齿形螺纹的长套筒，其中下段螺纹为连续的，它和容器筒体端部螺纹相啮合，而顶盖以及与顶盖连接的上半段套筒开有 6 个间隔为 θ(10°~30°)凹凸槽的间断螺纹，安装时，先套好下段螺纹，然后将顶盖放入套筒内。由于上、下两段螺纹可以设计成反向的，即一个为右旋螺纹、另一个为左旋螺纹，这样，只需将顶盖的凸部装入套筒的凹部并旋

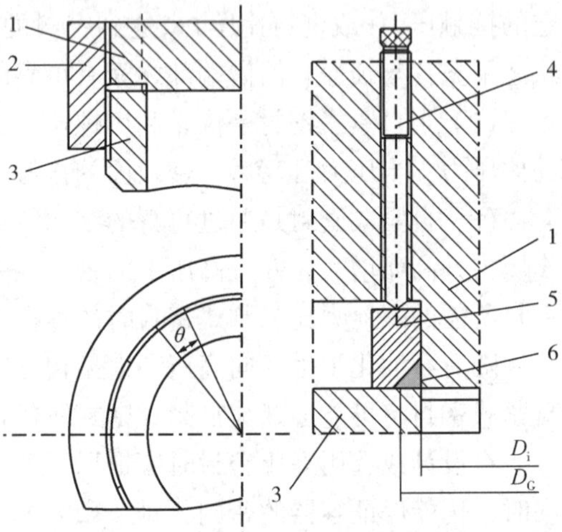

图 3-16 卡扎里密封结构

1—顶盖；2—螺纹套筒；3—筒体端部；4—预紧螺栓；5—压环；6—密封垫

转 θ 角度，就可将顶盖和筒体压紧。

卡扎里密封结构的优点主要有：①紧固件采用锯齿形螺纹的长套筒，从而省去了大直径的主螺栓；②凹凸槽的锯齿形螺纹套筒装拆方便(一般还配有专用工具)；③相同压力下，套筒轴向变形小于螺栓轴向变形，所以，安装时所需预紧力较小，有利于安装；④所用垫圈很窄，容易达到密封比压，密封性可靠，加工精度要求不高，安装和拆卸也比金属平垫片方便。

卡扎里密封结构的缺点是：大直径的锯齿形螺纹加工困难，精度要求高，尤其是筒体螺纹损坏后很难修复。

这种密封结构较适用于大直径和较高压力的场合。一般用于内径 $D_i \geqslant 1000$mm，工作温度 $f \leqslant 350$℃，压力 $p \geqslant 30$MPa 的场合。

卡扎里密封结构中，压环材料要求用强度高、硬度高的钢材，推荐采用 35CrMo、35 优质碳钢和 45 优质碳钢。密封垫片材料与金属平垫密封中的平垫材料相同。

(3) 改进卡扎里密封(图 3-17)同时采用主螺栓和预紧螺栓，主要是为改善套筒螺纹锈蚀给拆卸带来困难的情况。它的端面上螺栓较多，显得拥挤和笨重，不如其他两种卡扎里密封那样具有快速装拆的优点，但主螺栓无须拧得太紧，所以装拆时较为省力。与平垫密封相比，在操作温度和压力波动较大时，仍有良好的密封性能，但与双锥环密封(图 3-18)相比，改进卡扎里密封无明显优越性，还增加了制造上的困难。

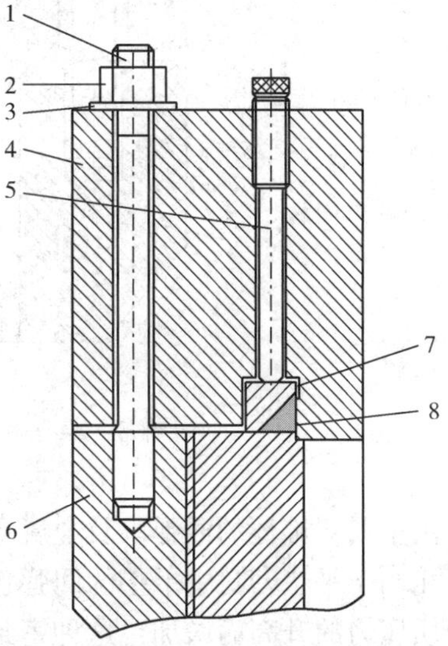

图 3-17 改进卡扎里密封结构

1—主螺栓；2—主螺母；3—垫圈；4—顶盖；5—预紧螺栓；6—筒体端部法兰；7—压环；8—密封垫

3.2.2 自紧式密封

1. 双锥环密封

双锥环密封结构如图 3-18 所示。它保留了主螺栓，采用软钢或不锈钢制作双锥面密封垫，两个 30°锥面是密封面，属于自紧式密封。它由筒体端部、金属双锥环、软金属垫片、平垫圈、托环和主螺栓组成。双锥环置于筒体与顶盖之间，借用托环将双锥环托住，以便装拆，托环用螺钉固定在顶盖的底部，通常密封面上还放有 1mm 左右的金属软垫片，靠主螺栓使软垫片发生塑性变形而达到初始密封。为了增加密封的可靠性，在双锥环的密封面上还开有 2~3 条沟槽，深约 1mm、半径为 1~1.5mm 的半圆形槽或三角形槽。

双锥环在安装时，其内侧面和顶盖支承面处于间隙状态。预紧时，主螺栓使衬于双锥面上的软金属和平封头、筒体端部的锥面相接触并压紧，以保证两锥面的软金属衬垫上达到足够的预紧密封比压；同时，双锥环本身受到径向压缩，使双锥环的内侧面和顶盖支承面间的间隙 δ 值消失而贴合在一起(为保证密封，两锥面上的比压要达到足够的、该软金属垫所需的预紧密封比压值)。当介质压力上升，介质进入双锥环与顶盖的环形间隙，使螺栓等连接件发生变形(主要是螺栓伸长)，受压锥环也相应产生回弹；此外，在介质压力作用下，双锥环向外扩张，从而弥补了螺栓等连接件的变形所带来的密封比压下降。为保证良好的密封性，两锥面上的比压不能小于该软金属垫所需要的操作密封比压。由于双锥面上的密封比压

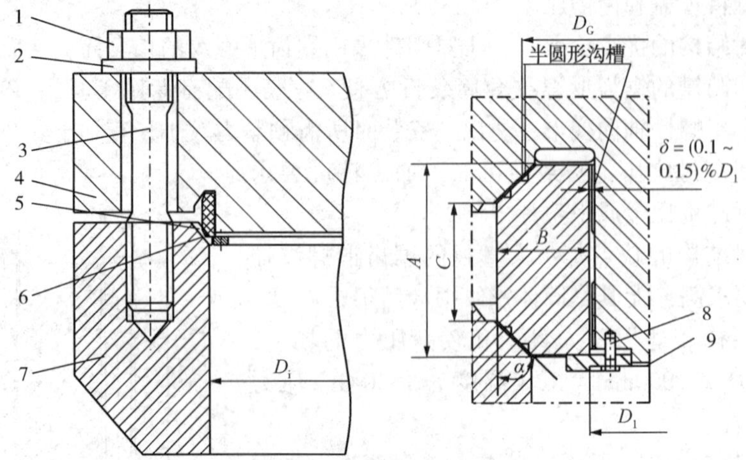

图 3-18　双锥环密封结构

1—主螺母；2—垫圈；3—主螺栓；4—顶盖；5—双锥环；6—软金属垫片；7—筒体端部；8—螺栓；9—托环

是由金属双锥环的回弹以及金属环在介质内压作用下所引起的径向扩张两个因素所引起，前者相当于平垫密封中平垫的回弹作用；后者则由介质内压所引起，并且锥面上的密封比压随介质压力的升高而增加，这种密封机理属于自紧式密封机理，在有些书中认为双锥环密封有强制和自紧式密封两种机理，属于半自紧式密封。

双锥环密封结构简单，加工精度要求不是很高，装拆方便，能适用于压力与温度波动的场合。双锥环材料应有好的韧性，以使它在压缩状态下有足够的回弹力，常用材料有 25 碳钢、35 碳钢、20MnMo、15CrMo、1Cr18Ni9Ti 等。双锥环密封适合于设计压力为 6.4～35MPa、温度为 0～400℃、内径为 400～2000mm 的高压容器。国外曾将双锥环密封成功应用于 ϕ2800mm 的缠绕式高压容器，以及压力为 196MPa 的高压聚乙烯反应器中。

2. 伍德密封

伍德密封是一种使用得较早的自紧式高压密封结构，如图 3-19 所示，它由顶盖、筒体端部、牵制螺栓、牵制环、四合环、拉紧螺栓、楔形压垫等元件组成。其中楔形压垫为关键零件，其外锥面上开有 1～2 条约 5mm 深的环形沟槽，既增加了楔形压垫的柔度，使之更易与密封面贴合，又减少了密封面的接触面积，提高了密封比压。该密封对密封面均有较高粗糙度的要求，需经研磨，以保证密封可靠。

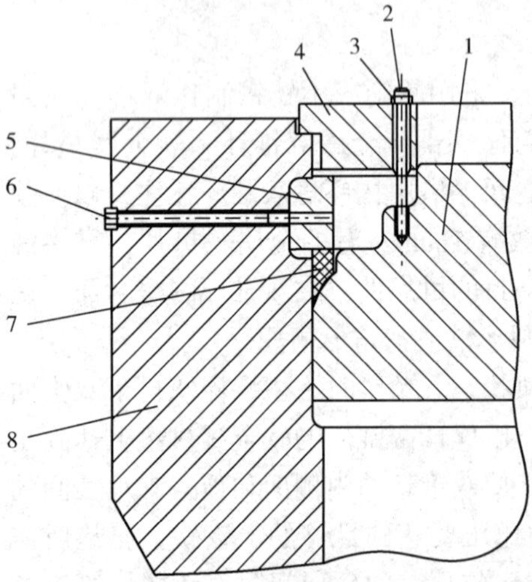

图 3-19　伍德密封结构

1—顶盖；2—牵制螺栓；3—螺母；4—牵制环；5—四合环；6—拉紧螺栓；7—楔形压垫；8—筒体端部

伍德密封中的四合环是由四块元件组成的圆环，每块元件上均有一螺孔。

伍德密封安装时依次放入顶盖、楔形压垫、四合环和牵制环，再由牵制螺栓将顶盖吊起并压紧楔形压垫和封头之间的线接触面(实为一狭窄环带)，达到预紧密封。也可以通过拧紧拉紧螺栓而使四合环向外扩张，使楔形压垫压紧在顶盖的球面上而达到预紧密封。当介质内压升高后，顶盖向上浮动，使顶盖球面部分和楔形压垫间的压紧力增加，保证密封，并且介质压力越高，楔形压垫上的密封比压越大，密封越可靠。所以，伍德密封属轴向自紧式密封。

该密封的主要优点是：①全自紧式密封，压力和温度波动时不会影响密封的可靠性；②介质产生的轴向力经顶盖传给楔形压垫和四合环，最后均由筒体承担，无须主螺栓并使筒体和端部的锻件尺寸大大减小，装拆方便；③由于顶盖是圆弧面，组装时顶盖即使有些偏斜，升压过程中也可自行调整，不至于影响密封的效果。

其缺点主要是结构复杂，笨重，零件多，加工精度要求高，顶盖占据高压空间较多。

伍德密封的适用范围是：$D_i \leqslant 1000$mm，$t \leqslant 350$℃，$p_i \geqslant 30$MPa。

楔形压垫材料一般采用 20 碳钢、20CrMo、1Cr18Ni9Ti、0Cr18Ni9；顶盖材料要求比压垫材料硬，常用的材料有 14MnMoVB、18MnMoNb、20MnMo；要求抗氢的场合可用 12Cr3NiMoA、20CrNiMoA、24CrMnNi；顶盖圆弧处表面粗糙度 R_a 要求不低于 1.6μm。

3. C 形环密封

C 形环密封属于弹性垫自紧式密封，其结构如图 3-20 所示。环的上下面均有一圈突出的圆弧，它是依靠两突出的圆弧面与顶盖及筒体端部的线接触而实现密封的。当拧紧连接螺栓时，C 形环受到轴向弹性压缩，甚至允许有少量的屈服以建立初始密封，当内压升高时，顶盖上浮，一方面密封环回弹张开，另一方面由于有内压作用在环的内腔而使环进一步张开，使原来线接触处仍旧压紧，且内压力越高压得越紧。

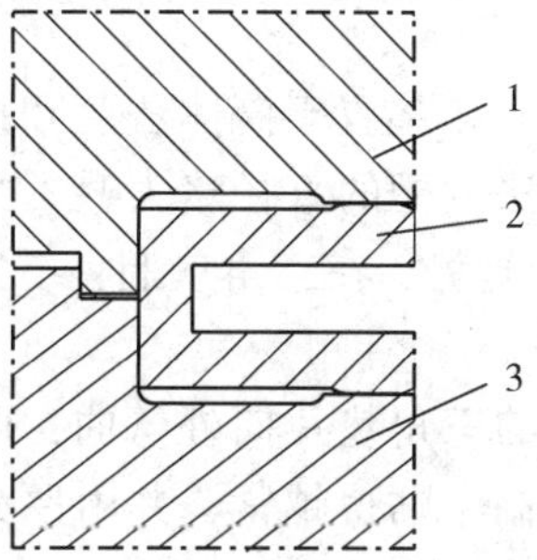

图 3-20 C 形环密封的局部结构
1—顶盖或封头；2—C 形环；3—筒体端部

C 形环应具有适当的刚性，刚性过大，虽然回弹力会增大，但受压后张开困难而使得自紧作用不够。同时 C 形环预紧时的压缩量，即顶盖与筒体端部之间在放置 C 形环后仍保留的轴向间隙也是一个重要的设计参数。间隙过大，则下压量过大，将使 C 形环压致屈服；间隙过小，下压量过小，将使 C 形环预紧力不足。C 形环密封的优点是预紧力较小并能严格控制；结构简单、紧凑；无主螺栓，加工方便；特别适用于快开连接，但由于使用大型设备的经验不足，一般只用于内径小于 1000mm、压力小于 32MPa、温度在 350℃以下的场合。

4. O 形环密封

O 形环密封属于弹性垫轴向自紧式密封，结构如图 3-21 所示，空心金属。O 形环是用无缝金属圆管弯制而成的。它放在密封环槽内，预紧时由预紧件将 O 形环压紧，其回弹力即为 O 形环的密封面压紧力。普通 O 形环所能达到的密封比压和真空度较低，故使用不多。自紧式 O 形密封环在环的内侧钻有一些小孔，它是靠 O 形环本身的弹性回弹和环截面受内压后膨胀而实现自紧作用。在高压、超高压设备中采用这种结构，能获得较好的密封效果。充气环的环内可填充惰性气体或易汽化的固体材料(可形成 3.5～10.5MPa 的压力)，如干冰、偶氮二异丁腈。使用时，填充材料受热升华，气体膨胀产生的压力、温度越高，管内压力也就越高，可补偿金属材料强度降低所造成的密封下降，所以这种结构宜用于有高温介质的容器上。

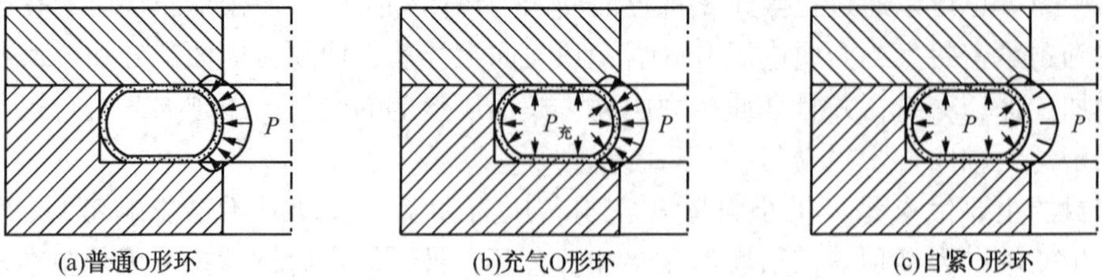

图 3-21　O 形环密封的局部结构

O 形密封环的结构简单，预紧力小，密封可靠，使用成熟。可用于 $D_i \leqslant 500 \sim 1000$mm，$t \leqslant 350$℃（充气环可用到 400～600℃），$p_i \leqslant 280$MPa（个别甚至达到 350～700MPa）的场合，这种密封结构的缺点是对接焊比较困难，环身也不易达到精度要求，尽管如此，它仍是一种很有发展前途的密封结构。

O 形环常用奥氏体不锈钢小管（直径不超过 12mm）制成，为改善密封性能，常在 O 形环外表面镀银。常用的预紧件为螺栓、卡箍或紧固件。

5. 三角垫密封

三角垫密封是径向自紧式密封，其结构如图 3-22 所示，将三角垫置于筒体法兰和顶盖的 V 形槽内，考虑到密封效果，三角垫的内径最好要比顶盖及法兰槽的直径略大些。当拧紧连接螺栓时，三角垫受径向压缩与上、下槽贴紧，并有反弹的趋势，在三角垫上、下两端点产生塑性变形，建立初始密封。

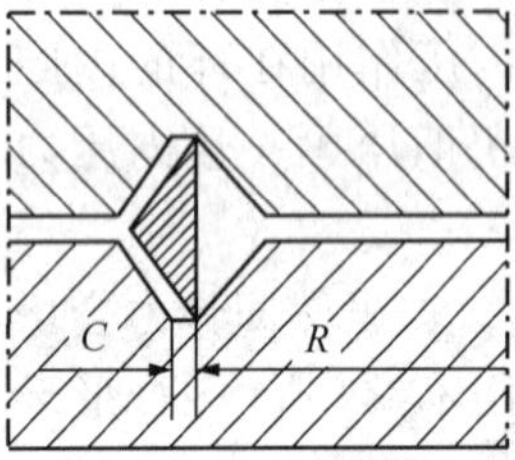

图 3-22　三角垫密封

升压后，介质压力的作用使刚性小的三角垫片向外弯曲，两斜面与上、下 V 形槽的斜面贴紧，压力越高，贴得越紧，并由原先的线接触变为面接触，此即三角垫自紧作用之所在。

三角垫的材料一般采用 20 碳钢或 1Cr18Ni9Ti。为防止上、下槽错动而造成环与槽表面擦伤，可在垫片外表面镀 0.05mm 左右的铜或在沟槽底部加垫一层铜箔或银箔。

三角垫和法兰、顶盖的沟槽加工后，其外表面不允许有刻痕、刮伤等缺陷。

三角垫密封结构比较精细，尺寸紧凑，开启方便，预紧力小，接触面小，密封性能优良，可用于压力、温度有波动的场合。但是三角垫和上、下法兰沟槽的加工精度要求极高，大直径的三角垫密封加工较为困难。

三角垫密封的适用范围：$D_i < 1000$mm，$t \leqslant 350$℃，$p_i > 10$MPa。但也有用于 $D_i > 1000$mm，$p_i = 20 \sim 35$MPa 的。

6. 其他形式的密封

如图 3-23 所示的垫片密封均属于特殊形式的密封垫片，它们结构紧凑，接触面小，但加工精度高，尤其是 B 形环，要求在密封槽内有一定的过盈量，这样使制造与安装的要求大大提高。B 形环是依靠工作介质的压力而使密封垫径向压紧，以产生自紧作用并达到密封目的；这种密封结构在石油化工工业中较早使用，从中低压到高压以至在高温下都有较好的密封性能，但其自紧作用较小。金属八角环垫与椭圆环垫密封是炼油和加氢装置中习惯采用的密封结构。

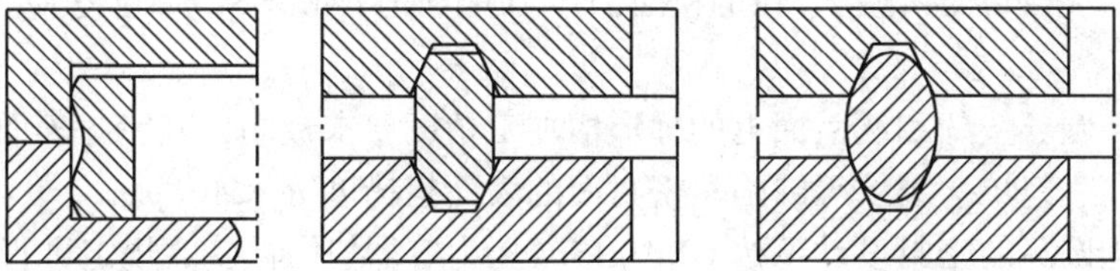

图 3-23 其他几种密封形式

3.2.3 高压管道密封

高压管道密封通常为强制密封。由于高压管道通常是在现场安装的，所以对连接尺寸精度要求不如容器高，加之管道振动、有热载荷等，给法兰连接带来很大的附加弯矩或剪力，造成密封困难。因此高压管道连接结构设计应给予特殊的考虑。其一是管道与法兰的连接不用焊接，而采用螺纹连接，这样当连接的管道不直或管道振动有热载荷时，法兰的附加弯矩大为减少。其二是采用球面或锥面的金属垫片，形成球面与锥面或锥面与锥面的接触密封。常用的有透镜垫密封、八角环垫/椭圆环垫密封、齿形垫片密封等。

1. 透镜垫密封

在高压管道连接中，广泛使用透镜垫密封结构，如图 3-24 所示。透镜垫两侧的密封面均为球面，与管道的锥形密封面相接触，初始状态为一环线。在预紧力作用下，透镜垫在接触处产生塑性变形，环线状变为环带状。

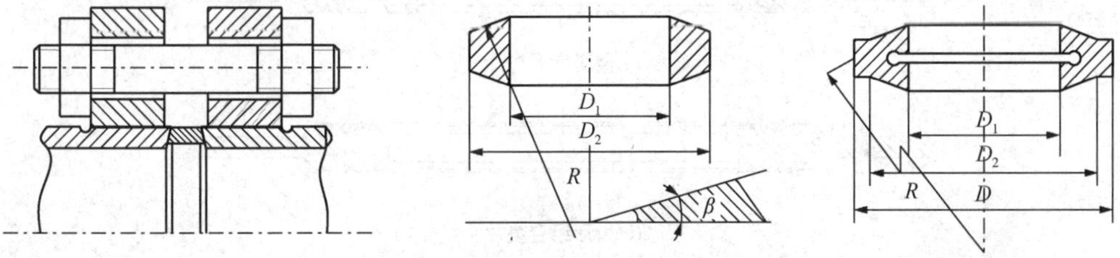

图 3-24 高压管道的透镜垫密封

透镜垫密封性能好，但由于它属于强制式密封，结构较大，密封面为球面与锥面相接触，易出现压痕，零件的互换性较差。

常用透镜垫的材料有 20 碳钢、1Cr18Ni9Ti、1Cr18Ni12Mo2Ti、0Cr17Mn13Mo2N、0Cr17Ni14Mo2、TA3、TC4 等。

2. 八角环、椭圆环密封

八角环、椭圆环密封在石油化工行业中应用较为广泛，其结构如图 3-23(b)、图 3-23(c)所示。垫片安装在法兰面的梯形环槽内，当拧紧连接螺栓时，受轴向压缩与上、下梯形槽贴紧，产生塑性变形，形成一环状密封带，建立初始密封。升压后，在介质压力作用下，使八角环或椭圆环径向扩张，垫片与梯形槽的斜面更加贴紧，产生自紧作用。但是，随介质压力的升高同样会使法兰和连接螺栓变形，造成密封面间的相对分离、垫片密封比压下降。因而，八角环与椭圆环密封可以认为是半自紧式密封连接。

八角环、椭圆环的材料一般采用纯铁、10 碳钢、1Cr5Mo、0Cr13、0Cr18Ni9、00Cr19Ni10、

0Cr17Ni12Mo2、00Cr17Ni14Mo2、0Cr18Ni10Ti、0Cr18Ni11Nb 等，其硬度应比法兰材料低 30～40HBS。

八角环与椭圆环垫片和法兰面上的梯形槽加工精度要求极高，其密封表面不得有影响其密封性能的划痕、磕坑、裂纹等缺陷。密封面的表面粗糙度 $R_a \leq 1.6\mu m$。

八角环、椭圆环的密封设计可按 GB/T 150《压力容器》附录 G 的规定进行。石油化工行业标准《石油化工管道器材标准》中的 SH 3403《石油化工钢制管法兰用金属环垫》和化工行业标准 HG/T 20592《钢制管法兰、垫片、紧固件》标准对垫片的尺寸和技术条件做了明确的规定，设计和选用时可参照进行。

3. 齿形垫片密封

高压管道的连接亦可采用齿形垫片的密封结构。齿形垫片通常用 0Cr18Ni9、00Cr19Ni10、0Cr17Ni12Mo2、00Cr17Ni14Mo2、0Cr18Ni10Ti、0Cr18Ni11Nb、0Cr25Ni20 等材料制造，上下表面加工有多道同心三角形沟槽[图 3-25(a)]。螺栓预紧后，垫片三角形的尖角处与上下法兰密封面相接触，产生塑性变形，形成多个具有压差空间的线接触密封。与平垫密封相比，其所需要的压紧力大大减小。为提高连接的密封性能，可在金属齿形垫片的上下表面覆盖柔性石墨或聚四氟乙烯制成的齿形组合垫片[图 3-25(b)]。齿形垫片密封的设计可按化工行业标准《钢制管法兰、垫片、紧固件》标准中的 HG/T 20611 或 HG/T 20632《钢制管法兰用具有覆盖层的齿形组合垫》的规定进行。当公称直径为 300mm 时，最大公称压力为 25.0MPa，小直径的齿形组合垫片最大公称压力可达 42.0MPa。

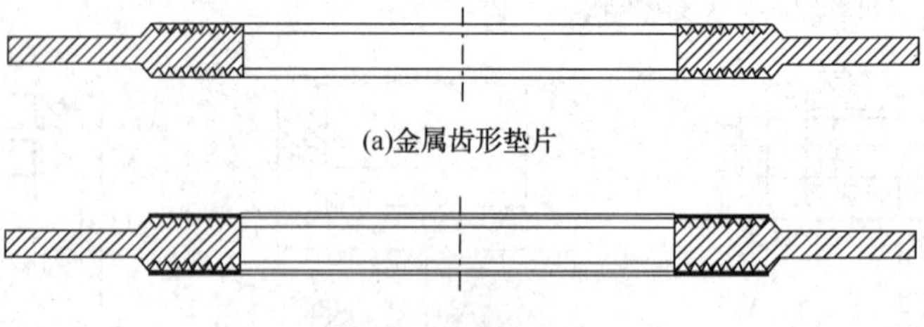

(a)金属齿形垫片

(b)齿形组合垫片

图 3-25　齿形垫片

3.2.4 超高压容器的密封结构

超高压容器的密封结构是超高压设备的一个重要组成部分，超高压容器能否正常运行，在很大程度上取决于密封结构的完善性。近年来，随着化工、石油化工、核能、电力等工业的飞速发展，对超高压容器的密封结构提出了更多、更新的要求，如超高压容器的大型化，要求密封直径越来越大；容器开启频繁，要求结构轻巧、装拆方便；容器内往往是易燃易爆介质，要求密封可靠等，这同时也促进了超高压容器密封技术的发展。常用密封有 B 形环密封、Bridgman 密封、楔形垫密封、组合式密封等。

1. B 形环密封

B 形环密封是一种自紧径向密封，它依靠 B 形环波峰和筒体、顶盖上密封槽之间的径向过盈来产生初始密封比压，以达到密封，如图 3-23(a)所示。当内压作用后，B 形环向外扩张，工作密封比压增加。

B 形环密封的主要特点为：①因有径向自紧作用，故对连接结构的刚度要求较低，即使顶盖在内压作用下轴向有较大位移时，也能保证密封，因此能适用于温度和压力波动较大的场合；②压力越高、直径越大，密封性能越好；③结构简单，装拆方便；④加工精度和表面粗糙度要求高，B 形环和筒体、顶盖上密封槽接触表面的粗糙度应控制在 0.8μm 以内；⑤装拆要求仔细谨慎，防止擦伤密封面而影响密封性能，故重复使用性能差。

对 B 形环的材料没有特殊的要求，常用材料为 20 碳钢、25 碳钢，当设计压力较高、筒体材质选用高强度钢时，也可选用 35 碳钢、45 碳钢。

B 形环的表面硬度要求通常为≤190HB。B 形环通常不重复使用，重复使用时需经过修正和适当选配。

B 形环的最大缺点是当操作压力还未达到规定值时，也即容器在升压过程中压力尚较低时，密封处往往会出现泄漏现象，压力越低，泄漏越严重。为解决这一问题，可对 B 形环做适当改进。图 3-26 是用于高压聚乙烯装置反应器上的经过改进的 B 形环结构。这种组合式 B 形环，其初始密封依靠软垫片实现，当压力升高后，则依靠 B 形环自身的径向扩张实现自紧密封。

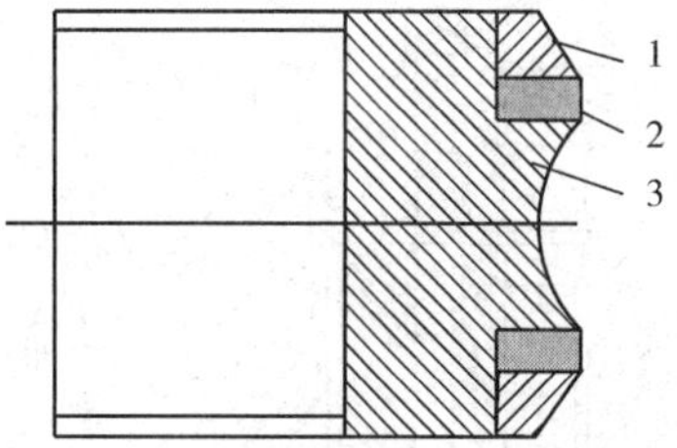

图 3-26 改进的 B 形环密封

1—外背环；2—软垫片；3—B 形环本体

2. Bridgman 密封

Bridgman 密封是在容器的内壁和垫环之间放一垫片，利用作用在凸肩头盖端面上的压力使头盖在轴向做一定范围的自由移动而压紧垫片，从而形成自紧密封，如图 3-27 所示。密封所需的外部力只要达到垫片初始密封就可以了。由于内压作用使垫片产生塑性变形而实现密封，所以内压越高，密封越可靠。但在低压时，由于自紧密封效果不显著，所以要施以充分的初始紧固力。另外在高压试验时，压力和温度的波动，使垫片表面变形而连接松弛，所以需进行二次紧固压紧顶盖。

Bridgman 密封结构简单，没有特殊加工的需要或者加工要求很高的零件，所以加工方便、制造成本低廉。但这种密封的缺点是主要元件都装于容器筒体内部，占据较多的高压空间。在操作状态下，由压力产生的轴向载荷是由压紧顶盖与筒体的螺纹连接来承受的，虽然结构简单，但是螺纹受载很大，容易损坏。当容器直径较大时，不但肩头盖、压紧顶盖十分笨重，拧紧顶盖也不甚容易，而且大直径并有精度要求的螺纹也不易加工。

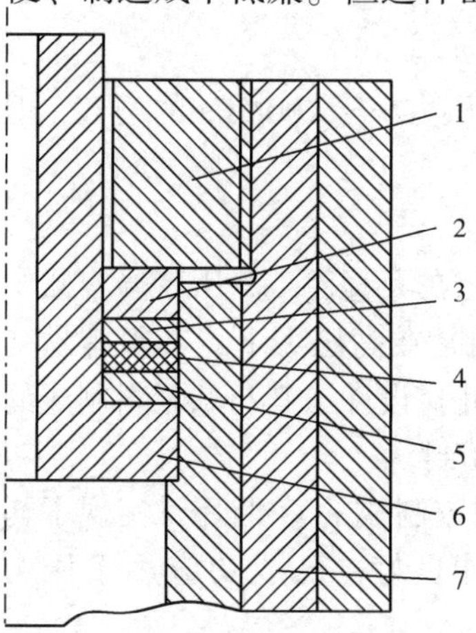

图 3-27 Bridgman 密封

1—压紧顶盖；2—压环；3、5—垫环；4—垫片；6—凸肩头盖；7—筒体

该密封结构常用于内径 300mm、压力 700MPa 以下的超高压容器上。

为了保证容器的初始密封及在超高压条件下的密封性可靠，选择有关零件的材料时应考虑如下几个因素：

(1) 垫片材料应能产生足够大的塑性变形，以使密封面很好地相互贴合，同时应有足够大的弹性，以防止密封垫片被挤入垫环与筒体顶部的间隙中。另外，还应考虑到垫片与筒体材料间可能发生的“擦伤”或“咬死”现象。常用的垫片材料有橡胶、聚四氟乙烯等软材料，黄铜、退火紫铜等也用得较多。铝、软钢、纯铁、不锈钢等常被用在工作温度较高、操作介质对材质有特殊要求的场合。另外，为了改善金属垫片的密封性能，往往在其表面进行镀银处理。

（2）操作状态下，垫片、垫环所受的表面压力很大，垫环应采用强度较高的材料，避免被压碎，但它的强度应低于压紧顶盖材料的强度。常用的材料有 40Cr、35CrMo 等。

（3）凸肩头盖、压紧顶盖是直接受力部件，因此可选用与筒体相同的材质，也可选用如 34CrNi3MoA、35CrMo、40Cr 等高强度钢。

3. 楔形垫密封

楔形垫密封是轴向自紧式密封的一种，楔形垫放置在容器的内壁和压环之间，如图 3-28 所示，通过压环压紧楔形垫来实现初始密封。操作时，内部压力升高，作用在凸肩头盖上，使凸肩头盖有沿轴向向上自由移动的趋势，从而压紧楔形垫，达到自紧密封的效果。压力越高，密封力越大，密封也就越可靠。

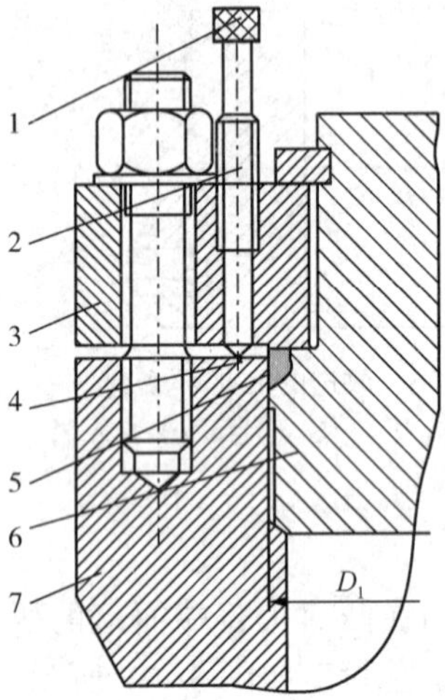

图 3-28　楔形垫密封
1—顶紧螺栓；2—卡环；3—压紧顶盖；4—压环；5—楔形垫；6—凸肩头盖；7—筒体

楔形密封的特点是：

（1）螺栓预紧力较小，螺栓载荷也较小。如果把顶盖与筒体顶部的连接改为螺纹连接，就无须采用强制式密封的笨重而复杂的大螺栓法兰。

（2）由于凸肩头盖可以自由移动，容器的初始密封可以通过预紧顶盖压紧楔形垫来实现，所以在温度、压力有波动的情况下，仍能保证良好的密封性能。

（3）结构简单，密封元件加工方便。

（4）因为楔形垫大部分是用软金属制成，在压紧顶盖通过压环压紧楔形垫时，楔角已经被插入凸肩头盖与筒体顶部的间隙之中，在工作压力作用下，就会进一步挤入此间隙中，使顶盖打开困难，装拆不便。

（5）占据了较多的高压空间，操作空间减少。

楔形垫密封用于直径小于 1000mm、温度小于 350℃、操作压力小于 100MPa 的场合，但因开启困难而限制了它的大量推广使用。

4. 组合式密封

O 形环密封因其结构简单、自紧性好及适应性强的优点，已在大直径、高压高温容器中得到了应用。但非金属 O 形环不宜在高压容器上使用，其原因是在高压力下，其很容易变形，容易被挤入密封槽与顶盖之间的间隙中，甚至被吹出。为此，设计了其与软材料制成的三角垫、U 形垫、V 形垫等组合式密封，以实现超高压容器的密封。

O 形环-三角垫的密封典型的结构如图 3-29 所示。由氟橡胶制成的 O 形环，实现了初始密封，在高压时，由三角垫起密封作用。该结构密封性能良好，已成功应用于压力 300MPa、温度 200℃容器的密封。

O 形环-U 形垫或 V 形垫的密封，典型的密封结构如图 3-30 所示。该组合式密封通过压环或者大螺母等压紧件压紧金属或非金属成型垫片，挤压容器的器壁以实现超高压条件下的密封。设置橡胶 O 形环等软质材料的密封件，以保证低压下的密封。常用的 U 形垫、V 形垫等成型垫片材料为铍青铜、黄铜、软钢、尼龙等。

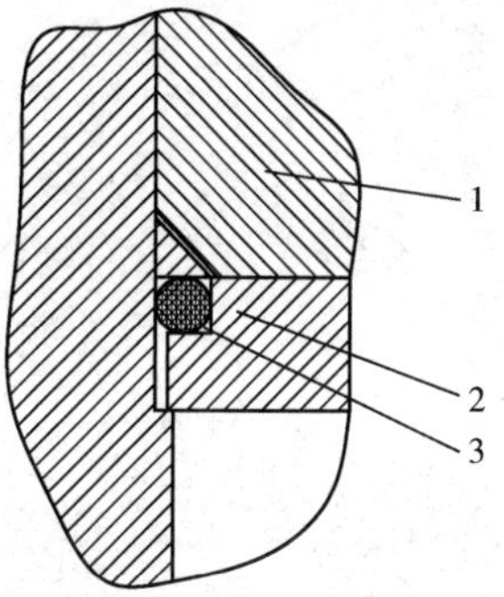

图 3-29 O 形环-三角垫的密封

1—压环；2—三角垫；3—O 形环

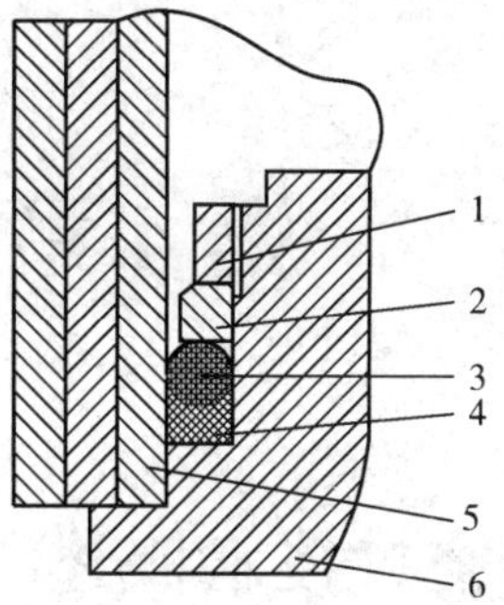

图 3-30 O 形环-U 形垫的密封

1—压紧螺母；2—垫圈；3—O 形环(丁腈橡胶)；4—U 形环(尼龙 1010)；5—筒体；6—头盖

复习思考题

1. 垫片密封的分类方法有几种？各是怎么分类的？
2. 垫片泄漏的原因是什么？垫片是如何实现密封的？
3. 垫片密封件的功能要求和性能要求有哪些？
4. 密封材料和元件的发展趋势。
5. 垫片的选用原则是什么？
6. 法兰密封面的型式有哪些？各有什么特点及加工要求？
7. 造成法兰密封泄漏的因素有哪些？
8. 规范设计方法及 PVRC 设计方法的区别？PVRC 设计方法有哪些特点？
9. 简要介绍一下高温法兰密封防漏的设计方法？
10. 高压容器密封的分类及特点？
11. 设计、选择高压容器密封应遵循的原则是什么？
12. 双锥环密封的工作原理及影响因素？
13. 金属 O 形环密封的原理及影响因素？

第4章　胶　密　封

4.1　胶密封技术概述

密封剂常称密封胶，也有称为液体垫圈，主要是以高分子材料为基体配制而成的在各种机械配合中起到密封作用的材料，防止内部介质(气体或液体)泄漏和外部介质(雨雪、风沙、粉尘等)侵入。同时密封剂还有粘接、减振、降噪、防腐、防毒、防爆、保温等功能。现代的密封剂比传统的密封材料品种更多，性能更优，使用耐久。

虽然很多情况下密封剂被包括在胶黏剂之内，因为胶黏剂本身也有密封功能，对于密封剂也要求有粘合作用，但是密封剂的使用目的和作用原理毕竟与胶黏剂还有所区别，两者不能等同视之。胶黏剂主要起连接作用，甚至要传递较大应力，粘接强度是很重要的性能指标；而密封剂的主要作用是密封，一般不要求很高的粘接强度，只要3~4MPa就已足够，有些密封剂还要求拆卸方便。当然也有要求既要密封又要粘牢的情况。

密封技术即是利用密封剂实现密封作用的一种工艺方法，也就是隔开压力相同或不同空间的阻止液体或气体介质、固体微粉渗出或侵入的措施，减少跑、冒、滴、漏、渗带来的损失和危害。解决“三漏”(漏水、漏气、漏油)，实现“三防”(防风、防尘、防水)。密封技术用于石油、化工、航空、航天、军工、舰船、建筑、汽车、水力设施、电力工程、天然气输送等的管道、法兰、储罐、油箱、水箱、变压器、水坝等的静密封，还可进行带压、带温、带油、带水等的不停工堵漏密封，既快速安全，又方便可靠。

4.1.1　密封胶的分类及其特性

1. 密封胶的分类

密封胶指用于机械结合面起密封作用的一种胶黏剂，亦称液态垫片。密封胶一般呈液态或膏状。密封胶通常可按化学成分、应用范围、固化特性、强度及涂膜特性予以分类。

(1) 按化学成分分类：即按基料所用的高分子材料予以分类。

树脂类：如环氧树脂，聚氨酯等。

橡胶类：如丁腈橡胶、聚硫橡胶等。

混合类：如聚硫胶和酚醛树脂、氯丁胶和醇酸树脂等。

天然高分子类：如虫胶、阿拉伯胶等。

按照该分类，则可根据高分子材料的性能，推测密封胶的耐热性、机械强度及对介质的稳定性。

(2) 按应用范围分类可分为耐热类、耐压类、耐油类以及耐化学腐蚀类等。该分类对用户较为方便。

(3) 按强度分类：有结构类和非结构类。

结构类：胶层有较高的强度和承载能力，主要用于耐压密封。

非结构类：强度不高，承载能力较小，主要用于低压密封。

(4) 按固化特性分类有固化密封胶、非固化密封胶和厌氧型密封胶。

固化密封胶其固化方法有以下几种。

① 一元系加热催化固化法：加热状态下实现固化过程，固化过程中密封胶组分发生化学变化，固化时间取决于配方和固化温度。

② 一元系水蒸气催化固化法：将密封胶置于水蒸气的环境中，经化学变化实现固化。相对湿度增加通常会加速固化过程。

③ 二元系固化法：室温下将密封胶与固化剂或催化剂混合，使之发生化学变化而实现密封胶的固化。

④ 溶剂挥发固化法：使用时因密封胶中的溶剂挥发而固化，无化学变化。

⑤ 水乳化固化法：将密封胶置于水中使之乳化，乳化后水蒸发过程即为固化过程。

非固化密封胶：这类密封胶是软质凝固性密封胶，施工后仍保持不干性状态。

厌氧型密封胶：以丙烯酸酯为主，添加少量引发剂、促进剂和稳定剂配制而成。胶液在空气中不固化，在隔绝空气即无氧情况下发生聚合遂从液态转变为坚韧结构的固态。油、水和有机溶剂均可促进固化。

(5) 按涂膜特性分类有不干性黏接型密封胶、半干性黏弹型密封胶、干性固化型密封胶和干性剥离型密封胶。

① 不干性黏接型密封胶：一般以合成树脂为基体，成膜后长期不固化，保持黏接性和浸润性，基体材料为聚醋酸乙烯酯和有机硅树脂，部分以聚酯树脂、聚丁二烯及聚氨酯树脂为基体。

② 半干性黏弹型密封胶：其介于不干性和干性密封胶之间，溶剂迅速挥发后成软皮膜，其黏弹性均保持在剥离之前。

半干性黏弹型密封胶一般采用柔韧而富有弹性的线型合成树脂作基体，主要有聚氨酯树脂、石油树脂和聚四氟乙烯树脂，部分采用聚丙烯酸酯和液体聚硫橡胶为基体。

③ 干性固化型密封胶：胶液涂敷后，溶剂迅速挥发而固化，膜的黏弹性及可拆性较差。

干性固化型密封胶的基体主要有酚醛树脂、环氧树脂和不饱和聚酯等热固性树脂，部分采用天然树脂(如阿拉伯胶)等。

④ 干性剥离型密封胶：液态胶涂敷后，溶剂挥发成膜，快干并可剥离。

干性剥离型密封胶一般以合成橡胶或纤维素树脂等为基体，主要有氯丁橡胶和丁腈橡胶，部分采用纤维素树脂(如乙基纤维素)和聚酰胺树脂(如醇溶性共聚尼龙)。

为直观起见，现将上述分类方法列于表 4-1 中。

表 4-1　密封胶的分类

<table>
<tr><td rowspan="7">密封胶分类</td><td>1. 按化学成分</td><td>1. 树脂类
2. 橡胶类
3. 混合类(树脂及橡胶)
4. 天然高分子类</td><td></td></tr>
<tr><td>2. 按应用范围</td><td>1. 耐热类
2. 耐寒类
3. 耐压类
4. 耐水类
5. 耐腐蚀类</td><td></td></tr>
<tr><td>3. 按强度</td><td>1. 结构类
2. 非结构类</td><td></td></tr>
<tr><td rowspan="3">4. 按固化特性</td><td>1. 固化胶</td><td>1. 一元系加热催化固化
2. 一元系蒸汽催化固化
3. 二元系固化
4. 溶剂挥发固化
5. 非乳化固化</td></tr>
<tr><td>2. 非固化密封胶</td><td></td></tr>
<tr><td>3. 厌氧型密封胶</td><td></td></tr>
<tr><td>5. 按涂膜特性</td><td>1. 不干性黏结型
2. 半干性黏弹型
3. 干性固化型
4. 干性剥离型</td><td></td></tr>
</table>

2. 密封胶的特性

密封胶的特性是通过它的固化特性、化学性能、温度性能、耐天候性能、力学性能、耐磨性、黏附性、动载荷性能、电性能、色泽稳定性、可燃性、毒性、可修复性、可回用性以及对生产工艺的适应性等进行综合评价。

(1) 固化特性：固化型密封胶其固化时间、温度、固化方式和相对湿度等是固化过程的主要影响因素。固化型密封胶的固化时间随着基本材料的固化方式、温度和相对湿度不同而不同，可从不足几小时到几天甚至几星期。加入催化剂虽可加速固化，但却缩短了密封胶的有效期。相对湿度对一元系密封胶固化时间的影响比对二元系的影响明显。密封胶大多采用室温固化方法，提高温度不但可缩短某些密封胶的固化时间，而且可能会提高其工作强度。以热塑性树脂为基体的密封胶通过加热软化，固化过程中不发生化学变化。以热固性树脂为基体的密封胶，热影响很小，固化时伴有化学变化。

(2) 温度性能：包括密封胶的工作温度极限，承受温度变化的能力及温度变化频率。密封胶的长期工作温度一般为-93. 6~204. 6℃，有些硅酮密封胶可在 260~371℃范围内连续工作数小时。密封胶的温度性能可根据其热收缩系数、弹性模量(随温度而变化)、延展性的降低和弹性疲劳来估计。

(3) 化学性能：密封胶因化学腐蚀而分解、膨胀和脆化。这种化学腐蚀往往又会污染被密封的工作介质。微量水分也会使密封胶耐化学腐蚀性发生变化。密封胶的可透气性也影响化学性能。因此，要求密封胶对所密封的介质有良好的稳定性。

(4) 耐天候性能：耐天候性能是评价密封胶优劣的一个重要指标，因为密封胶常在日光、冷热和某种自然环境中使用。因此，应根据实际需要选择耐天候性能好的密封胶，防止其早期龟裂老化。

(5) 力学性能：主要指标为抗拉强度、延展性、可缩性、弹性模数、抗撕裂性、耐磨及动态疲劳强度性能等。密封胶力学性能的选择取决于工况条件。如调节胀缩接头的密封胶应具备高的延展性和弹性模量；考虑耐磨性就用黏弹性固化型密封胶为好；承受动载荷的部分应选择黏弹性较大的固化型密封胶；振动情况下应选择由弹性体制成的泡沫黏弹性固化型密封胶；少数的非固化型密封胶也具有良好的减振效果。

(6) 黏附性：它是密封胶的重要特性之一。它取决于密封胶与被密封表面的相互作用力，与胶黏剂作用相似，只是选择角度不同。密封胶根据其密封介质的能力来选择，而胶黏剂则根据其黏结能力来选择。

电性能：包括绝缘强度、介电常数、体积电阻系数、表面电阻系数和介电损耗常数。考虑密封胶的绝缘强度时，应说明密封胶的使用条件，如温度、湿度以及与密封胶相接触的介质。

色泽稳定性、可燃性和毒性：当对外观有一定要求时，密封胶应具备良好的色泽稳定性，而不应被环境污染。对于易燃场合必须选用阻燃密封胶。密封胶本身无毒，但有的密封胶有强烈的气味，如丙烯酸酯类和环氧树脂类密封胶等。也有的密封胶所用的催化剂有毒，如以环氧树脂为基体的干性附着型固化密封胶所使用的催化剂可导致皮炎。

可修复性和可回用性：非固化型密封胶在使用后易于清理，而塑料和橡胶型密封胶比较困难。在回用性方面，许多密封胶特别是橡胶型密封胶在固化后不可回收利用；而有些溶剂型固化密封胶通过加入溶剂、加热或通过搅拌可重复使用。

工艺性能：工艺性能好的密封胶是指贮存期长、活性期适宜、流动性好、涂覆简单、施工方便、修整容易的密封材料。因此，工艺性能是选用密封胶必须考虑的重要内容。

4.1.2　密封胶的密封机理

填塞接合部分的间隙，即可获得密封，而密封胶是理想的填塞剂，它具有良好的填充性、贴合性、浸润性、成膜性、黏附性、不渗透性及耐化学性等，可较容易地把接合面间隙填塞、阻漏而获得良好的密封效果。

如图 4-1 所示，接合部表面往往存在微观的凹凸不平，当用密封胶填充时，由于其良好的浸润能力，很容易把凹凸处填满及粘贴于接合面上，阻塞流体通道，达到密封的目的。而用无黏性的固态垫片时，即使紧固力较大，也难于填满微观的凹凸处。在紧固力的长期作用下，垫片会产生永久变形、蠕变、回弹力变小，流体介质就会从结合面处泄漏出来。

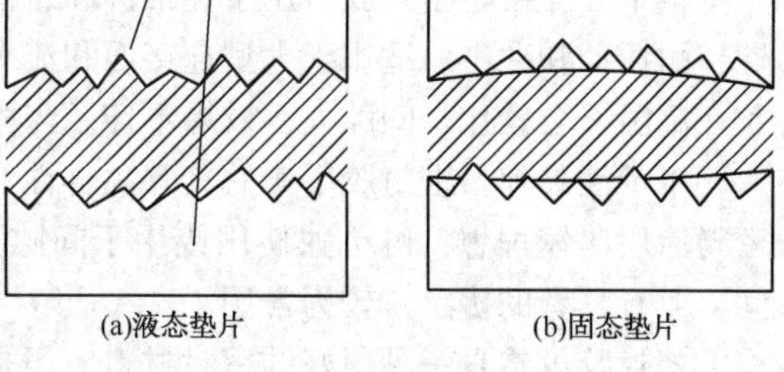

图 4-1　垫片在密封面中状态

密封胶一般呈液态或膏体，由于配方不

同，使用时表现的性状各异，密封机理也有不同。

1. 半干性黏弹型和不干性黏接型

这类密封胶在接合面间的最终状态为黏稠物质。众所周知，液态物质是不可压缩的，呈液膜形态的密封层发生泄漏，通常是由于内部介质压力将胶液从接合面间挤出所致。这种泄漏称为黏性流动泄漏，根据不可压缩流体的流动理论，密封层的泄漏量可按式(4-1)计算。

$$Q=\frac{h^n}{\eta L}\Delta p \tag{4-1}$$

式中 Q——密封胶在间隙中的流量($Q>0$ 即说明发生泄漏)，m^3/s；

η——密封胶的黏度，Pa · s；

L——密封间隙接合面长度，m；

h——间隙大小，m；

Δp——密封面内外的压差，Pa；

n——常数。

由上式可以看出：密封胶的黏度 η(这里指密封胶涂后最终状态的黏度)越大密封性能越好；接合面间隙 h(这里指间隙名义值)越小则越有利于密封；密封间隙接合面长度 L 越大泄漏越小。

不干性密封胶能长期不蒸发，不汽化，永久维持液态，且有很大的黏性和较好的浸润能力，易堵塞间隙，把它填塞在结合面内，便能长期形成液膜得到较好的密封效果。

2. 干性固化型和干性剥离型

这类密封胶使用前均为黏稠液，涂覆后，一旦溶剂挥发，成为干性薄层或弹性固状膜，牢固地附着于接合面上，它们在使用过程中所表现的形态与固体垫片有些相似。故可结合分析固体垫片来解释其密封机理。不同的是密封胶是靠液态时的浸润性填满密封面的凹凸不平来实现密封。同时，还存在胶与密封面的附着作用及胶本身固化过程中的内聚力。因此，固化胶的密封是浸润、附着和内聚力综合作用的结果。

4.1.3 密封胶的选用

密封胶品种很多，只有合理选用，才能达到预期密封效果。

干性黏接型密封胶主要用于不经常拆卸的部位。由于它干、硬，缺少弹性，不宜在经常承受振动和冲击的连接部位使用，但它的耐热性较好。

干性剥离型密封胶由于其溶剂挥发后能形成柔软而具有弹性的胶膜，适用于承受振动或间隙比较大的连接部位，但不适用于大型连接面和流水线装配。

不干性黏接型密封胶可用于经常拆卸、检修的连接部位，形成的膜长期不干，并保持黏性，耐振动和冲击。适用于大型连接面和流水线装配作业，更适用于设备的应急检修。此类胶在高温下会软化，间隙大，效果不佳。与固态垫片联合使用效果较好。

半干性黏弹型密封胶干燥后具有黏合性和弹性，受热后黏度不会降低，复原能力适中，密封涂层比较理想，可单独使用或用于间隙大的接合面。此类密封胶介于干性及不干性之间，兼有二者的优点，较为常用。

密封胶虽然是一种很好的密封材料，但是选用不当，仍可造成泄漏，故合理选用密封胶是获得良好的密封效果的关键。

4.1.4 密封胶的涂胶工艺

(1) 预处理。预处理的目的是除去密封面上的油污、漆皮、铁锈及灰尘等。柴油、汽油是常用的清洗液，精密的或小面积机械零件可用丙酮、乙酸乙酯及香蕉水等溶剂洗刷，大的密封面常用氢氧化钠、碳酸钠、偏硅酸钠和偏磷酸钠等碱溶液清洗。

比较理想的是用三氯乙烯蒸气进行处理。漆皮可用火焰喷灯烧焦后再用除锈剂或上述方法洗涤。

机械处理密封面上的金属氧化物皮层可采用机械处理的方法除去。其中以喷砂效果最佳，砂粒材质根据被处理材料的软硬程度合理选择。硬金属可用铁砂，而铝类软金属可用沙子或氧化铝。

(2) 化学处理。化学处理的目的也是除去氧化膜，经化学处理后的密封面，形成致密、均匀的新氧化膜，有利于胶液浸润，加上表面极性增大，黏附力显著提高。

密封面经化学处理后，需烘干处理，烘干温度和时间要严格控制，切勿久放，烘干后应立即涂胶。

(3) 预装。为了检查密封件在预处理后是否有变形而影响装配，要进行预装。对变形的密封面要进行修整，密封间隙要均匀，间隙最好在 0.1~0.2mm，最大不超过 0.8mm，以适合密封装配要求。

(4) 调胶。严格按照配方及操作顺序进行，调和要均匀。

涂胶在预处理后立即进行，要注意涂匀。常用方法有手涂、喷涂、滚涂、压注、压力浸胶和真空浸胶等。单件、少量的涂胶多用手工，采用各种形状的毛刷、刮勺和滚轮，如 4-2 所示。大面积涂敷可采用喷枪，但胶液要稀。用高黏稠胶修补缝隙可采用压注法。大批量铸件的涂胶采用压力或真空浸胶法。

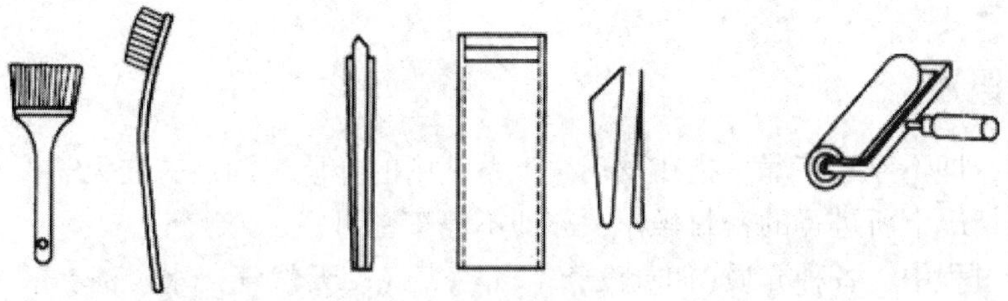

(a)毛刷　　(b)刮勺　　(c)滚轮

图 4-2 手工涂胶用工具

(5) 固化。在胶层固化过程中温度和时间起着重要作用；同时需要一定的压紧力。加热温度取决于胶的固化特性。室温固化胶大多需放置 24h，才能达到较好的性能；热固化胶固化时间一般为 1~3h；厌氧胶需隔绝空气方能固化，室温固化需 24h，若加入固化促进剂数分钟即可固化。

(6) 检验。检查胶层涂敷是否均匀，厚薄是否一致，固化是否完全充分。常用的检验方法有超声波、声发射、X 射线辐照、红外线以及全息摄影等。

(7) 修整。修整是为了除去加压固化后挤出的多余胶边，提高外观质量，修整时勿使胶层剥离。

4.1.5 密封胶的使用注意事项

使用密封胶时要注意下列问题。

(1) 结合面间隙不可过大或翘曲不平。通常当间隙大于0.2mm时，单用密封胶难于保证密封，需与固态垫片联用。小而粗糙的结合面应选用黏度大的密封胶；大而光洁的结合面则选用低黏度的密封胶。

(2) 控制胶层厚度、保证胶层均匀。一般无机胶黏剂厚度为0.1~0.2mm；有机胶黏剂厚度则为0.03~0.1mm。胶层中的溶剂要充分挥发，采用稀释剂时应注意用量。

(3) 密封胶型号选择恰当，密封胶与接触介质不应相溶。介质为气体时应选用成膜性的密封胶。选择毒性小且与工作条件相适应的胶种，当必须采用有毒胶种时应采取防护措施。

(4) 多组分的胶种配制时应按比例，在规定时间内使用并一次用完，现用现配。超过有效期或变质凝固的密封胶不能使用。

(5) 购买和使用胶种时要注意组分(量)、使用方法和贮存时间。

(6) 在振动较大的地方，不宜进行涂胶工艺。还必须避免紧固转矩不足、螺丝松动、结构不合理等。

(7) 使用温度和压力不应超过密封胶的使用范围。

(8) 高温固化剂要注意保持稳定的固化温度。室温固化时要注意季节以及相对湿度。热固性胶在固化后应逐渐自然冷却以免胶层收缩过快。

(9) 应采用恒温箱、红外灯、烘道等固化加温设备。严禁用明火烤胶。尽量避免胶层长时间处于高温或日晒夜露。

4.2 带压注剂密封技术

4.2.1 概述

带压堵漏，即不停车堵漏，指在发现生产系统中的介质泄漏后，在无需停车和降低操作压力及温度的情况下所进行的密封操作，亦即不停车密封。

化工生产过程中，各种介质(如蒸汽、空气、煤气、天然气、水、油、酸、碱以及各种工艺流体)的泄漏是常见的，特别是大型石油化工企业，生产系统均在高温高压下运行，接触的介质或是易燃易爆，或是腐蚀、有毒。因此，介质的泄漏轻则浪费能源，污染环境，影响文明生产，重则危及生产和造成事故。以往介质的泄漏常常是停车检修，造成巨大的经济损失。如大型化肥厂每停车一天将损失百万元的产值，何况每次停车并非一天即能恢复生产，故损失更大。从节约能源、增加经济效益的观点出发，开发可靠、安全、快速、高效的不停车堵漏技术，就更加具有实际价值，它将为企业带来可观的经济效益。

多年来，国内许多科研单位和企业创造了多种不停车堵漏的方法，消除了泄漏，保证了生产。例如在常温常压下采用贴补玻璃钢、打卡子、补焊等方法；在较高温度和压力下，常采用加卡具、包焊并加排放阀门引出泄漏介质的方法；有时甚至将整个阀门、法兰泄漏部位全部用“盒子”包起来焊死。这些方法较为笨重，施工困难，对高温高压系统有时还要将温度和压力降至勉强维持不停车的程度。特别是易燃易爆介质的泄漏危险性更大，密封施工更困难。因而这些方法都有一定的局限性。

目前，许多国家已普遍采用不停车堵漏技术消除设备、管道、阀门、法兰、换热器、透平、螺纹接头、管接头、铆合接头及焊缝等的泄漏，以保证生产系统连续运转。带压注剂密封即是其中之一。该项技术措施的主要内容包括制定安全可靠的堵漏施工方案，设计合理的承压卡具，选择合适的密封剂，由经过训练的操作人员使用专用的堵漏工具、设备对生产中的各种泄漏点进行堵漏密封。该技术的特点是施工人员较少，工具设备简单，施工灵活。

不停车堵漏技术广泛应用于化工、石油、核电站、食品、舰船、钢铁，造纸、原子能反应堆以及其他行业的生产系统中。采用不同的密封剂可适应蒸汽、水、酸类、碱类、盐类、氢、氮、甲烷、氨、甲胺、尿液、有机化合物等200余种工艺介质的要求。适用系统压力范围最高可达35MPa，并可用于真空；适用温度范围在-150～600℃。已有效地用于合成氨、尿素生产中氢氮气系统换热器(温度365℃，压力2.94MPa，ϕ1000mm的封头法兰)，高温转化系统，高、中压蒸汽系统，甲胺系统，尿素高压冷凝器(温度167℃，压力14.1MPa，ϕ1200mm的封头法兰)以及一些阀门等处的堵漏。

带压注剂密封技术并不十分复杂，对有一定经验的设计和施工人员，只要正确掌握操作规程和有效地选用密封剂及其注射设备，还是简单易行的。但有几点需要注意：第一，这项技术并非万能，不是任何泄漏都能轻而易举地堵上，要求操作条件必须保证施工人员能安全地施工；第二，设备或系统必须具有堵漏的价值，即不是大面积腐蚀减薄甚至失去机械强度；第三，必须选择合适的密封剂，不适合被堵介质的密封剂不能采用；第四，有些较特殊的密封连接(如透镜垫密封)，其堵漏尚无足够的经验，有待于进一步探讨。

4.2.2 密封剂的品种与性能

密封剂(也称密封注剂)是实现不停车有效堵漏的重要物质，它是由有机与无机材料配合适当的助剂，经专用设备加工而成，并能在一定的温度下，借助卡具而起到直接密封各种介质的作用，其质量好坏，直接关系到不停车堵漏的效果。所以密封剂是不停车堵漏能否成功的关键。密封剂的型号较多，生产密封剂所用的原材料各异，它们在受热状态下的特性亦不相同。根据它们在受热条件下的特性，可将其分为热固化型和非固化型两大类。

(1) 热固化型密封剂。有机材料(橡胶类)+无机材料+助剂，如RGM-1、RGM-2、RGM-3、RGM-4、RGM-5。

(2) 非固化型密封剂。有机材料(树脂类)+助剂，如FGM-1、FGM-2和FGM-6；有机材料(油脂类)+无机材料+助剂，如FGM-3、FGM-4和FGM-5。

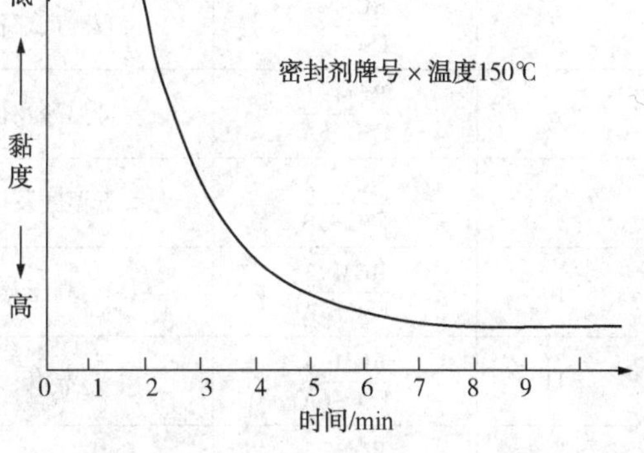

图4-3 热固化型密封剂的固化特性

热固化型密封剂是在一定的温度下经过一定的时间后，由于密封剂中的固化剂的作用，致使密封剂具有一定的强度、弹性、耐热以及耐工艺介质等性能的密封剂。热固化型密封剂的固化性能与时间、温度的关系曲线如图4-3所示。该图显示了一种密封剂，在150℃下经过2min左右，其曲线骤降，黏度急剧升高，即开始固化。6min

后，曲线不再变化，说明固化完毕。非固化型密封剂中不含固化剂成分，而是靠自身的各种性能起密封作用。无论是热固化型还是非固化型密封剂，均应满足下述几个条件。

(1) 对所接触的各种泄漏介质有良好的化学及物理的稳定性，不应有过大的膨胀和增重。

(2) 具有良好的工艺性能，即在注入前，经软化后具有良好的流动性，以利注射；进入卡具后，又能迅速固化，获得良好的密封。

(3) 易于清除，不腐蚀金属，不损坏原来的密封面。

(4) 在工作温度下，应具有一定的机械强度、弹性以保证良好的密封性能，并有较长的寿命(一般不少于一年)，以保证设备正常工作至检修期。

(5) 在一定的库存条件下，应具有较长(不少于一年)的存放期，以防变质影响使用。

国外注剂密封技术开发较早，20 世纪 70 年代一些工业发达国家就已将其广泛地应用于各个领域，可供选用的密封剂的型号也日趋增多。国内研究起步虽晚，但发展较快，现今已在化工、石油等一些领域得到推广使用。表 4-2 列出了英国弗曼奈特公司和中国沈阳橡胶工业制品研究所生产的部分密封剂，它们可以满足化工、石油、电力等工业的一般使用要求。

表 4-2　国内外密封剂型号和使用条件

序号	密封剂型号（国产/国外产品）	被密封介质	使用参考压力/MPa	使用温度/℃
1	RGM-1/FSC-1B	空气、低压蒸汽	≤34.3	0~280
2	RGM-2/FSC-2A	蒸汽、水、烃类		120~300
3	RGM-3/FSC-3A	蒸汽、水、酸及化学品		120~325
4	RGM-4/FSC-4A	热油及化学品		250~400
5	RGM-5/FSC-2B	蒸汽、水、烃类		120~300
6	RGM-6/FSC-1/2A	蒸汽、水		0~280
7	RGM-7/FSC-2C	蒸汽、高温烃		250~540
8	RGM-1/FSC-5A	低温酸及化学品		≤240
9	RGM-2/FSC-5B	低温酸及化学品		≤240
10	RGM-3/FSC-7A	高压蒸汽		450~550
11	RGM-4/FSC-6A	蒸汽、水		250~540
12	RGM-5/FSC-7B	高压蒸汽		0~540

4.2.3 密封剂的选用

介质的性质和温度是选用密封剂的主要依据，密封剂选择是否合适是堵漏成败的关键。

一般说来，耐高温的密封剂较一般的密封剂的价格高 2~3 倍，所以在装置系统温度较低的情况下，应尽量不选用耐高温的密封剂。另外，对于食品、电力方面使用的密封剂，还应考虑到密封剂的污染情况和电绝缘性能等。

4.2.4 带压注剂堵漏的基本方法

1. 基本原理

不停车堵漏首先是按要求设计并制造合适的卡具，安装在泄漏部位，然后用专门的密封工具，向装好密封卡具的泄漏处注入密封剂。适量的密封剂在足够高的注入压力下从外围向漏点依次注入，使密封剂注满所有堵漏卡具间的空隙，注入的密封剂短时间内固化，形成密实、坚韧的填充物，承受操作介质的温度、压力作用，达到密封目的。

图 4-4(a)为带压密封原理示意图。假定生产系统中的介质是具有一定温度和压力的蒸汽，并从泄漏口 F 处向外部大量喷出。为了用密封剂“筑起”一道密闭的“墙”封住泄漏的蒸汽，需要提供一个容纳密封剂的空间 G，这就是所要设置的为把泄漏点控制在其间的卡具，该卡具不但可以容纳密封剂；同时还要承受密封剂注入和蒸汽漏出所形成压力和温度。为了使密封剂能顺利注入并不致在腔体 G 处产生巨大压力，在卡具上设有许多蒸汽排放接头 E，如果是法兰密封卡具，则每两个法兰螺栓之间就应设置一个排放接头。该接头在未用于注入

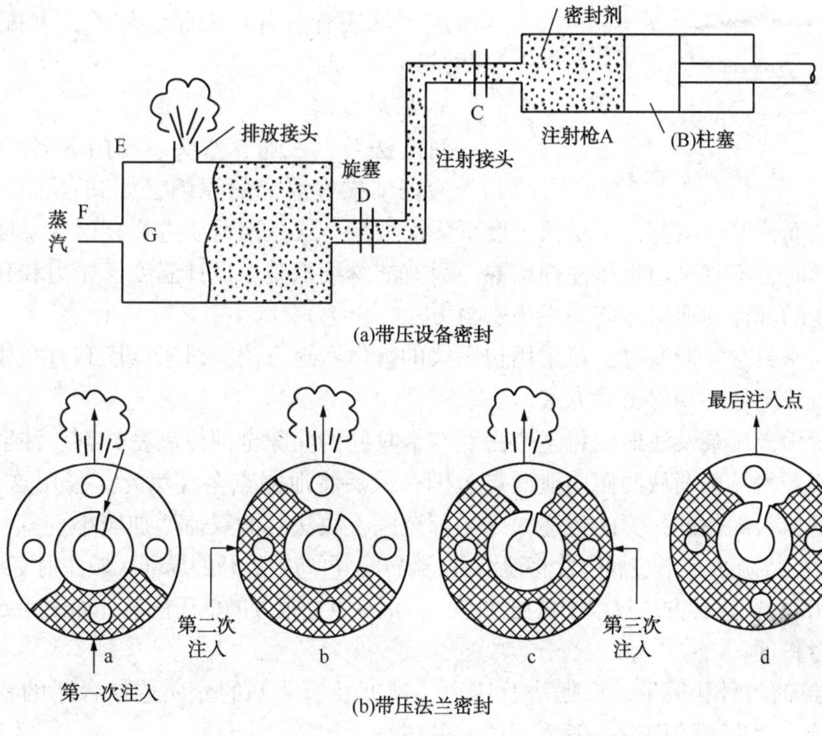

图 4-4 带压堵漏基本原理

密封剂时为排放接头，当向该接头注射时，它就是注入接头[图 4-4(b)]。图 4-4(a)中，密封剂正从注入接头 C 注入，排放接头 E 在排放蒸汽。旋塞 D 设置在排放接头上，打开即可排放，注入密封剂后即可关闭。密封剂注射枪系统与卡具系统在注入接头处联结。注射枪 A 的枪体中充入棒状的化学密封剂(涂黑处)，并通过外部高压油泵供给动力，推动柱塞，挤压密封剂打开旋塞 D(装在注射枪上)，再通过开启的旋塞 D 进入卡具腔体 G 内，通过各个注入接头，将密封剂充满整个空间 G，形成坚实整体，最终封住泄漏口 F，达到带温带压密封的目的。

图 4-4(b)是法兰密封原理及程序图。图示一个正在泄漏的四螺栓孔法兰，中间圆圈是破裂的垫片，介质从裂口处大量喷出。为了不停止生产，采用带压堵漏办法。其程序是：首先按图中 a 所示从泄漏点的背面注入密封胶(而不是正对泄漏点)，这样就不会使注入的密封胶被强大的气(液)流冲掉，在各排放接头都打开排放时，漏出的气(液)流仍能保持原有的喷出方向，并不使卡具内增压，这样便可在背对泄漏点方向顺利地注入密封剂，并使之充分固化；第二次注入如图中 b；第三次注入如图中 c，从三面包围漏点，缩小泄漏空间，形成坚固的密封圈；第四次注入点如图中 d，因为空间较小，能够迅速封死。更大直径的法兰也按同样程序从漏点背面开始，逐渐从两侧围向泄漏点，最后封住泄漏点，达到完全密封的目的。

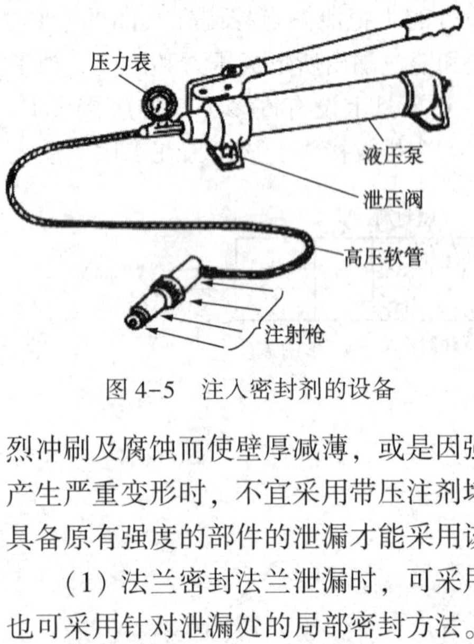

图 4-5　注入密封剂的设备

2. 带压注剂堵漏所用的设备及工具

带压堵漏所用的设备比较简单，不需动火即可实施密封操作，避免在易燃易爆区施工产生火花。所用主要设备如图 4-5 所示，它主要由液压泵、液压注射枪、手动注射枪、高压连接软管等组成，另外所用工具还有各种风动钻、铲等，并配备各种安全防护用品。

3. 密封方法

对于法兰、三通、弯头、阀门等各种泄漏的密封，应仔细检查泄漏的原因，如其各部位因流体强烈冲刷及腐蚀而使壁厚减薄，或是因强度下降而失效，或是因材质选择有误在温度、压力下产生严重变形时，不宜采用带压注剂堵漏。只有能继续承受原设计温度、压力和介质作用并具备原有强度的部件的泄漏才能采用该密封方法。

(1) 法兰密封法兰泄漏时，可采用包围式的整体密封方法。对于低压和直径较大的法兰也可采用针对泄漏处的局部密封方法。

整体密封用液压泵及注射枪将整个法兰与卡具间的间隙全部注满密封剂。注射时，先从泄漏点的背侧开始，逐渐从两侧向泄漏点包围，最后将泄漏点全部堵死。采用这种注射法，由于密封剂是依次固化的，力的传递限于局部范围，故法兰的载荷增加较小。

局部密封用特制的 U 形金属隔片将泄漏部位隔开，再向被隔开的局部区域注射密封剂，以封住发生泄漏的部位。这种方法只限于低压法兰，特别是直径很大的低压法兰，如图 4-6 所示。

法兰密封程序：

① 择密封剂型号和用量。根据法兰压力、温度及所泄漏的介质选择合适的密封剂，计算密封剂用量。理论上该用量一般等于填充的体积。

② 确定卡具的型式及注射接头安装的位置与数量。根据法兰使用温度、压力、法兰面

间隙、螺栓分布情况选定卡具型式及注射接头的安装位置和数量。卡具既起到防止注入的密封剂从缝隙挤出的作用，也起到承受压力作用。

卡具有以下三种型式。

a. 围带：借助专门拉紧器将不锈钢扁带加铝带紧密地箍在法兰缝隙外围，如图 4-7 所示。它适于压力低于 4MPa、法兰直径小于 350mm、圆平齐的法兰密封。

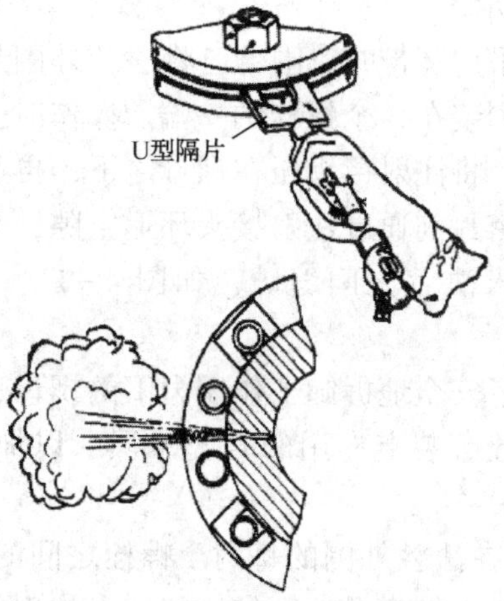

图 4-6 局部密封的隔片安排

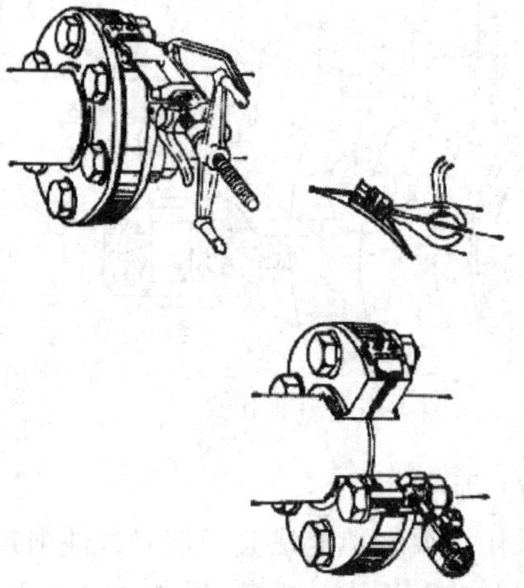

图 4-7 围带卡具安装

b. 金属线或条(软铜线或条)：将金属线或条紧密填入法兰缝隙，并用錾子填缝密封，如图 4-8 所示。

c. 环形金属卡具：根据法兰使用的压力、温度及各部分尺寸设计的具有足够机械强度的卡具，它安装在法兰面隙缝外围。这种卡具可做成两个半环或几块组合式的，用于压力大于 4MPa，法兰面间隙大于 10mm，或法兰间隙虽然小于 10mm 但法兰上不宜钻注料孔者，如图 4-9 所示。

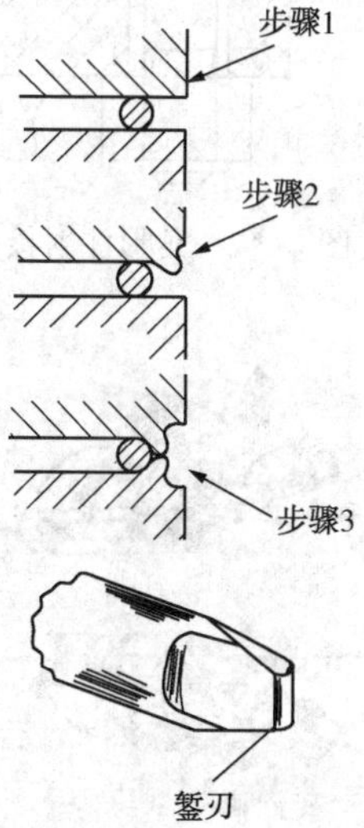

图 4-8 金属线与条

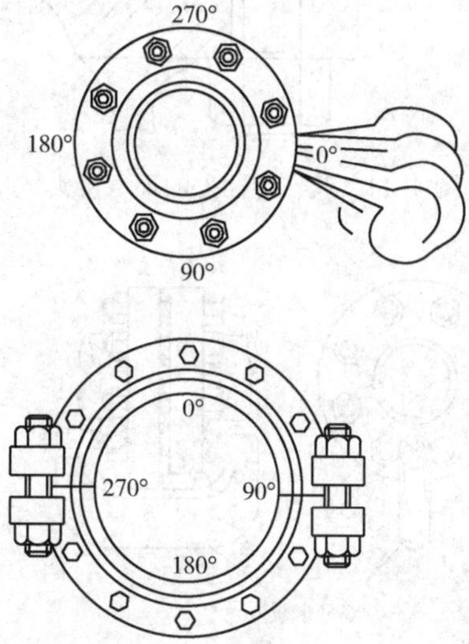

图 4-9 环形金属卡具

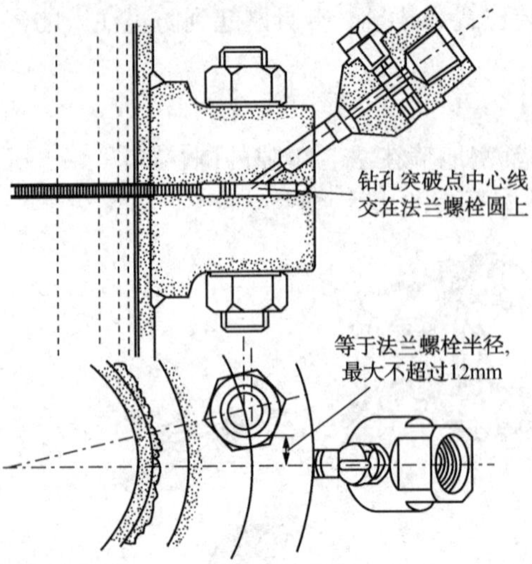

图 4-10　注射接头

③ 设注射接头。注射接头是注射枪与法兰或卡具连接并向内注入密封剂的部件。接头上设小型旋塞阀。注射密封剂前将旋塞阀打开，排放泄漏介质。注射密封剂后关闭旋塞阀，达到封闭状态。因而注射接头既起注入也起排放作用，如图 4-10 所示。

当采用围带时，围带已将法兰外围封闭，注射接头则装在各个螺栓的一端。操作时，拆下一个螺母，将注射接头压在螺母之下，再与注射枪连接，密封剂通过注射接头环形空隙，经过螺栓周围注入法兰之间缝隙，如图 4-11、图 4-12 所示。

为了安全地拆卸工作压力下的螺母，拆卸前应在螺栓旁装上专用的 G 型卡具，以加固法兰，如图 4-13 所示。

当采用金属丝填充法兰间隙时，注射接头则装在法兰外围的每两个螺栓之间的位置上，其中心线与法兰面成一夹角(图 4-10)。事先在法兰上钻盲孔攻螺纹，待装上注射接头后再通过接头孔用长钻头打透。各注射接头同时都起到排放的作用，如图 4-14 所示。

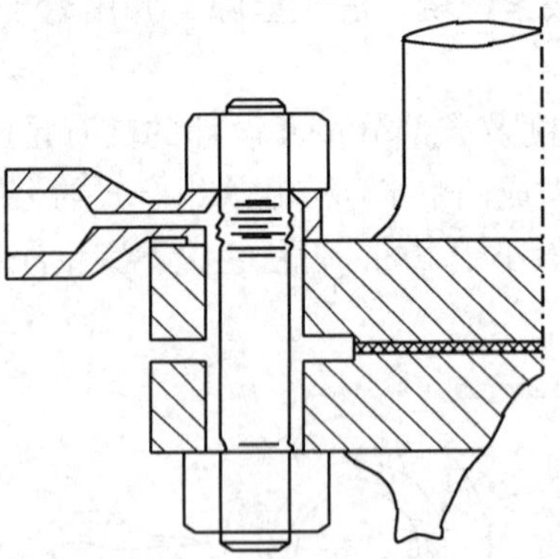

图 4-11　装在螺栓上的环型接头

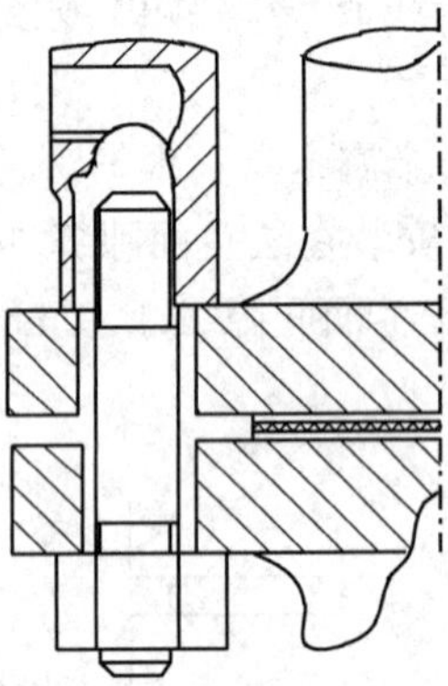

图 4-12　角形注射接头的装入

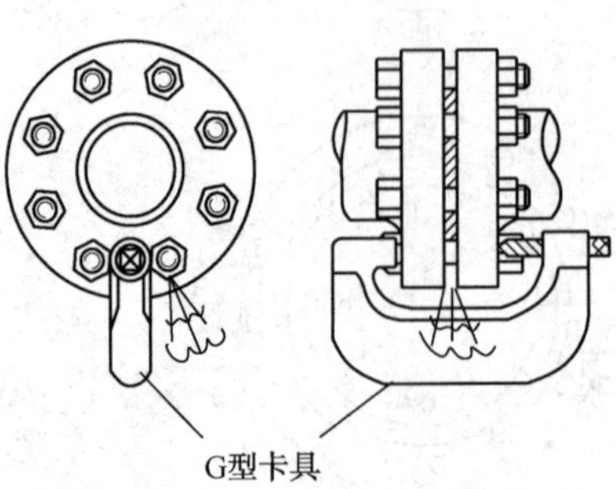

图 4-13　安装 G 型卡具

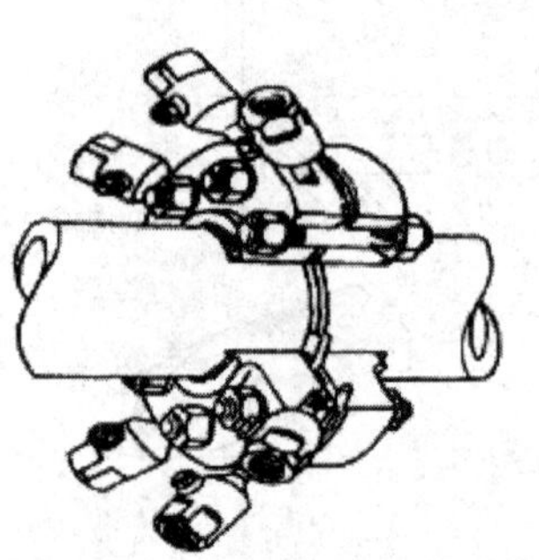

图 4-14　注射接头的安装

在设计制造环型金属卡具时已考虑了连接螺孔，堵漏操作时将注射接头直接拧上即可。

④ 注入密封剂。装好卡具后连接液压泵、注射枪及注射接头，将选好的密封剂注入。当环境温度较低时，密封剂较硬，难以注入，需将其加热至 50~60℃，以增加其流动性。

注射密封剂时从泄漏点背侧开始，从两侧交替围向泄漏点。按照密封间隙的容积分别由每个接头均匀注入。每一接头注入时间间隔即是密封剂的固化时间。最后在泄漏点处一次堵死。如未达到一次密封成功，还应在相应接头处钻透重新注入密封剂。

注射完毕后，所有注射接头的旋塞均应在结束堵漏操作时关闭，卡具不拿掉，一直保持到系统大修，注射接头可取下再用，卡具或法兰上的丝孔拧上金属丝堵。

(2) 管道三通、弯头的密封。管道三通、弯头的密封方法，除卡具采用盒式卡具外，密封剂的选用及注射方法均与法兰密封相同。

盒式卡具是按使用温度、压力、介质设计制作的承压护料卡具。它将泄漏的弯头、三通、直管或焊口的泄漏部位全部包起来。选择管件上平滑部位作为与卡具接合部位的密封面。然后，向卡具与管件的密封面沟槽中注入密封剂。其注射接头的安装部位必须根据卡具的大小、注射方便等实际情况加以考虑。

(3) 阀门填料的密封。

① 装设注射接头。先测量泄漏的填料函壁厚，然后在其壁上打一盲孔(孔径与注射接头尺寸相配)，再攻螺纹，装上注射接头，打开旋塞用长钻头钻透，如图 4-15 所示。此时需考虑填料函的壁厚及连接注射接头的螺纹强度。

如阀门较小，填料函壁厚太薄则不能直接装注射接头，此时需采用专用的 G 型卡具。

② G 型卡具。G 型卡具本身即是一注射接头，如图 4-16 所示。将 G 型卡具卡在填料函外侧，然后通过注射嘴的内孔用长钻头将填料函钻透，再注入密封剂。采用 G 型卡具既可保证填料函强度，也简化了安装注射接头的程序，特别适用于小型阀门。

阀门填料函密封后，如阀门开关频繁，经过一定时间仍可能产生泄漏，只要将注射枪接上再注射一次，泄漏立即消除，十分简便。

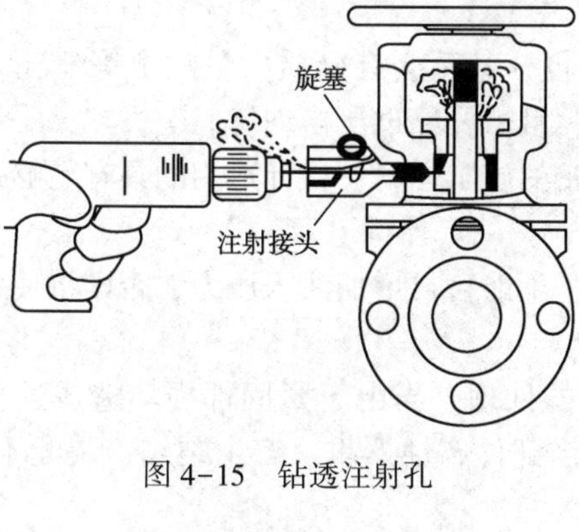

图 4-15 钻透注射孔

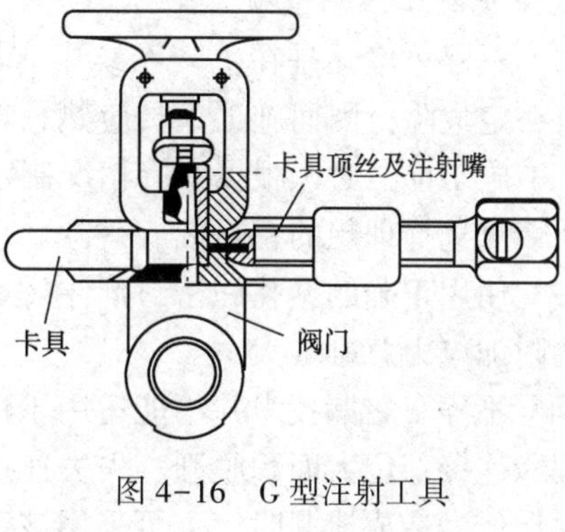

图 4-16 G 型注射工具

4.2.5 带压堵漏的安全施工

1. 施工中的受力影响

(1) 孔安装注射接头。钻孔将对法兰产生局部的附加应力，据有关资料介绍，由于钻注入孔而引起的平均应力值约为原螺栓孔的 10%，局部应力值接近原孔应力值。法兰直径越大，产生的附加应力值越小，所以，一般认为钻注入孔产生的附加应力对法兰强度影响不大，可忽略不计。

(2) 密封剂注入力的影响。密封剂以高压注入到两法兰面之间并充满垫片与卡具之间的空隙，密封剂在注入力和内压的作用下，最终使螺栓受力增加，螺栓应力增加的幅度可达堵漏前的30%左右。

图 4-17 为一个装有环形卡具的螺栓法兰连接的实测螺栓应力-应变关系曲线。注入密封剂时，应力增值达螺栓材料弹性极限(50℃时)的 13.7%，为操作温度(350℃)时弹性极限的 18%，堵漏操作结束后 30min 应力增值降为弹性极限的 8%。

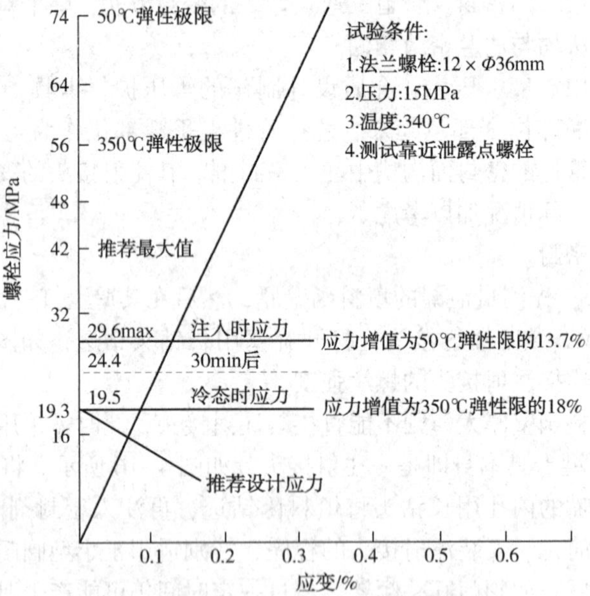

图 4-17　堵漏时的螺栓应力-应变曲线

2. 安全施工注意事项

(1) 不停车堵漏是在生产系统中有压力、温度，甚至会有介质大量喷出等情况下进行的，有一定危险，因而施工人员应熟悉生产状况，且需要经过严格训练。

(2) 施工前，必须根据实际情况制定完整严密的施工方案，设计适用的具有足够强度的卡具，慎重选择理想的密封剂。

(3) 使用正确的钻孔和密封剂注射工艺方法，不能盲目增加注入压力，否则将使装置紧固件的附加应力急剧增大。

(4) 不停车堵漏技术并不能适用于所有泄漏的处理。当由于紧固件损坏造成连接处泄漏，焊缝连接部位大面积脱开、失去连接强度或当部件腐蚀严重、产生裂纹、装配不正确、螺栓材质低劣造成泄漏时，不可采用该密封方法。

(5) 对于反复注射，次数达到 5 次之多，仍不能堵漏时，需对情况做出重新估计。对于级别较低的紧固件，一般只允许注射 1 次。对于 4 个螺栓的法兰连接进行堵漏操作，特别是用软钢作为连接件时，应考虑连接结构的强度。

(6) 装设卡具和用填隙凿工作时，应注意不得增加法兰面的附加力。填隙只能在卡具上进行。

(7) 在阀门上钻孔时，孔眼不可通过任何应力集中的地方。

(8) 注射密封剂应在所有排放接头(也是注入接头)都打开的排放情况下进行，并以距泄漏点最远的一处开始注射。待各注射点密封剂固化并充分热膨胀后，方可在最终注射点注射。

(9) 密封易燃易爆介质时，应采用惰性气体保护并用无火花工具施工，防止火灾及爆炸事故发生。

(10) 施工人员应注意防火、防爆、防毒、防灼伤、防噪等，使用专用工作服及防护用品。

复习思考题

1. 密封胶的分类及特征？
2. 密封胶的密封机理？
3. 什么是带压注剂密封技术？

第5章 填料密封

填料密封是在轴与壳体之间用弹性、塑性材料或具有弹性结构的元件堵塞泄漏通道的密封装置。按其结构特点，可分为软填料密封、成型填料密封和硬填料密封。

5.1 软填料密封

软填料密封又叫压盖填料密封，俗称盘根(packing)。它是一种填塞环缝的压紧式密封，是世界上使用最早的一种密封装置，在中国已有上千年的历史。它最早是以棉、麻等纤维填塞在泄漏通道内来阻止液体泄漏，主要用作提水机械的密封。国外迟至1782年才使用此类填料，当时作为蒸汽机的轴封来密封压力为0.05MPa的蒸汽。由于软填料密封结构简单、成本低廉、拆装方便，故至今仍应用较广，特别是近年来出现了一些新结构和新材料，又有了新的发展。

软填料密封通常用作旋转或往复运动的元件与填料函之间环形空间的密封，如离心泵、转子泵、往复泵、搅拌机及反应釜的轴封，还有阀门的阀杆密封，管线膨胀节、换热器浮头及其他设备的密封。它能适应各种旋转运动、往复运动和螺旋运动的元件密封。

5.1.1 基本结构及密封原理

图5-1为一典型结构的软填料密封。软填料装在填料函内，压盖通过压盖螺栓轴向预紧力的作用使软填料产生轴向压缩变形，同时引起填料产生径向膨胀的趋势，而填料的膨胀又受到填料函内壁与轴表面的阻碍作用，使其与两表面之间产生紧贴，间隙被填塞而达到密封。即软填料是在变形时依靠合适的径向力紧贴轴和填料函内壁表面，以保证可靠的密封。

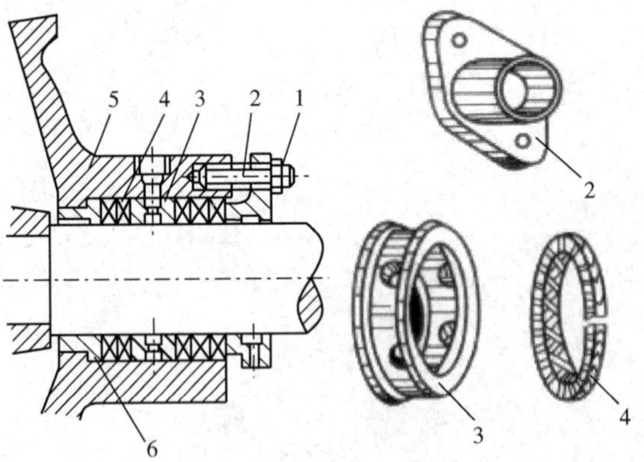

图5-1 软填料密封

1—压盖螺栓；2—压盖；3—封液环；4—软填料；5—填料函；6—底衬套

为了使沿轴向径向力分布均匀，采用中间封液环将填料函分成两段。为了使软填料有足够的润滑和冷却，往封液环入口注入润滑性液体(封液)。为了防止填料被挤出，采用具有一定间隙的底衬套。

在软填料密封中，液体可泄漏的途径有三条，如图 5-2 所示。

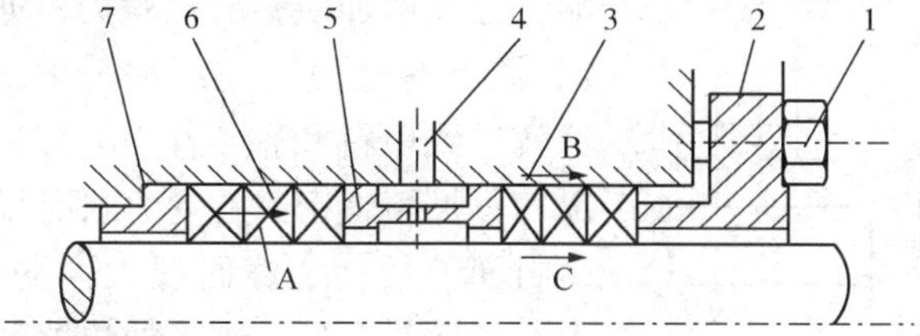

图 5-2 软填料密封泄漏途径

1—压盖螺栓；2—压盖；3—填料函；4—封液入口；5—封液环；6—软填料；7—背盖

A—软填料渗漏；B—靠填料函内壁侧泄漏；C—靠轴侧泄漏

流体穿透纤维材料编织的软填料本身的缝隙而出现渗漏(如图 5-2 中 A 所示)。一般情况下，只要填料被压实，这种渗漏通道便可堵塞。在高压下，可采用流体不能穿透的软金属或塑料垫片和不同编织填料混装的办法防止渗漏。

流体通过软填料与填料函内壁之间的缝隙而泄漏(如图 5-2 中 B 所示)。由于填料与填料函内表面间无相对运动，压紧填料较易堵住泄漏通道。

流体通过软填料与运动的轴(转动或往复)之间的缝隙而泄漏(如图 5-2 中 C 所示)。

显然，填料与运动的轴之间因有相对运动，难免存在微小间隙而造成泄漏，此间隙即为主要泄漏通道。填料装入填料函内以后，当拧紧压盖螺栓时，柔性软填料受压盖的轴向压紧力作用产生弹塑性变形而沿径向扩展，对轴产生压紧力，并与轴紧密接触。但由于加工等原因，轴表面总有些粗糙度，其与填料只能是部分贴合，而部分未接触，这就形成了无数个不规则的微小迷宫。当有一定压力的流体介质通过轴表面时，将被多次引起节流降压作用，这就是所谓的“迷宫效应”，正是凭借这种效应，使流体沿轴向流动受阻而达到密封。填料与轴表面的贴合、摩擦，也类似滑动轴承，故应有足够的液体进行润滑，以保证密封有一定的寿命，即所谓的“轴承效应”。

显然，良好的软填料密封即是“轴承效应”和“迷宫效应”的综合。适当的压紧力使轴与填料之间保持必要的液体润滑膜，可减少摩擦磨损，提高使用寿命。压紧力过小，泄漏严重，而压紧力过大，则难以形成润滑液膜，密封面呈干摩擦状态，磨损严重，密封寿命将大大缩短。因此，如何控制合理的压紧力是保证软填料密封具有良好密封性的关键。

由于填料是弹塑性体，当受到轴向压紧后，产生摩擦力致使压紧力沿轴向逐渐减少，同时所产生的径向压紧力使填料紧贴于轴表面而阻止介质外漏。径向压紧力的分布如图 5-3(b)所示，其由外端(压盖)向

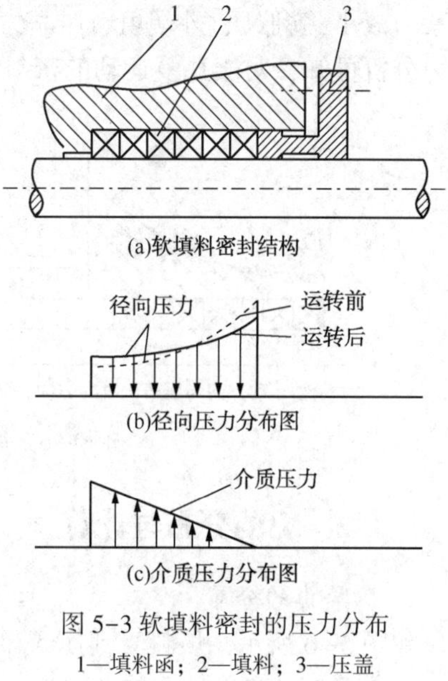

图 5-3 软填料密封的压力分布

1—填料函；2—填料；3—压盖

内端，先是急剧递减、后趋平缓，被密封介质压力的分布如图 5-3(c)所示，由内端逐渐向外端递减，当外端介质压力为零时，则泄漏很少，大于零时泄漏较大。由此可见，填料径向压力的分布与介质压力的分布恰恰相反，内端介质压力最大，应给予较大的密封力，而此时填料的径向压紧力恰是最小，故压紧力没有很好地发挥作用。实际应用中，为了获得密封性能，往往增加填料的压紧力，亦即在靠近压盖端的 2~3 圈填料处使径向压力最大，当然摩擦力也增大，这就导致填料和轴产生如图 5-4 所示的异常磨损情况，可见填料密封的受力状况很不合理。另外，整个密封面较长，摩擦面积大，发热量大，摩擦功耗也大，如散热不良，则易加快填料和轴表面的磨损。因此，为了改善摩擦性能，使软填料密封有足够的使用寿命，则允许介质有一定的泄漏量，保证摩擦面上的冷却与润滑。一般旋转轴用软填料密封的允许泄漏率如表 5-1 所示。

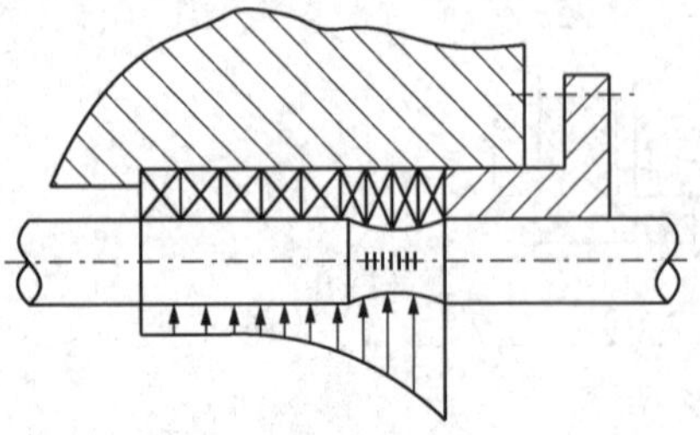

图 5-4　填料的异常磨损

表 5-1　旋转轴用软填料密封的允许泄漏率　　mL/min

项目	轴颈 /mm			
	25	40	50	60
启动 30min 内	24	30	58	60
正常运行	8	10	16	20

注：1. 在转速为 3600r/min、介质压力为 0.1~0.5MPa 的条件下测得；2. 1mL 泄漏量等于 16~20 滴/min 滴液量。

当轴作往复运动时，填料受到周期性的脉冲压力，显然受力状况与回转轴不同，如图 5-5(a)所示。当轴运动方向与压盖压紧力方向一致，内端填料压紧力增加，填料受压缩，外端填料压紧力减小，即填料膨胀。该填料吸收介质，并充满其空隙。填料在轴向上压紧力分布变得均匀。当轴运动方向与压盖压紧力方向相反时，如图 5-5(b)所示，内端填料压紧力减小(膨胀)，外端填料压紧力增加(压缩)，填料内已吸入的介质被挤压而泄漏。由受力分析可知，对于往复运动的密封，要求填料组织致密或进行预压缩，以提高密封性能。

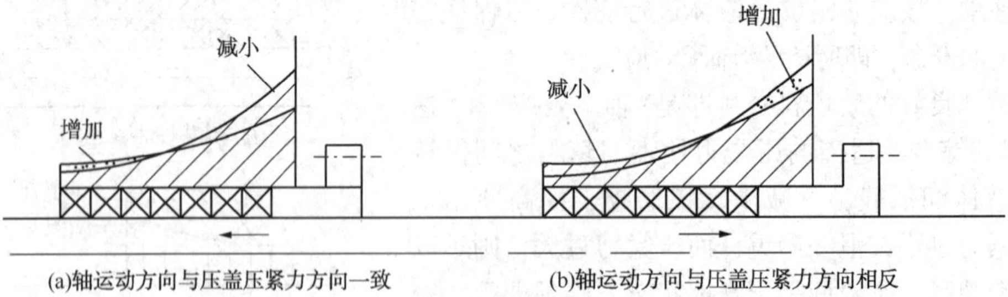

(a)轴运动方向与压盖压紧力方向一致　　(b)轴运动方向与压盖压紧力方向相反

图 5-5　往复运动轴软填料径向受力状态

5.1.2　力的分布与计算

1. 压紧力的分布

如图 5-6 所示，填料受到压盖轴向压紧后，填料即被压缩而向内端移动。在填料接触的长度方向取填料微元，其长度为 dx，填料微元受力有：轴向压力 p_x 和 p_x+dp_x、径向压力

p_y、摩擦力 F_1 和 F_2。力的平衡方程式为：

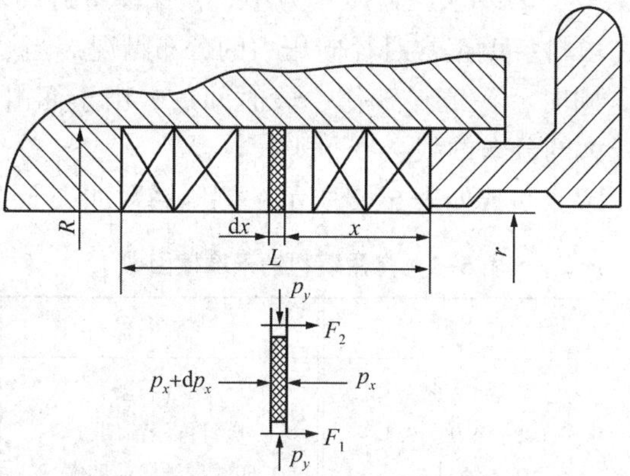

图 5-6 填料受力分析图

$$F_1+F_2+\pi(R^2-r^2)\mathrm{d}p_x=0 \tag{5-1}$$

轴向压力 p_x 和径向压力 p_y 存在下列关系：

$$p_y=kp_x \tag{5-2}$$

式中 k——侧压系数(又称柔软系数)，它是径向压力 p_y 与轴向压力 p_x 的比值。

设填料内、外表面与轴表面和填料函内壁面之间的摩擦因数为 f，介质压力为 p_i，则：

$$F_1=2\pi rfp_y\mathrm{d}x,\ F_2=2\pi Rfp_y\mathrm{d}x$$

与式(5-2)一起代入式(5-1)得：

$$-\frac{\mathrm{d}p_x}{p_x}=\frac{2kf}{R-r}\mathrm{d}x$$

由密封要求，$x=L$ 处(即内端填料处)，径向压力 $p_y=p_i$，并积分

$$-\int_{p_x}^{p_i/k}\frac{\mathrm{d}p_x}{p_x}=\frac{2kf}{R-r}\int_x^L\mathrm{d}x,\ \ln\frac{kp_x}{p_i}=\frac{2kf}{R-r}(L-x),\ p_x=\frac{1}{k}p_i e^{\frac{2kf}{R-r}(L-x)}$$

又 $R-r=B$，则：

$$p_x=\frac{1}{k}p_i e^{\frac{2kf}{B}(L-x)} \tag{5-3}$$

式中 p_x——在 x 轴向任意长度上的轴向压力，Pa；

k——侧压系数；

p_i——介质压力，Pa；

f——填料与轴及填料函内壁摩擦因数；

R、r——填料函内径与轴径，m；

B——填料厚度，m；

L——填料长度，m。

在压盖端部处，$x=0$，故压盖施加的压力 p_g，Pa：

$$p_g=\frac{1}{k}p_i\mathrm{e}^{\frac{2kfL}{B}} \tag{5-4}$$

这就是说，压盖的压紧力与介质内压力成正比，且与填料的摩擦因数、侧压系数、填料

长度、厚度等有关，为使密封效果良好，填料的摩擦因数应小，侧压系数应大，填料长度可小，厚度(径向厚度)可大等，并要求压盖压紧力小。在保证密封效果下，p_g 越小越好。

应当指出，以上是在填料装填正常时径向压力的分布情况。当填料装填不好时，将大大改变此压力的分布状况。同时，在填料工作一段时间后，由于润滑剂的流失，填料体积变小，压紧力松弛，径向压力的分布曲线会变得平缓。

常用填料与钢轴的干摩擦因数如表 5-2 所示，侧压系数如表 5-3 所示。

表 5-2　常用填料的干摩擦因数

材料名称	摩擦因数	材料名称	摩擦因数
石棉	0.25~0.4	柔性石墨	0.13~0.15
尼龙	0.3~0.5；0.05~0.1①	碳纤维浸渍四氟	0.15~0.20
橡胶	0.2~0.4	四氟纤维浸渍四氟	0.19~0.24
皮革	0.3~0.5；0.15①	石棉浸渍四氟	0.24
毛毡	0.22		

注：①表示有润滑剂的情况。

表 5-3　常用填料的侧压系数

材料	PTFE 浸渍的石棉填料	浸润滑脂的填料	石棉编制浸渍	金属箔包石棉类	柔性石墨
侧压系数 k	0.66~0.81	0.6~0.8	0.8~0.9	0.9~1.0	0.28~0.54

由式(5-4)计算出压盖对软填料的压紧力 p_g 后，即可求出截断沿轴及填料函内壁面的泄漏通道所需的螺栓压紧载荷 F'，N：

$$F' = p_g \pi (R^2 - r^2) \tag{5-5}$$

另一方面，装填料时将填料压实以防止软填料渗漏所需要压紧载荷 F''，N：

$$F'' = \pi (R^2 - r^2) Y \tag{5-6}$$

式中：Y 为软填料的压紧比压，Pa。柔性石墨软填料 $Y=3.5\times10^6$Pa，石棉类软填料 $Y=4.0\times10^6$Pa，天然纤维类软填料 $Y=2.5\times10^6$Pa。

2. 压盖螺栓尺寸的计算

首先要确定螺栓的载荷 F，即取 F'、F''中的较大者，则压盖螺栓的螺纹根径 d_b，mm：

$$d_b = \sqrt{\frac{4F}{n\pi[\sigma]}} \tag{5-7}$$

式中　n——螺栓数目，一般为 2~4 个；

$[\sigma]$——螺栓材料的许用应力，MPa。

5.1.3　填料函的结构形式与主要结构尺寸

1. 填料函的结构形式

为使用旨在减少沿轴表面泄漏的软填料而设计的圆柱形密封室称为填料函。在化工用于旋转机械中，因温度、压力、介质各异，故填料密封的结构形式较多。主要有以下几种。

(1) 单填料函。单填料函的结构最简单，如图 5-7 所示，无需任何辅助装置，适于低温、低压、低真空度的情况，采用棉纱、石棉类填料居多。

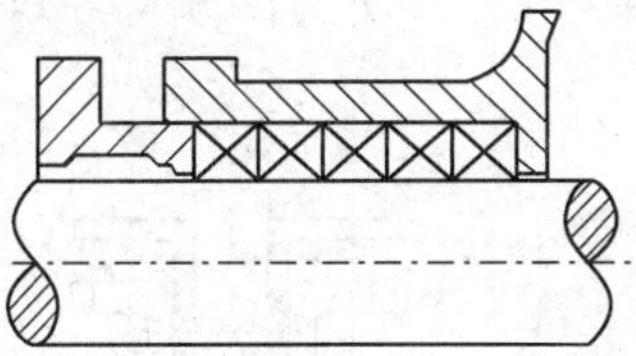
(a)卧式

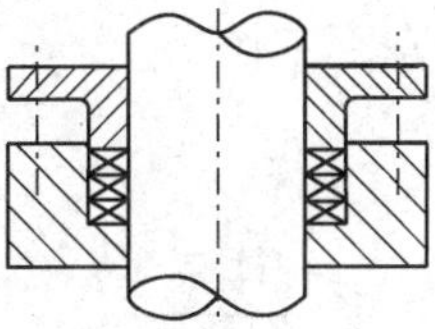
(b)立式

图 5-7 单填料函

(2) 夹套填料函。夹套填料函的结构如图 5-8 所示，填料外部有夹套，通以冷却水或蒸汽，且改善填料的工作条件，对于高温介质或低温易结晶的介质尤为适用。

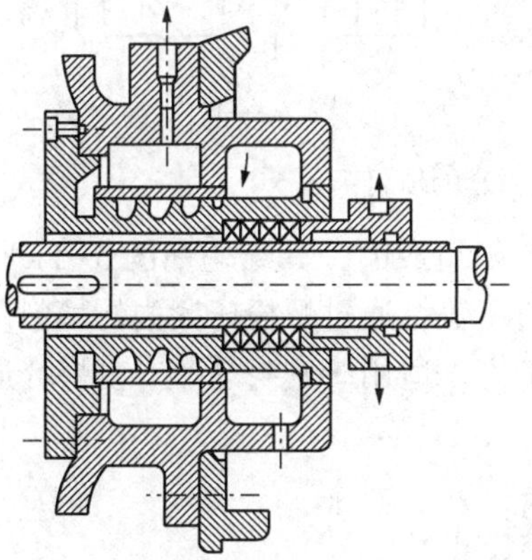
(a)卧式

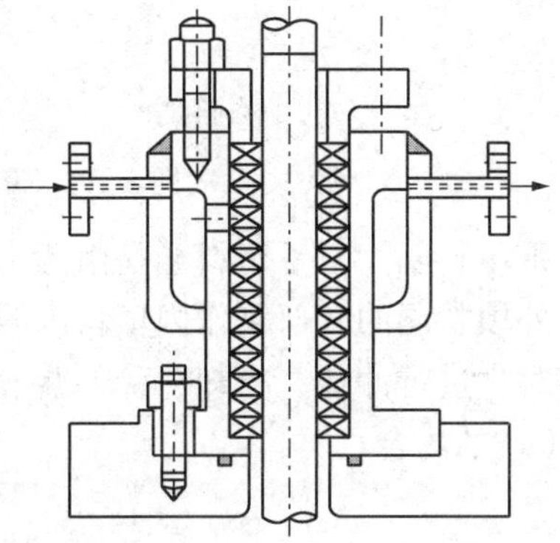
(b)立式

图 5-8 夹套填料函

(3) 封液填料函。封液填料函的结构如图 5-9 所示，在填料函中部或底部引入封液，通过封液环进入填料两侧，当封液压力大于被密封介质压力 0.05~0.1MPa 时，便可阻止被密封介质外漏。当设备内为负压时，只需通入 0.05~0.1MPa 封液，即可阻止空气进入设备内部。在现有化工转动设备中，这种结构形式的填料密封用得较多，封液不仅可堵漏，而且还可对填料进行润滑和冷却。

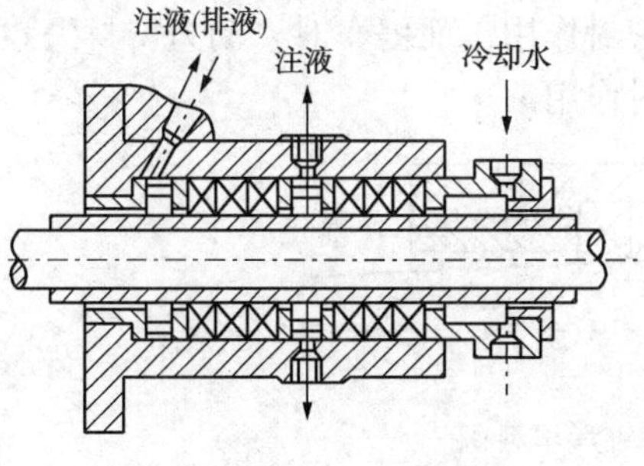

(a)卧式

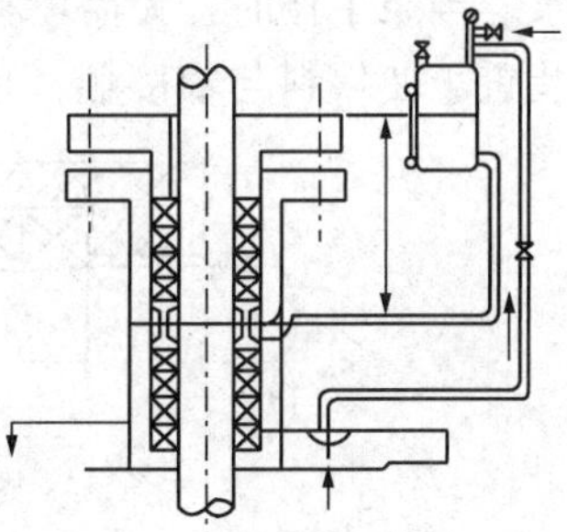
(b)立式

图 5-9 液封填料函

(4) 带节流衬套填料函。带节流衬套填料函的结构如图 5-10 所示，在填料的内端装一节流衬套，通以高于被密封介质压力 0.05~0.1MPa 的清净介质，防止含有固体颗粒介质进入填料，或从节流衬套通向低压端(如泵的吸入口)，并使高压介质经过节流套后即降压，使填料处于低压状态下工作。

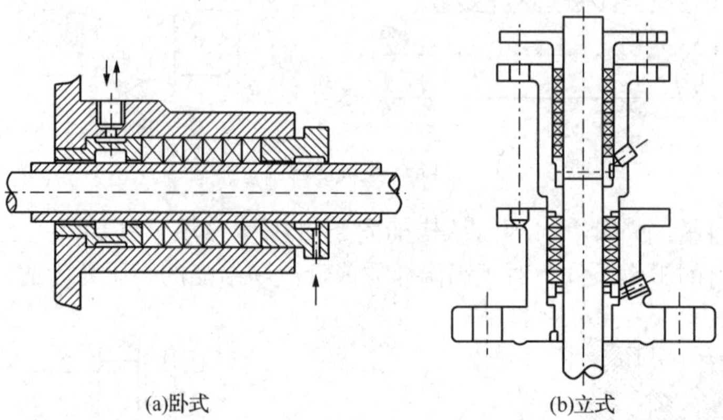

图 5-10 带节流衬套的填料函

(5) 双重填料函。双重填料函是由两个填料函组成的，其结构如图 5-11 所示。两个填料函重合，外填料函的底部兼作内填料函的填料压盖，通过螺栓压紧内侧填料。在外填料函可引入封液时，进行冲洗、冷却、稀释漏液并带走。适用于密封易燃、易爆介质或压力较高(高于 l. 2MPa)的场合。

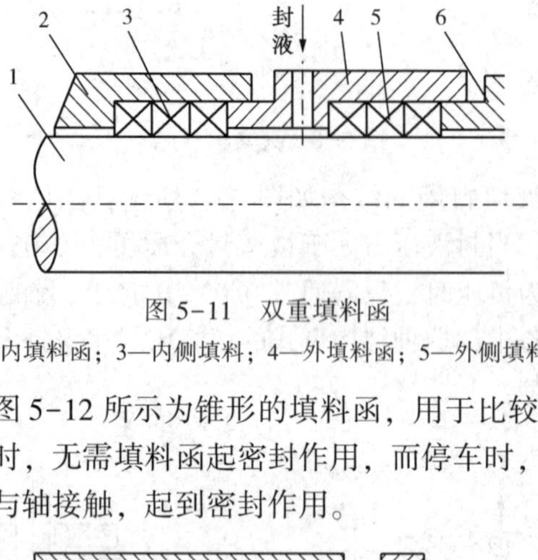

图 5-11 双重填料函

1—轴；2—内填料函；3—内侧填料；4—外填料函；5—外侧填料；6—压盖

(6) 锥形填料函。如图 5-12 所示为锥形的填料函，用于比较特殊的场合，如用流体为动力密封的泵。当泵工作时，无需填料函起密封作用，而停车时，动力密封失效，则利用轴的轴向窜动装置，使填料与轴接触，起到密封作用。

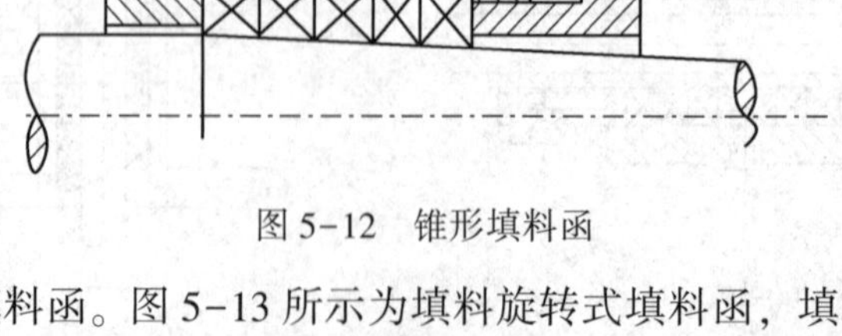

图 5-12 锥形填料函

(7) 填料旋转式填料函。图 5-13 所示为填料旋转式填料函，填料的支撑面不是在填料函上，而是在旋转轴的台肩上。压盖上的螺栓与传动环连接。填料靠传动环与轴台肩之间的压力产生的摩擦力随轴旋转。摩擦面位于填料外圆与填料函内表面，热量容易通过夹套内的冷却水排除，可用于高速旋转设备，不磨损轴。

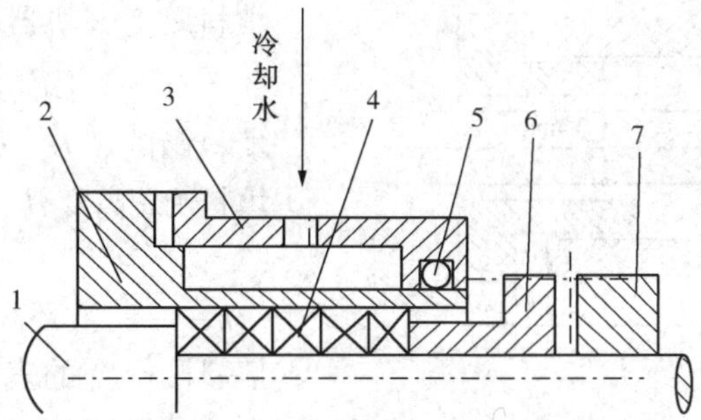

图 5-13 填料旋转式填料函

1—轴；2—箱体；3—夹套；4—填料；5—O 形环；6—压盖；7—传动环

(8) 浮动式填料函。图 5-14(a)、图 5-14(b)分别为内圆和外圆可浮动的填料函结构，该结构适用于轴和壳体不同心或在转动时摆动、跳动较大的场合。结构中利用弹性或柔软性良好的材料(如橡胶)作过渡体，起吸振作用，使填料函或轴处于浮动状态，补偿壳体和轴的偏心。

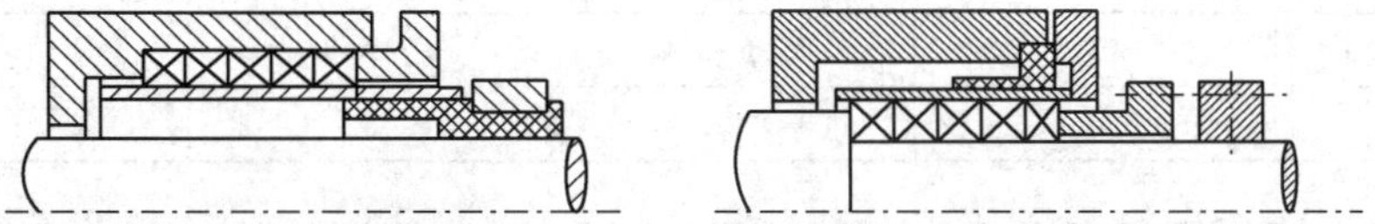

(a)内圆浮动式填料函　　(b)外圆浮动式填料函

图 5-14 浮动式填料函

(9) 带轴套填料函。带轴套填料函的结构如图 5-15 所示，填料与轴之间装设轴套，轴套与轴之间采用 O 形圈密封，O 形圈材料应适合被密封介质的腐蚀及温度要求。轴套靠键传动而随轴旋转，并利用螺母固定到轴上。轴套与填料接触面的部位进行硬化处理。这种结构的优点是当轴套磨损时，便于更换与维修。

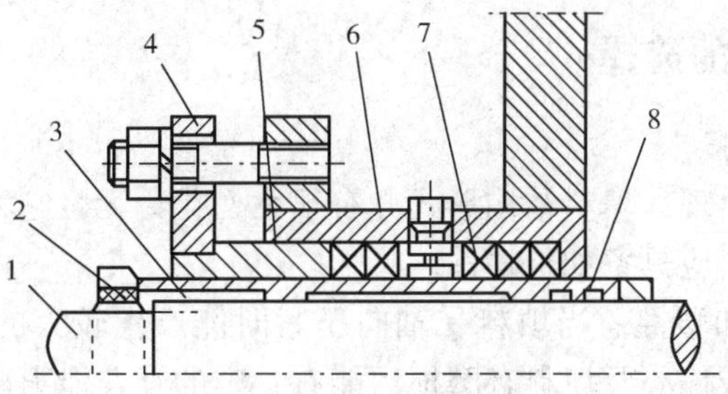

图 5-15 带轴套填料函

1—轴；2—螺母；3—键；4—压盖；5—轴套；6—填料函；7—填料；8—O 形圈

2. 填料函的主要结构尺寸

填料函结构尺寸主要有填料厚度、填料总长度(或高度)、填料函总高度等，如图 5-16 所示。

填料函尺寸确定一般有两种方法：一是以轴(或杆)的直径 d 直接选取填料的厚度 B(表 5-4)，再由介质压力按表 5-5 来确定填料的环数，它们所依据的是有关的国家标准或者企业标准；二是依据一些相关的经验公式来确定，如：

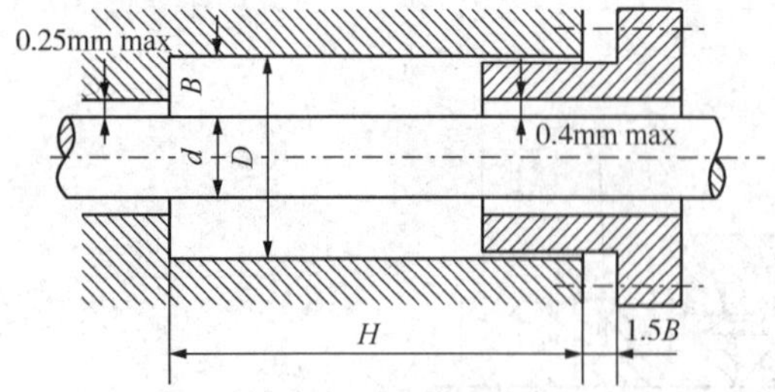

图 5-16　填料函的主要结构尺寸

填料厚度 B 机器 $B=(1.5\sim2.5)\sqrt{d}$

阀门 $B=(1.4\sim2.0)\sqrt{d}$

填料函内径 D　$D=d+2B$

填料函总高度 H　机器　$H=(6\sim8)B+h+2B$

阀门　$H=(5\sim8)B+2B$

式中　h——封液环高度，$h=(1.5\sim2)B$。

填料函内壁的表面粗糙度 $R_a<1.6$m，轴(杆)的表面粗糙度 $R_a<0.4$m，除金属填料外，轴(杆)表面的硬度>180HBS。

表 5-4　填料厚度与轴径的关系

轴径 d	≤16	>16~25	>25~50	>50~90	>90~150	>150
填料厚度 B	3	5	6.5	8	10	12.5

表 5-5　填料环数与介质压力的关系

介质压力/MPa	≤3.5	>3.5~7.0	>7.0~14	>14
填料环数	4	6	8	10

需要强调的是，填料环数过多和填料厚度过大，都会使填料对轴或轴套表面产生过大的压紧力，并引起散热效果的降低，从而使密封面之间产生过大的摩擦和过高的温度，并且其作用力沿轴向的分布也会越不均匀，导致摩擦面特别是轴或轴套表面的不均匀磨损，同时填料也可能烧损，如果密封面间的润滑液膜也因此而被破坏，磨损就会随之加速，最后造成密封的过早失效，也会给后面的检修、安装、调整等工作带来很大的不便。如前所述，实际起密封作用的仅仅是靠近压盖的几圈填料，因此除非密封介质为高温、高压、腐蚀性和磨损性，一般 4~5 圈填料已足够了。

5.1.4　密封材料的选择

1. 对密封材料的要求

随着新材料的不断出现，填料结构形式亦有很大变化，无疑它将促使填料密封应用更为广泛，用作软填料的材料应具备如下特性。

(1) 有较好的弹性和塑性。当填料受轴向压紧时能产生较大的径向压紧力，以获得密封；当机器和轴有振动或偏心及填料有磨损后能有一定的补偿能力(追随性)。

(2) 有一定的强度，使填料不至于在未磨损前先损坏。

(3) 化学稳定性高。即其与密封流体和润滑剂的适应性要好，不被流体介质腐蚀和溶胀，同时也不造成对介质的污染。

(4) 不渗透性好。由于流体介质对很多纤维体都具有一定的渗透作用，所以对填料的组织结构致密性要求高，因此填料制作时往往需要进行浸渍、充填相应的填充剂和润滑剂。

(5) 导热性能好，易于迅速散热，且当摩擦发热后能承受一定的高温。

(6) 自润滑性好，耐磨损，并且摩擦因数低。

(7) 填料制造工艺简单，装填方便，价格低廉。

对以上要求，能同时满足的材料不多，如一些金属软填料、碳素纤维填料、柔性石墨填料等，它们的性能好，适应的范围也广，但价格较贵。而一些天然纤维类填料，如麻、棉、毛等，其价格不高，但性能低，适应范围比较窄。所以，在材料选用时应对各种要求进行全面、综合的考虑。

2. 常用软填料

1）典型的软填料结构形式

按不同的加工方法，软填料分为绞合填料、编织填料、叠层填料、模压填料等，其典型结构形式如图 5-17 所示。

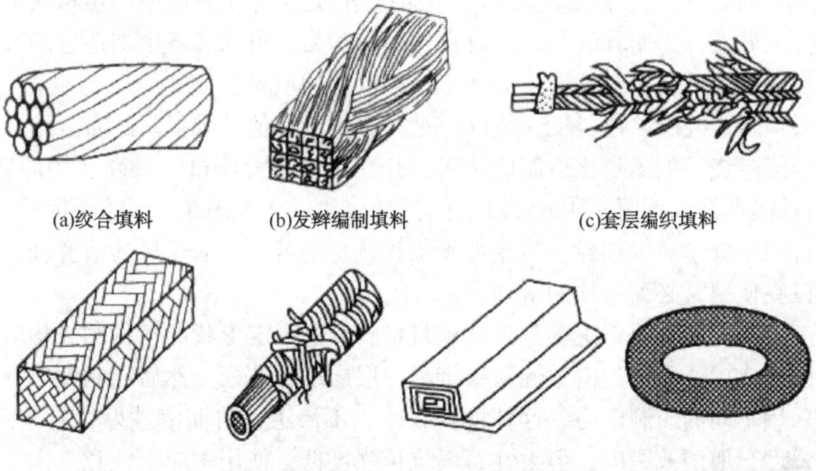

(a)绞合填料　(b)发辫编制填料　(c)套层编织填料

(d)穿心编织填料　(e)夹心编织填料　(f)叠层填料　(g)柔性石墨模压填料

图 5-17　典型的软填料结构形式

(1) 绞合填料。如图 5-17(a)所示，绞合填料是把几股纤维绞合在一起，将其填塞在填料腔内用压盖压紧，即可起密封作用，常用于低压蒸汽阀门，很少用于转轴或往复杆的密封。用各种金属箔卷成束再绞合的填料，涂以石墨，可用于高压、高温阀门。若与其他填料组合，也可用于动密封。

(2) 编织填料。编织填料是软填料密封采用的主要形式，它是将填料材料进行必要的加工而成丝或成线状，然后在专门的编织机上按需要的方式进行编结而成，有发辫编织、套层编织、穿心编织、夹心编织等。

① 发辫编织填料[图 5-17(b)]的断面呈方形，由八股绞合线束按人字形编结而成。因其编结断面尺寸过大造成结构松散，致密性差，但对轴的偏摆和振动有一定的补偿作用。一般情况下只使用在规格不大的(6mm×6mm 以下)阀门等的密封填料。

② 套层编织填料[图 5-17(c)]锭子个数有 12、16、24、36、48、60 等，均是在两个轨道上运行。编织的填料断面呈圆形，根据填料规格决定套层。断面尺寸大，所编织的层数多，如直径为 10~50mm，一般编织 1~4 层，中间没有芯绒。编织后的填料，如需改为方形，可以在整形机上压成方形。套层填料致密性好，密封性强，但由于是套层结构，层间没有纤维连接，容易脱层，故只适合低参数场合，如管道法兰的静密封或阀杆密封等。

③ 穿心编织填料[图 5-17(d)]锭子数有 16、18、24、30、36 等，在三个或四个轨道上运行编织而成，编织的填料断面呈方形，表面平整，尺寸有(6mm×6mm)~(36mm×36mm)。

该填料弹性和耐磨性好，强度高，致密性好，与轴接触面比发辫式大且均匀，纤维间空隙小，所以密封性能好，且一般磨损后整个填料也不会松散，使用寿命较长，是一种比较先进的编织结构，故应用广泛，可适用于高速轴的密封，如转子泵、往复式压缩机等。

④ 夹心编织填料[图 5-17(e)]是以橡胶或金属为芯子，纤维在外，一层套一层地编织，层数按需要而定，类似于套层编织，编织后断面呈圆形。这种填料的致密、强度和弯曲密封性能好，一般用于泵、搅拌机的轴封和蒸汽阀的阀杆密封，很少用于往复运动密封。

编织的填料由于存在空隙，还需通过浸渍。浸渍时，除浸渍剂外，加入一些润滑剂和填充剂，如混有石墨粉的矿物油或二硫化钼润滑脂，此外还有滑石粉、云母、甘油、植物油等，以提高填料的润滑性，降低摩擦因数。目前，在化工介质中使用的填料大部分浸渍的是聚四氟乙烯分散乳液，为使乳液与纤维有良好的亲和力，可在乳液中加适量的表面活性剂和分散剂。经浸渍后的填料密封性能大大优于未经浸渍的填料。

(3) 叠层填料。叠层填料[图 5-17(f)]是在石棉或其他纤维编织的布上涂抹黏结剂，然后一层层叠合或卷绕，加压硫化后制成填料，并在热油中浸渍过。最高使用温度可达 120~130℃，密封性能良好。可用于 120℃以下的低压蒸汽、水和氨液，主要用作往复泵和阀杆的密封，也可用于低速转轴轴封。当涂敷硬橡胶时，还可用于水压机的活塞杆。因它含润滑剂不足，所以在使用时必须另加润滑剂。

(4) 模压填料。模压填料主要是将软填料材料经过一定形状的模压制成相应形状的填料环而使用。图 5-17(g)所示为由柔性石墨带材一层层绕在芯模上然后压制而成，根据不同使用要求，将采用不同的压制压力。这种填料致密，不渗透，自润滑性好，有一定的弹塑性，能耐较高的温度，使用范围广，但柔性石墨抗拉强度低，使用中应予注意。

2）主要材料

目前软填料密封主要材料有纤维质材料和非纤维质材料两大类。

(1) 纤维质材料。按材质可分为天然纤维、矿物纤维、合成纤维、陶瓷和金属纤维四大类。

① 天然纤维。天然纤维有棉、麻、毛等。麻的纤维粗，摩擦阻力大，但在水中纤维强度增加，柔软性更好，一般用于清水、工业水和海水的密封。棉纤维比麻纤维软，但它与麻相反，在水中会变硬且膨胀，因此摩擦力较大。一般用于食品、果汁、浆液等洁净介质的密封。

② 矿物纤维。矿物纤维主要是石棉类纤维。由于石棉具有柔软性好、耐热性优异、强度高、耐酸碱和多种化学品以及耐磨损等一系列优点，它很适合作密封填料。它的缺点是编结后有渗透泄漏，故浸渍油脂和其他润滑剂能防止渗漏，并能保持良好的润滑性。一般适用于介质为蒸汽、空气、工业用水和重油的转轴、往复杆或阀杆的密封。但由于石棉具有致癌性，国际上已制定出关于限制或禁止使用石棉制品的规定。

③ 合成纤维。用于制作填料的合成纤维主要有：聚四氟乙烯纤维、碳纤维、酚醛纤维、尼龙、芳纶、芳砜等，这些材料由于其化学性能稳定，强度高，耐磨，耐温，摩擦因数较小，使填料密封的使用范围进一步扩大，寿命延长，解决了使用石棉材料所不能解决的一些问题。

a. 聚四氟乙烯纤维。以聚四氟乙烯纤维为骨架，在纤维表面涂以聚四氟乙烯乳液，编织后再以聚四氟乙烯乳液进行浸渍，这种填料对酸、碱和溶剂等强腐蚀性介质具有良好的稳定性，使用温度-200~260℃，摩擦因数较低，可以代替以前沿用的青石棉填料，在尿素甲铵泵、浓硝酸柱塞泵上使用效果良好，尤其是在压力为 22.1MPa、温度 100℃、线速度为

14m/s，并有少量结晶物甲铵泵情况下应用，寿命可达 3000～4000h，为石棉浸渍聚四氟乙烯填料的 2 倍，其缺点为导热性差，热胀系数大。

b. 碳纤维。碳纤维是用聚丙烯腈纤维经氧化和碳化而成，根据碳化程度不同，可得到碳素纤维、耐焰碳纤维、石墨纤维三种产品。以碳纤维或加入四氟纤维编织填料经聚四氟乙烯乳液浸渍后，可在酸、碱溶剂中应用，特别是在尿素系统的高压甲铵泵、液氨泵中应用成功，表明其是一种很有发展前途的适用于高温、高压、高速、强腐蚀场合的填料。目前，我国市售的碳纤维填料大多都是以耐焰碳纤维为主体，并经多次浸渍四氟乙烯乳液和特种润滑剂编织而成，其使用寿命比一般石棉填料高 5～10 倍，密度是石棉填料的四分之三，密封性能优于石棉填料，随着工艺的成熟和完善及成本的降低，有可能逐渐取代石棉填料。

c. 酚醛纤维。酚醛纤维也是近些年发展起来的新型耐燃有机纤维，酚醛纤维表面浸渍性能好，故将酚醛纤维编织成填料，经多次浸渍聚四氟乙烯乳液和表面处理之后，摩擦因数相当低(0.148～0.165)，自润滑性能较好，加上酚醛纤维有一定的耐腐蚀性能(耐溶剂性能突出)，可在一般浓度的酸、强碱及各种溶剂中使用。酚醛纤维的强度比聚四氟乙烯纤维低，故不适合在高压动态密封中使用，一般使用压力为 4.9MPa，最高使用温度不超过 180℃，长期使用温度在 150℃以下。虽然酚醛纤维的多数性能指标低于四氟和碳纤维，但由于酚醛纤维价格远低于四氟和碳纤维，在大量工况不十分恶劣的情况下，其填料的使用效果大大超过石棉类填料。

d. 芳纶纤维。芳纶纤维是聚芳酰胺塑料制成的纤维，由美国杜邦公司首先开发成功并于 1972 年首次以"凯夫拉"为商品名称加以命名。这种纤维突出的特点就是抗张强度非常高，模量高、质地柔软，富有弹性；耐磨性极佳，耐热性也是在合成纤维中最好的，热分解温度为 430℃；还有较好的化学稳定性，除强酸、碱不适用外，其他液体皆可适用。以芳纶纤维为主体材料与其他材料进行复合加工而制成的填料，用于油田、化工等行业的高压、高速泵，对于固液混合物的密封，更显示出其优异的技术性能。在市售的编织填料中，耐高压、耐磨性还没有优于这种填料的。

④ 陶瓷纤维。陶瓷纤维是一种耐高温纤维，主要有氮化硅、碳化硅、氮化硼纤维等，耐温达 1200℃，是制造耐高温新型编织填料的骨架材料。其本身质脆易断，曲绕性很差，必须与耐高温的金属纤维混合编织。

⑤ 金属类纤维有蒙乃尔合金、不锈钢丝、铜丝、铅丝以及铝、锡、铝箔等。单独采用金属纤维作填料的并不多，大都与石棉纤维、合成纤维或陶瓷纤维混合编织，有时在编织填料过程中还夹入一些铝、锡、铅的粉末或窄带。它们可以在高压(≥20MPa)、高温(≥450℃)、高速(≥20m/s)的条件下使用。

(2) 非纤维质材料。非纤维质材料中柔性石墨应用较广。柔性石墨做成板材后模压成密封填料使用。柔性石墨又称膨胀石墨，它是把天然鳞片石墨中的杂质除去，再经强氧化混合酸处理后成为氧化石墨。氧化石墨受热分解释放出 CO_2，体积急剧膨胀，变成了质地疏松、柔软而又有韧性的柔性石墨。其特点主要有：

① 有优异的耐热性和耐寒性。柔性石墨从-270℃的超低温到 3650℃(在非氧化气体中)的高温，其物理性质几乎没有什么变化，在空气中也可以使用到 600℃左右。

② 有优异的耐化学腐蚀性。柔性石墨除在硝酸、浓硫酸等强氧化性介质中有腐蚀外，在其他酸、碱和溶剂中几乎没有腐蚀。

③ 有良好的自润滑性。柔性石墨同天然石墨一样，层间在外力作用下，容易产生滑动，因而具有润滑性，有较好的减摩性，摩擦因数小。

④ 回弹率高。当轴或轴套因制造、安装等存在少量偏心而出现径向圆跳动时，具有足够的浮动性能，即使石墨出现裂纹，也能很好地密合，从而保证贴合紧密，防止泄漏，密封性能明显增加。

柔性石墨可以用于编织填料和模压填料两种形式。编织填料是以其他纤维作为基本骨架，再结合柔性石墨编结成石墨绳填料，所以其强度、柔软性、弹性均比模压填料高，并且装填与拆除都较方便。为提高其强度和耐温性，编结时可以采用科镍金属丝或其纤维对编织填料进行加强，因而可在高压、高速条件下的密封场合使用。模压石墨填料是直接用柔性石墨薄板或带状材料经模压而成，其断面形式有矩形的或其他形式的环状结构，这种填料用于一般场合的密封，如阀门密封用得较多。用于其他较高转速的轴封时，要与别的填料组合使用。这些应用的缺点是，填料所用的基本原材料价格较贵，造成成本费用的大增，但好在其有较长的寿命和减少对轴面的磨损以及有更有效的密封可靠性，可以使原始费用得以相对降低。

常用密封软填料的使用性能见表 5-6。

3. 软填料密封材料的选择

首先应当指出的是，由于操作条件的复杂，特别是不存在能适应所有工艺条件的通用的填料类型，也就是说，填料材料的选择是没有特定规律的，但材料的正确选用是保证密封装置密封性能的最基本条件之一。通常软填料密封主要是根据介质的性质、工作温度和工作压力、滑动速度以及填料的性质来选择。其中尤以介质的腐蚀性、压力、滑动速度和使用温度最为重要，此外，取材难易与价格也应适当考虑。选择时可参考表 5-6~表 5-8。

5.1.5 软填料密封的安装、拆卸、使用与保管

1. 软填料的合理安装

1）安装注意事项

填料的组合与安装是否正确对密封的效果和使用寿命影响很大。不正确的组合和安装主要是指：填料组合方式不当、切割填料的尺寸错误、填料装填方式不当、压盖螺栓预紧不够或不均匀或过度预紧等，往往造成同一设备、相同结构形式、相同填料，而出现密封效果悬殊很大的情况。很显然，这种不正确的安装是导致软填料密封发生过量泄漏和密封过早失效的主要原因之一，所以对安装的技术要求必须引起足够的重视。安装时要注意以下几个方面的要求。

(1) 填料函端面内孔边要有一定的倒角。

(2) 填料函内表面与轴表面不应有划伤(特别是轴向划痕)和锈蚀，要求表面光滑。

(3) 填料环尺寸要与填料函和轴的尺寸相协调，对不符合规格的应考虑更换。

(4) 切割后的填料环不能任意将其变形，安装时，将有切口的填料环轴向扭转从轴端套于轴上，并用可对剖开的轴套圆筒将其往轴后端推入，且其切口应错开。

(5) 安装完后，用手适当拧紧压盖螺栓的螺母，之后用手盘动，以手感适度为宜，再进行调试运转并允许有少量泄漏，但随后应逐渐减少，如果泄漏量仍然较大，可再适当拧紧螺栓，但不能拧得过紧，以免烧轴。

(6) 已经失效的填料密封，如果原因在填料，可采用更换或添加填料的办法来处理，使之正常运转。

2）泵用软填料的安装

表 5-6　常用密封软填料使用性能

名称	型号	填料组成	规格（正方形截面）	使用范围 压力/MPa 旋转	使用范围 压力/MPa 往复	使用范围 线速度/(m/s) 旋转	使用范围 线速度/(m/s) 往复	使用范围 温度/℃	使用范围 pH 值	使用范围 介质	摩擦因数	特点
聚四氟乙烯纤维编织填料*（JB/T 6626—2011）	SFW/260	以聚四氟乙烯纤维为主体材料，浸渍聚四氟乙烯乳液或其他润滑剂，经编织制成绳状	3、4、5、6、8、10、12、14、16、18、20、22、24、25	10	25	8	2.5		0~14	硝酸、硫酸、氢氟酸、强碱、化学药品	≤0.14	耐腐、耐磨、强度高，自润滑性好，但导热性差，膨胀系数大，高速时需加强冷却
	SFGS/260	以聚四氟乙烯割裂丝为主体材料，浸渍特种润滑剂，经编织制成绳状		10	25	8	2	≤260				
	SFP/260	以膨体聚四氟乙烯带为主体材料。添加高导热物质，再与特种润滑材料相复合，经特殊处理加工编织制成绳状		15	20	8	3			强酸、强碱、盐类、有机溶剂、化学药品		耐磨，导热性好，易散热，自润滑性好，宜用于高速密封，使用寿命长
	SFPS/250	以膨体聚四氟乙烯石墨带为主体材料，和耐高温润滑剂混合，经编织制成绳状		8	25	10	2	≤250	0~12	强酸、强碱、有机溶剂、化学药品	≤0.12	耐磨、强度高，自润滑性好，高速旋转密封性能好，不宜用于液氧、纯硝酸
聚四氟乙烯填料环	MHC	以聚四氟乙烯及充填材料经模压、烧结、车削制成环状		5	15	8	1.5	-200~260	0~14	强酸、强碱、药品		强度高，摩擦因数小。绝缘性好，耐腐蚀，是较好的密封材料
	NFS-H	以聚四氟乙烯纤维为主体材料，织成布(或编成填料)，浸渍聚四氟乙烯乳液经模压成环状，进行烧结而成		25	10	10	2.5	-200~280				密封性强、耐高压、耐腐蚀性强

续表

名称	型号	填料组成	规格（正方形截面）	使用范围							摩擦因数	特点
				压力/MPa		线速度/(m/s)		温度/℃	pH值	介质		
				旋转	往复	旋转	往复					
碳化纤维/聚四氟乙烯混编填料＊(JB/T 8560-2013)	TS	碳化纤维与聚四氟乙烯丝混合编织并浸渍聚四氟乙烯乳液或润滑油类	3~5、6~10、12~14、16~18、20~25	3	25	15	3	-200~260	0~14	腐蚀性化学药品流体、有机溶剂、碱类、超低温流体	≤0.15	耐腐蚀，自润滑性、导热性、耐低温性能好。磨损小，摩擦因数小，适用于高压、高速密封
碳素纤维聚四氟乙烯纤维填料环	FTH	碳素纤维和聚四氟乙烯纤维经过处理后，压制成环状		2	5	6	1.5	-200~200	2~12	强酸、强碱、液氨、液氮、油脂		耐高压，耐低温、耐腐蚀，自润滑性好，弹性、导热性好
碳(化)纤维浸渍聚四氟乙烯编织填料＊(JB/T 6627—2008)	T1101	碳纤维浸聚四氟乙烯乳液编织填料	3、4、5、6、8、10、12、14、16、18、20、22、24、25	5	25	25	3	≤345	1~14	溶剂、酸、碱	≤0.15	导热性好、化学稳定性好、耐磨损，对机件磨损小，能长期使用
	T2101	Ⅰ型碳化纤维浸聚四氟乙烯乳液编织填料						≤300				
	T3101	Ⅱ型碳化纤维浸聚四氟乙烯乳液编织填料						≤260	2~12	溶剂、弱酸、弱碱		
	T1102	碳纤维浸聚四氟乙烯乳液模压成型填料环	外径$(4\sim100)^{-0.3}_{0}$ $(101\sim200)^{+0.5}_{0}$ 外径$(10\sim150)^{0}_{-0.50}$ $(151\sim250)^{0}_{-0.7}$ 高度3~25	25	30	25	3	≤345	1~14	溶剂、酸、碱		耐高压、导热性好、化学稳定性好、耐磨损，对机件磨损小
	T2102	Ⅰ型碳化纤维浸聚四氟乙烯乳液模压成型填料环						≤300				
	T3102	Ⅱ型碳化纤维浸聚四氟乙烯乳液模压成型填料环						≤260	2~12	溶剂、弱酸、弱碱		

续表

名称	型号	填料组成	规格（正方形截面）	使用范围							摩擦因数	特点
				压力/MPa		线速度/（m/s）		温度/℃	pH 值	介质		
				旋转	往复	旋转	往复					
芳纶纤维、酚醛纤维编织填料 *（JB/T7759—2008）	FL/250	以芳纶纤维为主体材料，浸渍聚四氟乙烯乳液或其他润滑剂，经编织制成绳状	3、4、5、6、8、10、12、14、16、18、20、22、25	30	35	1 5	5	≤250	1~14	酸、碱、有机溶剂、含有悬浮颗粒的液体	≤0. 15	优异的润滑性、耐磨性
	FQ/250	以酚醛纤维为主体材料，浸渍聚四氟乙烯乳液或其他润滑剂，经编织制成绳状		1	12	8	2		2~12	酸、碱、有机溶剂、化学药品	≤0. 14	密封性、自润滑性好，耐腐蚀，强度高，是较好的密封材料
聚丙烯腈编织填料 *（JB/T10819—2008）	B101	聚丙烯腈纤维浸聚四氟乙烯乳液编织填料	≤5±0. 4、（6~15）±0. 6、（16~19）±0. 8、（20~25）±1. 2、≥25±1. 5	2. 5	10	15	15	≤280	2~12		弱酸、弱碱以及带有少量固体颗粒的介质	耐热、耐化学药品，
	B301	聚丙烯腈纤维浸聚四氟乙烯乳液和石墨编织填料		5	20	25	5	≤350				
	B102	聚丙烯腈纤维浸聚四氟乙烯乳液模压成型填料环		2. 5	10	15	15	≤280				传热好，自润滑性好，对机件磨损小
	B302	聚丙烯腈纤维浸聚四氟乙烯乳液和石墨模压成型填料环		5	20	25	5	≤350				

续表

名称	型号	填料组成	规格（正方形截面）	使用范围 压力/MPa 旋转	使用范围 压力/MPa 往复	使用范围 线速度/(m/s) 旋转	使用范围 线速度/(m/s) 往复	使用范围 温度/℃	使用范围 pH值	使用范围 介质	摩擦因数	特点
柔性石墨编织填料＊(JB/T7370—1994)	RBTN1-450	增强材料为非金属且被柔性石墨包裹的柔性石墨编织填料	≤5±0.4、(6~15)±0.8、(16~25)±1.2、≥26±1.6	20				≤450	0~14	醋酸、硼酸、盐酸、硫化氢、硝酸、硫酸、氯化钠、矿物油、汽油、二甲苯、四氟化碳等介质	≤0.18	耐高温，耐低温，耐辐射，回弹性、润滑性、不渗透性优于石棉、橡胶等制品
	RBTN2-600	增强材料为非金属和金属且被柔性石墨包裹的柔性石墨编织填料						≤600			≤0.2	
	RBTW1-300	增强材料为非金属且在柔性石墨外部的柔性石墨编织填料						≤300			≤0.13	
	RBTW2-450	增强材料为金属且在柔						≤450			≤0.4	
	RBTW2-600	性石墨外部的柔性石墨编织填料						≤600				
柔性石墨填料环	RSM-H	将柔性石墨制成带状板材，用模具压制成环状填料		16	20	40	2	-200~1650（非氧环境中）；-200~870℃	0~14	酸、碱、氨、有机溶剂、化学药品		耐腐蚀，耐高低温，自润滑性好，弹性大，转矩小，但强度低，宜于与其他填料混合使用

续表

名称	型号	填料组成	规格（正方形截面）	使用范围							摩擦因数	特点
				压力/MPa		线速度/（m/s）		温度/℃	pH值	介质		
				旋转	往复	旋转	往复					
石棉线浸渍聚四氟乙烯编织填料	SMF	以优质温石棉线为主体材料，浸渍聚四氟乙烯乳液，经过编织而成绳状	3、5、8、10、12、14、16、18、20、25	15	25	10		180~300	2~14	弱酸、强碱、有机溶剂、水		耐热，耐磨，耐腐蚀，密封性好。化学稳定性优良
	YAB	以石棉线、尼龙线为主体浸渍聚四氟乙烯乳液和硫化后编织而成		3	15	20	2	-200~260	4~12	弱酸、强碱、有机溶剂、液氨、纸浆、海水		耐热，柔软，强度高，耐腐蚀，摩擦因数小，广泛应用
石棉线加合金丝编织填料	SMB-1	以石棉线为主体，金属丝增强，编织成断面为正方形或圆形的绳状			25		0.2	-180~550	0~14	高温碱、热水		耐高温、高压，耐碱性能好，致密性好，弹性大，是优良的密封材料，但不使用旋转密封
纤维与橡胶复合填料	NFG-1	聚四氟乙烯纤维与特种橡胶复合制成的密封产品		3	15	10	5	-200~260		浓硝酸、硫酸、氢氟酸、强碱、化学药品		耐腐蚀、弹性大，密封性能好

注：1. 标有＊者表示表中型号、规格、温度(最高使用温度)和摩擦因数为标准中的内容。
2. 表中环状密封填料尺寸需与厂方联系。

表 5-7 软填料的选用(一)

主要软填料材料	往复轴	旋转轴	阀门用	水	蒸汽	氨	空气	氧	其他气体	其他溶剂	泥浆	石油	合成油	辐射	pH 值
石墨、石墨纤维		0		0	0	0	0		0	0		0	0	0	
柔性石墨组合环(泵用)		0		0	0	0	0	0	0	0		0	0	0	
柔性石墨组合环(阀用)			0	0	0	0	0	0	0	0		0	0	0	
柔性石墨编织		0	0	0	0	0	0	0	0	0		0	0	0	0~14
石墨、硅树脂/膨胀 PTFE	0	0		0	0	0	0	0	0	0		0	0	0	
PTFE 纤维、PTFE 浸渍	0	0	0	0	0	0	0	0	0	0		0	0		
PTFE 纤维、油、石墨	0	0	0	0	0	0	0	0	0	0	0	0	0		
石墨、碳素纤维	0	0	0	0	0	0	0		0	0		0	0		1~12
芳纶纤维、PTFE 浸渍润滑剂	0	0		0	0	0	0			0	0	0	0		2~12
石棉、石墨、黏结剂				0	0	0	0		0			0	0		2~11
石棉、PTFE 浸渍				0	0	0	0		0	0		0	0		2~14
石棉、MOS_2、石蜡	0	0	0	0	0	0	0		0			0	0		4~10
石墨、黏结剂、金属丝增强石棉				0	0	0	0			0		0	0		2~11

注：0 表示可用

表 5-8 软填料的选用(二)

主要软填料材料	介质压力/MPa			轴转速/(m/s)			使用温度范围/℃
	往复轴	旋转轴	阀门用	往复轴	旋转轴	阀门用	
石墨、石墨纤维	5				30		-200~455
石墨、碳素纤维	5	3.5	17		20		-200~650
柔性石墨异型组合环(阀用)			69				
柔性石墨异型组合环(泵用)		3.5			20		260
PTFE 纤维、PTFE 浸渍			37		10		-40~260
PTFE 纤维、油、石墨	20	2	35	2	18	2	-75~260
芳纶纤维、PTFE 浸渍润滑剂	10	1.5	20		15		-75~260
石棉、石墨、黏结剂	4	2	7		15		-40~450
石棉、PTFE 浸渍	4	2	7		10		-75~260
石棉、MoS_2、石蜡	4	1.5	7		12		-40~150
石墨、黏结剂、金属丝增强石棉	10	2	20		12		-40~540
柔性石墨编织	(由编织形式确定)						

(1) 清理填料函。在更换新的密封填料前，必须彻底清理填料函，清除失效的填料。在清除时应使用如图 5-18 所示的专用工具，这样既省力，又可以避免损伤轴和填料函的表面。清除后，还要进行清洗或擦拭干净，避免有杂物遗留在填料函内，影响密封效果。

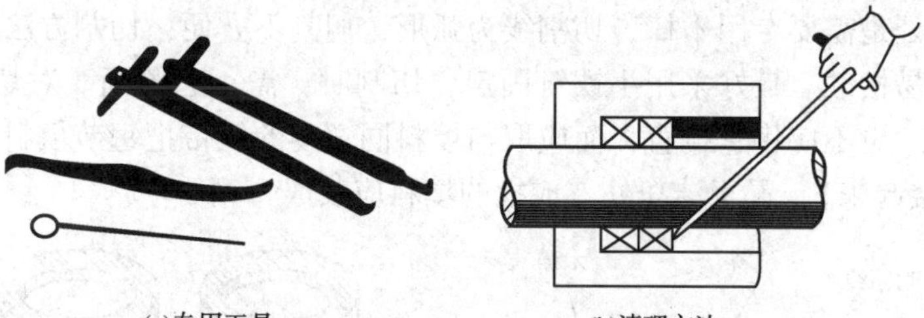

(a)专用工具　　(b)清理方法

图 5-18 专用工具清理填料函

(2) 检查。用百分表检查旋转轴与填料函的同轴度和轴的径向圆跳动量，柱塞与填料函的同轴度、十字头与填料函的同轴度(图 5-19)。同时轴表面不应有划痕、毛刺。对修复的柱塞(如经磨削、镀硬铬等)需检查柱塞的直径圆锥度、椭圆度是否符合要求。填料材质是否符合要求，填料尺寸是否与填料函尺寸相符合等。

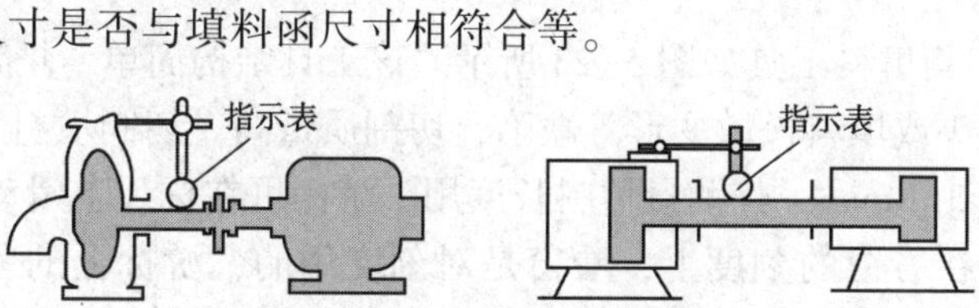

图 5-19 同轴度及径向圆跳动测量

填料厚度 B 过大或过小，最好采取如图 5-20 所示的用木棒滚压办法，避免用锤敲打而造成填料受力不均匀，影响密封效果。

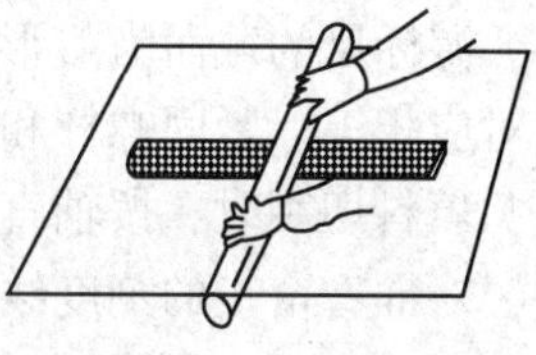

图 5-20 用木棒滚压填料

填料厚度 B 过大或过小时，严禁用锤子敲打。因为这样会使填料厚度不均，装入填料函后，与轴表面接触也将是不均匀的，很容易泄漏。同时需要施加很大的压紧力才能使填料与轴有较好的接触，但此时大多因压紧力过大而引起严重发热和磨损。正确的方法是将填料置于平整洁净的平台上用木棒滚压(图 5-20)；但最好采用图 5-21 所示的专用模具，将填料压制成所需的尺寸。

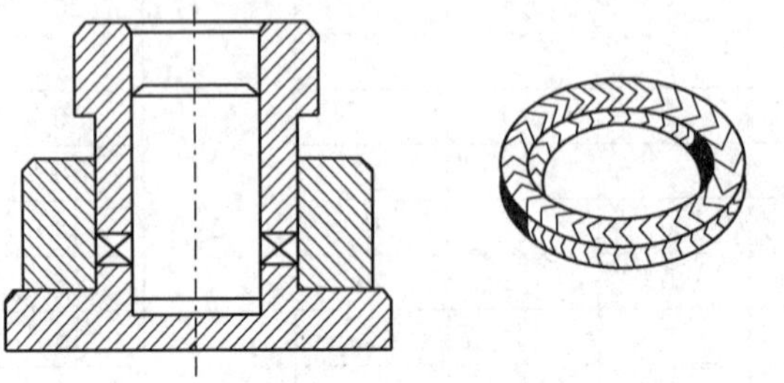

图 5-21　填料的模压改形

(3) 切割密封填料。对成卷包装的填料，使用时应沿轴或柱塞周长，用锋利刀刃对填料按所需尺寸进行切割成环。填料的切割方法有手工和工具两种。

① 手工切割。切割时，最好的办法是使用一根与轴相同直径的木棒，但不宜过长，并把填料紧紧缠绕在木棒上，用手紧握住木棒上的填料，然后用刀切断，切成后的环接头应吻合(图 5-22)，切口可以是平的，但最好是与轴成 45°的斜口。切割的刀刃应薄而锋利，也可用细齿锯条锯割，用此方法切割的填料环，其角度和长度均能一致，精度和质量都较好。该方法的不足之处是需要专用木棒，切割线为弧形，切割不方便，切割方法不当时，缠绕在木棒上的填料容易松散。最好采用小铁钉固定，切割时，需一起割断。对切断后的填料环，不应当让它松散，更不应将它拉直，而应取与填料同宽度的纸带把每节填料呈圆环形包扎好(纸带接口应粘接起来)，置于洁净处。成批的填料应装成一箱。

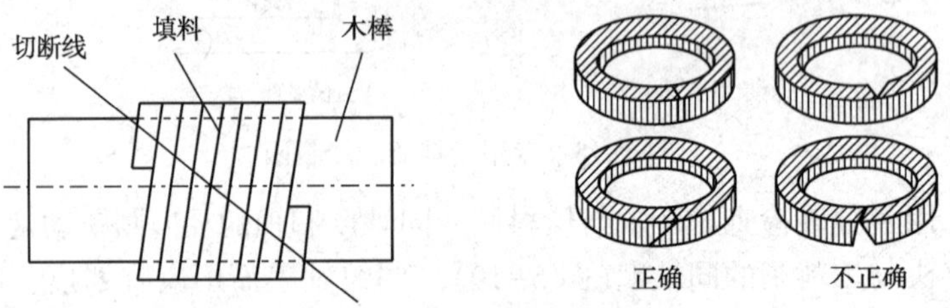

图 5-22　填料的手工切割

② 工具切割。切割填料工具如图 5-23 所示。该工具结构简单，携带方便，切割角度和长度准确，无切口毛头或填料松散变形等缺陷，切割质量高。切割填料工具上的游标尺上有刻度，每格刻度值为 3.14mm，作测量填料长度用。游标可在标尺上滑动，上面有 45°或 30°的凹角，其顶点正好在看窗的刻度上，看窗是对刻度用的，游标上的紧固螺钉作固定游标用。游标尺的截面为 L 形，凸边起校直填料的作用。刀架外形为 U 形，角度与游标上的角度对应相等。紧固螺杆和夹板活络连接，作夹持填料用。

填料切割时，按轴直径与填料宽度之和，在游标尺上取相对值，再将游标滑动到该值上，对准看窗上的刻度线，并用紧固螺钉固定游标。例如轴直径为 20mm，填料宽度 6mm，其和为 26mm，对准游标尺上 26 格，切下的填料长度就是所需长度，即 $26\pi=81.68$mm。切

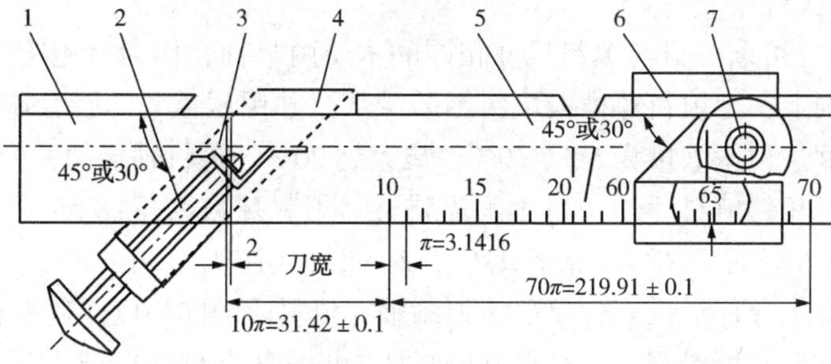

图 5-23 切割填料工具

1—填料；2—紧固螺杆；3—夹板；4—刀架；5—游标尺；6—游标；7—紧固螺钉

割时将填料夹紧，用薄刀沿刀架边切断。然后将填料切角插入游标凹角内对准，填料靠在游标尺凸边校直，用夹板夹紧，再用薄刀沿刀架切断填料。

(4) 对填料预压成型。用于高压密封的填料，必须经过预压成型。图 5-24 所示为在油压千斤顶上进行预压(控制油压表读数)，预压后填料应及时装入填料函中，以免填料恢复弹性。

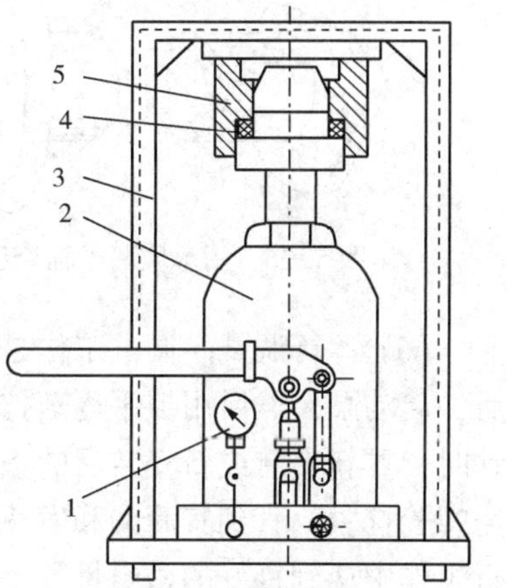

图 5-24 填料的预压成型

1—压力表；2—油压千斤顶；3—金属框架；4—填料；5—预压成型模具

油压表压力按下式计算：

$$p=\frac{1.2p_i(D^2-d^2)}{d_0^2} \tag{5-8}$$

式中 p——千斤顶油压表读数，Pa；

p_i——介质压力，Pa；

D——填料函内径(填料外径)，m；

d——填料内径，m；

d_0——千斤顶柱塞直径，m。

(5) 填料环的装填。为使填料环具有充分的润滑性，在装填填料环前应涂敷润滑脂或二硫化钼润滑膏[图 5-25(a)]，以增加填料的润滑性能。

涂敷润滑脂后的填料环，即可进行装填。装填时，如图 5-25(b)、图 5-25(c)所示，先用双手各持填料环切口的一端，沿轴向拉开，使之呈螺旋形，再从切口处套入轴上。注意不得沿径向拉开，以免切口不齐影响密封效果。

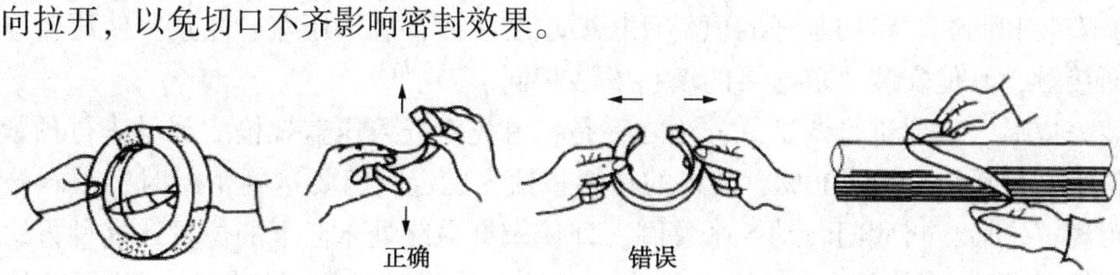

(a)涂覆润滑脂　(b)填料的拉伸　(c)填料装入轴上

图 5-25 填料环的装填

填料环装填时，应一个环一个环地装填。注意，当需要安装封液环时，应该将它安置在填料函的进液孔处。在装填每一个环时用专用工具将其压紧、压实、压平，并检查其与填料函内壁是否有良好的贴合。

如图 5-26 所示，可取一只与填料尺寸相同的木质两半轴套作为专用工具压装填料。将木质两半轴套合于轴上，把填料环推入填料函的深部，并用压盖对木轴套施加一定的压力，使填料环得到预压缩。预压缩量为 5%~10%，最大到 20%。再将轴转动一周，取出木轴套。

装填时必须注意相邻填料环的切口之间应错开。填料环数为 4~8 环时，装填时应使切口相互错开 90°；3~6 环时，切口应错开 120°；2 环时，切口应错开 180°。

装填填料时应该十分仔细认真，要严格控制轴与填料函的同心度，还有轴的径向圆跳动量和轴向窜动量，它们是填料密封具有良好密封性能的先决条件和保证。

密封填料环全部装完后，再用压盖加压，在拧紧压盖螺栓时，为使压力平衡，应采用如图 5-27 所示的对称拧紧法，压紧力不宜过大；先用手拧，直至拧不动时，再用扳手拧。

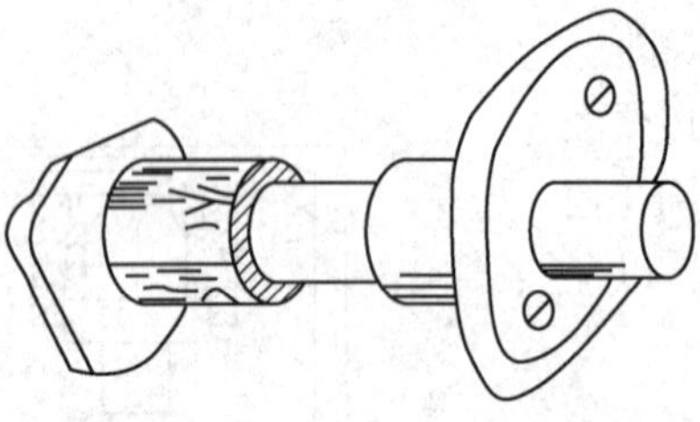

图 5-26　用木质两半轴套压紧填料

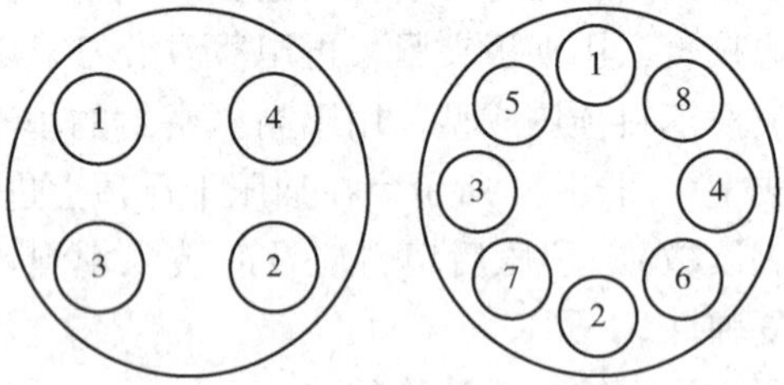

图 5-27　对称拧紧螺栓示意图

（6）运行调试。调试工作是必需的。其目的是调节填料的松紧程度。用手拧紧压盖螺栓后，启动泵，然后用扳手逐渐拧紧螺栓，一直到泄漏减小到最小的允许泄漏量为止；设备启动时，重新安装或新安装后的填料发生少量泄漏是允许的。设备启动后的 1h 内需分步将压盖螺栓拧紧，直到其滴漏和发热减小到允许的程度，这样做的目的是使填料能在以后长期运行工作中达到良好的密封性能。填料函的外壳温度不应急剧上升，一般比环境温度高 30~40℃可认为合适，能保持稳定温度即认为可以。

3）阀杆软填料的安装

（1）检查和记录。阀杆填料安装时要检查阀杆直径、内孔直径和填料函深度，并作记录。填料的截面尺寸由阀的内孔直径和阀杆直径决定，即为内孔直径减去阀杆直径，再将其差值除以 2 就可得到。

（2）清理和切割。清理填料函和切割填料成环的方法与泵的填料安装步骤基本相同。

（3）安装和调试。将切割好的填料环按要求装填后，放下压盖，注意要使压盖下端与填料环端面接触，其他安装要求与泵的填料安装相同。

安装完成后，也要进行调试。方法之一是：首先对拧入压盖螺栓的螺母进行预紧，使整个软填料组件被压缩 25%~30%，其目的是希望预先确定阀门要达到密封时，填料被压缩所必需的距离；之后，将阀门转动 5 个整圈，即使阀杆最终处于向下的位置。这种方法属于阀门压盖螺栓载荷确定的控制填料压缩量法。这种方法，对于不同的填料，其压缩量数值不同，并且当系统压力增高时，压缩量也应当相应地增加。如普通的编织软填料，其压缩量可取 20%~25%，而对像柔性石墨模压类的软填料，则可以根据不同密度，其压缩量最高可达 30%。所以，如果有条件，应当记录预紧条件下压盖螺母的转矩值，对以后的每次转动都要将压盖螺母重新拧紧并使其转矩值与先前记录下的相同。另外一种方法是：控制压盖螺栓转矩法，这是一种较为精确的方法。当螺栓与螺母都处于洁净而又都有良好的润滑状态时，可以通过系统压力、填料尺寸、螺栓尺寸和螺栓数目等来估算螺栓的预紧转矩，从而为控制填料的压缩量提供相应依据。

2. 软填料的合理拆卸

拆卸填料时，首先应松掉压盖螺栓或压套螺母，取出压盖或压套。有条件时，最好把轴或阀杆抽出填料函，这样掏出填料最为方便。如果轴或阀杆不能抽出填料函，可按图 5-28 的方法拆卸填料。拆卸工具应避免碰撞轴或阀杆。

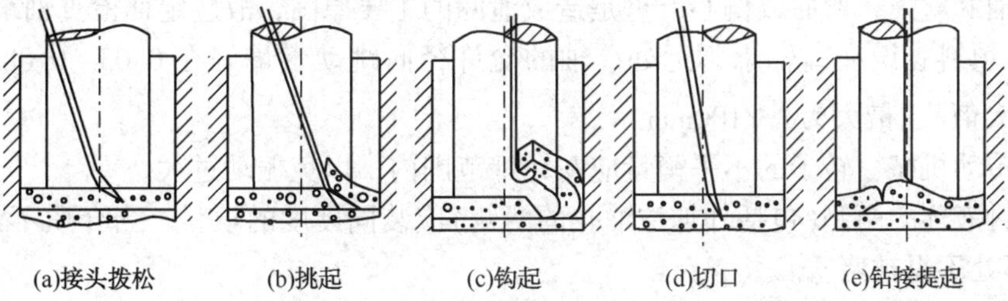

图 5-28 填料拆卸的方法

3. 软填料的合理使用

由于环境、密封介质、密封结构、被密封件以及软填料自身的材料、结构、性质和尺寸等因素的影响，使软填料密封的合理使用出现许多复杂多样的变化，如果因此造成使用不当而引起一些问题，诸如泄漏量过大、密封寿命过短、摩擦功耗过大或者密封结构尺寸过大而复杂、造价太高等，都会使软填料密封使用受到限制。对于这些问题的出现，只要认真分析上述因素的影响，合理使用填料，还是可以得到相对完善的软填料密封的。如何合理使用软填料，关系到软填料密封的密封性能，也关系到其价值投入的大小和密封结构是否简单等许多方面。在此，就软填料的合理使用提出以下一些建议：

(1) 根据相应的工况条件等主要因素，合理正确地设计填料函的尺寸，并合理地选用填料及其形式。

(2) 特殊工况的密封，尽可能选用组合式填料。密封要求高的，除考虑使用组合式填料外，还可考虑使用新型密封结构形式。

(3) 对于高压密封使用的软填料，必须经过预压成型，之后再装入填料函内。

(4) 对蒸汽和热流体的阀门密封，特别推荐使用柔性石墨填料密封环。

(5) 软、硬填料混合安装时，软填料应靠近压盖端，而硬填料放在填料函底部，而且以软、硬交替放置为宜(图 5-29)。

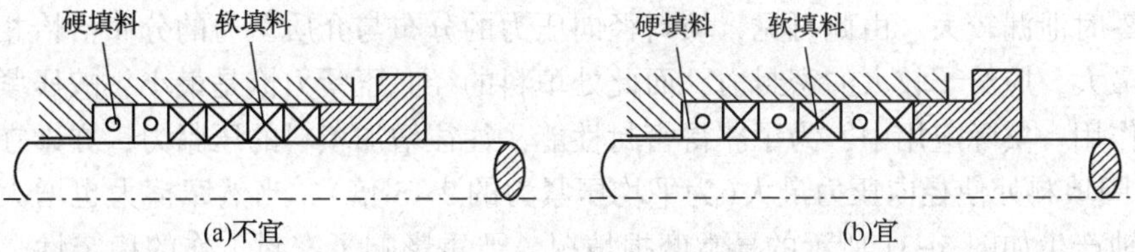

图 5-29 软、硬填料组合使用

(6) 在安装过程中，填料不能随意放置，以避免其表面受到灰尘、泥沙等污物的污染，因为这些污物一旦沾上填料，就很难清除，当随填料装入填料函后，将会使轴表面产生剧烈的磨损。

(7) 装完填料后，应对称地拧紧压盖螺栓，以避免填料歪斜。

(8) 填料安装完后的试运转(主要指开启电机时)过程中，如果无泄漏现象，则说明压盖压得太紧，并不利于其以后的正常工作，应适当调松压盖螺栓。

(9) 正式投入运行后，应该随时观察掌握其泄漏情况。一定时期内，对泄漏量增大的，可以通过对压盖螺栓的适当调节进行控制。但不宜拧得太紧，否则可能会产生烧轴的现象，而填料也会加速老化。

(10) 轴的磨损、弯曲或偏心严重是造成泄漏的主要原因，故应定期检查轴承是否损坏，并尽可能将填料腔设在离轴承不远处。轴的允许径向跳动量最好在 0.03～0.08mm 范围内(大轴径取大值)，最大为$\sqrt{d}/100$mm。

(11) 转动机械，转子的不平衡量应在允许范围内，以免振动过大。

(12) 封液环的两侧(包括外加注油孔的两侧)应装同硬度的填料。当介质不洁净时，应注意封液环处不得被堵塞。

(13) 当从外部注入润滑油和对填料函进行冷却时，应保证油路、水路畅通。注入的压力只需略大于填料函内的压力即可。通常取其压差为 0.05～0.1MPa。

4. 软填料的保管

(1) 密封填料应存放在常温、通风的地方；防止日光直接照射，以避免老化变质。不得在有酸、碱等腐蚀性物品附近存放，也不宜在高温辐射或低温潮湿环境中存放。

(2) 在搬运和库存过程中，要注意防止砂、尘异物沾污密封填料。一旦黏附杂物要彻底清除，避免装配后损伤轴的表面，影响密封效果。

(3) 对于核电站所用密封填料，除上述各点外，还要特别注意避免接触含有氯离子的物质。

5.1.6 软填料密封存在的问题与改进

1. 软填料密封存在的问题

软填料密封结构简单，价格低廉，安装使用方便，性能可靠，但仍有许多不足之处。从对软填料密封结构的基本要求看，传统软填料密封主要存在以下几个方面的问题。

(1) 径向压力分布不均，摩擦磨损严重。由于填料是弹塑性体，当受到轴向压紧后，产生摩擦力致使压紧力沿轴向逐渐减少，同时所产生的径向压紧力使填料紧贴于轴表面而阻止介质外漏。如图 5-30 所示，径向压紧力的分布由外端(压盖)向内端时，先是急剧递减、后趋平缓，被密封介质压力的分布由内端逐渐向外端递减，当外端介质压力为零时，则泄漏很少，大于零时泄漏较大。由此可见，填料径向压力的分布与介质压力的分布恰恰相反，内端介质压力最大，应给予较大的密封力，而此处填料的径向压紧力恰是最小，故压紧力没有很好地发挥作用。实际应用中，为了获得密封性能，往往增加填料的压紧力，亦即在靠近压盖端的 2～3 圈填料处使径向压力最大(为平均压紧力的 2～3 倍)，当然摩擦力也增大，这就导致填料和轴产生如图 5-31 所示的异常磨损情况，严重影响了密封工作的稳定性。填料圈数越多，轴向高度越大，比压越不均匀。

(2) 散热、冷却能力不够。软填料密封中，滑动接触面较大，摩擦产生的热量较大，而散热时，热量需通过较厚的填料，且多数软填料的导热性能都较差，摩擦热不易传出，致使摩擦面温度升高，摩擦面间的液膜蒸发，形成干摩擦，磨损加剧，密封寿命会显著降低。

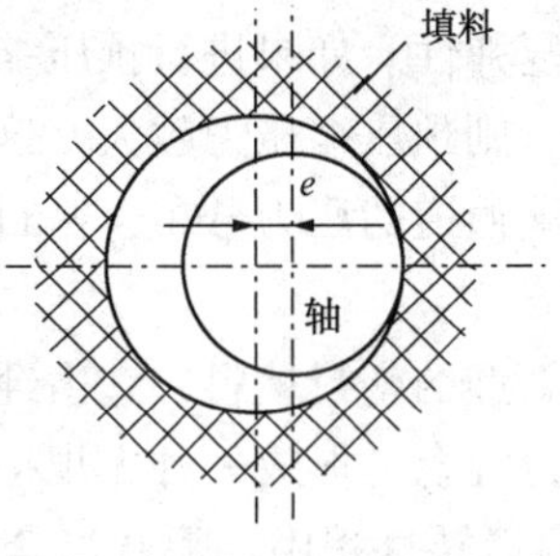

图 5-30 偏心对间隙的影响

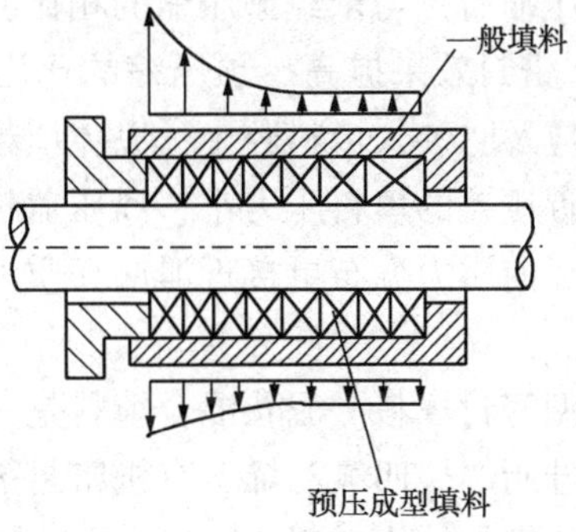

图 5-31 填料预压后的径向力分布

(3) 应力松弛现象严重，密封工作的稳定性差。由密封填料的黏弹性分析可知，在恒定应变作用下，密封填料产生明显的应力松弛，严重的应力松弛必然导致软填料密封的早期失效。传统的软填料密封，压盖螺栓所施加给填料的预紧力是恒定的，由于磨损引起填料的压缩变形量稍有减少就会加剧填料的应力松弛，从而降低了密封工作的稳定性和可靠性。

(4) 自动补偿能力较差。软填料磨损后，填料与轴杆、填料函内壁之间的间隙加大，而传统软填料密封结构无自动补偿压紧力的能力，随着间隙的增大，泄漏量也逐渐增大。因此，需频繁拧紧压盖螺栓。

(5) 偏摆或振动的影响。某些机器或设备在工作时，轴有较大的振动和偏摆，轴与旋转中心之间将会出现较大偏心。如图 5-30 所示，若轴的中心与旋转中心不重合，偏心距为 e，则轴与填料之间的最大间隙就为 $2e$，最小间隙为零。间隙沿圆周的分布像月牙形，月牙形的间隙位置随着轴的转动而周期性变化，因此起到了类似容积泵的增压作用，这对密封是非常不利的。

2. 软填料密封改进措施

因为传统的软填料密封存在上述问题，工程技术人员为了提高其密封的性能和寿命，提出和实施了不少改进措施，包括填料材料和密封结构等。具体来说，对软填料密封的改进可以从以下几个方面进行。

1) 提高密封填料性能

(1) 填料的组合使用。即采用不同种类密封填料分段混合配置。不同的填料，其侧压系数和回弹性能不同，通过合理选择不同的填料进行组合，可以极大地提高其密封效果。例如，对于柔性石墨，由于其抗拉及抗剪切能力较低，所以一般将柔性石墨填料与石棉填料或碳纤维填料组合使用，这样既可防止柔性石墨填料被挤入轴隙，避免强烈磨损而引起介质泄漏，又可使填料径向压力分布均匀，增强密封效果。

实验表明，组合填料一般比各组分单一填料的密封性能好。同样填料的组合方式不同，工作寿命也不同。为得到最佳密封效果，填料组装应符合下列原则：组合填料各圈由压盖到密封腔底，填料的侧压系数有增大趋势，填料的摩擦因数依次减小，表示压力下降速度的填料综合系数呈减小趋势。

(2) 对填料预压成型。填料预压成型就是对填料先以一定的压力进行预压缩，然后再装入填料函。填料在经过预压缩后，在相同的压盖压力下，抵抗介质压力的能力增强，变形减少，介质泄漏的阻力增大，密封效果明显改善。

填料经过预压缩后，与未经预压缩的相比，装入填料函后，其径向压力分布比较均匀合理(见图 5-31)，密封效果提高。预压缩的比压应高于介质压力，其值可取介质压力的 1.2 倍。预压后填料应及时装入填料腔中，以免填料恢复弹性。如果进行预压缩时，对填料施加的压力不同，靠近压盖的填料压力小，离压盖越远，则预压缩压力越大，这样的填料装入填料函压紧后，其径向压力分布更接近泄漏介质沿泄漏通道的压力分布，密封效果与寿命有很大改善。

(3) 采用新型密封填料。泥状混合填料是一种新型的密封填料，它由纯合成纤维、高纯度石墨或高分子硅脂、聚四氟乙烯、有机密封剂进行混合，形成一种无规格限制的胶泥状物质。泥状混合填料密封结构如图 5-32 所示，在轴的运转过程中，泥状混合填料由于分子间吸引力极小，具有很强的可塑性，可以紧紧缠绕在轴上，并随轴同步旋转，形成一个“旋转层”，此“旋转层”起到了轴的保护层的作用，避免了轴的磨损，使得轴套永远不需要更换，减少了停机维修的时间；随着“旋转层”的直径逐步增大，轴对纤维的缠绕能力逐步减小(这是因为轴的转矩是一定的，随着力臂的增加，扭力将逐步下降的结果)，没有与轴缠绕的填料则与填料函保持相对静止，形成一个“不动层”，如图 5-33 所示。这样在泥状混合填料中间形成一个剪切分层面，从而使摩擦区域处在填料中间而不是填料与轴之间。

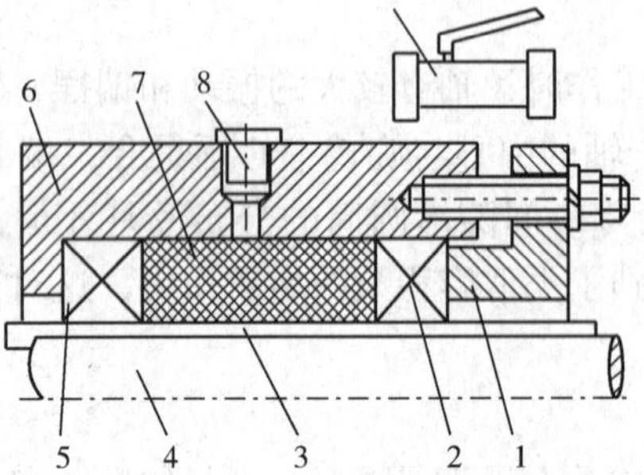

图 5-32 泥状混合填料密封结构

1—压盖；2，5—软填料环；3—轴套；4—轴；
6—填料函；7—泥状混合填料；8—快速接管；9—注射系统

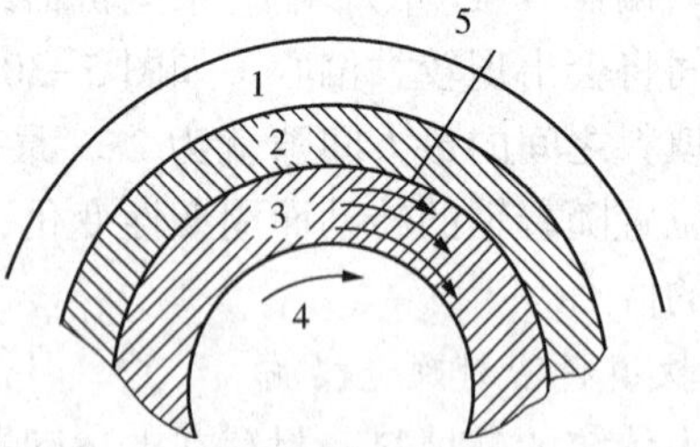

图 5-33 泥状混合填料工作原理

1—泵壳；2—不动层；3—旋转层；
4—轴；5—剪切层

泥状混合填料密封的特点是：无泄漏，密封可靠，对轴(或轴套)无磨损；安装简单，维修时可在线修复，降低了劳动强度；不需要冲洗和冷却；轴功率损耗小，只有普通软填料密封的 22%左右。目前国内使用较多的泥状混合填料主要有 SR900、CMS2000 和 BP720、BP920 等，其相关参数见表 5-9。

表 5-9 泥状混合填料技术参数

型号	SR900	CMS2000			BP720	BP920
		第一代	第二代	第三代		
产地	中国	美国	美国	美国	英国	
温度/℃	-20~200	-18~200	40~204	-50~750	-18~195	-65~205
最大压力/MPa	1.0	0.7	1.0	1.5	0.8	2.5

续表

型号	SR900	CMS2000			BP720	BP920
		第一代	第二代	第三代		
最大线速度/(m/s)	10	8	10	18	9	16
pH 值	4~13	4~13	1~13	1~14	4~13	2~14
适用介质	水基介质	水基介质	除氧化物、氟、三氟化氯及化合物、熔融碱金属外	除强酸、强氧化物外	水基介质	水或污水基介质

2）改进密封结构

(1) 改进径向压紧力的软填料密封结构。使填料沿填料函长度方向的径向压紧力分布尽可能均匀，并且与泄漏介质的压力分布趋势尽可能一致。其主要目的是减小轴和填料的磨损及其不均匀性，同时满足对密封的要求。可采取以下措施。

① 采用变截面的阶梯式结构。如图 5-34(a)所示，从压盖起到底衬套处填料截面逐段缩小而径向压力逐渐增大接近介质压力分布。

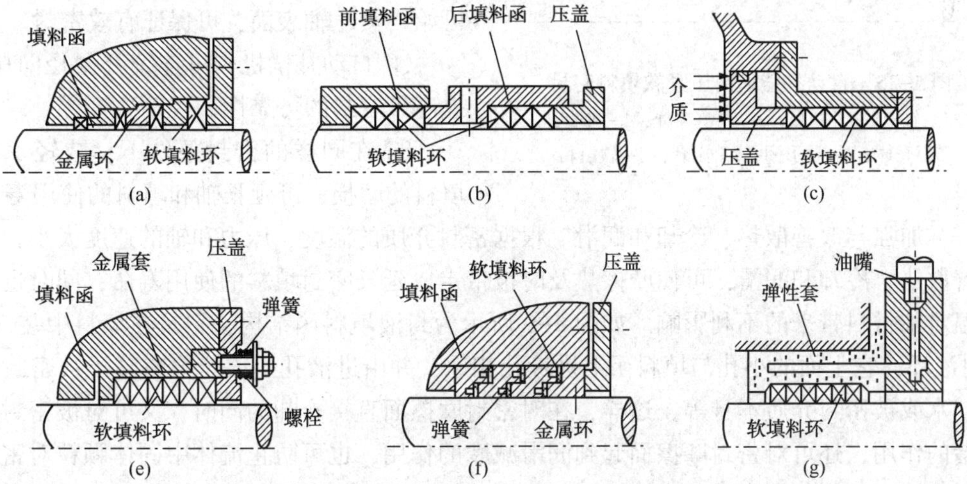

图 5-34 软填料密封结构的改进

② 采用双填料函分段式压紧结构。如图 5-34(b)所示，两个填料函轴向叠加，使后函体底端兼作前函体压盖，当填料环总数较多时，将其分段装入前后函体内，使压紧力较为均匀，可适当提高其密封能力。

③ 采用压盖自紧式结构。如图 5-34(c)所示，利用流体介质压力直接作用于压盖前端面上，以提高在介质端部的填料所受的压紧力，也使压紧力沿轴向的分布更趋于合理，当介质压力增大时，这种作用将更强。

④ 采用集装式结构。如图 5-34(d)所示，由一组软填料环装填在一个可以沿轴向移动的金属套筒之中，填料和套筒预紧力由压盖螺栓(螺母下有弹簧)进行调节。工作时由于介质压力作用在套筒底上，进一步压缩软填料，增加了套筒内底部软填料对轴的压紧作用，从

而使径向压紧力的分布沿轴向与密封介质的压力分布相配合。

⑤ 采用分级软填料密封结构。如图 5-34(e)所示，由软填料环、金属环、圆柱形弹簧交替安装组合而成。它通过弹簧分别调节各层填料环的压紧力，使之得到最佳的径向压紧力分布；同时，弹簧还可以对径向压紧力的松弛起到补偿作用。

⑥ 采用径向加载软填料密封结构。如图 5-34(f)所示，此密封是通过油嘴将润滑脂挤入弹性套，从填料外围均匀加压，使填料沿轴方向的径向压紧力分布均匀。

(2) 自动补偿的软填料密封结构。设置补偿结构，目的是对填料的磨损进行及时的或自动的补偿；而且拆装、检修方便，以缩短因此而引起的停工时间。采用液压加载和弹簧加载可以自动补偿[如图 5-34(c)、图 5-34(d)、图 5-34(e)所示]。

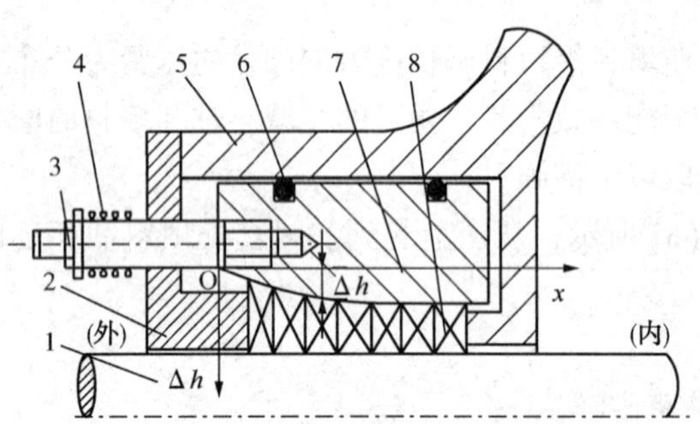

图 5-35　自动补偿径向压紧软填料密封

1—轴；2—外挡板；3—调整螺母；4—弹簧；5—壳体；6—O 形圈；7—压套；8—软填料

图 3-35 所示为自动补偿径向压紧软填料密封结构，具有以下优点。

① 其径向压力和间隙中介质的压力在数值上很接近，符合软填料密封的要求。

② 和传统软填料密封结构相比，摩擦功耗低。

③ 各圈填料受压套径向压力的作用，可始终紧压轴表面，可保证有效密封。

④ 自动补偿机构可连续补紧径向压力，提高了密封的可靠性。

⑤ 在同样的密封条件下，减轻了轴与填料的磨损，可延长轴和填料的使用寿命。

(3) 加强与改善散热、冷却和润滑。根据密封介质的温度、压力和轴的速度大小，加强与改善散热、冷却和润滑，可使摩擦热及时被带走，延长密封填料的使用寿命，同时也可避免高温对轴材料带来的不利影响。如图 5-9 所示为封液填料函结构，它是在填料中装入 1~2 个封液环，它上面的小孔与填料函上进液孔相通，并由进液孔引入压力略高于被密封介质的冷却水或被密封介质本身等，这样，在对密封摩擦面直接冷却的同时，又可对被密封介质有封堵的作用，还可对密封摩擦面起到润滑减摩的作用，也可防止流体中固体颗粒对密封面的磨损腐蚀以及腐蚀性介质的腐蚀，同时还有冲洗作用且提高密封性。这种结构不会因为封液的进入而使被密封介质性质发生改变，常常用于旋转轴。当对被密封介质有特殊要求时，如绝对不允许其他介质与其混合等，可用夹套间接冷却式填料函(图 5-8)，由于是间接冷却方式，其效果不如前一种。

(4) 采用浮动填料函的结构。当轴和壳体不同心或在转动时摆动、跳动较大时，可采用如图 5-14 所示的浮动填料函结构。

5.1.7　软填料密封常见故障及处理措施

泵用软填料密封常见的故障、原因与处理措施如表 5-10 所示。

表 5-10　泵用软填料密封常见故障、原因与处理措施

故障	原因	处理措施
泵打不出液体	泵不能启动(填料松动或损坏使空气漏入吸入口)	上紧填料或更换填料并启动泵
泵输送液体量不足	空气漏入填料函	运转时检查填料函泄漏，若上紧后无外漏，需要用新填料；或密封液环被堵塞或位置不对，应与密封液接头对齐；或密封液管线堵塞；或填料下方的轴或轴套被划伤，将空气吸入泵内
	填料损坏	更换填料，检查轴或轴套表面粗糙度
泵压力不足	填料损坏	更换填料，检查轴或轴套表面粗糙度
泵工作一段时间就停止工作	空气漏入填料函	更换填料，检查轴或轴套表面粗糙度
泵功率消耗大	填料上得太紧	放松压盖，重新上紧，保持有泄漏液，如果没有，应检查填料、轴或轴套
泵填料处泄漏严重	填料损坏	更换磨损填料，更换由于缺乏润滑剂而损坏的填料
	填料形式不对	更换不正确安装的填料或运转不正确的填料，更换成与输送液体相适应的填料
	轴或轴套被划伤	放在车床上并加工正确、光滑或更换之
填料函过热	填料上得太紧	放松以减小压盖的压紧力
	填料无润滑	减小压盖压紧力。如果填料烧坏或损坏应予以更换
	填料种类不合适	检查泵或填料制造厂的填料种类是否正确
	夹套中冷却水不足	检查供液线上阀门是否打开或管线是否堵塞
	填料填装不当	重新填装填料
填料磨损过快	轴或轴套损坏或划伤	重新机加工或更换之
	润滑不足或缺乏润滑	重装填料，确认填料泄漏为允许值
	填料填装不当	重新正确安装。确认所有旧填料都已拆除并将填料函清理干净
	填料种类有误	更换为合适的填料
	外部封液线有脉冲压力	消除脉冲造成的原因

5.2　成型填料及油封

成型填料密封泛指用橡胶、塑料、皮革及软金属材料经模压或车削加工成型的环状密封圈。

成型填料密封是依靠填料本身受到机械压紧力或同时受到介质压力的自紧作用产生的弹塑性变形而堵塞流体泄漏通道的。其结构简单紧凑，密封性能良好，品种规格多，工作参数范围广，是往复动密封及静密封的主要结构形式之一。部分成型填料也可作为旋转及螺旋运动密封件。

油封实质上也属于成型填料密封中的一种，但因其品种规格繁多，需要量大而另列一类。

5.2.1 成型填料

成型填料密封跟软填料密封的区别，在于前者不仅依靠密封圈预先被挤压因弹塑性变形而产生预紧力，同时在工作时介质压力也挤压密封圈，使之变形产生压紧力。这就是说，成型填料密封属于自紧式密封。

1. 成型填料的类型及适用范围

成型填料按工作特性分为挤压型密封圈及唇形密封圈两大类；按材质分为橡胶类、塑料类、皮革类及软金属类，其中应用最广的是橡胶密封圈，占50%左右，有“密封之王”之称。

1）挤压型密封圈

各种材质的挤压型密封圈中，橡胶挤压型密封圈应用最广，类型最多。以其截面形状命名，有O形、方形、D形、三角形、T形、心形、X形、角-O形及多边形等，如图5-36所示。

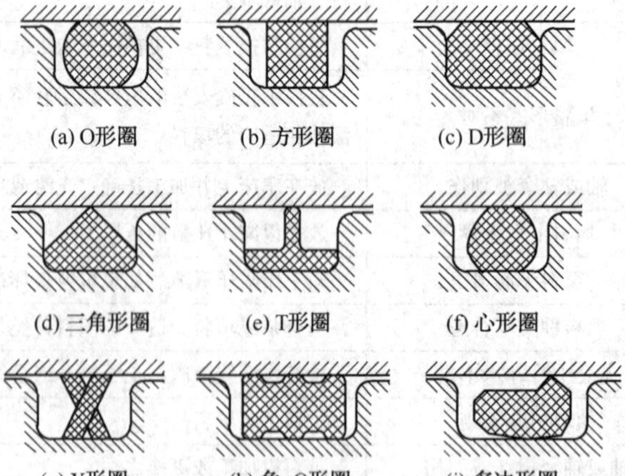

图5-36　橡胶挤压型密封圈类型

（1）O形密封圈[图5-36(a)](以下称O形圈)。O形密封圈一般多用合成橡胶制成，是一种断面形状呈圆形的密封组件。橡胶O形密封圈具有良好的密封性能，能在静止或运动条件下使用，可以单独使用即能密封双向流体；其结构简单，尺寸紧凑，拆装容易，对安装技术要求不高；在工作面上有磨损，高压下需要采用挡环或垫环，防止被挤出而损坏；O形圈工作时，在其内外径上、端面上或其他任意表面上均可形成密封。因此其适用工作参数范围广，工作压力在静止条件下可达400MPa或更高，运动条件下可达35MPa；工作温度为-60~200℃；线速度可达3m/s；轴径可达3000mm。

O形圈属于典型的挤压型结构形式，在各种挤压型密封结构中最简单，以它的应用最广。其在真空设备、液压及空压等系统的密封中得到广泛应用，也可作为其他动密封(如机械密封、浮动环密封等)的重要辅助零件，还可作为容器法兰、管道法兰等接头部位的静密封件使用。

O形圈用作往复动密封，有启动摩擦阻力大，易产生扭曲的缺点，特别是在间隙不均匀、偏心度较大以及较高速度下使用时，更容易扭曲破坏。随着直径的增大，扭曲倾向也增加。因此，O形圈只是在轻载工况或内部往复动密封中使用较为合理。

(2) 方形密封圈[图 5-36(b)](以下称方形圈)。其容易成型，装填不便，密封性较差，摩擦阻力比较大，常作为静密封件使用。

(3) D 形密封圈[图 5-36(c)](以下称 D 形圈)。它是为克服 O 形圈在沟槽内有滚动扭曲而改进的，工作时，其位置稳定，适用于受压力的场合。高压时要防止受到挤出破坏而引起密封失效。

(4) 三角形密封圈[图 5-36(d)](以下称三角形圈)。在沟槽中的位置与 D 形圈相同，但摩擦阻力比较大，使用寿命短，一般只适合于特殊用途的密封。

(5) T 形密封圈[图 5-36(e)](以下称 T 形圈)。其在沟槽中的位置与 D 形圈相同，耐振动，摩擦阻力小，采用 5%的沟槽压缩率即能达到密封，一般用于中低压、有振动的场合，高压时要防止被挤出破坏。

(6) 心形密封圈[图 5-36(f)](以下称心形圈)。其断面与 O 形圈的相似，但摩擦因数比 O 形圈的小，一般适用于低压旋转轴的密封件。

(7) X 形密封圈[图 5-36(g)](以下称 X 形圈)。形似两个 O 形圈叠加，有两个突起部分，在沟槽中位置稳定，摩擦阻力小，采用 1%的沟槽压缩率即达到密封，允许工作线速度较高。可用于旋转及往复运动而又要求摩擦阻力低的轴(或杆)的密封。

(8) 角-O 形密封圈[图 5-36(h)](以下称角-O 形圈)。相当于三个 O 形圈叠加，有三个突起部分，外侧两突起部分较高，使其在沟槽中位置稳定且压缩率大，工作压力可以达到 210MPa。

(9) 多边形密封圈[图 5-36(i)](以下称多边形圈)。其摩擦阻力比 O 形圈的小，泄漏量也比 O 形圈的低。工作压力可达到 14MPa，在液压缸、气动缸的柱塞密封中经常使用。

2) 唇形密封圈

唇形密封圈也有很多类型，通常有 V 形、U 形、L 形、J 形、Y 形密封圈等，在它们的截面轮廓中，都包含了一个或多个锐角形的带有腰部的所谓唇口，其截面形状如图 5-37 所示。橡胶也作为唇形密封圈的一种主要材料而使用广泛。为了提高橡胶唇形密封圈的耐压能力，也可在密封圈中增添纤维帘布，制成所谓的“夹布橡胶密封圈”。

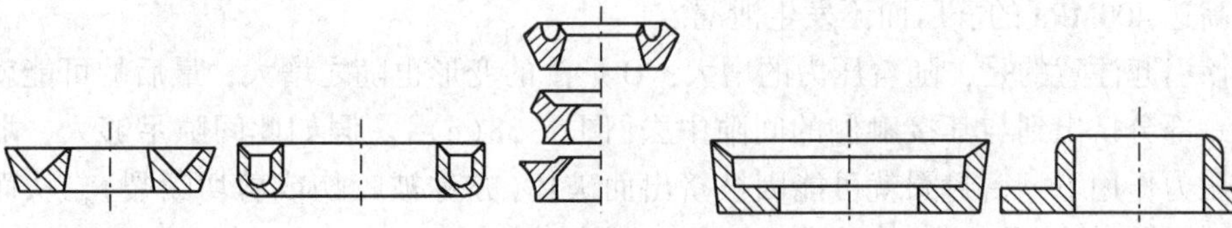

(a)V形圈　(b)U形圈　(c)Y形圈　(d)L形圈　(e)J形圈

图 5-37　橡胶唇形密封圈类型

(1) V 形密封圈[图 5-37(a)](以下称 V 形圈)。V 形密封圈是唇形密封的典型形式，也是唇形密封圈中应用最早和最广泛的一种。其优点是耐压和耐磨性好，可以根据压力大小，重叠使用，缺点是体积大、摩擦阻力大。一般用于液压、水压和气动等机器的往复部分，很少用于转动中或作静密封。工作压力，纯胶 V 形圈可达 30MPa，夹布橡胶 V 形圈可达 60MPa；工作温度达 120℃。既可密封孔，又可密封轴。

(2) U 形密封圈[图 5-37(b)](以下称 U 形圈)。类似于 V 形圈，一般单个使用即能密封。其特点是结构简单，摩擦力小，耐磨性高，但唇口容易翻转，需加支承环，也有纯胶 U

形圈和夹布橡胶 U 形圈两种。工作压力，纯胶 U 形圈可达 10MPa，夹布橡胶 U 形圈可达 32MPa。它适用于低速水压、油压的往复运动密封，最大工作速度不超过 30～50mm/s。当超过此值时，可采用两只密封圈，使每只圈的负荷降低，而且一个圈坏了，另一个还可继续工作，这就提高了密封的可靠性，延长了寿命。但采用两只圈，摩擦力势必增大。缓慢旋转时也可以使用，可密封孔或轴。

(3) Y 形密封圈[图 5-37(c)](以下称 Y 形圈)。图 5-37(c)中最上面的为等脚 Y 形圈(简称 Y 形圈)，后两者为不等脚 Y 形圈(又称 YX 形圈，中间为轴用，最下面为孔用)。不等脚的 Y 形圈，其短脚与运动面接触可以减少摩擦力，长脚与静止面接触有较大的预压缩量，增加了摩擦力而不易窜动；而等脚 Y 形圈在沟槽内处于浮动状态。Y 形圈的特点是在使用中只要单个环就可以实现密封，可用于苛刻的工作条件。在压力波动很大时，等脚 Y 形圈需用支承环，而不等脚 Y 形圈不需要用支承环。使用压力：丁腈橡胶圈在 14MPa 以下，若在 14～30MPa 下工作需要用支承环(挡环)；聚氨酯橡胶圈在 30MPa 以下，若在 30～70MPa 下工作要加挡环。

(4) L 形圈[图 5-37(d)]。常用于小直径的中低压气动或液动的往复运动(如活塞)密封。仅能密封孔。

(5) J 形圈[图 5-37(e)]。形同反 L 形，它也主要适用于中低压的气动或液动往复柱塞杆及旋转运动的密封，也可用为防尘密封件。仅能密封轴。

2. O 形密封圈

1) O 形密封圈工作特性

橡胶 O 形圈用作静密封元件时，密封圈受到沟槽的预压缩作用，产生弹性变形，这一变形能就转变为对于接触面的初始压力[图 5-38(a)]，由此获得预密封效果。当作用介质压力 p_i时，O 形圈被压到沟槽的一侧，并改变其截面形状，密封面上的接触压力也相应变化[图 5-38(b)]。当其最大值 p_{max} 大于介质压力 p_i时，便能堵塞流体泄漏的通道，而起到密封作用。介质压力越高，O 形圈的变形量越大，对于密封面的接触压力 p_{max} 也越大，这就是 O 形圈的所谓自紧作用。实践证明，这种自紧作用对防止泄漏是很有效的。目前一个 O 形圈可以封住高达 400MPa 的静压而不发生泄漏。

但应该引起注意的是，随着压力的增大，O 形圈的变形也随之增大，最后的可能就是把密封圈的一部分挤出到与其接触侧的间隙中去[图 5-38(c)]。假如此间隙足够大，那么在一定的静压力作用下，密封圈就可能因被挤出而破坏(亦称被咬伤或剪切断裂)，从而产生密封失效，因此，沟槽间隙尺寸的合理设计至关重要。

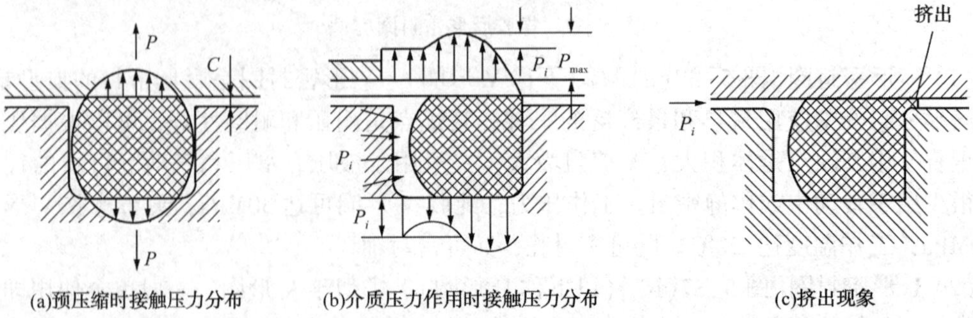

图 5-38　O 形圈的工作特性

从密封性来看，O 形圈是非常理想的静密封件。但是当它的硬度和压缩变形率选择不当时，则可能发生泄漏。一般讲，内压越高，应选用硬度较高的 O 形圈。如果硬度不够高，把它的压缩变形率取大一些，也能获得同样的密封效果。通常根据经验来确定压缩变形率，对圆柱面上的静密封，压缩变形率取 13%～20%；对平面或法兰上的静密封，取 15%～25%；真空设备用的 O 形圈静密封，取压缩变形率 30%以上，但不能太大。

橡胶 O 形圈用作往复运动密封件时，其预密封效果和自紧作用与静密封一样。但由于轴运动时很容易将流体带到 O 形圈与轴之间，导致发生黏附泄漏，因此，情况比静密封复杂。假设流体为润滑油，且压力只作用于 O 形圈一侧[图 5-39(a)]，若将 O 形圈与轴的接触处放大[图 5-39(b)]，其接触表面实际上是凹凸不平的，并非每一点都与金属表面相接触。O 形圈左方作用着油压 p_1，由于自紧作用，O 形圈对轴产生的接触压力大于 p_1 而达到密封效果。但当轴开始向右运动时，黏附在轴上的油被带到楔形狭缝[图 5-39(c)]，由于流体动压效应，这部分油的压力比 p_1 大，当它大于 O 形圈对轴的接触压力时，油便挤入 O 形圈的第一凹处[图 5-39(d)]，轴继续向右滑动时，油又进入下一个凹处，依次向右推移，油便沿着轴运动的方向泄漏。当轴向左运动时，由于轴运动方向与油压力方向相反，故不易泄漏。泄漏量是随油的黏度和轴的运动速度提高而增大，还与 O 形圈的尺寸、粗糙度，工作压力等因素有关。

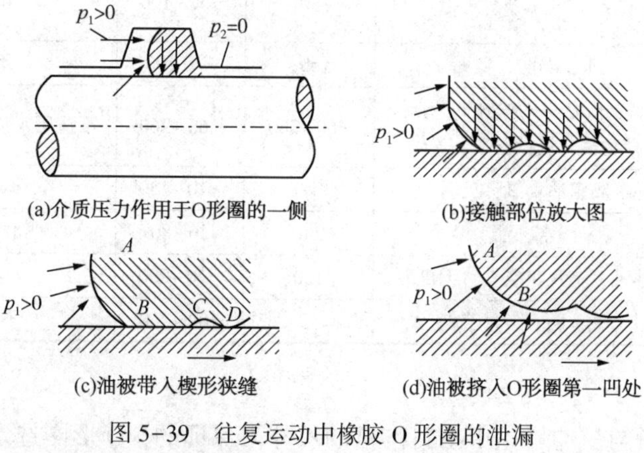

图 5-39　往复运动中橡胶 O 形圈的泄漏

O 形圈在运动速度较慢、油的黏度较低或较高温度下时，一般不会泄漏或泄漏量很小。当密封介质为气体时，通常要在滑动面上涂以润滑剂(润滑脂或润滑油)，使油在滑动面上阻塞气体通道，从而起到防漏的作用。

2）材料选择

由于橡胶 O 形圈的密封工作特性，要获得其良好的密封性能，除了其他方面的严格要求外，对其材料正确合理的选用也显得十分重要。O 形圈对橡胶材质的具体要求如下。

(1) 能抵抗介质的侵蚀作用(如腐蚀、溶胀、溶解等)。

(2) 抗老化和耐热能力强，在工作温度下能完全稳定可靠。

(3) 有良好的力学性能，特别是应该具有良好的耐磨性。

(4) 成型加工工艺性能好，材料来源广，价格低廉。

(5) 具有良好的弹性、一定的硬度，寿命时间内压缩变形小。这对其在工作时降低泄漏、达到良好的密封性能非常重要。

(6) 适用范围广。

橡胶是一种具有高弹性的材料，且有变形复原的能力，还可储存大量的变形能，能长时期保存极好的弹性。因此，它具备了作为成型填料所必需的优良弹性和较好的力学性能，还有一定的耐蚀性、耐油性和耐温性，其组织致密、容易模压成型，是一种很好的密封结构材料。就密封用途而言，由于天然橡胶的耐高温性、耐矿物油性以及耐腐蚀性差，所以一般不能为某些特殊用途作密封材料。然而，合成橡胶的开发与在密封件上的使用，可以说，其在很大程度上弥补了天然橡胶的不足，而且其模压成型容易，使之在成型填料中应用非常广泛。由于橡胶的品种很多，而且不断有新胶种的出现，使用者应对它们的特性、价格、来源有所了解，以便合理地进行选择。常用 O 形圈材料的使用范围如表 5-11 所示。

表 5-11　O 形圈常用材料的使用范围

材料	适用介质	使用温度/℃		备注
		运动用	静止用	
丁腈橡胶(NBR)	矿物油，汽油，苯	80	-30~120	
氯丁橡胶(CR)	空气，水，氧	80	-40~120	运动时应注意
丁基橡胶(IIR)	动、植物油，弱酸，碱	80	-30~110	永久变形大，不适用于矿物油
丁苯橡胶(SBR)	碱，动、植物油，水，空气	80	-30~100	不适用于矿物油
天然橡胶(NR)	水，弱酸，弱碱	60	-30~90	不适用于矿物油
硅橡胶(Si)	高、低温油，矿物油，动、植物油，氧；弱酸，弱碱	-60~260	-60~260	不适用于蒸汽，运动部位避免使用
氯磺化聚乙烯(CSM)	高温油，氧，臭氧	100	-10~150	运动部位避免使用
聚氨酯橡胶(AU)	水，油	60	30~80	耐磨，但避免高速使用
氟橡胶(FPM)	热油，蒸汽，空气，无机酸	150	-20~200	
聚四氟乙烯(PTFE)	酸，碱，各种溶剂		100~260	不适用于运动部位

3）沟槽

O 形圈的压缩量与拉伸量是由密封沟槽的尺寸来保证的，O 形圈选定后，其压缩量、拉伸量及其工作状态就由沟槽决定，所以，沟槽对密封装置的密封性和使用寿命的影响很大。

(1) 沟槽形式。沟槽的形式有矩形、三角形、燕尾形、半圆形和斜底形等，常用形式为矩形槽及三角形槽，如图 5-40 所示，而应用最广的是矩形槽。

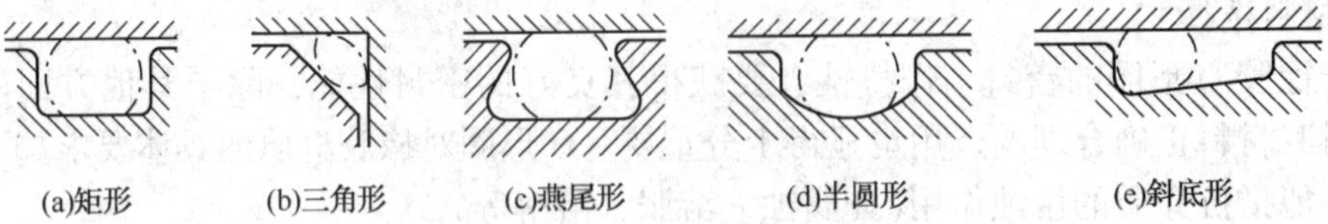

图 5-40　O 形圈装填沟槽形式

矩形槽适用于静密封和各种运动条件的动密封场合。静密封中使用的矩形槽，当流体压力较低时，法兰面和压盖端面上可同时开槽；在流体压力较高时，槽应当开在圆筒上；如果是内压设备，其设计的沟槽外壁直径应与所选用的 O 形圈外径相等，以避免 O 形圈承受拉应力，使密封性能下降和寿命缩短；若是外压设备(如真空装置)，应使沟槽内壁直径与 O

形圈的内径相等，主要是避免在外压作用下 O 形圈产生不规则的变形。

三角形槽尺寸紧凑，容易加工，能获得良好的密封性能，原因是三角形槽能对 O 形圈产生较大的预压缩量，可使 O 形圈几乎完全填满沟槽的空间，使流体不易泄漏。但安装使用后 O 形圈的永久变形大，很难对拆后的密封圈进行重复使用，必须更换，所以，一般仅用于静密封条件。

燕尾槽内安装的 O 形圈不容易产生脱落，适合在特殊位置(如法兰面等)及要求摩擦阻力小的动密封场合安装使用，但其加工费用较其他形式高，一般不常用；半圆形槽一般仅用于旋转轴的密封；斜底形槽一般也少用，主要用于温度变化大、使 O 形圈有较大体积变化的场合，如用于对燃料油有润滑条件的密封。有的时候，在某些场合，为了安装和加工制造的方便，可将矩形沟槽设计成组合形式，如图 5-41 所示。

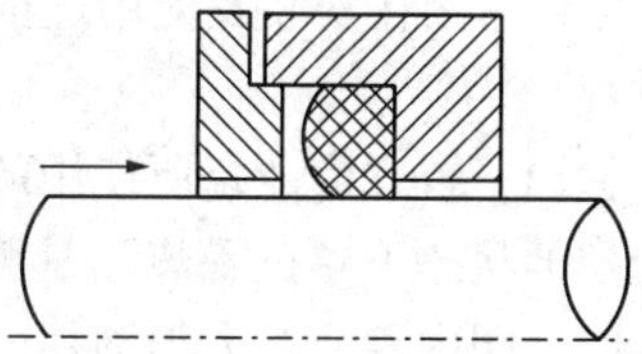

图 5-41　组合式沟槽

(2) 沟槽间隙和挡圈。往复运动的活塞与缸壁之间必须有间隙，其大小与介质工作压力和 O 形圈材料的硬度有关。一般内压越大，间隙越小；硬度越大，间隙越大。

由于间隙的存在，当介质压力过大，超过 O 形圈材料的强度极限之后，将造成 O 形圈的挤出破坏。防止挤出破坏的办法是正确选择胶料硬度及沟槽间隙，或当压力超过一定值时，采取保护用挡圈。挡圈是用比橡胶 O 形圈更硬的材料制成的一种支撑圈，必须有足够的弹性，并在压力作用下产生变形以堵塞间隙。

对于动密封用 O 形圈，当工作压力高于 10MPa 时：如单向受压，就在 O 形圈受压方向的对侧设置一个挡圈[图 5-42(a)]；如双向受压，则在 O 形圈两侧各放一个挡圈[图 5-42(b)]。

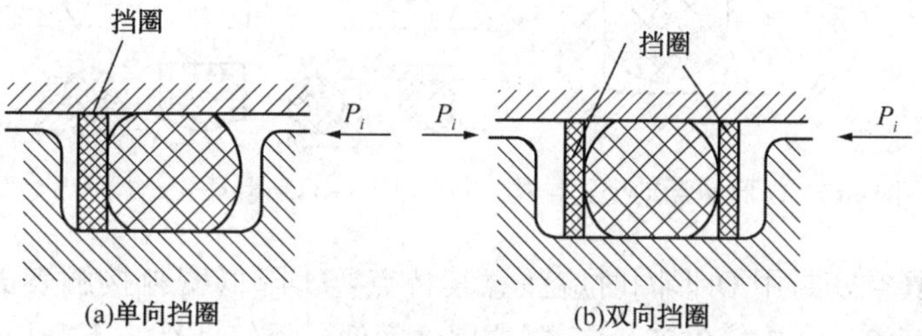

图 5-42　O 形圈的挡圈

对于静密封用的 O 形圈，当工作压力高于 32MPa 时，也需要在 O 形圈受压方向的对侧设置一个挡圈。

O 形圈使用挡圈后，工作压力可以大大提高。静密封压力能提高到 200~700MPa，动密封压力也能提高到 40MPa。

挡圈材料可用聚四氟乙烯塑料、皮革、尼龙、硬橡胶或者金属等。前一种尤其适合于一些尺寸小的挡圈，同时其材料制成的挡圈在动密封的场合使用，应具有非常低的摩擦阻力。对一个挡圈，除上述要求外，使用时还特别要求其不会被压扁或发生蠕变，但这在很大程度上又取决于挡圈与沟槽尺寸配用时，本身的尺寸大小是否恰当；还有就是对挡圈材料的要求，因为它们要与 O 形圈接触，而材料的性能对 O 形圈的寿命有影响，一般来说，类似于黄铜、青铜和铝等的一些软金属，在低压密封装置中是适用的，但应避免将其用在动密封场合。而蒙乃尔合金和不锈钢材料通常也最好避免在O形圈动密封中用作挡圈材料，但在使用中也有些例外。所以，使用时应该注意。

我国对液压用O形橡胶圈及其沟槽结构和尺寸等已制定了系列标准，标准目录参见相关标准。

4）O形圈使用中应注意的问题

O形圈在安装及使用过程的前后，会因种种不当而造成密封失效，因此，必须引起足够重视。

（1）首先应注意所使用的是旋转密封O形圈还是往复密封O形圈。由于旋转O形圈在受拉伸状态下摩擦受热不是膨胀而是收缩，即有焦耳热效应，应考虑采用压缩率较小的O形圈，圈内径应略大于轴径(3%~5%)，以防O形圈旋转。

（2）在需要低摩擦运转下用O形圈时要注意减少O形圈的启动摩擦力。减少O形圈启动摩擦力可以采取下列措施：①采用压缩率较小的O形圈；②采用如图5-43所示的浮动密封，即在沟槽处底部O形圈呈浮动状态，因为浮动密封可使启动摩擦力降低为正常情况的1/5；③采用低摩擦橡胶配方(加入二硫化钼、石墨等减摩剂和润滑剂)，可降低摩擦力；涂敷填充四氟乙烯，橡胶O形圈表面喷涂或包敷聚四氟乙烯；④采用如图5-44所示的滑环式O形圈组合密封；⑤采用燕尾槽形密封圈沟槽；⑥采用三角形截面密封圈；⑦采用楔形截面O形圈挡圈。

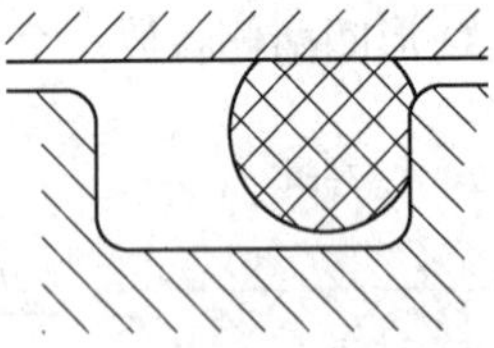

图5-43　O形圈浮动密封结构

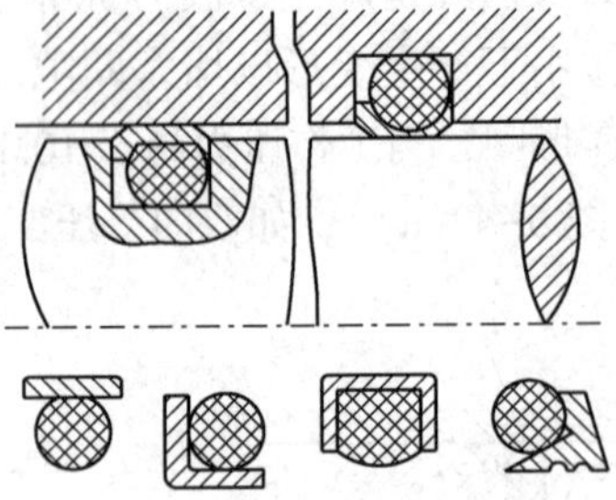

图5-44　滑环式结构

（3）在使用真空密封用O形圈时应注意其特点：①降低密封接触表面粗糙度，密封沟槽的表面也要达到$Ra=0.16\sim0.32\mu m$；要选用硬度低、透气性小、不升华的O形圈材料。

（4）在使用O形圈时应避免发生如下故障失效。

① O形圈的永久变形和弹力消失。O形圈失去密封能力的重要原因是永久变形和弹力消失，往往是由于压缩率和拉伸量大，长时间产生橡胶应力松弛而造成失弹，工作温度高使O形圈产生温度松弛与工作压力高长时间作用而造成永久变形。为此，在设计上应尽量保证O形圈适宜的工作温度，选择适当耐高压、高温、高硬度或低温的O形圈材料。此外，采用增塑剂可以改善O形圈的耐压性能、增强弹性(特别是增加低温下的弹性)。

② O形圈的间隙挤出破坏。O形圈的材质越软，工作压力越高，O形圈间隙挤出的现象就越严重。当压力超过一定限度时，O形圈就会损坏而发生泄漏。为了消除这种故障，注意O形圈的硬度和间隙，必要时可以采用挡圈。

③ O形圈扭转切断。密封沟槽偏心、O形圈截面直径过小且不均匀、润滑不足等，都会使O形圈的局部摩擦过大而造成O形圈扭转。为了防止O形圈扭转切断，可以采取相应

措施，如限制沟槽的偏心度、模具加工和 O 形圈压制保证截面直径均匀、装 O 形圈前涂油脂润滑降低缸壁或杆的表面粗糙度、加大 O 形圈截面直径和采用低摩擦因数的材料做 O 形圈等。

④ O 形圈发生飞边。O 形圈在分模面上留有溢出余胶所形成的飞边是不可避免的，但却影响 O 形圈的密封性。为此，采用 45°分模要比 90°分模好。我国规定飞边高度应小于 0.10mm，厚度小于 0.15mm。此外，可以采用冷冻滚修法、冷冻喷修法或液氮冷冻修边法来修整。

密封装置应适当润滑并设置防尘装置。

O 形圈应保证合适的尺寸精度。为保证 O 形圈的安装质量，应注意如下事项。

① 安装 O 形圈时应具有引入角和导向套，以防 O 形圈被尖角螺纹等锐边切伤或划伤。一般引入角为 15°~30°。在通过外螺纹时应备有薄壁金属导向套。

② 注意 O 形圈挡圈的安装位置，特别是单侧受压力时应将挡圈在朝向压力的对侧。

③ 切勿漏装或装入使用报废的 O 形圈。

O 形圈保管时，应注意如下事项。

① 避免放在阳光直射、潮湿及空气流通的地方，应存放在温度适宜的地方，温度为 0~20℃，湿度为 70%以上。

② 存放在离开加热设备 1m 以外，且不允许有酸、碱的室内。

③ O 形圈应在自由状态下存放，不应加压，以免压缩引起永久变形。

④ 放置 O 形圈的口袋应标有规格、出厂日期。有效期一般为 2~5 年。

O 形圈常见故障、原因与纠正措施如表 5-12 所示。

表 5-12 O 形圈常见故障、原因与纠正措施

故障	原因	纠正措施	备注
O 形圈急剧磨损	活塞杆表面粗糙	降低活塞杆表面粗糙度	密封件的磨损与表面凹凸头部是否光滑有关
	材质不良	选用耐压、耐油、耐温性能好的密封材质	
	密封橡胶硬度与工作压力不适应	采用硬度与工作应力相适应的密封橡胶	工作压力下选用硬度高的橡胶，反之则用硬度低的橡胶
	O 形圈的内径小	选用内径适当的 O 形圈	
	活塞杆表面有伤痕	修补或更换活塞杆	高温修补则需防止活塞杆变形
O 形圈单侧磨损	O 形圈槽的加工有偏心量	车削时，O 形圈槽尽可能与活塞杆的滑动面一次进行加工	尽可能不改变工作时装夹位露
	活塞杆衬套的间隙大，密封件的压缩量不均匀	提高设计和加工质量	
	衬套有偏磨损	避免活塞杆承受径向载荷	O 形圈随着衬套的偏磨而引起偏磨损
	活塞杆局部有伤痕	及时排除伤痕，或更换新活塞杆	如电镀层剥离

续表

故障	原因	纠正措施	备注
O形圈安装时造成伤痕	活塞杆头部螺纹的外径比O形圈内径大	改动活塞杆头部的螺纹	
	活塞杆滑动部分的台肩加工不良	活塞杆上台肩应排除尖角，加工圆滑或采用专门过渡装置	
	扳手槽造成损伤	将扳手槽加工成平缓的无棱斜面	大直径活塞杆无扳手槽而采用钻孔
	O形圈槽的深度过浅，密封圈因压缩量大而损坏	将O形圈槽适当地加深	
	大直径O形圈垂直安排，因自重从上侧下垂，如强行安装，则造成破损	应将O形圈放成水平方向安装	
O形圈被挤出	衬套的间隙大	适当缩小间隙	活塞杆与衬套间隙可由活塞杆倾斜而产生的滑动面压力来调整
	O形圈槽的倒角过大	适当缩小倒角	倒角不允许有毛刺或尖角
	忘记装保护支撑环	解体补装支撑环	衬套与活塞杆之间间隙大时，采用保护支撑环
	O形圈硬度不符合要求	采用硬度适当的O形圈	一般是硬度低的O形圈容易被挤出
	工作压力超过预计值	调节好压力控制阀	
O形圈老化	材质恶化	制造时需加防老化剂，保管和使用时要避免与强光、高温以及氧、水等活性物质接触	存放期不要太长
	材质与工作液性质不合适	选用适应于工作介质的O形圈材质，或采用合适的工作介质	
O形圈无异常现象但产生泄漏	O形圈的槽底直径比规定尺寸大，压缩余量不足	按图施工，加强工序间检查	也可能是衬套有问题
	O形圈槽底夹有杂物	加强工作液的过滤，降低O形圈槽的粗糙度	

3. 橡胶唇形密封圈

1）V形密封圈

（1）工作特性。V形密封圈(简称V形圈)的受压面为唇口，在压力作用下，易与密封面紧密贴合。因此，较挤压型密封圈具有更强的自紧作用。

使用时可根据不同的工作压力，将几个V形圈重叠(图5-45)，重叠个数越多，泄漏量越小，但数量过多，泄漏量的降低并不显著，摩擦阻力反而急剧升高，因此，一般选为3~6个。因所有唇形密封圈都只有单向密封能力。故在双向压力中使用时(如双作用缸)，必须成对装填，分别以唇口朝向压力方向，切勿反装。

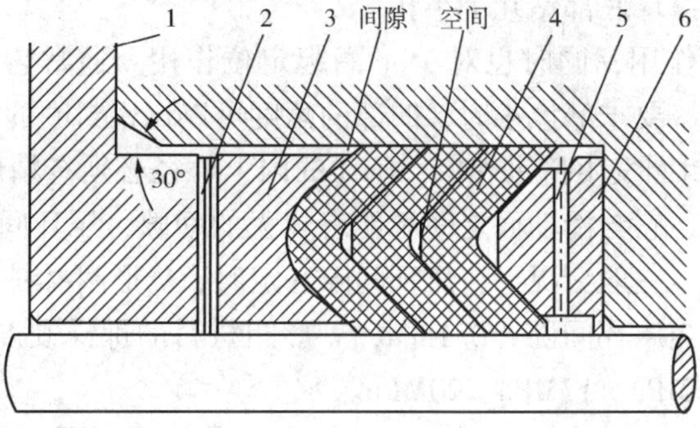

图 5-45　V 形圈

1—压盖；2—调节垫；3—压环；4—V 形圈；5—连通孔；6—撑环

使用一段时间后，由于密封圈的磨损或变形而产生泄漏时，可增加密封圈，增加压紧力来消除泄漏。

V 形圈既可密封缸的内表面(如活塞密封)，也可密封轴杆的外表面(如活塞杆密封圈)。

(2) 使用注意事项。为保证 V 形圈达到良好的密封效果，在使用中应注意以下事项。

考虑偏心载荷对 V 形圈的影响。通常情况下，V 形圈对较小的偏心载荷不敏感，运转中轴有稍微振动或偏摆对其密封性影响不大，但因为 V 形圈本身承受径向载荷的能力有限，如果偏摆等因素引起的径向载荷过大，则势必增加 V 形圈的偏磨，且影响密封圈的密封性能，此时应把密封机构布置在轴承附近，以减小轴偏心对密封圈的影响。在有较大的径向载荷影响时，还可通过安装塑料或软金属材料的导向环来承受此作用，以减小偏磨对密封圈的影响，如图 5-46 所示。

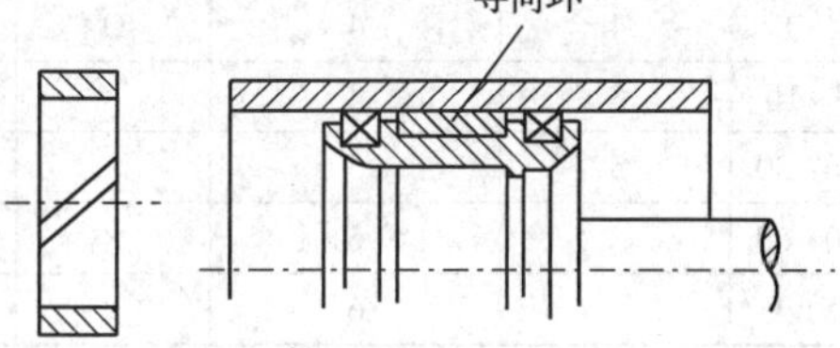

图 5-46　导向环及沟槽

导向环半径方向厚度为 2~3mm；长径比为 1/4~1/3。

如图 5-47 所示，V 形圈一般需与压环、撑环成套安装，并且安装在撑环凸面和压环凹面之间，并用压盖压紧。也可在安装 V 形圈的沟槽两侧加工出压环和撑环的外形轮廓来替代。

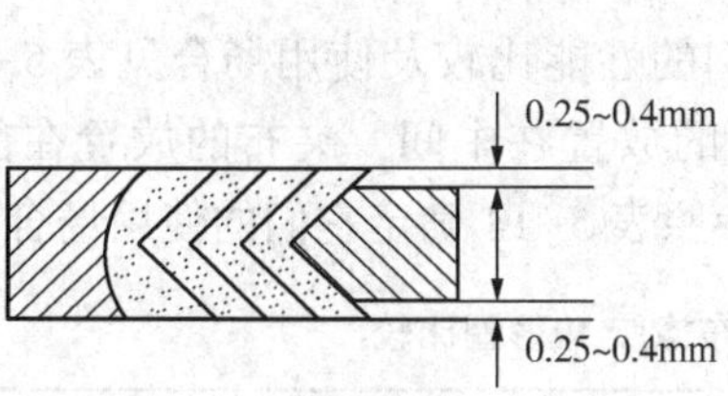

(a)撑环的间隙

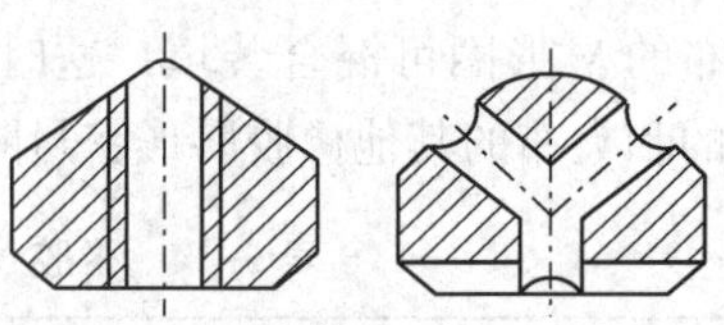

(b)撑环的连通孔

图 5-47　压环、撑环结构及间隙

撑环对 V 形圈的位置起决定性作用，同时维护唇的机能，因此它的形状和尺寸精度直接影响唇的工作，为此必须对它精加工，并与密封圈同角度。为了充分发挥唇的功能，且考虑到 V 形圈的膨胀及膨胀以后仍有效地工作，其外径应小于唇的外径，内径应大于唇的内径，其间各有 0. 25~0. 40mm 的间隙，如图 5-47(a)所示。

当需要 V 形圈的内、外唇同时起密封作用时，应在撑环上开几个连通孔[图 5-47(b)]，使作用在内、外唇上的压力相等，此外 V 形圈顶端的小圆弧形槽安装时夹有空气，工作时应设法排除，方法是在撑环底部钻几个小孔。

压环起调节压力的作用，同时也对V形圈起定位作用。通常它的凹部与填料同角度，也需精加工。当内压低、要求摩擦小时，凹部的角度可以比密封圈的角度大一些，其角度最大可到96°。为防止密封圈发生挤出现象，压环的内、外径必须有精确的尺寸，并取一定数值的配合。与撑环不同，它与滑动面之间不能有较大的间隙，压环间隙根据压力、速度、V形圈硬度等因素来确定。一般情况下，压环间隙一定时，V形圈材料硬度值与其能承受的介质压力高低成正比。如当压环间隙≥0. 1mm，V形圈材料的邵氏硬度为70、80、90时，其能承受的压力分别为15MPa、17MPa、20MPa。

在高压场合，用多个V形圈重叠装填。此时既要使泄漏量尽可能低，又不使摩擦阻力过高，这两个方面均需兼顾。V形圈装填数量过多，对降低泄漏量的作用不显著，反而使摩擦阻力急剧上升。当多个V形圈重叠装填时，在各个V形圈之间，可使用隔环来改善密封面的润滑。V形圈装填数量与压环、撑环及隔环材料可按表5-13选取。

表5-13　V形圈装数量与压环、撑环及隔环材料

压力/MPa	装填数量		压环、撑环材料						隔环材料	
	橡胶V形圈	夹布橡胶v形圈	酚醛塑料	夹布橡胶	锡青铜	铝青铜	不锈钢	酚醛塑料	硬铝	锡青铜
<4	3	3	O	O	O	O	△	O	O	O
4~8	4	4	O	O	O	O	△	O	O	O
8~16	5	4	×	O	O	O	△	×	O	O
16~30	5	5	×	△	O	O	O	×	O	O
30~60		6	×	×	△	◎	O	×	△	O
>60		6	×	×	×	◎	O	×	△	O

注：1. 压力>60MPa后，增加V形圈数量无明显效果，使用隔环效果较好。

2. 符号说明：◎最合适；O合适；△考虑其他使用条件后选用；×不可用。

V形圈仅能密封单向介质压力。装填时，应使V形圈的两唇部朝着压力方向。对双向介质压力，V形圈应装填两组，分别密封各自对应方向的介质压力。

必要时可对V形圈密封给予补充润滑。

橡胶V形圈分为非夹布的和夹布的两类，它们的性能比较及使用场合见表5-14。非夹布的及夹布的V形圈可混合装填，这时把非夹布的放置在中间，夹布的放置在前后两侧。对非夹布的和夹布的其他橡胶唇形密封圈，亦可参照表5-14确定它们的使用场合。

表5-14　橡胶V形圈及夹布橡胶V形圈比较

V形圈材料		橡胶	夹布橡胶	备注
介质	气体	◎	△	需用引入润滑剂
	液体	◎	◎	
压力/MPa	0~8	◎	◎	
	8~16	O	◎	需注意橡胶V形圈挤出破坏
	16~30	△	◎	注意橡胶V形圈挤出破坏，尽量减少压环间隙
	3~60	×	O	最好使用隔环
	>60	×	O	使用隔环

续表

V 形圈材料			橡胶	夹布橡胶	备注
速度/(m/s)	旋转	<0.05	O	O	
		>0.05	×或 O	×或 O	如冷却和润滑充分，则可用
	往复	<0.05	◎	◎	
		0.05~0.1	O	◎	
		0.1~0.5	△	O	介质黏度大时，泄漏量增加
		>0.5	△	O	使用隔环，考虑冷却
其他特征		抗挤出破坏	弱	强	在高速、高压时要特别注意
		间隙	尽量减小	减小	
		摩擦阻力	中等偏大	较大	
		耐磨性	优	优	
		耐冲击性	差~好	优	
		轴容许偏心量	很好	小	
		承受径向载荷	弱	尚强	
		材料种类	范围广	大体限定	

注：1. 符号说明同表 5-13。

2. 选用的判断：在压力、速度两项使用条件中，若一项是△，另一项是 O 或◎，则可用；若两项都是△，则不可用。

3. 表中所列压力数值，指压力脉动较小的场合，如压力脉动大，会使用条件苛刻的数倍。

V 形圈允许剖切使用。每个圈的切口只允许有一个，成 45°夹角斜切。各个圈的切口应错位 90°~180°装填。

轴或缸壁的表面质量(包括精度、表面粗糙度、硬度、耐腐蚀能力等)对 V 形圈密封寿命影响很大。条件允许时，应把它们的表面质量适当提高，表面粗糙度一般为 $Ra1.6\mu m$。高压、高速条件下的轴杆表面硬度不得低于 60HRC。

为避免 V 形圈唇部受到伤害，凡是装填途径上可能触及的台肩，填料函端面圆孔及轴肩等进行倒角或倒圆[图 5-48(a)]；必要时，可使用带有圆滑导锥的专用套筒进行装填[图 5-48(b)]。

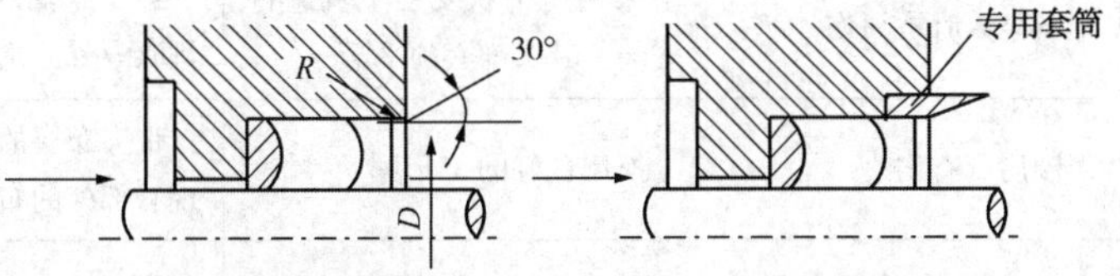

(a)倒角或倒圆　(b)专用套筒

图 5-48　填料函的结构设计

在结构设计上，应尽可能避免 V 形圈装填途径上触及螺纹、键槽、径向孔等。必要时用薄铜皮包裹遮盖螺纹进行装填。

V 形圈常见故障、原因与纠正措施如表 5-15 所示。

表 5-15　V 形圈和 U 形圈常见故障、原因与纠正措施

故障	原因	纠正措施	备注
V 形圈磨损大	活塞杆表面粗糙	降低活塞杆表面粗糙度	与其他密封相比，它对有接触的零件表面可粗糙些，磨损后 V 形圈的自紧作用可以补偿
	V 形圈的自紧作用	调整自紧程度	
	油缸的工作时间长，往复次数多	不开或减少开空车	
	材质选用不当	根据活塞的往复速度和工作压力，正确选用密封圈材质	V 形圈根据其硬度和是否有夹布层，采用不同的使用方法
	活塞杆有伤痕	修补或更换活塞杆	高温修补，需防止变形
	压紧件的角度大	把压紧件的角度加工到符合要求	压紧件角度大时，密封圈伸展余量大，磨损加剧
	衬套磨损大，助长了密封圈的磨损	选用良好的衬套材质，加强润滑工作	
	压紧件有别劲处，使 V 形圈的锁紧力增大	解体检查	
	工作介质无润滑性，V 形圈的滑动阻力大	应避免 V 形圈承受横向载荷，其锁紧力应控制在允许稍有泄漏的程度	滑动阻力增大可能引起密封圈滑动，导致锁紧力过大
V 形圈偏磨损	衬套的间隙过太，活塞杆承受的横向载荷都集中在 V 形圈上	将 V 形圈摆在适当部位，不使其承受偏向载荷	活塞杆挠曲，常引起衬套别劲，而发生偏向载荷
	活塞杆划伤	消除活塞杆上局部伤痕	
V 形圈划伤	安装程序有误	应避免采用先将密封件装入填料箱，再将活塞杆穿过去的办法	发现安装程序有误，应返工，不能强行安装
	V 形圈装入时被划伤	采用压勺状安装工具进行安装，其头部必须平滑	装 V 形圈时，唇部先过去，如不排除空气，难以装进
	V 形圈唇部有伤痕	换用良好的 V 形圈	带夹布层的 V 形圈在成型时常出现唇部处的布层外露
V 形圈损坏	密封圈发生开裂	带夹布层的 V 形圈在成型时要有良好的加工合成橡胶圈；避免异常高压或避免锁紧力过大	常在 V 形槽底部开裂
	锁紧力过大或工作压力过高	采取避免的措施，如调整压紧件、调整压力控制阀等	此工况下常引起丁腈橡胶圈结块炭化，有时竟完全失去弹性

续表

故障	原因	纠正措施	备注
V 形圈老化	V 形圈发生龟裂、变硬、发脆	制品中加入防老化剂，采取防老化措施，如避免高温、高压、强光，缩短保管期，避免与氧、水等活性物质接触	
凹形压紧环损坏	凹形压紧环槽底裂纹	按照压力和密封件材质的不同，综合考虑适当加大槽底半径或加大槽到压紧环底面的距离	当加压力时，环形压紧环上作用有均布载荷，对槽底起撕裂作用
	V 形角被撑开，唇部发生磨损	改变凹形压紧环的材质；多采用黄铜，在特殊情况下可用钢材	在高压下，V 形槽的头部承受不住均匀载荷，形成弯曲应力而撑开，与活塞杆摩擦
	由于受到滑动阻力作用而发生异常磨损	设计合适的密封结构，即使衬套磨损，也不至于影响到压紧环	
外观上没有异常现象但发生泄漏	V 形圈的锁紧力不足	排除压板不能压到规定位置的因素：如螺纹不完整，螺纹长度不够、螺纹孔攻螺纹过浅等	V 形圈对其接触面的压力不足，则附着在活塞杆上并被带出的油增多
	填料箱的内径尺寸过大，而 V 形圈的外形张力不足	扩大轴封箱内孔并加衬套，以减少内径，或重新设计	要保证 V 形圈对轴封箱内表面有一定的压紧力，否则工作流体会浸渗出来
	V 形圈装反	安装留心，多检查	安装 V 形圈时，因空气堵在里面，常使密封圈唇部外翻
	压紧环的角度小	适当加大其角度	压紧环角度过小，V 形环的唇部不能张开
U 形圈的泄漏	与 V 形圈大致相同	与 V 形圈大致相同	与 V 形圈大致相同
其他原因造成的泄漏	忘记装密封圈	加强工作责任心	
	衬套材质不良	选用适应工作介质的材质作衬套	

2）橡胶 U 形圈

橡胶 U 形圈有圆底和平底之分（图 5-49），圆底 U 形圈的材质有橡胶、夹布橡胶和牛皮等；而平底 U 形圈是用夹布橡胶制成的，它有较低的摩擦力和较高的耐磨性，强度和寿命均比橡胶、牛皮高。

U 形圈的密封作用主要靠液体压力把它的唇边紧压在运动件的表面上，随着运动速度的增加，密封能力有所下降。这是由于密封圈横截面形状恢复能力较差，造成密封不易填充在工作表面的微小低凹处所致。随着液体的压力增高将有所改善。

橡胶 U 形圈使用的基本特点如下。

(1) 可单个使用，不用压环，撑环可用亦可不用，尺寸较紧凑，摩擦阻力较低。

(2) U 形圈除唇部工作面的磨耗外，兼有一种特殊磨损形式，即根部磨损，如图 5-50(a)所示。在压力较高时，为减轻 U 形圈的这种磨损，可采用塑料或金属对其根部增强，如图 5-50(b)所示；或采用带有弹性体 O 形圈的改良型 U 形圈，以补偿其密封唇部的磨损，改善初始密封效果，其主要用于静密封或旋转轴运动的密封，如图 5-50(c)所示。

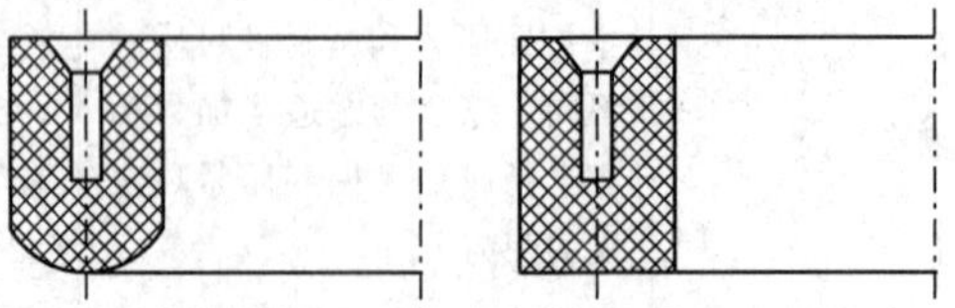

(a)圆底　　(b)平底

图 5-49　U 形密封圈

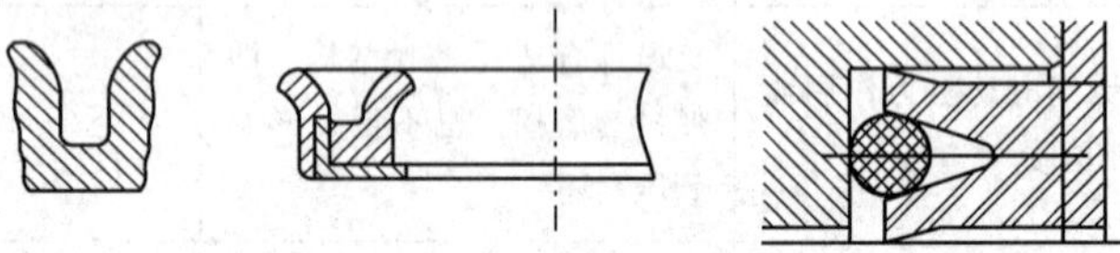

(a)根部磨损　　(b)根部增强　　(c)唇部增强

图 5-50　U 形圈根部磨损及增强

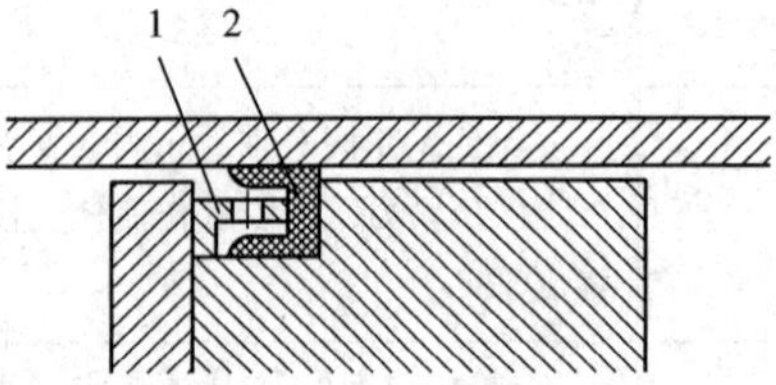

图 5-51　采用 L 形撑环

1—L 形撑环；2—V 形圈

(3) 撑环及挡圈的使用。U 形圈用于往复动密封时(如活塞与缸之间)，常常使用 L 形撑环，如图 5-51 所示，其不但能消除回程压力，又能防止 U 形圈被压坏或产生扭曲，还能保持 U 形圈的工作位置不变。当工作压力较高时，为防止密封圈被挤出破坏，除相应地减小沟槽根侧间隙外，还可在密封圈根侧底部的沟槽内设置挡圈(与 O 形圈时相似)。

(4) 同 V 形圈安装一样，必要时，安装 U 形圈也可使用导向环。目的也是减轻径向载荷对密封圈的偏磨。导向环尺寸要求与 V 形圈的一样，结构形式如图 5-46 所示。装填导向环的沟槽外径根据 U 形圈尺寸而定，沟槽内径及公差等于导向环的内径和公差，沟槽长度等于导向环长度，沟槽两侧的半径间隙一般为 0.25~0.40mm。

(5) 沟槽尺寸的确定。安装 U 形圈的沟槽内、外壁直径以 U 形圈的公称尺寸确定；沟槽轴向长度应大于 U 形圈高度 1.5~3mm；而沟槽的根侧径向间隙(密封圈根侧的沟槽外壁与壳体密封面之间)一般按 H8/f8 或 H9/d9 配合间隙确定，沟槽的唇侧径向间隙(密封圈唇侧的沟槽外壁与壳体密封面之间)则为：当 U 形圈公称内径分别为小于 30mm、30~80mm 及大于 80mm 时，沟槽唇侧径向间隙分别取 1mm、1.5mm 和 2mm。

(6) 在 U 形密封圈的空气侧安装防尘密封，以提高工作寿命。

(7) U 形圈的安装有时需用专用圆滑导锥。

(8) 其余参见 V 形圈使用的有关内容。橡胶 U 形圈及夹布橡胶 U 形圈的尺寸规格可查阅相关标准，标准目录参见附录。

3）橡胶 Y 形密封圈（以下称 Y 形圈）

橡胶 Y 形圈包括两个唇等长度的 Y 形圈及两个唇一长一短的 YX 形圈。橡胶 Y 形圈及橡胶 YX 形圈（以下称 YX 形圈）主要用作压力在 32MPa 以下的往复密封。

Y 形密封圈的使用特点如下：

（1）Y 形圈及 YX 形圈结构上的特点是具有一个柄状的根部，可视为用 U 形圈附加一柄状根部而成，增高了密封圈的高度（YX 形圈高度可达径向厚度的 2 倍），提高了根部抗磨损能力和避免在装填沟槽中翻滚扭曲，使装填位置及工作性能均能稳定。以柄状根部代替压环，简化了结构，方便了装填。

YX 形圈可视为 Y 形圈的改进形式，把等长的双唇，改为长短唇，在往复运动中，YX 形圈在沟槽内作正常的小量窜动时，它以根部或长唇抵紧沟槽侧壁，保护了短唇（工作唇）不被沟槽间隙咬伤。

（2）YX 形圈仅有一个工作唇（短唇），根据唇在外径或内径的位置可分为孔用或轴用两类，两者不可互换。Y 形圈有两个工作唇，孔或轴密封通用。

（3）往复气动专用 Y 形圈在润滑充分和滑动表面光滑的条件下使用时，其寿命很长。

（4）安装密封圈的沟槽长度一般比所用的 Y 形圈或 YX 形圈的高度大 0.5～2mm；沟槽的根侧径向间隙及唇侧径向间隙，都需按 H8/f8 或 H9/f9 确定；而沟槽的内壁与外壁直径，则分别根据所用的 Y 形圈或 YX 形圈的公称外径或公称内径确定。一般，沟槽内壁直径公差按 d10 选定，外壁直径公差选为 H10。

（5）在滑动速度高、工作脉动压力大的条件下使用 Y 形圈时，应使用 L 形撑环。可参见上面 U 形圈的相关内容。

（6）其余参见 U 形圈使用的有关内容。橡胶 Y 形圈及 YX 形圈的尺寸规格可查阅相关标准。

4）橡胶 L 形密封圈及 J 形密封圈（以下称 L 形圈及 J 形圈）

橡胶 L 形圈及橡胶 J 形圈主要用于工作压力小于 1MPa 以下的往复运动密封。J 形圈还可用于低压条件的旋转运动密封。

L 形圈及 J 形圈使用特点是：

（1）与 YX 形圈一样，L 形圈和 J 形圈也只有一个工作唇，L 形圈仅用于密封孔，J 形圈仅用于密封轴。它们一般都在密封直径较小的场合下使用。

（2）L 形圈与 J 形圈的抗挤出破坏能力比较强，因此，沟槽间隙尺寸可稍大些。但其有根部磨损的破坏形式存在，如图 5-52 所示。

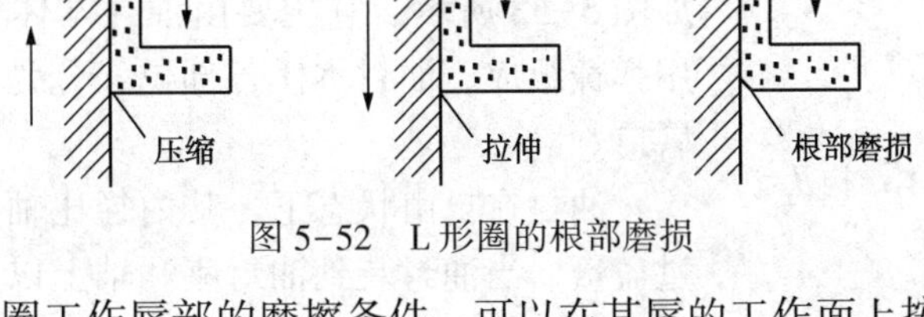

图 5-52　L 形圈的根部磨损

（3）为改善 L 形圈工作唇部的摩擦条件，可以在其唇的工作面上按相应的设计要求加工出润滑沟槽。

（4）安装L形圈和J形圈时，应对其环垫部分夹紧，以防止介质在此处产生泄漏。工作时，密封圈接触介质后可能有溶胀现象，特别是其唇部的非工作面的溶胀，它需要有相应的沟槽空间容纳，所以，安装时需要考虑。

（5）其他情况参见V形圈、U形圈的有关内容。橡胶L形圈及橡胶J形圈的尺寸规格可查阅相关标准。

4. 塑料密封圈及皮革密封圈

（1）塑料密封圈。在石油、化工、机械等行业中，当温度较低或较高、压力较高、腐蚀性较强时，不能使用橡胶密封圈。这时，可考虑选用塑料密封圈。

塑料密封圈的形式有O形、V形及楔形，材料有聚四氟乙烯、尼龙、聚乙烯、聚氯乙烯等。成型方法主要是车削或模压成型。塑料密封圈弹性不如橡胶圈，且热膨胀系数大(聚四氟乙烯约为钢的7倍以上)，导热能力亦差(聚四氟乙烯约为钢的3/1000)，作为成型填料材料不如橡胶、皮革等适宜。但因它在其他方面具有优良的特性，仍然可在某些场合中作为唇形密封圈应用。以聚四氟乙烯为例，它具有优异的化学稳定性、耐溶胀性和自润滑性、较好的耐热耐寒性、极低的摩擦因数等优点。其工作压力可达32MPa以上，工作温度-100~250℃，密封面线速度3m/s。

（2）皮革密封圈。皮革密封圈一般由丹宁革、铬革或混合革制造，皮革是做密封圈最古老的材料，它有良好的韧性和耐磨性，对于油和水有一定浸润性，所以在油、水中工作时有良好的润滑作用，使用寿命长，且耐高压。另外，皮革密封圈还能用于轴表面粗糙度和精度较差的环境中。皮革密封圈的缺点是当工作温度极限低，在高温热油中易变形变质，皮革密封圈弹力性较差，有时需采取补充弹力措施。

皮革仅适宜制作唇形密封圈。皮革唇形密封在必要时采用橡胶垫、菊花形板簧、钢丝圈补充弹力。皮革密封圈适宜于压力<100MPa，温度-70~100℃的油、水和空气中使用。

5.2.2 油封

油封即润滑油的密封，多在润滑油系统中作为油泵的轴承密封。其功能是把油腔与外界隔离，对内封油，对外防尘；它有时也可以用来密封水或其他弱腐蚀性介质和作为低压往复杆或摇动球面的密封件。油封实际上也是一种唇形密封，又称为旋转轴唇形密封圈，因与其他唇形密封相比，有其明显的特点，且品种规格繁多而另列为一类。

1. 油封的基本结构及工作原理

油封的密封圈都是由各种合成橡胶制成，其基本结构如图5-53所示。它主要由油封本体、加强用骨架及自紧用弹簧组成。油封本体各部位又分为底部、腰部、冠部和唇口。

油封在自由状态下，其内径比轴径小，即具有一定的过盈量。当油封装到油封座和轴上以后，即使没有弹簧也有一定的径向力作用在轴上。为了保证密封的可靠性，减

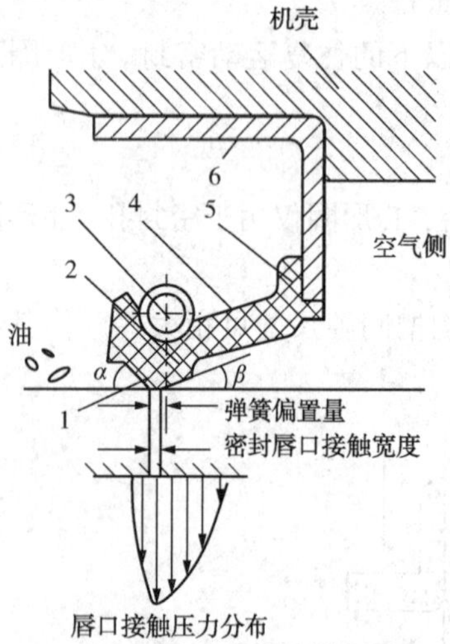

图5-53　油封的基本结构及接触压力分布

1—唇口；2—冠部；3—弹簧；4—腰部；5—底部；6—骨架

少或者弥补因轴在运转时产生的振动而造成的唇口与轴颈产生的局部间隙，在油封冠部的上方，加装一个弹簧。依靠弹簧对轴的抱紧力来克服轴在旋转状态下，因振摆、跳动所造成的间隙，使油封的唇口能始终紧贴于轴的表面。因此，油封能以较小的径向力获得良好的密封效果。

油封与其他唇状密封不同，因为它具有回弹能力更大的密封唇部，密封面接触宽度很窄(<0.5mm)，而且接触压力的分布图形呈尖角形(图 5-53)。径向力大小并不是油封结构最佳设计方案的唯一因素；径向力分布应保证有“峰值”状态，且尖峰越锐，密封效果越好。最理想的情况应当是，尽量采用最小的径向力而得到最尖锐的“峰值”压力分布，以获得最佳的密封效果。

油封的工作原理，目前比较普遍地认为是油封唇口与轴接触面之间存在着一层很薄的黏附油膜的结果，如图 5-54 所示。这层油膜的存在一方面起到密封流体介质的作用，另一方面还可以起到唇与轴之间的润滑作用。但是油封在使用过程中，由于油封唇的作用，轴表面及转动情况和密封介质性质的不同，以及三者的相互作用和相互配合条件是经常会发生变化的，所以在轴旋转的动态过程中，油膜的厚度也在不断变化，其变动量一般在 20%～50%。油膜过厚，容易泄漏；油膜过薄，则会导致干摩擦。

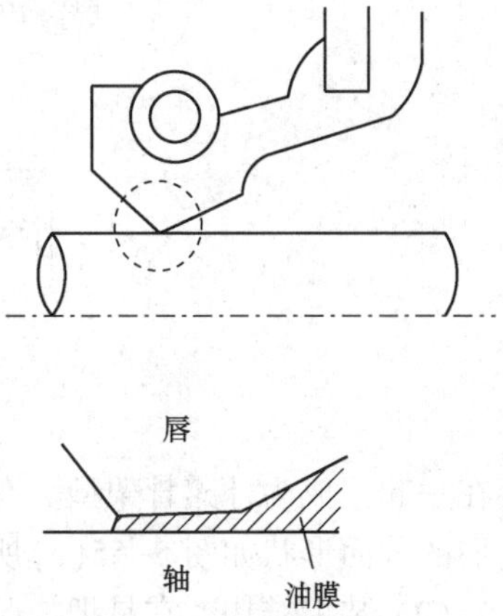

图 5-54 油封唇口的油膜

油膜厚度变化的原因是维持油膜存在的表面张力在不断波动。当表面张力大于某一定值时，油膜将破裂，密封失效。油膜的表面张力与油的黏度、运动速度等因素有关。油封工作时最理想的油膜厚度，即临界膜厚的形成与保持，与油封对轴径向力的大小及其分布状况直接有关。最理想的情况是：油封密封副的滑移面，始终保持临界润滑状态，即保持“临界油膜厚度”。

2. 油封的特点及类型

油封一般以橡胶为主体材料，有的带金属骨架和弹簧。其结构简单、尺寸紧凑、装卸容易、成本低廉。对工作环境条件及维护保养的要求不苛刻，密封性能较好，适宜大批量生产。油封广泛地应用在起重运输机械、工程矿山机械、船舶、飞机、机床及多种油压装置上。它通常的工作范围是：工作压力，普通油封一般不超过 0.05MPa，耐压油封国外可达 10MPa，国内产品为 1～3MPa；密封面线速度，低速型<4m/s，高速型 4～15m/s；工作温度范围为-40～120℃(与橡胶种类有关)；适用介质为油品、水、弱腐蚀性介质；寿命约为半年。

油封的类型很多，按工作原理分为普通型及流体动压型油封；按允许工作线速度分为低速型及高速型油封；按材质分为橡胶油封、皮革油封及塑料油封；按结构形式分为粘接结构、装配结构、骨架结构和全胶结构油封；按唇口密闭方向分为内向油封、外向油封(或称封孔油封)、端面油封；还有断面形状特殊的各种异型油封。具有不同特点，且用于不同场合的油封类型多达二十几种。其中，以骨架式有簧橡胶油封应用最广，为常用的油封类型。图 5-55 所示为油封的不同结构形式。

(1) 粘接结构。这种结构的特点在于橡胶部分和金属骨架可以分别加工制造，再用胶粘

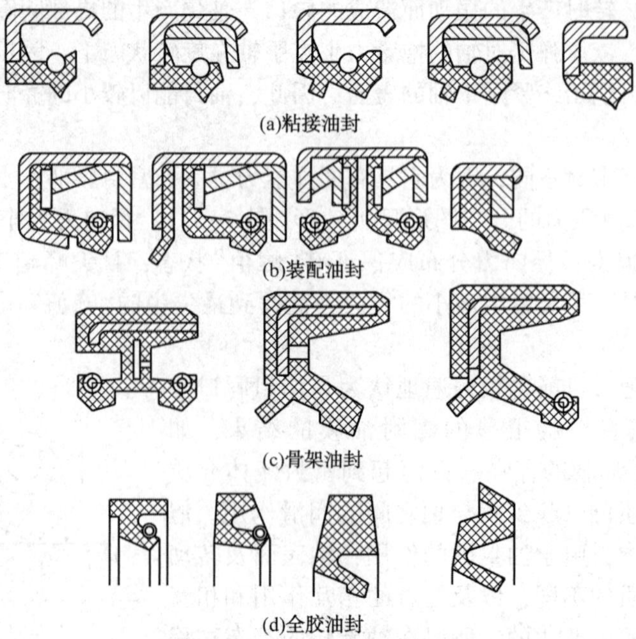

图 5-55　油封结构形式

接在一起，成为外露骨架型。有制造简单、价格便宜等优点。美、日等国多采用此种结构。它们的截面形状如图 5-55(a)所示。

(2) 装配结构。它是把橡胶唇部、金属骨架和弹簧圈三者装配起来而组成油封[图 5-55(b)]，由内外骨架把橡胶唇部夹紧。通常还有一挡板，以防弹簧脱出。

(3) 橡胶包骨架结构。它是把冲压好的金属骨架包在橡胶之中，成为内包骨架型[图 5-55(c)]油封。其制造工艺较为复杂一些，但刚度好，易装配，且钢板材料要求不高。

(4) 全胶油封这种油封无骨架，有的甚至无弹簧，整体由橡胶模压成型[图 5-55(d)]。其特点是刚度差，易产生塑性变形。但是它可以切口使用，这对于不能从轴端装入而又必须用油封的部位是仅有的一种形式。

中国常用油封的结构形式与尺寸规格可参阅相关标准，标准目录参见附录。

3. 油封的主要性能参数

要使油封在理想状态下工作，既要使油封的泄漏量少，又要使其磨损量小，工作寿命长，就要使油封对于轴有足够的径向箍紧力和对轴偏心有较好的追随补偿性，同时使唇口与轴的接触面处于良好的润滑状态。

(1) 唇口比压。唇口比压是指在单位圆周上的油封唇口对轴的箍紧力，它是表征唇口摩擦面上线接触应力大小的重要特性参数，对于唇口摩擦工况及密封寿命有直接影响。必须有足够的唇口比压，才能获得密封效果；但唇口比压过大，唇口把轴箍得过紧，会使摩擦面上的油膜遭到破坏，油封的寿命将会大大缩短。因此必须将油封的唇口比压控制在适当的范围内，其常用数值，根据经验推荐：低速型为 150~220N/m；高速型为 95~130N/m。

(2) 过盈量。油封的过盈量是指在自由状态(未装弹簧)时唇口直径与轴径之差。过盈量可产生一部分径向比压，并能补偿轴的偏心，过盈量过小会降低密封性，过大会产生大量的摩擦热，从而引起橡胶材料的焦耳热效应，加速唇口老化龟裂。这对高速型油封更加明显。一般应根据使用条件确定适当的过盈量，通常为0.2~0.5mm。油封形式及轴径的不同过盈量的取值也不同，轴径大而无簧时，选大过盈量；轴径小而无簧时，可选稍大过盈量；低速型选用稍小值；高速型选取小值。

（3）弹簧的工作载荷。弹簧的工作载荷主要取决于密封介质的压差，当压差小于0.1MPa时，可不必设置弹簧，采用无弹簧型油封。由于油封在运转中唇部胶料会因摩擦发热而软化，增大热变形及磨损，造成应力松弛。单靠唇口的过盈和弹性变形难以保证足够的唇口径向力，所以当密封介质压力大于0.1MPa，便需加设弹簧来维持一定的径向压力，使油膜稳定，且对轴的偏心能起到一定的补偿作用。对于有弹簧的油封，由弹簧产生的径向力约占整个径向力的60%，说明弹簧力的大小对油封的密封性有很大的影响。

（4）唇口结构尺寸。为了使唇口径向接触压力呈尖角形分布，减小唇口摩擦热的产生，有利于润滑油膜的稳定，油封唇口应与轴呈线接触状态。密封唇口接触宽度典型值为0.1~0.15mm，经500~1000h的跑合运转后，接触宽度增至0.2~0.3mm。在含磨粒性的介质环境中，接触宽度可能进一步增加至0.5~0.7mm，甚至更多。如果密封介质的压力增大，则唇口的接触面宽度应适当增大。

为了使油封获得良好的密封效果，油侧的接触角 $a=40°\sim60°$，空气侧的接触角口 $\beta=20°\sim35°$，弹簧中心与密封唇口中心要有一轴向偏置量，其值一般为0.4~0.7mm，弹簧偏向腰部侧(见图5-53)。

4. 油封的使用

油封的合理选用(包括材质和形式)和正确安装，是保证油封密封性能的重要因素。

1）油封的选用

制作油封的主要材质是橡胶，常用的是丁腈橡胶、聚氨酯橡胶、丙烯酸酯橡胶。其他还用到氟橡胶、硅橡胶、聚四氟乙烯塑料等。应根据工作温度、线速度(轴转速)等条件对油封材质进行选择。

油封形式的主要选择依据是：主机的工作特性，工作条件与环境，介质性质。另外还需考虑材料来源及成本费用等。

2）油封的安装

（1）安装前的检查与清理。根据具体的所需密封部位的工况，包括介质性质等，检查油封胶料与结构的选择是否合适。轴径应等于油封的公称内径，公差按f9选取，表面粗糙度为 $R_a0.2\sim0.6\mu m$，一般 $\leqslant R_a0.8\sim1.6\mu m$；轴表面宜淬硬或镀铬，表面硬度要求达到30~50HRC，壳体上的装填孔等于油封公称外径，公差按H8选取，表面粗糙度约为 $R_a3.2\mu m$，装填孔与轴的同轴度应<0.1mm。清理工作主要包括清洗与被安装件的合理归位等，这与其他密封装置的安装要求相似。

（2）油封的安装。安装时，油封可能触及的轴肩，或安装孔的端面等应加工成倒角或倒圆，即加工成圆滑导锥结构，否则，需另外使用加工有圆滑导锥的套筒协助装填。

油封唇口可能接触轴的键槽、螺纹等，应包裹薄铜皮后，让油封顺利通过。对安装油封的孔壁，应尽可能避免开孔或槽，以免损伤油封外圆面。对于装填孔壁上必须开的孔或槽应尽可能径向开设，且需避免触及油封的外圆面。

为防止油封在油压作用下发生位移，可采用在油封座孔后端装设挡环，或直接做出台肩。

油封前后压差>0.05MPa时，需用垫圈支撑增强(图5-56)。油封用于圆锥滚柱轴承部位时，应在轴承外径处钻减压孔(图5-57)。

在通常情况下，不能装设挡油器、甩油环等，避免阻挡润滑油液流入油封部位。但若有激溅油流冲刷油封时，则油封前应装设挡油环(图5-58)或选用带挡油片的异型油封。

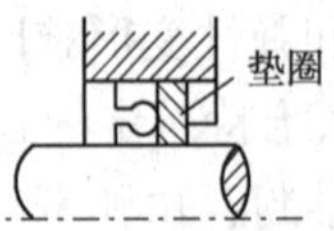

图5-56　支撑垫圈增强

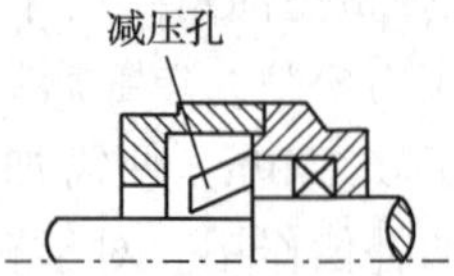

图5-57　带加压孔的轴承座

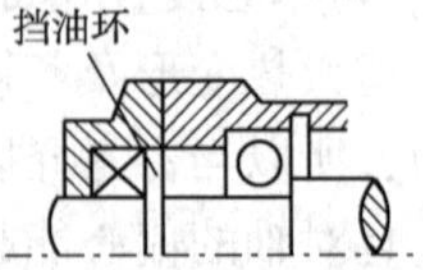

图5-58　挡油环的安装

轴的终加工痕迹尽可能不呈螺纹状。避免与油封唇口共同产生泵送效应而影响密封性能。

3）油封常见故障、原因及排除方法

对油封密封性能的影响因素很多，它们可能引起油封的故障。因此，在油封的保存、选型、安装、使用等诸多方面必须十分地重视。油封常见故障、原因与纠正措施见表5-16。

表5-16　油封常见故障、原因与纠正措施

故障	原因	纠正措施	
油封不良	唇口不良，早期泄漏	制造质量差，唇口有毛刺或缺陷	去除毛刺或更换油封
	弹簧质量不好或失效，早期泄漏	制造质量差	更换油封弹簧
	径向压力过小，早期泄漏	弹簧过松，抱紧力太小	调整油封质量
装配不良	唇口有明显伤痕，早期泄漏	装配时油封通过键槽或螺纹，划伤唇口	更换油封，重新装油封时，要用护套保护油封唇口
	油封呈蝶状变形	油封安装工具使用不当	正确使用油封安装工具
	油封唇口装反，方向侧转或弹簧脱落，发生泄漏	轴端倒角不合适，粗糙度过大或装配用劲过大使油封唇部翻转或弹簧脱落	用细砂纸打磨轴端侧角，涂覆油脂，小心安装
	油封唇部与轴表面涂敷油脂过多，早期泄漏	装配时，油封唇部与轴表面涂敷油脂过多	待轴运转一定时间后，油脂即可减少而恢复正常工作
唇口磨损	润滑不良，唇口工作面磨损严重，宽度超过1/3以上呈现无光泽	润滑不良，唇口发生干摩擦	保证润滑
	轴表面较粗糙，唇口磨损严重，早期泄漏	轴表面粗糙度 $Ra >$ 0.32~0.63μm	降低轴表面粗糙度 $Ra \leq$ 0.32~0.63μm
	润滑油含有灰尘、杂质或无防尘装置，灰尘异物等侵入	用油不洁净、液压系统太脏；灰尘侵入唇部，引起异常磨损；轴上黏附粉尘硬粒；装配时铁屑等刺入唇口；轴上或油封唇口误涂漆料	保证润滑油洁净，加强管路系统清理；为了防止灰尘等侵入唇部，增设防尘装置；装配时注意清洁，去除误涂的漆料

续表

故障	原因	纠正措施	
唇口磨损	唇口径向压力过大，油膜中断，发生干摩擦	油封弹簧抱得过紧	调整油封弹簧
	安装偏心、唇口滑动而出现异常磨损，最大与最小磨损呈对数分布；主唇与副唇滑动而磨损，痕迹大小两者虽各自呈现对称分布，但大小位置相反	箱体、端盖、轴不同心，致使油封偏心运转；油封座孔过小，不适当地压入油封以致倾斜	保证箱体、端盖、轴的同心度要求，保证油封座孔尺寸要求
油封与介质不相容	油封与工作介质相容性不良，唇口软化，溶胀或硬化，龟裂	工作介质不适当	根据油封材料选用适宜的工作介质或根据工作介质选用合适的油封材料
橡胶老化	唇部过热、硬化或龟裂	工作介质温度高于设计值，超过橡胶的耐用温度	降低工作介质温度或换用耐热橡胶油封
	润滑不良唇部硬化、龟裂	润滑不良发生于摩擦	保证润滑
	唇部溶胀，软化	橡胶对工作介质的相容性差；油封长时间浸泡于洗油或汽油中，使唇口溶胀	选用相容于工作介质的橡胶材料；不得用洗油或汽油清洗油封
轴的故障	表面粗糙度使用不当，*Ra*>0.32~0.63μm 或 *Ra*<0.04~0.08μm；表面硬度不当，高于 40HRC	表面粗糙，磨损严重；表面太光滑，润滑油难以形成油膜或保持，发生干摩擦；表面硬度高于 40HRC 时反而会加速轴的磨损(表面镀铬除外)	控制表面粗糙度和硬度的合适值；表面镀铬最好
	润滑油含有杂质，表面磨损严重	润滑油不洁净	保证润滑油洁净
	偏心过大，轴径向摆动时有响声	轴承偏心；轴本身偏心	换轴承；改用耐偏心油封
	唇口处有灰尘，轴表面磨损严重	轴表面不洁净，黏附有灰尘颗粒，侵入油封唇口，磨损轴表面；侵入铸造型砂磨损轴表面；外部侵入灰尘，磨损轴表面；润滑油老化，生成氧化物，侵入油封唇口，磨损轴表面	保证轴表面及油封洁净；为了防止外部侵入灰尘，设置防尘装置；改用优质润滑油
	轴的滑动表面有伤痕或缺陷	轴表面有工艺性龟裂或麻点，加剧磨损而泄漏；轴表面的伤痕、缺陷等与油封唇口之间形成间隙而泄漏，轴表面划伤或碰伤	保证轴表面质量，且勿磕碰
	轴表面的滑动部分有方向性的加工痕迹	轴表面留有微细螺旋槽等车削或磨削加工痕迹，形成泵送效应而泄漏	注意轴表面精加工工艺；采用直径为 0.05mm 的小玻璃球进行喷丸处理最佳

5.3 硬填料密封

硬填料密封是依靠填料的弹性结构和流体压力的作用，使密封环与轴紧密贴合，以达到节流阻漏的目的。

硬填料密封中有开口环和分瓣环两类密封。开口环系金属自张型密封环，用于活塞式机器中称为活塞环，用于旋转机器中称为涨圈。它是依靠本身弹力或其他弹性元件的弹力与汽缸贴合造成预紧式密封，在介质压力和惯性力作用下，环的外圈与汽缸贴合而端面与活塞环槽贴紧达到密封。工作压力可达220MPa，最高线速度可达100m/s。分瓣环系圆柱面接触型动密封，故又称为圆周密封。它既可用作旋转动密封，广泛用于汽轮机、航空发动机中，又可用作往复动密封，用于蒸汽机、内燃机、活塞式压缩机(活塞杆与汽缸间的填料密封)中，工作压力可达50MPa，工作温度达400℃，最高线速度达110m/s。

5.3.1 活塞环

活塞环是活塞式压缩机和活塞式发动机中主要易损件之一。其用途是密封汽缸工作表面和活塞之间的间隙，防止气体从压缩容积的一侧漏向另一侧。在活塞的往复运动中，它还在汽缸内起着“布油”和“导热”的作用。

1. 活塞环的结构形式和密封原理

如图5-59所示，活塞环是一个带开口的圆环，在自由状态下，其外径大于汽缸内径，装入汽缸后直径变小，仅在切口处留下一定的热膨胀间隙，靠环的弹力使其外圆面与汽缸内表面贴合产生一定的预紧比压 p_k。

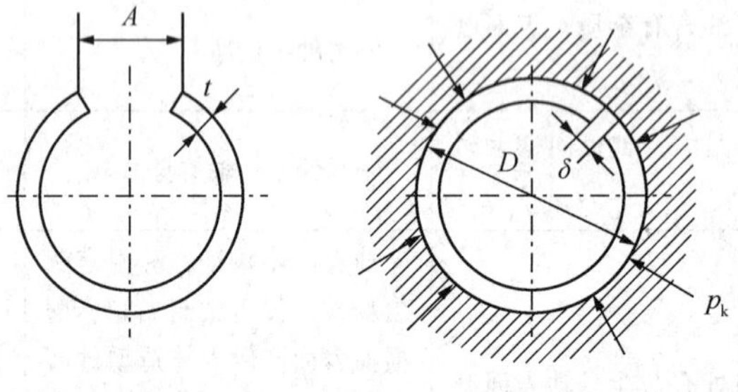

(a)自由状态　　(b)装入气缸后

图5-59　活塞环

活塞环截面多为矩形，其开口的切口形式如图5-60所示，有直切口、斜切口和搭切口三种。工作时，气体通过活塞环切口的泄漏是和切口横截面积成比例的。直切口形式泄漏横截面最大，在切口间隙相同时，斜切口泄漏面积较小，搭切口则不会造成直接通过切口泄漏。

但从制造考虑，搭切口复杂，一般很少采用。最常用的是直切口和斜切口形式，尤其是大型压缩机，用斜切口更为普遍。

活塞环的密封是依靠阻塞为主兼有节流来实现的。图5-61是活塞环密封及泄漏通道的简图，从图中可看出，气体从高压侧泄漏到低压侧有三条可能的通道。

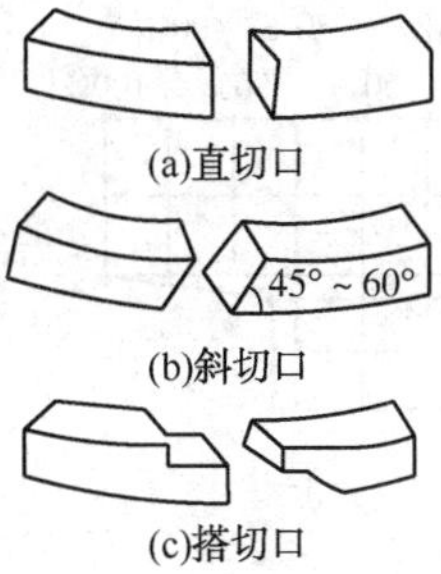

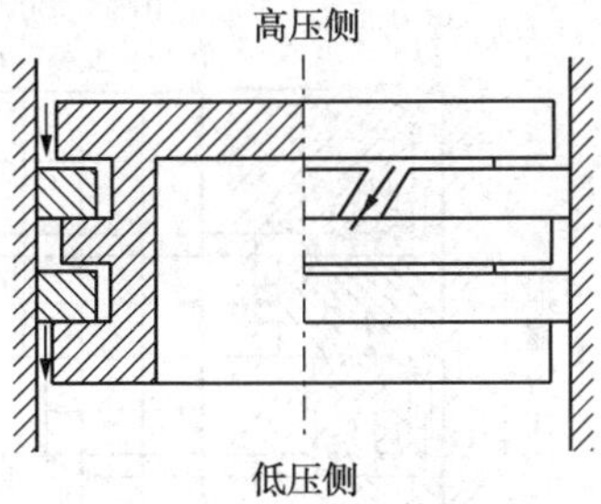

图 5-60　活塞环切口形式　图 5-61　活塞环密封及泄漏通道

(1) 经活塞环的开口间隙的泄漏。为了获得弹力，活塞环必须具有切口，而且装入汽缸后还需留有一定热膨胀间隙，所以切口泄漏是不可避免的，并且是造成泄漏的主要通道。

(2) 经环的两侧面与环槽两壁面交替紧贴的瞬时出现的间隙所造成的泄漏。

(3) 活塞环外圆面与缸壁不能完全贴紧时的泄漏，当运转一段时间后产生径向磨损，活塞环弹性降低，就会产生大面积通道，引起更大的泄漏。

活塞环依靠节流与阻塞来密封，其密封原理如图 5-62 所示。活塞环装入汽缸后，预紧压力 p_k 使其紧贴在汽缸内壁上。气体通过活塞环工作间隙产生节流，压力由 p_1 降至 p_2，于是在活塞环前后产生一个压差 p_1-p_2，因压差力作用，活塞环被推向低压 p_2 方，阻止气体由环槽端面间隙泄漏。此时，环内表面上作用的气体压力(简称背压)可近似地等于 p_1，而环外表面上作用的气体压力是变化的，近似地认为是线性变化关系，其平均值等于 $(p_1+p_2)/2$。若近似地认为气环内、外表面积相同均为 A 值，于是在环内、外表面便形成了压差作用力 $\Delta p \approx [p_1-(p_1+p_2)/2]A=(p_1-p_2)A/2$。在此压差力的作用下，使环压向汽缸工作表面，阻塞了气体沿汽缸壁泄漏。汽缸内压力越大，密封压紧力也越大，这就表明活塞环具有自紧密封的特点，但活塞环开口且具有弹力是形成自紧密封的前提。

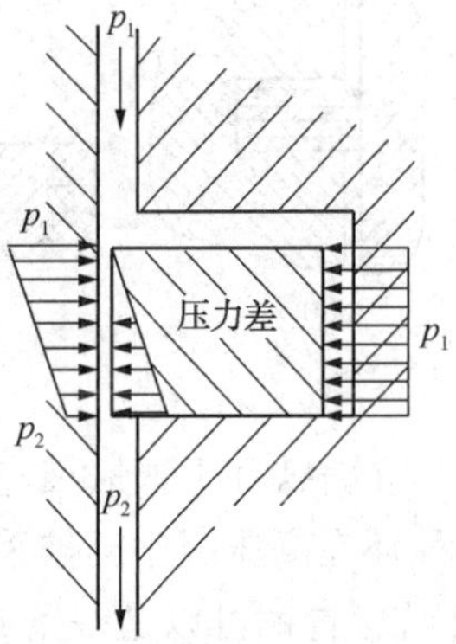

图 5-62　活塞环的密封原理

当活塞两侧压力差较大时，可以采用多道活塞环使气体经多次阻塞、节流，以达到密封的要求。

图 5-63 示出了气体流经几个活塞环时的压力变化情况。由图可以看出，经第一道活塞环后压力约降到汽缸中气体压力的 26%，经第二道活塞环后，约降到 10%，经第三道活塞环后仅为约 7.6%，再增多环的数目所起的作用就不明显了。试验表明，随着转速增加，第一道活塞环所承受的压差增加，其次各道降低；所以活塞环数不宜过多，过多反而增加摩擦功耗。不过在高压级中，第一道活塞环环因压差大，磨损也大。第一道活塞环磨损后，缝隙增大而引起大量泄漏，即失去了密封作用，此时主要压力差由第二道活塞环承担，第二道活塞环即起第一道活塞环的作用，其磨损也将加剧，依此类推。为了使高压级和低压级活塞环的更换时间大致相同，所以，高压级中，要采用较多的活塞环数。

还有一些特殊结构的活塞环，如微型高转速压缩机中，可用轴向高度仅 1~1.5mm 的薄片活塞环，由 3~4 片装在同一环槽内，各片切口相互错开[图 5-64(a)]。这种结构具有良好的密封性，易同汽缸镜面磨合，使汽缸不致拉毛。

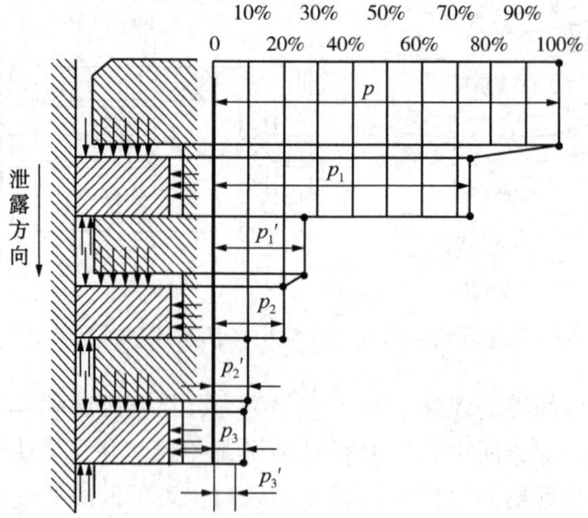

图 5-63　气体通过活塞环的压力变化

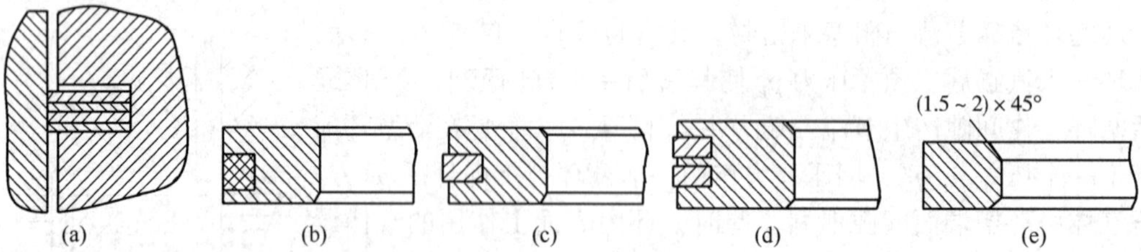

图 5-64　特殊结构的活塞环

在铸铁环上镶嵌填充聚四氟乙烯[图 5-64(b)]，能防止汽缸拉毛，并延长环的寿命。这种环在高压级中已被采用。还有在铸铁环上镶嵌轴承合金或青铜[图 5-64(c)、图 5-64(d)]，青铜可以是一条或两条，而轴承合金则采用一条。在镶嵌的突出部分磨完之前，显然其实际比压是增加了。用镶嵌的方法虽能避免拉毛汽缸，使汽缸镜面与活塞环易于磨合，但工艺复杂，故应用不广泛。

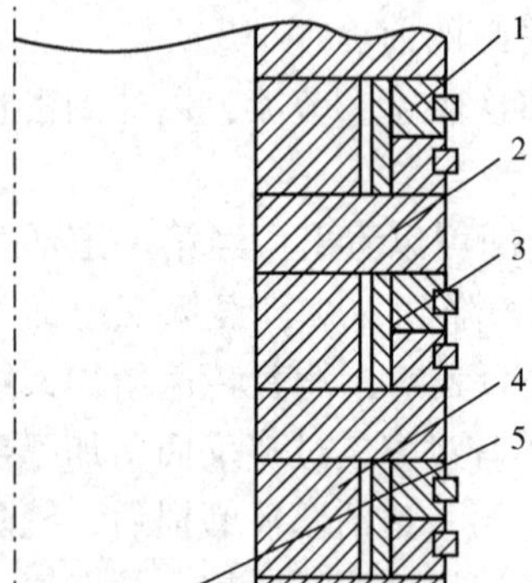

图 5-65　超高压压缩机汽缸密封用活塞环结构

1—活塞环；2—垫环；3—弹力环；4—隔距环；5—活塞

铸铁环进行多孔性镀铬，有利于活塞环在环槽内的滑动和降低环接触表面的加工要求；由于孔隙内能存润滑油，因而减少了环与汽缸镜面的磨损。

低压空气压缩机中直径不大的活塞环，将内圆的一个锐角加工成(1.5~2)×45°的倒角[图 5-64(e)]，以减弱活塞环倒角侧的弹力。在单作用活塞中，将这种环的倒角边装在汽缸盖侧，可防止活塞出现严重的窜油现象。

在超高压压缩机中使用的活塞环结构如图 5-65 所示。它由两个中间镶有铜锡合金(Sn4.8%、Cu95.2%)的活塞环，以及共用的一个弹力环和隔距环组成一组。活塞环的基体是合金铸铁，弹力环和隔距环是用调质铬钢制成，硬度 300~350HBS，强度 $\delta_b = 110 \sim 130$MPa。使用五组活塞环即能密封 175MPa 的压力。

在一些小型、单作用汽缸中，活塞上除配有活塞环外，还配有刮油环，如图 5-66 所示。刮油环的工作面有刃边，用来刮掉汽缸中多余的润滑油，刮掉的油通过活塞体上导油通道流回曲轴箱。刮油环可以控制润滑油膜厚度，把油膜涂均匀，避免润滑油和污物窜入汽缸。刮油环应该安装在活塞环组的大气侧。刮油环也同活塞环一样，依靠本身的弹力压在汽缸工作面上。常用的刮油环是双唇的[图 5-66(a)]，而单唇的刮油环结构较简单[图 5-66(b)]。

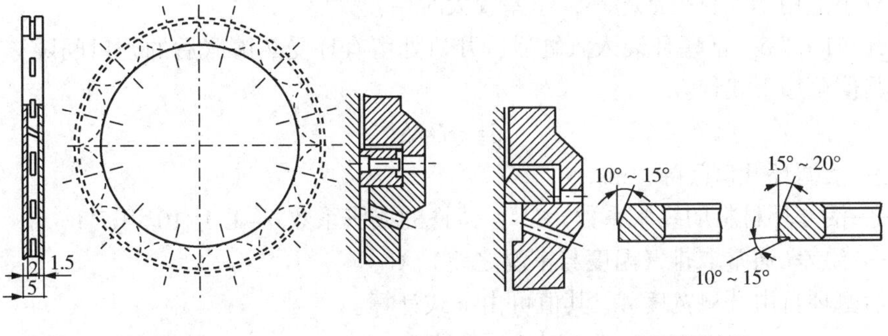

(a)双唇刮油环　(b)单唇刮油环

图 5-66　刮油环的结构

2. 活塞环的环数及主要结构尺寸

1）活塞环数

压缩机用的活塞环数常用下面经验公式估算：

$$z=\sqrt{\Delta p/98} \tag{5-9}$$

式中　z——活塞环数；

Δp——活塞两边最大压差，kPa。

上述计算值应根据实际情况增减。如高转速，从泄漏考虑环数可少些；高压级中从寿命考虑环数可多些；对于易漏气体可多些；采用塑料活塞环时，因密封性能好，环数可比金属环少些。

关于活塞环数，它与所密封的压力差、环的耐磨性、切口的形式等有关，所以实际压缩机中很不一致。活塞环数还可参照表 5-17 选用。

表 5-17　压缩机用活塞环数参考

活塞两边的压差/MPa	<0.5	0.5~3	3~12	12~24
活塞环数	2~3	3~5	5~10	12~20

2）活塞环的主要结构尺寸

活塞环的主要结构尺寸有径向厚度、轴向高度、开口热间隙及自由开口宽度等尺寸。

（1）径向厚度 t。活塞环的截面形状一般为矩形，其径向厚度 t 对于铸铁环通常取：

$$t=\left(\frac{1}{36}\sim\frac{1}{22}\right)D \tag{5-10}$$

式中　t——活塞环径向厚度，mm；

D——活塞环外径(即汽缸内径)，mm。

对于大直径活塞环取下限；当 $D\leqslant 50$mm 时，可取 $t=\left(\frac{1}{22}\sim\frac{1}{14}\right)D$。

（2）轴向高度 h。轴向高度选取时，应考虑保证它在气体压力作用下具有足够的刚度，不至于发生弯曲和扭曲，而且为能保持住油膜，h 值也不能太小，一般应大于 2~2.5mm；但为了减少摩擦功耗以及因活塞环质量过大而导致对环槽的冲击，又应尽量取小些。一般取：

$$h=(0.4\sim1.4)t \tag{5-11}$$

式中 h——活塞环轴向高度，mm。

其中较小值用于大直径活塞环，压差较大时用较大值。.

（3）开口间隙 δ。活塞环装入汽缸后，开口处留有环受热膨胀后的开口间隙，又称热膨胀间隙。其值可按下式计算：

$$\delta=\pi Da\Delta t \tag{5-12}$$

式中 δ——活塞环开口间隙，mm；

a——活塞环材料的线胀系数，$℃^{-1}$；铸铁的线胀系数 $a=1.1\times10^{-5}℃^{-1}$；

Δt——温差（通常取排气温度与室温之差），℃。

（4）活塞环自由开口宽度 A。其值可由下式计算：

$$A=\frac{7.08D\left(\frac{D}{t}-1\right)^3 p_k}{E} \tag{5-13}$$

式中 A——活塞环自由开口宽度，mm；

p_k——活塞环弹性作用而产生的预紧贴合比压，MPa，50mm<$D\leqslant$150mm，$p_k=0.1\sim0.14$MPa；$D>150$mm，$p_k=0.038\sim0.1$MPa；小直径的高压级，$p_k=0.2\sim0.3$MPa；刮油环，$p_k=0.03\sim0.05$MPa；

E——密封环材料的弹性模量（可按表 5-18 选取），MPa。

表 5-18 各种材料的弹性模量

材料	灰铸铁			球墨铸铁	合金铸铁	青铜	不锈钢
	$D\leqslant70$mm	70mm<$D\leqslant$300mm	$D>300$mm				
弹性模量 E/MPa	0.95×10^5	1×10^5	1.05×10^5	$(1.5\sim1.65)\times10^5$	$(0.9\sim1.40)\times10^5$	$(0.85\sim0.95)\times10^5$	2.10×10^5

3. 活塞环的基本技术要求

（1）材质要求。如果没有特殊要求，活塞环一般用灰铸铁或合金铸铁制造。不同活塞环直径宜选用的灰铸铁牌号见表 5-19。对于小直径活塞环或高转速压缩机用的活塞环，可选用合金铸铁制造，如铌铸铁、铬铸铁、铜铸铁等。

当采用铸铁材料制造活塞环时，对铸铁材料的金相组织要求较高，即组织结构应均匀，不容许有游离渗碳体的存在。

表 5-19 灰铸铁活塞环直径与铸铁牌号关系

活塞环直径/mm	$D\leqslant200$	200<D<300	$D\geqslant300$
灰铸铁牌号	HT300 或 HT250	HT250 或 HT200	HT200

（2）技术要求。活塞环外圆在端部的锐角应倒成小圆角，以利形成润滑油膜、减小泄漏和磨损。内圆锐角倒成 45°。活塞环内圆的倒角尺寸 c、外圆的圆角尺寸 R 以及端面粗糙度

Ra，可根据活塞环的外径 D 按表 5-20 选取。

表 5-20　活塞环的倒角及圆角

外径尺寸/mm	倒角尺寸 c/mm	圆角半径 R/mm	端面粗糙度 Ra/μm
$D\leqslant250$	≤0.5	≤0.1	0.4
$250<D<500$	≤1.0	≤0.3	0.8
$D\geqslant500$	≤1.5	≤0.5	1.6

为使活塞环具有良好的耐磨性，常用铸铁活塞环的表面硬度应不低于汽缸工作表面的硬度，并且高 10%~15%。如果用经过硬化处理的钢质缸套，或者是超高压压缩机的高硬度碳化钨缸套，则将合金铸铁活塞环的硬度提高到 320~350HBS。同一活塞环上的硬度不能相差 4 个布氏单位。

活塞环的外表面不允许有裂纹、气孔、夹杂物、疏松和毛刺等缺陷，在环的两端面上，不应有径向划痕，在环的外圆柱面上不应有轴向划痕。

活塞环的加工精度、表面粗糙度要求详见表 5-21。

表 5-21　活塞环的加工精度及表面粗糙度

要求	外圆面	内圆面	端面
加工精度	h6	H8	h6
表面粗糙度 Ra/μm	0.4~1.6	3.2~6.3	0.4~1.6

(3) 检验要求。活塞环放在专用检验量规内，环的外圆柱面与量规之间的间隙应在下列规定范围内：外径 $D\leqslant250$mm 时，间隙≤0.03mm；外径 $D=250\sim500$mm 时，间隙≤0.05mm；外径 $D>500$mm 时，间隙≤0.08mm。

用灯光检查时，漏光在整个圆周上不超过两处，最长的不超过 25°的弧长，总长不得超过 45°的弧长，且离切口处不小于 30°。

环的端面翘曲度应在下列范围内：外径 $D\leqslant250$mm 时，翘曲度≤0.04mm；$150<D\leqslant400$mm 时，翘曲度≤0.05mm；$400<D\leqslant600$mm 时，翘曲度≤0.07mm；$D>600$mm 时，翘曲度≤0.09mm。

活塞环的径向弹力允差在±20%范围内。

活塞环在磁性工作台上加工之后，应进行退磁处理。

5.3.2　活塞杆填料密封

为了密封活塞杆穿出汽缸处的间隙，通常用一组密封填料来实现密封。填料是压缩机中易损件之一。在压缩机中，极少采用软质填料，一般采用硬填料，常用的填料有金属、金属与硬质填充塑料或石墨等耐磨材料。对填料的主要要求是：密封性好，耐磨性好，使用寿命长，结构简单，成本低，标准化、通用化程度高。

为了解决硬填料磨损后的补偿问题，往往采用分瓣式结构。在分瓣密封环的外圆周上，用拉伸弹簧箍紧，对柱塞杆表面，进一步压紧贴合，建立密封状态。

硬填料的密封面有三个，它的内孔圆柱面是主密封面，两个侧端面是辅助密封面，均要求具有足够的精度、平直度、平行度和粗糙度，以保持良好的贴合。

压缩机中的填料都是借助于密封前后的气体压力差来获得自紧密封的。它与活塞环类似，也是利用阻塞和节流实现密封的，根据密封前后气体的压力差，气体的性质，对密封的要求，可选用不同的填料密封结构形式。

硬填料主要分为两类，即平面填料和锥面填料。

1. 平面填料

图 5-67 是常用的低、中压平面填料密封结构。它有五个密封室，用长螺栓 8 串联在一起，并以法兰固定在汽缸体上。由于活塞杆的偏斜与振动对填料工作影响很大，故在前端设有导向套，内镶轴承合金，压力差较大时还可在导向套内开沟槽，起节流降压作用。填料和导向套靠注油润滑，注油还可带走摩擦热和提高密封性。注油点 A、B 一般设在导向套和第二组填料上方。填料右侧有气室，由填料漏出的气体和油沫自小孔 C 排出并用管道回收，气室的密封靠右侧的前置填料来保证。带前置填料的结构一般用于密封易燃或有毒气体，必要时采用抽气或用惰性气体通入气室进行封堵，防止有毒气体漏出。

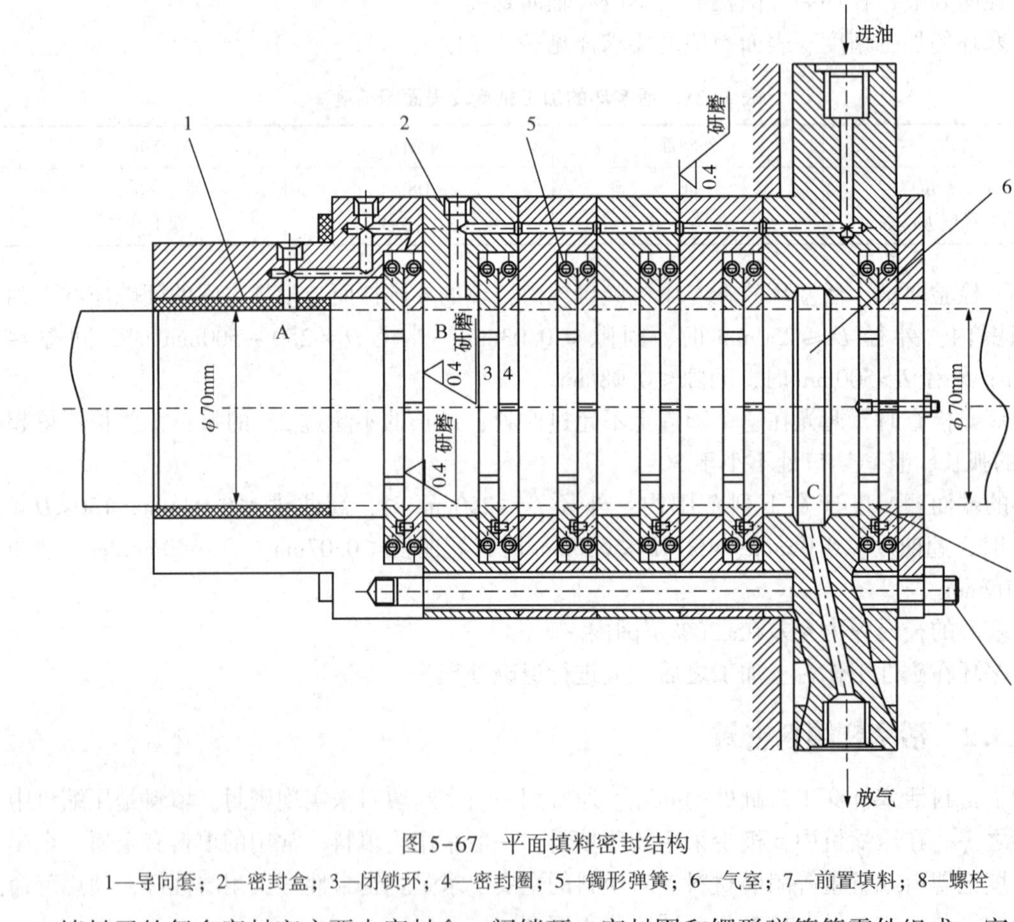

图 5-67　平面填料密封结构

1—导向套；2—密封盒；3—闭锁环；4—密封圈；5—镯形弹簧；6—气室；7—前置填料；8—螺栓

填料函的每个密封室主要由密封盒、闭锁环、密封圈和镯形弹簧等零件组成。密封盒用来安放密封圈及闭锁环。密封盒的两个端面必须研磨，以保证密封盒以及密封盒与密封圈之间的径向密封。图 5-68 所示为三瓣、六瓣平面填料，在密封盒内装有两种密封环，靠高压侧是三瓣闭锁环，有径向直切口；低压侧是六瓣密封圈，由三个鞍形瓣和三月形瓣组成，两个环的径向切口应互相错开，由定位销来保证。环的外部都用镯形弹簧把环箍紧在活塞杆上。切口与弹簧的作用是产生密封的预紧力，环磨损后，能自动紧缩而不致使圆柱间隙增大。其中六瓣密封圈在填料函中起主要密封作用，其切口沿径向被月形瓣挡住，轴向则由三瓣环挡住。工作时，来自沿活塞杆的高压气体可沿三瓣环的径向切口导入密封室，从而把六瓣环均匀地箍紧在活塞杆上而达到密封作用。汽缸内压越高，六瓣环与活塞杆抱得越紧，因而也具有自紧密封作用。

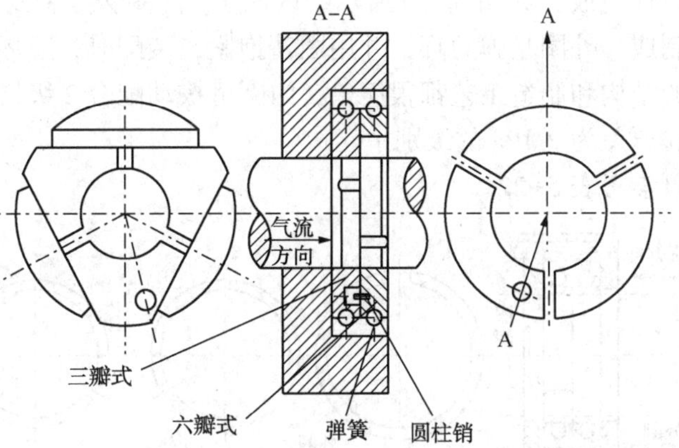

图 5-68　三瓣、六瓣平面填料

六瓣密封圈三个鞍形瓣之间留有切口间隙，用来保证密封圈磨损后仍能在弹簧力作用下自动紧缩，而不致使径向间隙过大。但是，这个切口间隙构成了气体轴向泄漏的通道，为了挡住这些通道，必须设置闭锁环。闭锁环的主要作用就是挡住密封圈的切口间隙，此外还兼有阻塞与节流作用。在装配时必须注意：①应保证闭锁环恰好挡住密封圈的切口，绝不允许它们的切口重合，否则，泄漏将大为增加；②为了让密封圈能自动地紧抱住活塞杆，密封圈、闭锁环装在密封盒内，应有适当的轴向间隙；③闭锁环与密封圈的位置不可装错，闭锁环靠近汽缸，密封圈放在闭锁环外边，否则，起不到密封作用。

三瓣、六瓣式平面填料主要用在压差在 10MPa 以下的中压密封。对压差在 1MPa 以下的低压密封，也可采用图 5-69 所示的三瓣斜口密封圈平面填料。

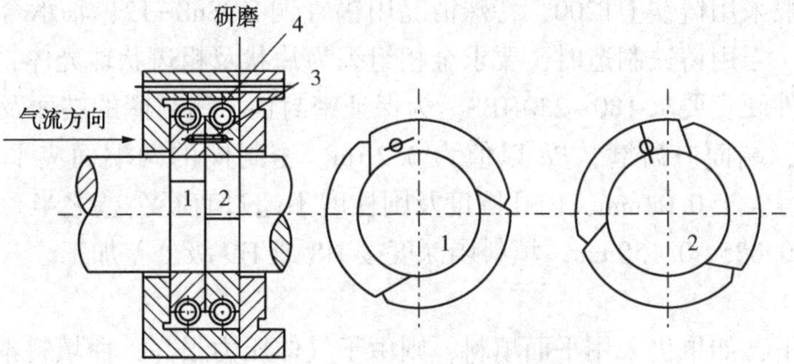

图 5-69　三瓣斜口平面填料

1、2—三瓣斜口密封圈；3—圆柱销；4—镯形弹簧

三瓣斜口环结构简单而坚固，容易制造，成本低廉；但介质可沿斜口结合面产生泄漏，而且环对活塞杆的贴合压力不均匀，其靠近锐角一侧的贴合压力大，所以，在工作过程中，磨损不会均匀并主要表现在靠近锐角一端。磨损后的活塞环内圆孔面不呈圆形，并使对磨损

的补偿能力下降，泄漏量增加。故这种活塞环主要用于压差低于 1MPa 的低压压缩机活塞杆的密封。

三瓣斜口硬填料采用两个环为一组。安装时，其切口彼此错开，使之能够互相遮挡，阻断轴向泄漏通道，提高密封性能。

除了上述两种形式的密封圈填料外，平面填料还有活塞环式的密封圈，这种硬填料密封，每组由三道开口环组成，如图 5-70 所示。内圈 1、内圈 2 是密封环，用铂合金、青铜或填充聚四氟乙烯制成。外圈是弹力环，并用圈簧抱紧，装配时，三环的切口要错开，以免漏气。这种密封圈的结构和制造工艺都很简单，内圈可按动配合 2 级精度或过渡配合公差加工，已成功地应用在压差为 2MPa 的级别中。

平面填料组数可参考表 5-22。

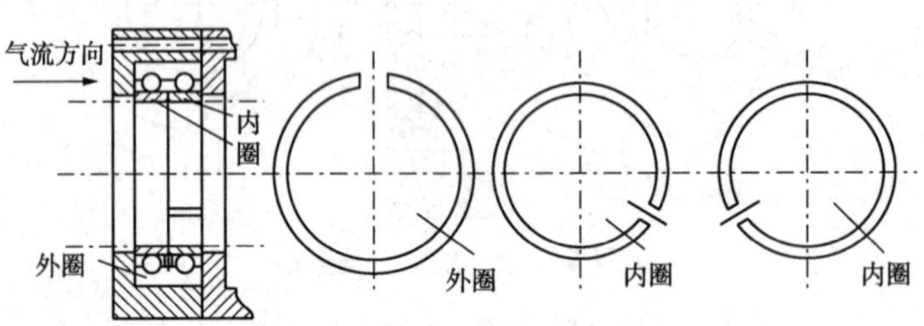

图 5-70　活塞环式填料密封

表 5-22　平面填料组数选定参考

活塞杆直径/mm	密封压力/MPa				
	1.0	2.5	4.0	6.4	10.0
	填料组数				
25~50	3	4	4~5	5~6	6~7
55~80	4	4~5	5~6	6~7	7~8
90~150	5	5~6	6~7	7~8	

平面填料一般采用铸铁 HT200，特殊情况用锡青铜 ZQSn8-12、轴承合金 ZChSnSb11-6 以及高铅青铜等。当用铸铁制造时，要求金相组织为片状及粗斑状珠光体，不允许有游离渗碳体存在。铸铁件硬度要求 180~230HBS。为保证密封性，密封圈的端面及内圆面应有较高表面粗糙度要求，端面应研磨，Ra 以值为 0.2μm。密封圈的两端面应平行，不平行度在 100mm，长度不得大于 0.02mm，内孔圆度及圆柱度不超过直径公差之半。填料环在填料函内的轴向间隙为 0.035~0.150mm。填料函深度按 H8 或 H9 级公差加工。

2. 锥面填料

在高压情况下，如果仍采用平面填料，则由于气体压力很高，而填料本身又不能抵消气体压力作用，致使填料作用在活塞杆上的比压过大而加剧磨损。为降低密封圈作用在活塞杆上的比压，在高压密封中，可采用锥面填料。

图 5-71 所示为锥面填料结构，主要用于压差超过 10~100MPa 的高压压缩机的活塞杆密封。它也是自紧式的密封，既有径向自紧作用，又有轴向自紧作用。密封元件是由一个径向切口的 T 形外环和两个径向开口的锥形环组成。前、后锥形环对称地套在 T 形外环内，

安装时切口互成 120°，用定位销子来固定，并装在支承环和压紧环里面，最后放入填料盒内。填料盒内装有轴向弹簧，其作用是使密封圈对活塞杆产生一个预紧力，以便开车时能形成最初的密封。当气体压力 p 从右边轴向作用在压紧环的端面时，通过锥面分解成一径向分压力 $p\tan\alpha$，此力使密封环抱紧在活塞杆上。α 角越大，径向力也越大，因此这种密封也是靠气体压力实现自紧密封的。在一组锥面填料的组合中，靠汽缸侧的密封环承受压差大，其径向分力也大。为使各组密封环所受径向分力较均匀，以便磨损均匀，可取前几组密封环的 α 角较小，后面的各组 α 较大，常取 α 角为 10°、20°、30°的组合。

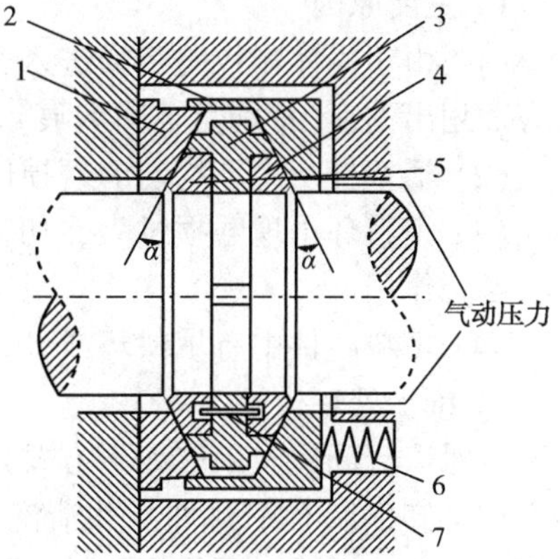

图 5-71 锥面填料结构
1—支撑环；2—压紧环；3—T 形环；4—前锥环；5—后锥环；6—轴向弹簧；7—圆柱销

为保证在运转时润滑油楔入密封圈的摩擦面，减轻摩擦，提高密封性能，在锥形环的内圆外端加工成 15°的油楔角。安装时油楔角有方向性，应在每盒的低压端。

锥面填料的组数可参考表 5-23 选定。当锥面填料组数确定之后，还要给各组规定不同的锥面角 α。不同锥面角锥面填料组数的搭配关系由表 3-24 确定。

表 5-23 锥面填料组数选定参考

密封压差/MPa	<10	10~40	40~80	80~100
填料组数	3~4	4~5	5~6	6~7

表 5-24 锥面填料的锥面角和组数

密封压差/MPa	锥面角 α		
	10°	20°	30°
	组数		
4.0~10	—	1	3
10~20	—	2	3
20~32	1	2	2

锥面填料的 T 形环与锥形环常用锡青铜 ZQSn8-12（用于 $p>27.4$MPa）或巴氏合金 ChSnSb11-6（用于 $p\leqslant 27.4$MPa），当用锡青铜 ZQSn8-12 时，要求硬度为 60~65HBS。整体支承环与压紧环用碳钢。

锥面填料的技术要求如下：锥面填料的 T 形环及两个锥形环的锥面要同时加工；T 形环、两个锥形环对支承环和压紧环之间的锥面要保持良好的贴合，贴合面不少于总面积的 75%；T 形环及两个锥形环内孔按 J7 级公差加工；两个锥形环的内孔直角部分，不允许倒角棱。

由于锥面填料密封圈结构复杂，随着耐磨工程塑料的应用，现在使用越来越少。

3. 填料函的使用与维护

密封工作进行时，填料函在实际的工作过程中可能出现过早损坏及产生泄漏介质的不正常情况，其主要原因及采取的维护处理措施如下。

1）主要原因

(1) 由于固体颗粒等杂物进入密封面产生磨料磨损，并在填料环或活塞杆(或轴)的密封表面划出沟痕(特别是轴向沟痕)。

(2) 活塞杆产生不均匀的磨损以及出现不允许的圆柱度和圆度。

(3) 填料环出现磨损过大，切口间隙减小，使其与活塞杆(或轴)的贴合能力下降，或失去贴合作用。

(4) 填料组件中有填料环或弹簧发生损坏，引起整个填料函产生密封失效。

2）维护处理措施

针对以上问题，采取如下方式处理。

(1) 卸下所有密封件，并清洗；对活塞杆(或轴)表面进行检查，是否有毛刺、划伤、磨损沟痕等，必要时可采用细锉和油石修复。

(2) 检查活塞杆(或轴)的几何尺寸并修复(满足其强度条件下)。

(3) 检查填料环间隙并修复到原始尺寸。

(4) 检查填料环和弹簧，如已损坏不能修复，则更换；弹簧一般需要更换。

填料的正常工作，离不开正常的润滑，它是保证活塞杆(或轴)表面与填料环密封面间不直接接触的润滑油膜正常工作的根本所在。只有良好的润滑，才能有良好的密封效果。

5.3.3 无油润滑活塞环、支承环及填料

活塞式压缩机实现无油或少油润滑，可减少气体污染、节约润滑油、改善操作环境及简化密封系统(如可以不设置冷却润滑等辅助系统)。我国 19 世纪 60 年代就在活塞式压缩机上应用无油润滑技术。无油润滑，不仅是当前化工发展中工艺上的需要，而且在现代空间技术、国防、食品和医药工业部门也是不可缺少的。

无油润滑压缩机中主要是无油润滑的活塞环、支承环及填料。

1. 无油润滑活塞环

无油润滑活塞环用石墨或填充聚四氟乙烯等自润滑材料制成，可以在无油条件下运行，能防止润滑油对气体的掺杂。早期的自润滑材料采用石墨，但因韧性差、易脆裂，现在主要采用填充聚四氟乙烯。

1）无油润滑活塞环的结构

按结构可分为整体开口式和分瓣式两种，如图 5-72 所示。整体开口式的形状与金属活塞环相同，也有直切口和斜切口之分，直切口较简单，应用较普遍。斜切口尖端易断，应用较少。分瓣式多用于石墨材料及大直径的塑料环，根据尺寸大小分为三瓣的(每段 120°)、四瓣的(每段 90°)，有时也做成六瓣的。

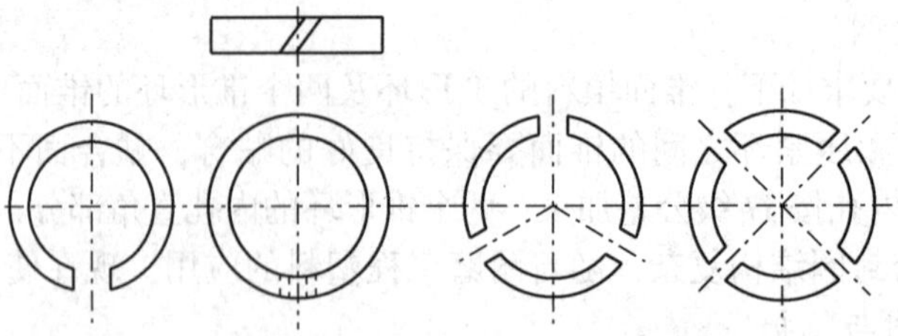

(a)整体开口式　　(b)分瓣式

图 5-72　无油润滑活塞环

无油润滑活塞环也可分为有背压和无背压两种。前面介绍的金属活塞环都是依靠本身弹力预紧，而且依靠环背气体的背压将活塞环与缸壁贴紧，都是有背压的。有背压的无油润滑活塞环是依靠弹力环的弹力预紧，然后工作时依靠气体背压压紧。图 5-73 所示为无背压活塞环，它是将整体(不开口)填充聚四氟乙烯活塞环以一定过盈量压入金属内衬环上，可以免除槽底进气的背压外张的作用，活塞环外圆加工成迷宫齿形起节流作用。因为常温下将无背压填充聚四氟乙烯活塞环压入薄壁金属环上，在工作温度下具有内应力，制止热膨胀。运行时外圆恰好与缸径在同一尺寸上，比石墨环式的容积效率提高了百分之几，容积效率和绝热效率都取得不亚于给油润滑压缩机的较好效果。

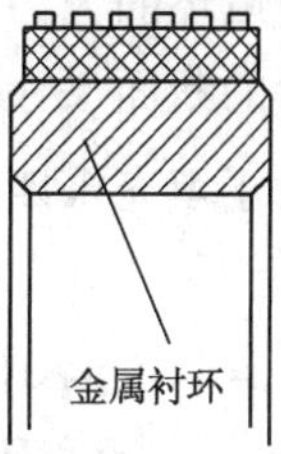

图 5-73 无背压活塞环

2) 无油润滑活塞环的特点

(1) 石墨和填充聚四氟乙烯的弹性低，不能自然地产生预紧的比压，需要在环背上配置金属弹力环，或者采用无背压活塞环。弹力环一般要有 0.07MPa 的弹力。弹力环的结构形式有波浪式、扁弹簧式和圆弹簧式等，如图 5-74 所示。

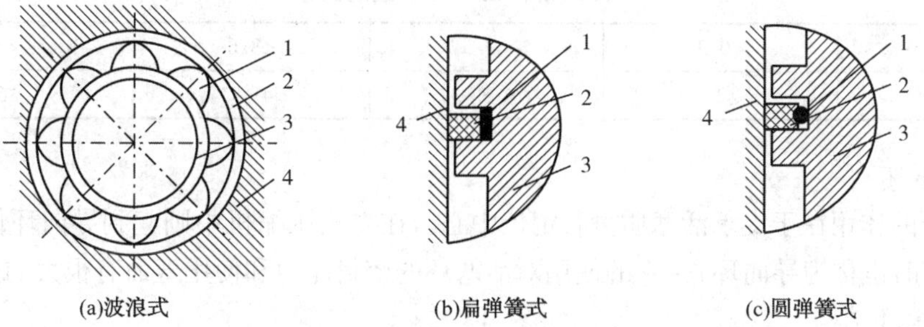

图 5-74 弹力环的结构形式

1—弹力环；2—活塞环；3—活塞；4—汽缸

(2) 由于填充聚四氟乙烯材料的导热性差，热膨胀系数比金属的大，故设计时应考虑留出足够的间隙，其中包括周向开口间隙 e、侧面间隙 δ 和径向间隙 f(图 5-75)。间隙值可根据膨胀系数和温升值计算，但实际运行中要获得准确膨胀系数和温升有一定困难。对于填充聚四氟乙烯活塞环，现推荐下列经验数据供选用。

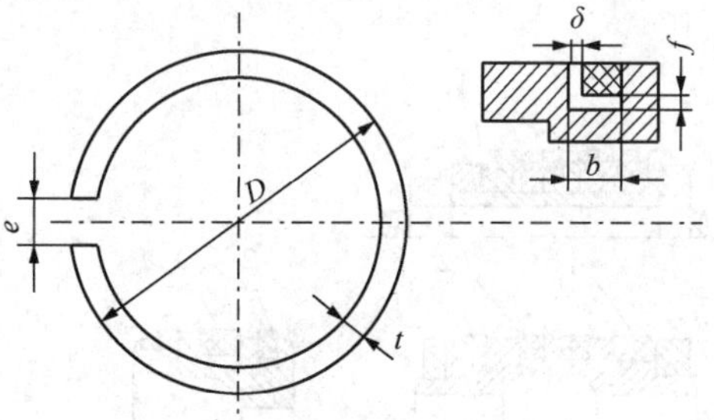

图 5-75 开口间隙 e 侧面间隙 δ、径向间隙 f

周向开口间隙：$e=(2.8\sim3.2)\%D$；侧向间隙：$\delta=(2.5\sim3)\%b$；径向间隙；$f=1\%D$。

然而石墨的热膨胀系数比金属的小(为铸铁 1/3 左右)，因此其环槽与环的轴向间隙则应较金属环的小。

(3) 由于无油润滑材料硬度低、磨损量相对的大些，加之填充聚四氟乙烯在高压下易变形(冷流)，故对缸壁的密封比压应远小于金属环，一般小于0.01~0.02MPa，因而轴向高度应比金属环的大，有的甚至大一倍左右。

环的断面尺寸可参照下列公式确定。

对于填充聚四氟乙烯环：$t=\sqrt{D}/1.5 \quad h=(0.5\sim1.0)t$

对于石墨环：$h=\sqrt{D}t=1.2h$

式中 t——活塞环径向厚度，mm；

h——活塞环轴向高度，mm；

D——活塞环外径，mm。

限制 pv 值不超过0.5MPa. m/s。环的允许磨损量一般为径向厚度的1/3~1/2。

(4) 无油润滑活塞环的环数比金属活塞环少，因为填充聚四氟乙烯环刚性差，易变形，在径向力作用下易和汽缸壁面很好的贴合，密封效果好，环数太多会增大摩擦功耗。

对于填充聚四氟乙烯活塞环的环数可由表5-25选择。

表5-25　压差与环数的关系

压差 Δp/MPa	<0.3	<1.5	<8.6	<20
环数 z	2	3	4~5	6~8

2. 支承环

支承环的作用在于支承活塞质量和定位中心，在立式压缩机中则起到导向环作用(在卧式压缩机上有时也称为导向环)，它的使用对活塞环的密封能力和使用寿命有很大的提高效果。

1) 支承环结构

常用的支承环结构如图5-76所示。其中图5-76(a)是分瓣式结构，用在大直径活塞上，又称为支承块式结构。两个支承块对称布置，下部成120°的支承块起支承作用，上部一块起定位作用，防止活塞在往复运动中跳动，引起与汽缸壁摩擦。这种结构加工较复杂，但环分上下两部分未形成封闭状，所以，压力气体可从活塞和缸壁间的间隙通过，避免了气体对支承环的附加力。图5-76(b)是整圈式结构，用于组合式活塞。图5-76(c)、图5-76(d)为整圈开口式支承环，用在中等直径的整体活塞上。

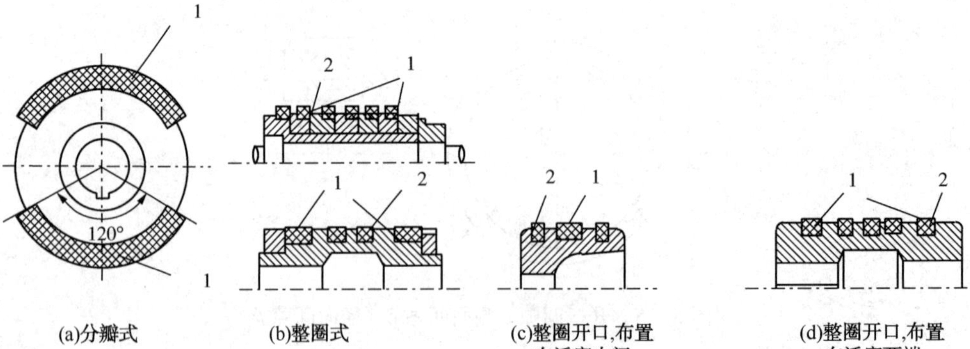

图5-76　支承环结构

1—支承环；2—活塞环

图 5-77 所示为带有卸荷槽的矩形断面支承环，气体可通过槽使环两侧压力平衡。槽与轴线有一定夹角，在气体压力作用下，支承环可作径向缓慢转动，使磨损均匀，如开成人字槽则不产生转动，也可采用活塞开孔方式(图 5-78)，使两侧压力平衡。

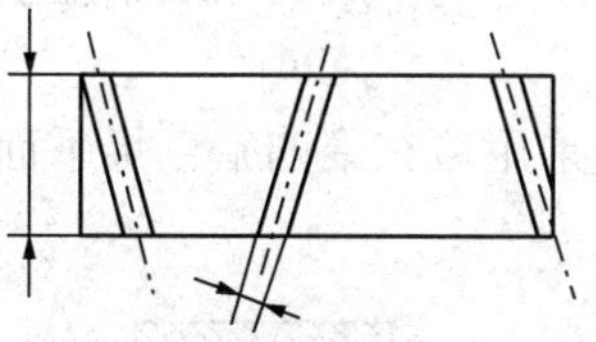

图 5-77　带卸荷槽的支承环

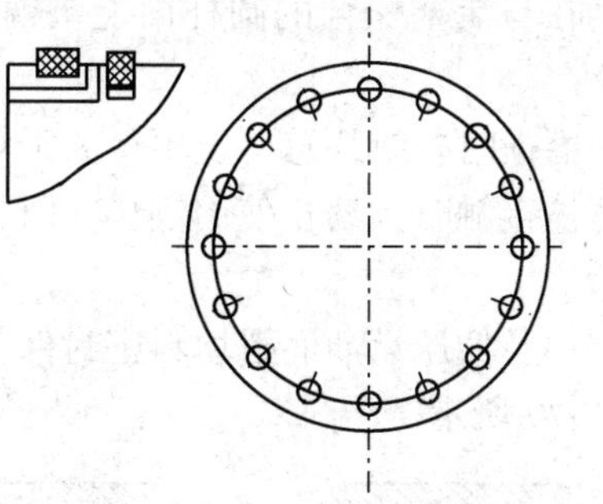

图 5-78　活塞开孔卸荷

2）支承环的结构尺寸

填充聚四氟乙烯支承环的结构尺寸参数如下：

（1）密封面比压 p_c：$p_c = 0.03 \sim 0.05\text{MPa}$，其值过大容易磨损，其值过小，无法布置。

（2）轴向长度 b：

$$b = \frac{W}{p_c h} \tag{5-14}$$

式中　b——支承环轴向长度，mm；

W——活塞部件与 1/2 活塞杆质量之和，N；

p_c——密封面比压，MPa；

h——支承环外径底部 120°弧长在水平方向上的投影，mm。

（3）径向厚度 t_z 与活塞环径向厚度 t 有关。

当 $t<10\text{mm}$ 时，$t_z = t$；当 $t>10\text{mm}$ 时，$t_z = (0.7 \sim 0.8)t$。

（4）周向开口间隙 s：

$$s = (1.8 \sim 3.2)\%D \tag{5-15}$$

式中　s——支承环周向开口间隙，mm；

D——汽缸内径，mm。

（5）轴向热胀间隙(侧间隙)δ：

$$\delta = (1.5 \sim 1.8)\%b \tag{5-16}$$

式中　δ——支承环轴向热胀间隙，mm；

b——支承环轴向长度，mm。

支承环轴向热胀间隙(侧间隙)比活塞环小，因为它只需考虑热膨胀的余隙，而不必留气体通道间隙。

（6）支承环尺寸与活塞的配合可介于过渡配合与动配合之间，不宜太松。支承环外径与汽缸的配合可选用一般的动配合，运转后升温可使配合紧些，若经短期跑合磨损则可获得合适的配合。

（7）允许磨损尺寸 Δ，一般取：$\Delta = \left(\frac{1}{3} \sim \frac{1}{2}\right)t_z$。

填充聚四氟乙烯支承环安装时，扳开切口套入活塞的力不能太大，以通过活塞端部即可。支承块若与汽缸配合过紧，可用细砂纸打磨环外径，修整配合尺寸。

检修时，如果支承环外圆局部磨损，可将环转过一个位置装配，继续使用；如果环沿圆周均匀磨损，则在与活塞配合的圆柱面上垫铜箔或铝箔，使支承环外径扩大，也可以继续使用。

用垫片补偿磨损时，垫片总厚度不得大于 0.5mm，垫片层数不要多于 2 层。

与含乙炔气体接触时，禁止使用铜垫。因为乙炔与铜生成的乙炔铜会引起爆炸。

3. 填料

目前，高、中及低压无油润滑填料密封件普遍采用填充聚四氟乙烯平面填料，其常用的结构形式如图 5-79 所示。

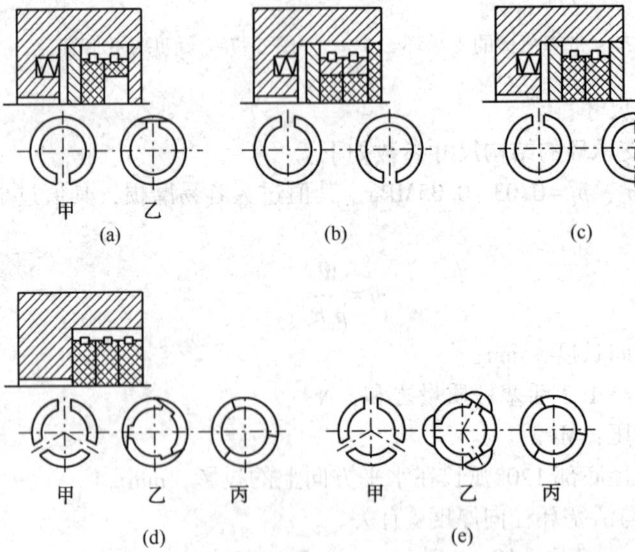

图 5-79　常用平面填料函结构

图 5-79(a)所示甲、乙密封环均为开口环，而乙环径向切口用小帽盖住，结构简单，加工、安装方便。但磨损后径向补偿不够均匀，会使密封环产生变形，导致密封性能下降。

图 5-79(b)中的两环结构相同，只是在两环外周增加围带(用铜材料制造)结构，可以克服图 5-79(a)的不足。因为采用铜做围带，还可以降低其刚性。

图 5-79(c)为 O 形环结构，主密封环无切口，活塞杆与塑料环的配合略有一定的过盈量，经过跑合和温升会使环内径稍有膨胀，使它们之间的配合趋于合理。这种结构比较简单，但环磨损后得不到补偿。如果操作条件较好、磨损速度又很小，这种结构仍能具有较长的使用寿命。

图 5-79(d)结构较复杂，密封环甲、乙分别为不同形状的三瓣结构。丙环是阻流环，无轴向弹簧，一般用于中、低压密封。图 5-79(e)结构与图 5-79(d)结构相似，仅乙环为六瓣，磨损较为均匀。

填充聚四氟乙烯填料密封组数可按表 5-26 选取。

表 5-26 聚四氟乙烯填料密封的组数

活塞杆直径 D/mm	压差 Δp/MPa					
	1.0	1.6	2.5	4.0	6.4	10.0
	填料组数					
30~35	3	3	4	4	5	5
55~80	4	4	4	5	5	6
90~150	4	4	5	5	6	6

复习思考题

1. 简述软填料密封的基本结构及密封原理。
2. 通过何种方法才能获得良好的软填料的密封性能？
3. 简述软填料密封材料的基本要求及主要材料。
4. 典型的软填料结构形式主要有哪几种？并简述它们特点。
5. 软填料密封存在的主要问题有哪些？可以采取哪些改进措施？
6. 软填料密封安装时应注意哪些要求？
7. 活塞环开口的切口形式主要有哪几种？最常用的是哪种？为什么？
8. 简述活塞环的密封原理。
9. 成型填料密封与软填料密封的主要区别是什么？成型填料按工作特性可分为哪几类？
10. 简述 O 形密封圈的工作特性。
11. V 形密封圈使用时应注意哪些事项？
12. 油封作用是什么？主要结构形式有哪些？
13. 怎样才能使油封获得最佳的密封效果？为什么？

第6章 机械密封

6.1 机械密封的基本工作原理

6.1.1 概述

机械端面密封是一种旋转传动件密封，简称机械密封，又称端面密封，用于泵、釜、压缩机、液压传动和其他类似设备的旋转轴的密封。机械密封具有性能可靠、泄漏量小、使用寿命长、无需经常维修的特点，能适应于生产过程自动化和高温、低温、高压、真空、高速以及各种强腐蚀性介质、含固体颗粒介质等苛刻工况的密封要求。

机械密封最早是1885年在英国作为专利出现，直到1900年开始应用，1920年才用于冷冻装置，在此以前只能用作轴承密封，机械密封的使用参数很低，直到1930年用作内燃机水泵的轴封。1930—1945年由于石油化工的发展，出现陶瓷、石墨、硬质合金等材料，在加工技术中表面光洁度的提高，才促使机械密封的使用参数有了提高，此时机械密封在美国得到普及推广，并应用到石油和化学工业中，出现了平衡型密封。前苏联和欧洲国家相继开始广泛应用，20世纪50年代将机械密封用于炼油厂的离心油泵的轴封。

中国机械密封技术起步较晚，但发展速度较快。在20世纪50年代末，兰州炼油厂开始研制泵用机械密封的配件，应用在前苏联进口的离心泵上。在20世纪60年代，沈阳水泵厂、上海水泵厂和天津机械密封件厂等相继开始生产机械密封。1965年，由原第一机械工业部组织通用机械研究所等单位开展泵用机械密封联合设计；1970年由机械、化学工业、石油三部联合组织，制订了《泵用机械密封标准》，并以部标JB 1472-75颁布(该标准1994年进行了更新，以JB/T 1472-94《泵用机械密封》颁布，2011年又更新了此标准为JB/T 1472-2011《泵用机械密封》)。该标准共涉及了24个系列，定型7个系列产品。1973年原化工部组织制订了《釜用机械密封标准》，以部标HG 5-748-78 ~ HG 5-751 ~ HG 5-756-78公布。自20世纪80年代以来，中国主要机械密封制造厂相继引进了美、英、日和德国的机械密封技术，使中国机械密封技术水平迅速提高。在此期间，初步完成了机械密封的技术标准体系(附录)，对中国机械密封技术的发展起了指导和推动作用。

6.1.2 机械密封的基本结构、工作原理

机械密封是由一对或数对动环与静环组成的平面摩擦副构成的密封装置，如图6-1所示。它是靠弹性构件(如弹簧、波纹管或波纹管及弹簧组合构件)和密封介质的压力在旋转

的动环和静环的接触表面(端面)上产生适当的压紧力，使这两个端面紧密贴合，端面间维持一层极薄的液体膜而达到密封的目的。这层液体膜具有流体动压力与静压力，起着润滑和平衡压力的作用。

构成机械密封的基本元件有端面摩擦副(静环和动环)、弹性元件(如弹簧)、辅助密封(如O形圈)、传动件(如传动销和传动螺钉)、防转件(如防转销)、紧固件(如弹簧座、压环、压盖、紧定螺钉、轴套)。

当旋转轴旋转时，通过紧定螺钉和弹簧带动动环旋转。防转销固定在静止的压盖上，防止静环转动。当密封端面磨损时，动环连同动环密封圈在弹簧推动下，沿轴向产生微小移动，达到一定的补偿能力，所以称为补偿环。静环不具有补偿能力，所以称为非补偿环。通过不同的结构设计，补偿环可由动环承担，也可由静环承担。由补偿环、弹性元件和副密封等构成的组件称为补偿环组件。

机械密封基本元件的作用如下。

(1) 端面摩擦副(静、动环)：要保持摩擦面紧密贴合组成密封面从而防止介质泄漏，要求静、动环具有良好的耐磨性，动环可以轴向移动，自动补偿密封面磨损，使之与静环良好地贴合(动环要有良好的追随性)，静、动环具有浮动性起缓冲作用。

(2) 弹性元件(弹簧、波纹管、蛇形套、隔膜等)：主要起预紧、补偿及缓冲的作用，也是对密封端面产生合理比压的一个重要因素，要求始终保持弹性来克服辅助密封传动件的摩擦以及动环等的惯性，保证端面摩擦副良好地贴合和动环的追随性，材料要求耐腐蚀和疲劳。

(3) 辅助密封(O形环、V形环、楔形环及其他异形密封环)：要起到静环和动环的密封作用，同时也起到浮动缓冲作用，要求静环的辅助密封元件能保证静环与压盖之间的密封性和静环有一定的浮动性，动环的辅助密封元件能保证动环与轴或轴套之间的密封性和动环的浮动性，材料要求耐热或耐寒并能与介质相容。

(4) 传动件(传动销电传动环、传动座、传动套、传动键、传动突耳或牙嵌式连接器)：起到将轴的转矩传给动环的作用，中间传动的传动销、压环-传动环、传动销-弹簧座均起传动作用，材料要求耐磨和耐腐蚀。

(5) 紧固件(紧定螺钉、弹簧座、压盖、组装套、轴套)：要起到静、动环的定位、紧固和盛装的作用，要求定位正确，保证摩擦副密封面处于正确的位置并保持良好贴合的弹簧比压。同时要求拆装方便、容易就位、能重复利用。与辅助密封配合处，注意安装密封环的导向侧角和压弹量。特别应注意动环辅助密封件与轴套配合处要求耐腐蚀和耐磨损，必要时采用硬面复层。

机械密封一般有四个密封部位(通道)，如图6-1中所示的A、B、C、D。A处为端面密封，旋转环与静止环的端面彼此结合作相对滑动的动密封，又称机械密封装置中的主密封，是决定机械密封性能和寿命的关键；B处为静止环，与压盖端面之间的密封；C处为旋转环(动环)与轴(或轴套)配合面之间的密封，因能随补偿环轴向移动并起密封作用，所以又称副密封；当端面磨损时，它仅能跟随补偿环沿轴向作微量的移动，实际上是一个相对静密封；D处为压盖与泵壳端面之间的密封。B、D、C三处是静止密封，这些泄漏通道相对来说比较容易封堵，一般不易泄漏；A处即为端面相对旋转密封，只要设计合理即可达到减少泄漏的目的。

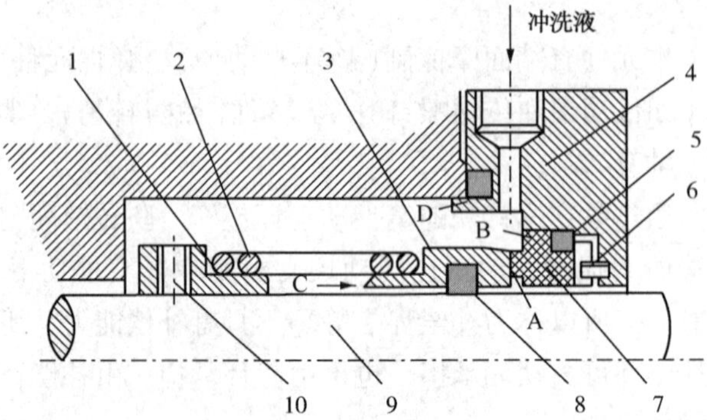

图6-1　机械密封结构原理

1—弹簧座；2—弹簧；3—旋转环(动环)；4—压盖；5—静环密封圈；6—防转销；7—静止环(静环)；8—动环密封圈；9—轴(或轴套)；10—紧定螺钉

A，B，C，D—密封部位(通道)

机械密封对密封端面的加工要求很高(平面度为0.0009mm，表面粗糙度：硬环 $Ra \leqslant 0.1\mu m$，软环 $R_a \leqslant 0.2\mu m$)。为了使密封端面间保持必要的润滑薄膜，必须严格控制端面上的单位面积压紧力，端面上单位压力过大，不易形成稳定的润滑液膜，会加速端面的磨损；端面上单位压力过小，泄漏量增加。所以，要获得良好的密封性能又有较长的寿命，在设计和安装机械密封时，要保证端面单位压力值在最适当的范围内。

6.1.3　力学分析

机械密封的使用性能主要取决于由两密封端面构成的主密封。起主密封作用的密封端面是由一层极薄的流体膜来润滑，以保证其正常工作，而这又取决于端面的摩擦状态。因此，对端面的力学分析极其重要。图6-2为机械密封端面力学分析的示意图。

(1) 密封环带面积 A。指较窄的密封端面外径 d_1 与内径 d_2 之间环形区域的面积，即与另一个密封端面的有效接触面积。

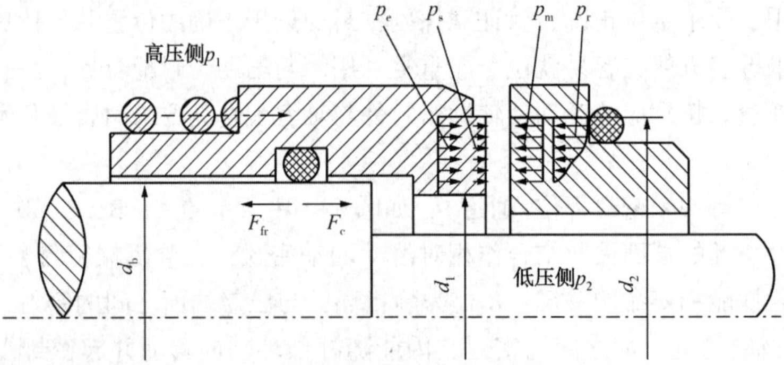

图6-2　机械密封端面力学分析

$$A=\frac{\pi}{4}(d_2^2-d_1^2) \tag{6-1}$$

（2）弹簧比压 p_s。指单位密封面上的弹性力，MPa。计算方法是总的弹性力 F_s 除以密封环带的面积 A。其计算式为

$$p_s=\frac{F_s}{A}=\frac{F_s}{\frac{\pi}{4}(d_2^2-d_1^2)} \tag{6-2}$$

（3）密封流体压力有效作用面积 A_e。指密封流体压力作用在补偿环上，使之对非补偿环趋于闭合的有效作用面积：

$$A_e=\frac{\pi}{4}(d_2^2-d_b^2) \tag{6-3}$$

式中，d_b 为滑移直径，也称为平衡直径，指密封流体压力作用在补偿环辅助密封圈处的轴(或轴套)的直径。

（4）密封流体压力作用比压 p_e。单位密封面上承受的流体压力所施加的使密封端面闭合的力。

$$p_e=\frac{pA_e}{A}=\frac{p\frac{\pi}{4}(d_2^2-d_b^2)}{\frac{\pi}{4}(d_2^2-d_1^2)}=p\frac{(d_2^2-d_b^2)}{(d_2^2-d_1^2)} \tag{6-4}$$

式中 p——密封流体压力，指机械密封内外侧流体的压差。

$$p=p_1-p_2 \tag{6-5}$$

（5）载荷系数 K。指密封流体压力作用在补偿环上，使之对于非补偿环趋于闭合的有效作用面积 A_e 与密封环带面积 A 之比。其物理本质是密封流体压力作用比压 p_e 与密封流体压力 p 之比。

$$K=\frac{p_e}{p}=\frac{A_e}{A}=\frac{d_2^2-d_b^2}{d_2^2-d_1^2} \tag{6-6}$$

当 $K\geqslant1$ 时，即 $A_e\geqslant A$，密封流体压力作用面积大于或等于密封环带面积(承载面积)，称为非平衡型机械密封；当 $K<1$ 时，即 $A_e<A$，密封流体压力作用面积小于密封环带面积(承载面积)，称为平衡型机械密封。

（6）平均流体膜压力 p_m。指密封端面间流体膜的平均压力。

$$p_m=\frac{\int_A p_r\mathrm{d}A}{A} \tag{6-7}$$

式中 p_r——在半径为 r 处密封端面上的流体膜压力，即流体膜压力沿密封端 7 面半径方向的压力分布。

（7）反压系数 λ。指密封端面间流体膜平均压力 p_m 与密封流体压力 p 之比。

$$\lambda=\frac{p_m}{p} \tag{6-8}$$

（8）闭合力 F_c。指由密封流体压力 p 和弹簧力 F_s 等引起的作用于补偿环上使之对于非

补偿环趋于闭合的力。

$$F_c = p_e A + p_s A \pm (F_{fr} + F_i) \tag{6-9}$$

式中　F_{fr}——补偿环辅助密封与滑移面之间的摩擦力；

F_i——补偿环组件轴向加速运动时产生的惯性力。

在稳定工作条件下，可不考虑轴向摩擦力和惯性力的影响。

(9) 开启力 F_o。指作用在补偿环上使之对于非补偿环趋于开启的力。

$$F_o = p_m A = \lambda p A \tag{6-10}$$

(10) 端面比压 p_c。指作用在密封环带上单位面积上的净闭合力。

$$p_c = \frac{F_c - F_o}{A} = \frac{(Kp + p_s)A - \lambda p A}{A} = p_s + (K - \lambda)p \tag{6-11}$$

上述分析是针对图 6-2 所示的基本结构而进行的，不同的具体结构，某些参数计算式会有所不同。

6.2　机械密封的基本类型

机械密封由于使用广泛，出现的结构形式很多，到目前为止还在不断发展。为了便于掌握各种类型机械密封的结构和工作特点，将其从几个不同角度划分成几种基本类型，然后综合分析各种结构机械密封的工作原理和工作特点(图 6-3)。

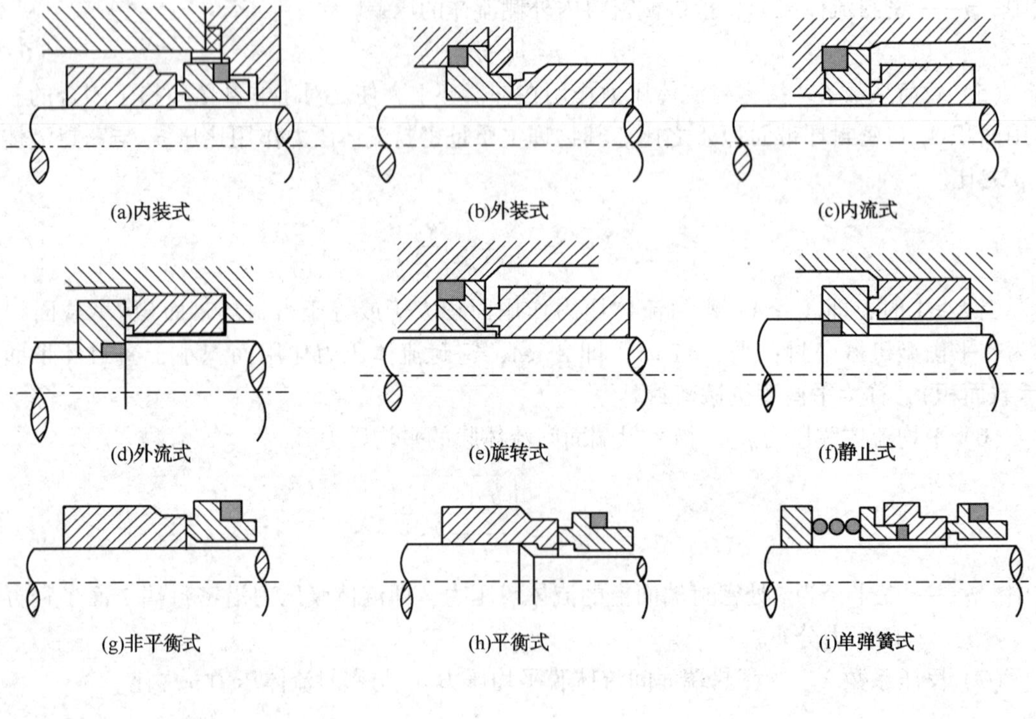

(a)内装式　(b)外装式　(c)内流式

(d)外流式　(e)旋转式　(f)静止式

(g)非平衡式　(h)平衡式　(i)单弹簧式

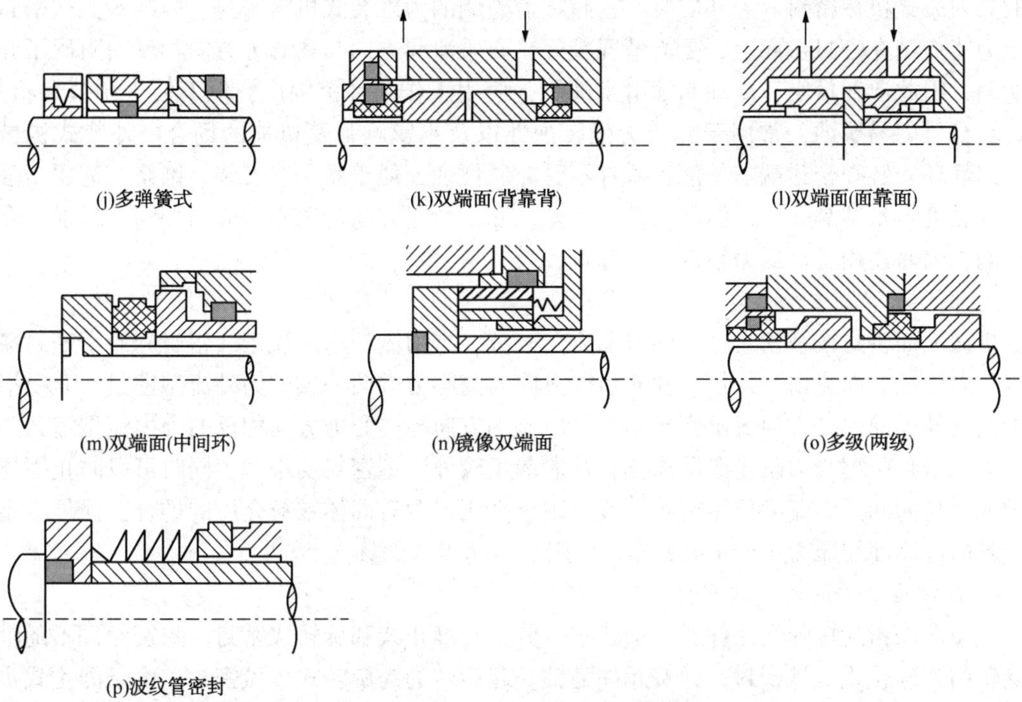

图 6-3　机械端面密封的基本型式

1. 按密封端面接触状态分类

机械端面密封的端面接触状态不同，主要有接触式机械密封、非接触式机械密封和半接触式机械密封。密封面的接触状况，因实际密封面粗糙不平，只能按一定表面粗糙度的密封端面名义(平均)间隙的大小和密封面润滑条件来划分。

(1) 接触式机械密封是靠弹性元件预压紧，密封流体压力与弹性元件压紧力使密封面微凸体接触的机械密封。这类密封的端面名义间隙小(h 为零点几到 2μm)，大多在混合润滑和边界润滑下运转。

(2) 非接触式机械密封是靠弹性元件预压紧，密封流体压力与端面间全流体膜压力平衡，两密封面微凸体完全不接触，被控部在一定间隙下运转的机械密封。流体膜压力由流体动压效应产生的流体动压型机械密封和流体膜压力由流体静压效应产生的流体静压型机械密封均属非接触式密封。这类密封均在流体润滑下运转，通常还称为可控间隙机械密封(h>2~5μm)。

(3) 半接触式机械密封兼有接触式和非接触式机械密封的特点，根据要求(pv 值和允许泄漏量)调节静环背部的背压来调整载荷系数，可以由接触式密封转变为非接触式密封或由非接触式密封转变为接触式密封。

普通型密封大多是接触式密封，磨损、功耗和发热量都较大，但泄漏量小，结构简单，常用。流体动压型密封、流体静压型密封及流体静、动压混合型密封都属于非接触式密封，其功耗和发热量小，正常工作时没有磨损，能在苛刻工况下工作，但泄漏量较大，结构复杂，用于高速、高压及高 pv 值条件下或多级密封的首级密封。

2. 按静环安装位置分类

机械端面密封按静环的安装位置来分，有内装式和外装式密封。静环安装在密封端盖内侧的为内装式机械密封。静环安装在密封端盖外侧的为外装式机械密封。内装式机械密封介质压力能作用在密封端面上，受力情况较好，介质泄漏方向与离心力方向相反而阻碍了介质的泄漏，因此泄漏量小，冷却与润滑条件好，使用工作条件范围广，但不便于调节和检查，弹簧在介质中易腐蚀，常用于介质无强腐蚀性以及不影响弹簧机能的场合。外装式机械密封，因静环安装在密封端盖外侧，零件不受介质侵蚀，便于观察、安装、维修，适用于强腐蚀、高黏度、易结晶介质，但受力情况较差，介质泄漏方向与离心力方向相同，增加了介质的泄漏，因而使用工作压力较低，泄漏量较大。

3. 按介质泄漏方向分类

机械端面密封按被密封介质的泄漏方向来分，有内流型和外流型。密封介质沿密封端面从内径向外径方向流出密封箱、介质泄漏方向与离心力方向一致的为外流型密封。介质沿密封端面从外径向内径方向流出密封箱、介质泄漏方向与离心力方向相反的为内流型密封。由于内流型密封中离心力阻止泄漏流体，其泄漏量较外流型密封要小些，同时可以防止固体颗粒进入密封面间。内流型机械密封一般适用于高压或含有固体颗粒介质的场合，而外流型机械密封的最高使用压力小于1~2MPa，可用于转速极高的场合。

4. 按弹簧元件的运动状态分类

机械端面密封按弹簧元件的运动状态来分，有静止式和旋转式密封。弹簧元件不随轴一起旋转的为静止式机械密封。弹簧元件随轴一起旋转的为旋转式机械密封。由于静止式机械密封及弹簧元件不受离心力影响，性能稳定，常用于高速机械密封中，但结构复杂。旋转式机械密封及弹簧元件受离心力影响，易变形，影响弹簧性能，不适用于高速机械密封，但由于结构简单、径向尺寸小，常用于一般机械密封。此外，在要求避免引起介质强烈搅动和零件因不平衡引起振动，采用静止式机械密封较为适宜。

5. 按密封流体在密封端面引起的卸载程度分类

机械端面密封按密封流体在密封端面上的压力卸载程度来分，有非平衡型和平衡型密封。密封流体作用在密封端面上的压力不能卸载的为非平衡(不卸载)型机械密封。密封流体作用在密封端面上的压力能卸载的为平衡(卸载)型机械密封。按卸载的程度不同，平衡型机械密封又可分为部分平衡式和过平衡式。

非平衡型密封的密封端面上作用力随密封流体的压力升高而变化较大，因此只适用于低压，而平衡型密封的密封端面上作用力随流体压力的升高变化较小，因此适用于高压。平衡型能减少断面的摩擦和磨损，减少摩擦热，承载能力大，但结构复杂，成本较高，非平衡型结构简单。

6. 按弹性元件的结构和布置分类

机械端面密封按弹性元件的结构来分，有单弹簧式密封、多弹簧式密封、波纹管密封和膜片密封。补偿机构中含有一个弹簧的称为单弹簧式密封，补偿机构中含有多个弹簧的称为多弹簧式密封。

单弹簧式密封中大弹簧中心布置，多弹簧式密封中小弹簧沿圆周均匀点布。中心单(大)弹簧式机械密封的端面受力不均匀，高速下离心力使弹簧偏移或变形，弹簧力不易调节，轴向尺寸大，因此多用于直径小(轴径不大于ϕ80~150mm)、载荷小、有强腐蚀介质的场合的低速密封。点布多(小)弹簧式机械密封的端面受力均匀(可挑选布置)，受离心力影响较小，因此可用于轴径较大、载荷较大的高速密封，但在腐蚀性介质和有固体颗粒介质的场合下，小弹簧因弹簧丝直径细、易腐蚀和堵塞而失效，这时应采用单弹簧式机械密封。

波纹管机械密封既可以省去辅助密封圈，又可以省去弹簧(金属波纹管密封)，密封性能好、结构简单、尺寸紧凑、抗干扰能力强和使用范围宽广，因此目前推广使用，特别适用于高温、低温条件下，耐温为-200~650℃，但必须注意防止波纹管外围因结焦、结垢、沉积而堵塞失效。

7. 按密封端面数目分类

机械端面密封按密封端面的对数来分，有单端面、双端面和多端面密封。

由一对密封端面组成的为单端面机械密封。单端面密封结构简单，制造、装拆方便，最常用，此时介质本身润滑性好，允许有微量泄漏，因此适用于一般介质。但当介质易燃、易爆、有毒、高压，而且对泄漏量有严格要求时，为了工作可靠和安全起见，不采用单端面密封而采用双端面或多端面密封。

双端面密封中有两对密封端面轴向背靠背布置的、面对面布置的、径向布置的和顺序布置的以及带中间环的机械密封。双端面密封适用于介质本身润滑性差、有毒、易燃、易爆、易挥发、低黏度、含固体颗粒和纤维、强腐蚀、高温及气体介质和高真空等场合。

双端面密封(带中间环密封除外)的特点是两对密封端面间可以充满中间密封流体-阻塞流体(俗称封气、封液、封水、封油)，使被密封流体不外漏。一般使阻塞流体的压力比被密封流体压力高，约高出0.05~0.15MPa，多采用不影响被封介质的性能、又无毒、无腐蚀、润滑性好、汽化温度高的介质作阻塞流体。靠被密封流体一侧的密封头总是受高于被密封流体压力的压差作用；背靠背和面对面的双端面密封泄漏流体方向都是向里，都是内流型轴向双端面密封，而径向双端面密封是内流型与外流型组合密封。顺序布置的轴向双端面密封实质上是两级密封，相当于一个外流型(外装式)密封和一个内流型(内装式)密封。

此外，还有多密封头的多级密封和多端面的多端面密封，都适用于高压、高温和高速密封。

8. 按工作条件分类

机械端面密封按工作条件来分，具体的数值范围列于表6-1，供参考。

表6-1 机械密封按工作条件分类表

按密封腔温度/℃	$t>150$	高温机械密封
	$80<t\leqslant150$	中温机械密封
	$-20\leqslant t\leqslant80$	普温机械密封
	$t<-20$℃	低温机械密封
按密封腔压力/MPa	$p>15$	超高压机械密封
	$3<p\leqslant15$	高压机械密封
	$1<p\leqslant3$	中压机械密封
	常压$\leqslant p\leqslant1$	低压机械密封
	负压	真空机械密封
按密封端面速度/(m/s)	$v>100$	超高速机械密封
	$25\leqslant v\leqslant100$	高速机械密封
	$v<25$	一般速度机械密封

续表

按轴径尺寸/mm	$d>120$	大轴径机械密封
	$25\leqslant d\leqslant 120$	一般轴径机械密封
	$d<25$	小轴径机械密封
按工作参数	满足下列条件之一： $p>3\mathrm{MPa}$ $t<-20℃$ 或 $t>150℃$ $v\geqslant 25\mathrm{m/s}$ $d>120\mathrm{mm}$	重型机械密封
	满足下列条件； $p<0.5\mathrm{MPa}$ $0<t<80℃$ $v<10\mathrm{m/s}$ $d\leqslant 40\mathrm{mm}$	轻型机械密封
	不满足重型和轻型的其他密封	中型机械密封
按使用介质	强酸、强碱及其他强腐蚀介质	耐强腐蚀介质机械密封
	油、水、有机溶剂及其他弱腐蚀介质	耐油、水及其他弱腐蚀介质机械密封
	含磨粒介质	耐磨粒介质机械密封

9. 按用途分类

机械端面密封按其用途可分为泵用机械密封、釜用机械密封、离心压缩机机械密封和化工容器机械密封等。

机械密封与其他形式的密封相比，具有以下特点。

（1）密封性好。在长期运转中密封状态很稳定，泄漏量很小，据统计约为软填料密封泄漏量的1%以下。

（2）使用寿命长。机械密封端面由自润滑性及耐磨性较好的材料组成，还具有磨损补偿机构。因此，密封端面的磨损量在正常工作条件下很小，一般的可连续使用1~2年，特殊的可用到5~10年以上。

（3）运转中不用调整。由于机械密封靠弹簧力和流体压力使摩擦副贴合，在运转中即使摩擦副磨损后，密封端面也始终自动地保持贴合。因此，正确安装后，就不需要经常调整，使用方便，适合连续化、自动化生产。

（4）功率损耗小。由于机械密封的端面接触面积小，摩擦功率损耗小，一般仅为填料密封的20%~30%。

（5）轴或轴套表面不易磨损。由于机械密封与轴或轴套的接触部位几乎没有相对运动，因此对轴或轴套的磨损较小。

（6）耐振性强。机械密封由于具有缓冲功能，因此当设备或转轴在一定范围内振动时，仍能保持良好的密封性能。

(7) 密封参数高，适用范围广。当合理选择摩擦副材料及结构，加之设置适当的冲洗、冷却等辅助系统的情况下，机械密封可广泛适用于各种工况，尤其在高温、低温、强腐蚀、高速等恶劣工况下，更显示出其优越性。目前机械密封技术参数可达到如下水平：轴径 5~1000mm；使用压力 10^{-6}~42MPa；使用温度-200~1000℃；机器转速可达 50000r/min；密封流体压力 p 与密封端面平均线速度 v 的乘积 pv 值可达 1000MPa · m/s。

(8) 结构复杂、拆装不便。与其他密封比较，机械密封的零件数目多，要求精密，结构复杂。特别是在装配方面较困难，拆装时要从轴端抽出密封环，必须把机器部分(联轴器)或全部拆卸，要求工人有一定的技术水平。这一问题目前已作了某些改进，例如采用拆装方便并可保证装配质量的剖分式和集装式机械密封等。

6.3 机械密封的设计

1. 机械密封的设计原则

对于大多数工程技术人员，是选择和使用机械密封。但当无法选择到满足使用要求的机械密封时，会面临设计问题。而对于密封技术的研究与开发，则常面临机械密封的设计。

机械密封设计涉及面很广，这里主要关注设计中必须特别引起注意的基本问题。首先，通过合理的密封腔设计、密封腔内流体状态(温度、气体含量、汽化情况、固体颗粒含量)的控制来尽可能提供一个有利于密封良好工作的外部环境；其次，在设计和选择机械密封辅助系统时，应充分考虑到影响密封性能因素的复杂的相互作用关系。

机械密封的结构、零件和材料多种多样，可以产生几万种排列组合，但这种组合的多样性对解决实际问题并未提供太多的帮助。实际所需要的是满足特定要求的简洁而有效的解决方案。总之，机械密封的设计必须满足下列基本要求：

(1) 必须始终有液体与密封端面入口处保持接触。

(2) 液体在端面入口处的温度必须低于在该处压力下液体的沸点。

(3) 补偿环必须始终处于自由补偿状态，能进行轴向的自我调节。

(4) 补偿环和非补偿环必须有可靠的防转措施，防止在扭转载荷的作用下，发生相对于轴或壳体的周向滑动或转动。

(5) 必须具有足够的弹簧力始终维持密封端面的接触。

为了提高密封的可靠性，某些其他要求也应尽量满足，如：

(1) 至少一个密封环应采用高导热材料。

(2)高压流体处于密封环的外圆周，即密封结构采用内流式。

(3) 一个密封端面的材料必须耐磨，且在磨损过程中能保持端面的平滑。

(4) 对高速场合，非补偿环旋转，即采用静止式结构，并且旋转环的外周尽量简洁，避免对流体的激烈搅动。

(5) 窄环的端面宽度不超过 2~3mm。

(6) 密封采用平衡式结构，载荷系数 K=0.7~0.8。

(7) 避免大的拉伸应力和冲击载荷作用在石墨环和陶瓷环上。这些载荷包括离心力、突然加压，传动销、防转销的突然冲击等。

2. 机械密封的设计程序

(1) 获取设计条件。设计机械密封时，必须进行周密的调查研究，并获得具体的设计条件。包括：①工作主机的类型及需要密封的部位；②使用工况，即介质压力、介质温度及轴的转速、转向；③被密封介质的名称、成分及性质，包括密度、黏度、浓度、饱和蒸汽压、pH 值，是否有腐蚀性、是否含悬浮颗粒等，是否易结晶或聚合；④工作主机的运转状况，是连续运转还是间隙运转以及检修周期等；⑤轴的振动及偏摆情况；⑥泄漏量的允许极限值；⑦密封部位的结构，包括轴(或轴套)的外径尺寸，密封腔结构，密封腔内径及深度，密封端面的装配尺寸和各表面的粗糙度；⑧密封辅助系统情况；⑨密封腔有无冷却水夹套，冷却水的温度，是否具备采取冲洗、冷却措施的条件，有无过滤装置等。

(2) 确定基本结构。主要确定密封是单端面或是双端面，平衡型或是非平衡型，内装或是外装，旋转式或是非旋转式、单弹簧或是多弹簧等基本结构。

(3) 确定材料。确定端面摩擦副、辅助密封圈、弹性元件及其他零件材料。

(4) 密封端面设计。主要确定密封端面宽度及高度，计算载荷系数 K。

(5) 补偿环和非补偿环设计。包括形状、尺寸、支撑方法、传动及防转机构、强度设计、刚度设计等。

(6) 辅助密封设计。进行形状、尺寸、压缩量、密封性、浮动性等的设计。

(7) 弹性元件设计。确定弹性力大小、弹性元件数量、弹性力的施加方式等。

(8) 密封辅助系统设计。确定密封辅助系统的流程、器件及其运行条件。

(9) 主要工作参数计算。主要计算弹簧比压、平衡系数、端面比压、pv 值、摩擦功耗等。

(10) 标准化和工艺审查。对零件、结构、材料、试验等进行标准化审查；对零件的加工工艺性进行审查。

(11) 进行型式试验。拟订具体的试验方案，并进行试验，按试验规范进行考核。

(12) 编制零件表、使用说明书，完善设计技术文件。产品型式试验成功并定型后，编制零件表、使用说明书，并完善、归档设计技术文件。

3. 机械密封设计计算的主要内容

1) 弹簧比压的确定

弹簧比压是弹性力作用密封端面上产生的单位面积上的压力，按式(6-2)计算，是一个重要的设计参数。设计时通常是根据经验或试验确定弹簧比压，然后确定工作状态时的弹性力，进而设计弹性元件。弹簧力的主要作用是保证主机在启动、停车或介质压力波动时，使密封面能紧密贴合；同时用以克服补偿环辅助密封圈与相关元件表面间的摩擦阻力，使补偿环能追随端面的磨损沿轴向移动。弹簧比压值过小，难以起到上述作用；弹簧比压过大，则会加速端面磨损。对于内装式机械密封一般弹簧比压 $p_s = 0.1 \sim 0.2$MPa。对于外装式非平衡型密封，介质压力小于 0.1MPa，弹簧比压 p_s 取 0.3～0.4MPa。介质压力在 0.1～0.25MPa 时，弹簧比压 p_s 取 0.4～0.6MPa。真空条件下的弹簧比压 p_s 取 0.2～0.3MPa。补偿环辅助密封圈为 O 形橡胶圈，p_s 取较小值；补偿环辅助密封圈为聚四氟乙烯 V 形圈时，p_s 取较大值。在反应釜、搅拌器中，由于轴偏摆较大，速度较低，可取较大的弹簧比压。

2）端面比压的计算

密封端面单位面积上的净闭合力即为端面比压。

(1) 内装内流型密封的端面比压。图 6-2 即为一内装内流旋转式机械密封的结构。旋转组件处于介质中，对润滑和冷却较为有利，端面比压随介质压力的增加而增大；压力波动时，密封面的贴合较为稳定，是应用较多的一种形式。式(6-11)即为该类结构机械密封端面比压的计算式。根据经验，该类机械密封的端面比压 $p_c=0.3\sim0.6$MPa 比较合适，当介质黏度大，润滑性能好，摩擦副材料硬度高时，端面比压可适当高些，可达 1.0MPa，甚至 1.2MPa。

(2) 外装外流非平衡型密封的端面比压。图 6-4 为一外装外流非平衡型机械密封示意图。其闭合力仅有弹簧力 F_s，即 $F_c=F_s$，端面的开启力有端面间液膜的平均压力 $p_m A=\lambda pA$，介质的作用压力 $F_p=pA_e$，但有效作用面积 A_e 为 $A_e=\dfrac{\pi}{4}(d_1^2-d_b^2)$。

同样将 A_e 与密封环带 A 之比定义为载荷系数 K，则该类密封的端面比压的计算式为：

$$p_c=\frac{F_c-F_o}{A}=\frac{F_s-(\lambda p\cdot A+p\cdot A_e)}{A}=p_s-(\lambda+K)p \tag{6-12}$$

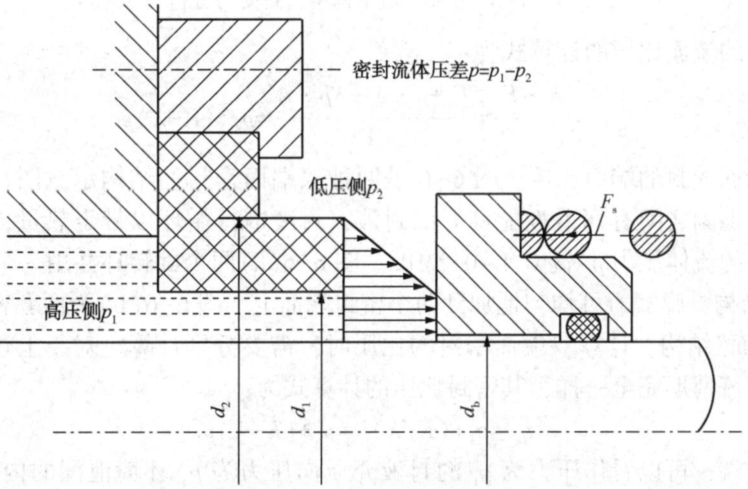

图 6-4 外装外流非平衡型密封的受力分析

由此可见，在外装式密封中，为了保持合适的端面比压，需要较大的弹簧比压，特别是当介质压力增大时，开启力也随之增大，需要更大的弹簧比压。但是，过大的弹簧比压是不允许的，特别是在设备启动和压力低的情况下运行时，将会导致端面比压过大。因此，外装式密封不能用于高压，一般不超过 0.25MPa。即使在低压的情况下，由于受弹簧施力不均匀性、离心力等不利因素的影响，密封效果也不太好，一般仅用于强腐蚀性介质工况。

(3) 外装外流平衡型密封的端面比压。为了提高外装式密封的使用压力，又不致使弹簧比压过大，出现了外装平衡式结构，图 6-5 为该类密封的结构受力示意图。由于其端面比压的构成有所改善，外装式平衡型密封使用的介质压力可达 0.4MPa。

其主要特征是闭合力除了弹簧力外，还有介质压力，即：

$$F_c=F_s+p\cdot A_e \tag{6-13}$$

而有效作用面积 A_e 的计算式为：

$$A_e=\frac{\pi}{4}(d_b^2-d_1^2) \tag{6-14}$$

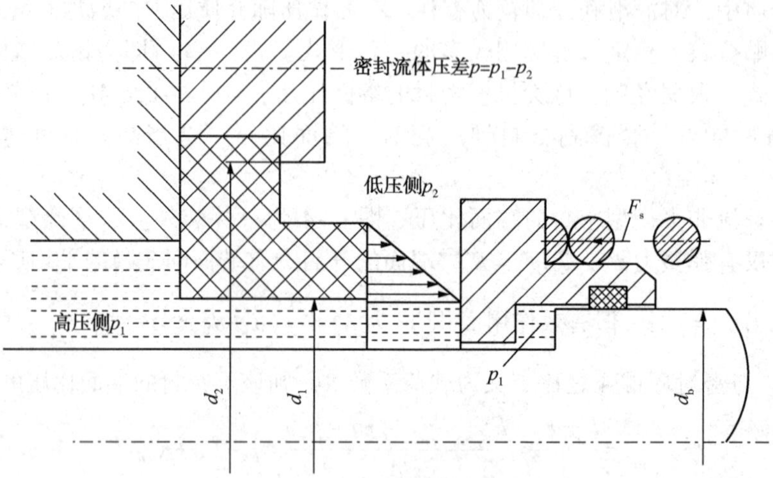

图 6-5　外装外流平衡型密封受力分析

这类密封的端面比压的计算式为：

$$p_c=\frac{F_c-F_o}{A}=\frac{F_s+p\cdot A_e-\lambda p\cdot A}{A}=p_s+(K-\lambda)p \tag{6-15}$$

（4）双端面密封的端面比压。图 6-6 是两种双端面密封的结构示意图，它们由两组摩擦副组成。摩擦副之间有润滑性能良好的封液，封液进行循环以带走热量，封液的压力 p_f 一般比被密封的流体压力 p_1 高 0.1~0.2MPa。图 6-6(a)两个旋转环共用一个(或一组)弹簧的“背靠背”结构，弹簧力可均匀地加到两个密封端面上。图 6-6(b)为两套密封共用一个旋转环的“面对面”结构。计算双端面密封的比压时，需要分别计算。对于上述两种结构，空气端和内装内流情形完全一样，其密封比压的计算式为：

$$p_c=p_s+(K-\lambda)p=p_s+(K-\lambda)p_f \tag{6-16}$$

对于介质端，可以看作压力为 p_f 的封液介质向压力为 p_1 环境泄漏的内流单端面密封，其端面比压的计算式为：

$$p_c=p_s+(K-\lambda)p=p_s+(K-\lambda)(p_f-p_1) \tag{6-17}$$

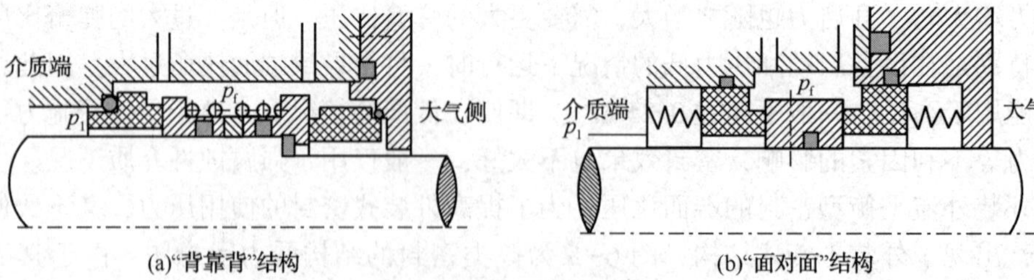

图 6-6　双端面机械密封

值得注意的是，应用式(6-16)和式(6-17)计算端面比压时，应根据具体结构正确确定其平衡直径 d_b、有效面积 A_e 及载荷系数 K 等。

（5）波纹管式密封的端面比压。波纹管式机械密封端面比压的计算和弹簧式机械密封完全相同，只是在计算载荷系数 K 时，采用波纹管的有效直径 d_e 代替弹簧式机械密封的平衡直径 d_b。例如，对于内装内流式密封的载荷系数 K 为：

$$K=\frac{d_2^2-d_e^2}{d_2^2-d_1^2} \tag{6-18}$$

波纹管受内压时有效直径 d_e 的意义为：当波纹管内侧受到一定大小的流体压力 p 作用，而长度 L 又保持不变时，它在轴向产生的力 F 相当于以有效直径 d_e 为直径的圆形活塞端面受压力 p 作用所产生的力 F(图 6-7)，即：

$$F=\frac{\pi}{4}d_e^2\cdot p \tag{6-19}$$

当波纹管受外压时有效直径 d_e 的意义是：当波纹管外侧受到一定大小的流体压力 p 作用而长度 L 又保持不变时，它在轴向产生的力 F 相当于波纹管外径 d_o 与有效直径 d_e 之间的环形活塞端面受压力 p 作用时所产生的力(图 6-8)。即

$$F=\frac{\pi}{4}(d_o^2-d_e^2)\cdot p \tag{6-20}$$

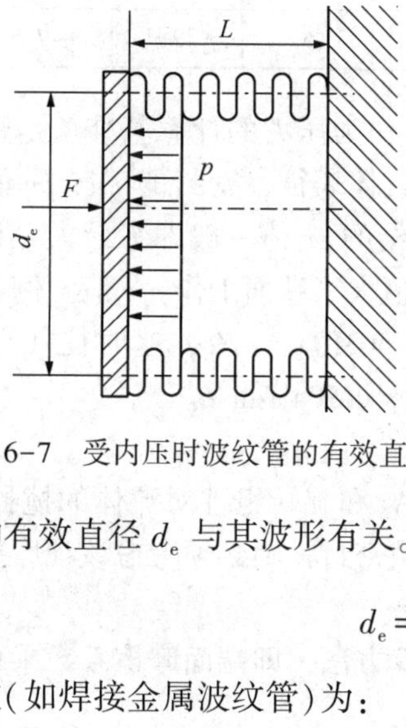

图 6-7　受内压时波纹管的有效直径

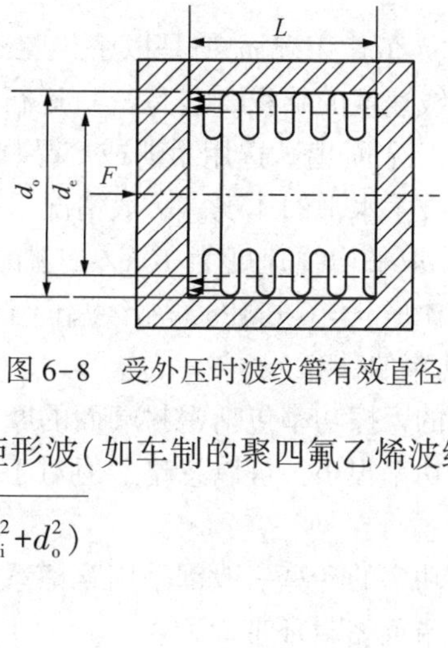

图 6-8　受外压时波纹管有效直径

波纹管的有效直径 d_e 与其波形有关。对于矩形波(如车制的聚四氟乙烯波纹管)为：

$$d_e=\sqrt{\frac{1}{2}(d_i^2+d_o^2)} \tag{6-21}$$

锯齿形波(如焊接金属波纹管)为：

$$d_e=\sqrt{\frac{1}{3}(d_i^2+d_o^2+d_id_o)} \tag{6-22}$$

U 形波(如挤压成形的金属波纹管)为：

$$d_e=\sqrt{\frac{1}{8}(3d_i^2+3d_o^2+2d_id_o)} \tag{6-23}$$

上述三式中 d_i 和 d_o 分别为波纹管的内外直径，且计算结果 d_e 仅是近似值，因为有效直径 d_e 除与波形有关外，还与波纹管的受压状态、材料和波数有关。当其受内压时，波纹管的有效直径将比计算值大，压力越高，偏差越大；当其受外压时，波纹管有效直径将比计算值小，也存在压力越高，偏差越大的问题。因此，精确设计计算时需通过实验测定。

3) pv 值的计算

pv 值是设计和使用机械密封的重要参数，计算时随着选取压力的基准不同，pv 值有不同的含义，即表达机械密封的功能特性不同。

(1) 工作 p_cv。它以端面密封比压 p_c 作为压力基准，即端面比压 p_c 与端面平均线速度 v 的乘积，表征密封端面实际工作状态。端面的发热量和摩擦功耗直接与 p_cv 成正比，该值过大时会引起端面液膜的强烈汽化或者使边界膜失向(破坏了极性分子的定向排列)而造成吸附膜脱落，结果导致端面摩擦副直接接触产生急剧磨损。它是设计时考虑的一个重要指标，其值必须小于许用的[p_cv]值。

(2) 许用[p_cv]值。许用[p_cv]值是极限(p_cv)除以安全系数获得的数值。所谓极限(p_cv)是指密封失效时达到的 p_cv，它是密封技术发展水平的重要标志。不同材料组合具有不同的许用[p_cv]值，表 6-2 为常用材料组合的许用[p_cv]值，它是以密封端面磨损速度小于或等于 0.4μm/h 为前提的试验结果。

表 6-2 常用摩擦副在机械密封中的许用[p_cv]值

摩擦副	SiC-石墨	SiC-SiC	WC-石墨	WC-WC	WC-填充四氟	WC-青铜	Al_2O_3-石墨	Cr_2O_3涂层-石墨
[p_cv]/(MPa·m/s)	18	14.5	7~15	4.4	5	2	3~7.5	15

(3) 工况 pv 值。工况 pv 值是以密封腔工作压力作为压力的计算基准，是密封腔工作压力与端面平均线速度的乘积。它是密封运行工况的具体表征，密封的工况 pv 值应小于该密封的最大允许工况 pv 值。选用手册或产品样本上所给的 pv 值一般即为最大允许工况 pv 值，该值也是密封技术水平的体现。一般情况下工况 pv 值大于端面工作 p_cv 值。例如泵密封腔的压力为 5MPa，取平均线速度为 10m/s，则工况 $pv=50\text{MPa}\cdot\text{m/s}$，这时往往选用平衡型密封，假如端面比压 $p_c=0.6\text{MPa}$，那么端面工作的 $p_cv=6\text{MPa}\cdot\text{m/s}$。

4) 摩擦功率的计算

机械密封的摩擦功率包括密封端面的摩擦功率 N_f 和旋转组件对流体的搅拌功率 N_s。一般情况下搅拌功率很小，可以忽略，但对于高速机械密封，则必须考虑该项摩擦功率及其可能造成的危害。

端面摩擦功率的计算一般都采用摩擦系数的计算方法，即端面摩擦系数乘以端面工作的 pv 值，再乘以端面密封环带面积：

$$N_f=f\cdot p_cv\cdot A \tag{6-24}$$

摩擦系数 f 与许多因素有关，正常运转机械密封的摩擦系数见表 6-3。

表 6-3 机械密封摩擦副正常运转时的摩擦系数

摩擦副组对材料	摩擦系数，f	摩擦副组对材料	摩擦系数，f
浸树脂碳石墨—铸铁	0.07	碳化硅(SiC)—碳化钨(WC)	0.02
浸树脂碳石墨—氧化铝陶瓷	0.07	硅化石墨—硅化石墨	0.05
浸树脂碳石墨—碳化钨(WC)	0.07	碳化硅(SiC)—碳化硅(SiC)	0.02
浸树脂碳石墨—碳化硅(SiC)	0.02	碳化钨(WC)—碳化钨(WC)	0.08
浸树脂碳石墨—硅化石墨	0.015		

4. 某些设计特征、问题与解决方案

1）转矩传递

由于旋转组件需要克服搅拌和端面的摩擦转矩，保持其正常旋转，需要有可靠的传动方式来传递转矩。同时非旋转环需要固定，防止其随旋转环一起旋转，其防转机构将旋转环传递来的转矩传递到机体上。非旋转环防转机构最常见的是柱销机构，有轴向防转销和径向防转销两种形式，如图 6-9 所示。

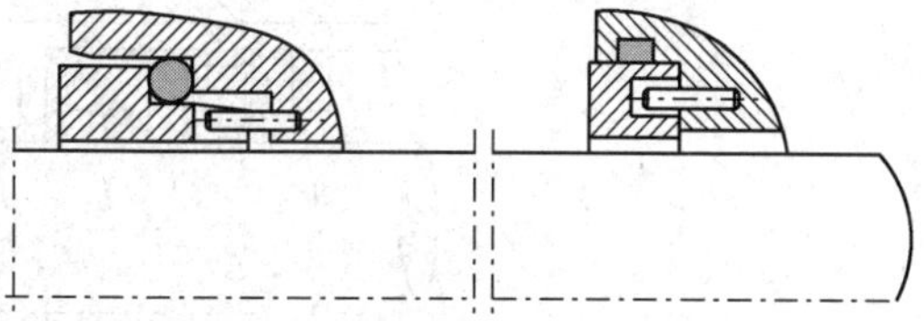

图 6-9 非旋转环的柱销防转机构

转矩传递机构在有效传递转矩的同时，不能妨碍补偿机构的补偿作用和密封环的浮动减振能力。转轴将转矩传递到密封组件的常见机构有紧定螺钉、销钉、平键及分瓣环等。密封件将转轴传递来的转矩传递给旋转环的常见机构有以下几种。

（1）柱销机构[图 6-10(a)]，它传递转矩时仅存在轴向力，常用于多弹簧的密封中。

（2）并圈弹簧机构[图 6-10(b)]，它结构简单，用于传动旋转式补偿环。但其旋转方向与弹簧的旋向有关，应使弹簧越转越紧。

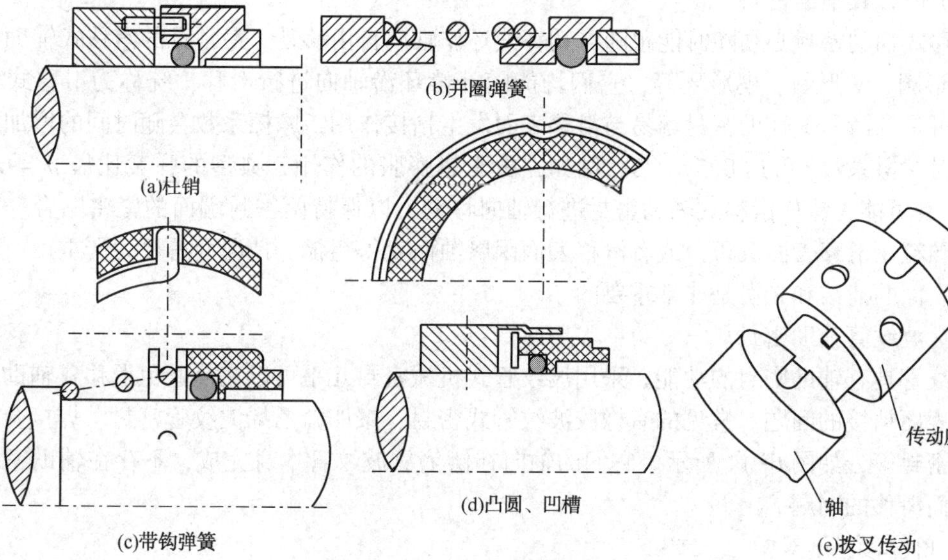

图 6-10 机械密封的转矩传动机构

（3）带钩弹簧机构[图 6-10(c)]，用于旋转式补偿环的传动。其旋转方向与弹簧旋向有关。

（4）凸圆(耳环)、凹槽机构[图 6-10(d)]，用于补偿环的传动或防转，常与弹簧座组成整体结构。

（5）拨叉传动机构[图 6-10(e)]，用于补偿环的传动或防转。结构简单，常与弹簧座组成冲压件整体结构。由于冲压件拨叉径向尺寸小(较薄)，且冲压后冷却硬化，拨叉易断裂，常用于中性介质。

（6）波纹管传动机构。波纹管是集弹性元件、辅助密封和转矩传动机构于一身的密封元件。其转矩的传动方式是波纹管机械密封所特有的，波纹管的两端分别与传动座和旋转环连接，至于连接方式依波纹管材料而定。例如，对于金属波纹管，则采用焊接；对于橡胶波纹管和聚四氟乙烯波纹管，则采用整体或其他方法连接。转轴通过紧定螺钉、键等机构将转矩传递到传动座，传动座通过波纹管即把转矩传递到旋转环。如图 6-11 所示为波纹管旋转式传动焊接金属波纹管机械密封。

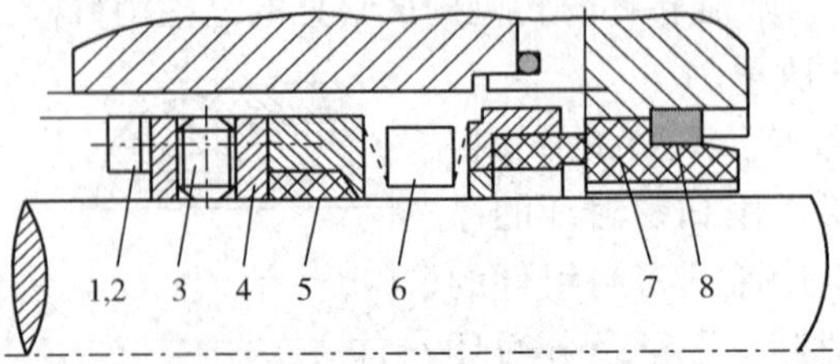

图 6-11　波纹管旋转式机械密封

1—内六角螺钉；2—垫片；3—紧定螺钉；4—传动座；5—旋转环辅助密封；6—旋转环波纹管组件；7—非旋转环；8—非旋转环辅助密封圈

2）辅助密封

有滑移式辅助密封(Pusher secondary Seals)和波纹管辅助密封。

(1) 滑移式辅助密封。

滑移式辅助密封必须随时能跟随浮动补偿环作轴向自由移动。最常见的滑移式辅助密封即为 O 形圈、V 形圈、楔形环等，它们均能随补偿环沿轴向进行滑移，统称为滑移式辅助密封。可是，滑移式辅助密封容易与滑移表面发生粘接作用，摩擦系数会随时间的增加而增加，有时摩擦系数 f 可达 0.5~0.8。例如，由于热膨胀的作用，典型的弹簧比压 p_s = 0.1~0.2MPa 有可能无法使滑移式辅助密封进行轴向移动，以保持两密封端面的紧密贴合。如果有固体颗粒在滑移表面沉积，或者滑移表面因腐蚀而变得粗糙，情况变得更为严重。所以维持滑移表面的清洁和光滑是非常重要的。

(2) 波纹管辅助密封。

波纹管具有辅助密封的功能。采用波纹管式机械密封几乎可以完全避免滑移式辅助密封与滑移表面粘接的问题。常见的有橡胶波纹管式密封、聚四氟乙烯波纹管密封、焊接金属波纹管式密封等，如图 6-11 所示。它们的轴向补偿依靠波纹管本身完成，不存在辅助密封圈沿密封面滑移的问题。

3）角位移、不对中

无论是补偿环旋转还是非补偿环旋转，如果非补偿环密封面不与转轴的轴心线垂直，将会对其密封功能产生严重的不利影响。如果非补偿环稍微倾斜，它将迫使补偿环晃动，进而使滑移式辅助密封圈产生轴向摆动。如果倾斜量很小，其摆动仅引起辅助密封圈内部切应力的变化，并不至于引起辅助密封圈沿密封面的实质性移动。如果倾斜量较大，将导致辅助密封圈沿密封面的往复滑动，由于形成微振腐蚀的条件而导致辅助密封圈及其耦合的密封面严重磨损，最终形成一泄漏通道。非补偿环的倾斜同时影响到了密封界面间的流体流动。由于补偿环追随非补偿环因倾斜而形成的跳动，导致界面间液膜厚度的不均匀变化，将引起端面间流体膜压力的下降，增加了其汽化和热不稳定性的危险。

大部分非补偿环采用 O 形圈作为其辅助密封圈，许多制造和安装因素都会引起该类非补偿环的倾斜。例如，压盖本身对轴线的倾斜，O 形圈底面由于加工的原因而对于压盖的轴线存在一倾角，O 形圈本身的断面直径沿圆周不均匀等。在安装过程中，必须仔细检查非补偿环端面的对中性，确保它与轴心线的垂直。

5. 特殊设计

(1) 集装式设计。一种很合理的设想是机械密封的整体组装和试验均由密封制造者来完成，用户的工作是仅将密封装上主机。这一思想通过集装式机械密封得以实现。图 6-12 为一适应面很广的集装式机械密封结构，它将轴套、压盖、主密封、辅助密封等集成一个整体。压盖上还布置了实现冲洗和急冷的通道，急冷液或缓冲液的密封通过唇形密封来实现。

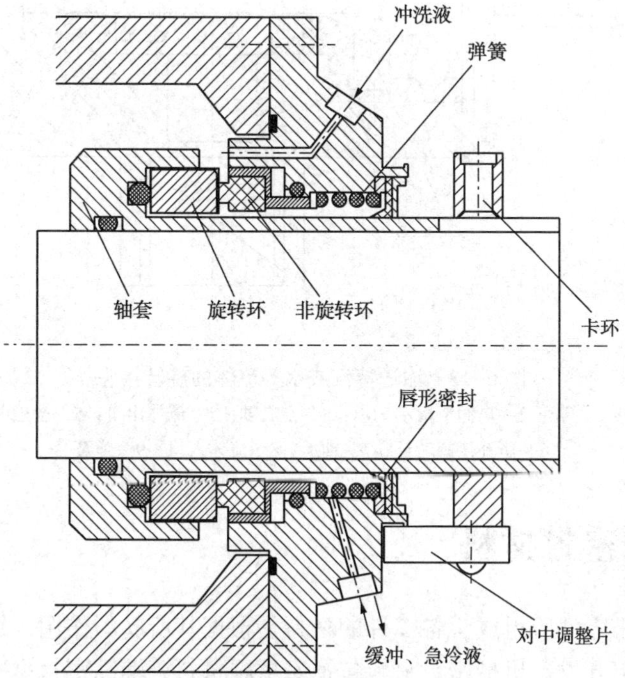

图 6-12 一种用途较广的集装式机械密封

集装式机械密封是一种结构新颖、性能可靠、安装维修方便的密封结构，尽管初始投资较高，但使用维护成本低，是很有发展前途的机械密封结构。API 682 密封标准，要求密封全部采用集装式结构。

(2) 旋转接头。旋转接头是一类特殊的机械密封，用它来实现由相对静止管线向运动管线或设备输送水、油、蒸汽、空气或其他气体。可根据流体压力、相对运动速度、输送介质的温度、输送流体的种类等进行设计，有相应的标准可供参考，见附录 1(密封标准)。

图 6-13 表示了一种主要用于橡胶加工机械，如压延机和辊压机的旋转接头。空心轴转动，流体如蒸汽或水由空心轴一端流体入口进入，在另一端流出，并经固定不动的旋转接头外壳上的流体出口排出。非补偿环随轴转动，补偿非旋转环固定在旋转接头外壳上，并通过弹簧进行补偿。

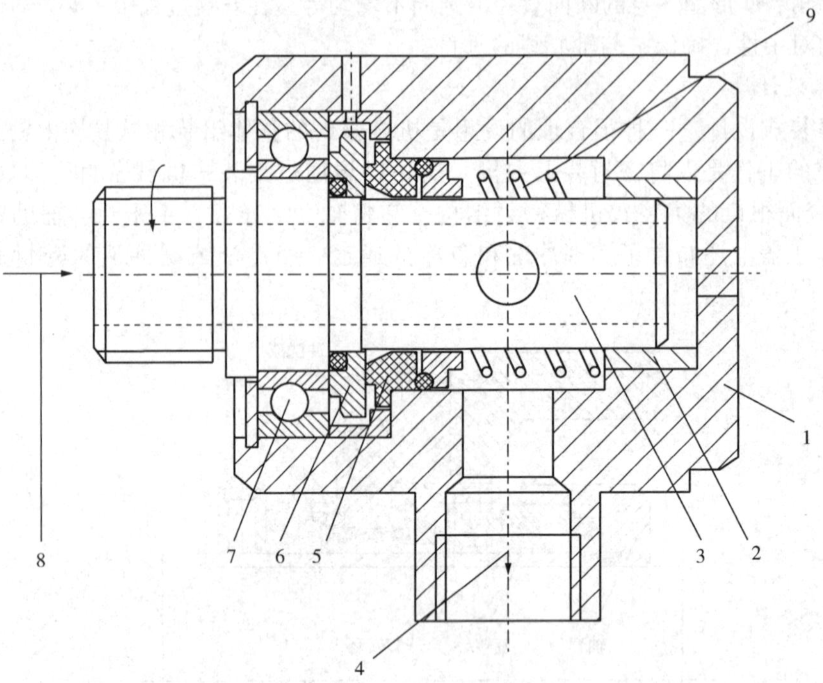

图 6-13　输送蒸汽或水等流体的旋转接头

1—旋转接头外壳；2—自润滑滑动轴承；3—空心轴；4—流体出口；5—补偿非旋转环；6—非补偿旋转环；7—轴承；8—流体入口；9—弹簧

6.4　机械密封材料

机械密封由若干零件所组成，各零件的材料是根据其所起的作用、结构特征和使用条件来进行选择或研制与开发。机械密封材料包括摩擦副材料、辅助密封材料、加载弹性元件材料和其他结构件材料。正确合理地选择各种材料，特别是端面摩擦副材料，对保证机械密封工作的稳定性、延长其使用寿命、降低成本等有着重要意义。材料的选择往往成为一个十分关键的问题，甚至决定密封的成败。

1. 摩擦副材料

端面摩擦副是机械密封最重要的零件，其材料的物理性能、耐腐蚀性能和摩擦性能等对密封性能的影响巨大。由于大多数机械密封是在边界润滑状态下工作，与摩擦有关的性能更为重要。

1）摩擦副材料

摩擦副材料的主要性能有物理力学性能、耐腐蚀性能和摩擦学性能等。

（1）物理力学性能。端面材料的物理性能决定着端面的结构性能，并进而影响到机械密封的总体性能。主要的物理力学性能指标有强度、刚度、热性能及耐腐蚀性能参数等。

① 强度。强度是保证密封环整体完整、不发生破裂的重要指标。大多数密封环是由脆性材料制造，其抗压强度大于抗拉强度。结构设计上也需考虑这一因素，使密封环在受压状态下工作。一般说来，强度并不是主要关心的问题。可是，有些应用场合，高压流体作用于

密封环的内圆周，使得密封环承受拉伸载荷。在这种情况下，必须考虑可能出现的拉应力失效，可以考虑采用金属材料镶嵌结构。

② 刚度。刚度决定着密封环抵抗变形的能力。除密封环的结构因素外，材料的弹性模量 E 是密封环刚度的主要决定因素。密封环的刚度影响着端面的变形锥(两密封端面形成的锥角)和端面的坡度。高刚度密封环的变形性很小，对密封性能的影响可以得到有效控制。浸树脂石墨的弹性模量 E 为 20GPa 左右，而碳化钨硬质合金的弹性模量可达 650GPa。

当密封含有固体颗粒的介质时，密封端面的硬度是一个关键指标。软环一般就由硬质材料，如碳化硅、碳化钨等所取代，适应硬—硬端面组合。

③ 热性能参数。评价材料热性能的主要参数指标有导热系数 k 和热膨胀系数 a。

导热系数 k 的大小决定着将端面摩擦热量传递给周围介质的能力。导热系数越大，传递热量越快、传递一定热量所需的温度梯度越小、端面温度越低、端面液膜沸腾的危险性越小、密封环热裂的可能性也越小。浸树脂石墨的导热系数约为 6W/(m·K)，而反应烧结碳化硅的导热系数可达 42W/(m·K)，无压烧结碳化硅的导热系数更高，有时可达 92W/(m·K)。

热膨胀系数 a 以多种方式影响着密封的性能。首先，由于存在轴向和径向的温度梯度，将影响端面的变形锥；同时，如果材料的轴向膨胀沿圆周方向是变化的，则密封端面将形成波形表面。其次，密封环和镶嵌环套的相对变形差，可能导致密封环的脱落，或镶嵌环套、密封环的碎裂。即使是处于稳定情况，建立起来的附加应力将改变密封端面的对中性，从而改变密封性能。第三，给定温差下的热应力正比于 aE，而 aE 影响着发生表面裂纹和整体热裂的敏感性。抗热裂系数 $R_T=k\sigma t(1-\mu)/(aE)$ 度量了材料抵抗热应力而不发生拉伸应力破坏的能力，R_T 越大，越不易发生热裂纹。显然，热膨胀系数 a 越小越好。浸树脂石墨的热膨胀系数 a 约为 $(4\sim6)\times10^{-6}$/K，碳化硅陶瓷的热膨胀系数 a 约为 $(4\sim5)\times10^{-6}$/K。

(2) 耐腐蚀性能。摩擦副暴露于被密封流体，要使机械密封能正常发挥作用，其耐腐蚀性能必须加以考虑。首先应考虑最耐蚀的材料。机械密封端面材料中，从耐蚀性的角度考虑，优秀的材料有石墨材料、工程陶瓷材料、填充玻璃纤维聚四氟乙烯材料等。

值得注意的是许多耐腐蚀性能优良的金属材料，如哈氏合金 8、哈氏合金 C 等用作摩擦副并不适宜，因为它们并没有伴随有良好的摩擦学性能。

(3) 摩擦学性能。摩擦、磨损和润滑等是评价机械密封端面摩擦副材料的摩擦学性能的重要参数。摩擦系数、磨损速率可以反映端面的润滑状态。润滑状态良好，则摩擦系数小、磨损速率低，密封寿命长；摩擦系数大，则磨损速率高、密封寿命短，且端面发热严重、液膜汽化，严重时会导致端面热裂，造成密封迅速失效。低摩擦系数的获得，依靠材料本身的自润滑能力和外界能提供的润滑条件。低磨损率的获得，一种是依靠端面的高硬度而耐磨损，即抗磨；另一种则是依靠材料的自润滑、低摩擦而获得，即减摩。自润滑特性是机械密封端面材料要求的一项特性，这是因为考虑到机器在启动时，密封界面尚未形成润滑液膜，或者密封件在接近介质沸点状态下操作时，润滑液膜会发生闪蒸而破坏，这时会产生瞬时的干摩擦。

设法改善端面的润滑状态，降低其摩擦和磨损一直是机械密封的主要发展方向。从材料角度考虑，不断出现了许多性能优异的摩擦副材料，如石墨材料、碳化硅陶瓷等；从结构上考虑，出现了许多结构设计方案及其冲洗、润滑方案；同时出现了气膜润滑或液膜润滑的非接触机械密封。

2）常用的摩擦副材料

常用的摩擦副材料主要有石墨、硬质合金、工程陶瓷和填充聚四氟乙烯等。

（1）石墨。石墨是机械密封中用量最大、应用范围最广的摩擦副组对材料。它具有许多优良的性能，如良好的自润滑性和低的摩擦系数，优良的耐腐蚀性能，导热性好、线膨胀系数低、组对性能好，且易于加工、成本低。

石墨是用焦炭粉和石墨粉(或炭黑)作基料，用沥青作黏结剂，经模压成型在高温下烧结而成。根据所用原料及烧结时间、烧结温度的不同，可以制成具有各种不同物理力学性能的烧结石墨，常见的有碳素石墨和石墨化石墨两种，两者除材料的组分不一样外，主要区别是石墨化石墨是烧结石墨需经2400~2800℃的高温石墨化处理。

炭素石墨，简称炭石墨，又称为高强石墨、硬质石墨等，其特点是强度高、硬度大、耐磨损，但脆性大、导热系数低。它是机械密封常选的软环材料。

石墨化石墨，又称电化石墨、软质石墨，其特点是质软、强度低、自润滑性能好、加工容易。它适宜于介质清洁，但润滑性能差，或易产生干摩擦的工况，如轻烃介质。

烧结石墨在焙烧过程中，由于黏结剂中挥发物质产生挥发，黏结剂发生聚合、分解和炭化，从而出现10%~30%的气孔。烧结石墨直接用作密封环会出现渗透性泄漏，且强度较低。因此，有必要进行浸渍处理以获得不透性石墨制品，并提高其强度。浸渍剂的性质决定了浸渍石墨的化学稳定性、热稳定性、机械强度和可应用温度范围。目前常用的浸渍剂有合成树脂和金属两大类。当使用温度≤170℃时，可选用浸合成树脂的石墨。常用的浸渍树脂有酚醛树脂、环氧树脂和呋喃树脂。酚醛树脂耐酸性好，环氧树脂耐碱性好，呋喃树脂耐酸性和耐碱性都较好，因此浸呋喃树脂石墨环应用最为普遍。当使用温度>170℃时，应选用浸金属的石墨环，但应考虑所浸金属的熔点，耐介质腐蚀特性等。浸锑石墨是高温介质环境常选用的一种浸金属石墨。

（2）硬质合金。硬质合金是一类依靠粉末冶金方法制造获得的金属碳化物。它依靠某些合金元素，如钴、镍、钢等，作为黏结相，将碳化钨、碳化钛等硬质相在高温下烧结黏合而成。硬质合金具有硬度高(HRA 87~94)、强度大(其抗弯强度一般都在1400MPa以上)、导热系数高而线膨胀系数小，且具有一定的耐蚀能力。

机械密封摩擦副常用的硬质合金有钴基碳化钨(WC-Co)硬质合金、镍基碳化钨(WC-Ni)硬质合金、镍铬基碳化钨(WC-Ni-Cr)硬质合金、钢结碳化钛硬质合金。

钴基碳化钨(WC-Co)硬质合金是机械密封摩擦副中应用最广的硬质合金，但由于其黏结相耐腐蚀性能不好，不适用于腐蚀性环境。为了克服钴基碳化钨硬质合金耐蚀性差的缺陷，出现了镍基碳化钨硬质合金(WC-Ni)，含镍6%~11%，其耐蚀性能有很大提高，但硬度有所降低，在某些场合中使用受到了一定限制。因此出现了镍铬基(WC-Ni-Cr)碳化钨硬质合金，它不仅有很好的耐腐蚀性，其强度和硬度与钴基碳化钨硬质合金相当，是一种性能十分良好的耐腐蚀硬质合金。钢结硬质合金是人们找到的一种新型摩擦副材料。它是以钢为黏结相，以碳化钛(TiC)为硬质相的硬质合金材料。经过适当热处理后，具有高硬度(HRC 62~72)、高耐磨性和高刚性等特点，并具有良好的韧性和抗热冲击能力，适宜于温度有剧烈变化的场合。

硬质合金的高硬度、高强度，良好的耐磨性和抗颗粒性，使其广泛适用于重负荷条件或用在含有颗粒，固体及结晶介质的场合。

(3) 工程陶瓷。工程陶瓷是工程上应用的一大类陶瓷材料，其原料都是经过人工制备的，不像日用陶瓷和化工陶瓷直接取自天然原料，因此其成分和配方比较容易控制，制品质量稳定。工程陶瓷的共同特点是均具有极好的化学稳定性，硬度高、耐磨损，但抗冲击韧性低，脆性大。目前用于机械密封摩擦副的主要成分是氧化铝陶瓷(Al_2O_3)、碳化硅陶瓷(SiC)和氮化硅陶瓷(Si_3N_4)。

① 氧化铝(Al_2O_3)陶瓷。氧化铝陶瓷的主要成分是Al_2O_3和SiO_2，Al_2O_3超过60%的叫刚玉瓷。目前用作机械密封环较多的是(95%~99.8%)Al_2O_3的刚玉陶瓷，分别被简称为95瓷和99瓷。纯度高的氧化铝陶瓷则硬度高、耐蚀能力强，但加工困难、成本高。Al_2O_3含量很高的刚玉陶瓷除氢氟酸和热浓碱外，对其他各种腐蚀性介质都十分耐蚀。刚玉瓷晶体结构致密，主要以离子键结合，键合力很强，从而具有很高的硬度，仅次于金刚石、碳化硼、立方氮化硼和碳化硅，显示了优异的耐磨性，但抗热冲击能力稍差，应避免造成干摩擦或与轴有局部摩擦等情况出现，同时应避免温度骤变。

在95%Al_2O_3刚玉瓷坯料中加入0.5%~2%的Cr_2O_3，经1700~1750℃高温焙烧可制得呈粉红色的铬刚玉陶瓷，它的耐温度急变性能好，脆性减低，抗冲击性能得到提高。铬刚玉陶瓷与填充玻璃纤维聚四氟乙烯组对，用于耐腐蚀机械密封时性能很好。

氧化铝陶瓷密封环由于优良的耐腐蚀性能和耐磨性能，被广泛应用于耐腐蚀机械密封中。但值得注意的是，一套机械密封的动静环不能都使用氧化铝陶瓷制造，因有产生静电的危险。

② 碳化硅(SiC)陶瓷。碳化硅陶瓷是新型的、性能非常良好的摩擦副材料。它质量轻、比强度高、抗辐射能力强；具有一定的自润滑性，摩擦系数小；硬度高、耐磨损、组对性能好；化学稳定性高、耐腐蚀；导热性能良好、耐热冲击。自20世纪80年代以来，国内外各大机械密封公司纷纷把碳化硅作为高 *pv* 值的新一代摩擦副组对材料。

根据制造工艺不同，碳化硅制品的性能也存在差异。按制造方法主要有反应烧结SiC、常压烧结SiC、热压烧结SiC等。

反应烧结SiC是由α-SiC粉、石墨粉、助熔剂、黏结剂经混合、压制成型后，置于盛有硅粉的坩埚内，在真空炉中加热至1600~1800℃，使熔融硅与坯体中的碳起反应生成β-SiC，形成了由α-SiC、β-SiC和游离硅(10%~20%)组成的致密烧结体。由于游离硅的存在，反应烧结SiC的耐蚀性有所降低，在强碱和强氧化性介质中会遭受腐蚀。反应烧结SiC的优点是制品的收缩率小，耐热冲击性好，且适宜于大批量生产、成本低。用于砂浆泵、料浆泵上效果较好。

常压(无压)烧结SiC是采用超细SiC粉(粒度约在0.1~0.2μm)，加适当添加剂、黏结剂压制成型，然后在2000~2200℃的温度下烧结而成。在烧结过程中，超细的碳化硅粒子烧结形成5~8μm的碳化硅晶体，其致密度可达97%以上，耐腐蚀能力比反应烧结SiC好。常压烧结SiC的坯料容易制成各种形状，并可进行机械加工，适用于制造形状较为复杂的产品。

热压烧结SiC是由粒度小于1μm的SiC粉加上适当的添加剂，装入石墨模具内，在2000~2100℃的热压炉内加压(30~50MPa)烧结而成。它是SiC中最致密、化学稳定性最好的一种，也是成本最高的一种，适用于高参数的密封工况。

③ 氮化硅陶瓷。氮化硅(Si_3N_4)陶瓷也是一种新开发出来的摩擦副材料，其耐磨性好、摩擦系数较低，并具有优良的耐腐蚀性能，且线膨胀系数小[$(2.5\sim2.8)\times10^{-6}$/℃]，抗热冲击能力比氧化铝陶瓷好。

氮化硅陶瓷根据制造工艺的不同，主要可分为反应烧结 Si_3N_4、无压烧结 Si_3N_4 和热压烧结 Si_3N_4 三种。反应烧结 Si_3N_4 的特点是素坯可以进行机械加工，能制造形状较为复杂的密封件产品，但强度和硬度是 Si_3N_4 制品中最低的，由于其成本低而获得广泛应用。无压烧结 Si_3N_4 是在常压下经高温烧结而成，性能接近热压 Si_3N_4，但成本较高。热压烧结 Si_3N_4 是 Si_3N_4 制品中性能最佳的材料，硬度高(HRA91~92)，致密性好、强度大、耐磨性和耐蚀性优良，但成本高，难以制成形状复杂的密封环。

在耐腐蚀机械密封中，Si_3N_4 与碳石墨组对性能良好，而与填充玻璃纤维聚四氟乙烯组对时，Si_3N_4 的磨耗大，其磨损机理有待深入研究。Si_3N_4 与 Si_3N_4 组对的性能也不太好，会导致较大的磨损率。

(4) 填充聚四氟乙烯。聚四氟乙烯(PTFE)是化学稳定性最好的有机聚合物，几乎能耐所有强酸、强碱和强氧化剂的腐蚀。目前仅发现熔融碱金属(或它的氨溶液)、元素氟和三氟化氯在高温下能与聚四氟乙烯作用。

在聚四氟乙烯的分子长链中，氟原子有效地遮蔽了碳原子，使分子间的内聚力降低，因而使表面分子彼此容易滚动或滑动，具有很低的摩擦系数，是一种极好的减摩、自润滑材料。

聚四氟乙烯存在的最大问题就是具有冷流性，即在载荷的作用下，随时间增长而产生永久变形，产生蠕变。此外，聚四氟乙烯的热膨胀系数大$(8\sim25)\times10^{-5}$/℃，约为钢的10倍；导热性能很差[0.244W/(m·K)]，仅为钢的1/200。为克服这些缺点，通常是在聚四氟乙烯中加入适量的各种填充剂，构成填充聚四氟乙烯。最常用的填充剂有玻璃纤维、石墨等。填充聚四氟乙烯密封环常用于腐蚀性介质环境中。

填充玻璃纤维20%的聚四氟乙烯环可以与多种陶瓷材料组对，如与铬刚玉陶瓷组对，在稀硫酸泵中应用效果很好。填充15%玻璃纤维、5%石墨的密封环常与氧化铝陶瓷组对，用于强腐蚀介质。填充15%钛白粉、5%玻璃纤维的密封环与碳化硅组对适用于硫酸、硝酸介质等。

对食品、医药等行业过程装备用机械密封，不应选用碳石墨或填充石墨的聚四氟乙烯作摩擦副材料，因为被磨损的石墨粉有可能进入产品，形成对产品的污染。即使石墨无害，也会使产品染色，影响产品的纯净度和外观质量。对这种情况，填充玻璃纤维的聚四氟乙烯是优选材料。

3) 其他摩擦副材料

用作机械密封摩擦副的材料还有铸铁、碳钢、铬钢、铬镍钢、铬镍钼钢、工具钢、轴承钢、青铜等。

中国炼油行业最早的机械密封就是铸铁对石墨。铸铁具有良好的减摩、耐磨特性，且价格低、加工制造容易。普通铸铁耐蚀性差，只适用于油类和中性介质。加入合金元素形成的合金铸铁，提高了耐蚀性，可用于许多工况。

常用的45号、50号钢材料，经淬火后有较高的硬度和良好的耐磨性，适用于中性化学介质。铬钢如3Cr13、4Cr13、9Cr18等，经淬火后有较高的硬度，耐腐蚀性比碳钢好，适用于弱腐蚀性介质。铬镍钢如 1Cr18Ni9、1Cr18Ni9Ti、铬镍钼钢(如 Cr18Ni12Mo2Ti)等，它们具有良好的耐腐蚀性能，适用于强腐蚀性介质，但其硬度低、耐磨性不高。某些高速工具钢、轴承钢，如 W18Cr4V、GCr9 也能用作密封环材料。如某炼油厂在石油气离心式压缩机的高速机械密封上就采用 Wl8Cr4V 制造旋转环，连续运转达两年。青铜如 ZQSn6-6-3、ZQSn10-1 等，其弹性模量大，具有良好的导热性、耐磨性、加工性，适于制作用于水、海水、油类介质的密封环。

4）摩擦副材料配对规律

以上对单一端面材料进行了介绍，但机械密封的端面材料是配对使用的，必须考虑其配对性能。在应用过程中，可靠性比经济性更为重要，在可能的情况下，应优先考虑选择高等级的配对材料。端面摩擦副材料组对方式多种多样，下面为几种常用的组对规律。

(1) 对于轻载工况($v \leqslant 10$m/s，$p \leqslant 1$MPa)，优先选择一：密封环材料为浸树脂石墨，而另一选择：配对密封环材料，则可根据不同的介质环境进行选择。例如，油类介质可选用球墨铸铁，水、海水可选用青铜，中等酸类介质可选用高硅铸铁、含钼高硅铸铁等。轻载工况也可选择等级更高的材料，如碳化钨、碳化硅等。

(2) 对于高速、高压、高温等重载工况，石墨环一般选择浸锑石墨，与之配对材料通常选择导热性能很好的反应烧结或无压烧结 SiC，当可能遭受腐蚀时，选择化学稳定性更好的热压烧结 SiC。

(3) 对于同时存在磨粒磨损和腐蚀性的工况，端面材料必须均选择硬材料以抵抗磨损。常用的材料组合为碳化硅对碳化钨，或碳化硅对碳化硅。碳化钨材料一般选择钴基碳化钨，但有腐蚀危险时，选择更耐腐蚀的镍基碳化钨。对于强腐蚀而无固体颗粒的工况，可选择填充玻璃纤维聚四氟乙烯对超纯氧化铝陶瓷(99% Al_2O_3)。

2. 辅助密封材料

机械密封的辅助密封包括旋转环辅助密封、非旋转环辅助密封，也包括端盖与密封腔体间的密封、轴套与轴的密封。从端面形状看，有 O 形圈、方形圈(垫)、平垫、V 形垫、楔形垫、包覆垫、包覆 O 形圈等。

根据辅助密封的作用，要求材料具有良好的弹性、低摩擦系数，能耐介质的腐蚀、耐溶解和溶胀，耐老化，在压缩后及长期的工作中有较小的永久变形，在高温下使用具有不黏着性，在低温下不硬脆而失去弹性，具有一定的强度和抗压性。辅助密封常用的材料有合成橡胶、聚四氟乙烯、柔性石墨、金属材料等。

1）合成橡胶

合成橡胶是一种弹性很好的高分子材料，具有良好的弹性和一定的强度，具有较好的气密性、不透水性、耐磨、耐温、耐压、耐腐蚀，是一种被广泛采用的辅助密封材料。不同种类的橡胶有不同的耐腐蚀性能、耐溶剂性能和耐温性能，在选用时要加以注意。机械密封辅助密封常用的合成橡胶有：丁腈橡胶(NBR)、氟橡胶(FPM)、乙丙橡胶(EPM)、硅橡胶。

(1) 丁腈橡胶(NBR)。是最常用的辅助密封圈材料，它以优异的耐油、耐老化著称，也具有良好的耐磨性能。丁腈橡胶的性能与丙烯腈的含量有关，丙烯腈含量高，耐油性能好，强度、硬度、耐磨性、耐水性增加，但耐蚀性、弹性和低温性变差。辅助密封圈一般采用中、高丙烯腈含量(丙烯腈含量为 26%~40%，即丁腈-26、丁腈-40)的丁腈橡胶，尤其以丁腈-40橡胶应用最为广泛，但低温工况辅助密封圈材料应选用丁腈-26橡胶。

丁腈橡胶对矿物油、动植物油、脂肪烃有优良的耐蚀性，但值得注意的是，它不耐磷酸酯系液压油，不耐强酸、芳烃、酯、酮、醚、卤代烃等介质的腐蚀。

(2) 氟橡胶(FPM)。通常所说的氟橡胶是指含氟烯烃共聚物，是产量最大的一种氟橡胶，有两种类型，即23型氟橡胶和26型氟橡胶。23型氟橡胶是偏氟乙烯与三氟氯乙烯的共聚物，有优异的耐强酸性能，特别耐发烟硝酸，但加工困难。26型氟橡胶是目前最通用的氟橡胶品种，为适应各种用途，其生产牌号繁多，但基本品种有氟橡胶-26和氟橡胶-246。氟橡胶-26是偏氟乙烯和六(全)氟丙烯的共聚物，其耐热性、耐溶剂性优于23型氟橡胶，除个别情况外，已基本上取代了23型氟橡胶。氟橡胶-246是偏氟乙烯、六(全)氟丙烯、四氟乙烯三元共聚物，其耐热、耐溶剂性比氟橡胶-26还好。

目前，机械密封辅助密封圈采用的氟橡胶主要是氟橡胶-26。

氟橡胶具有特别好的耐热性、耐腐蚀性，良好的耐过热水、过热蒸汽性，在250℃下可长期使用，广泛用于耐腐蚀、耐高温的场合。但是氟橡胶不耐氨水、强碱、有机酸、浓醋酸、丙酮、醚、醋酸乙酯等。

(3) 乙丙橡胶(EPM或EPDM)。具有优异的耐老化性能、耐热性能，能在150℃下长期使用而物理力学性能变化缓慢。它耐磨损、耐腐蚀性能较好，但对碳氢化合物油类稳定性差，因而不可用于矿物油中。如果借助于润滑脂、润滑油来安装机械密封，也得考虑这一因素的影响。但它特别耐硅油、磷酸酯液压油等合成润滑剂，耐酮、醇溶液、中等强度的酸碱，同时也耐高压水蒸气。

(4) 硅橡胶。具有很宽的温度使用范围(-100~350℃)和很高的热稳定性，一般可在200~300℃下长期使用。硅橡胶无毒、无味，对人体无不良影响，但耐溶剂性差，且易在酸碱作用下发生离子性裂解，在高压水蒸气中会产生分解，机械强度低、不耐磨。主要用于各种高、低温、高速旋转等场合下的动植物油、矿物油、氧、弱酸、弱碱等介质，不适用于苯、甲苯、丙酮等溶剂性介质，也不适用于高压水蒸气。

2) 聚四氟乙烯(PTFE)

几乎能耐所有强酸、强碱和强氧化剂的腐蚀；因具有很低的摩擦系数，是一种极好的减摩、自润滑材料，但其导热性能很差，仅为0.244W/(m·K)。添加青铜粉、二硫化钼、石墨等，可改善其导热性和自润滑性。

聚四氟乙烯有很高的耐热性和耐寒性，使用温度范围为-180~250℃。耐水性、耐老化性、不燃性、韧性及加工性能都很好。常制成V形圈，做旋转环和非旋转环的辅助密封。另外，可用聚四氟乙烯包覆其他材料，如聚四氟乙烯包覆不锈钢、聚四氟乙烯包覆橡胶，形成复合材料辅助密封，由于它们结合了两种或两种以上材料的优点，具有更加良好的密封效果。

3) 柔性石墨

既有普通石墨的优良热稳定性、化学稳定性和高导热性，同时又具有独特的可压缩性和回弹性。它能耐高低温，在输送介质温度不低于200℃时，辅助密封材料应优先采用柔性石墨。但柔性石墨的强度较低，应注意加强和保护。

模压成矩形圈、楔形圈、垫片的柔性石墨常用于机械密封非旋转环辅助密封圈、旋转环辅助密封圈、金属波纹管密封的波纹管组件与轴套连接的静密封垫。

4）金属材料

在高压下，尤其是高压和高温同时存在时，前述几种材料并不能胜任，这时只有选用金属材料来制作辅助密封。根据不同的工作条件有不同的金属材料供选用，金属空心。形圈的材料有 0Cr18Ni9、0Cr18Ni12Mo2Ti、1Cr18Ni9Ti 等，对于端面为三角形的楔形垫，则常采用铬钢，如 0Cr13。对于平垫则多采用紫铜或铝垫。

对于高压高温条件下，上述材料的强度和弹性模量会明显下降，此时应采用耐热合金，如因科镍尔合金(Inconel)。

3. 弹性元件材料

机械密封的弹性加载元件有压缩螺旋弹簧、波形弹簧、金属波纹管等。要求材料耐腐蚀、耐疲劳、耐高低温，强度极限高、弹性极限高，长期工作仍有足够弹力维持密封端面的紧密贴合。压缩螺旋弹簧大多由不锈钢，如 4Cr13、1Cr18Ni9Ti、0Cr17Ni12Mo2、0Cr18Ni12Mo2Ti 等或特殊合金，如 Ni66Cu31Fe(Monel 400)、Ni76Cr16Fe8(Inconel 600)等制。机械密封用波形弹簧，常用薄钢带制造，其常用材料有 1Cr18Ni9(302)、oCr18Ni12Mo2Ti(316)、0Cr17Ni7Al(17-7pH)、因科镍尔 X-750(Inconel X-750)、蒙乃尔 K-500(Monel K-500)等。金属波纹管可分焊接波纹管和压力成型波纹管两种，一般耐腐蚀材料为沉淀硬化不锈钢 AM 350(16.5%Cr、4.3%Ni、2.75%Mo、0.1%C)，中级耐腐蚀程度用 Inconel X-750，高级耐腐蚀用 Hasterlloy C-276(57%Ni、15%Cr、16%Mo、1%Fe、0.02%C)。

4. 其他结构件材料

机械密封的其他结构件，如弹簧座、推环、旋转环座、非旋转环座、紧定螺钉、传动销等，虽非关键部件，但其设计选材也不能忽视，除应满足机械强度要求外，还要求耐腐蚀。一般情况下用 2Cr13，在腐蚀性介质中，需要分别选用 1Cr18Ni9Ti、0Cr18Ni12Mo2Ti、蒙乃尔合金等。

减少密封件的腐蚀损坏措施，除选用高级耐蚀合金材料外，还可以采用表面处理技术。例如在 45 号钢表面化学沉积 Ni-P 合金镀层，在盐水、盐溶液、冷凝气、溶剂、碳氢化合物中都具有非常好的耐蚀性；在一些氨溶液、有机酸、还原性酸中也具有耐蚀性，但在强氧化性酸，如硝酸中耐蚀性差。利用普通材料通过表面技术处理，可以降低机械密封普通结构件的成本。

6.5 机械密封的循环保护系统

为机械密封本身创建一个较理想的工作环境而设置的具有润滑、冲洗、调温、调压、除杂、更换介质、稀释和冲掉泄漏介质等功能的系统，称为机械密封循环保护系统，简称机械密封系统。机械密封系统由压力罐、增压罐、换热器、过滤器、旋液分离器、孔板等基本器件构成。广义的机械密封系统还包括密封腔、端盖、轴套、密封腔底衬套、端盖辅助密封件、泵送环、管件、阀件、仪表等。由密封系统的基本器件、管件、阀件和仪表等，构成了集成化的密封液站。

机械密封系统也常被称为机械密封辅助设施(装置、系统)，机械密封冲洗、冷却及管线系统等。

6.5.1 冲洗

1. 冲洗的作用

冲洗是一种控制温度、延长机械密封寿命的最有效措施。机械密封端面冲洗的作用有二：一是带走密封腔中机械密封的摩擦热、搅拌热等，以降低密封端面温度，保证密封端面上流体膜的稳定；二是阻止固体杂质和油焦淤积于密封腔中，使密封能在良好、稳定的工作环境中工作，并减少磨损和密封零件失效的可能。

实践证明，合适的端面冲洗是提高机械密封耐久性的重要辅助措施之一，对炼油厂中热油泵轴密封的效果更为明显。此外，对于那些润滑性差、易挥发的液态烃轴封，为迅速带走热量防止液膜汽化，则不得不采用冲洗措施。一般来说，当 pv>7.0MPa · m/s 时，就应采用冲洗措施。对于那些端面温度不高，辅助元件的温度又不超过耐热极限的，一般可不采用冲洗措施。近年来，从国外引进的一些生产装置来看，冲洗已经成为机械密封的组成部分，甚至把冲洗管路也系列化了。

2. 冲洗方式

按冲洗液的来源和走向，冲洗可分为外冲洗、自冲洗和循环冲洗。按冲洗的入口布置可分有单点直冲洗、单点切向冲洗和多点冲洗。

1）外冲洗

利用外来冲洗液注入密封腔，实现对密封的冲洗称为外冲洗[图 6-14(a)]。冲洗液应是与被密封介质相容的洁净液体，冲洗液的压力应比密封腔内压力高 0.05~0.15MPa。这种冲洗方式用于被密封介质温度较高，容易汽化，腐蚀性强，杂质含量较高的场合。外冲洗方式可以使引入的冲洗液流量、压力均匀稳定，冲洗效果较好。

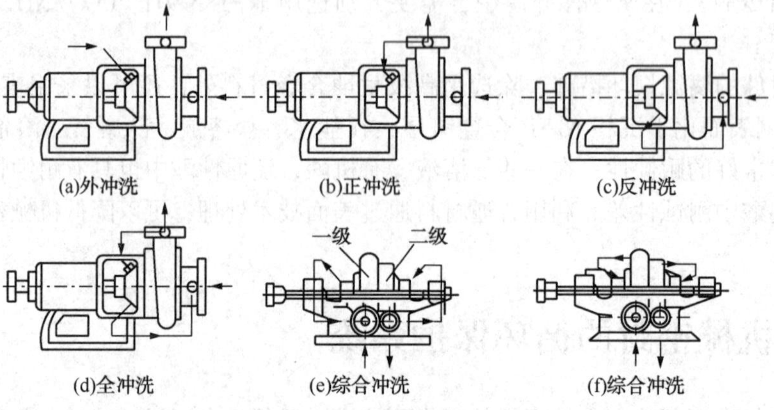

图 6-14 不同冲洗方式

2）自冲洗

自冲洗利用被密封介质本身来实现对密封的冲洗称为自冲洗，适用于密封腔内的压力小于泵出口压力，大于泵进口压力的场合。具体有正冲洗、反冲洗、全冲洗和综合冲洗。

（1）正冲洗。利用泵内部压力较高处(通常是泵出口)的液体作为冲洗液来冲洗密封腔[图 6-14(b)]，又叫闭路冲洗，是最常用的方法。用于清洁的液体，当温度高或有杂质时，可在管路上设置冷却器、过滤器。为了控制冲洗量，要求密封腔底部有节流衬套，管路上装孔板。

(2) 反冲洗。从密封腔引出密封介质返回泵内压力较低处(通常是泵入口处)，利用密封介质自身循环冲洗密封腔[图 6-14(c)]。这种方法常用于密封腔压力与排出压力差极小的场合。

(3) 全冲洗。从泵高压侧(泵出口)引入密封介质，又从密封腔引出密封介质返回泵的低压侧进行循环冲洗[图 6-14(d)]。这种冲洗又叫贯穿冲洗。对于低沸点液体要求在密封腔底部装节流衬套，控制并维持密封腔压力。

(4) 综合冲洗。利用上述几种基本冲洗方法可以结合具体条件和要求采用不同的综合冲洗方法[图 6-14(e)、图 6-14(f)]。由图 6-14(e)中可以看出，左侧是一级入口与一级轴封连接的一级反冲洗；右侧是二级出口与二级密封腔连接的二级正冲洗。另一台两级泵的左侧是一级出口与一级密封腔连接的一级正冲洗；右侧是二级出口与二级密封腔连接的二级正冲洗[图 6-14(f)]。此外，还可以有其他不同的综合冲洗。

3) 循环冲洗

利用循环轮(套)、压力差、热虹吸等原理实现冲洗液循环使用的冲洗方式称为循环冲洗。图 6-15 为利用装在轴(轴套)上的循环轮的泵送作用，使密封腔内介质进行循环，带走热量，此法适用于泵进、出口压差很小的场合，一般热水泵采用它，可以降低密封腔和轴封的温度。

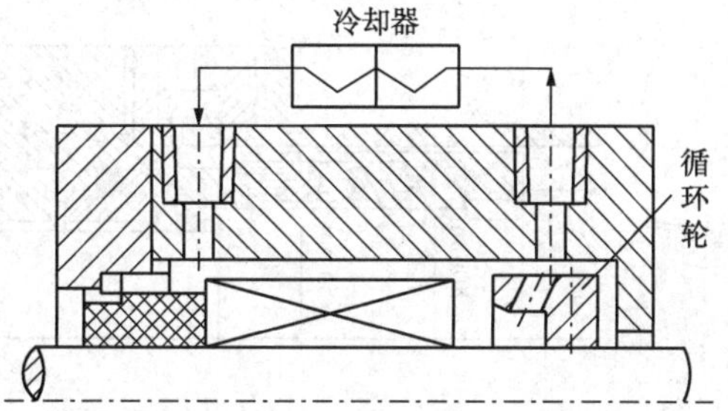

图 6-15 有冷却的闭式循环冲洗

4) 单点冲洗和多点冲洗

在冲洗系统中，冲洗液引入孔的位置很重要，这主要考虑到下列几个问题：石墨环冲蚀，密封环不均匀冷却产生的温度变形和杂质集积(包括结焦等)。

冲洗液进入密封腔的方式有两种：单点冲洗和多点冲洗。

(1) 单点冲洗。

冲洗液由一个流出口冲洗密封，又可分为径向、轴向和切向三种方式，如图 6-16 所示。

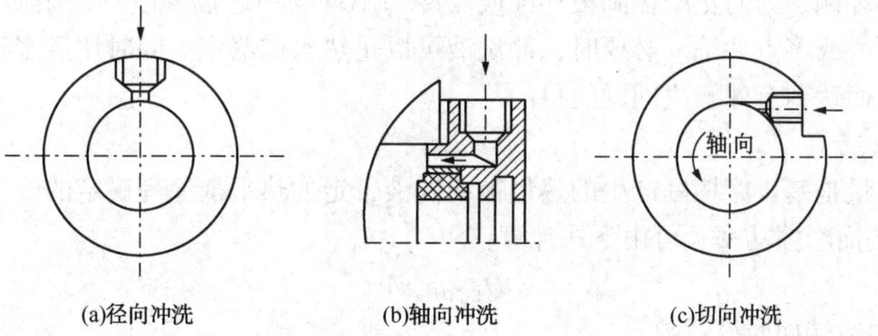

图 6-16 单点冲洗

① 径向冲洗。冲洗液沿径向垂直冲洗摩擦副[图 6-16(a)]，结构简单，是应用较多的一种方式。但冲洗液流量不可过大，以防止将石墨环冲出缺口。

② 轴向冲洗。冲洗液沿轴向进入密封腔[图 6-16(b)]，避免了对石墨环的冲蚀作用，

可用于腐蚀介质的泵中。

③ 切向冲洗。冲洗液沿切线方向冲洗摩擦副[图 6-16(c)]，是单点冲洗中较好的方式。

单点冲洗结构简单，但密封周围温度分布不均匀。为了避免冲蚀石墨环，径向冲洗液流入密封腔的流速不要高于 3m/s，冲洗孔的直径不要小于 5mm。为此都要控制冲洗量。切向冲洗使密封面圆周的温度趋于均匀，也减少了对石墨环的冲蚀，是一种较好的冲洗方式。轴向冲洗用在密封腔径向尺寸较大的地方，一般较少采用。

(2) 多点冲洗。图 6-17 为多点冲洗结构，可以使冲洗液体沿圆周均匀分布，可以避免温度变形，而且位置对着密封端面，动环转动也可避免形成冲蚀。但结构复杂，需增加一个冲洗环，内设 6~8 个小孔，孔径 3~6mm。多点冲洗用在易汽化的介质中，也可用在产生摩擦热较多的高 pv 值场合。

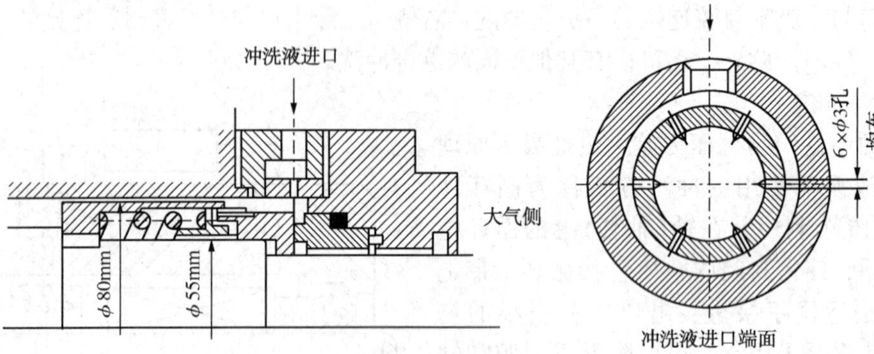

图 6-17　多点冲洗

冲洗孔位置尽量开设在摩擦副处，以便更好地把热量带走。单点冲洗不能直接对准石墨环(静环)，也不能远离摩擦副，使冲洗作用减弱。

对于冲洗方法的选用，应根据实际压力分布、介质温度、介质耐腐蚀性、含固体颗粒浓度和工艺要求来定。应注意控制密封腔的压力和冲洗液的流速，一般清洁冲洗液的流速应小于 5m/s，对含有颗粒的浆状液体介质的冲洗流速应小于 3m/s。正向冲洗的压力应大于密封腔压力的 0.05~0.10MPa，对双端面机械密封应大于 0.10~0.20MPa，避免冲洗量太大、流速太快将摩擦副冲蚀造成密封失效。冲洗液进入和排出密封腔的孔口位置，应设置在密封端面附近靠近动环侧。为防止摩擦副被冲蚀或因冷却不均匀引起温差变形、杂质堆积和结焦，可采用切向引入或多点冲洗。必要时，冲洗液可以是热水或蒸汽。同时注意多种冲洗方式的综合运用，从而达到有效解决问题的目的。

3. *冲洗液流量*

冲洗液流量是基于摩擦副产生的热量被冲洗液带走的热平衡原理确定的。摩擦副产生的热量 Q_1 等于端面摩擦功率，可由下式计算：

$$Q_1 = fp_c vA \tag{6-25a}$$

式中　f——密封端面摩擦系数；

p_c——端面比压，MPa；

v——密封端面平均线速度，m/s；

A——密封环带面积，mm^2。

冲洗液带走的热量 Q_2 为：

$$Q_2 = c\Delta t\rho g W \tag{6-25b}$$

式中 c——冲洗液比热容，J/(kg·K)；

Δt——冲洗液温升，℃（对于油来说 $\Delta t=10$℃，水和液化气取 $\Delta t=2\sim3$℃）；

ρ——冲洗液的密度，kg/m^3；

W——冲洗液流量，m^3/s。

由 $Q_1=Q_2$ 可得冲洗液流量的计算公式：

$$W=\frac{fp_c vA}{c\Delta t\rho g} \tag{6-26}$$

常规机械密封装置的冲洗液量可按密封件轴径规格确定，见表 6-4。

表 6-4 常规机械密封装置冲洗液量

密封件轴颈/mm	≤45	>45~60	>60~85	>85~95	>95~135	>135~185	>185~235	>235~275	>275~300
冲洗液量/(L/min)	3	4	6	8	11	15	19	26	34

4. 机械密封系统用孔板

冲洗液流量的控制，在实际工作中一般用限流孔板来控制冲洗液流量。其大小取决于孔板的孔径、两端压差及孔板数量。一般孔板孔径为 2.5~4.5mm，孔板数量为 1~2 个。

对于洁净液体，流速应控制在 5m/s 以下；对于含固体颗粒的浆液，必须控制在 3m/s 以下。

我国机械行业标准 JB/T 6629—2015《机械密封循环保护系统及辅助装置》适用的介质为：水、油、化工药剂液体，允许有少量固相杂质；基本工作参数为压力 0~6.3MPa、温度-20~200℃、流量 3~30L/min。JB/T 6634 规定的机械密封系统用孔板基本形式及主要尺寸见表 6-5，常用材料见表 6-6。孔板表面粗糙度 R_a 值为 6.3μm。

表 6-5 机械密封系统用孔板基本形式及主要尺寸

形式		圆锥形		圆柱形		带芯圆柱形	
型号		MKⅠ		MKⅡ		MKⅢ	
简图		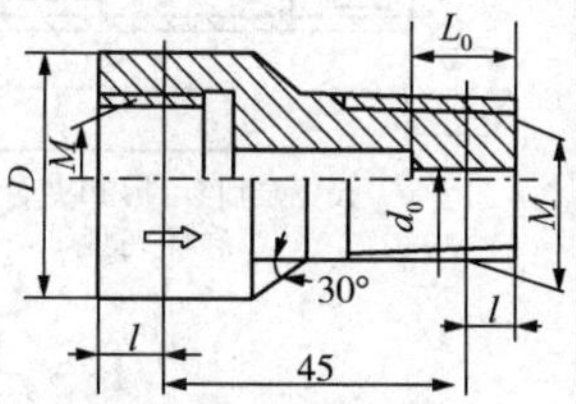		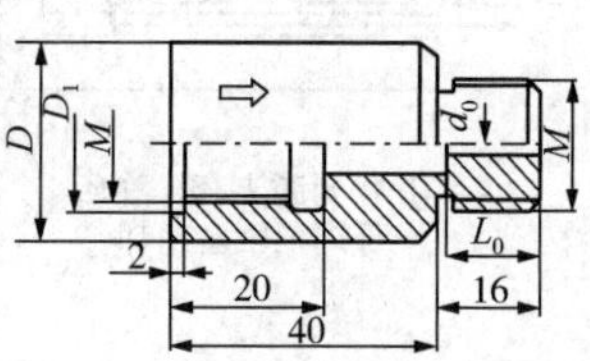		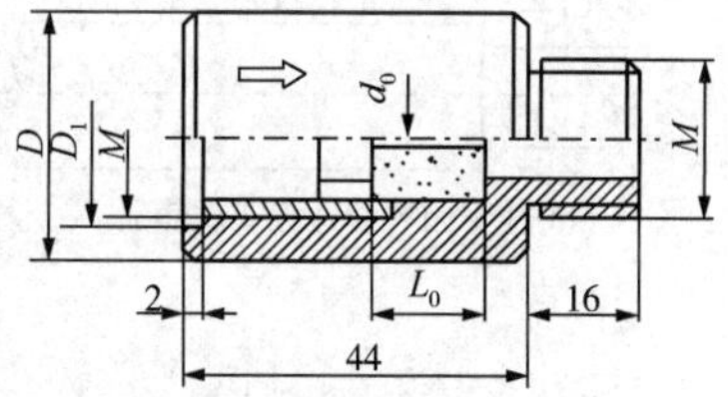	
规格		ZG1/2	ZG3/4	G1/2	G3/4	G1/2	ZG3/4
主要尺寸	D	32	38	32	38	32	38
	D_1			25	30	25	30
	M	ZG1/2	ZG3/4	G1/2	G3/4	G1/2	ZG3/4
	d_0	1, 1.2, 1.5, 1.8, 2, 2.2, 2.5, 2.8, 3, 3.2, 3.5, 3.8, 4, 4.4, 4.8, 5, 5.4, 5.8, 6, 6.5, 7, 8, 9, 10					
	l	7.5	7.5	—	—	—	—
	L_0	15	15	15	15	15	15

表 6-6 机械密封系统用孔板常用材料

零件名称	材料	零件名称	材料
芯环压紧螺母	1Cr18Ni9Ti	孔板	1Cr18Ni9Ti
芯环	Si_3N_4	垫片	聚四氟乙烯

6.5.2 冷却

当密封装置依靠自然散热不能维持密封腔工作允许温度时，以及采用热介质进行自冲洗时，应进行强制冷却。冷却是温度调节设施中的重要组成部分，是经常采用的一种辅助设施，对及时导出机械密封的摩擦热及减少高温介质的影响有很大作用。冷却可分为直接冷却和间接冷却两种。前面介绍的冲洗实质上是一种直接冷却。

1. *间接冷却*

间接冷却的方式有夹套冷却和换热器冷却。夹套冷却有密封腔夹套冷却、端盖夹套、静环外周冷却和轴套夹套冷却等；换热器冷却中有密封腔内置式换热器和外置式冷却器、蛇(盘)管冷却器、套管冷却器、翅片冷却器以及缺水地带用的蒸发冷却器。常用的传热介质是水、蒸汽和空气。

图 6-18 所示为常用间接冷却的示意图。图 6-18(a)为外置式冷却叶轮循环的冲洗液，其中静环做成空心，冷却后的冲洗液通过冷却空间冷却静环；图 6-18(b)为静环外周冷却和轴套夹套冷却，同时密封腔体中有固定冷却水夹套；图 6-18(c)所采用的为密封腔夹套(可拆卸夹套)冷却和静环冷却；图 6-18(d)为插入密封腔的蛇形管(盘管)冷却封液；图 6-18(e)为插入密封腔的底套套管冷却；图 6-18(f)为密封腔体和密封端盖外侧翅片冷却。

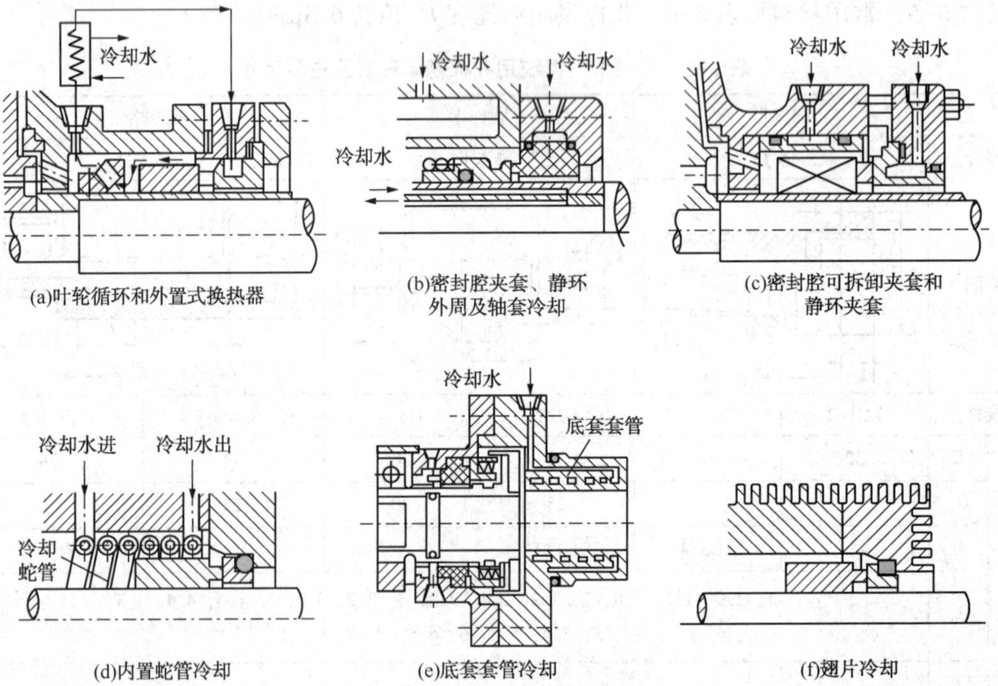

(a)叶轮循环和外置式换热器　(b)密封腔夹套、静环外周及轴套冷却　(c)密封腔可拆卸夹套和静环夹套

(d)内置蛇管冷却　(e)底套套管冷却　(f)翅片冷却

图 6-18　常用间接冷却方式

夹套冷却用的冷却水量一般可根据轴径大小来考虑：当轴径小于 100mm 时，流量为 2~3L/min；当轴径大于 100mm 时，流量为 3~5L/min。采用夹套冷却时，应注意冷却液的高温结垢将夹套堵死，使得夹套冷却方式失效，有条件的话应尽量采用软化水作为冷却水。

换热器冷却的优点是冷却液损失较少，换热效果良好，长期使用可以减少冷却管路的腐蚀和堵塞。缺点就是投入较大，需增设 1 台换热设备和铺设相关管线，但如果大量机泵均采用换热器冷却，增加的成本将微乎其微。ANSI/API682《泵离心泵和回转泵的轴封系统》中建议采用此方法。

我国机械行业标准 JB/T 6631—1993《机械密封系统用螺旋管式换热器》规定了机械密封系统用螺旋管式换热器的形式、基本参数、型号表示方法、主要技术要求、检验、包装等内容。该标准适用于机械密封系统用 HR 型螺旋管式换热器。机械密封系统用 HR 型螺旋管式换热器结构形式如图 6-19 所示，其中螺旋管分单层、双层和三层；基本参数按表 6-8 的规定；外形尺寸按表 6-7 的规定。

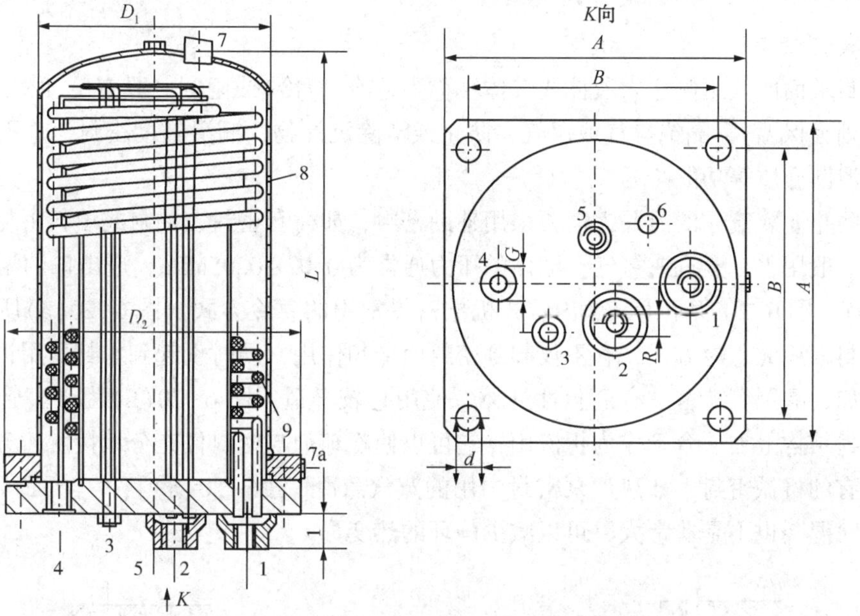

图 6-19 机械密封系统用 HR 型螺旋管式换热器

1—循环管路出口；2—循环管路入口；3—循环管路排气口；4—冷却水入口；5—冷却水出口；6—放空口；7—冷却水排气口(立式)；7a—冷却水排气口(卧式)；8—外壳；9—芯子部件(带冷却蛇管)

表 6-7 HR 型螺旋管式换热器基本参数

型号	换热面积/m^2	额定功率/kW	冷却水量(Δt=5℃)/(m^3/h)	额定压力		额定温度/℃
				管内	壳体内	
HR1	0.1	2	1/3	6.3	1.6	150
HR2	0.2	4	2/3			
HR3	0.3	6	1			
HR6	0.6	12	2			
HR9	0.9	18	3			
HR12	1.2	24	4			

注：HR1 和 HR2 型暂无定型产品。

表 6-8　HR 型螺旋管式换热器外形尺寸

型号	A	B	d	D_1	D_2	L	I	R	G
HR3	200	170	14	150	200	395	60	Rp1/2	Rp1/2
HR6	300	260	27	200	300	430	32	Rp1	Rp1
HR9	330	270	26	245	330	431	40	Rp1	Rp1
HR12	350	290	27	273	350	590	40	Rp1	Rp1/4

间接冷却的效果比直接冷却要差一些，但冷却液不与介质接触，不会被介质污染，可以循环使用，同时也可以与其他冷却措施配合在一起，实现综合冷却。

对于密封易结晶、易凝固的液体介质，有时需要加热或保温。密封高黏度介质，在启动前需要预热，以便减少启动转矩。对于实现间接冷却的结构，同样可以用来实现加热或保温。

2. 急冷或阻封

向密封端面的低压侧注入液体或气体被称为急冷(背冷)或阻封，具有冷却密封端面(注入蒸汽时则为保温)，隔绝空气或湿气，防止或清除沉淀物，润滑辅助密封，熄灭火花，稀释和回收泄漏介质等功能。

为了防止注入流体的泄漏，需要采用辅助密封，如衬套密封、油封或填料密封。急冷或阻封流体一般用水、蒸汽或氮气。液体的压力通常为 0.02~0.05MPa，进出口的温差控制在 3~5℃为宜。图 6-20 所示为一般内装式机械密封常用的急冷方式。图 6-20(a)所示为外装式机械密封常用的急冷方式，它不仅起到密封面冷却作用，同时也起到水封作用，防止液体外漏，例如，酸泵等有害、有危险性液体，使用它较合适。图 6-20(b)为带套管的急冷方式，在密封结构上加一套管作为折流用，它可以使冷却剂与密封件充分地接触，急冷效果更加显著。有的机械密封，如热油泵密封中用的蒸汽急冷[图 6-20(a)]，一方面可以冷却密封面，同时温降也不是非常大，可以减少静环的热变形。

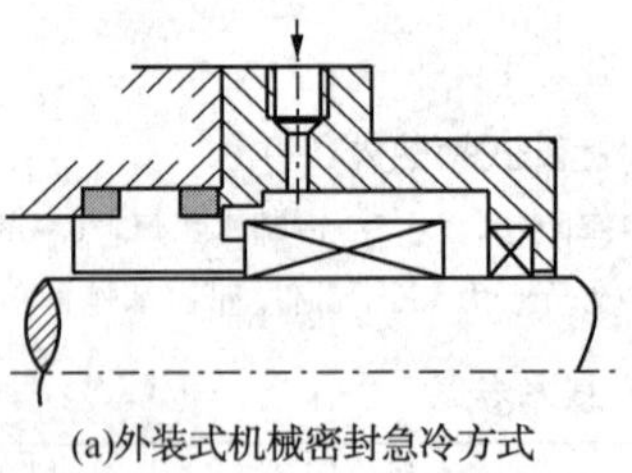

(a)外装式机械密封急冷方式

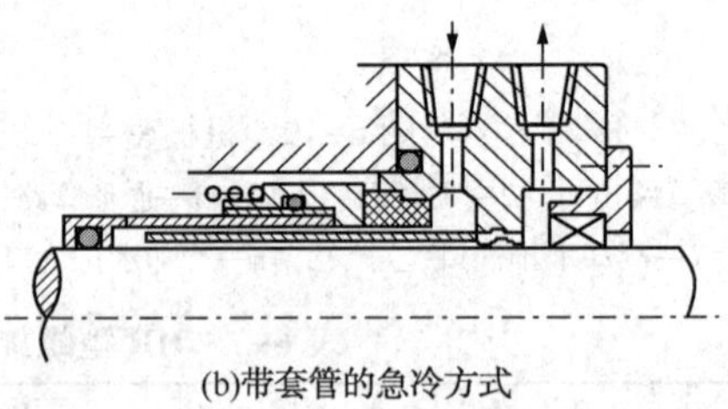

(b)带套管的急冷方式

图 6-20　两种急冷方式

用水作急冷液时，介质温度在 100℃以上，由于动静环间隙较小、密封腔内易结垢，应注意水的硬度，防止冷却水结垢造成的密封失效，建议使用软化水作急冷液。

急冷液的流量一般可根据轴径大小来考虑：当轴径小于 100mm 时，可取为 0.2~2L/min；当轴径大于 100mm 时，可取为 0.5~3L/min。

图 6-21 为典型机械密封系统配管接口，其中包含急冷(阻封)接口及密封急冷液的辅助密封。

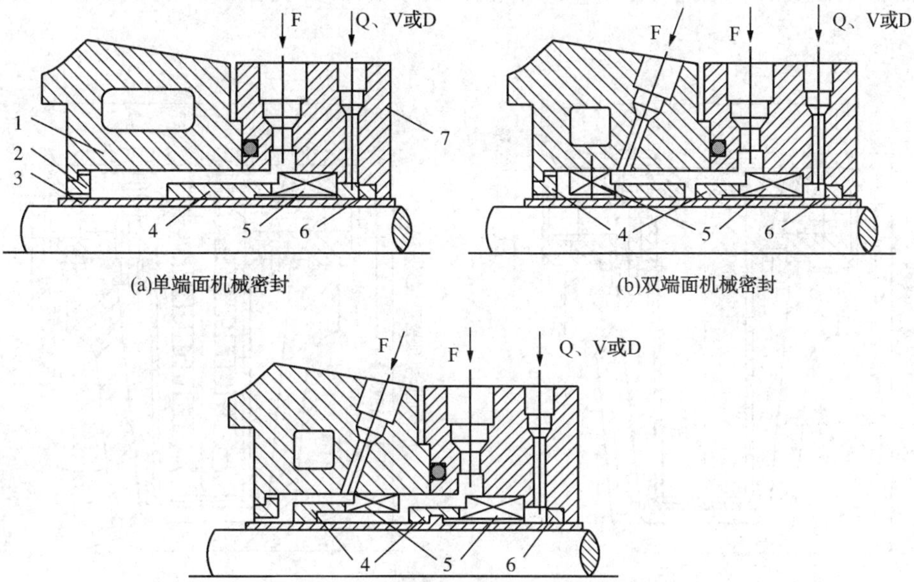

(c)串联式机械密封

图 6-21 机械密封系统配管接口

1—密封腔；2—底衬套；3—轴套；4—补偿环组件；5—非补偿环组件；6—辅助密封装置或节流衬套；7—端盖；F—冲洗液接口；Q—急冷液接口；V—排气接口；D —排液接口

6.5.3 过滤

密封介质中往往会由于介质本身(如浆液、油浆等)含有固体颗粒、易结晶、结焦等性质，在一定工作条件下出现固体颗粒，还有一些特殊用途泵的密封(如塔底泵、釜底泵的密封)在系统中有残渣、铁锈、污垢，甚至于安装时有残留杂物，都会给机械密封带来较大的危害。除去固体颗粒等杂质是机械密封系统的一种基本功能，可采用过滤器或旋液分离器来除去系统中的杂质。

过滤器用于杂质浓度不高的场合(<2%)，否则过滤器需经常清洁再生。旋液分离器要求介质中颗粒的质量百分比低于 10%，固体颗粒的密度大于液体，液体的运动黏度应低于 $20\sim25mm^2/s$。

(1) 过滤器。我国机械行业标准 JB/T 6639—2015《机械密封循环保护系统及辅助装置》规定的机械密封系统用过滤器分为两种形式：GL 型为滤网过滤(图 6-22)；GC 型为磁环加滤网过滤(图 6-23)。承压方向为单向和双向两种。基本参数为：额定压力 1.6MPa、6.3MPa；额定温度 150℃；过滤精度 50μm、100μm；接口尺寸 Rp1/2、Rp3/4。

滤网过滤器结构简单，通常在冲洗或循环管中串联使用。含固体杂质的密封介质由一端进入，通过滤网从另一端流出，杂质留在过滤网内，定时取出滤网清除杂质可重复使用。

磁性过滤器，它是由永久磁铁和滤网与其他元件组成。过滤网孔为 25~100μm，以减少过滤器的阻力，其流量为 1~4m^3/h 通常成双并联安装在管路上，以便于交替切换使用。

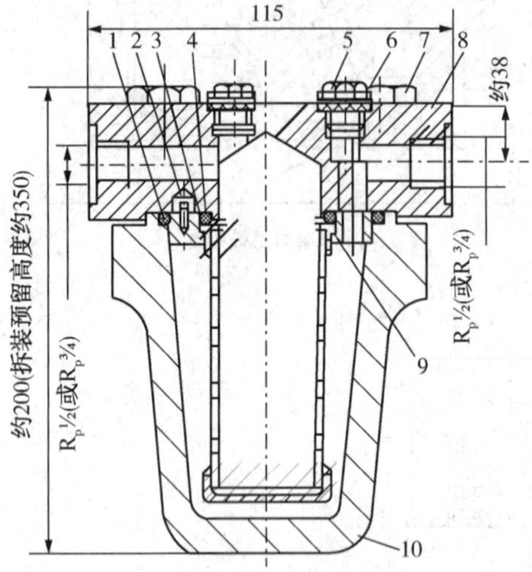

图 6-22 GL 型过滤器结构

1，4—O 形密封圈；2—圆柱销；3—过滤器网 5—排气螺栓；6—密封垫；7—螺钉 8—过滤器盖；9—中间环；10—过滤器体

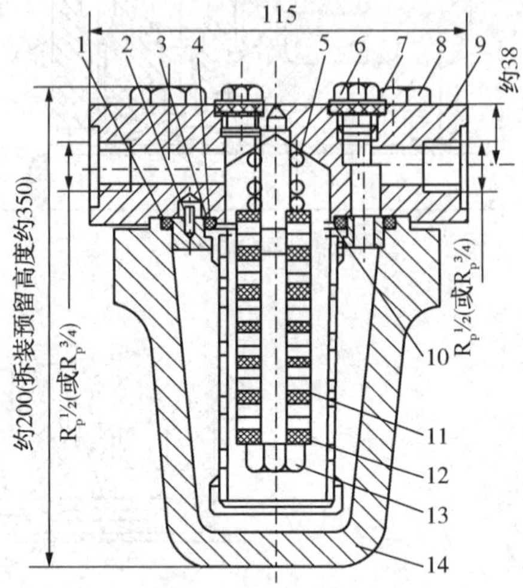

图 6-23 GC 型过滤器结构

1，4—O 型密封圈；2—圆柱销；3—过滤器网；5—弹簧；6—排气螺栓；7—密封垫；8，13—螺钉；9—过滤器盖；10—中间环；11—磁环；12—垫；13—螺栓；14—过滤器体

过滤器在使用过程中与其前后压差超过 0.05MPa 时要进行清洗。

(2) 旋液分离器。旋液分离器(简称旋液器)是利用离心沉降原理来分离固体颗粒(颗粒密度大于密封流体的密度)的器件，其分离精度可达微米级。旋液分离器的工作原理如图 6-24 所示，当含有固体颗粒的流体进入旋液分离器后，流体沿切向入口(含杂质介质入口)进入锥形壁面，由于存在一定的压差，流体便沿切线方向在锥形腔中形成旋涡，从而产生离心力。在离心力的作用下，杂质与锥形腔壁面相撞而向下从杂质出口排出，被澄清的流体挤向上方从清洁介质出口进入密封腔。

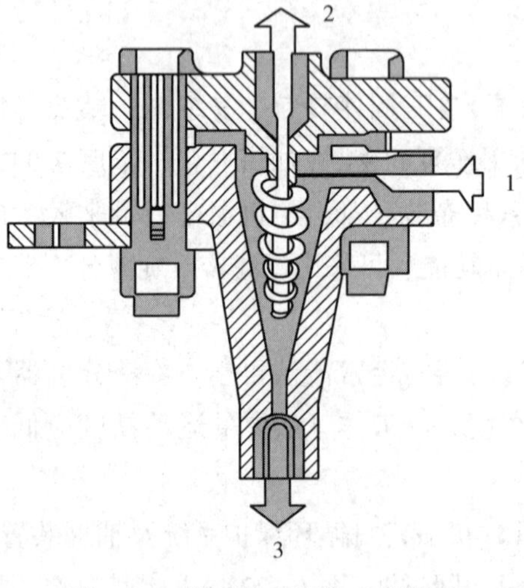

图 6-24 旋液分离器的工作原理

1—含杂质介质入口；2—清洁介质出口；3—杂质出口

我国机械行业标准 JB/T 6639—2015《机械密封循环保护系统及辅助装置》规定的机械密封系统用旋液器分为 ZSA 型与 ZSB 型两种形式(图 6-25)，其工作参数为：压力范围 0.4~6.3MPa；工作温度为-0~200℃；工作流量 2~8L/min；工作介质为含固相颗粒的液体。

密封旋液器的安装尺寸应符合表 6-9 的规定。

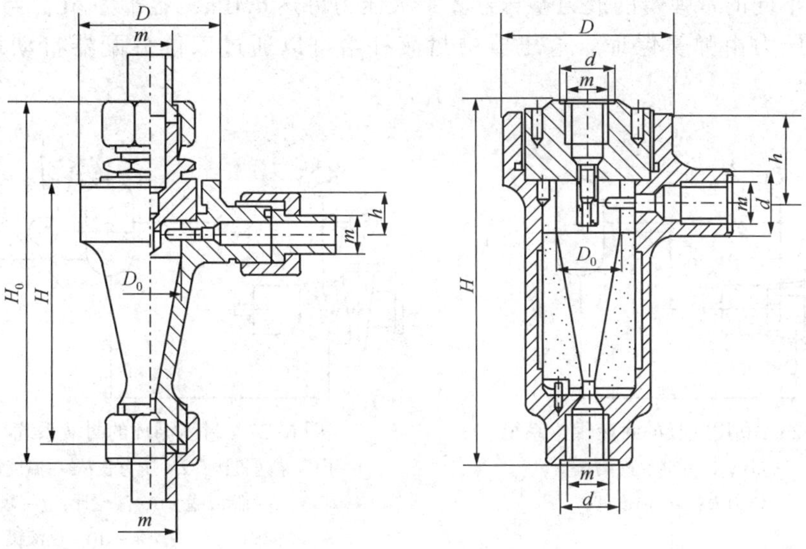

(a)ZSA型　　(b)ZSB型

图 6-25　密封旋液分离器标准形式

表 6-8　旋液器的安装尺寸　　mm

型号	D	D_0	H	H_0	d	H	m
ZSA	64	30	152	205	—	34	G1/2
ZSB	80	30	190	—	27	47	$\Phi22\times\delta$

注：Φ—管子外径；δ—管子壁厚。

6.5.4　封液系统

双端面机械密封必须有封液，对大气侧端面进行冷却、润滑，对介质侧端面进行液封。封液的压力必须高于介质压力，一般高 0.05~0.2MPa。封液系统有以下几种。

1）泵用机械密封封液系统

(1) 利用虹吸的封液系统。图 6-26 所示为一种利用热虹吸原理的封液系统。该系统利用密封腔的压力和虹吸罐的位差，保证封液与介质间具有稳定压差。由于温差相应的有了密度差而造成热虹吸封液循环供给系统。为了产生良好的封液循环，罐内液位可以比密封腔高出 1~2m(不允许管路上有局部阻力)，系统循环液体量为 1.5~3L(即在密封腔和管路内的液体量)，罐的容量通常为循环液体量的 5 倍。

(2) 封闭循环的封液系统。图 6-27 所示为一种封闭循环的封液系统。内置泵送机构通常为螺旋轮，此外，冷却器和封液系统构成一整体。利用虹吸自然循环的封液系统在功耗小于 1.5kW 时有效，而利用泵送机构的强制循环封液系统功率消耗可达 4kW 时有效。通过冷却器的水温为 20℃，出密封腔液温不超过 60℃。

(3) 利用工作液体压力的封液系统。图 6-28 所示为工业上广泛采用的利用工作液体压力的封液系统。其中差级活塞的面积比为 1∶1.15，缸下方由泵出口加压，依靠差级活塞将压力提高到要求值。当液位低于允许值时限位开关动作停泵。图 6-29(b) 中采用与

图 6-29(a)不同的带弹簧的液力蓄压器，最大压力可达 6MPa，容量为 6L。当泵出口无液压时，封液压力由弹簧保证。蓄压器中封液补给可以通过双位分配器自动地由加油站提供。

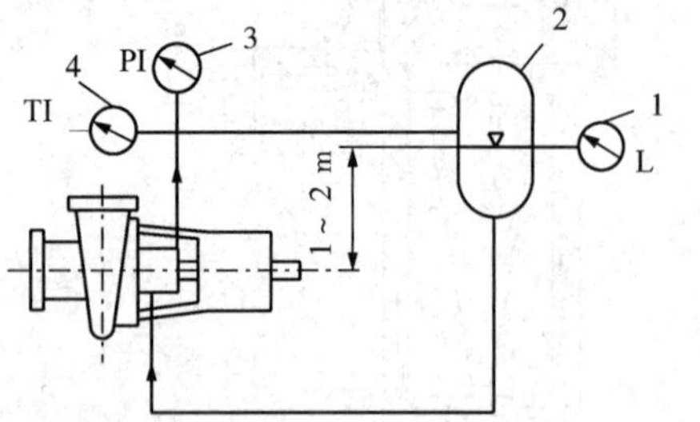

图 6-26　利用虹吸的封液供给系统

1—液位计；2—虹吸罐(蓄压器)；压力表；4—温度计

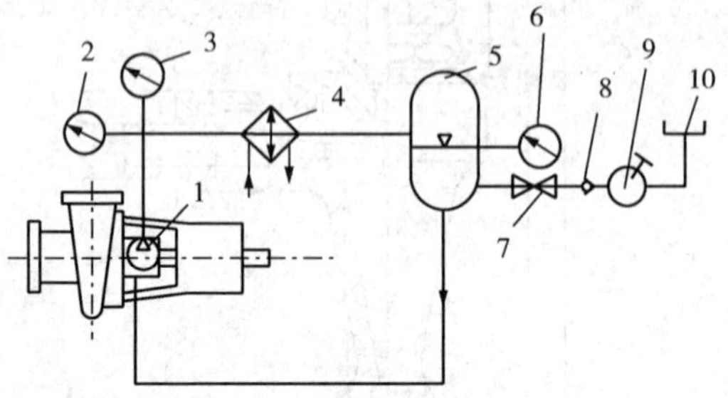

图 6-27　封闭循环的封液系统

1—内置泵送机构；2—压力表；3—温度计；4—冷却器；5—储液罐；6—液位计；7—截止阀；8—单向阀；9—手动泵；10—供液罐

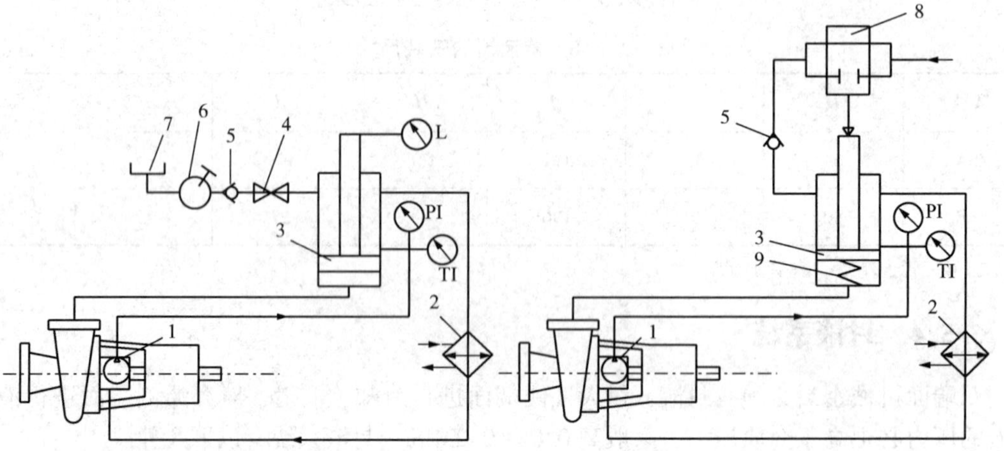

(a)手动供给系统　　(b)自动补给系统

图 6-28　利用工作液体压力的封液系统

1—内置泵送轮；2—冷却器；3—差级活塞；4—截止阀；5—单向阀；6—手动泵；7—补给罐；8—双位分配器；9—弹簧 L—限位开关；PI，TI—压力及温度指示剂

（4）循环集中供液系统。图 6-29(a)所示为闭式循环集中供液系统；图 6-29(b)所示为开式循环多用户供液系统。前者由集中系统提供相同压力，而后者分别由流量调节控制器控制不同用户的需要。

2）釜用机械密封封液系统

（1）自动压力平衡系统。图 6-30 所示为立式搅拌轴上双端面密封自动压力平衡系统。加压方式是设置一个储液罐，罐顶有一个接口，与搅拌釜顶部接口用管道连接，这样釜内压力直接加在储液罐内封液(隔离液)上，组成一个压力平衡系统。罐底封液出口与机械密封的封液入口用管道连接。因储液罐安装高度比机械密封安装高度高 2m 以上，所以封液利用自重流入密封腔内，并保证与釜内有必要的压力差，达到润滑机械密封的目的。为了防止封液中杂质进入密封腔，罐底封液出口管伸入罐内一定高度，使杂质沉积在罐底内。储液罐上装有液位计口、加液口、残液清理口、压力计口和管道控制阀门等。如果需要，在储液罐上装设液位开关。当密封失效时，罐内封液液位下降，达到最低液位时，液位开关发出信号报警。密封腔封液入口应设在比密封上端面略高的位置，因为封液中有时含有从釜内逸出的气体以及端面间液膜汽化的气体，这些累积的气体通过封液入口管道排至储液罐内，这样可以避免密封上端面处于干摩擦运转状态。密封腔上方应开设放空口，以便在向储液罐内注液时把气体排除干净，然后把放空口堵住。这种密封系统中的封液与釜内被密封介质相混合，所以在选择封液时需要注意，封液与介质的性质互不影响。

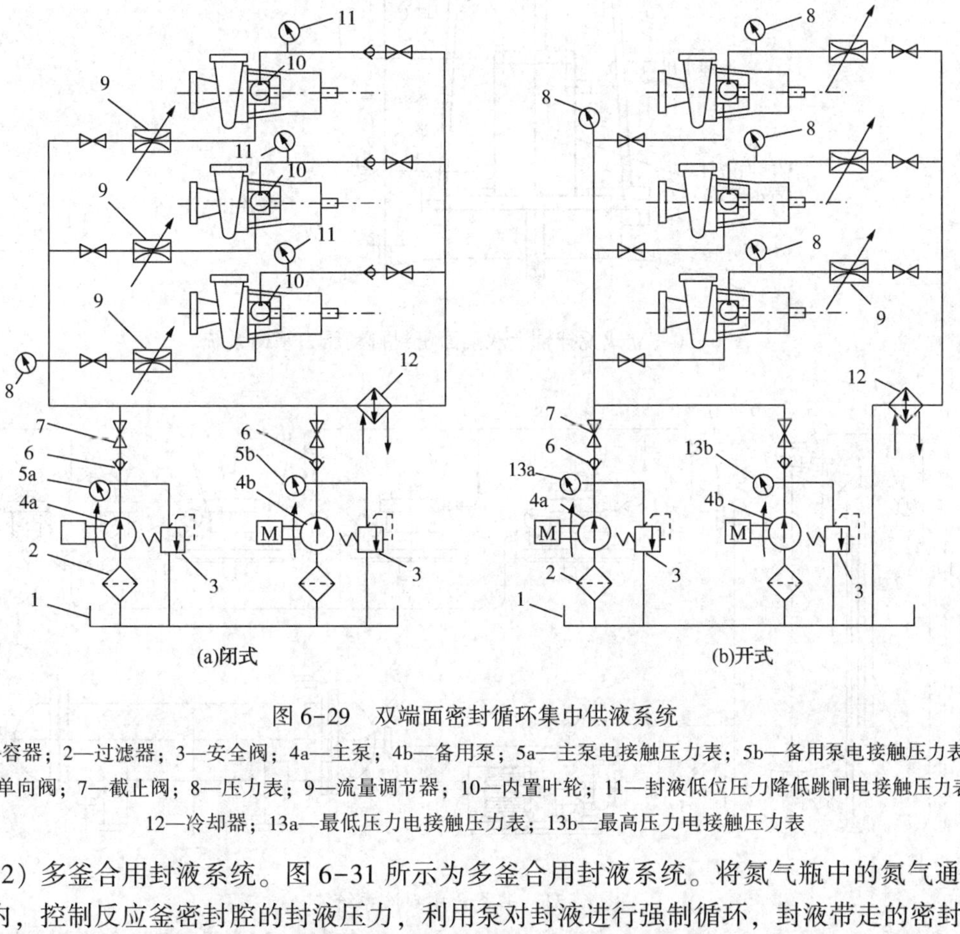

图 6-29 双端面密封循环集中供液系统

1—容器；2—过滤器；3—安全阀；4a—主泵；4b—备用泵；5a—主泵电接触压力表；5b—备用泵电接触压力表；6—单向阀；7—截止阀；8—压力表；9—流量调节器；10—内置叶轮；11—封液低位压力降低跳闸电接触压力表；12—冷却器；13a—最低压力电接触压力表；13b—最高压力电接触压力表

（2）多釜合用封液系统。图 6-31 所示为多釜合用封液系统。将氮气瓶中的氮气通入储液罐内，控制反应釜密封腔的封液压力，利用泵对封液进行强制循环，封液带走的密封热量经冷却器冷却，然后经两个可以相互切换的过滤器过滤，清洁的封液再进入密封腔内，润滑、冷却密封端面。

这种系统适用于同一车间内很多反应釜密封条件相同或相近的双端面机械密封。封液系统的各部分压力应近似按下列要求进行设计：控制储液罐压力比反应釜压力低 0.2MPa，容泵加压后比储液罐高 0.5MPa，即比反应釜压力高 0.3MPa，冷却器和过滤器压力降约为 0.2MPa，则进入密封腔压力比釜内压力高 0.1MPa，符合密封腔压力比反应釜工作压力高的要求。

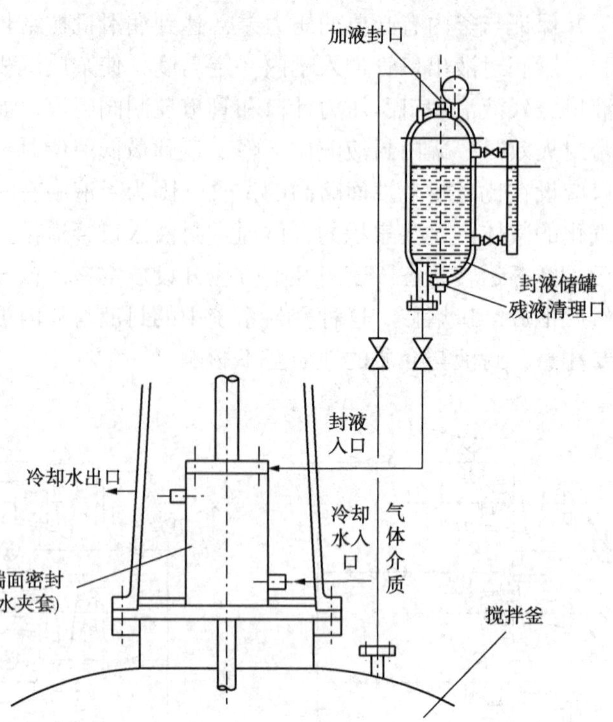

图 6-30　立式搅拌轴上双端面密封自动压力平衡系统

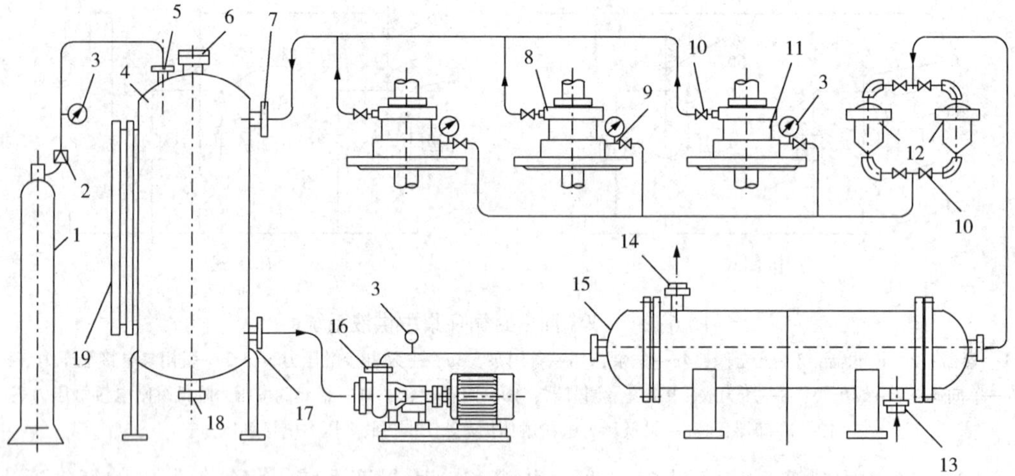

图 6-31　多釜合用封液系统

1—氮气瓶；2—减压阀；3—压力表；4—储液罐；5—氨气入口；6—加液口；7—回流液进口；8—密封液出口；9—密封液进口；10—闸阀；11—机械密封；12—过滤器；13—冷却水进口；14—冷却水出口；15—冷却器；16—泵；17—回流液出口；18—排污口；19—液位视镜

密封液压力系统的设计和操作条件如下：要求机械密封的工作压力、温度、介质条件必须是相近的，按统一的密封液压力来计算各密封端面的比压，以适应操作过程中的压力变化；由于各台釜的升压、降压的时间并不一致，因而要求恒定不变的密封液压力能够适应这种压力变化。为此，双端面机械密封的上、下两个端面都应做成平衡型结构。避免釜压低时下端面比压过大，造成端面磨损和发热；密封腔内的密封液压力是由氮气压力、泵送压力以及系统中辅助设备及管道的阻力降决定的，通常是通过调节氮气瓶出口处的减压阀来控制密封所需的压力；反应釜停车时仍应保持密封液循环畅通，如密闭阀停止循环，系统中阻力降发生变化，密封压力需重新进行调整；并联的双过滤器交替使用，定期清除过滤器中的污物。

(3) 氮气瓶加压密封系统。图 6-32 所示为氮气瓶加压密封系统，其压力源由氮气瓶供给，并利用热虹吸原理进行封液循环，储液罐的压力源是氮气瓶。密封腔压力控制在比釜内最高工作压力高 0.1~0.2MPa，为了适应介质压力的变化，机械密封的下端面应采用与上端面相似的平衡型结构。这种装置是利用冷却盘管降温达到封液循环的。由于循环量较小，密封腔出口处的温度一般不应超过 60℃。

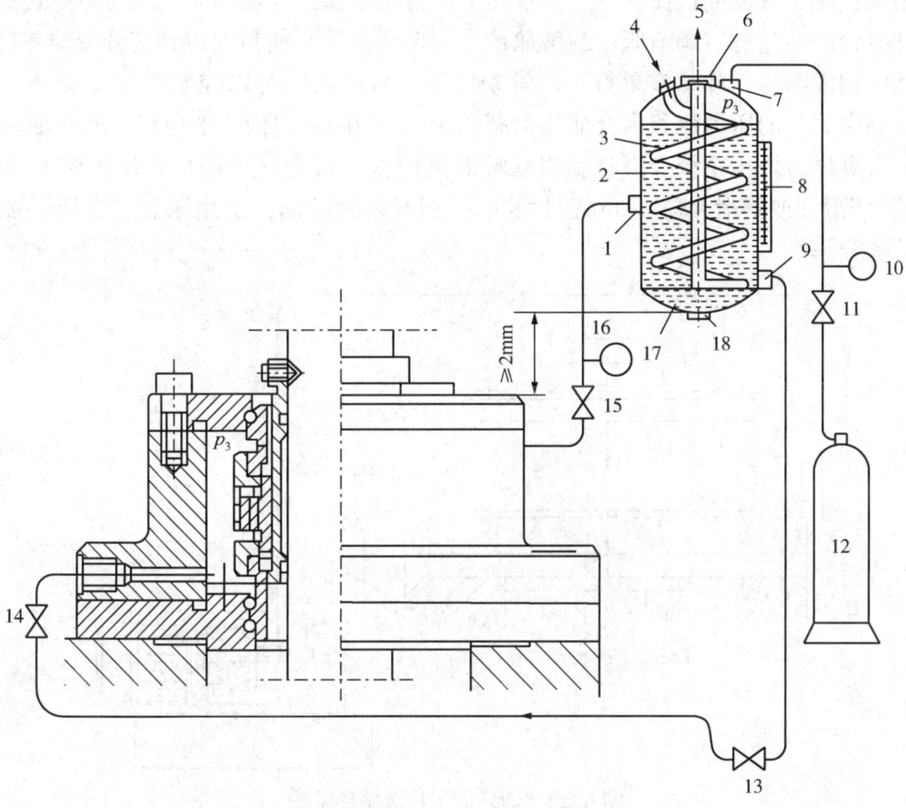

图 6-32　氮气瓶加压密封系统

1—密封液进口；2—储液罐；3—冷却盘管；4—冷却水进口；5—冷却水出口；6—加液口；7—进气管接头；8—液位计；9—密封液出口；10—压力表；11—减压阀；12—氮气瓶；13—排污旋塞；14—进口阀；15—出口阀；16—温度计；17—沉淀物；18—排污口

氮气瓶加压装置设计和操作应注意：储液罐容积为 5~15L；储液罐内的封液不得高于罐高的 80%，以保证氮气所占的空间；调整减压阀的压力，使密封腔的压力高于釜内压力 0.1~0.2MPa；储液罐底部高出密封腔 2m 以上，有利于封液循环；管道和接头的内径要大些，且避免过量弯曲，以减小密封液循环时的阻力；储液罐内的液面不得低于密封液进口，避免造成气隔使液流循环中断，并要经常检查、补充封液；补充封液时，应先停车、降压，然后再加封液，对于一般性介质(如无毒、无腐蚀、非易燃易爆)，也可采用不停车加液的方法，但必须事先关闭减压阀、进口阀和出口阀，然后使储液罐卸压，进行加液，加到所需量后，将加液口封严，接着依次缓慢打开减压阀、进口阀和出口阀，整个加液过程的时间要尽量缩短，不然，机械密封端面产生的摩擦热不能被带走，造成密封腔内封液温度升高，致使密封液容积增加，这样会造成封液压力迅速上升，使端面被打开或烧毁等不良后果。

为方便加液过程，可在储液罐下部增设一个常压罐和手动泵，加液时，用动泵将常压级内的密封液直接打入储液罐。这种方法可以在不停车、不卸压情况下进行。

(4) 油泵加压封液循环系统。在高温或高压运转的高载荷密封装置中。需要采用强制循环封液对密封端面进行润滑和冷却，达到长期稳定运转的目的。图 6-33 所示为油泵加压封液循环系统，用于双端面机械密封。封液压力由齿轮泵供给，利用泵送压力迫使封液在密封腔、冷却器、磁性过滤、调节阀、封液储槽之间循环流动，使封液得到充分冷却并将管道中的锈渣和污物清除掉，冷却效果好。正常条件下，封液温度可以控制在 60℃以下。调节调节阀，控制密封腔的压力比釜内介质压力高 0.2~0.5MPa。封液一般应用工业白油。

(5) 自身压力增压系统。搅拌釜用双端面机械密封自身压力增压系统如图 6-34 所示，是将封液(润滑油或润滑介质)加到密封腔中，润滑密封端面，适用于釜内介质不能和封液相混合的场合。

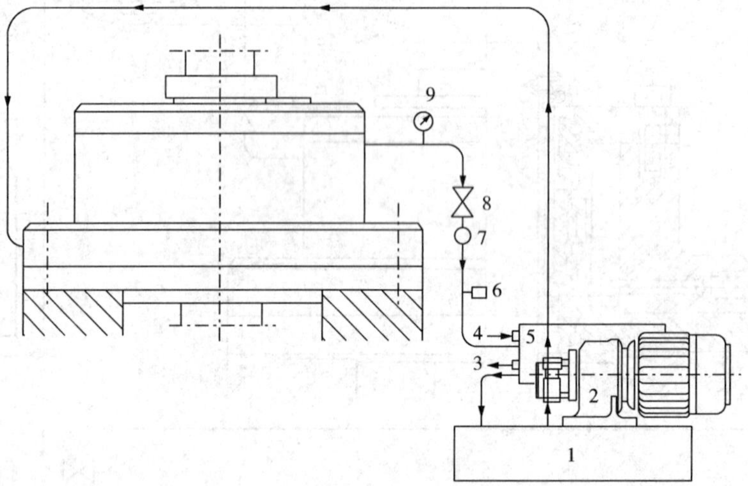

图 6-33 油泵加压封液循环系统

1—封液储槽；2—齿轮泵；3—冷却液出口；4—冷却液进口；
5—冷却液；6—磁性过滤器；7—温度计；8—调节阀；9—压力表

平衡罐上部与密封腔用管道连接，罐的下部用管道与釜内连通，使釜内的压力通过平衡活塞传递到密封腔。由于活塞上端的承压面积比活塞下端承压面积减少了一根活塞杆的面积，因此封液压力按两端承压面积反比例地增加，从而保证了良好的密封条件。活塞用 O 形圈与缸壁密封，且可沿轴向滑动。活塞既能传递压力，又能起到封液与釜内气体的隔离作用。设计活塞两端的承压面积之比时，应根据所要求的密封腔与釜内的压力差来计算，一般密封腔与釜内压力差在 0.05~0.15MPa。

在活塞杆上装上弹簧，调节好弹簧压缩量，使弹簧张力正好抵消活塞上 O 形圈对缸壁的摩擦力，以减小压力差计算值与实际值之间的误差(可用上、下两块压力表校准)。此外，活塞杆的升降还有指示平衡罐中液位的作用。当封液泄漏后需要补充时，用手动泵加注。

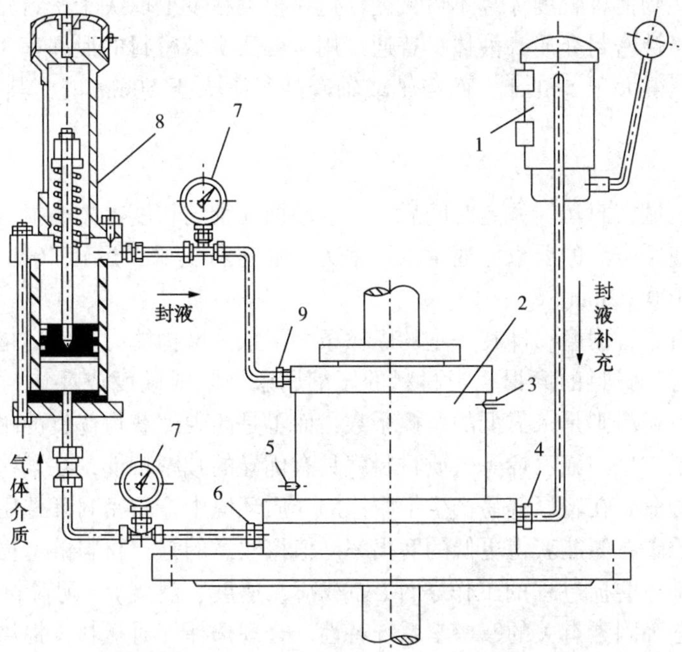

图 6-34 双端面机械密封自身压力增压系统

1—液压泵；2—机械密封；3—夹套冷却水出口；4—封液补充口；5—夹套冷却水进口；6—釜内其他连通管；7—压力表；8—平衡罐；9—封液进口

6.6 机械密封性能与试验

6.6.1 机械密封性能

评价机械密封性能的指标有多种，常用的有泄漏率、磨损量、寿命、转矩、追随性等。

1. 泄漏率

泄漏率是指单位时间内通过主密封和辅助密封泄漏的流体总量，是评价机械密封性能的一个重要指标。所有正常运转的机械密封都有一定的泄漏，所谓“零泄漏”是指用现有仪器测量不到的泄漏率。

泄漏率的大小取决于许多因素，其中主要的是密封运行时的润滑状态。在没有液膜存在而完全由固体接触情况下机械密封的泄漏率接近为零，但通常是不允许在这种摩擦状态下运行，因为这时密封环的磨损率很高。机械密封多数是在边界润滑状态下运行，这时由液膜压力和端面微突体直接接触力共同支撑端面载荷。液体的压差黏性流动以及密封面相对运动引起的沿凹凸不平密封面的黏性剪切流动将形成泄漏，但泄漏率一般很小。一套规格为 ϕ50mm 的机械密封，其典型的泄漏率在跑合阶段为 10mL/h，在稳定运行阶段为 0.1~1mL/h。如果泄漏介质为水溶液或液态烃，一旦接触大气环境，就可能完全蒸发掉，从而看不到液相泄漏。但对于烃类流体，泄漏的介质即使是看不见的气体，也必须进行监控。

对处于全流体膜润滑的机械密封，如流体静压或流体动压机械密封，泄漏率一般较大，但近年已出现一些泄漏率很低，甚至泄漏率为零的流体动压润滑非接触机械密封。

密封泄漏率达到何种程度才算不可接受，这在很大程度上取决于密封介质的特性以及密封运行的环境。当被密封介质为液体，普通泵用接触式机械密封的泄漏率，在轴或轴套外径大于 50mm 时，不得大于 5mL/h；而当轴或轴套外径不大于 50mm 时，其泄漏率不得大于 3mL/h。

2. 磨损量

磨损量是指机械密封运转一定时间后，密封端面在轴向长度上的磨损值。磨损量的大小要满足机械密封使用寿命的要求。通常以清水为介质进行实验，运转 100h 后软质材料密封环的磨损量不大于 0. 02mm。

磨损率是材料是否耐磨，即在一定的摩擦条件下抵抗磨损能力的评定指标。当发生黏着磨损或磨粒磨损时，材料的磨损率与材料的压缩屈服极限或硬度成反比，即材料越硬越耐磨。而有一类减摩材料则是依靠低的摩擦系数，而不是高硬度获得优良的耐磨特性。例如具有自润滑性的石墨、聚四氟乙烯等软质材料就具有优异的减摩特性，在某些条件下，甚至比硬材料有更长的寿命。在轻烃等易产生干摩擦的介质环境中，软密封环选用软质的高纯电化石墨就比选用硬质碳石墨能获得更低的磨损率。值得注意的是，材料的磨损特性并不是材料的固有特性，而是与磨损过程的工作条件(如载荷、速度、温度)、配对材料性质、接触介质性能、润滑状态等因素有关的摩擦学系统特性。合理选择配对材料，提供良好的润滑和冷却条件是保证机械密封摩擦副获得低磨损率的重要措施。

3. 寿命

机械密封的使用寿命指机械密封从开始工作到失效累积运行的时间。在选型合理、安装使用正确，被密封介质为清水、油类及类似介质时，机械密封的寿命一般不得低于一年；被密封介质为腐蚀性介质时，机械密封的使用寿命一般为半年到一年。当在某些更苛刻条件下，机械密封的寿命可能仅有几天。

要准确预测某套机械密封的寿命，目前还是非常困难。对机械密封寿命规律的研究，往往得借助统计的方法。但应用机械密封时注意以下几个方面，无疑可将延长其使用寿命。

(1) 在密封腔中建立适宜的工作环境，如有效地控制温度，排除固体颗粒，在密封端面间形成有效液膜(在必要时应采用双端面密封或非接触机械密封)。

(2) 满足密封的技术规范要求。

(3) 采用具有刚性壳体、刚性轴、高质量支撑系统的机泵。

4. 转矩

机械密封转矩概念包括正常运转时由端面摩擦而引起的端面摩擦转矩，机械密封启动时所需的启动转矩，密封运转时由旋转组件对流体的搅拌而引起的搅拌转矩。端面摩擦转矩和搅拌转矩决定着机械密封的功率消耗和运行成本，是评价机械密封性能的一个常用指标，对于应用于高压、高速、大轴径的重型机械密封，其功率消耗也颇为可观。尽管中国机械密封的技术标准 JB/T 4127. 1—2013《机械密封　第 1 部分：技术条件》并未对转矩指标提出具体要求，但另一技术标准 GB/T 14211—2010《机械密封试验方法》表明，必要时需要对机械密封摩擦转矩和功率消耗要进行测量和评价；另外，启动时摩擦转矩一般为正常运转时的 5 倍左右。

5. 追随性

追随性是指当机械密封存在跳动、振动和转轴的窜动时，补偿环对于非补偿环保持贴合的性能。如果这种性能不良，密封端面将会分离，从而导致较大的泄漏。可以通过泄漏量的大小来间接判断密封追随性的优劣。

6.6.2 机械密封试验

机械密封技术的发展，至今仍处在理论与试验相结合的阶段。尽管某些密封理论已有相当大的发展，且不乏精辟的分析，也极大地推动了密封技术的进步，但仅根据理论分析和理论数据还不能完全解决问题。目前大多数密封问题的解决还得依靠经验的积累和试验技术数据的分析与研究。通过试验，可以确认密封制造合格和安装无误，证实密封选用正确；可以验证新设计机械密封的正确性；可以考察机械密封的某些特殊性能；可以研究和发现机械密封的新现象、新规律。

根据试验条件，试验分为现场试验和模拟试验两大类。现场试验的优点在于切实符合实际情况，能认定在一定工况条件下新产品的各项性能指标，特别是泄漏率和使用寿命。但缺乏系统性和完整性，受现场安装、维护及主机操作等工艺条件因素的影响较大。对参数较高的密封，直接进行现场试验的风险较大。相反，试验室里模拟工作条件进行的试验却可避免这些缺点，不过模拟试验不可能完全符合其工作条件，且从人力、构力、费用等方面考虑，不可能长时间地进行试验与考核。两者各有利弊，可以互相补充。一般是经试验室模拟试验后，再进行工业现场试验与考核。

国家标准(GB/T 14211—93)《机械密封试验方法》规定了普通机械密封产品常规性能试验的基本原则和试验方法。美国石油协会标准 API 682《离心泵及转子泵轴封系统》对机械密封试验的种类、试验介质、试验程序、试验结果分析作了更为严格的规定。

根据不同的试验目的，机械密封试验可分为：以验证设计正确性为目的的型式实验；以质量控制为目的的出厂试验；以考核可靠性、寿命为目的的特殊试验；以研究开发为目的的试验研究等。

1. 型式试验

型式试验是为判断新设计的机械密封是否具有规定的性能而进行的试验。通常模拟密封的基本工作条件，并测量几个主要参数。模拟密封的基本工作条件，包括安装密封轴的尺寸、密封腔体及压盖等结构尺寸；密封流体的压力、温度、轴的转速等；试验介质可根据情况，分别选择油、水、气等。试验内容主要有：测量密封静压和运转时的泄漏量；测量摩擦副的磨损量；测量密封的摩擦转矩和功耗；测量流体的温升等，并观察有关零件的磨损形态及变形。

一般先进行静压试验，合格后，再进行运转试验。静压试验可以考核密封是否满足制造和装配的技术要求。静压试验的压力一般为产品最高使用压力的 1.25 倍，温度为常温。从系统压力达到规定值时，开始计算试验时间和测量泄漏量，其保压时间不少于 10min。

运转试验可以更全面考核机械密封的性能。用做过静压试验的那套机械密封做运转试验。运转试验的压力为产品的最高工作压力，转速为产品的设计转速。启动试验装置，待系统温度、压力和轴转速稳定在规定值时，开始计算试验时间并收集泄漏流体，试验时间原则上为连续运转 100h，每隔 4h 测量并记录一次密封流体压力、密封流体温度、转速、泄漏量和功率消耗，每4h的平均泄漏量不得超过有关技术条件的规定值。在达到型式试验规定的运转时间后，停机测量机械密封的端面磨损量。

某些密封标准如API 682，要求的机械密封型式试验程序更为严格，其运转试验包括试验压力循环、温度循环、启动和停车运转循环等。

2. 出厂试验

出厂试验是机械密封产品质量控制的一个重要手段。型式试验合格的机械密封产品，原则上出厂前应对同一规格的每批产品至少抽取一套进行试验。出厂试验同样包含静压试验和运转试验，试验条件和程序与型式试验相同，只是运行试验的时间为连续运转5h，每隔1h测量并记录一次密封流体压力、密封流体温度、转速、泄漏量和功率消耗，每小时的泄漏量不得超过有关技术要求的规定值。

3. 特殊性能试验

特殊性能试验为考核机械密封的某些特殊性能，可以设计并实施相应的性能试验。例如：材料选择试验，润滑状态试验，温度裕度试验，耐晃动和振动性试验及耐固体颗粒磨损试验等。

(1) 材料选择试验。密封材料的选择通常可不借助于试验，但对于新材料或已有材料用于新工况，则必须进行材料的选择试验。一般可先进行材料的静态浸泡试验，即将材料置于模拟使用温度和压力的介质环境中，考察材料的耐腐蚀能力。材料的耐腐蚀能力一般是依靠在材料表面形成一层耐腐蚀薄膜而获得的；在动态情况下，腐蚀可能加剧，耐蚀膜可能破裂，形成磨损腐蚀失效。因此，必要时进行动态腐蚀或动态磨损试验，评价材料的耐腐蚀、耐磨损性能，并选择合适的机械密封材料。

(2) 润滑状态试验。密封要能满意地工作，其端面间要能建立起良好的润滑状态。密封端面间的润滑状态从理论上讲是可预测的，但实际上却很复杂，而且也很难预测，往往还得依靠试验方法来评价密封的润滑状态和性能。

密封端面间的润滑状态类似于推力轴承，其特性可用无量纲状态参数G来表示。无量纲参数G定义为：

$$G=\eta\frac{vb}{F_c} \tag{6-27}$$

式中 η——密封流体的黏度；

v——密封端面平均线速度；

b——密封端面宽度；

F_c——作用在端面上的总载荷。

如果G很小，则表明密封端面间的液膜很薄，其结果使磨损加剧。如果G很大，则表明密封端面间的液膜很厚，其结果使泄漏量增大。

进行试验时，G值必须是类似于特定工作条件下的值。压力和温度的改变会使密封端面间的润滑状态发生变化，从而改变动压支撑能力。因此，密封的试验条件，如压力、温度、速度和黏度应尽可能与工作条件接近。对于试验条件与工作条件之间可能出现的不可避免的差异，可以适当调整速度，以便取得正确的G值。

(3) 温度裕度试验。密封在运行时，其端面由于相对运动会产生摩擦热，从而使摩擦副温度升高并形成对周围的温差，然后通过散热达到热平衡。如果端面温升太大，端面间的液膜就会蒸发，从而破坏了端面的润滑状态，最终使密封失效。

温度裕度是由密封腔介质的温度与在密封腔压力下液体沸点的差来确定的。温度裕度通常用 ΔT 表示。温度裕度 ΔT 的试验必须有与特定条件相同的发热状况、速度和压力有关。试验温度要可以进行调节。液体的性质（黏度、比热容、热导率）会影响 ΔT，但一般认为很小，可以忽略不计。

耐晃动和振动性试验所有的密封试验都要有一定的晃动和振动，但某些特殊设计的实验装置可以测量和控制给定的晃动量和振动量，从而考察试验机械密封耐晃动和振动的极限。

(4) 耐固体颗粒磨损试验。固体颗粒对密封端面的危害是严重的。可以设计专门的试验台架，通过选择不同硬度的颗粒、不同的固体颗粒含量等，来考核和评价试验机械密封耐固体颗粒磨损的性能。

4. 试验研究

试验研究是通过设计、实施特殊的试验方法和手段来研究、探索机械密封的某些内在的规律，它是对机械密封性能进行深入研究的重要手段和方法。根据不同的研究目的，有不同的试验设计思想。例如，端面间流体压力分布的试验研究；密封端面温度分布的试验研究；密封腔体形状和尺寸对密封性能的影响规律研究等。

6.7 机械密封的选择与使用

6.7.1 机械密封的选择

针对某一具体的过程装备，正确合理地选择机械密封，无论对密封的最终用户，还是过程装备的设计制造者，甚至对密封件的制造者来说，都不是一件简单的事，尤其是对于新工艺过程装备更是如此。

影响密封选择的主要因素：

1. 过程装备的特点

过程装备的特点对机械密封的选择有着重要影响。必须考虑过程装备的重要程度、种类、规格、安装和运行方式等。不同类型的过程装备要求选择不同类型的机械密封。比较典型的有泵用机械密封、釜用机械密封、压缩机用机械密封等。

2. 被密封介质的性质

被密封介质的性质有化学性质、物理性质及危险性等。

(1) 化学性质。密封介质不仅要与所接触的密封元件产生化学、物理作用，而且其泄漏可能对环境、人体产生严重危害。详细而全面地了解密封介质的化学性质对密封选型十分重要。例如，密封有毒、有害、易燃、易爆介质，一般得选用双端面机械密封。

密封部件材料要能耐介质的腐蚀。介质中的微量元素也可能起显著作用，如介质中的氯离子能使通常使用不锈钢的密封结构（如 1Cr18Ni9Ti）遭受腐蚀。

介质的挥发特性，也必须加以考虑。机械密封的泄漏量通常很小，泄漏介质由于挥发而形成的溶质结晶，或泄漏介质与空气形成的任何沉积物（如烃类的结焦）都会对密封产生重要的影响，决定着密封型式和材料的选择。在输送易挥发性物质时，应考虑如何保持密封面的液相润滑。当有汽化危险时，过程装备的主密封应采用平衡式结构和低摩擦系数的密封面材料，以减少摩擦热量，并采用导热性能良好的材质，以便将摩擦产生的热量迅速从可能汽化的区域移走，同时应尽可能提供良好的冲洗方式和冲洗流程。

(2) 物理性质。选择机械密封时需要重点考虑介质的物理性质有饱和蒸气压、凝固点、结晶或聚合点、黏度、密度、固体颗粒、可溶解的固体。

介质的饱和蒸气压决定着其沸腾或起泡的条件，要使密封正常操作，必须保证密封腔内液体的温度和压力在介质沸点或起泡点之间要有足够的裕度。凝固点、结晶或聚合点决定着介质出现固体颗粒的条件；同样，密封腔内介质温度必须高于介质出现固体颗粒的温度，并有一定的裕度。

介质黏度直接影响着密封的启动力矩及摩擦功耗，也影响着密封腔体内的传热和界面液膜的形成。用于正位移泵(如螺杆泵、齿轮泵等)的机械密封，可能遇到黏度很大的工况，其操作黏度和启动黏度都必须加以考虑，而且还应注意某些介质可能具有很特殊的黏度特性。而对于黏度很低的介质，如液氨、高温高压水、轻烃等，普通密封端面间则难以形成良好的润滑膜，必须加以特别注意。

介质的密度虽不直接影响机械密封的操作性能，但能预示可能存在的其他影响因素。烃类的密度低，挥发性高，因此可用于与其主介质的蒸气压数据相比较。水溶液的密度高表明有大量的溶解物。另外，密封制造厂总是考虑压力的大小，但泵的特性曲线仅反映压头(扬程)的大小，需要知道介质的密度，以便进行两者的换算。

泵送液体中的固体颗粒会对机械密封产生不良的影响。这些固体颗粒可能是饱和溶液中不溶解的物质，它们可能是软的，也可能是硬的。颗粒的形状、大小决定着对密封性能的影响行为。纤维状物体能使密封腔体及封液的循环线路堵塞，导致密封的适应性降低。大颗粒的固体会对密封造成冲击性损害；小颗粒的固体能进入密封端面，并可能对密封端面造成严重损害，硬质颗粒更是如此。不过，微米级以下的颗粒不易造成太大的损伤，大多数的损伤是由粒度与液膜相近的颗粒(0.5~20μm)造成的。

含有固体溶解物的液体似乎不会给密封造成困难，但是当介质沿密封端面向大气侧泄漏时，由于泄漏液体的逐渐蒸发而使局部溶液浓度提高，可能有固体物析出或沉结。一旦出现固体物的析出或沉结，就会对密封端面产生严重影响。

(3) 危险性。危险性分为三类：毒性、可燃性和易爆性、腐蚀性。对介质的危险性必须进行充分评估，根据对潜在危险的评估情况，提出密封的选型要求，并对泵及现场公用工程进行改造。

在关键设备、安全标准和密封选择者的改造措施等方面，需要密封制造厂、过程装备制造厂、密封件的最终用户之间很好地合作与协商。

3. 操作条件

除被密封介质特性外的其他操作条件或运行工况，对机械密封的选择也具有非常重要的影响。这些条件包括温度、压力、速度、密封腔体、寿命、泄漏等。

(1) 温度。温度对密封材料的选择有着重要的影响，尤其是对摩擦副材料、辅助密封材料、波纹管材料的选择；同时，也决定着冷却或保温方法及其辅助装置。密封材料具有高低温的限制，例如丁腈橡胶密封圈的安全使用温度是-30~100℃，氟橡胶是-20~200℃。通过温度数据可以帮助选择何种材料适用运行工况。在高温操作时，许多密封界面呈汽液混合相，端面材质应能承受此工况。密封用于高温烃类时，还会出现结焦问题，即泄漏的物质氧化而形成固体沉结物。对此，需选择不易被卡住的密封类型，并采用低压饱和蒸汽阻封以防止结焦。

(2) 压力。密封腔的压力决定着选择单级密封还是多级密封；选择非平衡式机械密封，还是平衡式机械密封。也决定着安装的某些方面，如压盖结构、循环方式、清洁冲洗液注入压力、双端面机械密封用封液的注入压力等。

(3) 速度。在高速情况下，离心力对密封元件可能产生不良影响，必须保证密封的旋转元件能正常发挥作用，同时，轴加工时的缺陷通常要求密封有更高的轴向追随能力，以保持稳定的液膜。当转速超过 4500r/min，或圆周线速度超过 20m/s 时，通常选择静止式结构。在高速操作条件下，密封界面上边界润滑条件起着主要作用(非接触机械密封除外)，必须注意选择密封面的材料。另外，许多密封面材料的抗拉强度低，在高速情况下必须考虑对密封环的有效支撑，不能在无支撑的条件下使用。

(4) 压力和速度的乘积。即通常称为 pv 值，也对密封的选择产生影响。不同类型、不同结构的密封具有不同的 pv 极限值，考虑一定的安全裕度后，即得到许可的 pv 值。操作工况的 pv 值应在密封许可的 pv 值范围内。

(5) 密封腔体。密封腔体的详细尺寸，包括径向尺寸、轴向尺寸，腔体内各种影响放置密封的障碍，密封端盖的空间位置等对密封结构形式的选择也有重要影响，只有获得这些尺寸的信息，才能确定密封的尺寸，或确定能否将密封装入且不必改动密封腔体，并判断是否有足够的径向间隙以形成合理的流道。

(6) 密封寿命。不同的密封工况对密封寿命有不同的要求，有的只需要几十分钟，如火箭发射装置；有的则要求能无故障运行许多年，如核电站泵用的密封。合理的寿命要求影响着密封结构和材料的选择。昂贵的端面密封材料和特殊的密封设计(如金属波纹管密封、集装式密封)通常都能延长密封寿命。

(7) 泄漏。允许泄漏的限制条件也影响着密封的选择。对需要严格控制泄漏的场合，一般都得采用双端面机械密封。

4. 外部公用工程

在需要详细考虑密封的选用问题时，对能提供冷却水、阻封蒸汽和清洁注入液的公用工程应充分关注，获取公用工程的介质特性、温度和压力等是十分有用的。例如，对于高黏度液体在启动时可能需要加热；液体中能沉积出蜡或胶体的工况，可能需要蒸汽阻封，以延长密封寿命。

5. 密封标准

在选择密封时，应关注相关标准，包括允许泄漏的标准，安装密封结构尺寸标准，密封技术要求标准等，其中有国际标准、国家标准、部颁标准，某些公司或协会标准等。附录1列出了有关密封标准的目录。

6. 其他因素

除上面介绍的因素外，安装维修的难易程度、密封的购置成本和运行成本、获取密封件的难易程度等，都可能影响选型。因此，机械密封的选型需要综合判断考虑。

密封选择的主要程序

(1) 获取数据尽可能获取上面介绍的影响选型因素的各种数据，并注意对交货前的检验要求和验收指标规定，也需要注意某些特殊要求，如核准机构、交货期和包装等。

(2) 结构形式及其密封辅助系统的选择。根据获得的各种数据可对密封的结构形式、材料匹配和密封辅助系统进行合理而恰当的选择。许多机械密封制造厂或有关机械密封的手册均提供有机械密封的选型用表格。一般根据介质和工况数据，可选择出密封类型、各种合适的结构材料、冲洗方法和措施等。但往往有多种方案可满足特定的密封工况，这就需要在众多方案中进行充分比较，以确定最合理的一种。

6.6.2 机械密封的使用

机械密封是过程装备中的精密部件，为了达到预期的密封效果，在正确合理选择密封的基础上，还必须保证机械密封的正确安装与使用。

1. 机械密封的安装

(1) 对设备的精度要求。对安装机械密封部位的轴或轴套的径向跳动、表面粗糙度、外径公差、运转时轴的轴向窜动等都有一定的要求，对于安装普通工况机械密封轴或轴套的精度要求见表6-10，密封腔与压盖(或釜口法兰)结合定位端面对轴(或轴套)表面的跳动见表6-11。由于反应釜转轴速度较低，机械密封对设备的精度要求可以适当降低。

表6-10　安装普通机械密封部位轴或轴套的技术精度要求

类别	轴径或轴套外径/mm	径向跳动/mm	表面粗糙度 R_a/μm	外径尺寸公差	转轴轴向跳动/mm
泵用	10~50	≤0.04	≤1.6	h6	≤0.1
	>50~120	≤0.06			
釜用	20~80	≤0.4	≤1.6	h9	≤0.5
	>80~130	≤0.6			

表6-11　密封腔体与压盖(或釜口法兰)定位端面对轴(或轴套)表面的跳动要求

类别	轴径或轴套外径/mm	跳动偏差/mm
泵用	10~50	≤0.04
	>50~120	≤0.06
釜用	20~130	≤0.1

(2) 安装准备及安装。检查机械密封的型号、规格是否与要求的型号、规格相吻合，零件是否完好，密封圈尺寸是否合适，旋转环、非旋转环表面是否光滑平整。若有缺陷，必须更换或修复。检查设备的精度是否满足安装机械密封的要求。清洗干净密封零件、轴表面、密封腔体，并保证密封液管路畅通。根据说明书或产品样本确定弹簧的压缩量或工作高度，进而确定密封的安装位置。一般单弹簧密封轴向安装尺寸最大允差为±1.0mm，多弹簧为±0.5mm。

安装准备完成后，就可按一定顺序实施安装，完成旋转环组件在轴上的安装和非旋转环组件在压盖内的安装，最后完成密封的总体组合安装。在安装过程中应保持密封的清洁和完整，不允许用工具敲打密封元件，以防止密封件被损害。

(3) 安装检查。安装完毕后，用手盘动旋转环，应保证转动灵活，并有一定的浮动性。对于重要设备的机械密封，必须进行静压试验和动压试验，试验合格后方可投入正式使用。

2. 机械密封的运转

(1) 启动前的注意事项及准备启动前。应检查机械密封的辅助装置、冷却系统是否安装无误；应清洗物料管线，以防铁锈、杂质进入密封腔内。最后，用手盘动联轴节，检查轴是否轻松旋转。如果盘动很重，应检查有关配合尺寸是否正确，设法找出原因并排除故障。

(2) 密封的试运转和正常运转。首先将封液系统启动，冷却水系统启动，密封腔内充满介质，然后就可以启动主密封进行试运转。如果一开始就发现有轻微泄漏现象，但经过1~3h后逐步减少，这是密封端面磨合的正常过程。如果泄漏始终不减少，则需停车检查。如果机械密封发热、冒烟，一般为弹簧比压过大，可适当降低弹簧的压力。

经试运转考验后即可转入操作条件下的正常运转。升压、升温过程应缓慢进行，并密切注意有无异常现象发生。如果一切正常，则可正式投入生产运行。

(3) 机械密封的停车。机械密封停车应先停主机，后停密封辅助系统及冷却系统。如果停车时间较长，应将主机内的介质排放干净。

6.8 机械密封的失效分析

一般来说，轴封是过程流体机械的薄弱环节，它的失效是造成过程装备维修的主要原因。经过对机械密封的失效原因进行认真分析，常常能找到排除故障的最佳方案，从而提高密封的使用寿命。

6.8.1 机械密封的失效

1. 密封失效的定义

被密封的介质通过密封部件并造成下列情况之一者，则认为密封失效：

(1) 从密封系统中泄漏出大量介质。

(2) 密封系统的压力大幅度降低。

(3) 封液大量进入密封系统(如双端面机械密封)。

2. 密封失效的外部特征

在密封件处于正常工作位置，仅从外界可以观察和发现到的密封失效或即将失效前的常见特征有以下几种。

(1) 密封持续泄漏。泄漏是密封最易发现和判断的密封失效特征。一套机械密封总会有一定程度的泄漏，但泄漏率可以很低，采用了先进材料和先进技术的单端面机械密封，其典型的质量泄漏率可以低于1g/h。所谓“零泄漏”通常描述为“用现有仪器测量不到的泄漏率”，采用带高压封液的双端面机械密封可以实现对过程流体的零泄漏，但封液向系统的内泄漏和对外界的外泄漏总是不可避免的。

判断密封泄漏失效的准则可以有多种，如(JB 4127)《机械密封技术条件》要求普通离心泵及其他类似旋转式机械的机械密封的泄漏量≤3mL/h(当轴或轴套外径≤50mm)或≤5mL/h(当轴或轴套>50mm)，但在实践中，往往还依赖于工厂操作人员的目测。就比较典型的滴漏频率来说，对于有毒、有害介质的场合，即使滴漏频率降低到很低的程度，也是不允许的；同样，如果预料密封滴漏频率会迅速加大，就应当判定密封失效。对于非关键性场合(如水)，即使滴漏频率大一些，也常常是允许的。目前生产实践中判定密封失效，既依赖于技术，也依赖于操作人员的经验。

密封出现持续泄漏的原因有：密封端面问题，如端面不平、端面出现裂纹、破碎、端面发生严重的热变形或机械变形；辅助密封问题，如安装时辅助密封被压伤或擦伤、介质从轴套间歇中漏出、O形圈老化、辅助密封变硬或变脆、辅助密封出现化学腐蚀而变软或变黏；密封零件问题：如弹簧失效、零件发生腐蚀破坏、传动机构发生腐蚀破坏。

(2) 密封泄漏和密封环结冰。在某些场合，可以观察到密封周围结有冰层，这是由于出现密封介质泄漏，并发生泄漏介质的汽化或闪蒸。应注意结冰可能会擦伤密封端面，尤其是石墨环。

(3) 密封在工作时发出爆鸣声。有时可以听到密封在工作时发出爆鸣声，这也是由于密封端面间介质产生汽化或闪蒸。改善的措施主要是为介质提供可靠的工作条件，包括在密封的许可范围内提高密封腔压力；安装或改善旁路冲洗系统，降低介质温度，加强密封端面的冷却等。

(4) 密封工作时产生尖叫。密封端面润滑状态不佳时，可能会产生尖叫，在这种状态下运行，将导致密封端面磨损严重，并可能导致密封环裂、碎等更为严重的失效。此时应设法改善密封端面的润滑状态，如设置或加大旁路冲洗等。

(5) 石墨粉聚集在密封面的外侧。有时会发现石墨粉聚集在密封面的外侧，其中的原因可能是密封端面润滑不佳，或者密封端面间液膜汽化或闪蒸，残留下某些物质，并造成石墨环的磨损加剧。此时应考虑改善润滑或尽量避免闪蒸的出现。

(6) 密封寿命短。在目前技术水平情况下，一般要求机械密封的寿命在普通介质中不低于一年，在腐蚀介质中不低于半年，但比较先进的密封标准，如 API 682，要求密封寿命不低于三年。某些情况下，即使是一年或半年的寿命都难以达到，形成了机械密封的过早失效。造成机械密封过早失效的原因是多方面的，常见的有：设备整体布置不合理，在极端情况下，可能造成密封与轴的直接摩擦；密封介质中含有固体悬浮颗粒，而又未采取消除悬浮固体颗粒的有效措施或未选用抗颗粒磨损机械密封，结果导致密封端面的严重磨损；密封运行时因介质温度过高或润滑不充分而过热；密封所选型式或密封材料与密封工况不相适应。

3. 密封失效的具体表现形式

对失效的机械密封进行拆卸、解体，可以发现密封失效的具体形式多种多样。常见的有磨损失效、腐蚀失效和热损伤失效。

(1) 磨损失效。虽然机械密封纯粹因端面的长期磨损而失效的比例不高，但碳石墨环的高磨损情况也较常见。这主要是由于选材不当而造成的。目前，在机械密封端面选材时普遍认为硬度越高越耐磨，无论何种工况，软环材料均选择硬质碳石墨；然而，有些工况却并非如此。在介质润滑性能差、易产生干摩擦的场合，如轻烃介质，采用硬质碳石墨，如 M106K，会导致其磨损速率高，而采用软质的高纯电化石墨，其磨损速率会很小。这是因为由石墨晶体构成的软质石墨在运转期间会有一层极薄的石墨膜向对偶件表面转移，使其摩擦面得到良好润滑而具有优良的低摩擦性能。

值得注意的是，若介质中固体颗粒含量超过 5%时，碳石墨不宜作单端面密封的组对材料，也不宜作串联布置的主密封环。否则，密封端面会出现高磨损。在含固体颗粒介质中工作的机械密封，组对材料均采用硬质材料，如硬质合金与硬质合金或与碳化硅组对，是解决密封端面高磨损的一种有效办法，因为固体颗粒无法嵌入任何一个端面，而是被磨碎后从两端面之间通过。

另外，根据端面的摩擦磨损痕迹，可以判断出密封的运行情况。当端面摩擦副磨损痕迹均匀正常，各零件的配合良好，这说明机器具有良好的同轴度，如果密封仍发生泄漏，则可能不是由密封本身问题引起的。当端面出现过宽的磨损，表明机器的同轴度很差。当出现的磨损痕迹宽度小于窄环环面宽度时，这意味着密封受到过大的压力，使密封面呈现弓形。在密封面上有光点而没有磨痕，这表明端面已产生较大的翘曲变形，这是由于流体压力过大，密封环刚度差，以及安装不良等原因所致。如果硬质环端面出现较深的环状纹路沟槽，其原因主要是联轴器对中不良，或密封的追随性不好，当振动引起端面分离时，两者之间有较大颗粒物质入侵，颗粒嵌入较软的碳石墨环端面内，软质环就像砂轮一样磨削硬质环端面，造成硬质端面的过度磨损。

机械密封运转一段时间后，若摩擦端面没有磨损痕迹，表明密封开始时就泄漏，泄漏介质被氧化并沉积在补偿环密封圈附近，阻碍补偿环作补偿位移，这是产生泄漏的原因。黏度较高的高温流体，若不断地泄漏，最易出现这种情况。端面无磨损痕迹的另一种可能就是摩擦端面已经压合在一起，而无相对运动，相对运动发生在另外的部位。

(2) 腐蚀失效。机械密封因腐蚀引起的失效为数不少，而构成腐蚀的原因错综复杂。机械密封常遇到的腐蚀形态及需考虑的影响因素有以下几种。

① 全面腐蚀与局部腐蚀。发生在零件接触介质表面的均匀腐蚀，即为全面腐蚀，表现为零件的质量减轻，失去强度，降低硬度，甚至会全部被腐蚀掉。弹簧、传动销等构件常会因全面腐蚀而减少直径，然后因强度不足而断裂，从而导致密封失效。局部腐蚀是腐蚀行为发生在构件的局部区域，它具有多种表现形式，如选择性腐蚀、应力腐蚀、磨损腐蚀、缝隙腐蚀等，其危害性比全面腐蚀更为严重。例如，钴基硬质合金应用于高温强碱中时，黏结相金属钴就易被有选择地腐蚀掉，硬质相碳化钨骨架失去强度，在机械力的作用下产生了晶粒剥落，结果导致密封端面的严重受损而失效。又如，反应烧结碳化硅在强碱中，因游离硅被腐蚀而表面呈现麻点。机械密封零件常遇到的局部腐蚀失效的其他形式在下面进行简要分析。

② 应力腐蚀。应力腐蚀是金属材料在腐蚀介质和应力的共同作用下，产生裂纹或发生断裂的现象。金属焊接波纹管、弹簧、传动套的传动耳环等机械密封构件最易因产生应力腐蚀而失效。

③ 磨损腐蚀。磨损与腐蚀交替作用而造成的材料破坏，即为磨损腐蚀。磨损的产生可源于密封件与流体间的高速运动，冲洗液对密封件的冲刷，介质中的悬浮固体颗粒对密封件的磨粒磨损。腐蚀的产生源于介质对材料的化学及电化学的破坏作用。磨损促进腐蚀，腐蚀又加速磨损，彼此交替作用，使得材料的破坏比单纯的磨损或单纯腐蚀更为迅速。磨损腐蚀对密封摩擦副的损害最为巨大，常是造成密封过早失效的主要原因。用于化工过程装备中的机械密封就经常会遇到这种工况。

④ 间隙腐蚀。当介质处于金属与金属或非金属之间狭小缝隙内而呈停滞状态时，会引起缝隙内金属的腐蚀加剧。机械密封弹簧座与轴之间，补偿环辅助密封圈与轴之间(当然此处还存在微动腐蚀)出现的沟槽或点蚀即是典型的例子。补偿环辅助密封圈与轴之间出现的腐蚀沟槽，将可能导致补偿环不能做轴向移动而使其丧失追随性，使端面分离而泄漏。

(3) 热损伤失效。机械密封件因过热而导致的失效，即为热损伤失效，最常见的热损伤失效有端面热变形、热裂、泡疤、炭化、弹性元件的失弹、橡胶件的老化、永久变形、龟裂等。

密封端面的热变形有局部热变形和整体热变形。密封端面上有时会发现许多细小的热斑点和孤立的变色区，这说明密封件在高压和热影响下，发生了局部变形扭曲；有时会发现密封端面上有对称不连续的亮带，这主要是由于不规则的冷却，引起了端面局部热变形。有时会发现密封端面在内侧磨损很严重，半径越大接触痕迹越浅，直至不可分辨。密封环的内侧棱边可能会出现掉屑和蹦边现象。轴旋转时，密封持续泄漏，而轴静止时，不泄漏。这是因为密封端面在工作时，外侧冷却充分，而内侧摩擦发热严重，从而内侧热变形大于外侧热变形，形成的热变形引起的内侧接触型(正锥角)端面。

硬质合金、工程陶瓷、碳石墨等脆性材料密封环，有时端面上会出现径向裂纹，从而使密封端面泄漏量迅速增加，对偶件急剧磨损，这大多是由于密封端面处于干摩擦、冷却突然中断等原因引起端面摩擦热迅速积累形成的一种热损害失效。

在高温环境下的机械密封，常会发现石墨环表面出现凹坑、疤块。这是因为当浸渍树脂石墨环超过其许用温度时，树脂会炭化分解形成硬粒和析出挥发物，形成疤痕，从而极大地增加摩擦力，并使表面损伤出现高泄漏。

高温环境可能使弹性元件弹性降低，从而使密封端面的闭合力不足而导致密封端面泄漏严重。金属波纹管的高温失弹即是该类机械密封的一种普遍而典型的失效形式。避免出现该类失效的有效方法是选择合理的波纹管材料及其进行恰当的热处理。

高温是橡胶密封件老化、龟裂和永久变形的一个重要原因。橡胶老化，表现为橡胶变硬、强度和弹性降低，严重时还会出现开裂，致使密封性能丧失。过热还会使橡胶组分分解，甚至炭化。在高温流体中，橡胶圈有继续流化的危险，最终使其失去弹性而泄漏。橡胶密封件的永久变形通常比其他材料更为严重。密封圈长期处于高温之中，会变成与沟槽一样的形状，当温度保持不变，还可起密封作用；但当温度降低后，密封圈便很快收缩，形成泄漏通道而产生泄漏。因此，应注意各种胶种的使用温度，并应避免长时间在极限温度下使用。

6.8.2 机械密封失效分析的理论方法

机械密封的失效方式多种多样，很少是由于长时期磨损而正常失效的，其他因素则往往能促使其过早失效。密封的使用寿命极限可以相差很大，在化工过程的苛刻磨损腐蚀工况下可能仅为几天，而在烯烃应用中能有效运行20年以上。除了不同的密封工况会使密封寿命有很大的差异外，即使相同的密封在相同的使用条件下，其使用寿命也会显著不同。因此，密封的寿命应视为一个统计学量，难以对单一密封的寿命进行精确预测。对机械密封失效规律的理论探讨，往往借助于统计学的概念。以下两个概念已用于机械密封的寿命研究。

(1) L_{10}寿命。当一个零件抽样数组中失效数目达到10%时的运转时间称为L_{10}使用寿命。它与韦伯失效分析方法有紧密联系。应用韦伯失效分析法，可以确定失效时间分布。

(2) 平均工作寿命(Mean Time Between Maintenance，MTBM) 平均工作寿命定义为抽样依次失效的间隔时间的算术平均值：

$$\mathrm{MTBM}=\frac{L_1+L_2+\cdots+L_n}{n} \tag{6-28}$$

式中 L_1，L_2，…，L_n——单个密封件的寿命。

平均工作寿命 MBTM 与 L_{10}寿命相比，更为简洁、实用。

在许多场合，密封用户非常希望能准确预测密封寿命。但预测寿命与失效的随机分布有矛盾，只有在排除早期失效和中期随机失效后才有可能提高预测能力。因此，研究如何预防机械密封的失效具有非常重要的意义。

6.9 API 682 标准简介

机械密封的标准化工作最初出现在 API 610《炼油、重化学和气体工业用离心泵》标准内(直至 1996 年第 8 版)。1994 年 10 月，API 制订了第一个独立的机械密封标准，即 API682《离心泵、转子泵用的轴封系统》(第 1 版)，且逐步发展成为泵用机械密封和密封系统更为全面的密封标准。自 API 682 标准推出以来，在石油、天然气及化学工业泵用机械密封和密封系统的采购、设计、制造和运行中，该标准一直被认定为唯一的全球性标准，得到了用户和制造商的广泛认可，并不断地得到了改进和充实。2002 年颁布了 API 682 第 2 版，并被国际标准化组织(ISO)作为 ISO 21049 认可。ISO 21049 对 API 682 第 2 版只做了很少的变更。为了使 API 682 与 ISO 21049 完全等同，2004 年颁布了 API 682 第 3 版和 ISO 21049。此外，自 2002 年颁布的第 9 版的 API 610 标准开始，API 610 标准中删除了不少与机械密封有关的内容，开始直接引用 API 682 标准。自 2006 年美国石油学会(API)成立专门工作组以来，耗时近 8 年的 API 682 第 4 版终于完成了修订，并已于 2014 年 5 月正式颁发。

API 682 标准的最大特点在于其一直以来均由业内的专业人士进行修订和更新工作。API 682 标准的另一个特点在于其不只是针对单一的技术解决方案，除了经过认证试验的默许解决方案之外，该标准还特别列出了备选的解决方案，以及专门针对工程设计的解决方案，第 4 版 API 682 更体现了这一特点。API 682 第 4 版做了很多重要的改变，包括密封设计、密封选择、材料选用、密封试验、冲洗方案和附件仪表等众多方面。由于 API 682 标准，长期以来被石油、天然气及化学工业广泛应用，同时被其他行业所采用。因此，第 4 版 API 682 重申 API 682 标准适用于石油、天然气及化学工业离心旋转泵用密封系统，不适合搅拌机和压缩机，并主要用于输送危险、易燃和(或)有毒介质，不适用供水和食品行业；标准的目标是要求密封系统能够至少连续运行 3 年(25000h)，而不必更换，以及达到低于 1000mL/m^{3}的最大泄漏浓度(采用 EPA 方法 21 测定)，以提高密封的可靠性和稳定性，减少向大气的逸散排放，降低密封生命周期成本。此外，标准仍适用于泵轴轴径为 20~110mm 的集装式密封和标准规定的工况范围。

复习思考题

1. 机械密封由哪几部分组成？是怎样实现密封的？
2. 简述机械密封的特点？
3. 平衡型和非平衡型密封是怎样划分的？
4. 机械密封端面所处的摩擦状态有哪几种？并简述它们的特点？
5. 简述机械密封的主要性能参数？
6. 动环的传动形式有哪几种？

7. 静环的支撑方式有哪几种?
8. 对机械密封的摩擦副材料有哪些基本要求?
9. 机械密封摩擦副常用哪些材料?各有何种特点?
10. 怎样选择机械密封主要零件的材料?
11. 什么是集装式机械密封?有何特点?
12. 与普通机械密封相比较,上游泵送机械密封具有哪些优点?
14. 机械密封循环保护系统主要包括哪些装置?各有何作用?
15. 在选择机械密封时,主要考虑哪些因素?
16. 机械密封的安装步骤如何?
17. 什么是机械密封的失效?
18. 机械密封失效的外部症状有哪些?
19. 常见的机械密封失效形式有哪些?

第7章 非接触密封

7.1 间隙密封

间隙密封一般为流阻型非接触动密封，系统流体沿着微小环形间隙利用黏性摩擦的耗损进行节流而达到密封目的。有固定环密封、浮动环密封等多种形式，既可用于液体环境，也可用于气体环境。

1. 间隙密封的结构形式及特点

如图7-1所示的普通固定衬套密封即为一典型的间隙密封，流体通过衬套与轴的微小间隙 h 流动时，由于流体的黏性摩擦作用而实现降压密封的目的。固定衬套密封设计简单，安装容易，价格低廉，但由于长度较长，必须具有较长的间隙以避免轴的偏转、跳动等因素引起轴与衬套的固体接触，从而具有较大的泄漏率。固定衬套密封常用作低压离心机轴端密封、离心泵泵壳与叶轮间的口环密封、离心泵密封腔底部的衬套密封、高压柱塞泵背压套筒密封等。

通过允许衬套浮动，可将衬套与轴的间隙设计得很小，既避免密封套与轴的固体接触，又增大了流体通过缝隙的节流效应，降低了泄漏量，如图7-2所示。

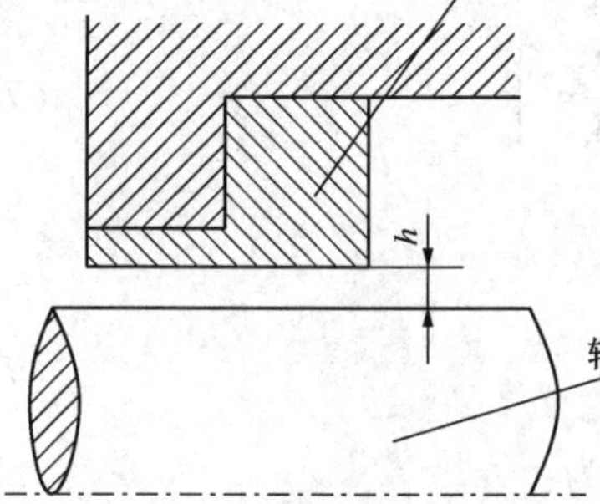

图7-1 固定衬套密封

1—衬套；2—轴

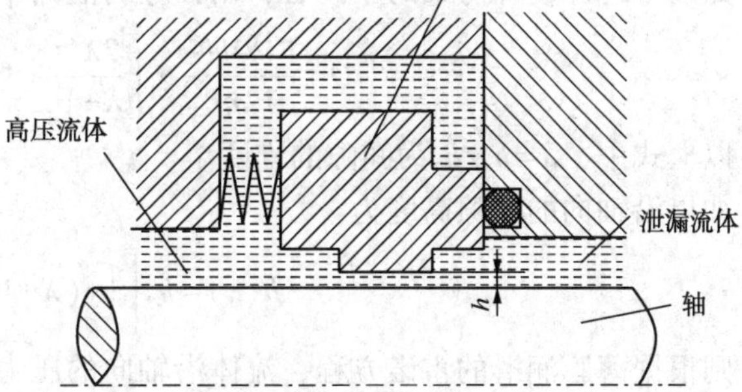

图7-2 浮动环密封

1—浮动环；2—轴

为了保证密封效果，需要较长的间隙通道，同时又便于制造，浮动衬套密封通常由几个密封环组合而成，形成多级浮动环密封。

2. 间隙密封的原理

图7-3为一浮动环间隙密封结构简图，径向间隙为 h，轴向长度为 L。考虑到轴和浮动环的相对热膨胀，间隙 h 一般为10~20μm。在弹簧力和介质压力的作用下，使密封通过一

O 形密封圈与壳体上的一个垂直于轴表面的光滑表面保持接触，浮动环可以沿径向自由移动，但受定位销钉的限制不能转动。考虑到密封环与轴可能出现的摩擦磨损，浮动环一般由减摩或耐磨材料制造，如碳石墨、碳化硅等。

当径向间隙小于 30μm，流体通过间隙的流动一般为层流，流动形成的体积泄漏率 Q 为：

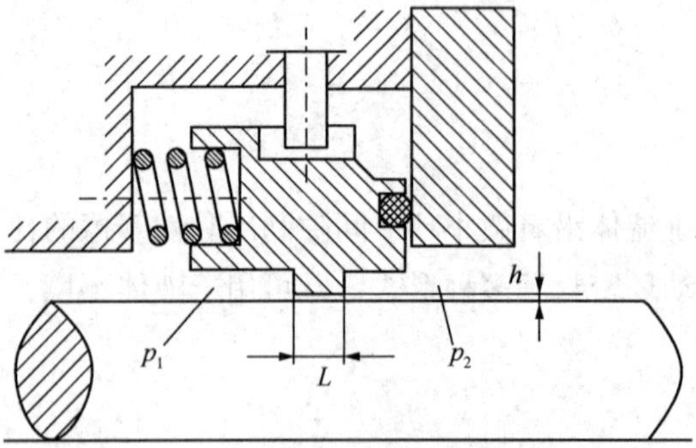

图 7-3　浮动环间隙密封的典型结构

$$Q=\frac{\pi D\Delta ph^3}{12\eta L}(1+1.5\varepsilon) \tag{7-1}$$

式中　D——转轴的直径；

Δp——密封承受的压差；

h——工作间隙；

η——流体的黏度；

L——密封的轴向长度；

ε——径向偏心率。

从式(7-1)中可以看出，浮动环对轴偏心率及泄漏量有很大影响，最大偏心($\varepsilon=1$)时的泄漏率是同心($\varepsilon=0$)时的 2.5 倍。浮动环的轴向长度 L 一般不超过 5~10mm，与其增加单个浮动环的轴向长度，还不如几个较短的浮动密封环串联使用。轴速度非常高时，必须限制流体黏性摩擦产生的热量，轴向长度 L 应尽可能地小。值得注意的是，浮环密封泄漏率对径向间隙 h 的敏感性超过轴向长度 L。

如果浮动环与轴的径向间隙沿压力降方向逐渐变小，形成一锥形环隙(图 7-4)，则由压差 Δp 引起的泄漏率 Q 为：

$$Q=\frac{\pi D\Delta ph_2^3}{12\eta L}\cdot\frac{2\lambda^2}{\lambda+1} \tag{7-2}$$

如果考虑浮动环与轴的不同心，则相应的泄漏率为

$$Q=\frac{\pi D\Delta ph_2^3}{12\eta L}\cdot\left[\frac{2\lambda^2}{\lambda+1}+(1+\lambda)\frac{3}{4}\varepsilon^2\right] \tag{7-3}$$

以上式中，$\lambda=h_1/h_2$为间隙的锥度。

如果沿轴向的间隙高度为：

$$h(x)=h_2\left[1+(\lambda-1)\frac{x}{L}\right] \tag{7-4}$$

则根据薄膜润滑的雷诺方程，流体沿轴向的压力分布为：

$$p(x)=\frac{\lambda^2\left[2+(\lambda-1)\cdot\frac{x}{L}\right]\frac{x}{L}}{(1+\lambda)\cdot\left[1+(\lambda-1)\cdot\frac{x}{L}\right]^2}\cdot(p_1-p_2)+p_2 \tag{7-5}$$

可是，当密封环与轴偏心时，径向间隙沿圆周方向是变化的。图 7-5 表示了浮动环轴的偏心情况，在最大间隙 h_1，与最小间隙 h_1之间的所有间隙沿圆周方向均是变化的，流压力分布也是如此。在间隙小的一侧的流体压力较大，该压力促使浮动环趋向与轴对中。

3. 间隙密封的摩擦功耗与最佳间隙 h

在高速情况下，浮动环与轴之间间隙内的流体由于轴向压差流和轴向剪切流的黏性摩擦的作用(图 7-6)，将明显发热，这也是要求浮环密封轴向长度尽量短($L=3\sim5$mm)的另一原因。

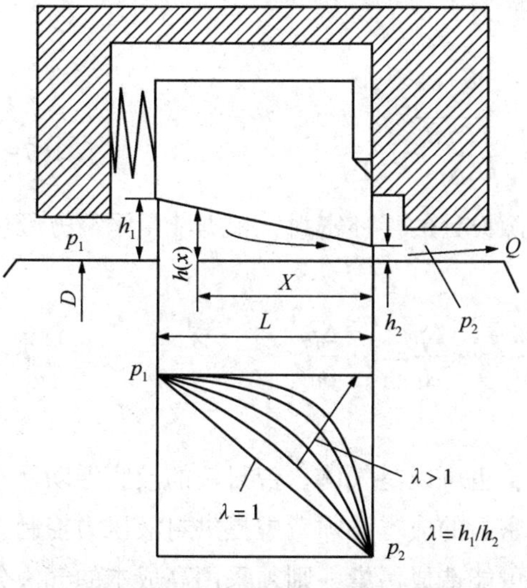

图 7-4 浮动环间隙锥度的影响

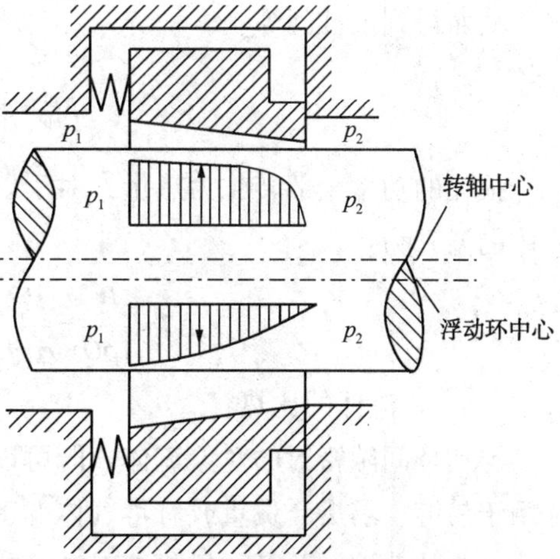

图 7-5 浮动环锥形间隙间流体静压力产生对中作用的原理

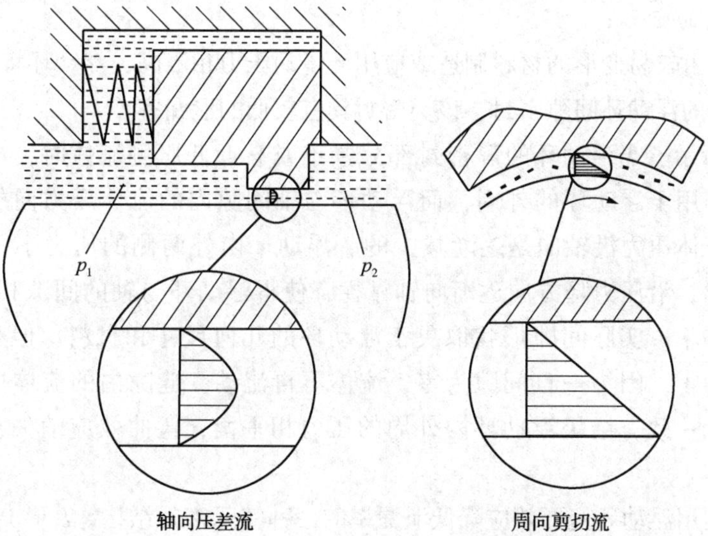

图 7-6 引起摩擦损耗的压差流和剪切流

流体通过浮动环与轴之间隙，由节流产生压降 Δp 而导致的功率损耗为：

$$P_{\mathrm{p}}=Q\Delta p=\frac{\pi D(\Delta p)^2}{12\eta L}h^3=ah^3 \tag{7-6}$$

由于轴旋转引起流体周向剪切流而导致的摩擦功耗为：

$$P_{\mathrm{r}}=\pi\eta u^2DLh^{-1}=\beta h^{-1} \tag{7-7}$$

总功率损耗为：

$$P_{\mathrm{r}} = P_{\mathrm{p}} + P_{\mathrm{r}} = ah^{3} + \beta h^{-1} \tag{7-8}$$

将间隙 h 考虑为设计变量，功耗最小时，间隙 h 满足以下条件：

$$\frac{\partial P_{t}}{\partial h} = 3ah^{2} - \beta h^{-2} = 0 \tag{7-9}$$

从而得到最佳间隙：

$$h_{\mathrm{opt}} = \left(\frac{\beta}{3a}\right)^{0.25} = \sqrt{\frac{2\eta uL}{\Delta p}} \tag{7-10}$$

损耗的功率全部转化为热量，对于以最佳间隙设计的浮环密封，根据能量平衡方程可得液体的温升为：

$$\Delta T = \frac{P_{\mathrm{t}}}{c\rho Q} = \frac{P_{\mathrm{p}}}{c\rho Q} + \frac{P_{\mathrm{r}}}{c\rho Q} = \frac{\Delta p}{\rho c} + 3 \cdot \frac{\Delta p}{c\rho} = 4 \cdot \frac{\Delta p}{\rho c} \tag{7-11}$$

式中　c——流体的比热容。

浮动环间隙密封的对象流体，既可以是液体，也可以是气体。带封液的液膜浮动环密封常用于易燃、易爆、贵重或有毒气体的密封，但密封的成本必须考虑提供封液压力控制、循环和回收的费用，并且如果封液对被密封的气体可能造成污染，则须采用高成本的气液分离装置。基于这些理由，这类用于密封气体的带封液液膜浮动环的密封正逐渐被气体膜润滑密封系统所代替。

4. 间隙密封的变形

如果浮动环由较易变形的材料制造或应用环境的压力相当高，浮动环将会发生变形，形成间隙逐渐缩小的浮动环间隙密封，该类密封具有较低的泄漏率。

如图 7-7 所示，当浮动环的静密封部分置于或靠近低压侧流体时，被密封流体的压力向内均匀地作用于浮动环的外周，而浮动环与轴间隙内的流体压力向外作用于浮动环的内侧，这一流体压力沿轴向是逐渐减少的。浮动环内外两侧的压力不一致将产生一弯矩使浮动环变形，沿压力降方向逐渐向轴靠拢，使得浮动环与轴的间隙相应地逐渐变小，从而降低了泄漏率。实际间隙形状取决于浮动环的几何尺寸和材料。但是，浮动环外端间隙不可能减为零，因为一旦间隙为零，流体不再流动，缝隙内的流体压力将与被密封流体的压力完全一致，结果浮动环内外周的压力相平衡，弯曲效应消失，间隙恢复为初始间隙。

图 7-8 为利用浮动环变形效应降低泄漏率的一种实际密封结构。L 形 PTFE 衬套黏附于一弹性密封环的内周，同时也提供了与壳体的辅助密封。当流体有压力时，该复合密封在流体下游端收紧以进一步限制流体的流动。流体的泄漏率随被密封的流体压力和轴直径的不同而有所变化，一般为每分钟几毫升。

同样的原理可用于高压环境下的金属或陶瓷浮动环密封。在一般情况下为刚性的材料，在高压环境下，就变得富有柔性了。实际应用时，其变形情况可采用有限元方法进行分析。在高压环境下，压力对流体的黏度具有重要影响，必须考虑流体的黏压特性。

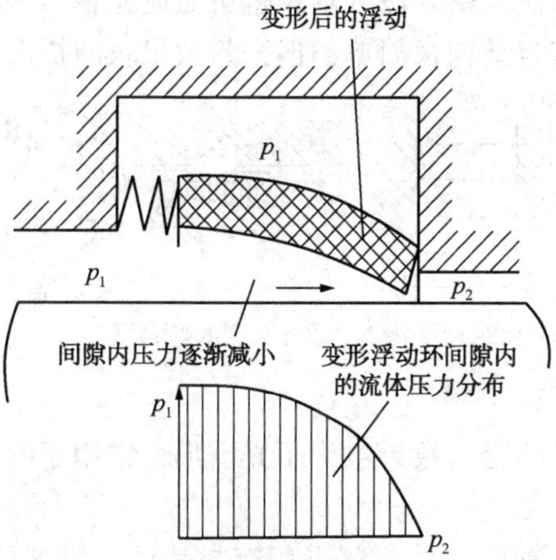

图 7-7 柔性材料浮动环间隙密封的变形

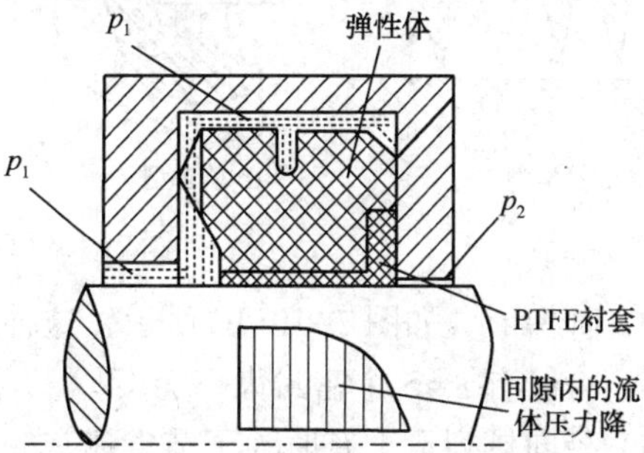

图 7-8 应用于高压环境的间隙密封

7.2 迷宫密封

迷宫密封也称梳齿密封，属于非接触型密封。主要用于密封气体介质，在汽轮机、燃气轮机、离心式压缩机、鼓风机等机器中作为级间密封和轴端密封，或其他动密封的前置密封，有着广泛的用途。迷宫密封的特殊结构形式，即“蜂窝迷宫”，除可在上述旋转机械中应用外，还可作为往复密封，用于无油润滑的活塞式压缩机的活塞密封。

迷宫密封还可作为防尘密封的一种结构形式，用于密封油脂和润滑油等，以防灰尘进入。

7.2.1 结构形式和工作原理

1. 结构形式

迷宫密封是由一系列节流齿隙和膨胀空腔构成的，其结构形式主要有以下几种。

（1）曲折形。图 7-9 为几种常用的曲折形迷宫密封结构。图 7-9(a)为整体式曲折形迷宫密封，当密封处的径向尺寸较小时，可做成这种形式，但加工困难。这种密封相邻两齿间的间距较大，一般为 5~6mm，因而使用这种形式的迷宫密封所需轴向尺寸较长。图 7-9(b)~图 7-9(d)为镶嵌式的曲折密封，其中以图 7-9(d)形式密封效果最好，但因加工及装配要求较高，应用不普遍。在离心式压缩机中广泛采用的是图 7-9(b)及图 7-9(c)形式的镶嵌曲折密封，这两种形式的密封效果也比较好，其中图 7-9(c)比图 7-9(b)所占轴向尺寸较小。

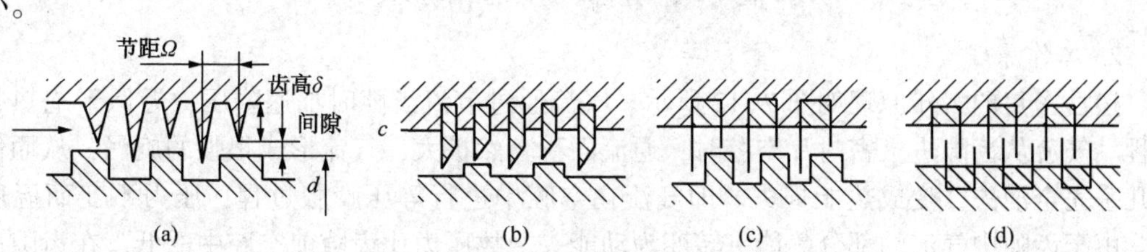

图 7-9 曲折形迷宫密封

(2) 平滑形。如图 7-10(a)所示，为制造方便，密封段的轴颈也可做成光轴，密封体上车有梳齿或者镶嵌有齿片。这种平滑形的迷宫密封结构很简单，但密封效果较曲折形差。

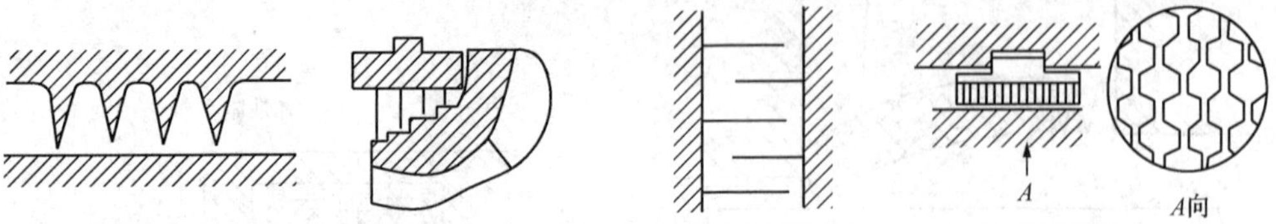

(a)平滑型 (b)阶梯型 (c)径向排列型 (d)蜂窝型

图 7-10 其他形式迷宫密封

(3) 阶梯形。如图 7-10(b)所示，这种形式的密封效果也优于光滑形，常用于叶轮轮盖的密封，一般有 3~5 个密封齿。

(4) 径向排列形。有时为了节省迷宫密封的轴向尺寸，还采用密封片径向排列的形式，如图 7-10(c)所示。其密封效果很好。

(5) 蜂窝形。如图 7-10(d)所示，它是用 0.2μm 厚不锈钢片焊成一个外表面像蜂窝状的圆筒形密封环，固定在密封体的内圆面上，与轴之间有一定间隙，常用于平衡盘外缘与机壳间的密封。这种密封结构可密封较大压差的气体，但加工工艺稍复杂。

迷宫密封的密封齿结构形式有密封片和密封环两种，如图 7-11 所示，其中图 7-11(a)、图 7-11(b)为密封片式，图 7-11(c)为密封环式。图 7-11(a)中密封片用不锈钢丝嵌在转子上的狭槽中，而图 7-11(b)中转子和机壳上都嵌有密封片，其密封效果比图 7-11(a)好，但转子上的密封片有时会被离心力甩出。密封片式的主要特点是：结构紧凑，相碰时密封片能向两旁弯折，减少摩擦；拆换方便；但若装配不好，有时会被气流吹倒。密封环式的密封环由 6~8 块扇形块组成，装入机壳的槽中，用弹簧片将每块环压紧在机壳上，弹簧压紧力为 60~100N。密封环式的主要特点是：轴与环相碰时，齿环自行弹开，避免摩擦；结构尺寸较大，加工复杂；齿磨损后要将整块密封环调换，因此应用不及密封片结构广泛。

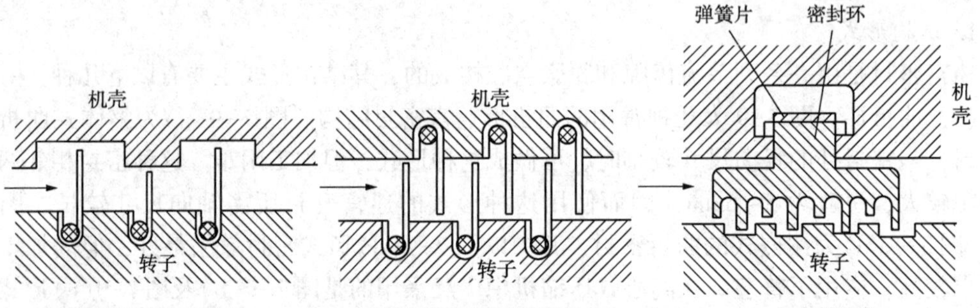

(a)不锈钢丝嵌在转子上 (b)转子和机壳嵌有密封片 (c)密封环式

图 7-11 迷宫密封齿的结构形式

2. 工作原理

迷宫密封的工作原理如图 7-12 所示。气流通过节流齿隙时加速降压，近似于绝热膨胀过程。气流从齿隙进入密封片空腔时，通流面积突然扩大，气流形成很强的旋涡，从而使速度几乎完全消失，变成热能损失。即气流在空腔中进行等压膨胀过程，压力不变而温度升高。由于齿隙中气流的部分静能头转变为动能头，故压力比齿隙前空腔中的低。在齿隙后的空腔中，气流速度虽下降，但压力并不增加，因此相邻的两个空腔有压差(其值即为气流流过齿隙时所产生的压降)。为了使少量的气流经过一系列的空腔后，气流的压力降(即各相邻空腔压力差之和)与密封装置前后的压力差相等，需要一定数目的密封齿。

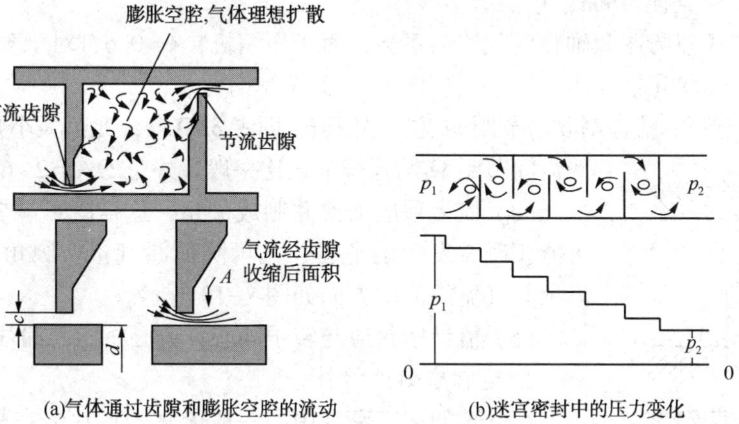

图 7-12 迷宫密封的工作原理

由上可知，迷宫密封的基本原理是在密封处形成流动阻力极大的一段流道，当有少量气流流过时，即产生一定的压力降。从而，迷宫密封的特点是有一定的漏气量，并依靠漏气经过密封装置所造成的压力降来平衡密封前后的压力差。

为了提高密封效果(即漏气量小)，应考虑以下三个方面。

(1) 减小齿隙面积，即要求齿隙间隙小，密封周边短，使得小的漏气量流过齿隙时，能有较大的动能头(由静能头变来)。

(2) 增大空腔内局部阻力，使气流进入空腔时动能尽量转变为热能而不是转变为压力能。

(3) 增加密封片数，以减少每个密封片前后的压力差。

3. 迷宫密封的特点

(1) 迷宫密封是非接触型密封，无固相摩擦，不需润滑，并允许有热膨胀，适用于高温、高压、高速和大尺寸密封条件。

(2) 迷宫密封工作可靠，功耗少，维护简便，寿命长。

(3) 迷宫密封泄漏量较大。如增加迷宫级数，采取抽气辅助密封手段，可把泄漏量减小，但要做到完全不漏是困难的。

7.2.2 主要尺寸参数及材料

1. 主要尺寸参数

(1)齿数 Z。为了使迷宫具有良好的密封效果，轮盖在密封齿数 Z 一般取 4~6。轴封用在迷宫装置中，为了减少漏气量，齿数不应少于 6，一般为 $Z=7\sim12$，也不宜过多，通常齿数不超过 35，否则齿数增加过多，将占有较长的轴向尺寸，而且对于泄漏量的进一步降低效果并不显著。

(2)梳齿间隙。因为迷宫密封的泄漏量与间隙成正比，从密封性能考虑，希望间隙尽可能小些，但由于轴的振动、热膨胀、加工及装配精度等因素，密封间隙又不能过小。迷宫密

封的最小径向间隙 c，一般可取为 0.4mm，也可按下式估算：

$$c=0.25+A\frac{d}{1000} \tag{7-12}$$

式中 d——密封直径，mm；

A——考虑热膨胀和轴径向位移的系数，对于压缩机，$A=0.6$，对于蒸汽和气体透平，$A=0.85$（铁素体钢），或者 $A=1.3$（奥氏体钢）。

（3）梳齿节距。梳齿高 δ 与节距 Ω 之比大于1，即占 $\delta/\Omega>1$，此值太小则效果差。相邻两齿间节距 Ω 与齿隙 c 之比一般最好是 $\Omega/c=2\sim6$。

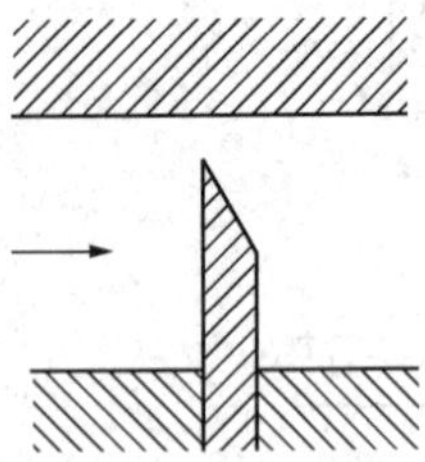

图 7-13　梳齿安装的正确方向

（4）梳齿顶应削薄并制成尖角，这样既可减弱转轴与密封片可能相碰时发生的危害，又可降低漏气量。圆角的漏气量较大。齿顶与气流的流动方向如图 7-13 所示。

（5）梳齿密封应与转子同心，偏心将增大漏气量。

2. 迷宫密封片材料

在旋转的迷宫密封中，一般迷宫密封片装在静止元件上，为了防止高速转动时，由于转子振动等原因而引起密封片与转子相碰而损坏转子，通常要求采用硬度低于转子的密封片材料，如铝、铜等。原则上材料配对是一硬一软；如果采用了硬梳齿（如整体制造的梳齿），则采用软材料衬套；如果采用硬材料衬套，则装配软材料密封片，以免摩擦生热或产生火花引起烧损或爆炸。

密封片可以用厚 0.15~0.2mm 的金属带制成，可以采用黄铜或镍，用红铜丝梯形槽敛缝。有时可以直接做在轴套上，而外套用石墨制成，间隙为滑动轴承间隙的 0.17~0.25 倍。运行前在低速下跑合。迷宫密封材料主要是根据密封的结构、工作压力、温度和介质来选择。压力低时用铸铝（ZL103）、铸铜（ZQSn6-6-3）高压时用硬质合金（LY12），腐蚀气体可用不锈钢，氨气不能用铜材。

7.3　蜂窝和孔槽密封

蜂窝、孔槽或孔型密封件已被开发出来作为迷宫密封件的补充，它们具有能够抑制转子动力漩涡的优点，因此，可以作为阻尼器来稳定机器的转子。

蜂窝密封用于燃气轮机、蒸汽轮机和旋转压缩机。由于机械的操作条件不同，结构和材料也有所不同。对于燃气轮机来说，因为工作温度和温度变化率对转子和定子之间的间隙具有很大的影响，密封也可以设计成可磨损的。

如图 7-14 所示为燃气轮机的蜂窝状密封结构，由高温合金制成。蜂窝由厚度为 70~130μm 的薄金属箔制成。该类密封件的主要研发问题是克服蜂窝材料随时间的退化，以及温度在 700~1100℃时，可减少高温对合金耐磨性能的影响。

压缩机和蒸汽轮机中的蜂窝密封结构是由铝或钢制造的，最初并没有设计为可磨损的。对于金属蜂窝结构来说，典型的孔尺寸在 3mm 左右，深度相似。然而，深度可能是影响密封阻尼性能的重要因素，0.2mm 的微小偏差就会影响转子稳定性。

孔槽或孔型密封结构在密封原理上类似于蜂窝，通过在金属衬套中钻出所需的孔来制造。孔型密封结构为工业压缩机和蒸汽轮机提供了更坚固的部件，具有处理和维护的优势。典型的工业压缩机孔槽密封如图 7-15 所示。

图 7-14 燃气轮机蜂窝密封

图 7-15 工业气体压缩机用孔槽密封

图 7-16 显示了实验测量的光滑孔间隙密封、孔槽密封、迷宫密封以及蜂窝密封的相对泄漏率。这些测量都是在相同的间隙值(0.1mm)下进行的，结果表明：迷宫密封与孔槽密封具有相似的泄漏率。在实践中，迷宫密封使用的间隙比其他密封更小，可以进一步减少泄漏。在压缩机工作中蜂窝密封存在一个问题：蜂窝可能被气流中夹带的碎片填满。最坏的情况是，蜂窝变为光滑的衬套，导致其泄漏量增加。

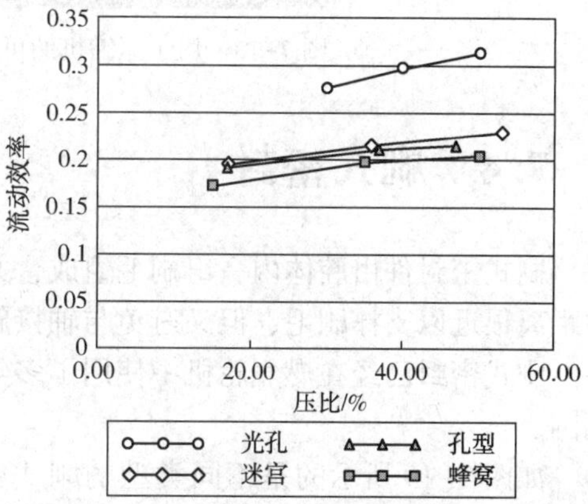

图 7-16 蜂窝、孔型、迷宫与光滑孔间隙密封的泄漏率比较(0.1mm 间隙)

将迷宫密封与蜂窝密封串联使用能够提高密封的效果，如图 7-17 所示。转子上装配的阻尼使得运行更加稳定以及更小的迷宫密封间隙。

耐摩擦蜂窝密封是替代蜂窝密封的有效方案，耐摩擦材料可以使用聚醚醚酮(PEEK)和硅酮弹性体材料。由于使用这两种材料制成的空腔并非是蜂窝状的，因此该类密封胶被称为耐摩擦“类蜂窝”的多孔状密封件。“类蜂窝”结构由直径 1.25mm，壁厚 0.125mm 的单元组成。每个“类蜂窝”单元的深度、直径可以改变，如图 7-18 所示。与不锈钢蜂窝结构相比，“类蜂窝”单元具有制造优势，可以根据密封结构的需求而改变孔的深度。

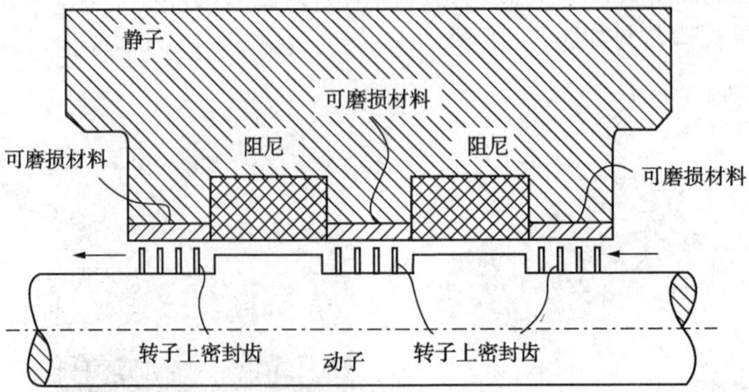

图 7-17　可磨损迷宫密封和蜂窝结构串联组合可以为轴提供阻尼

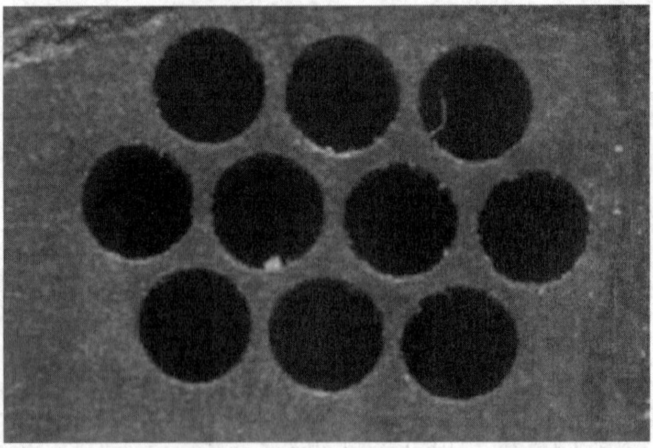

图 7-18　用于压缩机的可磨损聚合物材料的类蜂窝密封原型

7.4　刷式密封

刷式密封件由腔体内一组刷毛组成，并与轴揉擦接触。容纳毛刷的腔体或者支撑板与轴的距离很近以支撑刷毛，但又避免与轴接触。

刷式密封已经在燃气轮机中使用了多年，目前发展的方向是提高密封性能和扩大应用的范围。

如图 7-19 所示的是不同类型的刷式密封结构。排列整齐的刷毛与轴之间有一定的角度，通常为 30°~45°。在温度较低时，会有非常小的间隙或轻微接触，具体的密封间隙值取决于设计和应用的需要。

燃气轮机上的密封刷毛非常细，由镍合金、钴合金或不锈钢制成，直径在 0.5~0.8mm。工作时刷毛揉擦转动轴，并形成帘状效果以抑制泄漏。刷毛会造成轴磨损，因此转动轴需要合适的硬涂层。

与迷宫密封或其他间隙密封相比，刷式密封具有许多优点，比如泄漏量大大减少，密封结构紧凑。单个刷式密封的宽度大约为 5mm，可以节省大量的轴向空间。泄漏率通常只有迷宫密封的 20%，结合其减少轴向空间的特点，在机械效率、尺寸和质量方面获得较大优势。此外，刷式密封受轴的径向跳动的影响较小，刷毛通过偏转来适应转子和壳体之间的相对径向运动而不影响密封性能。毛刷允许的跳动范围受到刷毛支撑板与轴间距离和刷毛弹性弯曲力的限制。

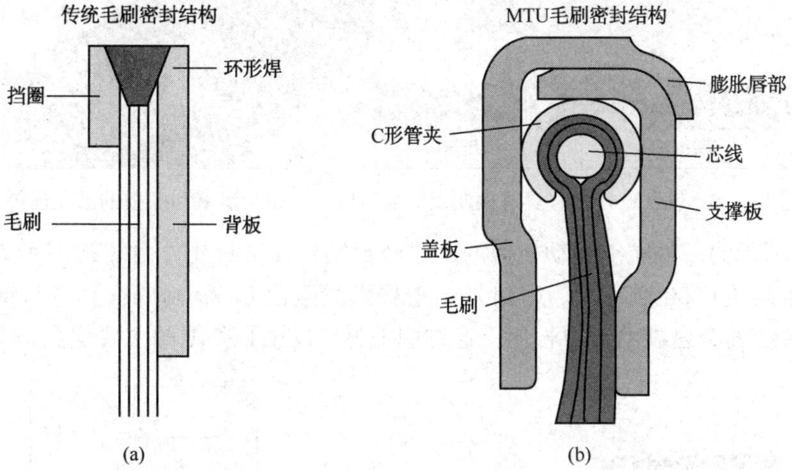

图 7-19 刷式密封的结构

燃气轮机刷式密封的典型性能参数是速度为 350m/s，温度为 600℃，每个密封的压降为 20bar(1bar=10^5Pa)。研究发现，刷式密封不应该串联使用，因为每排密封毛刷的压力是变化的，导致密封性能不稳定。

如果一个毛刷受到压力超过限值，刷毛会扭曲并被锁定。在某些情况下，刷毛的黏性也可能导致密封效果的不稳定。

为保障刷式密封具有良好的密封性能，既要保证背板和转子之间有足够间隙，还要确保对刷毛具有足够的支撑。与迷宫和蜂窝密封等纯粹的间隙密封相比，刷毛摩擦转子产生的摩擦是一个负面效应。刷式密封的一个缺点是，如果发生反向旋转，都会受到严重损坏。

防止反向旋转问题，并减少或消除刷毛磨损的方法是在刷毛和轴之间安装水动力轴瓦(支撑板)。成对轴向间隔的刷毛束安装在机器外壳中，刷毛的下端连接到轴瓦，如图 7-20 所示。当轴旋转时，轴瓦与轴之间形成一层流体动力膜。每个轴瓦以离散点方式连接到密封刷毛的根部，以便轴瓦的前缘与转子的接触比轴瓦的后缘少。机器运行时，轴瓦的功能非常类似于可倾瓦块轴承。在转子旋转之前，轴瓦与转子表面接触。由于轴瓦的前缘与转子或定子的接触比其后缘少，当转子开始旋转时，会产生一个流体动力楔块，使轴瓦稍微脱离转子表面。因此，轴瓦以设计间隙浮在转子上。试验表明，这些密封件可以在非常小的间隙下工作，相当于间隙为 0.04mm 的迷宫密封件，从而保证泄漏率极低。

为了提高毛刷密封的密封性能和应用范围，出现各种改型毛刷密封结构。图 7-21 表示一个用于安装在迷宫密封结构里的刷式密封件。这种刷式密封件能够适用于不同的迷宫密封结构中，既适用于新型密封，又适用于现有密封的改造。

图 7-21 所述刷式密封固定器安装在迷宫密封中的槽内，刷式密封件没有单独的前板和后板。迷宫密封的第一齿形成刷式密封件的前板，迷宫的第二个相邻齿形成刷式密封件的后板。

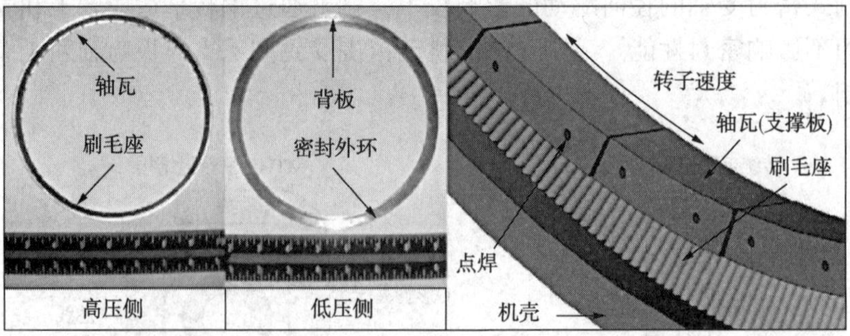

图 7-20　轴瓦刷密封式具有限制反向旋转能力、减少泄漏和磨损的潜在优势

图 7-22 所示为一种航空发动机用的刷式密封结构，密封元件由非常密实的凯夫拉纤维组成，每毫米高达 6000 根纤维。密封外壳由聚醚醚酮(PEEK)制成，具有与钢相似的热膨胀系数。与传统的金属刷毛密封相比，这种刷毛材料的密封类型的主要优点是：

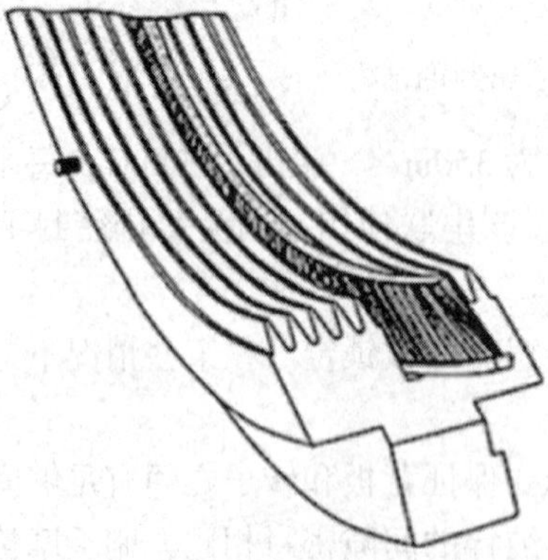

图 7-21　迷宫与刷式组合密封以减少泄漏

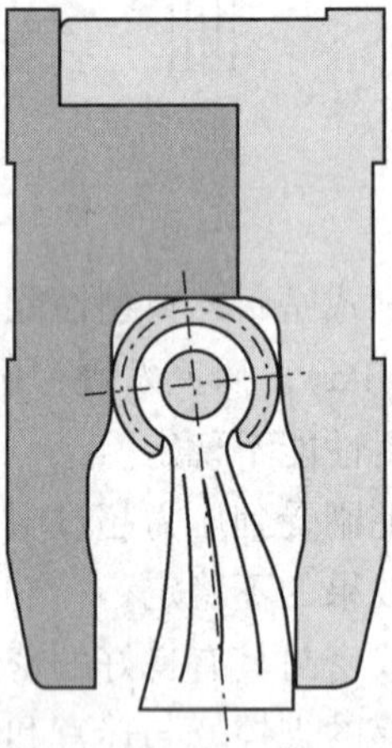

图 7-22　MTU 航空发动机的刷式密封

(1) 泄漏减少了 2 倍。

(2) 密封件的价格比其他类型刷式密封降低了 50%。

(3) 转子表面产生的热量大大减少。

图 7-22 是 MTU 航空发动机刷式密封结构的截面，由非金属材料制造，采用 PEEK 外壳和芳纶纤维刷。刷式密封的工作温度可达 200°C，每个毛刷密封元件的压差可达 20bar。密封本身的设计可以适应不同应用的要求。密封直径尺寸范围为 20~600mm，但超过 250mm 的密封腔室是由金属制造的。应用领域包括密封轴承室、齿轮箱、工业涡轮压缩机、机床电机主轴以及类似的设备。

7.5 薄片密封

新类型密封件是叶片式密封件或薄板式密封件(称为薄片密封)可以提高刷式密封件的性能。薄片密封解决的问题是：

（1）改善刷毛的轴向刚度，以增强其受压能力。

（2）避免刷毛被锁定而失效。

（3）通过气动润滑设计减少摩擦和磨损。

（4）改善刷毛的挠度能力，以允许在有较大轴跳动时还能保证机器运行的密封性能。

薄片密封由一系列布置在轴周围的叶片元件组成，如图 7-23 所示。这些叶片在径向上柔顺，但在轴向上坚硬。不需要像刷毛一样提供支撑背板环，因此，可以消除刷毛密封元件在受压时被锁定的问题。

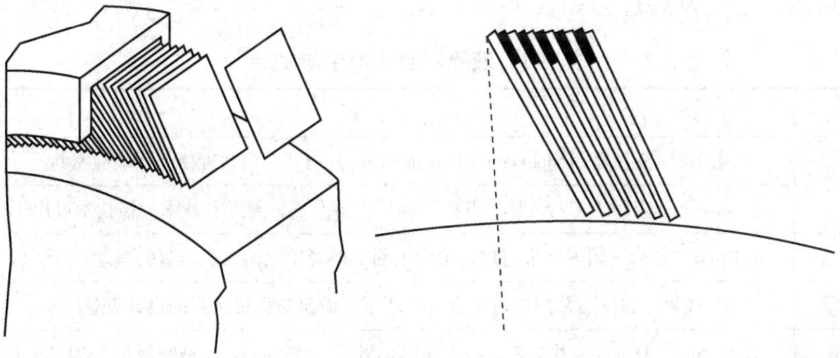

(a) (b)

图 7-23 叶片密封结构示意图

薄片密封件是通过在腔室内钎焊一个圆周的薄片元件来制造的。最初的设计使用了普通的薄片。薄片间隙由间隔件提供，以便允许在薄片表面下提供用于润滑的气膜。气膜是由薄片密封元件之间空隙的压力引起的。气膜在薄片密封元件尖端边缘与转子之间形成。另外，每个密封薄片元件的顶端逐渐变细，以便在密封端产生空隙，从而达到密封所需的润滑和泄漏性能。

对于薄片密封件的制造来说，在薄片之间提供必要的间隙是相当复杂的，最佳的密封间隙很难获得。

开发薄片密封件的重点是令人满意的制造方法，并通过优化薄片密封件上部或下部的气体供应能力，以提供密封的压力负载或增加气膜的气动升力。

为便于制造需要正确选择合金和钎焊材料及方法。由薄片之间隔离板厚度来控制薄片上方或下方的气流大小。薄片元件上的空气升力能保证薄片与轴间的间隙内形成密封所需的气膜。

另一种方法是制造具有凹槽的薄片密封元件，该凹槽与另一个具有相似凹槽的薄片相匹配。这种方法可以在不提供薄片元件之间间隙的情况下，控制气体供应到动态密封间隙处。该密封系统可以根据机器密封的需要进行量身定制，为薄片元件提供升力或压力负载。无论是在低压还是高压区域，这取决于密封装置在涡轮中的位置。薄片密封装置中的气流通道数量也可以根据需求而变化。

7.6 液膜密封

液膜密封一般指全液膜润滑非接触式机械密封。气膜密封在气相环境中获得了成功应用，但具有气体泄漏率较大的特点，将它直接用于液相环境，将导致出现大量泄漏，而液膜密封能有效解决这一难题。

液膜密封不仅可以实现密封介质的零泄漏，在特定的环境下还可以达到零逸出，彻底消除对环境的污染，满足现代环保要求。适用于石油化工、石油、精细化工等行业中各种旋转机械的轴封，防止工艺介质特别是易汽化、高危险性、高污染性介质等向大气中的排放，是一种具有环保概念、长寿命、低能耗的高新密封技术。

7.6.1 液膜密封的产生与发展

液膜密封的产生与发展过程如表 7-1 所示。

表 7-1 液膜密封的产生与发展

时 间	事 件
1968 年	美国约翰·克兰密封(Johncrane Intemational)公司开发出螺旋槽气体端面密封
1981 年	J. Sedy 将其应用于密封液体，获得了高压上游泵送密封专利技术，该技术可用于苛刻的工况
1984 年	J. PNetzel 在第三届国际泵用户讨论会上明确解释了上游泵送密封的概念
1989 年	A. Ali 在第六届国际泵用户讨论会上介绍了上游泵送机械密封的设计思想
1990 年	G. S. Buck、D. Volde 及 J. P. Netzel 分别介绍了"上游泵送"机械密封的结构、工作原理、应用范围及典型用例
1995 年	TOM LAI 开发了非接触零泄漏螺旋槽上游泵送密封结构
1995 年	J. P. Netzel、A. Parmar 介绍了利用先进的计算机工具来优化液体润滑上游泵送机械密封的性能

自 20 世纪 80 年代以来，国内先后由中国石油大学密封技术研究所、天津鼎铭密封有限公司、四川联合大学等对以上游泵送机械密封为主的非接触式液膜密封进行了基于理想模型的理论分析、结构优化和一定的性能研究工作，并取得了具有知识产权的研究成果。研究的方法普遍采用了数值分析法、解析法、试验法等。如中国石油大学借助无限窄槽理论对零泄漏上游泵送密封进行了分析，给出了其设计方法、步骤及相关的设计内容；利用优化理论对螺旋槽上游泵送机械密封端面参数进行优化设计；采用有限元法对不同槽型的上游泵送密封结构进行了研究，编制出了用于该密封设计的计算程序并对其槽型结构进行了优化，根据优化结果试制出三种槽型的上游泵送密封，并进行实验室试验。计算分析了螺旋槽上游泵送机械密封的开启力、摩擦功耗和上游泵送速率等性能，给出了可用于该类密封设计的计算式。根据槽形的特点，基于 Visual Basic. NET 的图形图像技术和 AutoCAD 二次开发技术，编制了槽形的可视化设计软件。

7.6.2 结构及其工作原理

图 7-24 为普遍采用的液膜润滑螺旋槽上游泵送机械密封端面结构，若动环外径侧为高压被密封液体(规定为上游侧或高压侧)，内径侧为低压流体(可气体亦可液体，规定为下游侧或低压侧)，当动环以图示方向旋转时，在螺旋槽黏性流体动压效应的作用下，动静环端面之间产生一层厚度极薄的流体膜(如图 7-24 所示 h_o)，使动静环端面保持分离。在外径与内径压力差的作用下，高压被密封液体产生方向由外到内的压差流 Q_p，而螺旋槽的流体动压效应所产生的黏性剪切流 Q_s 的方向由内径指向外径，与压差流 Q_p 的方向相反，此为上游

泵送概念的由来。与气膜密封相比，液膜密封的开槽区处于低压侧，槽与低压流体相通，未开槽的密封坝区靠近被密封的高压流体。

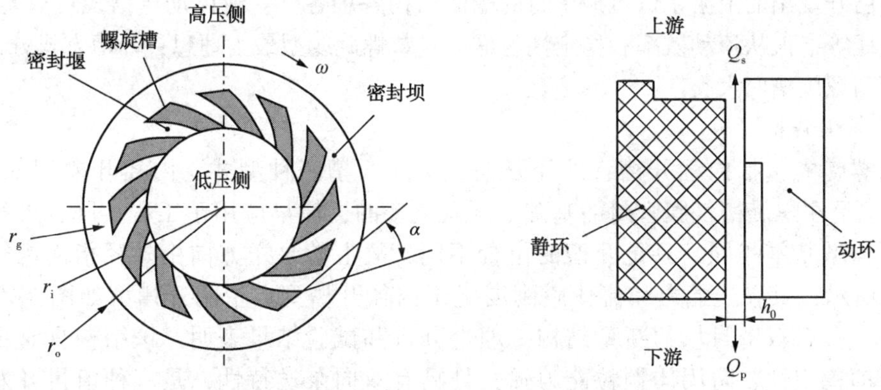

图 7-24　上游泵送机械密封的工作原理

流经密封端面间隙的总泄漏量 Q 为：$Q=Q_p-Q_s$，分三种情况介绍：

（1）$Q_p>Q_s$时，$Q>0$，高压侧密封流体向低压侧泄漏，则认为该上游泵送机械密封不具备密封能力，不在研究对象之列。

（2）$Q_p=Q_s$时，$Q=0$，密封可以实现零泄漏；若低压侧无缓冲流体，则可以实现被密封流体的零泄漏，但不能保证被密封流体以汽态形式向外界逸出或排放。定义对应此状态下的密封为零泄漏上游泵送机械密封。

（3）$Q_p<Q_s$时，$Q<0$，低压侧流体向高压侧泄漏；若低压侧有缓冲流体，则有少量缓冲流体从低压侧泵送至高压侧，不仅可以实现高压被密封流体的宏观零泄漏，而且可以达到被密封流体向外界的零逸出或零排放，故称对应此状态下的密封为零逸出上游泵送机械密封。

上游泵送机械密封通过端面螺旋槽的作用，在密封端面间建立了膜压分布，如图 7-25 所示。从图中可知该膜压的最大值 p_E 发生在密封坝半径 p_E 处，此值稍高于被密封流体的压力 p_2，p_E 与 p_2 形成的压力差就构成了液体上游泵送的推动力。在上游泵送机械密封中，密封端面间流体动压作用产生动压力，使两端面间稍微分离，便于下游流体泵送到上游。如此，端面间实现全液膜润滑，大大改善了端面间的润滑状况及实现运转无磨损。

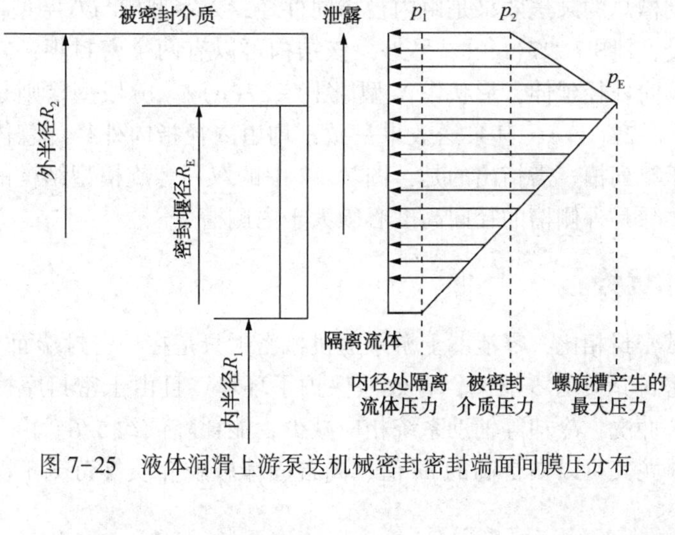

图 7-25　液体润滑上游泵送机械密封密封端面间膜压分布

7.6.3 端面结构

至今已开发出的上游泵送机械密封的端面结构各种各样：流体动压槽线可以是螺旋线、圆弧、直线等，但从流动效率和稳定性考虑，对数螺旋线型最为理想；开槽方式分为单列螺旋槽和双列螺旋槽两大类。

1. 单列螺旋槽型

单列螺旋槽包括内径开槽、外径开槽、中间开槽三种型式。内径开槽型如图 7-26(a)所示，是在螺旋槽气膜密封的基础上开发出来的，最早应用于工程实际；外径开槽型与内径开槽型基本相同，只是开槽的位置不同，故上游泵送方向由外径指向内径，如图 7-26(b)所示，其泵送能力和流体膜刚度优于内径开槽型；中间开槽型如图 7-26(c)所示，是一种具有双密封坝的新型结构，理论分析和试验结果表明，该结构具有更高的流体膜刚度即稳定性、防固体颗粒能力强，且具有双向泵送特性，是一种值得开发应用的上游泵送机械密封结构。

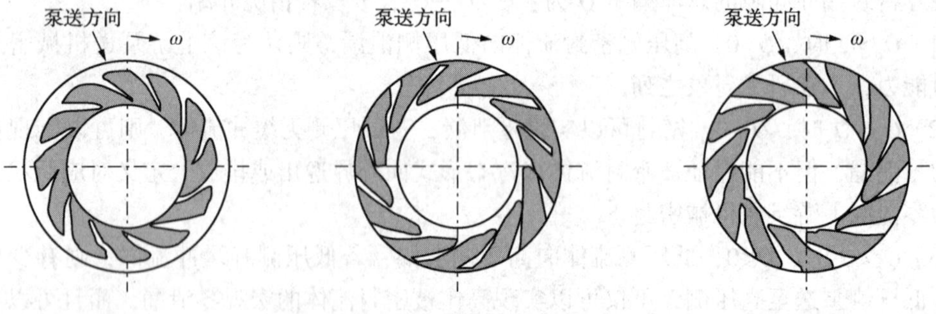

(a)内径开槽型　(b)外径开槽型　(c)中间开槽型

图 7-26　单列螺旋槽型

2. 双列螺旋槽型

双列螺旋槽主要有八字型槽、人字型槽、Y 型槽、分段型槽等结构形式。八字型槽是在端面内、外径两侧开螺旋槽，中间有一密封坝将两列槽分开[图 7-27(a)]，内侧槽的泵送方向是由内径指向外径，而外侧槽的泵送方向由外径指向内径，但由于内侧槽的径向高度大于外侧槽，故两列槽总的泵送效果是由内径指向外径；人字型槽与八字型槽基本相同，只是两列槽在中间相交，[图 7-27(b)]。另外，该结构可以有两个密封坝；Y 型槽是内侧槽与外侧槽相交后继续向外径延伸，形状像 Y 型[图 7-27(c)]。分段型槽则是开设的两列槽的倾斜方向相同[图 7-27(d)]，其泵送效果一致，均由内径指向外径。总体而言，双列螺旋槽型的稳定性优于单列槽。需指出的是，图 7-27 中的双列螺旋槽型结构的泵送方向亦可以由外径指向内径，只是外侧槽的径向高度必须大于内侧槽。

7.6.4 技术优势

与普通的机械密封相比，零泄漏上游泵送机械密封只是在一密封端面上简单地开出动压槽，却可以实现密封介质的零泄漏，有效地保护了环境。且由于密封摩擦副处于非接触状态，端面温升少，冲洗、冷却等辅助系统相应减少，能耗降低约 5/6。由于端面摩损少，使用寿命大大延长，尤其可以在更高的 pv 值、高含固体颗粒介质等苛刻工况下使用，可以代替普通的双端面机械密封，降低成本，提高了设备运行的安全可靠性。

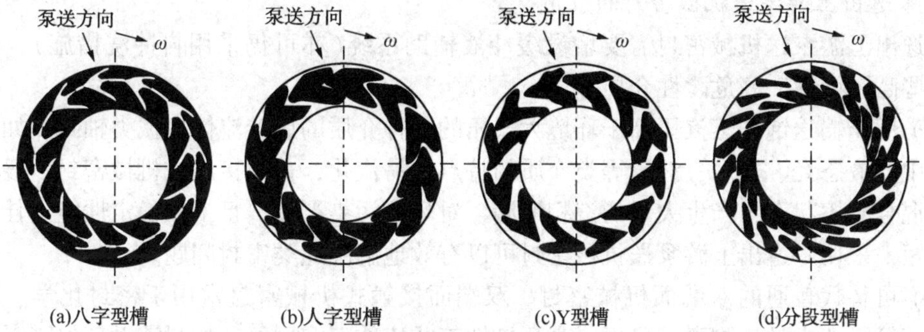

图 7-27　双列螺旋槽型

表 7-2 对上游泵送密封和双端面接触式密封进行了对比。

表 7-2　上游泵送密封与双端面接触式密封对比

比较参数	双端面密封	上游泵送密封
密封介质压力/MPa	8.3	8.3
阻塞流体压力/MPa	9.6	0.7
最大 pv 值/(MPa·m/s)	73	8
冲洗液量/(mL/min)	7576	17
能耗/W	3900	600

7.6.5　工业应用

1. 零泄漏上游泵送机械密封的应用

零泄漏上游泵送机械密封的装配结构与普通的单端面接触式机械密封相同，唯一的区别只是在密封端面上开设流体动压槽，在各类非接触式机械密封中结构最为简单，不需要其他复杂的辅助系统(但仍可采用自冲洗辅助措施)，可在以下条件中得以应用。

(1) 输送饱和蒸汽压低于环境大气压的各种介质的旋转流体机械类轴封。这类介质的特点是不易产生汽化，即使泄漏也是以液体形式出现，而不会发生挥发性泄漏，如各种油品、水等，因此，在条件允许的情况下可以采用无需缓冲流体辅助系统的零泄漏上游泵送机械密封。

(2) 停车密封。可以与螺旋密封、叶轮密封等一起作为组合密封使用，用于密封高黏度、高含固体颗粒的介质，如泥浆、重油等。在工作状态下螺旋密封、叶轮密封起主要的密封作用，零泄漏上游泵送机械密封起辅助密封的作用，在停车状态下零泄漏上游泵送机械密封起停车密封的作用。

(3) 备用密封。当主密封开始泄漏时，作为备用密封的零泄漏上游泵送机械密封可以及时地阻止介质向大气泄漏，直至主密封的泄漏达到报警限为止。

(4) 轴承密封。在某些条件下，如高速齿轮箱轴承密封等亦可采用零泄漏上游泵送机械密封。

2. 零逸出上游泵送机械密封的应用

零逸出上游泵送机械密封需要增设缓冲液辅助系统(亦可仍采用自冲洗措施)，可用于密封某些高污染性、高危险性介质等。

(1) 用作输送饱和蒸汽压高于环境大气压的各种介质的旋转流体机械类轴封。如炼油石化企业中的液态烃、轻烃、液氨等类介质的特点是易汽化，普通接触式机械密封一般处于汽液两相混合摩擦状态，产生大量的汽相泄漏，对环境污染严重，且工作稳定性能不佳，使用寿命较短，采用零逸出上游泵送机械密封可以有效地解决此类密封问题。

(2) 可替代普通的双端面机械密封。双端面接触式机械密封常用于密封化学、石油化工、农药等行业中具有剧毒、昂贵、高污染性工艺流体，需用复杂的封液循环保障系统，以提供压力高于密封介质压力的封液，能耗大、可靠性差，使用寿命有限。图 7-28 所示为推荐的一种零逸出上游泵送机械密封装置，该装置由内外两套密封组成：内侧为零逸出上游泵送机械密封，外侧为零泄漏上游泵送机械密封(在某些情况下可采用水封或油封等)，中间通入压力低于密封介质的缓冲液。该密封装置的能耗量不足双端面密封的 1/5，使用寿命大大延长，密封工作压力可以更高，而且取消了复杂的封油系统，使密封装置的可靠性明显提高，运行费用显著下降。

随着研究开发工作的不断深入及工业应用经验的日益积累，零泄漏和零逸出上游泵送机械密封的应用范围将不断拓宽。

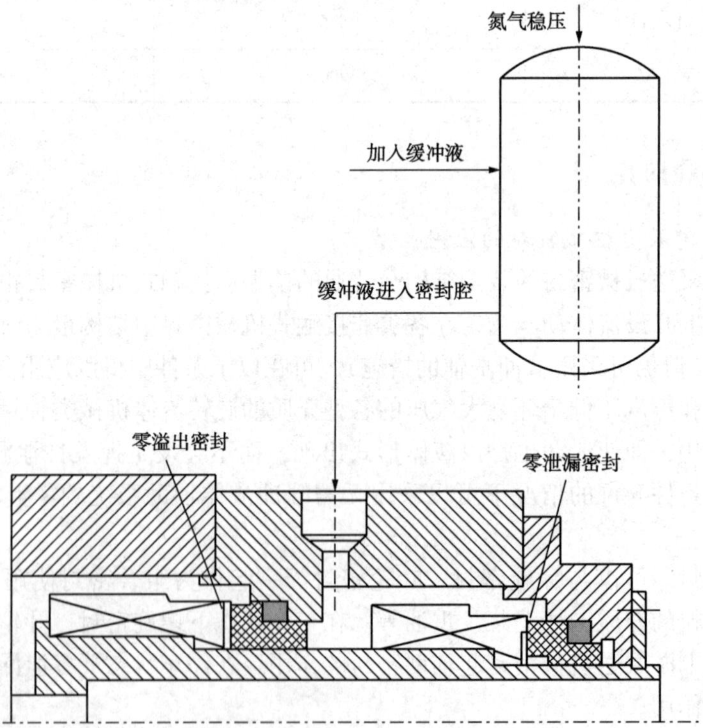

图 7-28　上游泵送机械密封装置

7.6.6 最新进展

在普通机械密封端面的中部，用激光加工出倾斜的上游泵送槽，如图 7-29 所示，将泄漏的液体反输送到密封腔内，在实现非接触的同时，维持了很低的泄漏率，甚至可以达到零泄漏，不过仍要限定旋转的方向。图 7-30 所示为具有对称横排槽结构的密封端面，槽的深度为 1~10μm，靠近密封腔的槽最浅，远离密封腔槽逐渐加深；用激光在研磨好的碳化硅环面上刻出。由于槽型的对称性，流体回流的方向与密封环的旋转方向无关。上游泵送的液流由切向横排槽产生。横排槽汇集了经方形吸液槽靠压力楔作用进入端面的流体，该方形吸液槽与密封腔相通。由于环的旋转作用，把汇集到的液体拖曳到靠近密封腔槽的底部。由于台阶效应．该处产生的流体动压力最大，设计时使之超过密封腔介质压力。根据流体流动的最小阻力原理，离开槽后的大部分流体将返回密封腔，实现流体的上游泵送。所以流体的流向为由方形吸液槽进入端面，经横排槽汇集后，再返回密封腔内。这样，密封在实现非接触的同时，维持了很低的泄漏率。这类密封允许采用较大的弹簧比压，提高了密封操作的稳定性和可靠性。

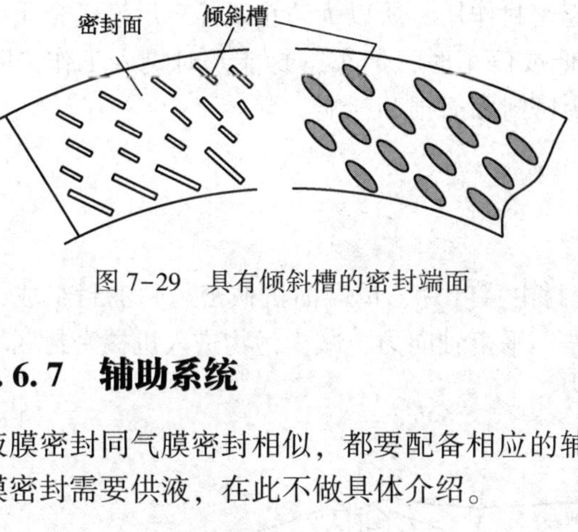

图 7-29 具有倾斜槽的密封端面

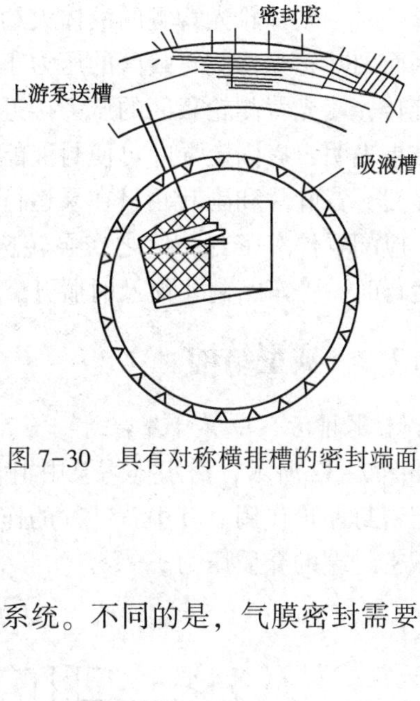

图 7-30 具有对称横排槽的密封端面

7.6.7 辅助系统

液膜密封同气膜密封相似，都要配备相应的辅助系统。不同的是，气膜密封需要供气，而液膜密封需要供液，在此不做具体介绍。

7.7 离心密封

离心密封是利用所增设的做功元件旋转时所产生的离心力来防止泄漏的装置。在离心泵的轴封中，离心密封主要有两种形式；背叶片密封和副叶轮密封。两者密封原理相同，所不同的只是所增设的做功元件不同。背叶片只增设一个做功元件(背叶片)，而副叶轮密封增设两个做功元件(背叶片和副叶轮)。

7.7.1 密封原理

副叶轮密封装置通常由背叶片、副叶轮、固定导叶和停车密封等组成，如图 7-31 所

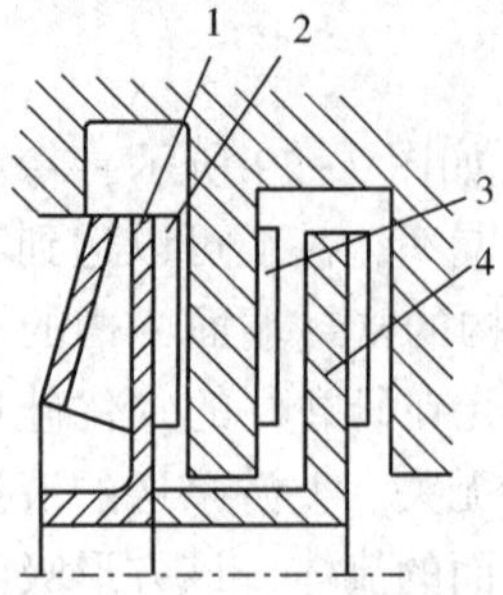

图 7-31　副叶轮密封装置
1—叶轮；2—背叶片；
3—固定导叶；4—副叶轮

示。所谓背叶片就是在叶轮的后盖板上做几个径向或弯曲筋条。当叶轮工作时，依靠叶轮带动液体旋转时所产生的离心力将液体抛向叶轮出口，由于叶轮和泵壳之间存在一定间隙，在叶轮无背叶片的情况下，具有一定压力的出口液体必然会通过此间隙产生泄漏流动，即从叶轮出口处的高压侧向低压侧轴封处流动而引起泄漏。设置背叶片后，由于背叶片的作用，这部分泄漏液体也会受到离心力作用而产生反向离心压力来阻止泄漏液向轴封处流动。背叶片除可阻止泄漏外，还可以降低后泵腔的压力和阻挡(或减少)固体颗粒进入轴封区，故常用于化工泵和杂质泵上。

常见的副叶轮多是一个半开式离心叶轮，所产生的离心压力也是起封堵输送介质的逆压作用。

当背叶片与副叶轮产生的离心压力之和等于或大于叶轮出口压力时，便可封堵输送介质的泄漏，达到密封作用。

固定导叶(又称为阻旋片)的作用是阻止副叶轮光背侧液体旋转，提高封堵压力。当无固定导叶时，副叶轮光背侧的液体大约以三分之一的叶轮角速度旋转，压力呈抛物线规律分布，因而副叶轮光背侧轮毂区的压力小于副叶轮外径处的压力。当有固定导叶时，则可阻止液体旋转，使光背侧轮毂区的压力接近副叶轮外径的压力，从而提高了副叶轮的封堵能力。试验结果表明，有固定导叶可使封液能力提高 15%以上。

显然，背叶片和副叶轮只在泵运行时起密封作用，所以为防止泵停车后输送介质或封液泄漏，应配置停车密封，使之在泵转速降低或停车时，停车密封能及时投入工作，阻止泄漏，运行时，停车密封又能及时脱开，以免密封面磨损和耗能。

7.7.2　典型结构

1. 潜水排污泵中背叶片密封

如图 7-32 所示，潜水排污泵中组合密封由背叶片、单端面机械密封和油封组成，对电动机起密封保护作用。其中背叶片的作用是：平衡轴向力，减少污物进入机械密封区域，降低机械密封端的介质压力。

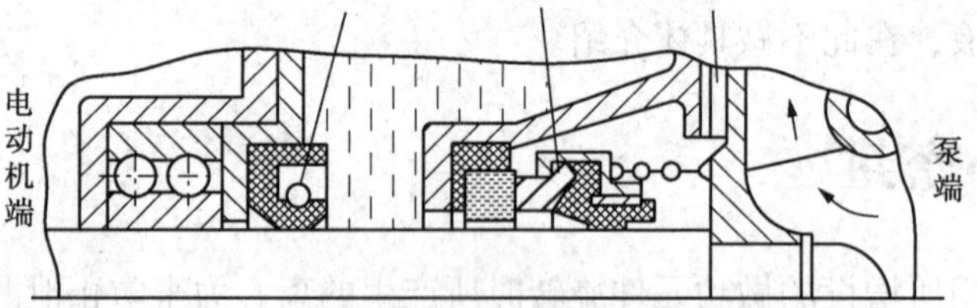

图 7-32　潜水排污泵中背叶片密封
1—油封；2—机械密封；3—背叶片

2. 衬胶泵的副叶轮密封

衬胶泵是用于没有尖角颗粒的各类矿浆的输送，耐酸、碱工况。图 7-33 是 PNJF 型衬胶泵的副叶轮密封结构，图中标出了测压点的位置。当泵运转时，泵内叶轮外圆处的压力为 p，经主叶轮后盖板背面的背叶片降压后剩余的压力为 p_2，副叶轮光滑背面入口处压力为 p_s；

由于沿程损失及副叶轮的抽吸作用，压力 p_3 略低于 p_2；装置在轴封处的副叶轮所产生的压力 p_4 是由 p_2、p_3 所决定的。由于副叶轮的特性及 $p_2(p_3)$ 的压力分布特点，使副叶轮外圆处的压力 p_4 始终略大于 p_3，从而起到密封的作用。该型副叶轮密封不带自动停车密封，而是依靠橡胶密封圈抱紧在轴上以保证停车时的密封。由于橡胶密封圈能始终起到密封大气压力的作用，故在副叶轮工作时，在入口处必然造成一定的负压。负压的大小标志着副叶轮的密封能力。从这一角度考虑，负压越大越好，但是为了使副叶轮既能保证密封，又使轴功率消耗最小，则以造成副叶轮入口的压力略微负压为好。

3. 沃曼渣浆泵的副叶轮密封

沃曼泵是广泛用于输送磨蚀性或腐蚀性渣浆工况的渣浆泵。如图 7-34 所示，其副叶轮密封结构原理同前，填料密封可起停车密封的作用。这种结构在渣浆泵中已获得广泛应用。

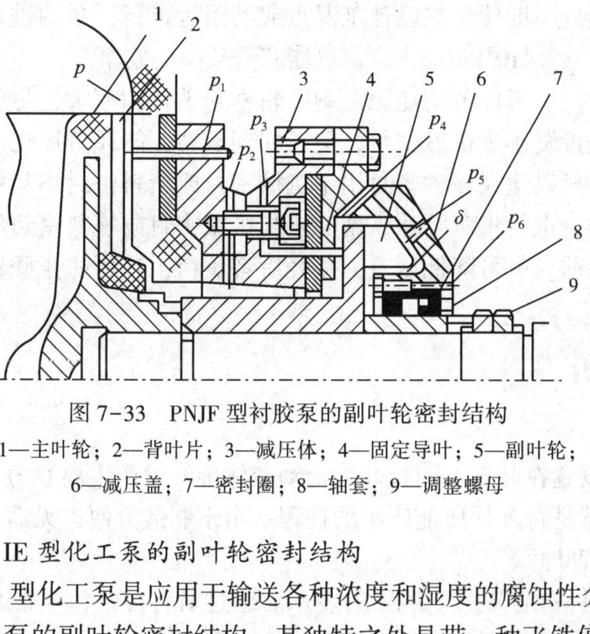

图 7-33　PNJF 型衬胶泵的副叶轮密封结构

1—主叶轮；2—背叶片；3—减压体；4—固定导叶；5—副叶轮；6—减压盖；7—密封圈；8—轴套；9—调整螺母

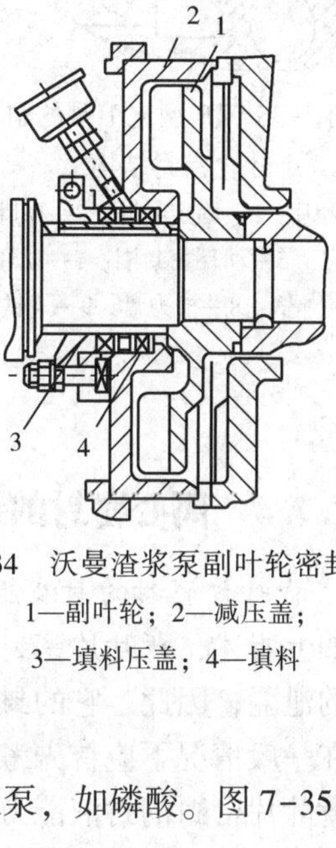

图 7-34　沃曼渣浆泵副叶轮密封结构

1—副叶轮；2—减压盖；3—填料压盖；4—填料

4. IE 型化工泵的副叶轮密封结构

IE 型化工泵是应用于输送各种浓度和湿度的腐蚀性介质的工泵，如磷酸。图 7-35 为 IE 型化工泵的副叶轮密封结构，其独特之处是带一种飞铁停车密封。

7.7.3　特点及应用范围

1. 特点

(1) 性能可靠，运转时无泄漏。离心密封为非接触型密封，主要密封件不存在机械相互磨损，只要耐介质腐蚀及耐磨损，就能保证周期运转，密封性能可靠无需维护。

(2) 平衡轴向力，降低静密封处的压力，减少泵壳与叶轮的磨损。

(3) 功率消耗大，离心密封是靠背叶片及副叶轮产生反压头进行工作的，它势必要消耗部分能量。

(4) 仅在运转时密封，停车时需要另一套停车密封装置。

2. 应用范围

副叶轮密封有一定的优越性，但也有缺点，当泵的进口处于负压或常压时，采用副叶轮密封较为合适，若泵进口压力较高，采用副叶轮密封，则除使用背叶片外，还需增加副叶轮

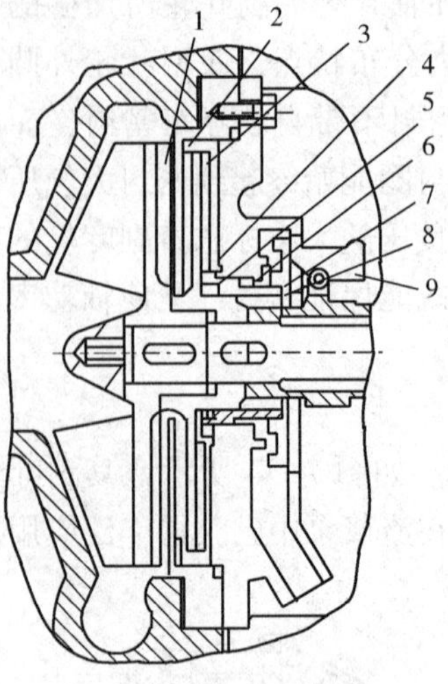

图 7-35　IE 型化工泵的副叶轮密封结构

1—背叶片；2—固定导叶；3—副叶轮；4—动环；5—动环密封圈；6—动环座；7—弹簧；8—推力盘；9—飞铁

个数和加大副叶轮直径，导致泵结构加大，密封消耗的功率急剧上升，长期运行经济较差。

副叶轮密封的应用范围如下。

(1) 对于处理高温介质、强腐蚀性介质、颗粒含量大的介质、易结晶介质的泵，如砂浆泵、泥浆泵、灰渣泵、渗水泵等都可以使用副叶轮密封。

(2) 副叶轮密封最适宜用于小轴径、高速度的单级离心泵。

除此外，应用副叶轮密封还要考虑如下问题。

(1) 考虑泵的使用工况。在选择采用副叶轮密封的泵时，应考虑工作点流量和扬程尽可能与泵铭牌上的流量和扬程接近，即使泵在设计工况点或其附近运行，泵的进口压力小于 9.8×10^4Pa(表压)，也能获得较高的效率。

(2) 考虑节约能源。副叶轮密封消耗功率大，尽管其一次性投资小于机械密封，但长周期运转，能耗费用也十分可观，所以建议该种密封用于机械密封或填料密封不易解决的场合，也可将背叶片、副叶轮与机械密封或填料密封配合使用。前者一可降低压差，减轻后者负荷，二可防止颗粒进入密封腔。

7.7.4　离心密封的封液能力

1. 背叶片密封的封液能力

如上所述，背叶片密封是利用设置在叶轮上的背叶片带动液体旋转时产生离心力来阻止液体的泄漏，因此，它的封液能力就是背叶片所能产生的扬程。由于制造方便，无需增加零件，在一般情况下应首先考虑采用背叶片。

背叶片密封的封液能力可用背叶片所产生的扬程 H_1 表示。通过对背叶片侧空腔内液体受力分析及实验修正，H_1(m)可由下式计算：

$$H_1=\frac{1}{285}\left(\frac{n}{1000}\right)^2\left[(D_2^2-D_R^2)+\left(\frac{S+h}{S}\right)(D_R^2-D_b^2)\right] \tag{7-13}$$

式中　H_1——叶轮转速，r/min；

D_2——叶轮外径，cm；

D_R——背叶片外径，cm；

D_b——背叶片内径，cm；

h——背叶片高度，cm；

S——叶轮后盖板与泵壳侧壁间的距离，$S=h+\delta$，cm；

δ——背叶片与泵壳间的轴向间隙，cm。

由式(7-13)可知，背叶片密封的封液能力 H_1 主要与背叶片外径 D_2、背叶片高度 h、背叶片与泵壳间的轴向间隙 δ 和叶轮的转速 n 等因素有关。

经背叶片减压后的扬程 H_s(m)则为：

$$H_s = H_p - H_1 \tag{7-14}$$

式中 H_p——叶轮出口势扬程，m。可由下式求出

$$H_p = H(1-k_{V3}^2) \tag{7-15}$$

式中 H——离心泵的总扬程，m。

k_{V3}——速度系数，与比转速 n_s 有关，可由图 7-36 查得。

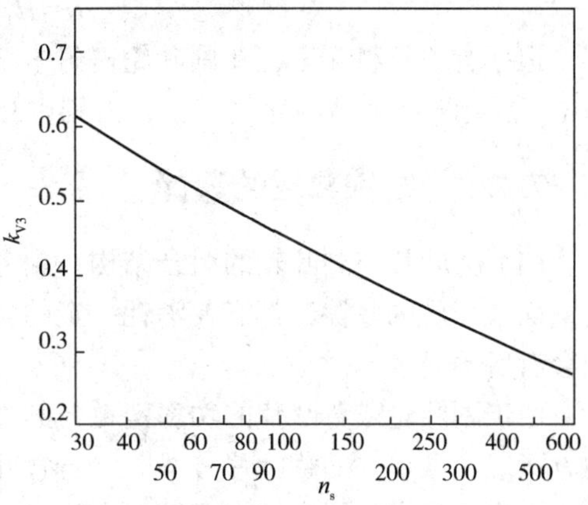

图 7-36 $k_{V3}-n_s$ 曲线

经背叶片减压后扬程 H_s越小，表明背叶片密封的封液能力越强。若保证背叶片密封不泄漏，必须使 $H_s=0$(等压密封)或 $H_s<0$(负压密封)。若按等压密封条件，即 $H_s=0$ 计算出的背叶片外径 D_R大于叶轮外径 D_2，则需考虑用副叶轮密封。

2. 副叶轮密封的封液能力

通常所说的副叶轮密封包括背叶片和副叶轮两部分，它是依靠背叶片和副叶轮叶片旋转时产生的总扬程来克服叶轮出口扬程，故它的封液能力计算方法与背叶片密封的封液能力计算方法相似。由于副叶轮背面光滑面的旋转，也会造成其间的液体升压，故其封液能力略为减小。为了限制副叶轮光滑面产生的升压作用，并起到稳流作用，一般在其间装设固定导叶，所以整个副叶轮密封装置的封液能力 H(m)为：

$$H = H_1 + H_2 - H_3 \tag{7-16}$$

式中 H_1——背叶片产生的封液能力，m；

H_2——副叶轮叶片产生的封液能力，m；

H_3——副叶轮光滑面产生的扬程，m。

副叶轮叶片产生的封液能力 H_2可由下式计算：

$$H_2 = \frac{k}{71.56}\left(\frac{n}{1000}\right)^2 (D_2^2 - D_1^2) \tag{7-17}$$

式中 h——泵的转速，r/min；

D_1、D_2——副叶轮叶片内径和外径，cm；

k——反压系数，与结构及使用条件有关，一般可根据间隙 δ 选取，当 $\delta>3$mm 时，$k=0.75\sim0.85$；当 $\delta<3$mm 时，$k=0.85\sim0.90$。k 也可由斯捷潘诺夫实验式计算：

$$k = \frac{1}{4}\left(1+\frac{h}{S}\right)^2 \tag{7-18}$$

$$S = h + \delta$$

式中 h——副叶轮叶片高度，cm；

δ——副叶轮叶片与泵壳间的轴向间隙，cm。

副叶轮光滑面产生的扬程 H_3可由下式计算：

$$H_3 = \frac{c_s}{71.56}\left(\frac{n}{1000}\right)^2 (D_2^2 - D_1^2) \tag{7-19}$$

式中　C_s——副叶轮光滑面升压系数，一般无固定导叶取 $C_s=0.19$，有固定导叶取 $C_s=0.1$。

为了保证副叶轮密封工作时不泄漏，上述计算出的副叶轮密封的封液能力 H 应等于或大于泵叶轮出口势扬程 H_p，即：

$$H=H_1+H_2-H_3\geqslant H_P \tag{7-20}$$

根据有关资料介绍，在副叶轮密封中，背叶片起到的密封作用所占比例较大，一般占≥65%，副叶轮叶片占的比例较小，占到≤35%的密封作用。

7.7.5　结构参数的选择

（1）背叶片与副叶轮的组合结构。副叶轮或背叶片在输送的介质中旋转时，由于要克服其壁面与介质的摩擦，都需要消耗一定的功率。因此，有无副叶轮或有无背叶片的泵的效率均会有所不同。

由于副叶轮或背叶片的功率消耗与其外径的五次方成正比，所以通常不宜采用外径过大的方案。在做单一的背叶片方案时，若背叶片的外径过大时，则以同时设置背叶片和副叶轮为好。当要求密封压头较大且结构允许时，可考虑采用两级副叶轮或同时设置背叶片和两级副叶轮的方案。

（2）轴承与轴向力。由于背叶片能降低后泵腔的压力，所以可用于平衡泵的轴向力，从而减轻轴承的轴向负荷。

由于副叶轮光背侧的压力高于停车密封侧的压力，所以副叶轮也起平衡轴向力的作用。由于采用副叶轮密封后，泵的轴向力大小和方向都会改变，所以在选择轴承时必须进行具体计算。在旧泵的轴封改造中，可能会出现平衡孔-副叶轮密封的结构方案。在这种情况下特别要注意泵轴向力的大小和方向的改变，选用的轴承及其结构必须适应这一变化。

（3）叶片形式与叶片数试验表明，背叶片或副叶轮的叶片形状对其产生的密封压头影响很小，所以通常多采用径向叶片，以简化制造工艺。

叶片数通常为6~8片，视叶轮大小而定。有的叶轮由于尺寸较大，叶片数达10片以上。

背叶片或副叶轮的外径均由计算确定。通常背叶片的外径等于或小于泵叶轮的外径。背叶片、副叶轮的内径应取较小的值，因为在同样条件下，内径越小，产生的密封压头越大，所以背叶片、副叶轮的内径通常取与轮毂或轴套相同的尺寸。

副叶轮光背侧的固定导叶也采用径向叶片，叶片数也可取6~8片。

（4）叶片高与间隙。一般来说，背叶片或副叶轮叶片高一些，其产生的密封压头也高一些，但消耗的功率也多一些。通常，小叶轮的叶片高 h 为5~8mm，大叶轮达15mm以上。

叶片高度 h 与轴向间隙 δ 对背叶片、副叶轮产生的密封压头有显著的影响。虽然各种试验表明，无论是轴向间隙还是径向间隙均以小为好，但从制造、装配和输送介质中的悬浮固体颗粒大小来考虑，间隙不能过小，特别在输送磨蚀性强的渣浆时，旋转件与壳体间的磨损是十分突出的，难以维持较小的间隙。一般可取轴向间隙2~3mm，径向间隙可稍大一些。

7.8　浮环密封

浮环密封也是一种非接触型密封，它在现代密封技术中占有重要地位。是解决高速、高压、防爆、防毒等苛刻使用条件的常用密封类型。

7.8.1 工作原理及特点

1. 工作原理

浮环密封由浮动环与轴之间的狭小环形间隙所构成，环形间隙内充满液体，相对运动的环与轴不直接接触，故适用于高速、高压场合。而且，如果装置运转良好，可以做到“绝对密封”，所以特别适用于易燃、易爆或有毒气体(如氨气、甲烷、丙烷、石油气等)的密封。

图 7-37 所示为浮环密封的示意图。它主要由内、外侧浮环组成，浮环与轴之间留有给定间隙。浮环在弹簧的预紧力作用下，端面与密封盒壁面贴紧。浮环上有防转销，以防止浮环随轴转动，但能在径向上滑移浮动。密封液体从进油口注入后，通过浮环和轴之间的狭窄间隙，沿轴向左右两端流动，密封液体的压力应严格控制在比被密封气相介质压力高 0.05MPa 左右。因为封液压力高于介质压力，通过内侧浮环(又称高压侧浮环)间隙的液膜阻止介质向外泄漏，经过外侧浮环(又称低压侧浮环)间隙的封液，因节流作用降低了压力后流入大气侧，因外侧密封间隙中的压力降较人，显然它的轴向长度比内侧浮环要长些，压力差很大时，可用多个外侧浮环或采用与内侧浮环不同的间隙。流入大气侧的封液可直接回贮液箱，以便循环使用。通过内侧浮环间隙的封液与压缩机内部泄漏的工作气体混合，这部分封液要经过油气分离器将气体分离出去后再回贮液箱，经冷却、过滤后再循环使用。这样封液不仅起密封作用，同时也起到冷却散热和润滑的作用。

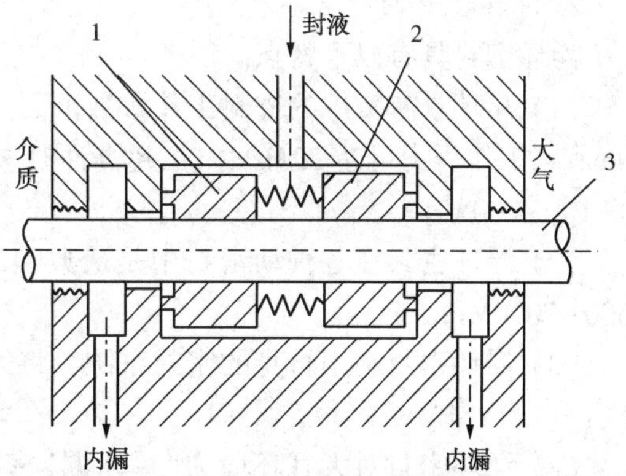

图 7-37 浮环密封示意图

1—内侧浮环；2—外侧浮环；3—转轴

浮环密封的原理是靠高压密封液在浮环与轴套之间形成液膜，产生节流降压，阻止高压气体向低压侧泄漏。浮升性是浮环的宝贵特性，液体通过环与轴间的楔形间隙内时，如同轴承那样产生流体动压效应而获得浮升力。轴不转动时，由于环自身重力作用，环内壁贴在轴上，并形成一偏心间隙。当轴转动时，轴表面将密封液牵连带入偏心的楔形间隙内。在楔形间隙内产生流体动压效应，使环浮动抬升，环内壁脱离轴表面而变成非接触状态(图 7-38)。

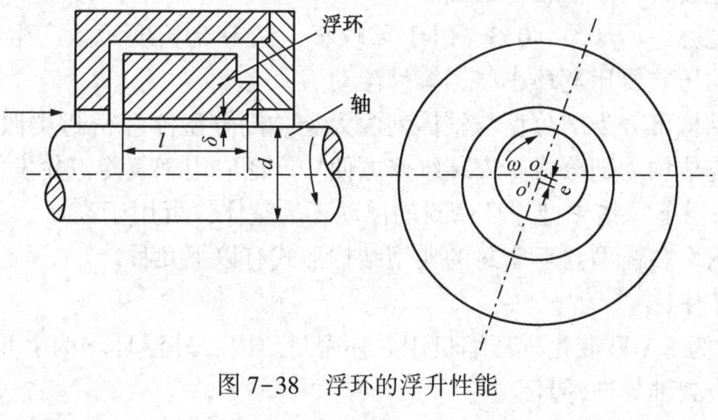

图 7-38 浮环的浮升性能

浮升性使浮环具有自动对中作用，能适应轴运动的偏摆等，避免轴与环间出现固相摩擦。浮升性还可使环与轴的间隙变小，以增强节流产生的阻力，改善密封性能。

由于浮环密封主要依靠液膜工作，故又称为油膜密封。封液通常采用矿物油(如22号、30号透平油)，也可用脱氧软化水等。但必须注意封液与被密封介质之间应该是相容的，不至于发生有害的物理、化学作用。矿物油用作液封，因它具有良好的润滑性和适宜的黏性，但是压缩机工作介质是硫化氢或含硫化氢量较大的气体时，因硫化氢可溶于矿物油而污染封油，则不能采用矿物油，而用水作封液。

2. 浮环密封的特点

浮环密封具有以下特点。

(1) 浮环具有宽广的密封工作参数范围。在离心式压缩机中应用，工作线速度约为40~90m/s，工作压力可达32MPa。在超高压往复泵中应用，工作压力可达980MPa，工作温度为-100~200℃。

(2) 浮环密封在各种动密封中是最典型的高参数密封，具有很高的工况 *pv* 值，可高达2500~2800MPa·m/s。

(3) 浮环密封利用自身的密封系统，将气相条件转换为液相条件。因而特别适用于气相介质。

(4) 浮环密封对大气环境为“零泄漏”密封。依靠密封液的隔离作用，确保气相介质不向大气环境泄漏。各种易燃、易爆、有毒、贵重介质，采用浮环密封是适宜的。

(5) 浮环密封性能稳定、工作可靠、寿命达一年以上。

(6) 浮环密封的非接触工况，泄漏量大。内漏量(左右两端)约为200L/天，外漏量约为15~200L/min。当然，浮环的泄漏量本质上应视为循环量，它与机械密封的泄漏量有区别。

(7) 浮环密封需要复杂的辅助密封系统，因而增加了它的技术复杂性和设备成本。

(8) 浮环密封是价格昂贵的密封装置。它的成本要占整台离心式压缩机成本的1/4~1/3左右。

7.8.2 结构形式

根据浮环的相对宽窄，可分为宽环与窄环。宽环的宽度与其直径的比值(相对宽度) l/d=0.3~0.5较大。在相同的压差和泄漏量的条件下，环的数目可以少些，缩短密封的轴向尺寸，使密封结构紧凑，制造费用较少且易于装配。但因两侧压差较大，环端面上压力较大，端面摩擦力也较大，浮动较为困难。

窄环的相对宽度 l/d=0.1~0.3。由于环较窄，其节流长度短，产生的流体动压也小，每个浮环所承受的压差要比宽环小些，容易浮动。

浮环密封按结构可分为剖分型与整体型两大类。剖分型浮环密封类似于径向滑动轴承，浮动环及密封腔壳体均为剖分式，安装维修方便，广泛应用于氢冷汽轮发电机轴端密封，压力一般在0.2MPa以下。整体型浮环密封的浮动环为整体，可用于高压，石油化工厂通常采用整体型浮环密封。整体型浮环密封的典型结构形式有以下几种。

1. L形浮环密封

图7-39所示为KA型催化气压缩机用浮环密封。内、外浮环均为L形(属于宽环)，中间有隔环定位并有封油导向浮环。

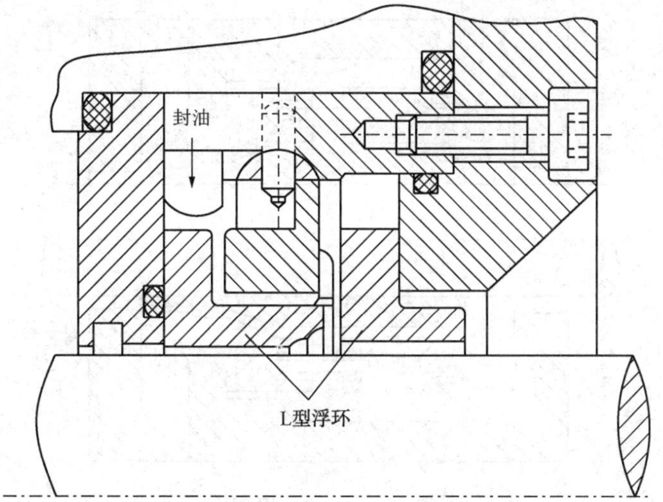

图 7-39　KA 型催化气压缩机用浮环密封

2. 带冷却孔的浮环密封

图 7-40 所示为带冷却孔的浮环密封。高压侧的浮环间隙小，泄漏封液带走的热量也少，这样就造成高压侧浮环温度较高。为了改善高压侧浮环的工作条件，在高压侧浮环上沿圆周布满冷却孔，使进入密封腔的封液首先通过高压侧浮环，然后分两路分别进入高压侧及低压侧环隙。此结构对高压侧浮环可起到有效的冷却作用。

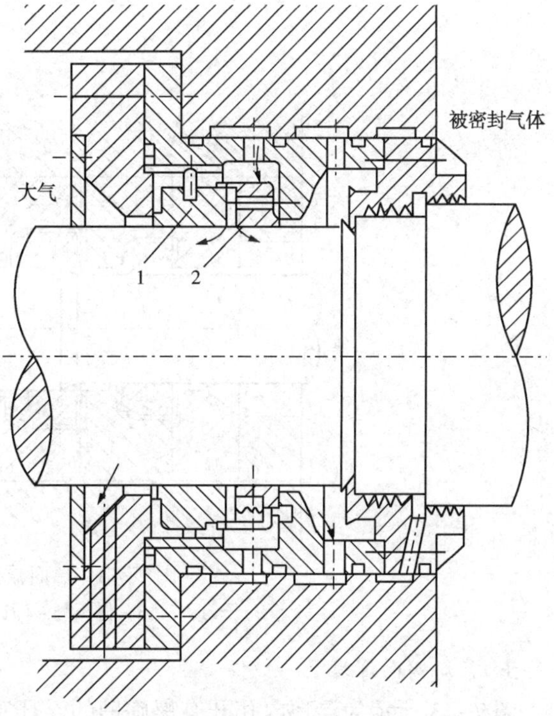

图 7-40　带冷却孔的浮环密封

1—低压侧浮环；2—高压侧浮环

3. 带锥形轴套的浮环密封

图 7-41 所示为具有锥形轴套的浮环密封。浮环密封部位的轴套为锥形，与此相应的浮环内孔也是锥形的。这种浮环密封的特点是高压侧密封间隙比一般圆筒形内侧环间隙大。封液通过锥形缝隙通道时，由于锥形轴套的旋转带动封液产生离心力阻止封液向内侧泄漏，起到叶轮抽吸作用。

4. 端面减荷浮环密封

图 7-42 所示为端面减荷浮环密封。环 2、环 3 为台阶轴减荷结构(类似于平衡型机械密封)，能有效地减小每环端面比压。在高压场合可用个数不多的浮环承受较大的压降，例如离心压缩机用 2~3 环便可承受 28MPa 压降。

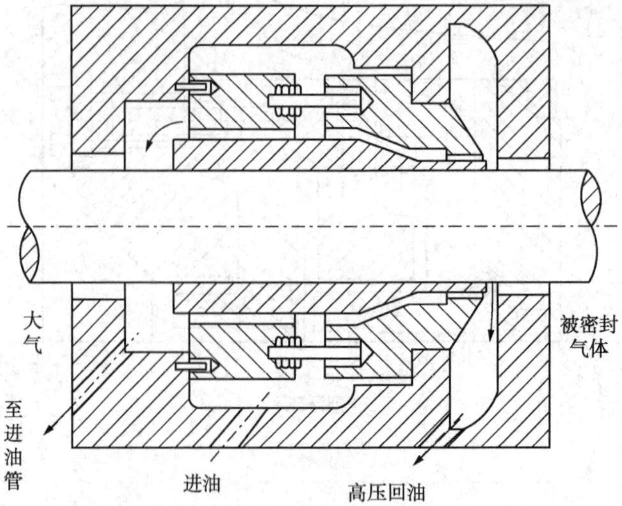

图 7-41　具有锥形轴套的浮环密封

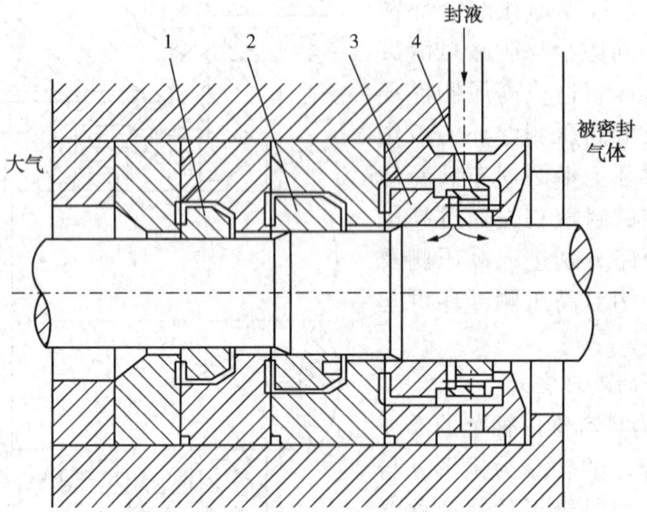

图 7-42　端面减荷浮环密封

1，2，3—低压侧浮环；4—高压侧浮环

5. 螺旋槽面浮环

图 7-43 所示为浮环内孔开有螺旋槽的浮环密封。实质是螺旋密封与光滑浮环密封的组合密封，采用螺旋槽面浮环，在同样的宽度和压差下，泄漏量要比光滑浮环密封小，特别是在高速下可以有效地密封。

7.8.3　结构要求、尺寸、技术要求及材料

1. 浮环密封的结构要求

对浮环密封的结构要求有以下几个方面。

(1) 尽可能减少封液通过高压侧浮环的内泄漏量(减少漏向机内封液的泄漏量)。为此，

在允许的条件下，高压侧浮环的密封间隙及液气压差应尽量小些。高压侧浮环还可采用上述螺旋面槽浮环或锥形轴套等措施。

(2) 有效地排除封液在高压、高速下产生的摩擦热及节流热，主要是散除高压侧浮环的热量。为改善高压侧浮环的工作条件，可以采取上述浮环开孔、冷却液先通过高压侧浮环等措施。

(3) 在刚度、强度允许的条件下，尽量取较薄的环截面，即环的内、外径之比不宜太小。

(4) 提高浮环寿命，延长使用期。浮环材料的膨胀系数要比轴大，以免高温下产生抱轴的危险性。

(5) 液气混合腔要有一定容积，机内平衡室要合理连通，为防止封液窜入汽缸内，要控制通过迷宫密封的流速。

2. 浮环的尺寸

浮环密封的结构和使用条件各不相同，因此只能推荐结构元件大致的平均结构尺寸比（图 7-44）。

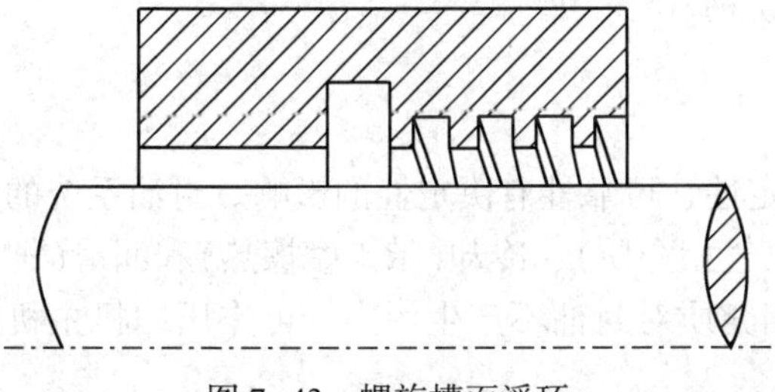

图 7-43 螺旋槽面浮环

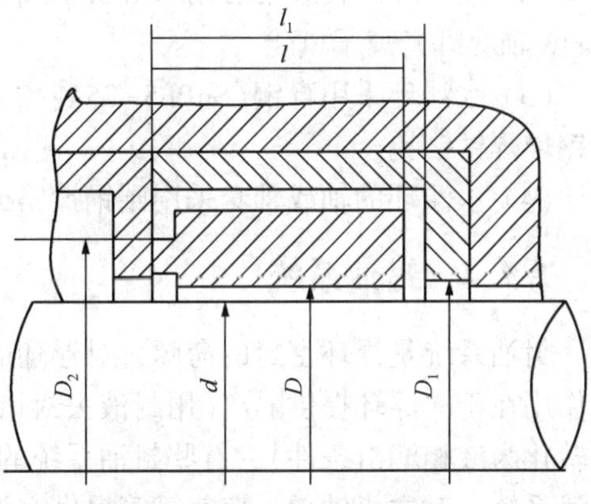

图 7-44 浮环的各部分尺寸

(1) 浮环的各个间隙值：

$$\delta/D=(0.5\sim1.0)\times10^{-3}$$

$$D_1/D=1.02\sim1.03$$

$$D_2/D=1.14\sim1.20$$

式中 $\delta=D-d$，d 为轴径。

上述 δ/D 关系式中，需区分高压侧浮环和低压侧浮环，给出不同的间隙值。为了减少内漏量，对高压侧浮环取 $\delta/D=(0.5\sim0.8)\times10^{-3}$ 为宜。为了带走热量，可适当加大低压侧浮环间隙值，取 $\delta/D=(2\sim3)\times10^{-3}$。

(2) 浮环的各个长度值：

$$\frac{l_1-l}{l}=(0.1\sim2.0)\times10^{-2}$$

$$l/D=0.3\sim0.5 \quad 适用于宽环$$

$$l/D=0.1\sim0.3 \quad 适用于窄环$$

浮环的节流长度不宜太长，否则，间隙内的封液温升剧烈，使工作条件恶劣。对高压条件，可采用多级浮环，逐级降压。

3. 浮环的技术要求

浮环内孔尺寸精度 1~2 级；表面粗糙度 $Ra=0.8\sim0.2\mu m$；圆柱度及圆度允差 <0.01mm；表面硬度 50~60HRC 或 850~1150HV。浮环外圆尺寸精度 1~2 级；圆柱度及圆度允差<0.01mm。

浮环端面表面粗糙度 $Ra=0.08\sim0.16\mu m$；端面对内孔的垂直度允差<0.01。

4. 浮环密封的材料

浮环材料应保证摩擦面的必要精度和光面粗糙度，以及尺寸的稳定性(完好性)。浮环和轴的材料都应具有相近的线膨胀系数、良好的抗抓伤性能、很高的耐磨性以及化学稳定性、耐腐蚀性和抗冲蚀性。

对于浮环密封推荐使用下列材料。

(1) 油浮环常采用碳钢或黄铜，内孔壁面浇注巴氏合金(chSnSb11-6)，亦可采用锡青铜，内孔壁面镀银，或采用有自润滑特性的浸树脂石墨。

(2) 油浮环的轴或轴套用 38CrMoAl 表面氮化；碳钢镀硬铬；蒙乃尔合金轴套喷硼化铬；2Cr13 轴套辉光离子氮化。

(3) 水浮环采用青铜(SnPb5-25)；38CrMoAl 表面氮化；沉淀硬化不锈钢 17-4PH；不锈钢堆焊钴铬钨。

(4) 水浮环的轴或轴套采用碳钢镀铬或不锈钢。

7.7.4 封油系统

封油系统是浮环密封的命脉，对浮环的稳定性、可靠性有决定性的影响。封油系统的主要作用在于向浮环提供隔离(用封液去封堵隔离气相介质)、冷却(带走摩擦热)和润滑(把气相转化为液相润滑条件)。有些封油系统的气相介质对封油不产生污染，可作压缩机主机的润滑系统，对主机轴承、变速箱等提供润滑。

对封油系统的基本要求如下：

(1) 封液与气相介质彼此相容而且价廉。

(2) 有良好的差压调节能力，始终维持液压比气压高 0.05MPa 左右。

(3) 足够的封液循环量，以带走摩擦热。

(4) 足够的热交换能力(包括使封液降温或增温)。

(5) 足够的再生清洁能力(包括过滤及气液分离能力)。

(6) 具有停车密封能力。当事故性断电、油泵停止工作而主机在惯性运转期间，封油系统必须有能力连续工作，直至主机停车。

根据封油系统中所采用的微压差调节系统的不同，可分为直接调节的封油系统和带高位槽调节的封油系统。

1. 直接调节系统

如图 7-45 所示，它是一种直接用压差调节器通过封油压力与被密封气体压力的差压进行调节的封油系统。系统中有一差压调节器，它作用在控制阀上，控制阀控制油箱中封油的循环，并分流送至浮环密封装置中。这种调节方式对压力波动很不敏感，通常用于压力差控制精度要求不高的密封装置。

2. 带高位槽调节的封油系统

图 7-46 为离心式压缩机常用的浮环封油系统。其基本特征是采用两级增压和采用高位槽液气差压调节。贮存在油箱的封油，经低压泵送入冷却器调节油温，再送入过滤器去除杂质，然后用高压泵增压。这种两级增压方式，使冷却器和过滤器在低压条件下工作，减少高压容器设备，降低成本。

高压油一部分进入高位槽，其余进入浮环密封腔中。由于高位槽的液位压头，使油压高于气压(通常高 0. 05MPa)。少部分封油穿过内浮环进入油气腔。在油气腔中，封油受到介质“污染”，成为污油。如污油发生化学变质，则引出排放，如污油仅带一些气相介质而未发生化学变质，则可引入油气分离器。经分离的气相介质引回压缩机入口；分离出的油引回油箱中循环使用。

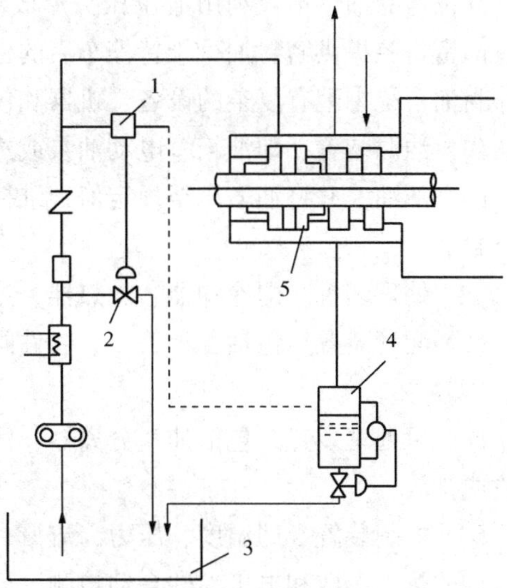

图 7-45　直接调节封油系统

1—差压调节器；2—控制阀；3—油箱；4—油气分离器；5—密封装置

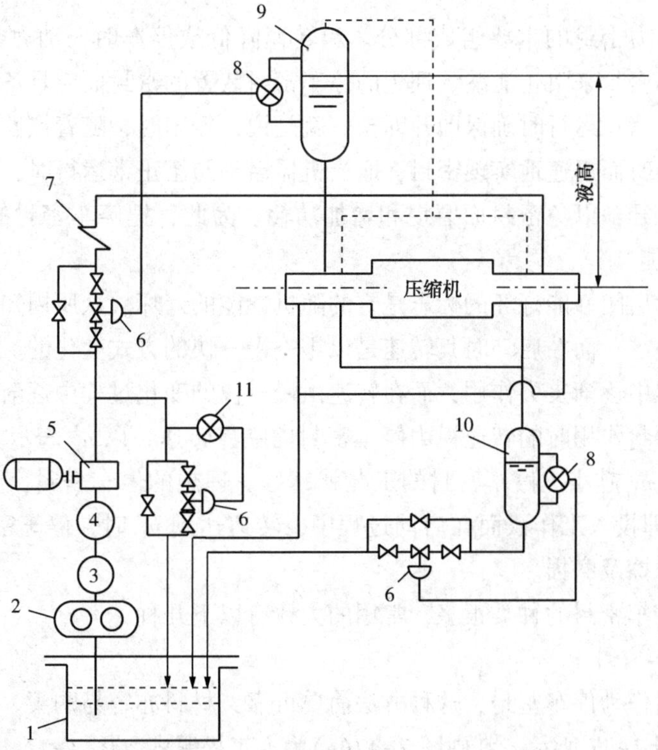

图 7-46　带高位槽调节的封釉系统

1—油箱；2—低压泵；3—冷却器；4—过滤器；5—高压泵；6—调节阀；7—止回阀；8—压差变送器及调节器；9—高位槽；10—油气分离器；11—压力变送器及调节阀

高位槽的油，不仅利用液位压头形成油气压差，且能在紧急断电停车时，依靠液位高度，向密封腔提供密封油，维持停车后的密封。

封油系统中配有复杂的设备、机器和仪表，主要包括以下装置。

(1) 油源装置。即油箱、电动油泵或蒸汽透平泵、高位槽及事故油箱等。功能是贮存系统内的全部油，并将油增压至规定值，维持油气压差，提供离心式压缩机停车或事故性停车所需封油。

(2) 处理装置。即冷却器、加热器、过滤器等，将油的温度和清洁度处理到规定值。

(3) 配管装置。包括各种管子、管件阀门等，提供封油的循环通路，控制油的流向、流量、压力等。

(4) 后处理装置。包括油气分离器、污油箱等，对从浮环腔内排出的"污油"进行分离、回收或排放。

(5) 控制装置。即温度、压力、流量、液位等热工仪表及电流、电压等电工仪表，对封油系统的热工参数和电工参数自动检测、显示、记录和调节。

(6) 安全报警装置。包括安全阀，防爆膜、电气联锁保护装置、灯光及铃声报警器等。对封油系统的危险状态提供报警、泄放超压、自动紧急停车等安全保护措施。

7.9 停车密封

停车密封是动力密封的重要组成部分。当转速降低或停车时，动力密封便失去密封功能，就需依靠停车密封来阻止泄漏。理想的停车密封装置的密封面应具备两种功能，当机器停车时确保即停即堵；运行时确保即开即松。就是说，停车时，随着惯性转速的降低乃至停转，停车密封能及时而迅速地实现密封；而当机器启动乃至正常运行时，停车密封的密封面要及时而迅速地打开，以免密封面磨损和增加功耗。为此，把停车密封的这种"即开即闭"性能称为"启闭性能"。

衡量停车密封启闭性能好坏的标志是它的随机性能的好坏。众所周知，机器在停车时其转速是由快→慢→零，而在启动时其转速是以零→慢→快的方式变化的。动力密封在转速由快→慢的变化过程中逐渐丧失作用，而在转速由慢→快的变化过程中逐渐产生作用。把动力密封丧失或产生密封作用时的转速视为停车密封的临界转速，以 n_{kp} 表示。n_{kp} 越大，停车密封的工况越恶劣，n_{kp} 越小，停车密封的工况就越好。理想的停车密封，应从停车惯性转速降至 n_{kp} 时开始，即投入工作；而在启动过程中，转速达到 n_{kp} 时，停车密封即应脱离工作，以减少密封面的摩擦及磨损。

目前使用的停车密封的种类很多，常用的大致有以下几种。

1. 填料式停车密封

利用填料密封作为停车密封，这种方法简单可靠，材料亦容易购买。填料式停车密封又可分为两种，如图 7-47 所示。其中图 7-47(a) 为人工松紧式，图 7-47(b) 为机械松紧式。

(1) 人工松紧式。开车前人工将填料压盖稍松开，停车后将填料压盖压紧。这种停车密封结构简单、价格便宜，但操作稍麻烦，可靠性差，且工作时填料有磨损。一般说来，对于台数不多而又不经常启停的泵，使用人工松紧填料式停车密封能获得价廉、方便而有效的结果。

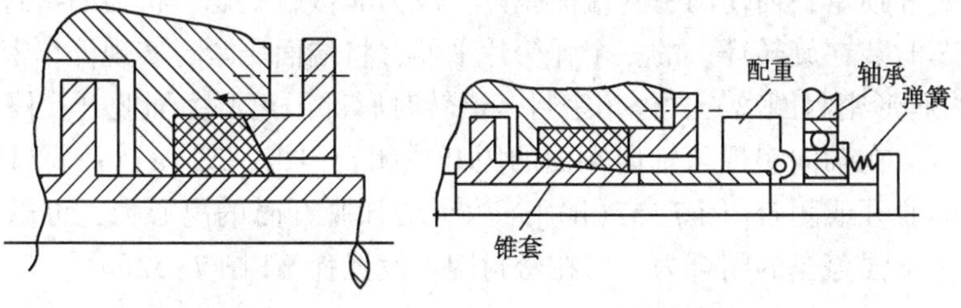

(a)人工松紧式 (b)机械松紧式

图 7-47 填料式停车密封

(2) 机械松紧式。开车时，随轴转速的增大，配重在离心力作用下飞开，弹簧被压缩，而锥套被推动左移，使填料松开。停车时，配重在弹簧作用下回位，锥套右移，填料被压紧。这种停车密封结构复杂，轴要左右移动，但填料可自动松紧，摩擦、磨损小，密封性好。

2. 压力调节式停车密封

利用机器内部的介质压力或外界提供的压力实现密封的脱开或闭合的停车密封称为压力调节式停车密封。

图 7-48 为一种与螺旋密封组合的压力调节式停车密封。停车时，可在轴上移动的螺旋套在弹簧力推动下，使其台阶端面与机壳端面压紧而密封；运转时，两段反向的螺旋使间隙中的黏性流体在端面处形成压力峰，作用于螺旋轴的台阶端面使其与壳体端面脱离接触。

图 7-49 为带有滑阀的停车密封。运转时，差压缸充压，使滑阀左移，密封面 A 脱开，同时弹簧被压缩；停车时，差压缸卸压，滑阀在弹簧作用下右移，滑阀与密封环贴紧而形成停车密封。

图 7-50 为气控涨胎式停车密封。运转时，放气，使涨胎脱开轴套表面；停车时，充气，涨胎抱紧轴套表面而形成停车密封。

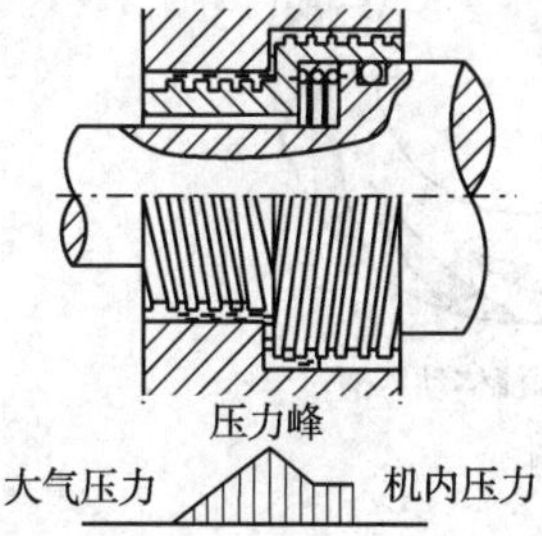

图 7-48 螺旋压力调节式停车密封

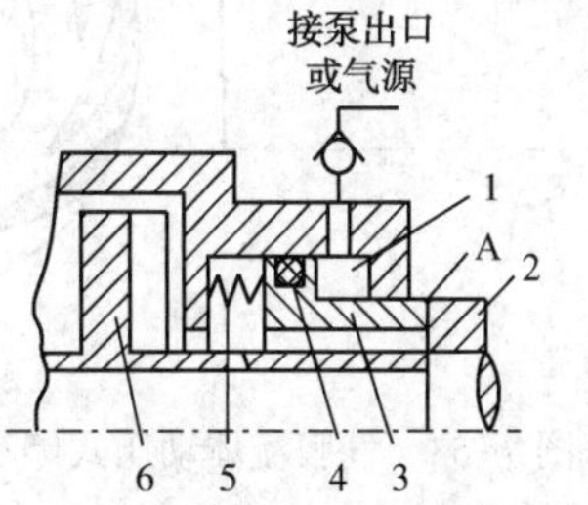

图 7-49 滑阀式停车密封

1—差压缸；2—密封环；3—滑阀；
4—滑阀密封圈；5—弹簧；
6—副叶轮

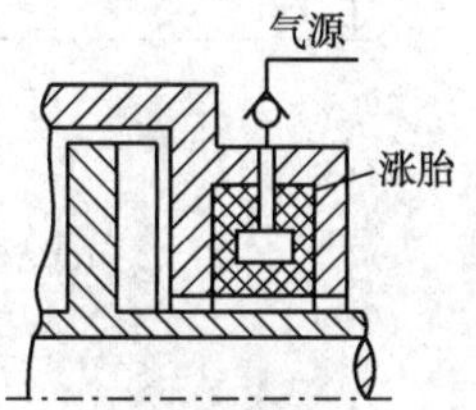

图 7-50 气控涨胎式停车密封

3. 离心式停车密封

利用离心力的作用，实现在运转时脱开，在静止时闭合的停车密封称为离心式停车密封。它是停车密封的主要类型，有很多种形式。

图 7-51 为弹簧片离心式停车密封。机器启动后，弹簧片上的离心子在离心力的作用下向外甩，将弹簧片顶弯，而使两密封端面脱开，成为非接触状态，机器的密封由其他动力密封来实现。停车时装在旋转环上的三个弹簧片平伸，将端面压紧，实现停车密封。

图 7-52 为唇形密封圈离心式停车密封，运转时唇部因离心力而脱开；停车时唇部收缩而闭合。唇口可以在轴向实现与轴向端面的脱开或闭合[图 7-52(a)]；唇口也可以在径向实现与轴表面的脱开或闭合[图 7-52(b)]。为了增强脱开时的离心力，可以在弹性体内放置金属件。为了增强停车的闭合力，可在密封圈外设置弹簧[图 7-52(c)]。

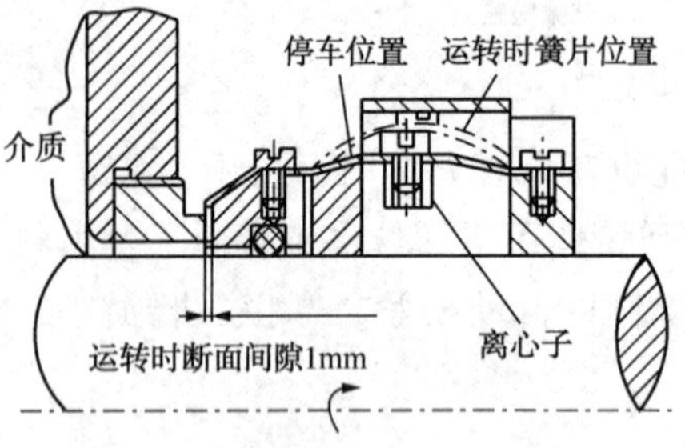

图 7-51　弹簧片离心式停车密封

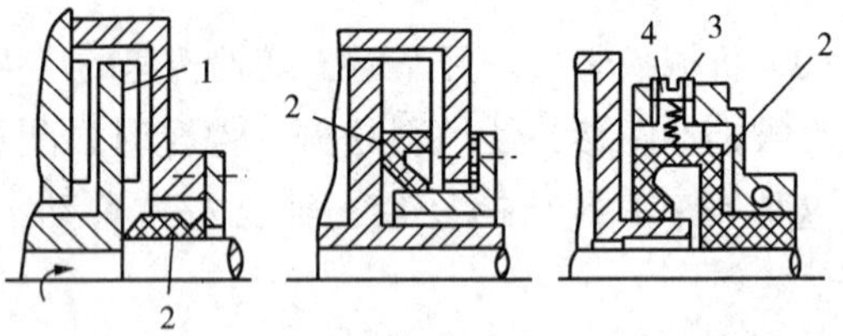

图 7-52　唇形密封圈离心式停车密封

1—副叶轮；2—唇形密封圈；3—调节螺钉；4—弹簧

4. 气膜式停车密封

气膜式停车密封是气膜非接触机械密封在停车密封方面的具体应用。如图 7-53 所示，运转时，端面的流体动压槽(如螺旋槽)将周围环境的气体吸入端面，并在端面间产生足够的流体动压力迫使端面分开成为非接触状态；停车时，端面间的流体动压力消失，密封端面在介质压力和弹簧力的作用下闭合，实现停车密封。

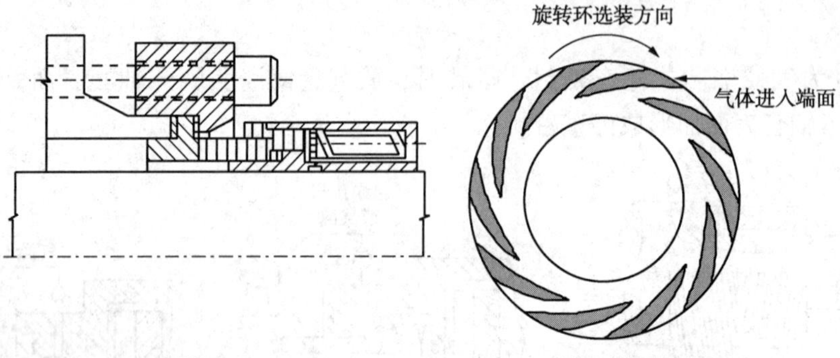

(a)结构布置　　(b)端面流体动压槽

图 7-53　气膜流体动压式停车密封

此外，还可以借助于螺杆、齿轮、杠杆等结构来控制停车密封的启闭。

7.10　磁流体密封

磁流体密封是一种用磁流体作为密封介质的独特动密封。它是由外加磁场在磁极与轴套之间形成强磁场，从而将磁流体牢牢地吸附住，形成类似 O 形圈形状的液体环，将间隙完全堵住，达到密封的要求。

20 世纪 60 年代初期美国宇航局为了解决宇航服的真空密封及空间失重状态下液体燃料的补充问题，开发了磁性流体。1965 年，帕佩尔（Papell）获得世界上第一个具有实用意义的制备磁流体的专利。经过 30 多年的发展，现已达到较高的技术水平，并已在工业中应用。磁流体密封目前在真空密封方面应用最为广泛，真空度达 1.3×10^{-7}Pa，轴径可达 250mm。此为有压力的介质，密封压力可达 6MPa，轴径范围 1.6~120mm，转速可达 20000r/min。

7.10.1 *磁流体*

磁流体是一种对磁场敏感、可流动的液体磁性材料。它具超顺磁特性，是把磁铁矿等强磁性的微细粉末（约 100Å）在水、油类、酯类、醚类等液体中进行稳定分散的一种胶态液体。这种液体具有在通常离心力和磁场作用下，既不沉降和凝聚又能使其本身承受磁性，还可以被磁铁所吸引的特性。

1. *磁流体组成*

磁流体含有三种基本成分，即：磁性微粒、载液及包覆微粒并阻止其相互凝聚的表面活性剂（稳定剂）。固态磁性微粒悬浮在载液中，同时表面上吸附着一层表面活性剂，在离心力及磁场作用下，它既不沉淀也不凝絮，而是稳定地悬浮在液相中，保持着均匀混合的悬浮状态，如图 7-54 所示。

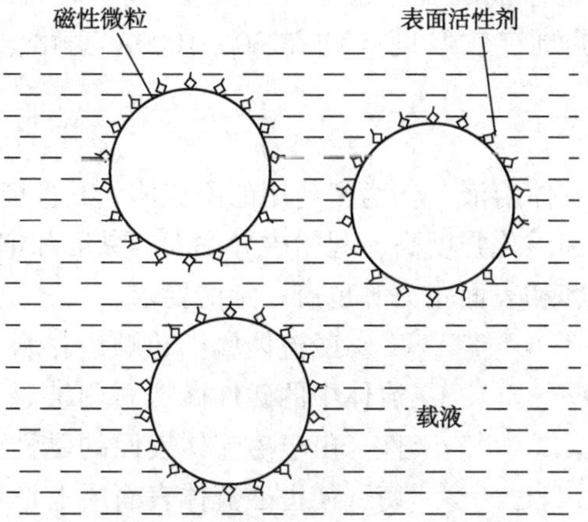

图 7-54 磁流体的组成

（1）磁性微粒。磁性微粒可由各种磁性材料如稀土磁性材料、磁铁矿（Fe_3O_4）、赤铁矿（γ-Fe_3O_4）、氧化铬（CrO_2）等加工制成。颗粒直径要求小于 300Å（大部分小于 100Å），形状以球形为最好。小直径的球形微粒有利于增加磁流体的稳定性和寿命。磁流体一般每升含有 10^{20} 个颗粒。颗粒直径小能防止因重力作用而聚集在一起。

（2）载液。载液使磁流体具有液体的性质。第一例成功的磁流体载液是煤油。一般情况下水、烃、氟化烃、双酯、金属有机化合物、聚苯醚可以作载液。实际上任何液体都可用作载液，也可以用金属液体制作磁流体，例如汞与钒。载液的选取一般必须以密封的工作要求出发，如承载能力的大小、被密封介质的性质和工作条件等，根据载液的物理、化学性能来确定。尽管许多液体都能被选作载液，但它们在密封工作条件下，均应具有化学稳定性和低的饱和蒸汽压，即具有低的挥发速率。磁流体载液大部分挥发后，将导致密封失效。磁流体也不能与被密封的流体相混合。磁流体密封一般用来分隔两充气空间，或一充气空间与抽气空间。磁流体密封用来密封液体时，会遇到不少困难。

水基磁流体或其他高挥发性液体基磁流体一般不适合于密封技术。碳氟基磁流体，由于低的蒸汽压和低的挥发速率，特别适用于真空密封。酯基、二酶基、醚基磁流体也常用于真空密封。

(3) 表面活性剂。金属氧化物磁性微粒属无机类固体微粒，不溶解或难分散在一般的载液中，为此微粒与载液固液两相之间的连接需加入第三者—表面活性剂，要求它既能吸附于固体微粒表面，又能具有被载液溶剂化的分子结构。实验表明，所采用的表面活性剂分子是一种极性官能团的结构，其“头部”一端化学吸附于磁性微粒表面上，而另一“尾部”端伸向悬浮着微粒的载液中。如果载液与这“尾部”有相似的结构时，它们就能很好地相互溶解。由于磁性微粒的外表面上形成了薄薄的涂层，致使微粒彼此分散，悬浮于载液中。当包覆了表面活性剂的微粒彼此接近时，因其都是相同的“尾部”而互相排斥，使微粒不会因其相互吸引而从载液中分离(或沉淀)出来。

最普通的稳定性表面活性剂是油酸。含有多个与粒子有亲和力的“头部”基团的聚合物是强稳定剂。目前可作为磁流体表面活性剂的有：聚全氟环氧丙烯衍生物、琥珀酸衍生物、12 碳原子以上的有机酸等。

合理选择表面活性剂是保证磁流体稳定性的关键。表面活性剂的“尾部”长约 1～2nm ($1\text{nm}=10^{-9}\text{m}$)，一般涂层的有效厚度 δ 约在 30～1000Å 变化，通常它与微粒粒度 d 之比$\delta/d>0.2$。

2. *磁流体的特性*

磁流体是一种磁性的胶体溶液。作为密封用的磁流体，其性能要求是：稳定性好，不凝聚、不沉淀、不分解，饱和磁化强度高，起始磁导率大，黏度和饱和蒸汽压低。其他如凝固点、沸点、热导率、比热容和表面张力等也有一定的要求。

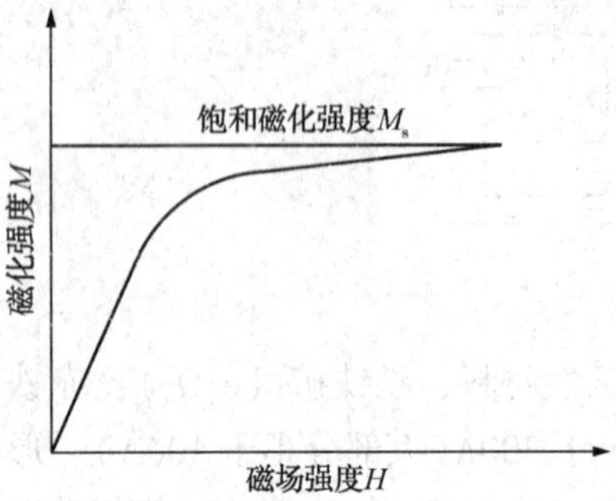

图 7-55　磁流体的磁化强度 M 随外加磁场强度 H 的变化

磁流体属于超顺磁材料。在外加磁场作用下，磁流体中的磁性微粒立刻被磁化，定向排列，显示出磁性。由于磁流体表面的磁性张力与界面张力的能量平衡，使得磁流体表面层上形成一个个挺立的磁锥。如去掉外加磁场，磁性立即消失。磁流体磁性微粒定向排列的程度取决于磁流体的磁化强度 M_o。磁化强度(M)随外加磁场强度(H)的增加而增加，直至达到磁流体的饱和磁化强度(M_s)，如图 7-55 所示。磁流体的饱和磁化强度(M_s)是磁流体的性质，受磁性微粒材料饱和磁化强度、磁性微粒浓度和磁流体温度的影响。磁性微粒材料饱和磁化强度高、磁性微粒浓度大，磁流体将具有高的饱和磁化强度(M_s)。磁流体的饱和磁化强度(M_o)受温度的影响较大，一般当温度超过 100℃时，磁性微粒易凝聚，M_o因而大大下降。

磁性流体的黏度随磁场强度的增加而增加，典型情况下，饱和磁化强度下磁流体的黏度 μ_s 是未磁化磁流体黏度 μ_o 的 3 倍。因此在转轴速度较高的情况下，磁流体的黏性摩擦将产生较多的热量，磁流体密封的冷却将变得十分必要。

7.10.2 磁流体密封的工作原理及特点

1. 磁流体密封的工作原理

磁流体密封是利用磁场把磁流体固定在相对运动的间隙中，从而堵塞泄漏通道的一种密封方法。图 7-56 所示为一种简单的磁流体密封的示意图。它由两块环形磁极和夹于磁极中央的环形永久磁铁组成。轴可以是磁性材料制成的，也可由非磁性材料制成。永久磁铁可由马氏体钢(碳钢、铬钢、钴钢等)、铝镍钴磁性材料、铁氧体磁性材料、稀土钴磁性材料等制成，其作用是产生外加磁场。外加磁场不但影响磁流体密封的磁路尺寸和外形尺寸，也影响其性能指标和使用效果。一般而言，外加磁场越强，密封能力越好。磁极起导磁场的作用。它由软磁性材料如铁-硅合金、铁-镍合金及软钢等制成。

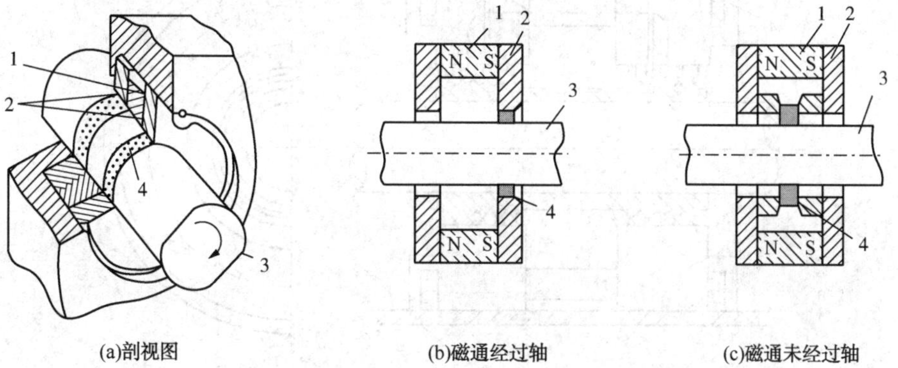

图 7-56 磁流体密封示意图
1—永久磁铁；2—磁极；3—旋转轴；4—磁流体

磁流体的密封原理如图 7-57 所示。首先，在静止部件与运动部件的间隙中形成外加磁场，将磁流体吸聚在其间，形成类似 O 形圈一样的液体环。依靠磁流体本身的表面张力和磁场力，阻止压力介质通过而起到密封作用。

当密封部位两侧的压力 p_1 与 p_2 相等时[图 7-57(a)]，磁流体处于平衡状态；当 $p_2<p_1$、$(p_1-p_2)\leqslant\Delta p$(单级密封能力)时[图 7-57(b)]，磁流体偏于压力低的一侧，密封能正常工作；当$(p_1-p_2)>\Delta p$，磁流体液环即被吹出一些空隙，并可听到压力介质被冲破时发出的“嗤”、“嗤”声，如图 7-57(c)所示。

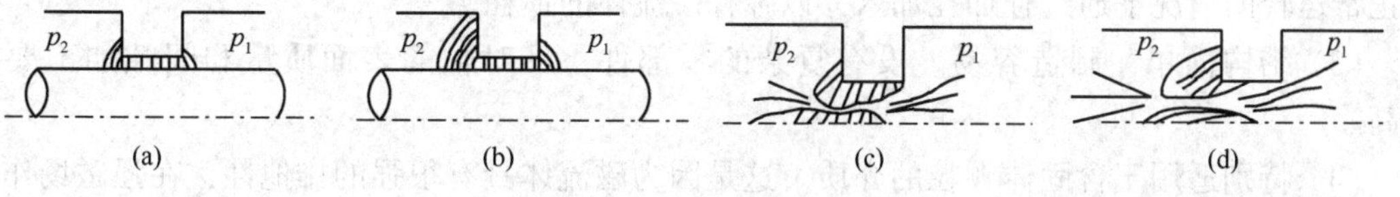

图 7-57 磁流体密封原理

磁流体有一特殊功能即自愈合性能。在图 7-57(c)所示的情况下，磁流体密封虽然失效，但并未破坏。当 p_1 下降至重新恢复$(p_1-p_2)\leqslant\Delta p$ 时，被吹出空隙的磁流体将自动愈合并恢复密封能力。因磁流体密封一般为多级，所以当第一级密封失效后，压力介质进入第二级，使 p_2 升高。当$(p_2-p_3)\leqslant\Delta p$ 并达到$(p_1-p_2)\leqslant\Delta p$ 时，则第一级自动恢复密封能力，此时，二级磁流体密封总压力 $p=2\Delta p$。以此类推，n 级总压力 $p_n=n\Delta p$。

多级磁流体密封同样具有自愈合能力。当压差超过整个密封装置的密封总压力[p]时，密封失效。若当压差下降到低于[p]时，则磁流体密封将自动愈合，恢复密封能力。值得注意的是：如果压差>>[p]或者压差增加非常迅速，并大于[p]时，此时磁流体就会如图7-57(d)所示被吹走，脱离外加磁场的范围，导致密封失效。

在磁流体密封中，由于磁流体会有损耗，应考虑设置磁流体的补给装置。由于磁流体的温度升高会影响密封的耐压能力，应装设冷却水槽。图7-58为具有磁流体补充和水冷却槽的密封。

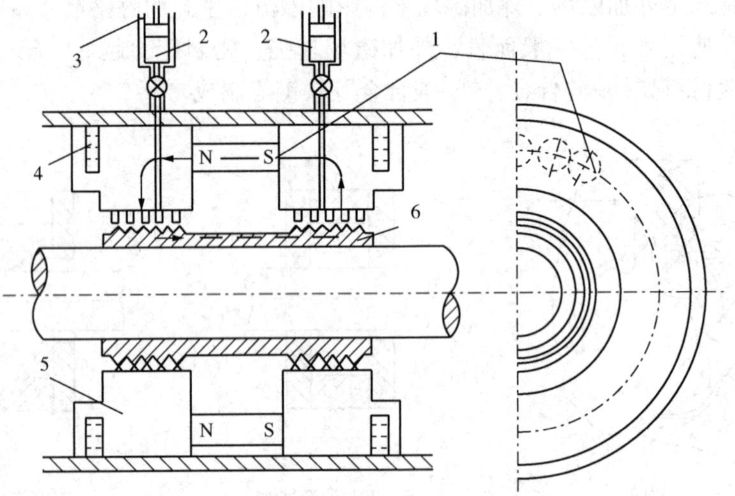

图7-58　具有磁流体补充装置和水冷却槽的密封

1—永久磁铁；2—磁流体；3—加磁流体装置；4—水冷却槽；5—环形磁极；6—导磁轴套

2. *磁流体密封的特点*

磁流体密封的主要优点如下。

(1) 因为是由液体形成的密封，只要是在允许的压差范围内，它可以实现零泄漏。从而对于剧毒、易燃、易爆、放射性物质、特别是贵重物质及高纯度物质的密封，具有非常重要的意义。

(2) 因为是非接触式密封，不存在固体摩擦，仅有磁流体内部的液体摩擦，因此功率消耗低，使用寿命长易于维护。密封寿命主要取决于磁流体的消耗，而磁流体又可在不影响设备正常运转的情况下通过补加孔加入，以弥补磁流体的损耗。

(3) 结构简单，制造容易。没有复杂的零部件，且对轴的表面质量和间隙加工要求不高。

(4) 特别适用于含固体颗粒的介质。这是因为磁流体具有很强的排他性，在强磁场作用下，磁流体能将任何杂质都排出磁流体外，从而不至于因存在固体颗粒的磨损造成密封提前失效的情况。

(5) 可用于往复式运动的密封。通常只需将导磁轴套加长，使导磁轴套在作往复运动的整个行程中都不脱离外加磁场和磁极的范围，使磁流体在导磁轴套上相对滑动，并始终保持着封闭式的密封状态。

(6) 轴的对中性要求不高。

(7) 能够适应高速旋转运动，特别是在挠性轴中使用。据一些资料介绍，磁流体密封用于小轴径线速已达 50000r/min 左右，一般情况下也达 20000r/min 左右。不过在高速场合下使用，要特别注意加强冷却措施，并考虑离心力的影响。实验证明，当轴的线速度达 20m/s 时，离心力就不可忽略了。

(8) 瞬时过压，在压力回落时磁流体密封可自动愈合。

但磁流体也有以下不足之处。

(1) 磁流体密封能适用的介质种类有限，特别是对石油化工。

(2) 要求工艺流体与磁流体互相不熔合。

(3) 受工艺流体蒸发和磁铁退磁的限制。

(4) 不耐高压差(<7MPa)。

(5) 耐温范围小。

(6) 不能对任何液体都安全地应用，目前多用于蒸汽和气体的密封。

(7) 磁流体尚无法大量供应。

7.10.3 磁流体密封的应用

磁流体密封被广泛应用于计算机硬盘的驱动轴上，以避免轴承润滑脂、水分和粉尘等可能对磁盘造成危害。另一类应用磁流体密封最早最多最成功的设备是真空设备，其中转轴或摆动杆的真空动密封已达标准化、通用化的程度。

磁流体密封在其他领域也得到了应用。图 7-59 所示为用作轴承密封的磁流体密封。在外界磁场作用下，润滑剂能准确地充填，并吸附在摩擦润滑表面，减少磨损。这种用作轴承的磁流体密封，不仅起到了密封作用，而且兼作润滑作用。

磁流体密封不仅可以用作旋转轴动密封，而且还可以用作往复式动密封。图 7-60 为磁流体用作活塞与汽缸间的密封。在活塞环槽内设置永久磁铁，可以使磁流体吸附在活塞表面随之运动，起到密封和润滑的作用。

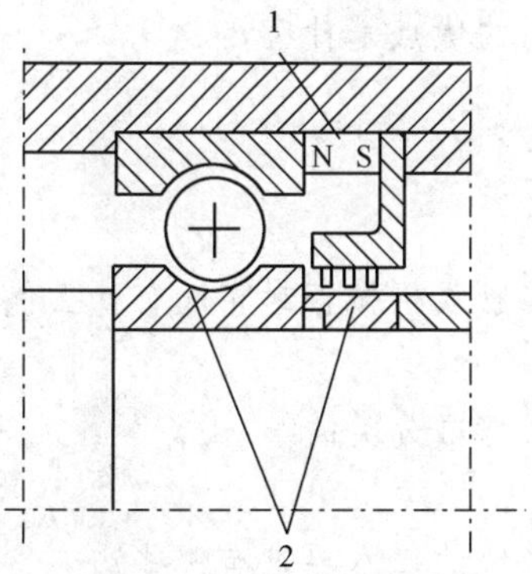

图 7-59 用于轴承密封的磁流体密封
1—永久磁铁；2—磁流体

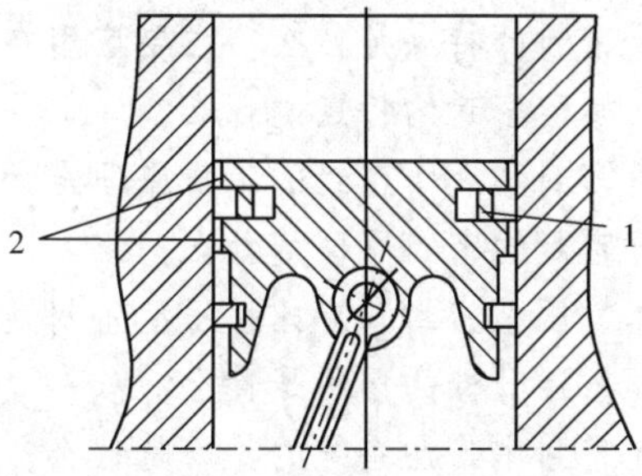

图 7-60 活塞和汽缸的磁流体密封
1—永久磁铁；2—磁流体

流体密封除单独使用外，还可以与其他密封组合使用，较常见的是离心密封与磁流体密封的组合密封。离心密封随转速提高具有增加密封压力的能力，但在转速较低时，由于离心力小，密封液体不能稳定地保持在密封间隙处，停车时由于不存在离心力，不能起到密封作用，需采用停车密封。然而，将密封流体改用磁流体，停车时在原位置能保持住磁流体而达到密封。磁流体离心密封结构如图 7-61 所示，在低速和停车时磁流体在强磁场的作用下保持在密封槽内，并具有需要的承压能力。在高速旋转时磁流体受到的离心力大于多极密封中的磁场引力，磁流体被集中到顶部的槽中，形成一个密封障碍，于是磁流体离心密封在低速、高速及停车时均能起到密封作用。这种密封应用在转速不稳定的场合是非常有效的。

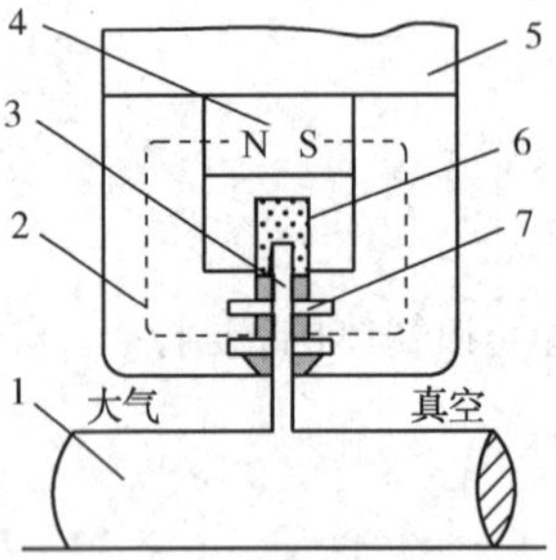

图 7-61　磁流体离心密封

1—转轴；2—磁极片；3—回转圆盘；
4—磁铁；5—壳体；6—磁流体；
7—停车或低速回转时磁流体密封

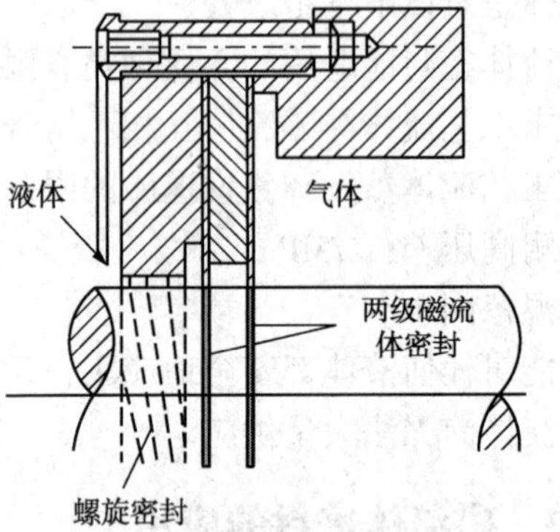

图 7-62　磁流体密封与螺旋密封的组合

另一种组合密封是螺旋密封与磁流体密封的组合。图 7-62 为磁流体密封与螺旋密封组合用于密封液体的情形。在设备运转时螺旋密封起到了主密封的作用；在设备停车静止时，螺旋密封的作用丧失，磁流体密封起到了阻止介质泄漏的作用。磁流体密封用于液体环境时，应尽可能避免被密封液体对磁流体的乳化和稀释作用。

复习思考题

1. 间隙密封的工作原理是什么？浮动环间隙密封的优点是什么？
2. 迷宫密封的结构形式、种类、特点？
3. 螺旋密封的特点是什么？主要应用在哪些方面？
4. 迷宫螺旋密封的特点是什么？
5. 气膜密封和液膜密封的工作原理是什么？与接触式机械密封相比有什么优点？
6. 离心密封的密封原理是什么？
7. 流体静压型密封和流体动压型密封是按照什么标准分类的？
8. 浮环的浮升性的作用是什么？
9. 浮环密封中封油系统的作用是什么？对封油系统的基本要求有哪些？
10. 停车密封的种类有哪些？
11. 磁流体密封的工作原理是什么？各自的优缺点是什么？
12. 磁流体密封由哪几部分组成？
13. 流体动密封辅助系统的作用是什么？主要包括哪几种系统？各自的作用是什么？

第 8 章　失效分析指南

8.1　概述

密封失效分析不应随便进行，仅对密封件进行观察是不能提供可靠的诊断。对于失效调查来说，掌握尽可能多的证据是很重要的。不仅包括密封件，还有设备硬件和密封的流体样品，以及有关设备的历史信息。同样重要的是，要对所涉及的机械流体系统操作行为有一个合理的理解，以便能够了解偏离标准操作条件的影响。

8.2　静密封失效

静密封失效包括密封部分、螺栓连接和垫圈部分。密封部分包括弹性体密封、塑料密封和金属密封。

8.2.1　弹性体密封

1. 密封件表面开裂

材料老化最可能的原因是由于暴露于紫外线辐射下或过量臭氧造成的(图 8-1)，此时应检查密封件的存储和使用。如果是长期使用导致的材料老化，则需要一种具有更好的抗紫外线和抗臭氧性能的替代材料并检查存储条件是否符合相关标准和指南。

2. 挤出损伤

由于间隙处的挤出压力过大，对密封件造成挤出损伤，如图 8-2(a)所示。在循环压力下，外观上可能出现咬痕，如图 8-2(b)所示。间隙在压力作用下打开，使弹性体进入间隙，当压力降低时气缸壁收缩，间隙挤压力咬断一部分密封材料。

图 8-1　臭氧侵蚀开裂

解决方案包括：

(1) 使用更小公差的金属制品减小挤出间隙，这可能涉及较高的加工成本。如果金属运动或膨胀是由于压力或温度而发生，也可能是无效的。

(2) 使用较硬的密封材料。考虑其他因素的影响，这种方式并不总是有效的。

(3) 使用更耐挤压的替代材料。许多高氟化等级材料的力学性能较差，相对较容易被挤出。如果使用具有改进物理性能的替代材料，则可以减少挤压。

(4) 选用支撑环。支撑环材料的选择取决于工作环境的压力、温度和流体阻力。支撑环在槽中需要额外的轴向空间，因此有必要将槽长度延长到支承环的轴向宽度。

(5) 密封结构设计。工作的空间和应用要求，如单作用或双作用，将影响支承环或密封结构的选择。

(6) 选用替代密封材料，如塑料等。这种方法还包括对泄漏标准进行评估，如在使用弹性体以外的材料时，保持低泄漏率会比较难。

(7) 重新设计设备以减少挤压的可能性。例如，将密封位置从轴向密封结构移动到可以消除挤压间隙的法兰密封。

(a)挤压损伤 (b)缝隙咬断损伤

图 8-2 挤出损伤

3. 密封件过度溶胀

密封件过度溶胀在各种故障中经常出现。在拆卸时，密封件的自由密封尺寸将大于安装时的尺寸。密封件的低压侧和高压侧都可能受到挤压损伤，密封件的溶胀也有可能弯曲或破坏其他部件，如图 8-3 所示。拆卸这些设备可能会有困难。

图 8-3 O 形圈溶胀失效

此时需要一种适合流体密封的替代弹性体。这种问题通常是由于密封产品没有完全指定或评估造成的。图 8-3 是由于密封规范中未包含密封流体中存在的少量溶剂造成的。

4. 新密封的泄露

这种泄漏一般是由于设计、质量控制或安装中的一种或多个问题造成的。

(1) 密封件的规格和质量是否正确。

一些质量较差的密封件，甚至可以由主要设备供应商批量购买供应。对密封件样品进行目测检查。图 8-4 显示了一家主要的欧洲配件和软管供应商向一家农业设备制造商提供的密封件示例。应建立一个可追溯的系统，以确保生产质量和材料规格都能得到维持。

(2) 即使密封没有损坏，如果存在密封过盈量不足，即便使用新的密封件也会导致泄漏。

这时需要检查所有尺寸和公差，包括潜在偏心的最大公差叠加。如果所有尺寸都没问

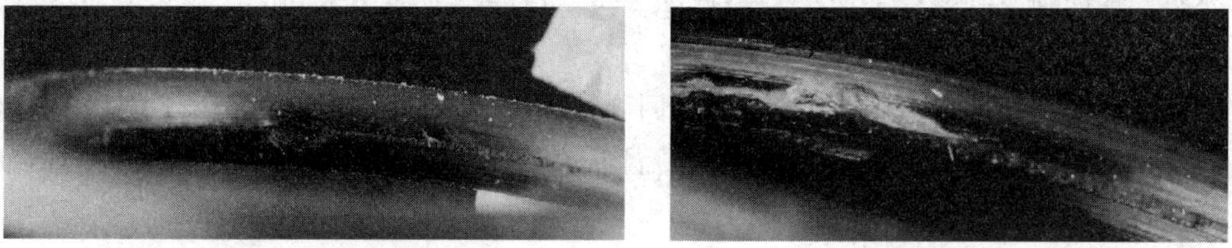

(a)内侧合模线多孔隙损伤　　(b)孔隙和流痕

图 8-4　低质量 O 形圈

题，则要检查密封件的规格是否正确。若采用高温密封材料，例如一些四氟乙烯丙烯共聚物（FEPM）或全氟弹性体（FFKM）材料，其材料性能导致其在温度低于 15～20℃时不能密封，所以在启动前需要对设备进行加热。

（3）密封件的损坏可能是由于配件故障或没有提供正确锥度等原因造成的。

确保所有可能损坏密封件的边角都要被考虑在内，包括交叉钻孔等。

（4）在安装不良或组装困难的情况下，如尺寸过大或需要长时间压入到位，可能会导致 O 形环螺旋变形，如图 8-5 所示。

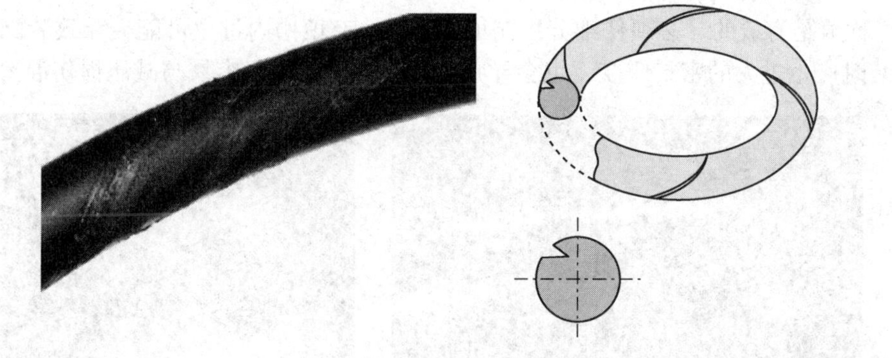

图 8-5　螺旋状的 O 形圈

这时可能需要重新审查安装程序，进行特殊设计以方便安装，或者使用一种在装配时不会在槽中滚动的几何形状的密封件。这种类型的故障是 O 形圈用于往复运动的一个特有问题。

5. 硬化与永久变形

如图 8-6 所示，硬化是导致弹性体材料老化的常见原因之一。热和化学侵蚀形成交叉连接作用，使材料保持变形的形状。如果工作条件不变和金属间没有相对运动，密封件可以继续起到良好的密封作用。老化硬化的解决方案是使用更耐温的弹性体或降低密封温度。

图 8-6　硬化与永久变形

6. 软化与永久变形

软化永久变形在流阻弹性体（如含氟弹性体）中最为常见的。流阻弹性体可能发生交联反应，或直接破坏聚合物链或填料，导致弹性性能的损失，材料会变软，从而缺乏弹性。要改变材料性能等级，可能需要使用不同的固化系统或填料。

7. 性能稳定的永久变形

许多耐高温弹性体在室温下的恢复性/回弹性较差。因此，如果在室温下使用时，它们的压缩永久变形会很大。这种密封材料在高温下的密封效果较好，可以在投入使用前通过加热设备重新激活其弹性。

8. 断裂、爆裂或破裂

高压气体的减压会对弹性体造成严重损害，因为气体会在材料内部膨胀。这被称为快速气体减压损伤，有时也被称为爆炸性减压。如图 8-7 所示，是材料内部或外部的裂缝或密封表面的爆裂。

特殊的材料能抵抗减压损伤，它们通常是非常坚硬的弹性体，以提供必要的强度来承受膨胀气体的内应力。或通过设计具有约束作用的密封槽来防止密封件在减压期间过度膨胀。减少这一问题的出现所需的设计标准包括。

（1）选择信誉良好的供应商提供的经过验证的抗减压弹性体。

（2）使用最小的密封截面，以缩短脱气时间，减小内应力。

（3）密封件内使用最可行的槽填料，以限制密封件在减压期间的膨胀。在许多情况下，85%的标称值是有效的。必须仔细分析充填槽，因为充填槽内过盈可能会导致装配损坏，或者在安装时产生过大的密封应变，也会导致密封件损坏，这很容易与减压损伤混淆。

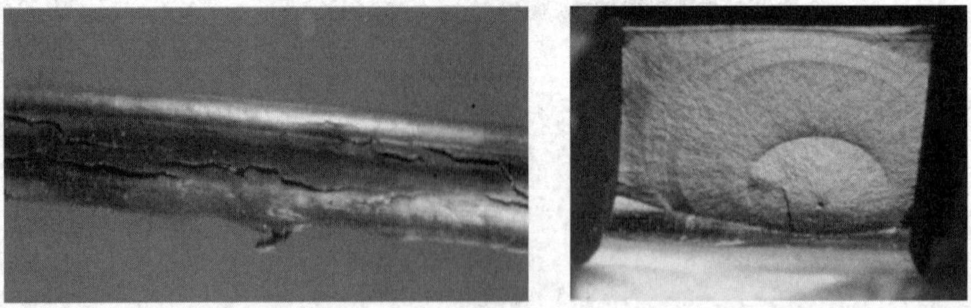

(a)周向开裂　　(b)渐进疲劳失效

图 8-7　气体减压导致 O 形圈爆裂

9. 弹性体收缩

弹性体收缩可能与多种失效模式一起发生，也可单独发生。材料内一些化学成分可以通过密封液体从材料中溶解出来。常用于汽车，航空航天和制冷工业等低温环境的弹性密封件，收缩率可达 10%或 15%，因此足以导致所必须的密封过盈量的损失。密封材料等级和润滑油配方都会影响弹性体的收缩。有时，调整润滑油的配方引起弹性体溶胀可以补偿一部分密封过盈量的损失。收缩测试需要的时间比标准浸泡测试的更长，与典型溶胀测试时间为 72h 或 1 周测试相比，收缩测试需要更多的时间，如图 8-8 所示。

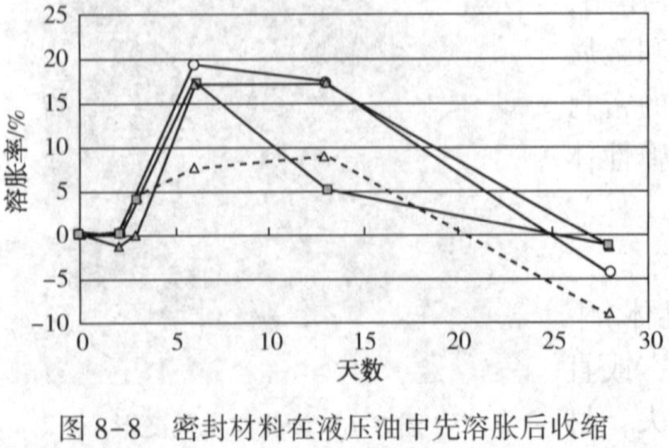

图 8-8　密封材料在液压油中先溶胀后收缩

8.2.2 塑料密封

1. 新密封件的泄漏

新密封件的泄漏可以归咎于设计或安装的问题。

(1) 如果密封件没有损坏而发生泄漏，则可能存在密封过盈量不足的问题，即使使用新的密封件也会导致泄漏。此时需要检查所有的尺寸和公差，包括最大潜在单向偏心的公差叠加。如果这些尺寸都没有问题，则要检查密封件的规格是否正确。

(2) 如果密封件损坏，可能是由于安装错误或没有提供正确的锥度等原因造成的，此时需要考虑到所有可能损坏的边缘，包括交叉钻孔等。塑料密封件在装配时特别容易损坏，必须小心处理倒角。如果密封件在安装过程中被拉伸，则需要重新调整密封件尺寸，可以咨询并参考供应商的建议。如果处理密封件的时候不够小心，可能在表面造成压痕，这些压痕可能会随着时间的推移逐渐恢复，但其性能已不能得到保证。

2. 密封件常压侧挤出破坏

由于挤出间隙的压力过大，导致密封受到挤出损伤，如图 8-9 所示。以下为解决方案。

(1) 用更小公差的金属制品减小挤出间隙。这可能涉及更高成本的加工工艺。如果金属由于压力或温度而移动或膨胀，更小公差也可能无效。

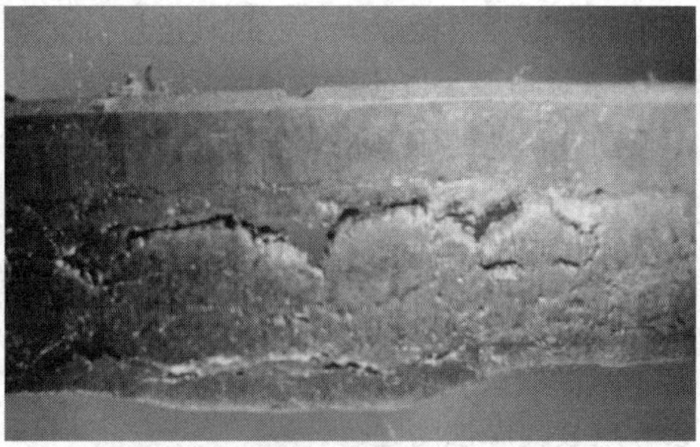

图 8-9 塑料密封件挤出破坏

(2) 使用更耐挤压的密封材料，可以通过增加填充材料的比例或使用替代填充材料。

(3) 可以使用较硬的塑料支撑环。

(4) 重新设计密封结构以减少挤出的可能性。例如，将密封位置从轴向密封结构移动到可以消除挤出间隙的法兰密封结构。

(5) 塑料密封件的挤出破坏非常依赖于温度。可以换一种软化点更高的材料。另外，如果接近临界软化温度，即使密封处的温度略有降低，有时密封也会非常有效。

3. 密封件压力侧挤出

对于大多数塑料密封材料，密封件在压力侧挤出不太可能是由溶胀引起的，这几乎可以肯定是由密封的反向压力引起的。这时需要评估一些问题，如一对密封件之间的压力积聚的问题。如果不注意密封装置的设计和装配，即使是静态密封也会发生这种情况。

4. 密封件磨损/密封端面的微动损伤

密封圈发生微小的相对运动，这可能是由于压力波动、振动或其他原因造成的。机械密封的辅助密封以及发生振动或部件相对运动的其他应用也会出现类似的问题，解决方案是使用更耐磨的轴部件和不太可能引起微动损伤的密封材料的组合，应避免使用玻璃和其他研磨性填料。

5. 使用一段时间后的静态泄漏或冷启动泄漏

塑料材料的流动减少了冷却时的密封过盈量。

(1) 在操作温度下，将塑料等级改为塑料流动较少的等级。不太合格的塑料，在低温下不能提供有效的密封性。

（2）考虑提供更好的密封材料的替代设计。

这可能涉及不同的金属弹簧设计，或者在弹性体激励密封的情况下，更换金属或使用更高等级的弹性体，减少压缩。

8.2.3 金属密封

1. 新密封件泄漏

金属密封件泄漏可以归因于设计和安装的问题。

（1）如果密封件没有损坏，则可能存在密封过盈量不足，即使使用新密封也会导致泄漏。此时需要检查所有尺寸和公差，包括最大潜在单侧偏心公差叠加。如果所有尺寸都令人满意，则需要检查密封件的规格是否正确。

（2）检查所有表面，特别是工作台表面，检查任何刮伤或越过密封区域的痕迹。金属需要非常好的表面处理才能进行有效地密封工作。

2. 高压或温度循环后的泄漏

金属的蠕变可能减少了密封过盈量。此时需要根据应用的工况检查金属性能。

3. 密封接触区域的微动损伤

振动或快速的压力波动会导致密封的细微相对运动。这种情况必须要审查密封件的应用和位置设计，以消除潜在的移动。

4. 密封接触区域腐蚀

此时需要审查材料的规格，特别是要考虑到密封件和外壳之间不同的金属组合。确保所有流体成分都包括在密封设计的规定中。在极端情况下，即使是高级合金中的小颗粒污染物也会导致裂缝腐蚀问题。

5. 工作中的瞬态泄漏

这是由于密封设计适应性不足，无法在温度、压力、部件运动和振动等所有应用条件下提供密封。可能需要改进密封件设计，使密封件具有在各种条件下进行密封的能力以及密封件表面可以相对移动。

8.2.4 垫圈

研究表明，高达80%的法兰泄漏是由垫圈以外的因素造成的。这些其他因素包括安装不当、法兰损坏、螺栓松动和法兰不对称等。对此的补充工作表明，仔细注意垫圈的规格和正确应用组装程序可以提供非常高的可靠性。

有必要评估垫圈损坏的类型以及损坏发生的时间。垫圈局部损坏的早期故障很可能是由于螺栓连接不充分或不均匀、法兰损坏或不对称造成的。整个圆周周围的损坏或解体更多地表明垫圈类型的选用错误，例如材料过厚或不足，或潜在的过载和压碎垫圈。

1. 初始加压时泄漏

（1）螺栓紧固不正确，垫圈压缩不足。

（2）法兰对中不当，垫圈压缩不均匀。

（3）法兰损坏，路径泄漏。

（4）垫圈类型错误，压力不足，需检查其厚度和材料。

2. 第一次热循环时泄漏

（1）螺栓紧固不正确，垫片压缩不足。

（2）垫片类型错误，抗压力和抗温度能力不足，检查厚度和材料。

这些问题可能由以下因素引起：

（1）法兰错位，导致垫片压缩不均匀。

（2）法兰损坏，提供泄漏通道。

3. 几百小时后过早失效或热/压力循环次数有限

（1）螺栓紧固不正确，垫片压缩不足。

（2）垫片蠕变或老化，检查垫片材料的载荷压缩和密封性数据。

（3）螺栓蠕变，检查高温下蠕变的材料规范。

（4）螺旋缠绕垫片的屈曲，安装一个内部支撑环或转换为其他轮廓材料。

这些问题可能由以下因素加重：

（1）法兰错位导致垫圈压缩不均匀。

（2）法兰损坏导致提供泄漏路径。

4. 延长使用时间后泄漏，但使用寿命不足

长期服役后出现故障可能是由于一种或多种因素造成的。潜在原因包括：

（1）垫圈材料随着时间的推移而退化。

（2）垫圈材料长期使用后松弛，需从优质供应商获得的载荷-压缩数据中选择具有改进特性的替代产品。

（3）螺栓材料长期使用后的蠕变。

（4）系统条件、流体含量、热/压力循环、振动、外部环境(例如，拆除绝缘和外部加热/冷却的其他原因)。

（5）个别事件：压力波动、热循环、导致热冲击或振动的外部事件。

（6）不正确的螺栓初始安装，垫圈的压缩不理想。

（7）不对中会加速上述所有因素的影响，并可能是一个促成原因。

5. 垫圈退化的迹象

（1）潜在蠕变，垫圈材料已超出原来尺寸的流动范围。塑性流动，特别是聚四氟乙烯基材料，局部蠕变表明螺栓加载不均匀。在检查垫圈材料时需要考虑压力、温度和法兰负荷等因素。

（2）整个垫圈在拆卸时已经硬化/解体。黏结剂和/或纤维已发生降解，导致材料老化，无法提供有效的密封。需要回溯纤维类型和黏结材料及其比例。高比例的黏结相不适合除低温外的所有应用。

（3）局部损害，如某一区域的吹出。这可能是由于局部法兰损坏或螺栓加载不均匀造成的。

（4）降解作用从垫圈内径开始，表明密封流体与垫圈之间存在化学反应。

（5）退化作用在垫圈的外径处最为明显，说明外部环境是引起退化的主要因素。一个常见的例子是石墨垫片在高温下的氧化(图 8-10)。如果纤维垫圈在高温下使用，则可能发生

黏结相氧化等不太明显的潜在问题。

（6）垫圈常压侧的局部退化或腐蚀。法兰外部的一部分可能暴露在产生腐蚀性环境下，如盐雾或雨。根据操作条件以及垫圈和法兰材料的不同，这可能会导致垫圈周围的额外退化或裂缝腐蚀倾向。复层法兰接头有各种保护装置，以防止环境对密封的损害。

(a)总体视图

(b)螺旋缠绕石墨填料的损伤

图 8-10　石墨垫圈大气侧的氧化

8.3　转动密封失效

8.3.1　唇形密封

径向密封泄漏分为静态泄漏和动态泄漏：静态泄漏发生在静压密封外径配合处或密封唇处，动态泄漏仅发生在密封唇处。

通过对工作时间不足 100h 或运行里程不足 10000km 的径向密封过早失效的分析表明：

（1）30%的故障是由于轴的不正确制造方式引起的。

（2）30%由不正确的装配引起。

（3）10%的事故是由密封故障引起的。

（4）15%由其他原因，如润滑剂不相容、温度过高、振动、污垢等。

（5）15%为表观渗漏和短期渗漏。

以上说明密封件设计、处理和装配的正确程序和培训的重要性。重要的是要注意，泄漏很少是只有一种原因导致的，它一般是几个因素的相互作用。

弹性材料和塑性材料的唇形密封都可能遇到以下一些症状，尽管实际效果可能因密封材料而异。

1. 密封件无明显损伤和碎屑

（1）密封过盈量不足或无弹簧。

（2）高黏油导致密封处的油膜过大。

（3）轴上的切削痕线产生泄漏流（图 8-11）。

（4）在机械组件上涂抹过多的润滑脂可能会造成泄漏的现象。

2. 密封唇边的机械损伤

密封件在装配时很容易损坏。常见的例子包括：

（1）轴或壳体倒角上的锋利边缘(图 8-12)。

（2）通过沟槽、齿轮齿或花键组装(图 8-13 和图 8-14)。

（3）装配工具不足，由于不适当的处理或保护而损坏轴(图 8-15)。

（4）塑料密封件，如聚四氟乙烯，在组装时比弹性体更容易损坏，如果不采取防范措施，这些密封件发生问题的概率会增加。

3. 密封唇上及周围的积炭

积炭表明密封接触处的润滑油已经过热并分解，留下了炭渣。轻微的情况可能导致沉积，通常只在唇的大气侧(图 8-16)。更极端的情况会导致大量沉积物，如图 8-17 所示，会直接影响密封唇。解决方案包括改善轴的散热，减少密封摩擦或更换耐高温润滑剂。

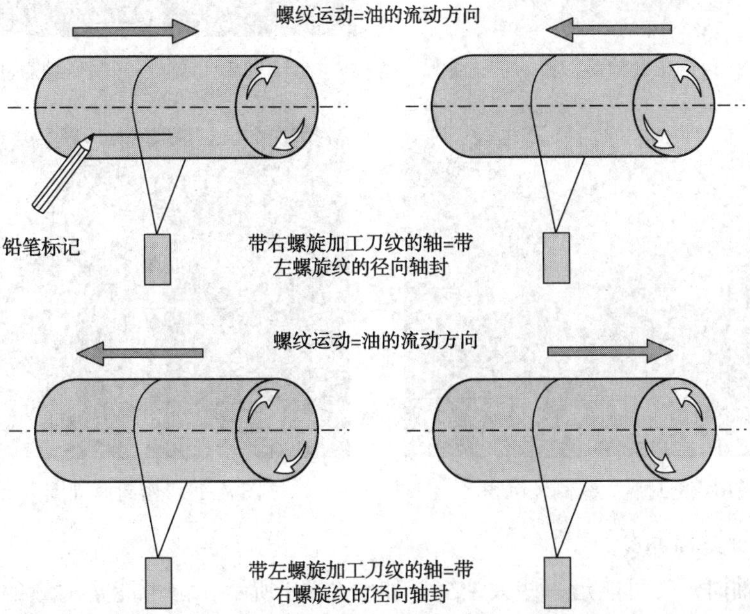

图 8-11　轴纹理引线检查方法

图 8-12　不正确装配工具损坏密封唇

图 8-13　锋利凹槽损坏密封件边缘

图 8-14　花键轴损伤密封件边缘

图 8-15　操作不当损伤轴表面

图 8-16　密封唇大气侧碳沉积

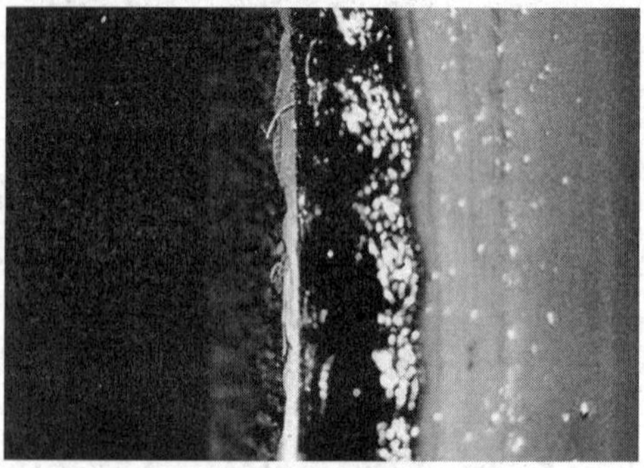

图 8-17　密封唇周围碳沉积

4. 密封唇部轴向开裂

密封唇部轴向开裂可能是一些大裂缝，如图 8-18 所示，也可能是大量的细裂缝，如图 8-19 所示。它们只有在非常仔细地检查密封唇时才会显现出来。密封唇运行温度过高，超过了材料的耐热极限。轴向开裂可能是油对密封材料的影响导致的过热和老化的共同作用。裂缝通常与碳沉积物一起出现，为温度过高提供了双重证据。如果发生过热，塑料密封件可能会出现塑料流动和挤压的迹象。可用的补救方法包括使用具有耐热温度更高的材料，改善散热或减少摩擦。

图 8-18　密封唇开裂

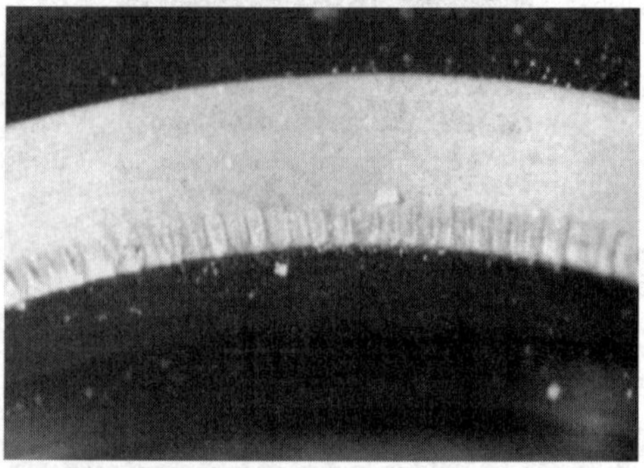

图 8-19　密封唇上细裂纹及积碳

5. 密封/流体相容问题

(1) 密封件溶胀变形(图 8-20)。密封流体使密封件过度溶胀，需要更换密封材料或润滑剂。

(2) 如图 8-21 所示，密封流体和弹性体之间的化学作用可能导致密封表面靠近密封唇出现水泡。

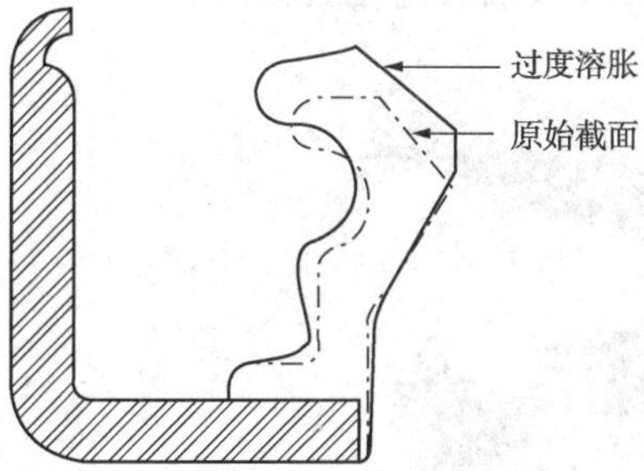

图 8-20 密封件溶胀变形

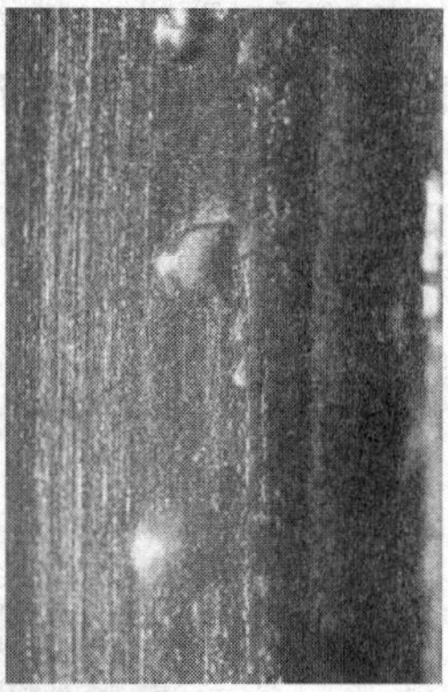

图 8-21 弹性密封件化学作用下起泡

润滑剂中的添加剂会引起许多相容性问题和磨损问题。在密封唇下温度升高时，这些物质的化学活性增强。一些添加剂也可能会产生固体沉积物或引起磨损。在基础油或标准油上进行的试验数据对含有典型商业润滑油添加剂的润滑油无效。

请注意，如果在设备制造过程中或工业使用过程中，密封暴露于腐蚀性清洗液或溶剂中，则可能会对密封的大气侧产生类似的影响。

6. 密封区域没有过热迹象的密封唇磨损和碎屑

(1) 密封唇与防尘圈或其他密封唇之间的碎屑表明该处的排除设计不充分。

(2) 密封区域金属碎屑，如图 8-22 所示。潜在的原因是清洁和装配程序不充分，或者可能是由于不对称造成的金属磨损。

(3) 密封区域的锈迹和碎屑，特别是密封唇和防尘唇之间，如图 8-23 所示，很可能是由于不正确的存储条件导致密封污染造成的。

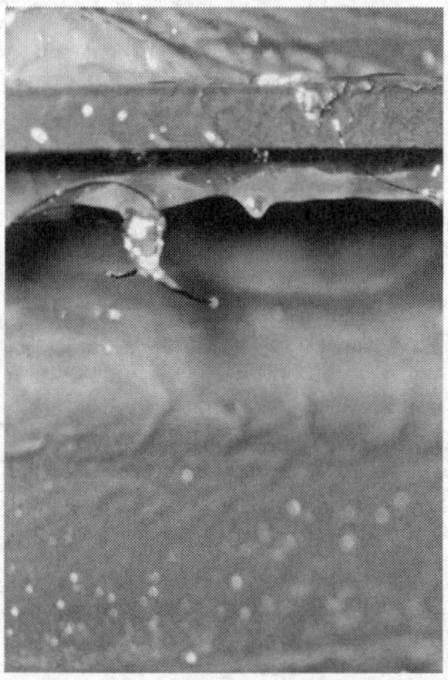

图 8-22 密封唇清洗后残留的金属碎屑

图 8-23 存储不当密封唇被锈蚀和污垢

7. 严重磨损或开槽

(1) 过宽的磨损轨道和轻度凹槽，是部分干摩擦运行或密封在一定压力下运行造成的。

(2) 密封磨损严重，轴面磨损严重，是磨损轨道上的细磨料颗粒造成的，细磨料颗粒是来自组装，或者是侵入的细污染物。

(3) 磨损严重，密封变形，是密封压力过大造成的，如图 8-24 所示。塑料密封件通常更耐压，在类似情况下更有可能显示出塑料流动的迹象。

(4) 碎屑可能会嵌入某些类型的塑料密封件中，导致轴的过度磨损。

图 8-24 密封因压力过大而变形

8. 周向裂缝

如图 8-25 所示，弯曲段末端金属套管内径周围的周向裂缝通常是由于油封系统压力波动引起的疲劳裂缝。解决方案是改进密封系统以防止波动或使用具有更高耐压能力的密封设计。

塑料密封件通常更耐压，在类似情况下更有可能显示出塑料流动的迹象。

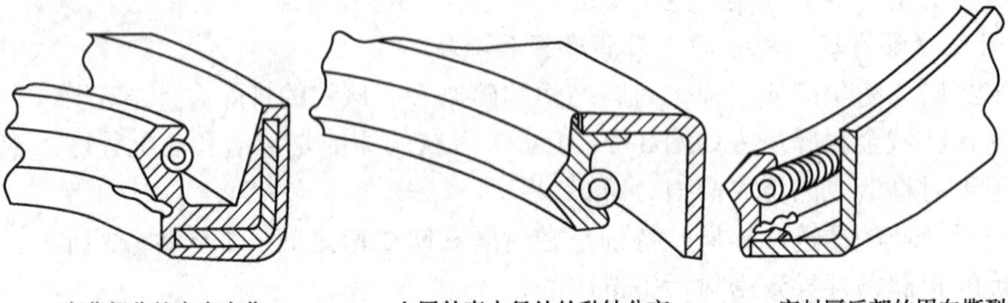

图 8-25 波动压力导致密封圈周向裂缝

8.3.2 其他弹性体和塑料密封设计

弹性体和塑料密封的替代设计将容易受到唇形密封相似的失效模式的影响。

1. 密封机械损伤

密封件在装配时同样容易损坏，平时需要小心。对于聚四氟乙烯和其他塑料密封件更是如此。

2. 过热现象

由于密封件通常在较高的压力下使用，因此密封区域的过热问题尤其相关。过热会导致溶胀、挤出和永久变形等失效模式与较高压力下的密封失效类似。由于过热和塑料流动倾向，塑料密封件会显示出变色的迹象。

3. 密封根部的周向裂纹

弹簧力挤压的塑料 U 形环容易产生轴向裂纹。如果密封在不适合的压力下使用或过热，U 形截面底部就会产生周向裂纹。由于密封根部塑料受到过大的压力而导致周向裂纹失效。

4. 轴的磨损和开槽

如果使用塑料密封，除非使用适当硬化的轴，否则发生磨损或开槽的可能性很大。因此塑料密封要使用非常硬的轴，或合适的填充材料。

任何细磨料碎屑的夹带都会导致弹性体或塑料密封轴的严重磨损，这是塑料密封件的一个特有问题。

5. 振鸣声/黏滑

在低速和高压下，弹性体密封润滑不足可能会导致摩擦、吱吱声和黏滑问题。改变密封设计或使用带有边界润滑添加剂的材料可能会有所帮助。

8.3.3 机械密封

确定机械密封失效的原因，不是简单地观察明显症状，可能涉及复杂的调查研究。如果没有对密封件、机器、系统以及操作方式全面了解，就直接对明显症状进行判断是会带来严重误导性的。因此，机械密封失效分析应由具备所有相关领域经验的人员参与。

大部分机械密封故障可归因于操作因素，而不是直接由密封故障引起的。调查表明，许多故障可归因于机械操作不当，如使泵对着关闭的阀门抽水和远离设计点的操作，都可能导致气蚀和过度振动，特别是在大型泵上。

图 8-26 是密封失效原因的统计。此外，还可能有辅助环境控制回路的正确操作也是必要的，以确保密封保持运行在设计工况。

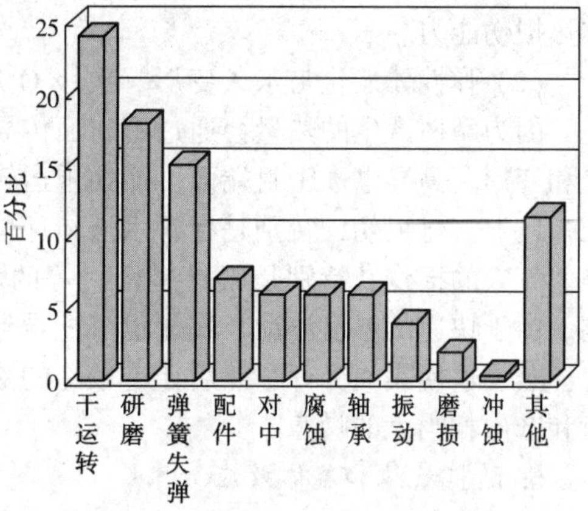

图 8-26 机械密封失效原因统计

机械密封操作特有的问题：许多密封故障发生具有随机性，涉及很多运行维护方面的问题。然而，许多随机故障可直接或间接地归因于机器运行中的干扰。因此，解决机械密封故障的第一个方法是预测问题发生的时间。

1. 密封加压或启动引起失效

(1) 密封件在安装过程中损坏，表面有碎屑，碳链断裂，O 形圈损坏。

(2) 组件不匹配(如 O 形圈)。

(3) 设置不正确(如弹簧压缩量不足，泵套位置不正确，泵轴-壳体不对齐故障)。

(4) 表面润滑剂导致高摩擦和碳链断裂。

(5) 大多数问题可以通过使用筒式密封来避免。

2. 开机数小时或数天内密封失效

(1) 启动程序不正确，密封干摩擦状态，启动前机器没有排气。

(2) 辅助电路没有正确重新启动。

(3) 停止时管道中积聚碎屑或固体颗粒，导致重新启动时过度磨损。

(4) 安装了错误的密封设计。

(5) 安装的材料错误或材料不符合规格。

(6) 安装错误，如弹簧设置不正确，紧固件工作松动。

(7) 密封不适合全范围操作条件，如温度、压力、速度或泵送的流体变化。

3. 正常运行一段时间后突然发生故障

（1）引入冷液体后干摩擦运行引起的热震损坏。

（2）轴或轴承等机器故障。

（3）压力峰值过载的密封。

4. 重启后突然发生故障

（1）密封面之间介质固化。

（2）静止时密封周围固体颗粒堆积，重新启动时密封损坏。

（3）辅助电路未重新启动。

（4）压力波动。

（5）密封面干摩擦运行，特别是硬-硬组合。

（6）瞬态条件，如灭菌操作。

5. 随机故障或热效应

密封的热损伤可能是由于一个短期事件而发生的，也可能是在较长一段时间内影响密封的，如产品温度高于预期：

（1）密封面热裂。热裂是指密封面上一系列小径向裂缝或几个较大径向裂缝，也是密封表面温度过高的证据，通常是瞬态的，引起热应力开裂。具有高导电性的密封面有更强的抵抗热损伤能力。

（2）弹性体老化与永久变形。次级 O 形密封环可能会过度老化、永久变形、硬化或开裂。因为摩擦产生的热量会通过密封面传导，所以干摩擦运转等操作条件也会导致弹性体老化和变形。高导电性密封端面可能在干运转后仍然有效，但会导致弹性体辅助密封老化。

（3）汽化损伤，特别是在含水液体环境。如果密封流体在密封界面中汽化，可能会造成类似气穴的损伤，特别是碳材料密封等的表面。汽化损伤很明显，一般发生在密封的大气侧。由于快速的温度波动，汽化也可能导致密封件硬表面的热开裂。汽化还可能导致热不稳定，蒸发迫使表面分开，然后允许较冷的液体进入。汽化损伤会导致泄漏，严重的会损坏密封和产生相当大的噪声。

6. 随机故障和流体效应

与其他密封类型一样，与密封接触的所有流体也需要考虑。包括清洗和冲洗周期、产品的微小成分、可能的沉淀物、降解或蒸发的产品，由于工艺变化而引起的密封流体随时间的变化，以及操作工况和静态条件。高温操作会加速大多数流体对密封的影响，如金属的腐蚀和弹性体的化学侵蚀。

（1）金属部件腐蚀。如弹簧类的高应力部件，可能是最容易腐蚀的。

（2）弹性体的化学侵蚀。密封面上产生的摩擦会导致流体升温，特别是在干摩擦运转或发生其他扰动时温升更高。因此，离密封面最近的辅助密封通常是最受影响的。

（3）陶瓷中的黏结相和碳中的浸渍剂容易受到化学侵蚀，但不会影响实际的密封表面材料。必须小心选择碳的等级，以确保金属或树脂浸渍能抵抗泵送液体介质的影响。同样，自烧结碳化硅可能是首选。如果使用镍黏结剂，碳化钨的耐腐蚀性最好。

（4）溶解的固体会沉积在发生汽化的地方。如果沉积发生在密封面上会导致密封表面剥离或损坏。溶解的固体可能来源不明，可能是来源于被忽略的泵送流体中非常微小的组成部分，也可能是来源于系统管道内微量溶解金属或聚合物材料成分，随着蒸发发生，这些物质便沉积在密封面上。

（5）加热或会在大气中结晶的产品也会导致类似的问题。它有时可能是产品的一个非常小的组成部分，在制定规范阶段被忽略了。

（6）泄漏的产品可能部分蒸发，在密封的常压一侧造成黏附或固体沉积。这可能会阻碍辅助密封的自由浮动，通常称为“悬挂”。一个广泛使用的例子是在炼油厂使用蒸汽软化和去除碳氢化合物沉积物。可以使用其他合适的液体，如水来去除糖或类似的水溶性沉积物。这可以通过在密封的大气侧使用“淬火”液体来分散。一个广泛的使用方法是用蒸汽软化和清除炼油设备上的碳氢化合沉积物，也可以使用其他合适的流体，例如，用水来去除糖或类似的水溶性沉积物。

7. 研磨性固体

研磨性固体大多存在于的密封流体中，可能含量非常低，一般在规范制定阶段没有被考虑到。当泵送的产品是泥浆时，密封设计应该在设计阶段就考虑到这一点。在许多其他情况下，可能会出现少量固体。它们会导致下面的问题：

（1）密封件径向位置的腐蚀。此时需要循环冲洗研磨性固体，需要对辅助冲洗回路进行修改。

（2）在有限的轴向位置上，可能会腐蚀密封件，还可能腐蚀外壳，这表明壳体中存在一个静止的涡流。需要改进壳体的结构设计或以其他方式改善密封壳体内的流动。

（3）驱动或防旋转凸耳的微动损坏。精细磨料的存在与任何固有振动相结合，都会对驱动凸耳、止动器等的载荷传递点造成微动损伤，从而在磨损、温度变化和其他干扰发生时将会影响密封部件所需的相对运动。

（4）密封面磨损。细小固体夹带进密封表面将导致除最坚硬的表面材料以外的任何材料的严重磨损。可以通过进行机器、密封外壳或辅助回路（密封方案）的设计，将密封面固体磨损事故发生率降至最低。密封端面的磨损通常发生在密封产品的一侧，可能需要具有较大硬度的密封副。

（5）弹簧可能会发生堵塞，特别是多弹簧设计，其中小弹簧特别容易受到影响。有些设计方案将弹簧移到产品外，但这可能会带来其他问题。如果弹簧更小，则需要更严格的设置要求，也容易出现弹簧“挂起失效”的问题。如果机器设计和操作参数允许，那么大的单弹簧设计将更能抵抗堵塞。

8. 磨损

典型的机械密封在碳材料表面或其他“磨损”面上有一个“鼻部”，深度约为 3mm。在诸如水之类的低黏度液体中，传统平面密封标准设计要求磨损率大约为 0.25μm/h 或更低。专业设计的密封件会要求更低的磨损率。在达到磨损寿命之前，密封面通常会遭遇随机故障。密封件磨损可能过早发生在清洁、低黏度的流体，如水、车辆冷却液或非常轻的碳氢化合物中。这种磨损现象可能在低压和普遍应用中广泛存在，如车辆冷却系统。如果密封面上的“鼻部”从最初的 3mm 磨损到一个非常低的高度值，并且没有过热或磨蚀沟槽的迹象，就可以认为已经发生了磨损。为了达到更长的密封寿命，通常需要注意密封面的负载，以防止液膜的破裂，以确保充分的表面润滑。

9. 其他信息来源

许多密封失效是由于表面润滑不良或润滑状态被扰动导致过热或干摩擦运转，可以通过使用增强润滑来解决。一些其他问题，特别是与密封面之间的产品沉积有关的问题，可以通过采用干气密封等得到解决。

8.3.4 干气密封

干气密封的设计具有液体机械密封的许多基本特性，因此可能会出现类似的故障模式。然而，由于它们被设计为在干气体中运行，并且通常在与涡轮压缩机相关的高转速下运行，如果密封操作条件不正确，它们很容易快速出现故障。

在英国进行的一项关于干气密封可靠性的主要调查中，说明了导致干气密封失效的三个主要原因，其发生频率由高到低依次为：①沉淀物；②机械损伤；③辅助密封。

密封中污染物的存在已被证明是这些密封失效的主要原因之一，得到了密封和压缩机制造商实践证据的支持。80%的密封失效原因可能是污染物引起，主要是指碳氢化合物沉积。

干气密封问题的解决有可能涉及详细的专业知识和对密封、缓冲系统、通风系统、备用阻塞密封和压缩机运行的详细了解和评估。

1. 沉淀物

在干气密封中，沉积物既可以是固体，也可以是液体。主要来源有：

(1) 气流中凝结在气体密封内或周围的微量凝析液。

(2) 压缩机轴承产生的油。

(3) 气流中微量固体。

这说明了阻塞密封和备用系统对密封可靠性的重要性。通过广泛采用分段环形阻塞密封来取代以前使用的迷宫密封，提高了密封的可靠性。阻塞冲洗气体也必须尽可能清洁。密封故障的高发率与压缩机的停止和重新启动有关。停机和重新启动可能会导致冷却，造成蒸汽的凝结，甚至冻结。在启动前未能确保阻塞系统正确运行，也可能导致污染物进入密封区域。

沉积物也可能是机械损伤的主要因素，因为密封面上的液体可能会导致快速过热，从而组件上产生了热应力。

2. 机械损伤

密封面的机械损伤由以下一种或两种因素造成的：

(1) 液体或其他沉积物可以通过扰动气膜而引起快速的热波动。快速过热和不稳定气膜会导致热瞬态变化。

(2) 陶瓷中黏结剂的裂隙腐蚀或侵蚀，导致密封端面结构失效。

由于干气密封通常在高转速下工作，故障会造成严重损坏。现在大多数设计都包含一个保护罩，以便在密封面破碎时控制碎片。

注意缓冲气体系统和备用密封，再加上分析气流的所有成分是避免这些问题的必要条件。

3. 辅助密封

与辅助密封相关的问题包括：①弹性体的化学侵蚀；②高压挤出；③弹性体的快速气体减压损伤；④辅助塑料密封的磨损。

弹性体通常是首选的辅助密封材料，因为它们可以提供最佳的弹性和低泄漏。然而，在气体密封中的应用可能是一个问题，因为它既不能抵抗化学侵蚀，更不能抵抗气体减压损伤。由于这个原因，大多数暴露于高压气体的辅助密封将由填充聚四氟乙烯或类似的聚合物制造。如果有任何振动或跳动，使用聚四氟乙烯辅助密封可能会导致磨损问题的增加，因为这些密封不能像弹性体那样适应微小的运动和振动而不至于滑动。

如果由于污染物的进入而进行瞬态高温操作，则会增加化学降解和挤出的问题。与密封面相邻的辅助密封可能会经历比设计规格高得多的温度，使它们更容易受到挤出和化学侵蚀。

与密封表面的腐蚀一样，侵蚀可能是气流的微少成分造成的，可能没有在工艺分析中考虑，这可能会导致密封材料与气流微少成分的化学兼容性问题。

8.3.5 压缩型填料

填料可以用作旋转、往复或阀杆密封。下面分析填料在应用中的潜在问题。

1. 填料函间隙处挤出

填料被挤出填料函是由于密封结构间隙过大或填料抗挤压能力不足造成的。如果填料密封结构在其他方面的工作性能是合格的，那么可以在填料箱的每一端提供备用环。或者，考虑具有更好的抗挤压性能的填料，但要注意其他问题，如轴磨损的增加。

2. 填料压盖处挤出

如果填料函两端的间隙相似，那么填料的挤出可能是压力差造成的。将备用环安装在填料压盖旁边。

3. 填料环挤出到相邻填料环里面

这是由于装配错误造成的，例如将填料环切割得太短。

4. 填料压盖外周泄漏

这表明填料安装不正确，或者填料函内孔状况不佳，可能存在严重的轴向沟槽。

5. 填料内径变黑且硬化

填料过热是由于缺乏润滑或过紧造成的。如果填料使用正确，填料内径变黑且硬化则表明需要更换润滑性能更好的填料。

6. 轴上有过多的磨损沟槽

被密封的产品或包装中的固体会磨损轴。一些包装材料，如传统的芳纶，具有极强的研磨性，因此需要一个非常坚硬、耐磨的轴。

对于轴磨损问题，解决方案如下：

(1) 使用更坚硬、更耐磨的轴。注意，一些耐磨涂层可能不能提供足够的导电性，并可能导致过热。

(2) 使用不会对轴造成太大磨损的替代填料。

(3) 将磨损材料从填料箱中排除的其他措施，例如，将清洁的冲洗水注入换套中。

7. 填料软化、溶胀或分解

软化、溶胀或分解是由泵送的产品对填料的化学侵蚀引起的，可以更换抗化学侵蚀的填料。检查在填料材料在选择过程中是否考虑了产品的所有成分对其的影响。

8. 填料变硬或缩小

可能是填料中润滑剂被冲出来造成的。可以选用一种具有抵抗该工艺润滑剂的更高等级填料。

9. 快速发生大量泄漏

轴偏心可能导致填料的快速磨损和损坏。应考虑更换更符合要求的填料等级，例如具有弹性体芯的填料。

8.3.6 间隙密封

间隙密封失效的主要原因是密封部件的磨损导致泄漏增加。泄漏与间隙的立方成正比，特别是对于液体密封。因为，即使是增加相对较小的间隙也会造成非常显著的泄漏增加。

可采取的措施，以减少磨损的影响包括：

(1) 更耐磨的材料组合。

(2) 耐磨密封设计，例如可磨损密封，以取代传统的迷宫式密封。

(3) 评估间隙密封是否与轴承设计有关；可能需要改进密封在轴的位置。

(4) 温度漂移可能会减小间隙；评估是否需要更换具有更好耐热密封材料或控制密封区域的温度。

(5) 流体相的变化，例如气体中的凝析液，会导致侵蚀损伤。

(6) 污染物在小间隙内会加速磨损，需要保持密封区域的清洁。

(7) 由于间隙密封经常用于高速旋转机械中，转子的高稳定性是避免在不稳定运行条件下因接触污染物而被磨损的重要因素。这要求对旋转机械的转子动力学有透彻的了解。可能需要密封设计来改善转子的阻尼。

黏性密封存在气体摄入的特有问题。如果密封件以变化的速度运行，在较高的速度下可能会吸收气体，然后在较低的速度下又不能保证密封充分。

减少黏性密封问题的两种方法是在增加密封件长度上的轴截面，并确保密封件能够同心安装。

但是，第一种方法需要更大尺寸密封结构，而第二种方法无法保证在大多数机械设备密封件的同心性。

8.4 往复式密封

8.4.1 高分子聚合物往复密封件

本节旨在解决弹性和塑性往复密封件在密封中带来的问题。密封故障的原因很复杂，通常是多种因素的组合导致密封故障。因此，分析调查应以批判性心态进行，不应持有先入为主的见解，应该分析调查所有可能的原因。

被封流体和密封材料的相互作用也可能是一个影响因素，因此也应该考虑聚合物静密封的潜在问题。

在任何可能的情况下，调查都应包括目睹设备的拆卸，以便获得有关机器状况的全部信息以及密封流体和配合元件的状况等。关于故障的症状和可能原因的进一步信息可在工业行业提供的文献中找到。

1. 新密封件泄漏，无密封损坏迹象

(1) 对于密封设计而言，转速过高导致液膜过大。

(2) 流体黏度过高导致液膜过大。此时泄漏可能与低温运行以及密封过盈不足和弹性退化有关。

(3) 密封故障，例如不正确的唇边修整。

(4) 壳体尺寸不正确和低过盈量。

(5) 未考虑全公差叠加。

2. 密封唇磨损

(1) 低压下密封润滑不足。这可能是使用了低黏度流体的液压密封，或者对于气体密封，没有润滑或润滑不足的密封。

（2）密封材料不正确。

（3）配合表面的加工纹理不正确。

3. 密封根部过度磨损

（1）密封件在高压下运行，润滑不足或耐磨性低导致密封件根部过度磨损，可能是和填充物损坏、密封根部磨损或支承环磨损等有关，如图 8-27 所示。

（2）密封端面的表面加工纹理不正确。

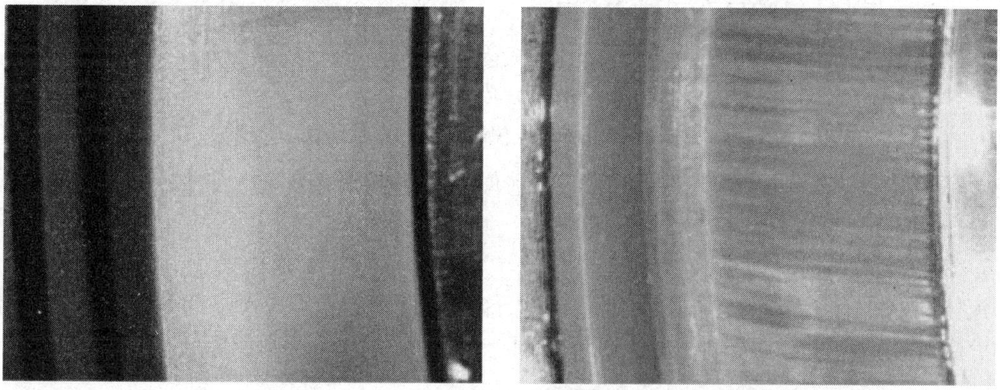

图 8-27　润滑少、压差大导致往复密封圈跟部磨损

4. 挤出

（1）压力过大。系统中的压力峰值远高于额定压力，如图 8-28 所示。

（2）动态压力积聚。导致密封处的压力高于液压回路的压力。

（3）温度过高。温度高于设计温度将导致弹性体的机械性能损失、塑料或热塑性弹性体（聚氨酯或聚酯）密封件软化。

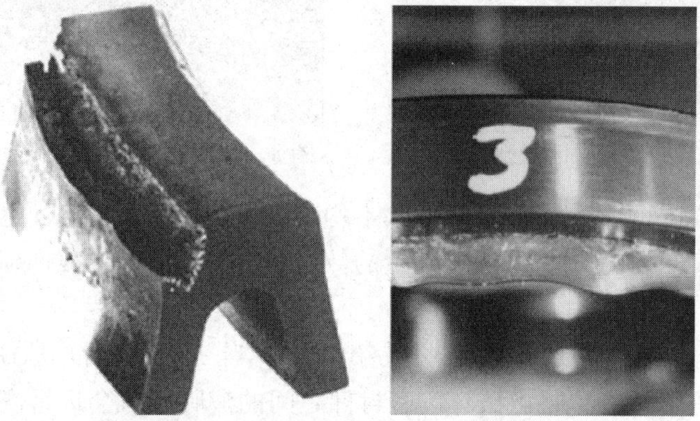

(a)丁腈橡胶/织物密封件　(b)聚氨脂密封件

图 8-28　往复密封件挤出损坏

5. 动压

动压有时也被成为“阻力压力”。杆的轴向运动，如通过轴承的小间隙，将导致沿轴承长度产生液压。这将导致外行程的超压和回程的潜在负压，如图 8-29 所示。由于超压和槽内压力震荡，导致额外的密封损坏。在活塞密封上，动压可能同时引起超压和槽内压力震荡。轴承中的螺旋槽或塑料轴承套圈中的对接接缝能够缓解这种压力。

6. 排列均匀的纵向沟槽

纵向沟槽通常是由于系统中溶解过多的空气导致侵蚀破坏。然而，纵向沟槽也可以在没

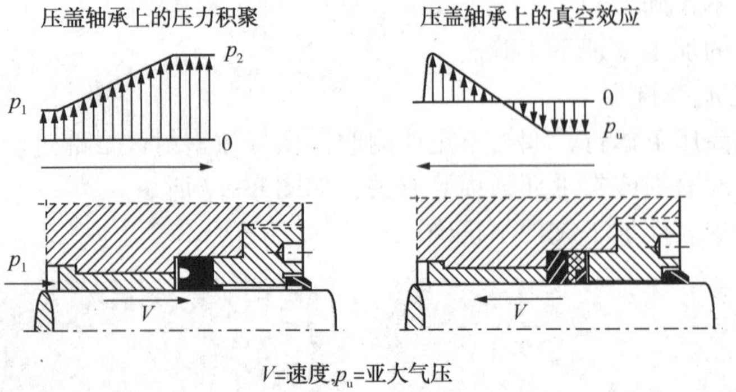

图 8-29　流体动压积聚导致杆密封超压

有空气存在的系统中看到。在这些情况下，它似乎是由润滑条件差引起的，如低黏度流体，或不合适的表面纹理(图 8-30)。

7. 密封表面不均匀划痕

流体回路中有杂物或密封端面损坏。这可能是表面上的单个分数，也可能是一系列不均匀的分数，这取决于金属部件上的碎片数量或表面损伤类型。示例如图 8-31 所示。

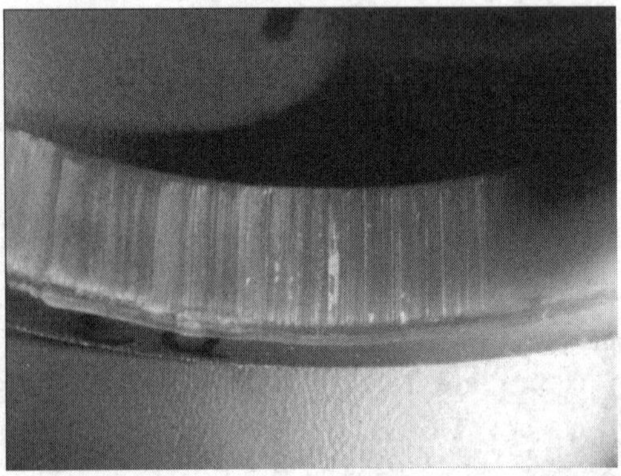

图 8-30　润滑差导致密封表面划痕损坏

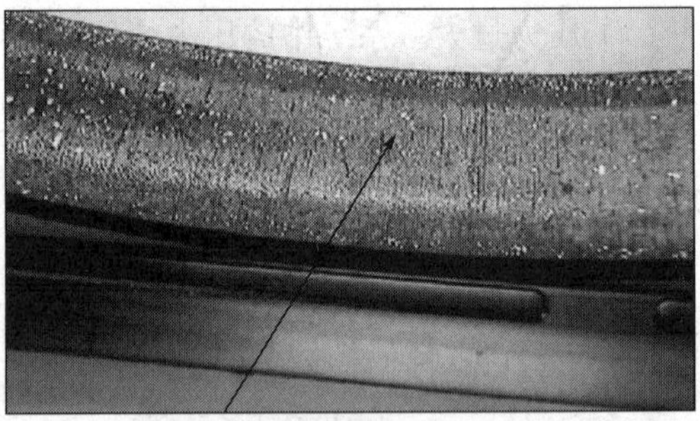

图 8-31　碎片或金属颗粒导致密封件留有划痕

流体回路中有碎屑或密封端面损坏导致不均匀划痕。包括密封表面上的单个刻痕，或者一系列不均匀的刻痕。划痕类型取决于碎片的数量或金属部件上的表面损伤类型。

8. 密封高压侧挤出破坏

一对密封件之间产生的超压导致密封件挤出破坏。当一对密封件串联使用且没有泄压装置时，可能会在密封高压侧产生挤出破坏。密封件之间的液膜压力会远远高于系统压力，如图 8-32 所示。选择能确保泄压的密封设计，或结合特别装置以确保压力不会积聚在密封面之间。

9. 密封区域灼伤

灼伤表现为塑料的发黑或区域熔化、或烧焦、或非常坚硬和碳化的烧焦和局部损坏的弹性体。如果液压回路中有一个局部区域，空气可能在低压下积聚，若压力突然增加空气和油的混合物可能会爆炸，就像在柴油发动机中一样。因此，这种效应被称为柴油效应，如图 8-33所示。液压系统的有效排气是必要的。如果一个密封系统有很长的停车周期，那么可能需要为系统中的关键点(如大型气缸上的高点)设置自排气装置。

储液罐尺寸过小的液压回路特别容易受到这种问题的影响。即使这种作用不直接烧毁密封件，也可能在系统中造成过多的碳质碎片，从而导致密封件磨损。

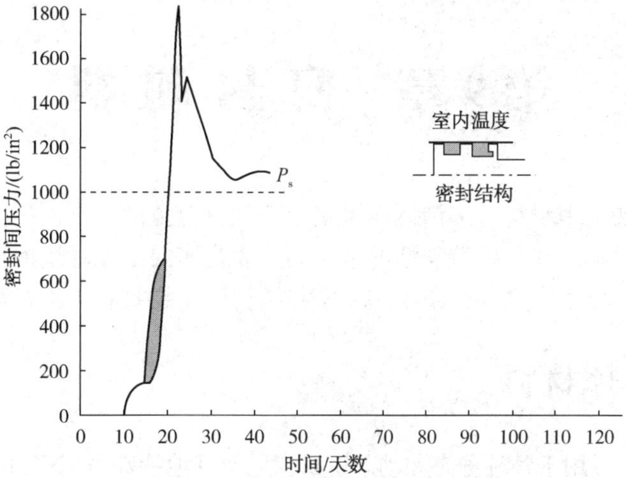

图 8-32 活塞密封副之间的压力积聚

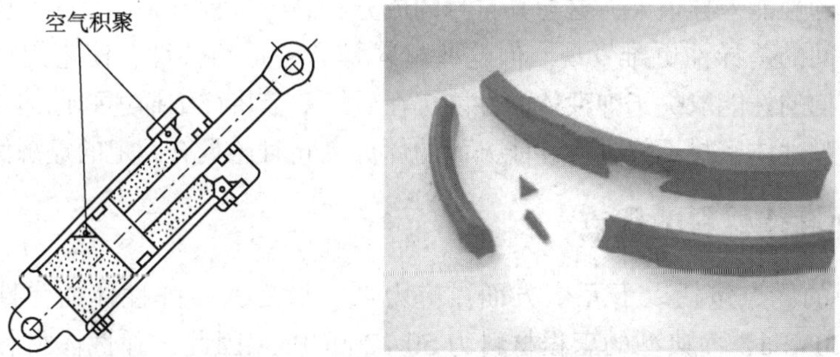

(a)密封端空气或蒸汽聚集 (b)柴油造成密封件局部严重损坏

图 8-33 柴油效应及其产生的原因

10. 螺旋变形的 O 形圈

螺旋变形可能导致 O 形圈在往复密封突然失效。过大的摩擦和不均匀的应力分布会导致 O 形圈的部分或全部在槽中滚动。其结果是造成 O 形圈螺旋变形，容易泄漏。螺旋变形通常是由于润滑不良导致的摩擦过大、O 形圈截面小以及由于偏心导致的 O 形圈周围应力分布不均匀等因素造成的。图 8-34 所示是螺旋变形突然导致密封泄漏的严重例子。

解决螺旋变形问题比较合适的方法是更换一种不易滚动的密封界面。

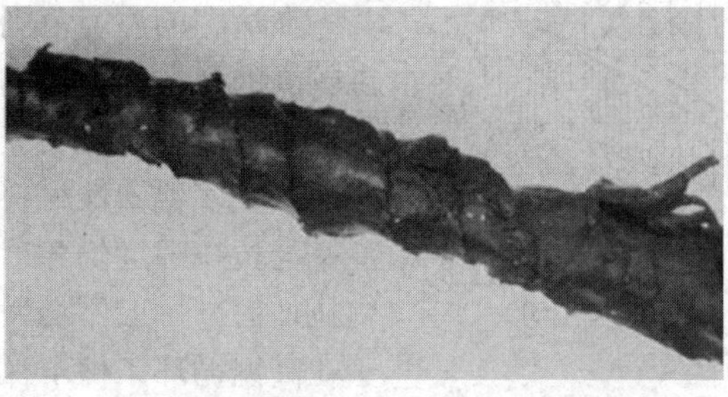

图 8-34 O 形圈螺旋变形损坏及其泄漏

第9章 密封材料

随着工业的发展，密封材料逐渐涵盖了整个工程材料范围。下面将依次对塑料、弹性体和陶瓷等材料展开讨论。在某些特殊情况下，为了满足密封工况环境的需求，需要用到一些专业性的弹性体材料。本章主要介绍了用于密封结构的主要材料类别及其基本特性。

9.1 弹性体材料

弹性体材料广泛应用于各种静态和动态密封，以及其他特殊类型密封结构。弹性体密封一般包括多个弹性体，因此密封的耐流体性和耐温性主要取决于弹性体材料。弹性体材料的种类较多，相互之间的性能差异很大，这与其自身的成分和制造过程有关。且多数弹性体的材料颜色较深，个体之间的差异性更难发现。但这些材料具有一定的共性，使它们特别适合用作密封，而且密封结构的性能取决于弹性体的性能。在后续章节将详细描述弹性体作为密封材料的各项性能指标。弹性体密封不仅具有性能方面的优势，同时还具有一定的经济优势。

9.1.1 弹性体材料的优点

弹性体材料的优点包括以下几个方面：应力低、形变大。弹性体的弹性模量(E)非常低，通常为5~20MPa，而典型的工程材料为50~200GPa。因此，弹性体材料拉伸变形能够超过100%。因此，弹性体材料密封时可以按大变形安装以提供较大的密封过盈配合量。典型的弹性密封材料的应变可以控制在10%~30%。在密封结构安装过程中，大多数弹性应变材料的拉伸率范围在50%~100%，且不会对弹性体材料产生负面影响，但部分较硬的弹性体可能会超过100%的拉伸率。在密封结构中，弹性体可以接受相对较宽的公差和偏差而没有高接触应力，同时配合沟槽表面纹理，以提供高完整性的密封。

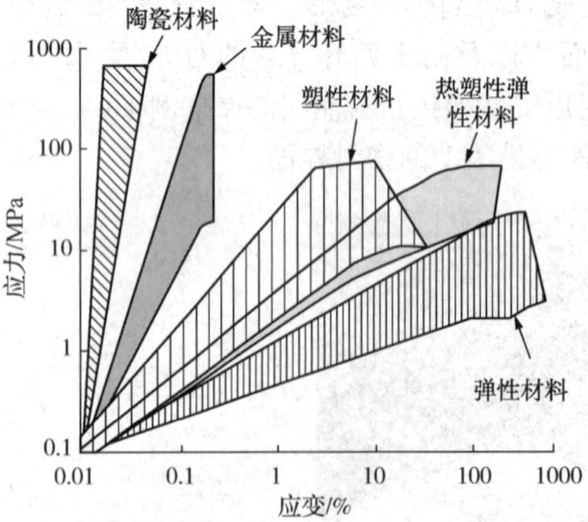

图9-1 弹性体、塑料、金属和陶瓷的应力/应变范围的案例

9.1.2 弹性密封材料基本组成

在适宜的温度范围内，弹性体材料可以提供较高的弹性和较低的滞后性，以增加对压力变化和振动的快速响应能力。

与大多数塑性材料相比，弹性体材料的蠕变率与抗拉强度均相对较低，材料在弹性范围内拉伸时，一般不会发生过度蠕变，因此有利于在高温循环条件下保持密封应力，如图9-1所示，当应变超过5%~30%时，塑性材料通常会发生蠕变，蠕变速度则取决于塑料的类型和填充物的含量。

典型应力/应变曲线如图 9-2 所示。实际的曲线将取决于弹性体类型、交联物类型和填料的比例。不含填料的天然橡胶材料是高度非线性的，但添加高比例填料的橡胶材料在大部分的延伸范围内具有基本的线性特性。此外，它们还受到迟滞效应和温度的影响，限制了材料的跟随振动和跳动能力。

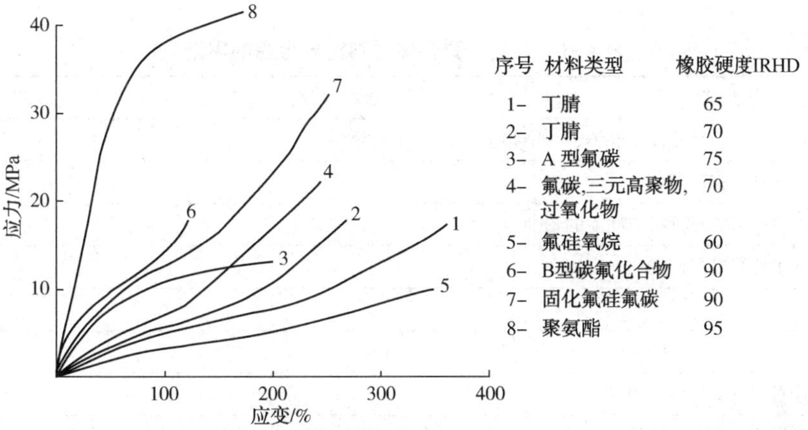

图 9-2 典型的弹性体应力/应变曲线(23℃)

一般的弹性体泊松比趋近 0.5，说明这类材料几乎是不可压缩的。高泊松比与低弹性模量和剪切模量相结合，使弹性体成为一种既容易变形又不可压缩的材料。这两种特性的结合意味着材料的表现方式与液体类似，通过密封体均匀地传递压力，就可形成压力激励效应。材料的固有弹性确保了自身的形状，当约束被去除时，密封将恢复到原来的几何形状。

9.1.3 弹性密封材料的选取

选取弹性体时，首先考虑的是流体阻力，正确的选择方法是根据密封介质种类进行选择。若密封介质是油类，需要用到耐油密封结构，如图 9-3 中的两个示例所示。

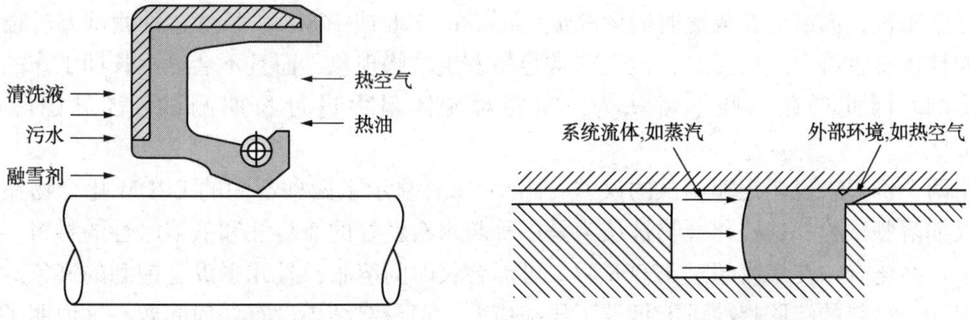

(a)唇形密封 (b)蒸汽密封

图 9-3 汽车密封件应用示例

图 9-3(a)所示为汽车上应用的唇形密封，该密封可用于存在热润滑剂的发动机中，但是需要考虑热润滑剂产生的阻力，而多数密封件常常暴露于空气中，在研究密封问题时，还需要考虑老化因素。不仅是热润滑剂，若环境中还有类似于汽车尾气、冬季的融雪剂以及车

辆清洗液等存在，则均应该考虑阻力和老化问题。

图 9-3(b)为蒸汽密封案例，其密封材料一般选择具有良好抗蒸汽和高温水的 EPDM 材料。在长时间工作的应用中，该密封件的材料可能会受到空气老化的限制，而不是蒸汽。

以上案例表明，材料的选择需要考虑密封结构的工作环境，而不仅仅是所密封的流体。表 9-1 给出了选择弹性体材料时应考虑的问题，这些问题将在本节其余部分进行更详细的讨论。

表 9-1　在选择弹性体材料时要考虑的因素

一般因素
密封的环境是什么，包括液体、气体、污染物、压力、温度等？
需要多久的寿命和工作周期？
潜在价格是否符合市场对价格和性能的预期？
如何以及在哪里使用密封件？
如何被储存和运输？
应用因素
弹性体将要接触的主要流体介质
弹性体将要接触的次要流体介质，如组装润滑剂、清洗液和消毒循环
极端温度，包括高温和低温
存在有害外部污染物
电动机产生的臭氧
要求接触食物，药品或饮用水
任何行业特定的认证，例如航空航天领域
任何装配要求，例如用于干式装配的涂层或用于小型的高拉伸一体式密封件
是否需要颜色编码或其他识别？

确定密封的流体阻力一般是通过“浸泡试验”来实现的，即将弹性体浸泡在特定液体的容器中来测试其各项性能指标。为了达到最佳的效果，试验将在一定的温度范围内进行测试。通常来说，测试应在较短时间内完成(如 48h、72h 或 168h)。虽然这种测试方法很容易证明弹性体是否符合结构需要，但是非常容易发生溶胀现象，而且不会显示长期工作的潜在不利影响。因此现在一些学者认为，需要对流体阻力进行长期测试，详见国际标准 ISO 6072。

举两个例子来说明短期测试的误差。图 9-4(a)显示了四种不同的 EPDM 化合物在热水中的长期溶胀试验，这些化合物被认为是一种与水有良好的兼容性和低溶胀性的材料。结果表明，这些化合物在暴露超过 1200h 后，可能会长时间溶胀，且几乎没有饱和的迹象。在这种情况下，材料的溶胀特性可能抵消了压缩应变，但最终结果没有任何问题，这说明了目前对一些材料缺乏相关了解。

图 9-4(b)显示的一般长期性问题在短时间的测试中无法发现。但已有规范说明测试长期性问题需进行 7 天的浸泡试验，若膨胀率<20%，说明这类材料合格；若浸泡 7 天后密封材料膨胀率超过了 20%，则为不合格。长期测试表明，在 7 天后，密封材料很容易发生体积流失，这可能是由于用于体现低温性能填充剂的流失。在某些情况下，最终会出现密封材料

的收缩和随之而来的密封过盈配合量的减少。这种油润滑和密封的组合已经使用了很多年，但这个问题仍然没有得到充分的调查来证明其原因。

通常认为，如果浸泡测试材料的膨胀率小于 10%，则认为该材料通过了测试。而当密封材料的膨胀率达到 20%时，若应用于静态密封，只要不担心导致机械性能下降则依然可以接受，但必须考虑对凹槽内填充密封材料的影响，因为过度膨胀可能会造成密封件的挤压损坏。此外，还要避免密封材料的收缩，这可能也会降低密封材料的柔韧性和弹性，特别是在低温下，将导致密封过盈量的下降。

为了保证密封材料不会以其他方式受到流体的影响，有必要对接触流体后的物理性能进行比较测量。过度溶胀或其他老化影响，都可能导致材料强度或伸长率超出承受能力范围。在 ISO 3601-5 中给出了关于材料可承受范围的标准。

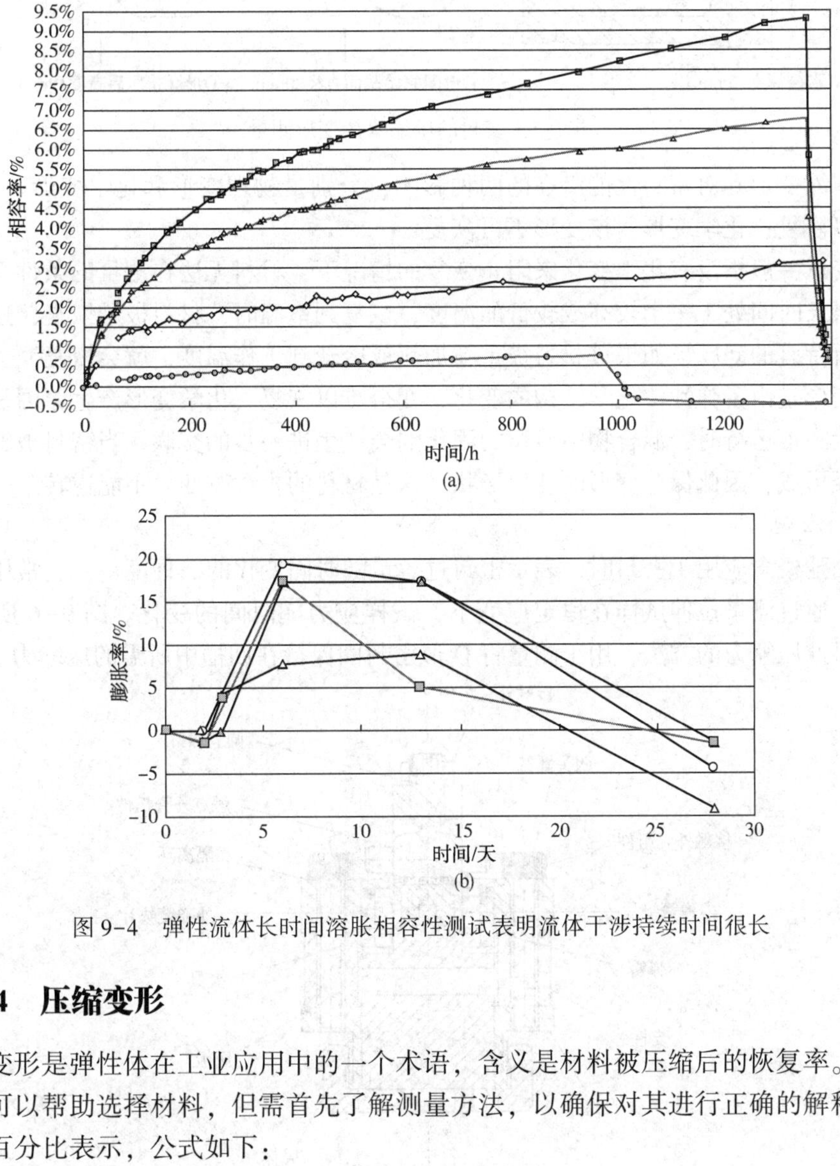

图 9-4 弹性流体长时间溶胀相容性测试表明流体干涉持续时间很长

9.1.4 压缩变形

压缩变形是弹性体在工业应用中的一个术语，含义是材料被压缩后的恢复率。压缩变形这个概念可以帮助选择材料，但需首先了解测量方法，以确保对其进行正确的解释说明。压缩变形用百分比表示，公式如下：

$$压缩变形=\frac{X-R}{X}\times 100\% \quad (9-1)$$

式中 X——压缩量，mm；

R——恢复量，mm。

以图 9-5 中凹槽中的 O 形圈为例，假设装配时的压缩量为 5mm，若移除密封后恢复至 4mm，则压缩永久变形为(5-4)/5=0.2，或 20%。因此，0%表示密封已完全恢复到原始尺寸，100%表示没有恢复，密封件仍保持为压缩尺寸。

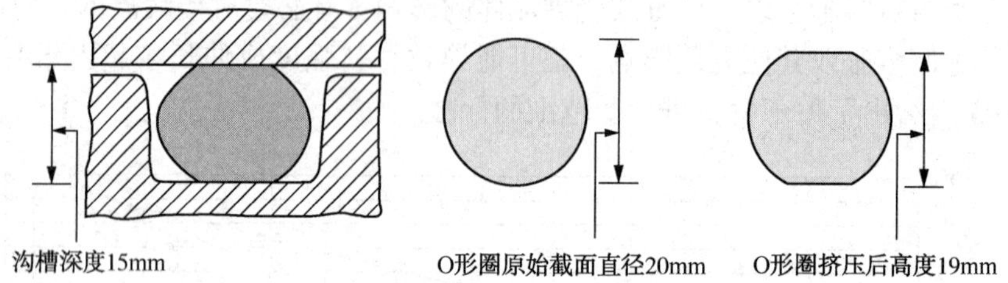

图 9-5　密封的压缩永久变形测量

评估压缩变形和对密封性能潜在的两种影响，分别是物理变形和化学变形。物理变形，该变形可以恢复；化学变形，该变形不可恢复。

物理变形一般指没有化学变化来阻止恢复的情况下，材料无法在测量的条件下恢复。一般由于材料长时间处于一个较高或较低的温度，恢复到室温时，材料极难恢复，这是高温耐流体材料所特有的问题。如果该材料被重新加热或冷却到工作温度，就会恢复。

化学变形是由于弹性体化学结构的变化，变得难以恢复。化学变形产生原因是：当密封件在压缩状态下运行时，混合物中残留的固化剂会产生进一步的交联。当密封被解除时，一些交联已经形成，因此保持变形的几何形状。这是材料的永久改变，不能逆转。

1. 应力松弛

应力松弛概念应用于密封时，表示密封过盈量随时间变化的一种度量。它常用于标准材料试验中，通过测量拉伸试样在恒定应变下，试样应力随时间的变化。图 9-6 所示一种直接测量密封件压缩力的方法，用于测量将 O 形密封圈保持在凹槽中所需的压缩力。

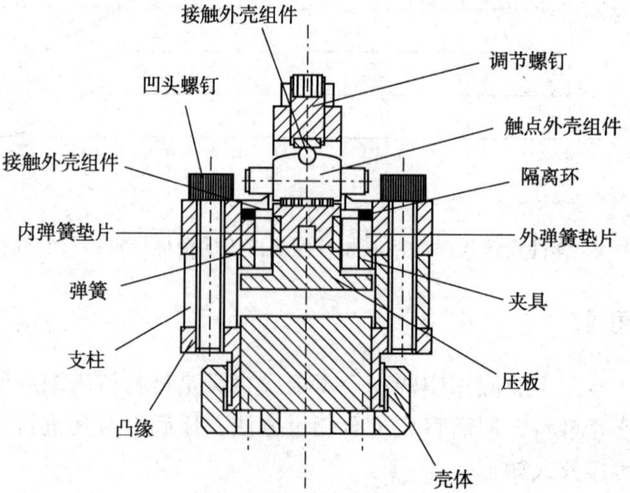

图 9-6　应力松弛测试装置

关于应力松弛和压缩永久变形测量的相对优点，有很多争论。应力松弛的优点是可以对密封的干涉力进行潜在的连续测量，然而，它需要专门的测量设备长期专用于每个单独的密封件，因此价格昂贵。压缩永久变形，如果使用得当，能够对大量样本提供高价值的现场测量。

图 9-7(a)表明，密封应力在一定时间内可以维持恒定，但温度冷却以后并不一定还能够继续维持。图 9-7(b)表明，密封材料会随着时间的推移而出现硬化，初始时刻显示一个较高的密封应力，但在循环温度下，密封应力逐渐下降，同时密封材料无法恢复到原始状态。

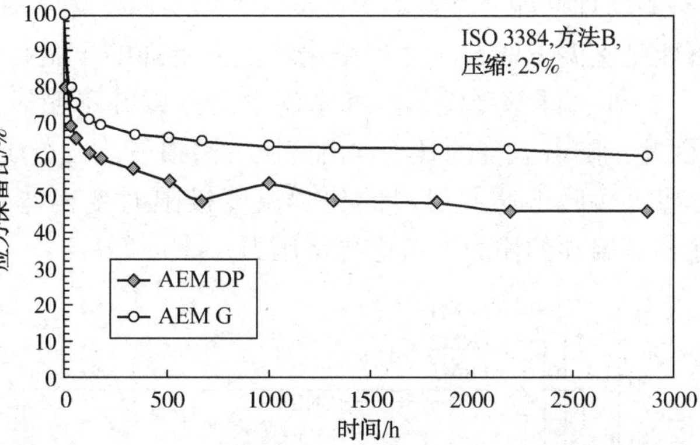

(a)恒温

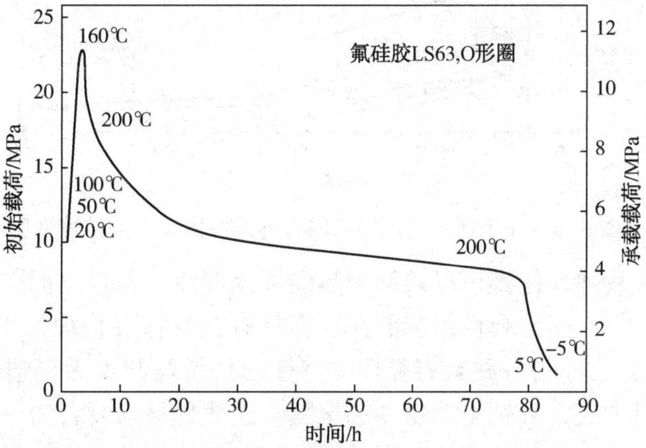

(b)循环温度

图 9-7　典型的应力释放曲线

应力松弛测试方法广泛应用于航空航天和汽车工业，用以测试密封性能的长期性。测试时要注意环境温度的变化，否则低温对橡胶的长期影响很容易被忽视。

密封件长期与空气接触，密封性能下降，产生泄漏。空气中含有 20%的氧气，氧气混合着液体渗透到材料中，这种状况会随着温度的升高而加速，导致密封件老化速度加快。如前文所述，材料产生固化并增加交联的数量，弹性体中其他化学物质还会导致进一步的化学反应。因而，以上影响因素会增加或减少交联的速率而破坏交联，或直接破坏弹性体链或聚合物主链。如果没有正确选择填料，填料也可能遭受化学侵蚀。密封件变得更硬，通常与化学降解有关，但如果出现交联或一些聚合物链断裂，材料也有可能软化，这通常被称为断链。

温度对弹性体性能的变化也存在较大影响，包括物理变化(如渗透)，但对材料中的化学变化影响更大。这些变化将遵循阿伦尼乌斯(Arrhenius)表达式，材料老化速度与温度成正比。因此，随着温度的增加，密封件的长期使用寿命会显著降低。人们已经多次尝试在高温环境下来预测密封的长期寿命，但目前对于可靠预测的有效方法还没有一致的说法。

弹性体材料的实际工作温度极限非常依赖于环境和工作介质。在一些极端工作温度下，使用寿命可能限制在几百小时以内。流体中的腐蚀成分会使密封的耐高温性能下降；相反，人们发现，在惰性环境中，如隔绝氧气，密封的老化可能会减少，弹性体材料可以高效的应用于材料所推荐的最高温度。

此外，弹性体材料的物理性能非常依赖于温度，而与材料的化学稳定性无关。比如，在100℃下的抗拉强度可能是室温下的50%，但是化学抗性更强的丁腈材料，其抗拉强度往往会降低更多(图9-8)。此外，硅基弹性体，在室温下的强度并不明显，与其他材料类型相比更依赖环境温度。因此，随着温度的升高，由挤压、磨损或减压造成的物理损伤会显著增加。许多氟弹性体在温度远低于这些材料的化学温度极限时变得非常弱。如果温度接近100℃时，通常需要在相对温和的压力下考虑抗挤压力。

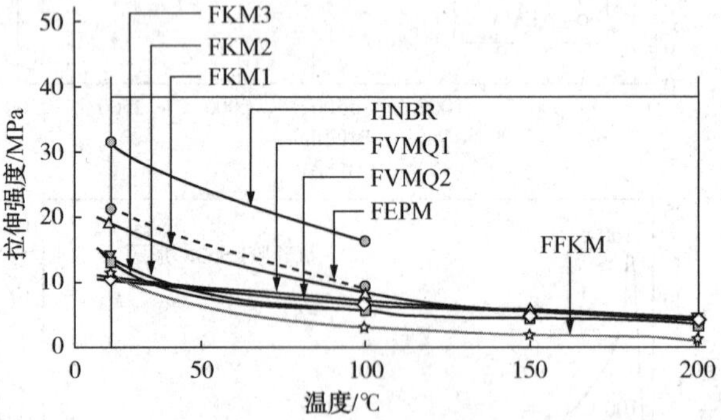

图9-8 在工作温度范围内的各种弹性体类型的拉伸强度

上述讨论的大多数弹性体都可以被称为热固性弹性体。一旦它们被固化，那么材料的基本形式将保持不变，任何超出弹性范围的大变形只有在材料有物理损伤时才能发生(如材料的挤压切片部分)变化。而另一些具有弹性体特性的材料被归类为热塑性弹性体。热塑性弹性体一般由两种材料构成，分别是聚氨酯和聚酯。这两种材料复合为一种弹性体，在高温及外力作用下，会发生无法恢复的塑性变形。因此在使用热塑性弹性体材料时，即使在很短的时间内，也不应超过这些材料的温度极限，确保不会发生不可逆的变形。通过上述分析，在选择使用弹性体材料时，应该确保在最高承受温度下进行大量测试，否则密封件的长期性能可能会大大低于预期。

2. 弹性体的低温性能

低温对弹性体性能具有较大影响。在低温下弹性体的化学降解程度降低，气体或液体的扩散也会变慢，材料不会进一步降解，但随着温度的升高，材料在低温下的任何变化一般都是可逆的。弹性体材料随着温度的降低，聚合物分子的弹性降低，逐渐变硬，慢慢失去弹性；最终，随着温度的降低，它将达到材料的玻璃化转变温度，失去所有的弹性性能。许多传统的弹性体，如丁腈材料，在低温下和玻璃一样，非常脆弱。其他材料，如氟聚合物在低温时可能处于塑料状态，恢复率很小。虽然可以通过一些手段阻止材料在低温下玻璃化，但也不会像原始状态的弹性体一样的性能。

弹性体类型不同，低温下弹性降低程度也不相同。对于许多材料来说，弹性降低会在室温时对弹性体产生一定影响。低温下测量弹性体性能的方法共分为两种。原始方法是弹性体低温收缩法。即拉伸测试弹性体材料，然后冷却到一个较低的温度，该温度远低于玻璃化转变的温度，然后将弹性体释放，温度还原。

根据不同的温度，依据弹性体恢复的长度绘制温度-收缩曲线，将证明材料在给定温度下的恢复能力。张力收缩试验的结果记为 TRn，其中 n 是在该温度下的收缩百分比。最常被引用的结果是 TR10，这表明该材料已经从拉长的位置缩回了 10%。

图 9-9 是两种低温材料的收缩曲线示例。这两种材料都适合在-45℃下使用，但可以看到它们在室温与-45℃之间表现出不同的性能，其中一种材料在-10℃以下弹性很小。如果工程需要弹性体材料能够补偿金属组件在低温下的一些相对运动，将会产生较严重的问题。因此，最好考虑覆盖 TR70 到 TR10 范围的 TR 曲线，以评估材料在低温范围内是否具有足够的恢复率。多数高温耐流体弹性体低温柔韧性和弹性较低，只适用于室温以上的循环工作。一般 FEPM 化合物的 TR10 被引用为 2℃。

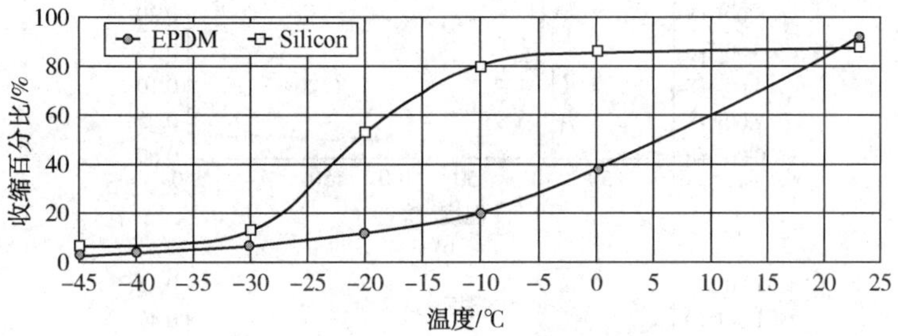

图 9-9 两种弹性体材料的低温收缩曲线

另一种方法是使用一种称为动态模量分析(DMA)的方法进行测试，该测试将证明弹性体随着温度的降低而发生的性能变化。图 9-10 显示了对几种材料的测量示例。我们可以根据需要来选择刚度极限值，若超过该值，可以认为弹性体材料硬度较高，不能以弹性体方式工作，一般材料所使用的极限值为 30MPa。

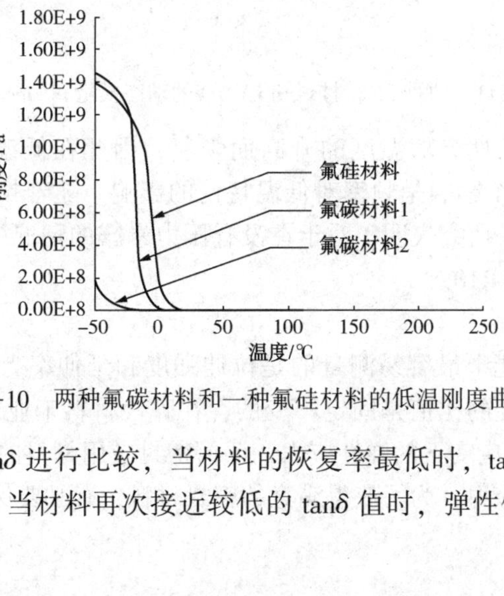

图 9-10 两种氟碳材料和一种氟硅材料的低温刚度曲线

这可以与损失模量 tanδ 进行比较，当材料的恢复率最低时，tanδ 值达到峰值，随着它继续变得更硬(图 9-11)。当材料再次接近较低的 tanδ 值时，弹性体性能完全丧失。因此，可以将 tanδ 曲线的峰值作为动态密封操作的最低敏感温度。在这种情况下，动态包括密封部件的相对热或压力引起的运动。

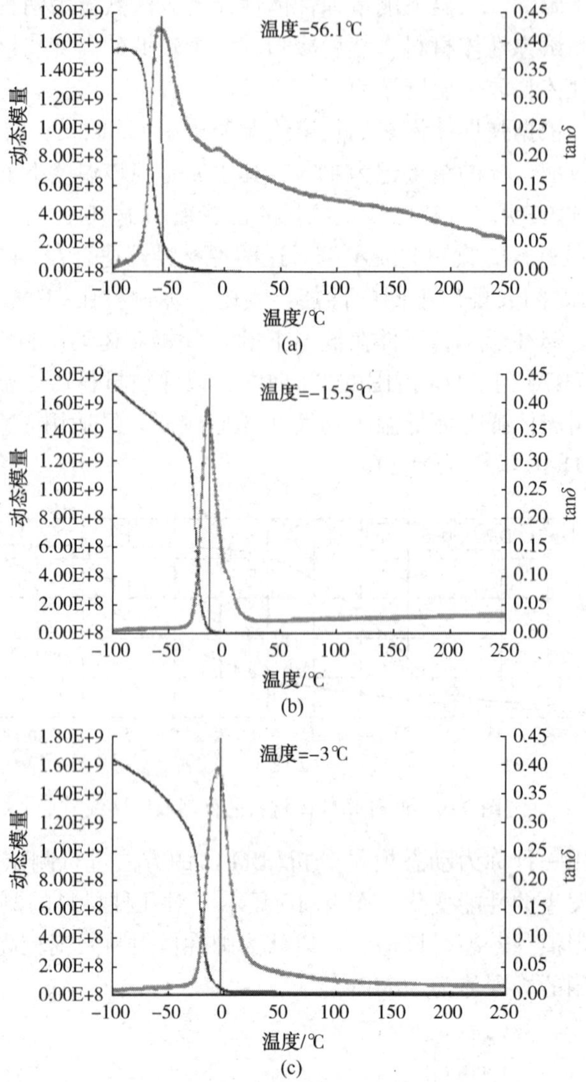

图 9-11　两种 FKM 材料和 FVMQ 的动态模量和 tanδ 图显示

低温时，弹性体的特性会随温度的升高而恢复，因此在低温启动时可能会暂时泄漏。DMA 测量所证明的另一个影响是频率对低温特性的影响。随着频率的增加，材料的低温极限值也在相应增加。相关研究表明，对于在没有压力暴露的情况下冷却密封件的静态应用，实际的最低温度相当于 TR10。

3. 弹性体的机械性能

弹性材料的机械性能中最容易测量的是拉伸强度和延伸率。这两种特性的表达方式不同，但材料的应力与应变的比值是固定不变的，在弹性材料工业中被称为弹性模量。100%的模量实际上是在 100%应变下的弹性应力，评估密封应用材料的性能指标可以是断裂延伸率，也可以是极限拉伸应力。为了获得满意的密封材料，有必要保证足够的强度来抵抗外界压力和材料磨损，同时保持允许装配、符合凹槽、响应压力变化和动态运动所需的柔韧性。为了评估这些指标，应该考虑到大多数工程实际中弹性体将提供至少 150%的伸长率，其中一些提供超过 300%。

一些高填充硬材料可能在 100%伸长率以下断裂，但在特定情况下必须要使用它们，低伸长率则会限制这些材料的装配和应用。BFPA 指导文件中提供了一些关于常规密封弹性体的典型值的一些指标。

撕裂强度也是一个衡量材料性能的指标，它会显示材料在抗挤压能力、装配损伤和磨损方面的性能。对于这些性能指标有很多测试方法，大多数此类测试都是基于用户特定的材料区进行疲劳寿命的比较。

渗透性是密封应用指标中的一个重要参数，是导致弹性体膨胀的一个重要因素。液体和气体都会渗透到弹性体中，但其机理是完全不同的。在这两种情况下，弹性体的渗透性都有两个重要的方面需要考虑，即扩散到材料中的速率和溶解度。扩散速率将决定流体渗透到密封件中的速度，而溶解度决定着流体在弹性体中的溶解程度。

扩散速率会影响材料膨胀的速度，而溶解度会决定膨胀的最终程度。这两个参数的数值可以通过膨胀试验得到，即膨胀率和饱和值。弹性体在液体中的膨胀通常因温度升高而加速，因压力增加而受到抑制。

液体渗透性对密封泄漏的影响。汽油等挥发性液体，渗透到密封件中的液体可以在大气侧蒸发出来，这是一种挥发性有机(VOC)排放。在汽车燃料系统中弹性材料选择的一个主要考虑因素就是渗透性，同时弹性材料渗透性还会逐渐影响其他应用中的选择。挥发性有机排放将取决于应用环境中的压力和温度、液体在材料中的溶解度、液体的蒸汽压力以及暴露在大气中的密封面积。

气体渗透与液体不同，这取决于气体分子的大小、化学性质，以及该气体是否可以被认为是一种纯气体，因此，二氧化碳、氮气和甲烷等气体的表现各异。不同类型的弹性体的总体扩散速率差异较大。一般来说，小分子气体，例如氦和氢，与其他气体相比，会渗透得非常快。压力增加会加速扩散，但现有研究表明，高压下压实弹性体材料可以抑制扩散。膨胀通常不考虑气体参与，但气体可能潜在的影响材料性能，因此实际值是难以测量的。

一般的材料测量标准中包含渗透测量的标准方法。常规数据可以从参考来源获得，但是实际值非常依赖于化合物的配方和加工，因此材料在应用过程中，必须要进行实际测量。高压测量需要能够在精确控制的压力和温度下处理高压气体，并使用精密仪器测量渗透气体。

9.1.5 弹性体的弹性

恢复力是应力释放后恢复速度的指标。因此，它显示了材料对动态运动的响应能力。天然橡胶具有非常高的弹性，可以在弹性带和高弹性球中看到。通常，工程弹性体的弹性要低得多，反应速度也相对较慢。如前文所述。随温度的降低，材料的反应速度也变得更加缓慢。

一般测试材料的弹性性能可以通过评估硬球在材料表面的弹跳高度来测量。然而，在工业上最常见的方法是使用 DMA 方法。DMA 方法提供了材料的刚度图和迟滞图，$\tan\delta$ 是恢复的度量(图 5-10)。随着 $\tan\delta$ 的增加，材料的弹性降低，且不会对不断变化的条件做出如此迅速的反应。这些曲线的特征是有一个峰值，材料再次变得富有弹性，这与材料变得更硬有关。现在已经达到了玻璃化过渡点，变得困难。它具有弹性，但只能在非常小的应变下工作，并表现得更像任何其他工程材料。根据单个材料的特性，它们可能容易发生脆性断裂或塑性应变。一般来说，传统的弹性体如丁腈会变得易脆和易断裂。高氟化弹性体更像是一种塑料。

一般来说，对于动密封，密封材料需要良好的弹性，因此需要一个较低的 $\tan\delta$。当 $\tan\delta$ 在较低的温度下开始增加时，证明弹性性能开始下降。这是一个特别重要的考虑因素，因为密封件可以在低温下连续运行，比如在制冷设备中。

弹性体类型较多，但整体性能相差不大。本节将总结使用它们的基本类型和应用状况，但要注意，在每个弹性体类型中，任何一种弹性体都可能有 15 或 20 种不同等级的规格，有些满足一般应用的要求，也是为在特定环境下操作而开发的，这些材料一般按温度范围的升序进行讨论。

弹性体类型由一系列标准缩写指定，符合 ISO 标准 1629—1995。表 9-2 列出了密封应用中主要的材料。ISO 1629 中的缩写与弹性体所基于的聚合物链的化学基团对齐。这些符号组被称为符号组。这些组包括：

M 组：弹性体的饱和链聚亚甲基。

O 组：材料有碳和氧聚合物链。

Q 组：弹性体与硅和氧的骨架聚合物。

R 组：材料与聚合物链二烯。

T 组：弹性体有碳、硫氧和聚合物链。通常被称为聚硫化物橡胶。

U 组：在聚合物链中含有碳、氧和氮的弹性体。常见的材料是聚氨酯。

表 9-2 根据 ISO 1629 规定的标准弹性体缩写

弹性体类型	缩写	符号组
丁基橡胶	IIR	R
氯丁二烯	CR	R
乙烯丙烯酸	AEM	M
乙烯丙烯	EPM	M
乙烯丙烯二烯	EPDM	M
碳氟化合物	FKM	M
氟硅氧烷	FMQ，FVMQ，FSR	Q
丁腈橡胶	NBR	R
羧基化的丁腈	XNBR	R
氢化丁腈	HNBR	R
全氟弹性体	FFKM	M
聚丙烯酸脂	ACM	M
聚酯弹性体(热塑性塑料)	TPE	/
聚氨酯(聚酯聚氨酯)	AU	U
聚氨酯(聚醚聚氨酯)	EU	U
多硫化物	OT，EOT	T
硅酮(甲基苯基)	MFQ	Q

续表

弹性体类型	缩　写	符 号 组
硅酮(甲基苯乙烯基)	MPVQ	Q
硅酮(甲基乙烯基)	MVQ	Q
四氟乙烯丙烯共聚物	FEPM	M

大多数弹性体的碱基聚合物是由化学制造商生产的，随后由密封制造商或专业合同复合公司配制和加工，最后成为工程中适合进行密封的化合物。

1. 丁基材料

丁基材料主要特性是其低气体渗透性，但弹性较弱，因此可用作低渗透性衬里。

温度范围：-40~100℃。

适用范围：热水和蒸汽、乙二醇基制动液、极性溶剂、聚乙二醇(HFC)和磷酸酯(HFD-R)耐火液压油和硅油、臭氧气体。

不适用：矿物烃液体、油、润滑脂或燃料。

2. 氯丁二烯(CR)

氯丁二烯是由杜邦公司在 1930 年左右开发的第一个合成弹性材料，并由该公司以氯丁橡胶的商标销售。该材料的抗氧化性、耐化学性以及机械性能均可在较宽的温度范围内保持良好的表现。良好的抗氧化性能在土木工程领域得到广泛应用，也可以用作压缩空气系统密封材料。此外，氯丁二烯材料也是少数几个对制冷剂 R12 具有良好阻力的弹性体之一，在正常密封应用中，它优于丁腈材料。

温度范围：-40~100℃。

适用范围：石蜡矿物油、硅油、水、制冷剂和臭氧。

不适用：芳香烃，如苯和高辛烷汽油、氯化烃或极性溶剂、萘烃和液化石油气(LPG)。

3. 丁腈橡胶(NBR)

丁腈橡胶是一种被广泛应用的密封材料，该材料具有良好的机械性能、耐摩擦力和对大多数矿物基油的耐油性。也适用于水、耐火液压液(类型：HFA、HFB 和 HFC)、许多稀酸、液化石油气、柴油和其他燃料油。因此，丁腈橡胶在静态和动态密封的许多行业中广泛应用。丁腈橡胶内的丙烯腈含量不同，其性质差异较大，因此在选取密封材料时，必须按照使用要求来选择材料。大多数通用化合物是基于中等丁腈含量，这为所需的材料性能提供了一种折中的方式。丁腈橡胶的低温性能也具有一定的复合特异性，材料固化系统也会影响温度范围。过氧化物固化材料具有较高的温度范围，但机械性能通常较差，使其不适用动态应用或需要良好的挤压阻力。

温度范围：最低温度-20~-45℃，具体温度取决于化合物。最高温度为 100℃，短时间内最高可达 120℃。温度限制的主要因素是老化问题，已经证明在无氧环境中(如油井井下)，温度范围可以扩展到 120℃或 130℃，在某些情况下材料依然保持自身性能。

适用范围：矿物油和润滑脂、液化石油气、燃料油、水和乙二醇液压液，植物油。

不适用：芳香烃(苯、高辛烷值汽油等)、极性溶剂、乙二醇基制动液、臭氧、强酸、高温环境。

4. 羧化丁腈(XNBR)

羧化丁腈通过在 NBR 聚合物主链中添加羧酸基团会产生一种强度增加的聚合物基体，

使其成为一种具有更好的拉伸、撕裂性能以及良好耐磨性的材料。但弊端是降低压缩应变和水阻力、弹性和一些低温特性。但添加羧酸基团后的材料强度和耐磨性对动密封很有价值，羧化丁腈材料多用于高压往复密封。

温度范围：-20~100℃。

适用范围：矿物油和润滑脂、液化石油气、燃料油、水和乙二醇液压液。

不适用：芳香烃(苯、高辛烷值汽油等)、极性溶剂、乙二醇基制动液、臭氧、强酸环境、高温环境。

5. 聚氨酯(AU和EU)

聚氨酯是一种热塑性弹性体，具有良好的抗拉强度和耐磨性，通常比丁腈等类似的弹性体高出两到三倍，且具有良好的弹性，对矿物油具有良好的抵抗力，且加上优异的机械性能，使其成为液压缸密封的首选材料。聚氨酯密封件将在高压下长期保持有效的动密封几何形状，因此广泛用于液压和气动往复密封。高强度意味着大多数聚氨酯密封件在压力低于300bar($1bar=10^{-5}Pa$)的条件下不需要备用环。塑料在高温下流动的可能性也意味着它不适合一个典型的旋转密封，因为较高的环境温度会导致塑料流动。聚氨酯的表面纹理也与其他弹性体不同。由于这些都是热塑性材料，它们只能在有限的温度范围内具有弹性体类型的性能。在低温下，它们的柔韧性非常有限，而在高温下，它们将受到塑料流动的影响。因此，即使在有限的时间内，也不应在过高的温度下使用。聚氨酯有两种类型，一种基于聚酯(AU)，另一种基于聚醚(EU)。虽然聚氨酯对矿物油具有良好的抗性，但它在热水中容易水解，这限制了其应用范围，除非温度远低于50℃，否则它不适用于水性流体。聚酯和聚醚脲烷可以单独使用或组合使用，以优化密封性能。一般来说，聚酯材料具有优良的抗矿物油性、磨损性能，而聚醚提供了更好的抗水解性，这两种材料的组合可应用于水基流体，为密封材料提供抗水解性。有些情况也可用于合成油和菜籽基可生物降解油。这种材料的缺点是对多种流体的流体阻力有限。

温度范围：-35~80℃(根据材料的等级，该范围可以扩展到-45~100℃，甚至110℃)。温度极限也非常依赖于密封的流体。根据等级，水性和环境可接受的液体限制在40~60℃。

适用范围：矿物油和油脂、合成碳氢化合物、水性和环境可接受的液压液，加上碳氢化合物燃料，在限制温度下，水温高达约50℃。

不适用：磷酸酯液压液、溶剂、酒精、乙二醇、制动液、热水、蒸汽、碱和酸。

6. 热塑性聚酯弹性体(TPC-ET)

热塑性聚酯弹性体是一种深加工的热塑性弹性材料，它特别适用于注塑成型，并广泛用于大体积装置的密封，如那些在瓶盖和汽车模压盖。它可以作为一种非常灵活的材料，存在多种柔性等级，每种等级材料的硬度不同。热塑性聚酯弹性体在正常工作温度下具有高弹性，为密封材料提供足够的密封性能。作为一些同轴密封的密封件，聚四氟乙烯的柔韧性和弹性，与所需的装配辅助设备相比，更易于安装。其偶尔也被用作备用环，尽管与较硬的材料相比，其抗挤压能力有限，材料的弹性和柔韧性提供了良好的间隙填充和对压力变化的响应，温度范围和流体电阻均取决于材料的等级。

温度范围：典型的密封材料等级为-40~120℃(许多类似聚氨酯的液体的限制)。

适用范围：矿物油和油脂、碳氢化合物燃料、水基液压液HFA和HFB、环境可接受的水液、水、醇、乙二醇、稀酸和碱。

不适用：水乙二醇(HFC)和磷酸酯(HFD)液压液、乙二醇制动液、溶剂、浓缩化学品。

7. 聚硫化物(OT/EOT)

聚硫化物对溶剂、汽油、空气和臭氧有良好的抗蚀性，但其力学性能较差，不适合直接使用制造密封件。但可用作更强的弹性体的衬垫，如用在燃料软管等；有时也可作为一种密封胶，与硅胶材料相比，其提高了流体阻力。主要应用场景是作为航空工业的密封胶。

温度范围：-50~120℃。

适用范围：汽油燃料、石油溶剂、酮、醚、氧气、臭氧。

不适用：胺类物质。

8. 氢化丁腈(HNBR)

氢化丁腈是传统丁腈聚合物的一种进化材料，其中聚合物链经过氢化过程，具有提高聚合物链抗化学反应的效果。是一种具有改进的耐化学性、耐温性以及良好的机械性能的材料。HNBR 材料具有高强度和高伸长率的断裂，是一种性能优异的材料，但其成本高于标准的 NBR 材料。更高的温度能力、更好的耐流体性和高强度的结合，使这种材料在石油和天然气工业、化学工业、柴油发动机和类似的高可靠性腐蚀环境的密封应用中广泛应用。良好的抗氧化性也将使这种材料可用于高温、高压的压缩空气，从而避免传统丁腈的快速老化。且发现也可应用于其他应用，其高强度的高温是一个优势，如定时带。

温度范围：-20~150℃。特殊的化合物可以为-40℃提供柔韧性，但通常以牺牲其他性质为代价。可以在 175℃环境中间歇使用。

适用范围：矿物油和润滑脂、液化石油气、燃料油、水、稀酸、水和乙二醇基液压油、植物油、臭氧。

不适用：极性溶剂、乙二醇基制动液、强酸。

9. 聚丙烯酸(ACM)

聚丙烯酸材料是一种耐油弹性体，可用于汽车发动机和变速器润滑油，成本比氟碳低得多。它对矿物油有良好的耐受性，包括那些具有高添加剂的包装，如变速器润滑油、自动变速器油液(ATF)等。这种材料的高温抗氧化能力也优于 NBR，但其的弹性和低温性能较差。聚丙烯酸材料主要应用于静态密封，包括旋转唇形密封的外模塑，以及非密封应用，如汽车应用中的软管。

温度范围：-20~150℃(间歇性使用至 175℃，低温等级至-30℃)。

适用范围：矿物油，包括传动润滑油、合成发动机油、柴油和生物柴油、ATF、空气和臭氧。

不适用：热水、蒸汽、化学品、低温。动态密封件的应用有限。

10. 乙烯丙烯酸(AEM)

与聚丙烯酸材料(ACM)相比，乙烯丙烯酸的设计提高了低温柔韧性。其低温性能较好，但耐油性不如 ACM、HNBR 等材料。其弹性通常也不如 HNBR。然而，对于静态密封中的应用，与 HNBR 相比，具有较大的经济优势。该材料用途同样是在静态汽车应用中，包括密封件和高温软管。

温度范围：-30~160℃(高等级可扩展到-40~175℃)。

适用范围：臭氧、石蜡润滑油、水和发动机冷却剂。

不适用：变速箱油、ATF、芳香矿物油、酸、酯。

11. 乙烯丙烯(EPM，EPDM)

乙烯丙烯基材料是一种具有很宽的温度范围的弹性体，能抵抗某些流体的问题。主要的缺点是不能对碳氢化合物液体产生耐受性，若它们接触到矿物油或油脂，就很容易膨胀和损坏。因此，必须在特定环境中小心处理。

乙烯丙烯是由两种聚合物的共聚物制成，被广泛用于蒸汽和热水系统的密封，使用 Skydrol 的飞机液压系统，其他使用磷酸酯的液压系统，以及使用乙二醇基流体的车辆制动系统。这种材料也可以用于合成酯润滑剂，用于低温环境，如制冷剂压缩机。高温应用存在的主要问题是耐空气老化性能较差，在惰性全蒸汽环境中的密封温度可以超过蒸汽和空气之间的密封温度。

温度范围：-45~150℃(一些等级可用到 180℃蒸汽提供没有空气)。

适用范围：水、蒸汽、磷酸酯(HFD-R 和 Skydrol)、硅油和油脂，一些极性溶剂、一些酸和碱、臭氧和空气。

不适用：矿物烃油、润滑脂油和燃料和高温臭氧(130℃+)。

12. 硅胶(MVQ，MPQ，MPVQ，PVMQ)

硅胶弹性体由大量的化合物组成，最常见的是 MVQ 材料，其主要特性是温度范围较宽，可以在-50~200℃内使用。缺点是抗拉强度和抗撕裂性相对较差，容易磨损，也更容易对装配体造成损坏。与其他弹性体相比，硅胶弹性体在室温下的物理性能相对较差，但优点是其性能受到温度的影响较小。因此，它们在高温下保持了相对较高的强度，并在非常低的温度下保持柔韧性。

硅胶材料通常对人体是惰性的，因此该材料可以在食品和医疗行业广泛应用。硅胶也被广泛用作密封剂，被称为液体硅橡胶(LSRs)。一类是单个部分，包含固化剂，一类是两部分，其中固化系统在应用前立即混合。固化过程是由大气湿度触发的，发生在室温下(因此这些化合物也被称为 RTV)，因此在低湿度条件下，可能需要引入一些湿度，以达到合理的固化率。硅胶的主要应用是医疗、食品、汽车和航空航天。由于机械性能有限，因此需要更高的膨胀进一步改善自身性能，在应用时需要注意。如果需要高温灭菌，则对蒸汽的阻力较差，这限制了食品的应用。硅胶作为动态密封具有一定的限制，但由于其优越的低温性能，被用于一些汽车旋转轴唇形密封。

苯基硅可以用于更低的温度：-70℃。但它的机械性能相对较差，对典型油的抗膨胀能力较低等。

温度范围：-60~200℃(专业等级对更低的温度保持一定的柔韧性)。

适用范围：矿物油、制动液、水、臭氧和空气。

不适用：热水和蒸汽(120℃+)、芳香烃和溶剂、酸和碱。

13. 氟碳化合物(FKM)

氟碳是一种复杂的聚合物。这种材料首次出现于 20 世纪 50 年代，该材料为一种高温耐油弹性体。它们现在是一类重要的弹性体，能够在高达 200℃的温度下提供非常广泛的化学相容性。有几种不同的氟碳基团，它们具有不同的性质，而且往往不能互换。

这些材料是将氟并入聚合物链中。在链内形成一个非常强的键，并防止其他流体攻击聚合物。为方便起见，氟碳聚合物的类型目前被分为五类。

FKM 1 型：最初的开发是一种由六氟丙烯(HFP)和偏氟乙烯(VDF)组成的共聚物，也被称为二聚物。这些包括杜邦的 Viton A 和 GA 聚合物和 Dyneon 的 FL21xx 级。这些通常是65%的氟化物，并形成了许多通用氟弹性体的基础。它们对碳氢化合物具有良好的抗压缩性和良好的抗压缩性。

FKM 2 型：三聚物除使用 HFP 和 VDF 外，还使用四氟乙烯(TFE)开发，它将氟含量提高到 68%，提供了更好的流体阻力，但是压缩性和低温性能较差。这些材料通常不能在-10℃以下使用。典型的材料是由 Dyneon 和 Tecnoflon T838K 生产的 Viton B、FL2320 和 FL2350。

FKM 3 型：有时被称为四聚合物的是三氟聚合物，以提高固化效果，并提供更稳定的交联，氟含量增加到 69%或 70%。例如，这些等级分别是 Viton GF 和 Dyneon FLS2650 级。特殊聚合物还可包括氟化醚，以提供具有改善低温性能的优质等级，如 Viton GFLT。这些等级具有更广泛的耐化学性，可用于甲醇和许多其他的极性溶剂。这些材料可以通过增加氟含量，通常可提供更好的流体阻力，但这与物理性能的降低有关，因此更容易发生压缩应变和挤压问题。目前，新的聚合物被开发，克服了这些问题，并提供了现实的低温性能。

FKM 4 型：该组由丙烯、TFE 和 VDF 混合而成。通常，它们的氟含量约为 67%。当碱阻力增加时，碳氢化合物的膨胀性能受到损害。

FKM 5 型：这些聚合物不仅用于提高碱基抗性，而且还专门用于对硫化氢的抗性。也被称为五五聚物，它们包括 VDF、HFP、TFE、PMVE(全氟甲基偏乙醚)和乙烯。

温度范围：标准等级为-15~200℃。-30~-40℃可能有最新的低温等级

适用范围：矿物油和油脂、一些磷酸酯(HFD)、硅油和油脂、氯化溶剂、空气和臭氧、燃料。

9.2 塑性密封材料

塑性材料被广泛用于密封，直接作为密封组件，或作为整体组件的一部分，如抗挤压环或轴承。弹性体密封可以直接模压到塑料组件上，或者不同类型的塑料可以模压成一个密封组件。随着热塑性弹性体等材料使用的日益增多，塑料和弹性体之间的界限变得越来越模糊。但与弹性体的区别是，一种材料必须表现出在低应力下显著应变(例如高达 100%)的能力，并能够完全恢复或近似恢复，但大多数塑性材料的弹性恢复区为<10%。它们可能会被拉伸到很大的值，通常是无法恢复的塑性应变。

塑性材料也是基于长链聚合物，如弹性体。塑料的化学形式可能比弹性体更是变化多样。它们可能是一种烧结的聚合物，但没有任何化学交联。或者，它们可以是低于玻璃化转变点的交联材料，所以它不可作为弹性体；塑料的性质在过渡点可以发生很大的变化。例如，如果它们通过玻璃化转变温度，那么应力/应变特性在温度变化相对较小时可能会发生显著变化，这会影响挤压阻力和摩擦学行为等特性，塑料的性能范围甚至比弹性体所展示的范围更宽。在本节中，将总结最常用于流体密封的塑料材料，并依次讨论每种材料的关键特性。

9.2.1 塑料的优点

从塑料中可以获得关键潜在属性的总结如下，一些材料特点只能从有限数量的塑料类型

中获得。低摩擦和干性运行潜力：许多塑料允许干性运行，这是干性或边缘润滑密封的优势。它们还可以具有良好的边界润滑特性，这有利于低速或欠润滑环境的应用。在材料的温度和流体限制范围内，许多塑料都提供了这种性能。

良好的耐磨性：当与适当的填料混合时，许多塑料可以提供良好的耐磨性。

较高的强度：一些塑料提供相对较高的强度，当在强度-质量基础上评估时，通常可以与金属持平，这可以使它们对结构组件具有更好的应用。这种高强度为密封提供了有价值的特性，如良好的挤压阻力。

与弹性体相比，塑料具有广泛的使用温度范围。塑料可以在比弹性体更高和更低的温度下使用。

与弹性体相比，塑料具有广泛的耐化学性。一些广泛用于密封的塑料，如聚四氟乙烯，具有非常良好的耐化学性。与弹性体一样，各类型塑性材料的耐化学性不尽相同，化学相容性必须仔细检查。

9.2.2 塑性密封材料的缺点

与弹性体不同，它们不提供固有的能量：高弹性模量和低弹性模量意味着通常塑料密封需要某种形式的能量，如弹性体或金属弹簧来提供初始密封力。缺乏弹性也会抑制其跟随任何运动或振动的能力。

低弹性极限：塑料密封的弹性性能有限，因此在装配过程中的拉伸能力有限。这可能会限制设计选项，并导致装配问题。这也意味着塑料密封通常只能通过塑料流入台面纹理来提供较高的完整性。这对于静态密封是可行的，但会导致动态密封的高磨损。

蠕变：塑料会经历塑性流动或蠕变。蠕变的量将取决于塑料的类型。它会造成密封应力的损失，特别是使密封不能在循环情况下工作，如交替的高温和低温。如果一个温升通过一个材料过渡点，蠕变可能会显著增加。

填料可以提高材料的密封性能：填料用于提高强度、抗蠕变和抗磨损。虽然有益是显然的，但它们也会减少弹性极限和伸长率，容易产生断裂。在大多数通用塑料中，这些参数得到了很好的优化，但一些填充的高性能塑料可能具有高强度，但伸长率非常低，远低于10%。它们不能被视为一种具有与弹性体和常规塑料相关的固有柔韧性的材料，填料也会对聚四氟乙烯化合物的耐化学性产生影响。

9.2.3 塑性密封材料的力学性能

塑性密封材料的力学性能变化范围较大，这种材料应用范围通常介于弹性体和金属之间。有些材料的强度相对较低，可以有很大的伸长或其他变形而不断裂，尽管由于它是塑性流动，通常是不可恢复的。其他材料可以有特殊的强度，但在性质上很脆。实际性能很大程度上取决于基础聚合物、填料和加工方法。

表 9-3 提供了来自一系列供应商的塑料材料样品的一些比较数据。本表是基于从各种供应商数据表和公共参考来源获得的数据。根据材料等级、制造方法、填料类型和个别供应商使用的专有工艺，任何一组材料的性能可能有很大差异。这些数据只能作为一般介绍，主要目的是展示一般用作密封材料的塑料材料具有非常广泛的性能。如果包含了很大范围的值，可能是出于各种原因。在某些情况下，特别是增强材料，其性能可能非常依赖于轴向结

构，可能会影响机械性能和热性能的一个数量级。

表 9-3 密封应用中常用的塑料材料的基本力学性能

材料	最小使用温度/℃	最大使用温度/℃	柔性温度/℃	拉力	延展力	弹性模量	热膨胀系数
聚酰胺 66	-30	110	60	50	30	2000	100
聚酰胺 66/MoS_2	-30	100	90	85	25	3200	70
聚酰胺 33%，玻璃纤维	-50	140	200	170	2.5	8400	20~100
乙缩醛	-50	100	95	70	50~70	2600	10~120
乙缩醛/聚四氟乙烯	-50	100	110	55	15	3000	90
乙酸(30%玻璃)	-50	120	160	140	15	6000	30
聚酯纤维	-40	120	80	70	5	2500	81
超高相对分子质量聚乙烯	-250	80	110~120	37~47	300	900	
聚苯硫醚	—	220	120	70~120	1~5	2500~16500	15~180
聚苯硫醚 30%碳纤维	—	260	260	150~200	0.5~2	2000~2500	10~16
聚四氟乙烯(原始)	-250	175	50	20~35	300	500	100
聚四氟乙烯，玻璃填充	-200	250	200	30~80	10~100	1400	100
聚四氟乙烯，聚合物增强	-200	250		14	180	1000	50
聚四氟乙烯，充碳	-250	250		30	20	500	30
PTFE，青铜填充	-250	250		14	90	1400	60
聚醚醚酮	-70	275	175	90	40	4000	25~75
PEEK，碳和石墨填充	-70	275	320	145	2	9500	8~17
聚醚酮	—			115	14	4500	
聚酰亚胺(热固性)	—	370	不适用	50~80	2~8	2500~4000	25
聚酰亚胺(热塑性)	—	350	300~360	175	2~10	4000	14
聚酰亚胺(充碳 TP)	—	290~320	280~330	220	2	11000	3~900
聚酰胺-酰亚胺	-200	250	280	190	15	5000	30
PAI，30%碳纤维	-200	250	280	200	6	16000	9
聚苯并咪唑	-15	400	420	140	3	6500	13
聚苯并咪唑/PEEK	-15	300	310	95	1	13500	25

大多数塑料的一个显著特点是随着温度的升高而软化。表 9-3 显示了部分塑料的相关数据，高温软化会严重限制在较高温度下的操作参数，磨损率和抗挤压性将明显低于最高温度。第 9.2.4 节讨论了最常见的塑料密封材料的特性及相关数据。

9.2.4 塑性密封材料的类型及应用

1. 聚酰胺(PA)

聚酰胺材料又称尼龙，是杜邦公司开发的第一种合成塑料材料，首次出现于 1938 年，目前主要由石化公司生产。在工程应用中最常用的材料是尼龙 66。

尼龙 66 具有一定的强度和耐磨性，这令它可以在干燥或接近干燥的环境中应用。该材料的使用温度范围相对有限，但可以通过玻璃等填料来增加强度，此外，填充二硫化钼材料也可以改善材料的润滑性。然而，限制尼龙材料一个主要因素是其高吸水率，这会导致几何不稳定性。材料暴露在相对湿度较高的空气中后，力学性能也会发生变化，这是密封部件制造过程中需要考虑到的问题。聚酰胺材料主要应用是作为轴承和设备中不暴露在极端温度或广泛流体的备用环。

温度范围：-30~100℃(填料可扩大此范围)。

适用范围：空气、矿物油和油脂。

不适用：水或高相对湿度，溶剂、酸。

2. 乙缩醛(POM)

乙缩醛有多种形式，是一种广泛用于轴承和结构组件的材料。它可作为共聚物和均聚物。乙缩醛比聚酰胺具有更好的稳定性、较低的吸水性和更宽的温度能力，导致了更广泛的应用，它可提供多种填料。从玻璃到不锈钢的多种填料可以提高强度，通过加入聚四氟乙烯、二硫化钼或碳可以提高润滑性。更好的稳定性和良好的抗矿物油的性能，使这种材料成为一种流行的选择，如液压缸密封。

温度范围：-40~100℃。

适用范围：空气、矿物油和燃料。

不适用：各类化学品。

3. 聚酯

聚酯材料属于热固性树脂，一般可作为轴承材料，广泛应用于液压缸及类似应用。聚酯纤维芯浸渍熔融树脂，树脂通过模具时冷却以制成轴承条。该材料已被证明尺寸稳定，具有良好的耐磨性。在液压缸等应用中，它通常会优于金属轴承材料，且不会产生磨损碎片和抛光气缸内径或棒的副作用。

温度范围：-40~120℃。

适用范围：矿物油、润滑脂和燃料，从水乳剂到磷酸酯 HFA、HFB、HFC 和 HFD。

不适用：制动液，水超过 80℃。

4. 聚乙烯(超高相对分子质量)(UHMWPE)

聚乙烯以耐磨性和耐水介质而闻名。聚乙烯在水介质中具有优越的性能，并被广泛应用于动态塑料密封。此外，聚乙烯还适用于低温密封，在-150℃下可用于液化天然气装载旋转装置，也可以作为髋关节等人工关节的整合轴承组件。

温度范围：-250~80℃。

适用范围：水、水溶液、人体植入材料、烃类化合物。

不适用：强酸碱、酯、氯和氯化烃、制冷剂、胺。

5. 聚苯(PPS)

聚苯是一种高温、高强度的塑料，具有良好的流体阻力。尽管耐极端温度和耐流体的能力不如聚四氟乙烯，但它具有更高的强度，也可以作为一种经济替代材料。既可以应用于备用环，也可以作为密封 V 形环材料，依靠高温强度优势被广泛用于汽车零部件的高温结构。大约 50%的生产用于汽车零部件，包括刹车、冷却剂、燃料系统、动力系统和变速器。还用于诸如塑料活塞、阀体、整体密封件和垫圈的外壳等部件。与其他塑料和弹性体一样，流体阻力可能会受到填料的限制，因此评估个别等级的实际相容性是很重要的。

温度范围：高达 220℃（低温无可靠数据）。

适用范围：水、矿物和合成油；汽车冷却剂和制动液；非氧化水酸、碱和盐；非氧化有机物；低温下的制冷剂。

不适用：高温氧化化学品、强酸、氯、氯化溶剂和制冷剂。

6. 聚四氟乙烯（PTFE）

聚四氟乙烯及其衍生物在密封技术中应用较为广泛，该材料具有普遍的化学抗性和较低的摩擦系数，以及良好的干摩擦性能。在未填充（原始）形式中，它相对柔软，以保证密封不易泄漏，既存在于动态密封又存在于静态密封。对于动态密封，它存在于各种旋转密封和往复密封设计中，并作为填料的关键材料。作为一种静态密封，它被广泛用作垫片材料，其中需要抗流体和低法兰载荷。各种形式的通电密封，如弹簧通电的 U 形密封圈和充满弹性体的带电密封 O 形密封圈，在温度或流体条件超过正常的弹性体时被用作静态密封。聚四氟乙烯也可以应用于间歇性运动，如阀门和旋转关节。

聚四氟乙烯本身也有未烧结和烧结的形式。未烧结的材料相对柔软，容易变形，可以用于填料和低应力垫片材料，而密封材料通常由烧结聚四氟乙烯制成。另一种材料是膨胀聚四氟乙烯（ePTFE），其是通过在材料中产生微观空隙的过程制造的。作为一种柔软的材料，特别适用于低应力垫片和包装。

为了提供强度、耐磨性和抗挤压性，相关学者使用了一系列的填料。其中玻璃填料是最常用的，因为它可以在不影响流体阻力的情况下，增加材料强度。而垫圈通常要求材料具有一定的耐化学性，但玻璃不适合作为动态密封的填料，因为它具有高度研磨性。填料的类型及其各自的有效性差异很大，其尺寸和几何形状以及制造工艺对密封件的性能有显著影响。

聚四氟乙烯的应用适用于使用密封产品的所有行业领域。它可以作为垫片和填料广泛应用于需要耐化学性的工艺工业中。

温度范围：-250~250℃。

适用范围：大多数介质。

不适用：熔融碱金属、氟等卤素、强氧化剂（填充聚四氟乙烯后，流体阻力将由填充材料决定）。

7. 聚醚酮（PEEK）

聚醚酮化合物的应用温度范围与聚四氟乙烯相似，但其具有更高的强度，在高温下也能够保持自身力学性能。填充材料的弯曲温度可以远远高于 260℃ 的连续使用温度。虽然性能不如聚四氟乙烯全面，但其具有良好的耐水解性，仍然具有广泛的应用前景。各种各样的类型可以加强填料（增加强度或润滑剂的添加剂），以改善摩擦学性能。

聚醚酮材料一般作为 U 形环、V 形环组和备用环材料的组件，多用于恶劣条件，如石油和天然气工业以及高压、高温化学工艺中。由于自身具有高温稳定性，因此广泛应用于活塞环、阀板和类似应用中。

温度范围：-70~260℃。

适用范围：碳氢化合物，包括润滑剂、燃料和芳烃、磷酸盐酯液、水和蒸汽、制冷剂和卤化溶剂、无机化学物质、酮、酯、碱和酸类。

不适用：盐酸、硝酸和硫酸、酚类物质、硫化合物。

8. 聚酰胺酰亚胺(PAI)

聚酰胺酰亚胺具有良好的抗高温能力，并能够在连续温度高达 260℃的恶劣条件下进行工作。机加工部件提供了比大多数其他工程塑料更大的抗压强度和更高的抗冲击性。该材料还具有较低的热膨胀系数，再加上较高的蠕变阻力，在干燥条件下提供了良好的尺寸稳定性。聚酰胺酰亚胺材料是一种非晶态材料，其玻璃化转变温度为 280℃，有助于在工作范围内提供稳定的材料特性。高强度和低伸长率代表它只适用于发生有限偏转的密封设计。聚酰胺酰亚胺材料应用领域包括机械密封面、活塞环和耐摩擦的迷宫式密封。

温度范围：-200~260℃。

适用范围：碳氢化合物油、燃料和溶剂，包括芳香烃、硫酸、氯化有机物、乙二醇。

不适用：热水或炎热，潮湿的条件；甲醇，腐蚀性环境。

9. 聚酰亚胺(PI)

聚酰亚胺既是热塑性材料，也是热固性材料。热固性材料具有更高的强度和热稳定性，其通常作为表面加工零件或压制组件，应用于大型机械设备。热塑性材料源于注塑成型，适用于大体积组件。各个等级的石墨，碳或聚四氟乙烯填料均可提供充分的润滑性能。对于高温、高应力环境下的应用，热固性材料突出了其自身无软化点的优势。聚酰亚胺材料主要应用于轴承和推力环、机械密封面、干式运行的活塞环，或用于自动变速器等方面。

聚酰亚胺材料非常容易被水解，在水中易失去其原有性能。在环境温度 100℃以上时，材料的力学性能将降为原有力学性能的 50%，在长时间暴露后可能会发生开裂。因此，聚酰亚胺材料多应用于汽车和航空航天领域，与油类液体搭配使用。

温度范围：高达 280℃(温度设定性可以到 350℃或 400℃。没有可靠的数据是关于低温性能)。

适用范围：矿物油和燃料；有机溶剂；包括硝酸、稀盐酸和醋酸；空气和氧气。

不适用：热水和蒸汽，100℃以上的水介质，碱、氧化剂、氯化溶剂和制冷剂。

9.3 碳密封材料

严格来说，纯碳石墨是一种陶瓷材料，但在用于密封的形式中，通常会被其他材料浸渍，这些材料通过减少孔隙率、提高磨损性能或增加强度来不同程度地改善密封的综合性能。碳密封材料被广泛使用，是绝大多数机械密封端面的摩擦副之一，也是分段圆周密封、干式或轻度润滑条件下活塞环最常用的材料。

碳密封材料的优点是作为一种适应性强的材料，具有良好的干式运行性能、宽温度范围和广泛的耐化学性。与 PEEK 和聚酰亚胺等高性能塑料相比，碳密封材料具有较低的负载能力，但在温度、化学相容性范围和从瞬态扰动中恢复等方面更为优越，具有重建碳转移膜的能力。

9.3.1 碳密封材料的制造

碳和石墨材料是由石油焦炭、沥青焦炭、炭黑和石墨等原材料制成的。生产时需要控制的重要参数包括原料的粒度分布、混合速率和温度分布。根据材料类型和所涉及的制造量，通过模具成型、静成型或挤压等过程，混合成型后通常称为粗胚。粗胚的获得可以在压力和温度的范围下进行。

然后烘烤粗胚的碳材料预成型物。根据材料的类型、尺寸和所需的材料特性，烘焙过程中的碳材料与热塑性黏合剂在高温下混合后进行烘焙。黏结剂可以是煤焦油、石油基沥青或合成树脂。

烘烤过程将黏合剂分解为挥发性成分和碳，由此产生的黏合剂焦炭确保了成品环的完整性。在这种形式下，这种材料被称为碳/石墨或硬碳。它相对较脆，具有良好的机械强度和硬度。这些特性有助于使其适用于密封圈和轴承等应用。

在实际应用中，这种材料可以被石墨化，通常被称为电石墨。在这个过程中，再结晶发生，产生更多的石墨和更多的排列结构。石墨化碳的材料性质由石墨的结构性质决定，这些材料通常具有良好的滑动性能、低电阻、高导热性和耐腐蚀性。石墨可以用于改善密封材料的摩擦学特性，抗化学侵蚀或耐温循环的应用。

将大部分的密封碳材料进行浸渍，以提高其性能。用合成树脂浸渍密封件将多孔材料转化为低渗透材料是非常常见的。也可以用金属浸渍要求高负载的材料、浸渍的金属来提高硬度和强度及改进其导电性。一种常用的密封碳的金属浸渍剂是锑。

成品碳材料的温度限制通常由制造工艺和浸渍剂决定。例如，重新黏接或浸渍树脂材料的温度极限，以及轴承金属的“摩擦”温度。对于非浸渍成品，碳石墨材料的短期耐温极限最高可以达到350℃，而石墨化材料的短期耐温极限为500℃。由于氧气的氧化作用，长期耐温极限将会更低。

9.3.2 碳密封材料的摩擦性能

除了机械密封、电机刷子和碳纤维飞机制动器外，碳的摩擦和磨损一直是广泛研究的课题。碳产生了一种复杂的边界润滑机制。碳表面的初始磨损会产生非常细的碳碎片颗粒，作为非常细的颗粒，它们反应性极强，可以连接形成保护性的碳颗粒层。在机械密封摩擦副表面上形成一个薄层。

碳颗粒层的形成依赖于自身环境，易形成于水分、空气和碳氢化合物中。对机械密封面性能的研究表明，当密封件在工作时，碳颗粒层会逐渐形成，然后破裂，这是由于碳填充变化所引起的。

良好的密封材料的区别是重建碳边界层的能力，在正常润滑操作中，这种形成和破裂现象会逐渐发生。试验表明，高质量的密封碳材料可以在干燥环境下运行，并重新建立稳定的碳膜结构。碳膜结构不理想的材料在工作过程中会迅速磨损，导致无法恢复到稳定的边界层膜条件。此外，以这种方式形成的碳边界层容易在180℃左右分解。因此，瞬态干摩擦会因高表面温度导致磨损增加，高温密封需要耐高温的碳结构，如电石墨。电石墨也具有较高的导热系数，这将有助于分散摩擦热，并避免在瞬态条件下出现过高的温度。

9.4 金刚砂密封材料

金刚砂又称碳化硅，是从一种高性能机械密封面材料发展成为许多应用领域的标准密封材料。因其具有良好的摩擦性能、高模量和导热性，使之成为一种优良的密封面材料。碳化硅作为密封材料的显著特点是高耐磨性、高弹性模量和高导热性以及良好的耐化学性。

金刚砂材料高弹性模量约 400GPa 和高导热系数 100~150W/mK，是降低表面温度和小变形密封面的主要因素，对密封结构提供了稳定性。热膨胀系数约为 4×10^{-6}，具体取决于等级和制造工艺。与此相比，典型的碳渗透面可能在 $2\times10^{-6}\sim6\times10^{-6}$。有许多类型的材料可根据自身需求进行选取，力学性能的例子见表 9-4。

表 9-4　机械密封面用碳化硅的典型性能

材料等级	Purebide R	SC-RB (SC-2)	PGS100	SC-DS (SC-30)	Purebide G	SC-DSG (SC-35)
材料类型	反应烧结	反应烧结	自烧结	自烧结	石墨复合反应烧结	石墨复合自烧结
密度/(g/cm³)	3.08	3.1	2.9	3.15	2.8	2.8
挠度/MPa	—	462	140	480	—	220
弹性模数/GPa	345	393	210	410	140	310
抗压强度/MPa	2500	2700	690	3500	550	675
导热性/(W/mK)	150	125	155	150	155	125
热膨胀系数/(10^{-6}/℃)	4.5	4.3	4	4.4	4.1	4.4
最高温度/℃	1400	1400	540	1750	540	1750

9.4.1　反应烧结材料

反应烧结碳化硅是由细颗粒 α-碳化硅和添加剂压制成素坯，在高温下与液态硅接触，坯体中的碳与渗入的硅反应，生成β-碳化硅，并与 α-碳化硅相结合，游离硅填充了气孔，从而得到高致密性的陶瓷材料。典型的碳化硅材料中硅含量的百分比在 8%与 12%之间，将这种材料作为密封材料不会对机械密封结构产生负面影响。然而，它虽然可以作为密封材料，但是如果遇到强酸或强碱等液体会将游离态的硅将其从碳化硅基体中溶解出来，削弱了材料的机械性能，导致碳化硅材料呈多孔性。因此，反应烧结碳化硅(RBSiC)不适合使用具有腐蚀性、高 pH 化学品和一些强酸，不建议用于 pH 值为 4~11 之外的环境下使用。

9.4.2　自烧结碳化硅

自烧结碳化硅(SSSiC)也被称为直接烧结。在材料制备过程中，碳化硅颗粒在超过 2000℃的惰性环境中与烧结辅助剂进行直接烧结，这种方法制备出的材料碳化硅纯度接近 100%。由于没有游离态硅的存在，因此可以有效避免化学剂中强酸强碱的腐蚀。在实际应用过程中，它具有较强的化学抗性，因此可以将碳化硅材料应用于机械密封当中。

随着烧结材料变得更容易获得，用于标准化这些材料的通用密封，避免了游离态硅被溶解的问题。

9.4.3　石墨复合烧结碳化硅

自烧结碳化硅也可与石墨材料复合，石墨材料可以提供分散在碳化硅结构中的自由石墨颗粒，这种材料在保证碳化硅机械强度的基础上，提供石墨的低摩擦力为优势。石墨复合烧结碳化硅比较适合需要边界润滑以及机械启动润滑的材料。此外，相对较软的石墨颗粒会附着碳化物表面凹陷处，从而促进润滑。

9.5 碳化钨密封材料

碳化钨是一种与金属黏合剂结合在一起的陶瓷晶体材料。该材料是第一种具有高强度、高导电性的材料，广泛应用于20世纪60年代与70年代。在许多应用中，碳化钨已经逐渐被碳化硅所取代，但在特殊环境下仍然需要使用。与碳化硅相比，碳化钨缺乏耐腐蚀性且密度较高。

金属黏合剂使碳化钨材料比碳化硅强度更高，因此在涉及冲击或高离心力时，这种材料具有很大的优势。然而，它被用作标准材料，作为一些高速密封件的旋转面时，其设计不允许密封结构中的密封圈旋转，特别是对于压缩机等高速多级机器，高密度可能是一个缺点。对于传统的泵密封，高密度也适合应用在高损耗的环境中。化学相容性通常受到金属黏合剂的限制，因此为了获得更高的耐腐蚀性，将使用镍结合材料。

9.6 氧化铝密封材料

氧化铝陶瓷密封材料是由氧化铝粉、氧化铝烧结而成。该材料具有高硬度、高强度以及一定的耐化学性，是应用广泛的表面工程材料，由于它对热冲击的抵抗力较差导致材料表面容易断裂，因此应用受到一定限制。材料断裂现象很容易发生在干摩擦或者温度急剧变化环境，因此氧化铝陶瓷材料一般应用在低载荷机械密封中，如轻型水泵，不容易产生热冲击。

9.7 表面镀层材料

在磨料或其他机械密封易磨损表面使用石墨涂层可以有效改善材料表面性能。最初，研究了被称为类钻石碳(DLC)的材料，DLC能够满足耐磨损、耐化学性和干运行工作环境需要的坚固表面的材料。DLC存在七种基本形式，并已被国际知名的研究机构分类。其目的是使用具有高含量非晶态碳的材料，称为 sp^3。金刚石结构的不同相、氢含量和应用方法之间的关系如图9-12所示。

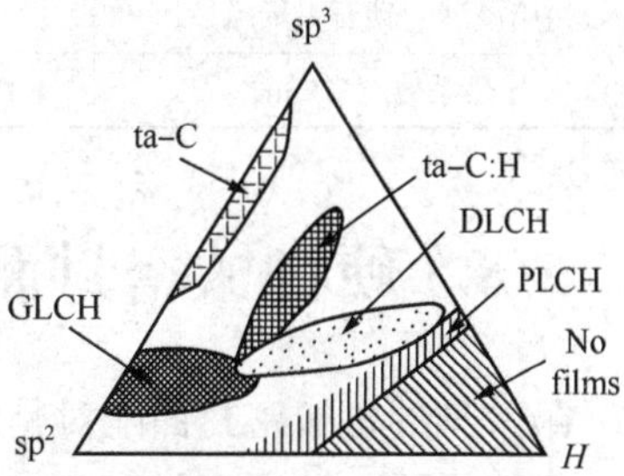

图9-12 非晶态碳的三元相图

在图9-12中，这三个角分别对应于金刚石、石墨和碳氢化合物。根据 sp^3 含量和H含量，DLC可分类为ta-C，不含H、C—C，sp^3 含量大于60%；DLCH中H含量大于40时为PLCH，sp^3 含量高达70%；H为20%~40%；GLCH中若H含量低于20%，sp^3 含量低于20%。在ta-C：H含量中，sp^3 含量可达到70%，而H含量为25%~35%，C—Csp^3 含量远高于PLCH。对于给定的H含量，DLCH的 sp^3 含量低于ta-C：H。

尽管DLC已被证明在一些需要耐磨性设备的情况下非常有效，但对于机械密封面并非可靠。化学气相沉积(CVD)方法已经被成功商业化用于密封结构中，可以采用各种使用CVD过程的方法。CVD采用软丝工艺(经过各种改进，生产微晶、纳米和超晶体材料)。等离子体辅助CVD(PA-CVD)等方法目前已得到了成功应用。这些工艺能够生产出具有可用厚度、优良物理性能和涂层黏附于基材的涂层。各种应用方法产生高含量的非晶碳、sp^3，或 sp^2 和 sp^3 的混合物，提供非常高硬度的密封面。这些生产方法产生了表面性能和与基材的良好黏附性，但在合成的晶粒尺寸、表面粗糙度(其中基材粗糙度起重要作用)和各种物理性质方面存在差异。

这些工艺所需的温度不尽相同，许多密封面使用 SSSiC 作为衬底，热处理工艺使用的温度约为 600~800℃；一些低温工艺(即 PA-CVD)在大约 100℃下进行，允许使用其他衬底，但它们会受到高温不利影响。

金刚石涂层的特性是：表面硬度极高，非常耐磨料磨损，边界润滑中的两体磨损很低，化学惰性强，耐腐蚀性极强，摩擦系数较低，摩擦温度较低，可在干燥环境下工作，有很好的导热性，表面粗糙度较低。

在工作中，使用表面粗糙度非常低的材料具有启动泄漏低的优点，表面粗糙度较大更加需要磨合。

基材及其表面光洁度和结构对成品的表面和形貌的最后成形都非常重要。这种材料的成本虽然高于常用材料，但可以接受，因为在恶劣环境下可以有效提高工件使用寿命。表 9-5 总结了最常用密封面材料的性能。从表 9-5 可知金刚石密封面具有高硬度、良好导热性以及极低摩擦力等优点。

表 9-5　常用机械密封面的材料性能和摩擦系数

	Micro-CVD	Ultra-nano-CVD	PA-CVD	RBSiC	SSSiC	WC
硬度/Hv	10000	10000	3500/4000	2500	2800	1500/1800
弹性模量/GPa	1200	960	34	340/400	200/400	600
剪切模量/GPa	—	570	—	460MPa	480MPa	270
摩擦系数						
自摩擦	0.01	0.01	0.025	0.07	0.07	0.12
SSSIC 摩擦		0.01	0.025	0.075	0.075	0.1
树脂浸渍的碳石墨烯摩擦		0.05	0.035	0.065	0.07	0.09
导热系数/(W/mK)	1200	550/1600	947	125/150	150/155	80

9.8　硬机械密封面组合

最常见的机械密封面配对是碳石墨对硬质材料，如碳化硅或碳化钨。然而，在某些情况下，可能需要一种硬面材料与另一种材料的组合。举几个典型例子：

(1) 泥浆或其他带有磨料颗粒的产品(可能三体磨损)。

(2) 在碳石墨中可能引起高扭矩，从而导致发生剪切的高黏度流体。

(3) 密封面涂层内部结晶产生磨料颗粒。

(4) 产品在密封面膜中的聚合，导致碳石墨颗粒的黏附。

(5) 各种加载或工艺破坏条件，可能会超过碳石墨的物理性能。

(6) 一个摩擦学概念表示，可以通过避免类似的材料相互作用进行组合。因此，对于硬面材料组合，一般会通过以下方式进行组合：

① 碳化钨对碳化硅。

② 反应烧结碳化硅对自烧结碳化硅。

有限元和计算流体动力学分析的增加使密封设计者能够使用类似材料的组合。但这并不能避免在边界润滑条件下产生的表面应力过大所造成的碳化硅材料的脱落和碳化钨中的热检查。必须针对某些情况指定硬面材料。

WC 本身被用于重油、焦油和沥青类的环境下工作。这些主要局限于低压和低速的情况，而不是在水负荷。

(1) 由于自烧结碳化硅的化学稳定性，故常被用于化学加工业。

(2) 反应烧结碳化硅能够很好的应用于烃类精炼和加工业(不包括轻烃和低比重流体)。

目前，使用金刚石涂层的机械密封面已被证明是可以胜任机械密封结构。这类密封面已用于磨损、干燥或低润滑环境(如多相、气体截留、停止/启动)。

9.9 金属材料

各类金属也可作为密封材料被用于制造密封件。它们可以是密封材料本身，就像在金属密封中一样；密封的主要部分，如机械密封；或者一个不太明显的部分，如聚合物密封的能量弹簧或半金属垫片的金属组件。本节将展示主要应用于密封中的金属类型。

9.9.1 不锈钢

不锈钢是各种密封产品的通用材料，从塑料 U 形面密封的弹簧、垫圈的金属部件到机械密封的金属部件，这些主要是奥氏体的“300”系列合金。

9.9.2 镍合金

镍合金，是以镍为基加入其他元素组成的合金。1905 年前后制出的含铜约 30%的蒙乃尔(Monel)合金，是较早的镍合金。镍具有良好的力学、物理和化学性能，添加适宜的元素可提高它的抗氧化性、耐蚀性、高温强度和改善某些物理性能。镍合金可作为一种良好的机械密封部件，在能源开发、化工、电子、航海、航空和航天等领域中都有广泛用途。

9.9.3 低热膨胀合金

低膨胀合金，又被称为英瓦合金，基本构成是高镍或镍铬钢。它们对于具有密封面的机械密封非常有用，因为金属组件的热膨胀可以与碳化硅或碳密封面更好的搭配。例如，大多数不锈钢合金的热膨胀系数为$(10\sim16)\times10^{-6}/℃$，而密封面的热膨胀系数为$(4\sim7)\times10^{-6}/℃$，低膨胀合金通常能在 250℃下保持密封相关性能。

9.10 软金属涂层

金属静态密封可在密封表面使用软金属覆盖，这种覆盖层的目的是为了改善密封表面粗糙度，提高密封件的密封性。选择涂层材料的主要决定因素是温度、流体载荷以及经济成本。此外，软金属涂层也可以用于其他金属之间的密封设计，以提高密封的完整性。

第10章　过程设备泄漏检测技术

10.1　引言

过程装置在制造或运转时，不仅需要知道有无泄漏，还要知道泄漏率有多大。泄漏检测技术中所指的“漏”的概念，是与最大允许泄漏率的概念联系在一起的。

泄漏是绝对的，不漏则是相对的。对于真空系统来说，只要系统内的压力在一定的时间间隔内能维持在所允许的真空度以下，这时即使存在漏孔，也可以认为系统是不漏的；对于压力系统来说，只要系统的压力降能维持在所允许的值以下，不会影响系统的正常操作，同样也可以认为系统是不漏的。对于密封有毒的、易燃易爆的、对环境有污染的、贵重的介质，则要求系统的泄漏率必须小于环保、安全以及经济性决定的最大允许泄漏率指标。

检漏就是用一定的手段将示漏物质加到被检设备或密封装置器壁的一侧，用仪器或某一方法在另一侧怀疑有泄漏的地方检测通过漏孔漏出的示漏物质，从而达到检测的目的。检漏的任务就是在制造、安装、调试过程中，判断漏不漏和泄漏率的大小，找出漏孔的位置；在运转使用过程中监视系统可能发生的泄漏及其变化。

10.2　检漏方法的分类和特点

泄漏检测方法很多，每种方法的特点不同，检漏前应首先根据检漏要求、检漏环境等选择合适的检漏方法。

1. 选择泄漏方法

选择泄漏检测方法要考虑如下几个方面因素。

（1）检漏原理。不论采用哪种检漏方法，必须理解它的基本原理。泄漏检测方法涉及的内容较广，集中反映了各种计量和测试技术。对许多检测方法的原理都能够理解是不容易的。本书中将简单介绍常用检漏方法的基本原理。

（2）灵敏度。检漏方法的灵敏度可以用该方法可检测到的最小泄漏率来表示。选择检漏方法时应考虑各种方法的灵敏度，即采用哪种方法可以检测出哪一级的泄漏。例如，要检测 $10^{-5}cm^3/s$ 的泄漏率时，采用灵敏度为 $10^{-2}cm^3/s$ 的方法就毫无意义。反之，检测 $10^{-2}cm^3/s$ 的泄漏时，采用灵敏度为 $10^{-5}cm^3/s$ 的方法，原理上也许可行，但实际上可能是不经济的。

（3）响应时间。不论采用什么方法，要检测出泄漏率，总要花费一定的时间。响应时间的长短可能会影响检漏的精度和灵敏度。通常，延长检测时间，会提高灵敏度，但是，检测时间过长，由于环境条件的改变，可能降低检测精度。响应时间包括检测仪器本身的应答时间，气体流动的滞后时间和各种准备所需的时间。选择检漏方法时，必须考虑到这一点。

（4）泄漏点的判断。有些检漏方法仅仅可以判断出系统有无泄漏，但无法确定泄漏点在何处，有的检漏方法不仅可以确定泄漏点，而且还可以确定泄漏率的大小。如仅仅是为了弄清装置是否合格时，可采用前一种方法。在进行维修或要找出泄漏原因时，就必须采用后一种方法，采用后一种方法有时也会出现漏检的情况。

(5) 一致性。对有些检漏方法来说，不管检测人员是否熟练，所得到的检测结果都基本相同；有些方法则是内行和外行使用，其结果全然不同。可能的情况下，应采用不需要熟练的专门技术就能正确检测的方法。每种方法都有不同的技术关键，不同的检漏人员未必能得出一致的检漏结果。

(6) 稳定性。泄漏检测是一种计量和测试的综合技术。如果测试得到的数据不稳定，就毫无意义。正确的泄漏检测不仅需要检测仪器具有稳定性，而且需要检测方法本身也具有较好的稳定性。

(7) 可靠性。未检测出泄漏并不等于就是没有泄漏，对此应进行判断。采用某种方法进行检漏时，应该了解该方法是否可靠。检漏结果的可靠性与上面介绍的方法的一致性、稳定性等多种因素有关。

(8) 经济性。是选择检漏方法的关键之一。单考虑检漏方法本身的经济性比较容易，但要从所需的检漏设备、对人员的技术要求、检漏结果的可靠性等方面综合评价检漏方法的经济性则较困难。

例如，涂肥皂液检漏是一种很经济的方法，但是，使用这种方法无法检查出较小的漏孔，因而，无法将其用于对泄漏要求较高的场合。使用价格昂贵的氦质谱检漏仪时，很快就能检测出多处较小的泄漏。很难笼统地说，上述两种方法中，哪种经济，哪种不经济。

可见，选择检漏方法时，除了要考虑其经济性外，还必须对灵敏度、响应时间、检测要求等作全面评价，使所选的检漏方法既满足检漏要求，又经济合理。

2. 检漏方法的分类

检漏方法和仪器很多，根据所使用的设备可分为氦质谱检漏法、卤素检漏法、真空计检漏法等；按照所采用的检漏方法所能检测出泄漏的大小又可分为定量检漏方法和定性检漏方法；根据被检设备所处的状态又可分为压力检漏法和真空检漏法。下面根据后一种分类方法加以简单说明。

1）压力检漏法

将被检设备或密封装置充入一定压力的示漏物质，如果设备或密封装置上有漏孔，示漏物质就会通过漏孔漏出，用一定的方法或仪器在设备外检测出从漏孔漏出的示漏物质，从而判定漏孔的存在、漏孔的具体位置以及泄漏率的大小。属于压力检漏法的有水压法、压降法、听音法、超声波法、气泡法、集漏空腔增压法、氨气检漏法、卤素检漏法、放射性同位素法、氦质谱检漏仪吸嘴法等。

2）真空检漏法

被检设备或密封装置和检漏仪器的敏感元件均处于真空中，示漏物质施加在被检设备外面，如果被检设备有漏孔，示漏物质就会通过漏孔进入被检设备内部和检漏仪器敏感元件所在的空间，由敏感元件检测出示漏物质来，从而可以判定漏孔的存在、漏孔的具体位置以及泄漏率的大小。属于真空检漏法的有静态升压法、液体涂敷法、放电管法、高频火花检漏法、真空计检漏法、卤素检漏法、氦质谱检漏法等。

3）其他检漏法

其他检漏法包括示踪气体封入法、气瓶法、半导体检漏法、荧光检漏法等。

压力检漏法、真空检漏法及其他检漏方法的检漏特点、现象、检漏设备以及最小可检泄漏率示于表 10-1、表 10-2 和表 10-3 中。

表 10-1　压力检漏法

检漏方法	工作条件	现象	设备	最小可检泄漏率/(cm^3/s)	备注
水压法	充水	漏水	人眼	$5\times10^{-2}\sim5\times10^{-3}$	
压降法	充 0.3MPa 的空气	压力下降	压力表或压力传感器	1×10^{-2}	也可以用听诊器
听音法	充 0.3MPa 的空气	咝咝声	人耳	5×10^{-2}	
超声波法	充 0.3MPa 的空气	超声波	超声波检测器	1×10^{-2}	
气泡法	充 0.3MPa 的空气	水中冒气泡	人眼	$1\times10^{-4}\sim1\times10^{-5}$	
	充 0.3MPa 的空气	涂肥皂液发生皂泡	人眼	$1\times10^{-3}\sim1\times10^{-4}$	
集漏空腔增压法	1.1 倍的工作压力	集漏孔腔内压力增加	微压力传感器、温度传感器、位移传感器	5×10^{-6}	
氨气检漏法	充 0.3MPa 的氨气	溴代麝香草酚蓝试带变色	人眼	8×10^{-7}	观察时间 20s
	充 0.3MPa 的氨气	溴酚蓝试带纸变色	人眼	1×10^{-10}	24h 累积
卤素检漏法		卤素检漏仪读数变化	卤素检漏仪	$1\times10^{-5}\sim1\times10^{-9}$	可与空气混合充入
放射性同位素法			闪烁计数器	1×10^{-6}	可与空气混合充入
氦质谱检漏仪吸嘴法			氦质谱检漏仪	$1\times10^{-7}\sim1\times10^{-9}$	

表 10-2　真空检漏法

检漏方法		工作压力/Pa	现象	设备	最小可检泄漏率/(cm^3/s)
真空计检漏法	静态升压法		抽真空后，压力上升	真空计	5×10^{-6}
	液体涂敷法		涂敷液体后，压力变化	真空计	$1\times10^{-4}\sim1\times10^{-3}$
	放电管法		放电颜色改变	放电管	1×10^{-2}
	高频火花检漏法	1000～0.5	亮点，放电颜色改变	高频火花检漏器	1×10^{-2}
	热传导真空计	1000～0.1		热电偶或电阻真空计	1×10^{-5}
	电离真空计	$10^{-2}\sim10^{-6}$	真空计读数变化	电离真空计	1×10^{-8}
	差动热传导真空计	1000～0.1		热传导真空计差动组合	1×10^{-6}
	差动电离真空计	$10^{-2}\sim10^{-6}$	输出仪表读数变化	电离真空计差动组合	1×10^{-9}
	卤素检漏法	10～0.1		卤素检漏仪	1×10^{-8}
	氦质谱检漏法	10^{-2}	输出仪表读数及声响频率变化	氦质谱检漏仪	$1\times10^{-11}\sim1\times10^{-12}$

表 10-3 其他检漏方法

检漏方法	现象	设备	最小可检泄漏率
荧光检漏法	荧光剂发光	紫外线灯	$1\times10^{-6}\sim1\times10^{-8}$
半导体检漏法	输出读数变化	半导体传感器	$500\sim10cm^3/m^3$
示踪气体封入法	检漏仪读数变化	特殊气体检漏仪	
气瓶法	检漏仪读数变化	氦质谱检漏仪	1×10^{-12}

10.3 压力检漏法

本节主要介绍加压下的各种检漏方法的基本原理、设备、操作方法以及注意事项。

10.3.1 水压法

对压力容器或密封装置进行试验时，先将容器或密封装置内部装满水，再用水泵向里注水，观察设备或密封装置周围有无水漏出。检漏时必须耐心等待，直至水泄漏出来。因此，只能抽象地表示灵敏度的高低。根据被检物表面是否有水渗出，很容易判断出泄漏点。但是，对于结构比较复杂的设备，肉眼可能无法直接观察到泄漏点。只要水压不变，泄漏率大小就不会发生很大变化，因而可以获得较为一致的结果。当然由于检漏人员的观测技巧不同，检测结果也不会完全相同。除水泵外，水压法检漏无需大型、贵重设备，因而很经济。

【例 10-1】 用水压法检漏时，有经验的检漏人员认真进行试验，可观察出的漏水的最大限度为每分钟 10 滴，这时候水压法的灵敏度为多少?

解：通常可以认为，1 滴水的体积为 $0.06cm^3$。以体积泄漏率表示的灵敏度为：

$$\varepsilon_L=\frac{10\times0.06}{60}=1\times10^{-2}cm^3/s$$

10.3.2 压降法

1. 原理

将压缩机与被检设备或密封装置相连接，然后打压。压力升至某一值时，停止加压，同时关闭阀门，放置一段时间。在放置时间里，如果压力急剧下降，就可判断泄漏率很大。如果压力没有太大的变化，就可认为泄漏率很小，或者没有泄漏。这种方法简便，使用普遍，是检测泄漏的一种最基本方法。压降法也称为加压放置法。

2. 泄漏率的确定

设容器的容积为 V，停止加压时的压力为 p_1，放置 t 时间后的压力为 p_2，气体的温度为 T，从容器中漏出的气体的量用 ΔV 表示。

当示漏介质为气体，且压力不太高时：

$$PV=\frac{m}{M}RT \tag{10-1}$$

开始放置时容器中的气体质量为：

$$m_1=M\frac{p_1V}{RT}$$

放置结束时容器中的气体质量为：

$$m_2=M\frac{p_2V}{RT}$$

在测量时间间隔 t 内，容器内漏出的气体的质量为：

$$\Delta m=m_1-m_2=\frac{M(p_1-p_2)V}{RT} \tag{10-2}$$

通过漏孔的气体的体积泄漏率为：

$$L=\frac{\Delta V}{t}=\frac{1}{t}\frac{\Delta mRT}{M\ p_2}=\frac{(p_1-p_2)V}{tp_2} \tag{10-3}$$

折算到标准状况下气体的体积泄漏率为：

$$L_s=\frac{T_s p_2}{T\ p_s}L=\frac{T_s(p_1-p_2)V}{T\quad p_s t} \tag{10-4}$$

式中 V——容器的容积，m^3；

p_1——停止加压时容器内的压力，Pa；

p_2——放置 t 时间后容器内的压力，Pa；

p_s——标准大气压力，Pa；

t——放置时间，s；

T——气体温度，K；

T_s——标准状况下大气的热力学温度，K；

ΔV——从容器中漏出的气体的量，m^3；

m——气体的质量，kg；

m_1——开始放置时容器中的气体质量，kg；

m_2——放置结束时容器中的气体质量，kg；

R——通用气体常数，J/(kmol·K)；

M——气体摩尔质量，kg/kmol；

L——气体的体积泄漏率，m^3/s；

L_s——标准状况下的体积泄漏率，m^3/s。

【例 10-2】 容积为 $10m^3$ 的贮罐。用压缩机加压，下午 2 时压力表的指针为 0.5MPa，关闭阀门，停止加压，然后放置不动。到第二天上午 10 时，压力表指针为 0.4MPa，气体温度为 20℃，问该贮罐的泄漏率为多少？

解：将大气压力近似取为 0.1MPa，则 $p_1=0.6MPa$、$p_2=0.5MPa$。压力为 0.5MPa、温度为 20℃时气体的泄漏率为：

$$L=\frac{(p_1-p_2)V}{p_2 t}=\frac{0.6-0.5}{0.5\times20\times3600}\times10=2.78\times10^{-5}m^3/s=27.8cm^3/s$$

标准状况下：$T_s=273.15K$，$p_s=10132.5Pa$，则折算到标准状况下气体的泄漏率为

$$L_s=\frac{T_s p_2}{T\ p_s}L=\frac{273.15}{293.15}\times\frac{0.5}{0.101}\times27.8=102.59cm^3/s$$

3. *灵敏度*

由式(10-4)可见，压降法的灵敏度与被检容器的容积大小、放置时间的长短和压力检

测元件(压力表、压力传感器)的灵敏度有关。延长放置时间可以提高灵敏度，但大多数情况下，装置是在晚上停止运转，放置到第二天早上，然后再观察压力的变化。因此，放置时间一般为几小时，最长约为 20h 左右。

因此，提高灵敏度，一般不延长放置时间，而是缩小容积。把被检物体分成几个小部分。

此外，有时还要考虑到气体温度、压力的变化。例如，傍晚开始放置时和早晨读取压力时，温差可达 15℃。通过简单的计算可以发现，压力变化约有 7%左右。压力检测元件的灵敏度也会影响泄漏检测的灵敏度。例如，采用分辨率为 10kPa 的压力表与采用分辨率为 1kPa 的压力传感器，泄漏检测的灵敏度是不同的。显然，后者的灵敏度要比前者高得多。

压降法是一种最基本的检测方法，很容易得到被检设备或密封装置的总的泄漏率，其结果是最为可靠的，但不能具体判断出泄漏点。

10.3.3 听音法

气体从小孔中喷出时，会发出声音。声音的大小和频率取决于泄漏率的大小、两侧的压力、压差和气体的种类等。根据气体漏出时发出的声音判断有无泄漏。

该方法的灵敏度很大程度上受环境的影响。若工厂噪声较大，则小的声音就不易听清。使用听诊器，某种程度上可以消除周围噪声的影响，听清泄漏声音，但有时与泄漏无关的声音(例如电机的声音)也会混杂进来，从而影响检漏灵敏度。为了辨别较小的声音，可用话筒和放大器将声音放大。但此时其他声音也同时放大，多数情况下较难收到好的效果。在检测压力为 0.3MPa，在周围非常安静的条件下，可以听出 $5\times10^{-2}cm^3/s$ 泄漏率的声音。

这种方法简单、经济。使用听诊器，在某种程度上可以判断出泄漏点。如单凭耳朵听，往往因声波的反射或吸收，很难确定泄漏点，即发声地点。由于检测环境条件不同，所得到的结果可能偏差很大。因此，这种方法的稳定性和可靠性很差，应与其他检测法并用。

10.3.4 超声波法

该方法实际上是听音法的一种。它是将泄漏声音中可听频率部分截掉，仅仅使超声波部分放大，以检测出泄漏。检测时，可以直接使用超声波检测器，根据检测仪表指针是否摆动，确定有无泄漏；也可以采用使超声波回到可听频率范围内鸣笛的方法。采用后一种原理制造的超声波转换器不仅在被试验物加压时可以使用，在抽真空时，由于吸入的空气发出超声波，因而，采用真空法时也可以使用。

超声波转换器由于只检测超声波部分，在普通工厂的噪声条件下，不受明显干扰，因此检漏效果很好。

该法的灵敏度与被试验物体的加压、减压状况，泄漏的大小，泄漏点与检漏器(探头)间的距离等因素有关。当泄漏点与探头距离很近时，超声波转换器的灵敏度可达 $1\times10^{-2}cm^3/s$。

检漏时将检漏器的灵敏度调到最大，一边移动探头，一边侦听，使能听到的超声波发出的声音达到最大。然后，再寻找发出超声波的位置，以便确定泄漏点。但在探头不易接近的地方出现泄漏时，就很难准确地判断出泄漏点。这种方法操作简便，人为因素较小，不同检测人员所得到的检测结果基本相同。

10.3.5 气泡检漏法

打气检漏法以及下面将要介绍的皂泡法、外真空法和热槽法均属气泡检漏法。这些方法适用于允许承受正压的容器、管道、零部件等的气密性检验。

1. 打气检漏法

1）原理

打气检漏法适用于允许承受正压的容器、管道、密封装置等的气密性检验。此种方法简单、方便、直观、经济。

向被检件内冲入一定压力的示漏气体后放入液体中，气体通过漏孔进入周围的液体形成气泡，气泡形成的地方就是漏孔存在的位置，根据气泡形成的速率、气泡的大小以及所用气体和液体的物理性质，可以大致估算出漏孔的泄漏率。

2）泄漏率计算

假定气泡为球状，若某一漏孔处气泡形成的频率为 n，测得气泡在液面上的直径为 D_b，此时，气泡内的压力 p_b 为大气压力 p_a，和液体表面张力 σ 引起的压力 $4\delta/D_b$ 之和，即：

$$p_b=p_a+\frac{4\sigma}{D_b} \tag{10-5}$$

对应于检测温度 T 和气泡内的压力 p_b 的体积泄漏率为：

$$L=nV_b=n\frac{\pi}{6}D_b^3 \tag{10-6}$$

折算到标准状况下的体积泄漏率为：

$$L_s=\frac{T_s p_b}{T p_s}L=\frac{\pi n T_s}{6\ T}\frac{p_a+\frac{4\sigma}{D_b}}{p_s}D_b^3 \tag{10-7}$$

式中 n——气泡形成的频率，s^{-1}；

D_b——液面上气泡的直径，m；

p_b——气泡内的压力，Pa；

p_a——大气压力，Pa；

σ——液体表面张力，N/m。

3）灵敏度

打气检漏法的灵敏度与诸多因素有关。液体表面张力越小，示漏气体压力越高，漏孔距离液面越近，可检测出来的漏孔就越小，则灵敏度也越高；示漏气体的黏度越小，相对分子质量越小，灵敏度也越高。

实际检漏时，通常用空气作为示漏气体，用水作为显示液体。此时，该方法的灵敏度可达 $1\times10^{-5}\sim1\times10^{-4}cm^3/s$。

4）气泡产生的条件

如图 10-1 所示，由于液体表面的张力作用，气泡内外有压差 $4\sigma/D_b$。气泡中心至液面的距离为 h，液面上方的大气压力为 p_a，容器内压力为 p_t，则当下式成立时，就会产生气泡。

$$p_t > p_a + \rho g h + \frac{4\sigma}{D_b} \tag{10-8}$$

式中　p_t——容器内的压力，Pa；

g——重力加速度，m/s²；

ρ——液体密度，kg/m³；

h——气泡中心至液面的距离，m。

5）泄漏点的判断

如能观察到水中气泡产生的位置，则可直接判定泄漏点。

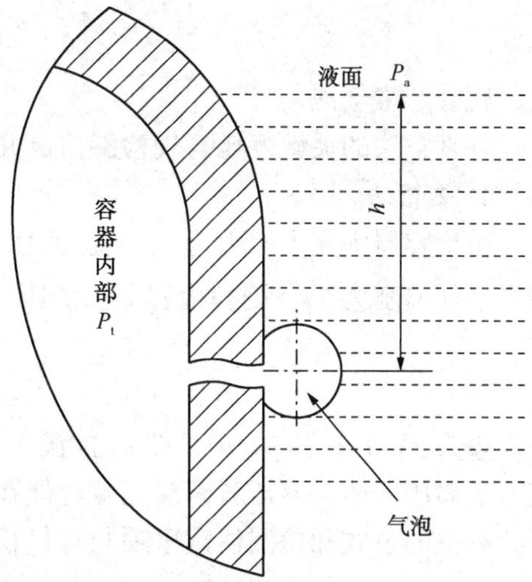

图 10-1　气泡产生的条件

6）检漏时的注意事项

（1）首先要弄清楚被检件能否承受正压，能承受多大压力等问题，以便决定是否可以采用打气试漏法以及充入多大压力的气体。

（2）检漏前要细致、认真地清洗焊缝，清除焊渣、油污和粉尘。

（3）检漏场地的光线要充足，水槽内的背景要暗，水要清洁透明，水面上不要有汽雾。

（4）被检件一定要先充气，然后放入水中，否则小孔可能被水堵塞，放入水中之前先用听音法检查有无大漏，排除大漏后再放入水中，否则将会影响小漏孔的检测。

（5）被检件刚放入水中时，在其表面上可能出现气泡，如果把这些气泡抹去或者捅破后气泡不再出现，则可以判断原来产生气泡的地方并没有漏孔。如果气泡是有规律地连续不断地出现，则产生气泡的地方就有漏孔存在。

（6）被检件在水中要放稳定，等水面静下来后再行观察。

（7）被检部位应尽可能地接近水面。

（8）发现漏孔要及时做上标记。有大漏孔时，要修补后再进行小漏孔的检查。

2. 皂泡法

对不太方便放到水槽内的管道、容器和密封连接进行检漏时，先在被检件内充入压力大于 0.1MPa 的气体，然后在怀疑有漏孔的地方涂抹肥皂液，形成肥皂泡的部位便是漏孔存在的部位。

在检漏时应注意肥皂液稀稠得当。太稀了易于流动和滴落而造成误检，太稠了透明度差容易漏检，并且所混入的气体也可能形成泡沫而造成误检。此方法的灵敏度为 1×10^{-4}cm³/s 数量级。

3. 外真空法

将充有示漏气体的被检容器(示漏气体压力为 p_t)放入液体中以后，将液面上方的空间抽真空，如果被检容器上有漏孔，漏孔处就更容易形成气泡，观测气泡便可确定漏孔位置和泄漏率。

此时，$p_a \approx 0$，当气泡形成的频率为 n 时，由式(10-7)可得到折算到标准状态下的通过漏孔的泄漏率为：

$$L_s = \frac{T_s p_b}{T p_s} L = \frac{2\pi n}{3} \frac{T_s \sigma}{T p_s} D_b^3 \tag{10-9}$$

由式(10-8)，当：

$$p_t > \rho g h + \frac{4\sigma}{D_b} \tag{10-10}$$

时，就会产生气泡。

外真空法的灵敏度比打气检漏法高几十倍，可达 $1\times10^{-5}\sim1\times10^{-6}cm^3/s$。

4. 热槽法

被检容器中充入压力为 p_1、温度为 T_1 的气体后封闭起来，然后放入加热过的液体中，如果平衡温度为 T_2，则被检容器内的压力将为 p_2，并有：

$$\frac{p_2-p_1}{T_2-T_1}=\frac{p_1}{T_1} \tag{10-11}$$

因为 $T_2>T_1$，则 $p_2>p_1$，如 p_2 能满足式(10-8)气泡产生的条件，这相当于给被检容器内充入了高压气体，容器若有漏孔就可能在液体中形成气泡被检测出来。

有关的公式和检漏注意事项与打气检漏法相同。此外，要注意液体温度不得超过沸点。

10.3.6 集漏空腔增压法

1. 原理

将整个被检件或被检部位密封起来形成一个密闭的测漏空腔。由漏孔漏出的示漏介质积聚在测漏空腔内，从而引起空腔内压力、温度的改变。通过测出这些改变，即可计算出泄漏率，如图 10-2 所示为一垫片密封性能测试装置示意图。

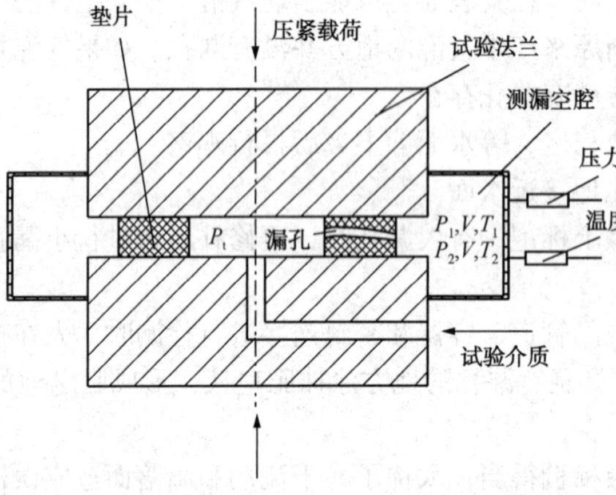

图 10-2 垫片密封性能测试装置示意图

2. 泄漏率计算

压力为 p_t 的示漏介质，通过漏孔漏入容积为 V 的密闭的测漏空腔内。在测量时间间隔 t 内，测漏空腔中的压力和温度分别由 p_1、T_1、变为 p_2、T_2。

当示漏介质为气体时，根据式(10-1)，测漏开始时测漏空腔中的气体质量为：

$$m_1 = M\frac{p_1V}{RT_1}$$

测漏结束时测漏空腔中的气体质量为：

$$m_2 = M\frac{p_2V}{RT_2}$$

在测量时间间隔 t 内，漏入测漏空腔的气体质量为：

$$\Delta m=m_2-m_1=M\left(\frac{p_2V}{RT_2}-\frac{p_1V}{RT_1}\right)$$

通过漏孔的气体的体积泄漏率为：

$$L=\frac{\Delta V}{t}=\frac{1}{t}\frac{\Delta mRT_2}{M\ p_2}=\frac{(p_2T_1-p_1T_2)V}{p_2T_1t} \tag{10-12}$$

折算到标准状况下气体的体积泄漏率为：

$$L_s=\frac{T_sp_2}{T_2p_s}L=\frac{T_s}{T_1T_2}\frac{(p_2T_1-p_1T_2)V}{p_st} \tag{10-13}$$

如果测量时间间隔 t 较短，可不考虑气体温度的变化，即 $T_1=T_2=T$ 则式(10-12)式(10-13)简化为：

$$L=\frac{(p_2-p_1)V}{p_2t} \tag{10-14}$$

$$L_s=\frac{T_s}{T}\frac{(p_2-p_1)V}{p_st} \tag{10-15}$$

当示漏介质为液体时，泄漏率的计算公式与式(10-12)~式(10-15)相同，此处不再赘述。

3. 灵敏度

由式(10-13)可见，该方法的灵敏度与测漏空腔的容积大小、测量时间的长短、压力检测元件(微压传感器)与测温元件的灵敏度有关。减小测漏空腔的容积、延长测量时间并采用分辨率高的微压传感器和温度传感器，有助于提高测漏的灵敏度。研究表明，该方法的灵敏度可达 $5\times10^{-6}cm^3/s$。

4. 泄漏点的判断

采用该方法不能具体判断出泄漏点，但很容易得到被检件的总的泄漏率，或者在已知泄漏点的前提下，确定通过漏孔的泄漏率。

该方法已广泛应用于密封元件的泄漏率检测。

10.3.7 氨气检漏法

1. 原理

把允许充压的被检容器或密封装置抽成真空(不抽真空也可以，其效果稍差)，在器壁或密封元件外面怀疑有漏孔处贴上具有对氨敏感的 pH 值指示剂的显影带，然后在容器内部充入高于 0.1MPa 的氨气，当有漏孔时，氨气通过漏孔逸出，使显影带改变颜色，由此可找出漏孔的位置，根据显影时间、变色区域大小可大致估计出漏孔的大小。

2. 设备与操作

氨检漏的设备如图 10-3 所示，操作过程如下。

(1) 被检件的清洁处理。对被检件必须进行去渣、去锈、去油、清洗和干燥，使漏孔充分疏通，并减少反应时间。

(2) 贴显影带。拿显影带时应戴干净的手套，不戴手套时必须保持手的清洁与干燥，切忌用肥皂洗过而未彻底冲洗干净的手接触显影带，否则会使显影带变色。如果使用湿的显影带，则必须用蒸馏水润湿(自来水呈碱性，易使显影带变色)。显影带要贴在可疑部位上，

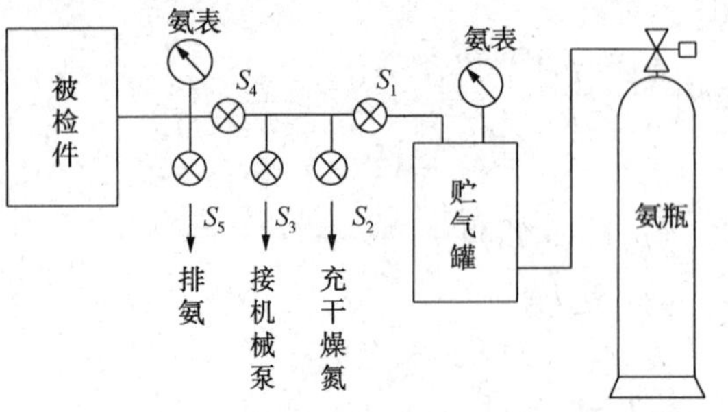

图 10-3　氨检漏设备

贴好后用透明的聚乙烯薄膜保护起来，并用胶布将薄膜边缘同金属部分密闭起来，使显影带与大气隔离，防止大气中的氨气干扰，同时避免通过漏孔进入显影带上的氨气迅速消失，以提高检测灵敏度。显影带贴好后，先观察一下是否存在有碱性物质而使显影带变色。如有，应记下变色位置，以区别于漏气造成的显影。最后向被检件内充入氨气。

(3) 充氨与排氨。将被检件用耐压橡皮管接到氨检漏设备上，关好阀门 S_5 及氨瓶总阀门，打开阀门 S_1、S_3 和 S_4，用机械泵抽真空。当被检件的压强抽到几百帕斯卡后，关阀门 S_3 和机械泵，然后关阀门 S_1，打开氨瓶总阀门，使氨气慢慢充入储气罐，当氨压力达到 0.2~0.3MPa 时，打开阀门 S_1，使被检件内获得所需的压力，然后关上总阀门。充气过程中要慢慢升压并随时观察有无大漏孔存在。一经发现大漏孔应立即停止升压，并及时采取措施排除大漏孔后再升压。当氨压升到所需数值时，定时观察显影带的变色情况，如发现变色斑点，可更换显影带进行复核。由于通过漏孔的氨气流已很稳定，所以显影会很快，因此复核工作能很快完成。检漏完毕后关闭阀门 S_1，打开阀门 S_5，用橡胶管把氨气引入水槽或下水道中。由于氨极易溶于水中，这个过程应进行得很快。然后关闭阀门 S_5，打开阀门 S_3，用机械泵排氨，同时通过阀门 S_2 放入干燥氮气或空气，对被检件及管道等进行 2~3 次“冲洗”，使其中的氨气尽量排除。

3. *灵敏度*

氨检漏法的灵敏度与充氨的压力、指示剂的灵敏程度和曝光时间有关。在泄漏率一定时，显影斑点的大小与所用指示剂、曝光时间及氨压力有关。表 10-4 给出了漏孔泄漏率为 $9.5\times10^{-6}cm^3/s$、指示剂为溴酚蓝时，氨压、曝光时间与斑点直径的关系。如果用溴代麝香草酚蓝为指示剂时，对于 $7.9\times10^{-7}cm^3/s$ 的漏孔，当氨压为 0.3MPa 时，20s 便可显示出明显的斑点。对于 $2.1\times10^{-6}cm^3/s$ 的漏孔，出现明显斑点的时间与氨压力的关系见表 10-5。

表 10-4　不同氨压力、曝光时间下的斑点大小

(漏孔泄漏率为 $9.5\times10^{-6}cm^3/s$、指示剂为溴酚蓝)

氨压力/MPa	0.05	0.1	0.15	0.20	氨压力/MPa	0.05	0.1	0.15	0.20
曝光时间/s	斑点直径/mm				曝光时间/s	斑点直径/mm			
10	0.5	0.6	1.0	1.2	40	1.3	2.0	2.6	3.0
20	0.8	1.2	1.8	2.0	50	1.5	2.1	2.8	3.4
30	1.1	1.6	2.2	2.6	60	1.8	—	3.0	—

表 10-5　可见明显斑点的氨压与曝光时间

(漏孔泄漏率为 $2.1\times10^{-6}cm^3/s$，指示剂为溴代麝香草酚蓝)

氨压力/MPa	0.3	0.2	0.15
曝光时间/s	1	2	3

表 10-6 理论计算的曝光时间与漏率关系

曝光时间/min	1/60	1/6	1	10	60	600	1440
泄漏率/(cm^3/s)	6.6×10^{-5}	6.6×10^{-6}	1×10^{-6}	1×10^{-7}	1.8×10^{-8}	1.8×10^{-9}	7.6×10^{-10}

对最小可检泄漏率进行理论分析与计算的结果表明，当充入 0.15MPa 的氨气时，用溴酚蓝作显影剂，形成 1mm 直径斑点所需的时间与泄漏率的关系列于表 10-6 中。由表可见曝光的时间越长，可检泄漏率越小。

一般认为氨检漏法的灵敏度为 $1\times10^{-8}cm^3/s$，但也有文献报道可检出泄漏率为 $10^{-10}cm^3/s$ 的漏孔。

4. 特点及注意事项

氨检漏法的优点是：

(1) 装置简单、操作方便、易于掌握、便于普及。

(2) 成本低，氨气来源充足。

(3) 由于氨气能穿过被油、水阻塞的漏孔，因此可以适当降低对被检件清洁程度的要求。

(4) 检漏灵敏度随着氨压力的升高及曝光时间的加长而提高，因此，只要被检件允许，提高氨压力并适当延长曝光时间，就可以检出更小的漏孔。

(5) 灵敏度与被检件的容积大小无关，如果无特大漏孔，一次充氨便可以检完所有的可疑泄漏点，因此该方法特别适合于大容器、大型复杂结构以及长管道的检漏。

(6) 可准确地找出漏孔位置。

但是，氨检漏法也存在不少缺点：

(1) 此方法虽能确定每个漏孔的位置，但却很难给出准确的总漏率。

(2) 氨对铜及铜合金有腐蚀作用，故不能对含有这些材料的设备进行检漏。

(3) 该方法只适用于耐高压容器的检漏。

(4) 氨气对呼吸道和眼睛有强烈的刺激，严重时还会引起中毒、视力损伤乃至失明，故要特别注意防护。

(5) 氨气易燃、易爆。

使用氨检漏法应注意下述安全事项：

(1) 试验设备要牢固可靠。

(2) 室内要有良好的通风设备，废氨要妥善处理，防止污染环境。

(3) 工作人员要戴防毒面具和风镜。

(4) 用氨检漏法检过漏的部件，如需补焊，必须保证其中的氨浓度低于 0.2%，以防止爆炸和燃烧。

10.3.8 卤素检漏法

当铂加热到 800~900℃时会产生正离子发射，在卤素气氛中这种正离子发射将急剧增加，这就是所说的“卤素效应”。利用此效应而设计的检漏仪被称为卤素检漏仪，其原理如图 10-4 所示。它的敏感元件是一个二极管，这个二极管的内、外筒及加热丝都是用铂制成的。内筒被加热丝加热后发射正离子，外筒收集正离子，离子流的大小可用检流计(或经放大器放大后)指示出来，也可用音响来指示，有的仪器的敏感元件没有内筒而直接用加热的铂丝作发射极，加热丝的供电可用直流电源也可用交流电源。

根据使用条件的不同，卤素检漏仪可分为两类：敏感元件与待检系统相连的称为固定式卤素检漏仪；不与待检系统相连的称为携带式卤素检漏仪。前者在检漏时需要将被检系统抽到10~0.1Pa的真空度，示漏气体（卤素气体）通过漏孔从外而进入系统中，并进入敏感元件所在空间，携带式卤素检漏仪则要求在被检系统中预先充以高于0.1MPa的示漏气体，仪器探头（敏感元件）在大气中工作，通过漏孔漏到外面来的示漏气体由探头检测出来。

卤素检漏仪的最小可检泄漏率达$10^{-9}mm^3/s$。示漏气体采用氟里昂、氯仿、碘仿、四氯化碳等卤素化合物，其中以氟里昂-12的效果最好。

10.3.9 放射性同位素法

使用对人体没有危害的放射性气体进行检漏。例如，Kr^{85}放射性气体的半衰期为10.3y。这种气体产生0.67MeV的β射线，0.54eV的γ射线。另外，还可以使用带有Br^{85}的甲基溴（CH_3Br）作为示漏气体。Br^{85}的半衰期为36h，可产生0.5MeV的γ射线。用混入少量放射性气体的空气，将试验容器加压。如有泄漏，放射性气体就会随空气一起漏出。用闪烁计数管等检测γ射线，从而可以知道泄漏地点和大致的泄漏量。

该方法的灵敏度取决于示漏气体中放射性气体的浓度、加压时所用气体的量与压力、加压时间以及放射性气体流至计数管的时间，其灵敏度大致为$10^{-6}cm^3/s$。检测时，如果一边移动计数管，一边寻找最大计数的位置和方向，就可以准确地判断出泄漏位置。放射性气体价格昂贵，回收装置较为复杂。另外，进行试验时，通常需要专门设备。使用放射性气体又需要一定的专门知识。因此，试验成本很高。

10.3.10 氦质谱检漏仪吸嘴法

用于真空残余气体分析的质谱仪都可以用来检漏（其示漏物质有氢、氦、氩等），但检漏灵敏度各不相同。专门用来检漏的质谱仪叫质谱检漏仪。其特点是灵敏度高，性能稳定。

特别是用氦作示漏气体的氦质谱检漏仪，是真空检漏中灵敏度最高、用的最普遍的一种检漏仪器。

1. 氦质谱检漏仪的基本原理与组成

氦质谱检漏仪由离子源、分析器、接收器、真空系统、电子线路及其他电气部分组成。目前使用的氦质谱检漏仪大多为磁偏转型的。现以180°的磁偏转型仪器为例加以说明，图10-5是仪器的原理图。

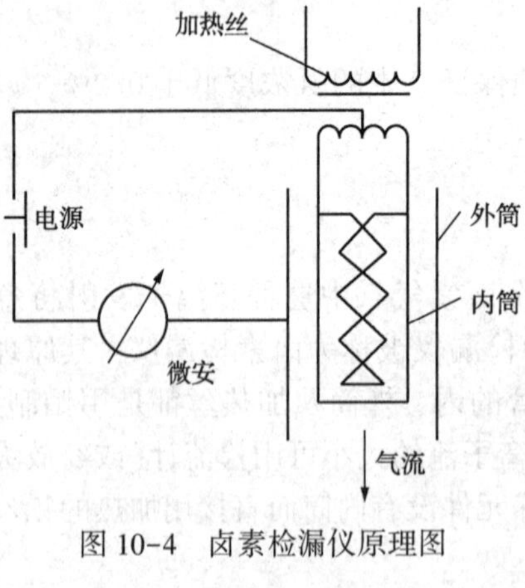

图10-4 卤素检漏仪原理图

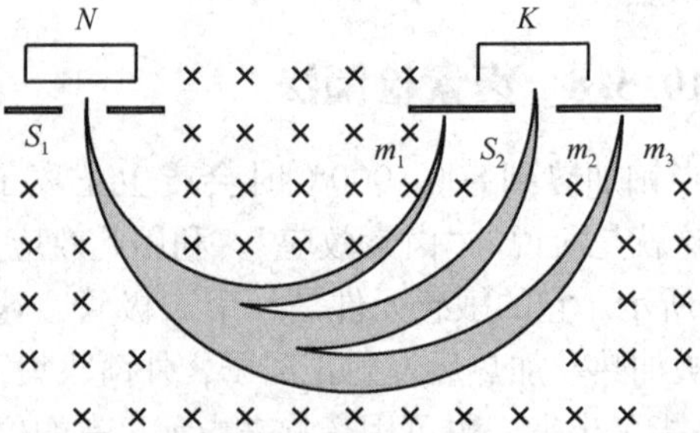

图10-5 180°磁偏转型氦质谱检漏仪原理图

在质谱室的离子源 N 内气体被电离成离子，在电场作用下离子聚焦成束，并以一定的速度经由缝隙 S_1 进入磁分析器，在均匀磁场的作用下，具有一定速度的离子束，将按圆轨迹运动。其偏转半径可按下式计算：

$$R=\frac{C}{H}\sqrt{mU} \tag{10-16}$$

式中 R——离子束偏转半径，m；

H——磁场强度，A/m；

m——有效质量，kg（即离子质量和电荷数之比）；

U——加速电压，V；

C——常数。

由上式可以看出，当 H 和 U 为定值时，对应于不同的 m 有不同的 R。固定 H 和 R，调节加速电压 U 使氦离子束 m_2 恰能通过缝隙 S_2 到达收集极 K 而形成离子流。利用弱电流测量设备，使之在输出仪表与音响装置上反映出来。而其他不同于 m_2 的离子束（图 10-5 中 m_1、m_2）则以不同的偏转半径运动而被分开。

2. 检漏方法

先将被检件内部充入氦气（最好是先抽真空再充氦气），再用吸嘴在被检件可能有漏孔处进行逐点吻吸（图 8-5）。吸嘴与检漏仪之间用软管连接，有些装置还需要在吸嘴与检漏仪之间加一辅助泵。

吸嘴法检漏中应注意的问题如下。

（1）灵敏度受连接管道的流导限制。在有辅助泵时，还会受辅助泵分流作用的影响。

（2）初检时，被检件切勿充入过高压强的示漏气体。因为如果有大漏孔，示漏气体会从被检件中漏出，造成较大浪费，而且示漏气体到处扩散后，会给检漏仪带来很大干扰。因此，一般应先向被检件内充以低压强、低浓度的示漏气体，在检出大漏孔并加以修补后，再充入高压强、高浓度的示漏气体，对小漏孔进行检查。

（3）检漏完毕后，应将示漏气体回收或放空，并注意检漏场地通风。

3. 灵敏度

关于氦质谱检漏仪灵敏度的定义，在世界各国还很不一致。中国基本上都是用最小可检泄漏率来表示的。

氦质谱检漏仪的灵敏度，即最小可检泄漏率，就是在仪器处于最佳工作条件下，以 0.1MPa 的纯氦为示漏气体，进行动态检漏时所能检出的最小漏孔的泄漏率。所谓“最佳工作条件”系指被检件出气很少，且没有较大漏孔，同时仪器本身的参数是调整到最佳工作状态等条件；所谓“动态检漏”即指检漏时不用累积法，检漏仪本身的真空系统仍在正常抽气，仪器的反应时间不大于 3s（其中真空系统的时间常数不大于 1s）等情况；所谓“最小可检”是指信号是本底噪声的两倍；所说的“泄漏率”系指 0.1MPa 的干燥空气通过漏孔漏向真空端（压力远比 0.1MPa 低）的泄漏率。氦质谱检漏仪吸嘴法的灵敏度约为 $10^{-9}cm^3/s$。

4. 响应时间

这种方法的响应时间约为 2～3s，它主要包括两个方面：一是检漏器本身的响应时间；另一个是泄漏的氦气被吸入到检漏仪的响应时间。

各厂家生产的氦质谱检漏仪本身的响应时间基本相同。检测部分抽真空用真空泵的排气速度对响应时间影响很大。排气速度越小，氦气就越容易积蓄在被检件内，从而缩短响应时间。氦气从泄漏点流到吸入孔需要一定的时间，通常为1s左右。

5. 泄漏点的判断

使用这种检漏仪，吸嘴(探头)要以2～5m/min的缓慢速度沿被检件表面移动。若有泄漏，可以看到仪表指针摆动，也可以听到振荡器的声音发生变化，由此可判断出泄漏点或附近有泄漏。检测时可使吸嘴离开可疑的地方，信号恢复到原始状态。稍等一会(通常为2～5s)后，再将吸嘴靠近可疑的地方。重复上述操作几次，就可以准确判断出泄漏点，精度大约可达1mm。

6. 一致性

氦质谱检漏仪精度很高，几乎不存在操作者之间的人为误差。如果检测结果不同，其原因可能是由于没有掌握检漏仪的灵敏度和响应时间，或者是由于探头移动方法不同引起的。

7. 稳定性

该法的稳定性主要取决于氦气检漏仪本身的稳定性。维修保养的好坏对仪器的稳定性影响很大。如检测部位被弄脏，吸嘴堵塞和放大系统的不稳定可造成检漏仪工作不稳定，如认真检查，例如经常用标准漏管检查灵敏度和应答时间，是可以防止的。

8. 可靠性

氦气在空气中的质量分数很小，约为5μg/g，且比空气轻，易于在空气中扩散。所以，在检测时很少形成漏检，检漏可靠性很高。

9. 经济性

氦气检漏仪是一种高精密仪器，仪器本身和使用的氦气都较昂贵。但是，氦气检漏仪在压力检漏法和真空检漏法中都能使用，而且灵敏度高、响应时间短、稳定性好、可靠性高、检测结果精确。为了解决气体用量问题，有两种方法可供选择：一是用空气稀释，这样做虽然会降低灵敏度，但由于该方法灵敏度本来就很高，即使降低一些，也能满足一般的检漏要求；二是使用回收装置对氦气进行回收。氦质谱检漏法主要用于需准确地检测微小泄漏率的场合。

10.3.11 蒸汽冷凝称重法

被检件内部充入蒸汽，将整个被检件密封起来形成一个密闭的测漏空腔，测漏空腔与一引漏管相连。由漏孔漏出的蒸汽积聚在测漏空腔内，经引漏管引入一盛有冷水的玻璃器皿，称出检漏过程中玻璃器皿中水的质量差便可计算出泄漏率。

质量泄漏率可按下式计算：

$$L_g=\frac{G_1-G}{t} \tag{10-17}$$

式中 L_g——质量泄漏率，kg/s；

G——试验前玻璃器皿及水的总质量，kg；

G_1——试验后玻璃器皿及水的总质量，kg；

t——试验时间，s。

10.4 真空检漏法

10.4.1 静态升压法

1. 原理

将真空泵与被检设备或密封装置相连接，然后抽真空。压力降至某一值时，停止抽真空。同时关闭阀门，放置一段时间。在放置时间里，如果压力急剧上升，就可判断泄漏率很大。如果压力没有大的变化，就可认为泄漏率很小，或者没有泄漏。静态升压法也称为真空放置法。

2. 泄漏率的确定

在真空技术领域中，通常用压力与容积的乘积来表示某一条件下泄漏的气体量，即泄漏率，$Pa \cdot m^3/s$。

设被检设备或密封装置的容积为 V，停止抽真空时的压力为 p_1，放置 t 时间后的压力上升为 p_2，则单位时间的平均泄漏率为：

$$L_{pV}=\frac{(p_2-p_1)V}{t} \tag{10-18}$$

式中 L_{pV}——以压力与容积的乘积表示的泄漏率，$Pa \cdot m^3/s$。

【例 10-3】 有一个容积为 $10m^3$ 的贮罐，用真空泵抽真空至 500Pa，然后关闭阀门，经过 18h 放置，真空表的压力为 15000Pa，问泄漏率是多少？

解：将 $p_1=500Pa$，$p_2=15000Pa$，$V=10m^3$，$t=18h=6.48\times10^4s$ 代入式(10-18)得到：

$$L_{pV}=\frac{(p_2-p_1)V}{t}=\frac{(15000-500)\times10}{6.48\times10^4}=2.24(Pa \cdot m^3/s)$$

3. 灵敏度

静态升压法的灵敏度与被检容器的容积大小、放置时间的长短和真空检测元件(真空计)的灵敏度有关。采用不同的真空计可测得的最小泄漏率是不同的。例如，热传导真空计的最小可检泄漏率为 $1\times10^{-6}Pa \cdot m^3/s$，而电离真空计的最小可检泄漏率可达 $1\times10^{-9}Pa \cdot m^3/s$。但是，由于被检物体表面和材料本身所含气体的蒸发、吸收和扩散，采用静态升压法可检出的最小泄漏率约为 $5\times10^{-7}Pa \cdot m^3/s$。

4. 泄漏点的判断

采用静态升压法很容易得到被检设备总的泄漏率，但不能具体判断出泄漏点。

10.4.2 液体涂覆法

1. 原理

将被检设备或密封装置抽真空。在它的表面涂上水、酒精、丙酮等液体。如果该液体接触到漏孔，就可能进入漏孔或把漏孔盖住，涂敷的液体产生流动，同时引起真空侧压力的急剧变化测出这个变化，就可以确定覆盖液体部分的泄漏情况。

【例 10-4】 将某气罐用 $0.1m^3/s$ 的真空泵排气。罐中的泄漏率为 $1Pa \cdot m^3/s$，研究涂覆液体水盖住这个漏孔时，气罐内压力的变化情况。

解：空气泄漏进入气罐会引起罐中压力的增加：

$$p=\frac{L_{pV}}{S} \tag{10-19}$$

式中　S——为真空泵的排气速度，m^3/s。

将已知数据代入上式得到：

$$p=\frac{1}{0.1}=10Pa$$

计算结果说明，如果抽真空时间足够长，气罐的压力最终达到10Pa。当水进入漏孔时，气罐内压力将发生变化。分析公式(10-19)可以发现，对于不可压缩流体的层流流动，其泄漏率是与流体的黏度成反比的，即有；

$$\frac{L_{pV1}}{L_{pV2}}=\frac{\eta_2}{\eta_1} \tag{10-20}$$

因而，本例中水的泄漏率应为：

$$L_{pV水}=\frac{\eta_{空气}}{\eta_{水}}L_{pV空气}=\frac{1.81\times10^{-5}}{1\times10^{-3}}\times1=1.81\times10^{-2}Pa\cdot m^3/s$$

此时，气罐内的压力为：

$$p=\frac{1.81\times10^{-2}}{0.1}=0.181Pa$$

即水漏入气罐后，气罐内的压力由10Pa急剧下降至0.181Pa。

若气罐内外的压力差为0.1MPa，则水的体积泄漏率为：

$$L_{水}=\frac{0.181\times10^{-2}}{0.1\times10^6}=1.81\times10^{-8}Pa\cdot m^3/s$$

即水的质量流率为$1.81\times10^{-5}kg/s$，若水在0.1MPa的压力下变成水蒸气，则：

$$22.4\times\frac{1.81\times10^{-5}}{18}\times0.1\times10^6=2.25Pa\cdot m^3/s$$

此时，气罐内的压力为：

$$p=\frac{L_{pV}}{S}=\frac{2.25}{0.1}=22.5Pa$$

用该方法进行泄漏检测时发现多数情况下的压力变化如图10-6所示。涂敷液体之前，经长时间抽真空，气罐内的压力几乎不变，如曲线AB所示；涂敷液体以后，气罐内的压力急剧下降，如曲线BC所示；过不久，压力又迅速上升，如曲线CD所示。这是由于液体从漏孔进入真空侧后，漏孔一时被堵塞，然后，液体迅速蒸发，产生了大量的蒸汽。此后，蒸汽被排出，压力开始下降，如曲线DE，最终接近AB的水平。

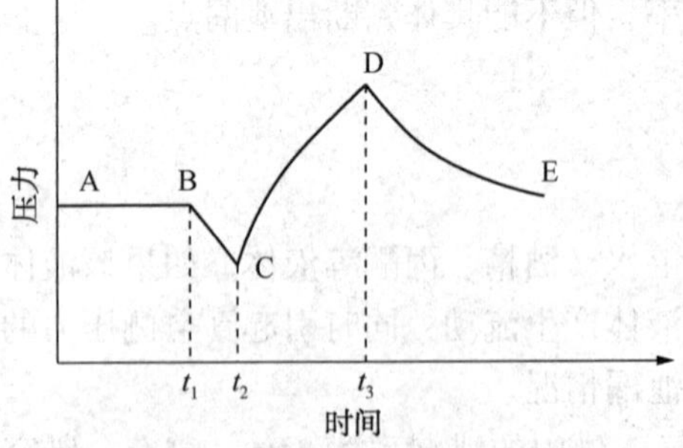

图10-6　液体涂敷法的压力变化

2. *灵敏度*

该方法的灵敏度不容易做出精确分析，在某些假定的前提下，可以作大致的估计。

【例 10-5】 检漏时，已知气体负荷中，泄漏以外的负荷总计为 1×10^{-3}Pa·m³/s；真空计可以读取指示值的 5%，无论对什么样的气体，其灵敏度都相同；排气系统在任何压力下，对任何气体，排气速度都一定。问该条件下用液体涂敷法检漏，其灵敏度为多少？

解：真空计可以读取 5%压力变化，因此，整个气体负荷值变化 50%时，就可以判断出来。也就是说，检漏开始前的整个气体负荷和用液体涂敷法堵住泄漏时的气体负荷之差为 5%时，就可以检出泄漏。故在泄漏之外的气体负荷为 5%，即有 5×10^{-5}Pa·m³/s 左右的泄漏时，就可以检测出来。

由此可见，该法的灵敏度受真空计的灵敏度和泄漏之外的气体负荷的影响。

3. 响应时间

该法的应答时间在几秒至几分钟左右，它是由漏孔的大小和涂敷液体的性质决定的。泄漏越大，应答时间越短。

4. 泄漏点的判断

涂液体的同时，注意观察真空计读数的变化，压力急剧变化的地方即为泄漏点。为可靠起见，应在压力恢复初始值、并趋于稳定后再涂液体。如果几次涂液结果相同，即可确认该处有泄漏。

10.4.3 放电管法

示漏气体通过漏孔进入抽真空的容器或密封装置后使放电管内放电光柱的颜色发生变化，据此可判断漏孔的存在。为了便于观察放电光柱的颜色，放电管的管壳采用玻璃泡壳。它适用的压强范围约为 1～100Pa。在此范围内空气的放电颜色为玫瑰红色，示漏物质进入放电管后，放电光柱的颜色可参考表 10-7。此方法的灵敏度为 10^{-3}Pa·m³/s。

表 10-7 各种气体和蒸汽的辉光放电颜色

气体	放电颜色	蒸汽	放电颜色	气体	放电颜色	蒸汽	放电颜色
空气	玫瑰红	水银	蓝绿	二氧化碳	白蓝	乙醚	淡蓝灰
氮气	金红	水	天蓝	氦气	紫红	丙酮	蓝
氧气	淡黄	真空油脂	淡蓝(有荧光)	氖气	鲜红	苯	蓝
氢气	浅红	酒精	淡蓝	氩气	深红	甲醇	蓝

10.4.4 高频火花检漏器法

高频火花检漏器也叫高频火花真空测定仪，可用于玻璃真空容器的检漏与真空度测定，它的原理如图 10-7 所示。当接通开关 K 时，在放电簧 F 处便产生高频火花。当放电簧与玻璃真空容器接近时，在容器内激起高频放电。如果放电簧沿玻璃表面移动，当其尖端距表面 1cm 左右时，若没有漏孔，则会在玻璃表面形成散开的杂乱火花，如果玻璃壁有漏孔，则可形成细长而明亮的火花束，束的末端指向漏孔。

高频火花检漏仪在玻璃容器内激起高频放电的颜色与放电管相同，因此，与放电管一样也可根据放电颜色的改变进行检漏。

高频火花检漏仪不能直接用来检测金属容器和管路的漏孔，因为高频火花在金属表面被短路，不能使容器内部激发放电，此时应该用真空胶管把一段玻璃管接到金属真空系统上，用高频火花检漏仪在玻璃管内激起放电，然后在系统怀疑有漏孔的地方施以示漏物质，观察玻璃管内放电颜色有无变化，从而判断有无漏孔及漏孔位置。

高频火花检漏仪的工作压强范围为几百帕至零点几帕，灵敏度为$1\times10^{-3}Pa\cdot m^3/s$。

使用时应注意放电簧不要长时间停在一处，因为这样会将玻璃壁打穿而造成漏孔。放电簧不要接近金属架或其他金属零部件，以免发生触电事故。

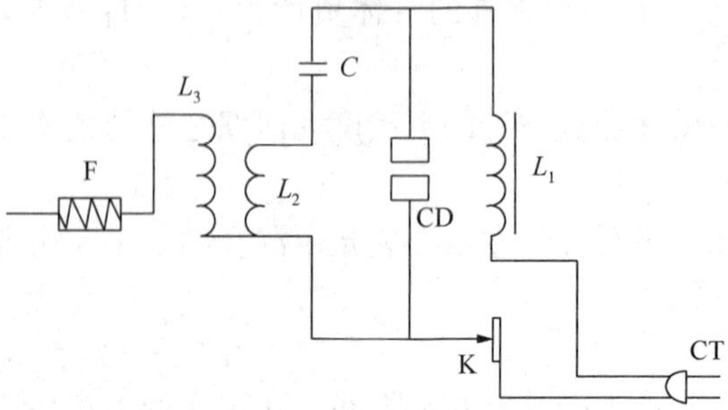

图 10-7　高频火花检漏仪原理

C—电容器；CD—接触器；CT—电源插头；K—开关；

L_1—振动线圈；L_2—谐振线圈；L_3—高压线圈；F—放电簧

10.4.5　真空计法

1. 热传导真空计法

热传导真空计法(热阻真空计和热电偶真空计)是基于低压强下气体热传导与压强有关的性质来测量真空系统内的压力。此外，还可以利用热传导真空计的读数不仅与压力有关，还与气体种类有关的性质来进行检漏，当示漏气体通过漏孔进入真空系统时，不仅改变了系统内的压力，也改变了其中的气体成分，使热传导真空计读数发生变化，据此可显示漏孔的存在。

2. 电离真空计法

大多数高真空系统上都带有电离真空计，此时也可用它来进行检漏。示漏物质通过漏孔进入系统后，真空计的离子流将发生变化，由此可测出泄漏率。

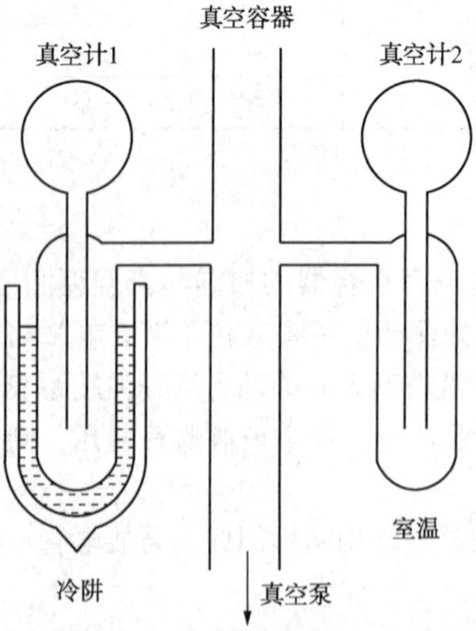

图 10-8　差动真空计法检漏

3. 差动真空计法

差动真空计法也叫桥式真空计法，检漏装置如图 10-8所示。它由两个真空计和一个阻滞示漏气体通过的阱所组成，两个真空计的输出信号以差分形式输出。检漏前，将系统抽成真空，将阱加热除气，并将电路调平衡。检漏时，当示漏物质通过漏孔进入系统后，可不受限制地进入第一个真空计内，由于阱的作用，示漏物质进入第二个真空计的量要受到限制，这样，两个真空计的输出信号就不一致，给出差分信号，由此便可以指示漏孔的存在并给出漏孔的大小。

差动真空计法中，可采用不同的真空计，如热阻真空计、热电偶真空计、热阴极电离真空计和冷阴极电离真空计等。相应的阱和示漏气体有氢氧化钙阱、二氧化碳；活性炭阱、氢气或丁烷为示漏气体。

差动真空计法的优点是：在使用中由于两个真空计电参数的不稳定，真空系统抽速的不稳定等所造成的仪器噪声得到了补偿，所以检漏灵敏度比单管真空计法高得多。

各种真空计检漏法的最小可检泄漏率列于表 10-2 中。

10.4.6　卤素检漏法

10.3 节中简单介绍了卤素检漏仪的工作原理和在压力检漏法中的特点。在真空检漏法中，要求将被检系统抽到 10~0.1Pa 的真空度，卤素气体通过漏孔由外向内进入系统中，并进入敏感元件所在空间，并由卤素检漏仪探头检测出来。其最小可检泄漏率可达到 10^{-9}Pa·m^3/s。

10.4.7　氦质谱检漏法

在真空检漏法中，氦质谱检漏仪直接与被检系统相连接，被检系统抽真空，并在被检件外施加示漏气体(氦气)。示漏物质通过被检件上的漏孔进入检漏仪，被检测出来。真空氦质谱检漏法的灵敏度比压力检漏法中介绍的氦质谱检漏仪吸嘴法的灵敏度高得多，其最小可检泄漏率为 10^{-12}~10^{-13}Pa·m^3/s。

10.5　其他检漏方法

10.5.1　荧光检漏法

荧光检漏法是把荧光物质溶于有机溶剂中，并将此溶液灌注于被检容器或密封装置中，或者使被检部位与溶液相接触。如果有漏孔存在，溶液因毛细管作用就会渗到漏孔的另一侧，待溶剂蒸发后，漏孔的另一侧便沉积了干燥的荧光物质，此时如用紫外线灯照射就可发出荧光，即说明该处有漏孔。照射光源也可采用汞灯，但为了便于观察，最好加上只能使紫外光通过的滤光镜。

荧光检漏法的灵敏度比较高。如用蒽溶于丙酮进行检漏时，灵敏度可达 10^5~$10^{-7}$$cm^3$/s。对被检容器既不需加压又不需抽真空，使用很方便。但含有荧光物质的溶液从被检漏孔的一侧渗透至另一侧时，所需时间较长，因此检漏所需的等待时间较长。

10.5.2　半导体检漏法

根据半导体吸附某种气体后，电导率发生变化的原理，将半导体这一技术用于气体检测。

用于泄漏检测的半导体分为两种：一种如图 10-9 所示的只测定电导率变化的吸附效应元件(AEE)；另一种如图 10-10 所示的具有三个电极吸附效应的吸附效应元件(AET)。两者统称为半导体气体传感器。

最普通的传感器是以 SnO_2 为主要成分，并添加 Pt 等活性催化剂。这种半导体对氢、一氧化碳、甲烷、丙烷等可燃性气体和各种乙醇、丙醇、酯和苯的有机溶剂蒸汽较为敏感。

除了 SnO_2 外，还有多种半导体气体传感器，如表 10-8 所示。

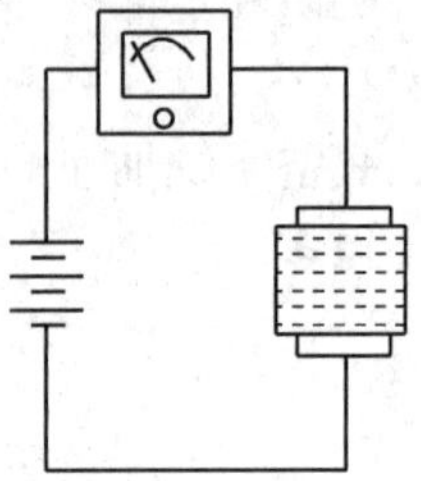

图 10-9　吸附效应半导体 AEE

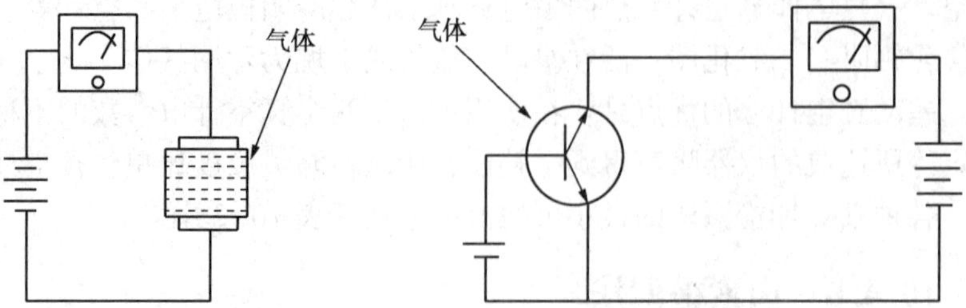

图 10-10　吸附效应半导体 AET

表 10-8　半导体传感器和检测气体

半导体	工作温度/℃	检测气体
SnO_2	200	可燃性气体
SiO_2	400~500	NO_2，NH_3
ZnO	400~450	还原性气体，氧化性气体，丙酮
CaO、Fe_2O_2、NiO	400~500	还原性气体，氧化性气体
In_2O_3+Pt	500	可燃性气体，H 离子
MO、Cr、Nb、Fe、Ti、Ni 氧化物+Pt、Ir、Rh、Au、Pd 催化剂	200~300	H_2 还原性气体

半导体检漏法的灵敏度分为两部分，一是半导体传感器本身的灵敏度，二是泄漏气体碰到检测器的可能性。表 10-9 列出了采用 SiO_2 气体传感器检漏的灵敏度，其他传感器的检漏灵敏度约为 10~500cm^3/m^3。

表 10-9　SiO_2 气体传感器的灵敏度

气体、蒸汽	灵敏度/(cm^3/m^3)	气体、蒸汽	灵敏度/(cm^3/m^3)
一氧化碳	30~400	甲基、乙基酮	10~250
氨	30~400	甲苯	10~200
城市煤气	30~300	二甲苯	10~200
甲醇	10~200	液化石油气	10~200
苯	10~100	氢	10~100
汽油	10~500		

10.5.3　示踪气体封入法

制造需要密封的小型部件时，可将氦气、氟里昂和放射性气体等示踪气体封入部件内部，然后再检测封入的气体是否漏出。

示踪气体可以在加压状态下封入，检测向大气中的泄漏，也可在常压下封入，在周围抽真空检测。

如果被检部件的泄漏率很小，采用这种方法很难检测出来。相反如果被检部件上的漏孔很大，封入的示踪气体很快就泄漏，因而在放置较长时间后亦不易检测出来。可见，采用示踪气体封入法检漏时，应随封随检。

10.5.4 气瓶法

对置于压力(真空)罐中的被检物体外侧施加一定压力的某种检测气体，然后再回到常压，或者抽真空。如果被检物体有泄漏，加压时就有一部分检测气体渗透到被检物体中，当外侧为大气压或真空时，渗透到被检物体中的检测气体就会漏出，经检测就可知道有无泄漏。

图 10-11 为气瓶法检测装置示意图。一般采用氦气作为检测气体，使用氦质谱检漏仪检漏。该方法的灵敏度与真空氦质谱检漏法的灵敏度相当，其最小可检泄漏率约为 $10^{-11}cm^3/s$。

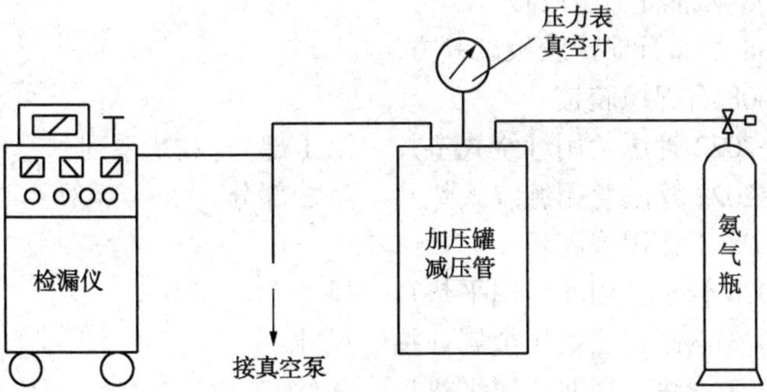

图 10-11　气瓶法检漏

复习思考题

1. 泄漏检测方法的选择主要考虑哪几方面的因素？
2. 什么是检漏？为什么要检漏？
3. 泄漏检测方法主要分为几类，各有哪些检漏方法？
4. 简述各种检漏方法的基本原理？

附录　常用密封标准

垫片标准

GB/T 539—2008 耐油石棉橡胶板

GB/T 540—2008 耐油石棉橡胶板试验方法

GB/T 3985—2008 石棉橡胶板

GB/T 4622.1—2022 管法兰用缠绕式垫片　第 1 部分：PN 系列

GB/T 4622.2—2022 管法兰用缠绕式垫片　第 2 部分：Class 系列

GB/T 5574—2008 工业用橡胶板

GB/T 9126—2008 管法兰用非金属平垫片　尺寸

GB/T 9128—2003 钢制管法兰用金属环垫　尺寸

GB/T 9129—2003 管法兰用非金属平垫片　条件

GB/T 9130—2007 钢制管法兰用金属环垫技术条件

GB/T 10698—1989 可膨胀石墨

GB/T 12385—2008 管法兰用垫片密封性能试验方法

GB/T 12621—2008 管法兰用垫片应力松弛试验方法

GB/T 12622—2008 管法兰用垫片压缩率及回弹率试验方法

GB/T 13403—2008 大直径碳钢管法兰用垫片

GB/T 13404—2008 管法兰用非金属聚四氟乙烯包覆垫片

GB/T 14180—1993 缠绕式垫片试验方法

GB/T 15601—2013 管法兰用金属包覆垫片

GB/T 17727—2017 船用法兰非金属垫片

GB/T 19066.1—2020 管法兰用金属波齿复合垫片　第 1 部分：PN 系列

GB/T 19066.2—2020 管法兰用金属波齿复合垫片　第 2 部分：Class 系列

GB/T 19675.1—2005 管法兰用金属冲齿板柔性石墨复合垫片尺寸

GB/T 19675.2—2005 管法兰用金属冲齿板柔性石墨复合垫片技术条件

GB/T 20671.1—2020 非金属垫片材料分类体系及试验方法　第 1 部分：非金属垫片材料分类体系

GB/T 20671.2—2006 非金属垫片材料分类体系及试验方法　第 2 部分：垫片材料压缩率回弹率试验方法

GB/T 20671.3—2020 非金属垫片材料分类体系及试验方法　第 3 部分：垫片材料耐液性试验方法

GB/T 20671.4—2006 非金属垫片材料分类体系及试验方法　第 4 部分：垫片材料密封性试验方法

GB/T 20671.5—2020 非金属垫片材料分类体系及试验方法　第 5 部分：垫片材料蠕变

松弛率试验方法

GB/T 20671.6—2020 非金属垫片材料分类体系及试验方法　第 6 部分：垫片材料与金属表面黏附性试验方法

GB/T 20671.7—2006 非金属垫片材料分类体系及试验方法　第 7 部分：非金属垫片材料拉伸强度试验方法

GB/T 20671.8—2006 非金属垫片材料分类体系及试验方法　第 8 部分：非金属垫片材料柔软性试验方法

GB/T 20671.9—2006 非金属垫片材料分类体系及试验方法　第 9 部分：软木垫片材料胶结物耐久性试验方法

GB/T 20671.10—2006 非金属垫片材料分类体系及试验方法方法　第 10 部分：垫片材料导热系数测定

GB/T 20671.11—2006 非金属垫片材料分类体系及试验方法定方法　第 11 部分：合成聚合材料抗霉性测

GB/T 22307—2008 密封垫片高温抗压强度试验方法

GB/T 22209—2021 船用无石棉纤维增强橡胶垫片材料

HG/T 2700—1995 橡胶垫片密封性的试验方法

JB/T 87—2015 管路法兰用非金属平垫片

JB/T 88—2014 管路法兰用金属齿形垫片

JB/T 89—2015 管路法兰用金属环垫

JB/T 90—2015 管路法兰用缠绕式垫片

NB/T 47024—2012 非金属软垫片

NB/T 47025—2012 缠绕垫片

NB/T 47026—2012 金属包垫片

JB/T 6369—2005 柔性石墨金属缠绕垫片技术条件

JB/T 6612—2008 静密封、填料密封术语

JB/T 6613—2008 柔性石墨板、带分类、代号及标记

JB/T 6618—2005 金属缠绕垫用聚四氟乙烯带技术条件

JB/T 6628—2016 柔性石墨复合增强(板)垫

JB/T 7052—1993 高压电器设备用橡胶密封件　六氟化硫电器设备用橡胶密封件技术条件

JB/T 7758.1—2008 柔性石墨板氟含量测定方法

JB/T 7758.2—2005 柔性石墨板技术条件

JB/T 7758.3—2005 柔性石墨板硫含量测定方法

JB/T 7758.4—2008 柔性石墨板氯含量测定方法

JB/T 7758.5—2008 柔性石墨板线膨胀系数测定方法

JB/T 7758.6—2008 柔性石墨板肖氏硬度测试方法

JB/T 7758.7—2008 柔性石墨板应力松弛试验方法

JB/T 8559—2014 金属包垫片

JB/T 9141.1—2013 柔性石墨板材　第 1 部分：密度测试方法

JB/T 9141.2—2013 柔性石墨板材　第 2 部分：抗拉强度测试方法

JB/T 9141.3—2013 柔性石墨板材　第 3 部分：压缩强度测试方法

JB/T 9141.4—2013 柔性石墨板材　第 4 部分：压缩率、回弹率测试方法
JB/T 9141.5—2020 柔性石墨板材　第 5 部分：灰分测定方法
JB/T 9141.6—2020 柔性石墨板材　第 6 部分：固定碳含量测定方法
JB/T 9141.7—2013 柔性石墨板材　第 7 部分：热失重测定方法
JB/T 9141.8—2016 柔性石墨板材　第 8 部分：滑动摩擦系数测试方法
JB/T 9141.9—2013 柔性石墨板材　第 9 部分：取样方法
JB/T 10537—2005 冷冻空调设备用复合密封垫片
JB/T 10688—2020 聚四氟乙烯垫片
JC 69—2009 石棉纸板
JC 555—2010 耐酸石棉橡胶板
SH/T 3401—2013 石油化工钢制管法兰用非金属垫片
SH/T 3402—2013 石油化工钢制管法兰用聚四氟乙烯包覆垫片
SH/T 3403—2013 石油化工钢制管法兰用金属环垫
SH/T 3407—2013 石油化工钢制管法兰用缠绕式垫片
CB/T 3514—2015 船用机座环氧浇注垫片
CB/T 3589—1994 船用阀门非石棉材料垫片及填料
CB/T 3766—2014 排气管钢法兰
QC/T 684—2013 摩托车和轻便摩托车发动机用密封垫片技术条件

软填料

GB/T 23262—2009 非金属密封填料试验方法
HG/T 2048.1—2012 搪玻璃填料箱
HG/T 21537—1992 填料箱
HG 21537.1—1992 碳钢填料箱(PN0.6)
HG 21537.2—1992 不锈钢填料箱(PN0.6)
HG 21537.3—1992 常压碳钢填料箱(PN(0.1)
HG 21537.4—1992 常压不锈钢填料箱(PN<0.1)
HG 21537.5—1992 管用碳钢填料箱(PN0.6)
HG 21537.6—1992 管用不锈钢填料箱(PN0.6)
JB/T 1708—2010 阀门零部件　填料压盖、填料压套和填料压板
JB/T 1712—2008 阀门零部件　填料和填料垫
JB/T 6370—2011 柔性石墨填料环物理机械性能测试方法
JB/T 6371—2008 碳化纤维编织填料试验方法
JB/T 6617—2016 柔性石墨填料环技术条件
JB/T 6620—2008 柔性石墨编织填料试验方法
JB/T 6626—2011 聚四氟乙烯编织填料
JB/T 6627—2008 碳(化)纤维浸渍聚四氟乙烯编织填料
JB/T 7370—2014 柔性石墨编织填料
JB/T 7759—2008 芳纶纤维、酚醛纤维编织填料技术条件
JB/T 7760—2008 阀门填料密封试验规范

JB/T 7852—2008 编织填料用聚丙烯腈预氧化纤维技术条件

JB/T 8560—2013 碳化纤维/聚四氟乙烯混编填料

JB/T 10819—2008 聚丙烯腈编织填料技术条件

JC/T 332—2006 油浸棉、麻密封填料

JC/T 1019—2006 石棉密封填料

JT/T 263—2013 船舶中间轴隔舱填料函

成型填料密封

GB/T 2879—2005 液压缸活塞和活塞杆动密封沟槽尺寸和公差

GB/T 2880—1981 液压缸活塞和活塞杆窄断面动密封沟槽尺寸系列和公差

GB/T 3452. 1—2005 液压气动用 O 形橡胶密封圈　第 1 部分：尺寸系列及公差

GB/T 3452. 2—2007 液压气动用 O 形橡胶密封圈　第 2 部分：外观质量检验规范

GB/T 3452. 3—2005 液压气动用 O 形橡胶密封圈　沟槽尺寸

GB/T 3452. 4—2020 液压气动用 O 形橡胶密封圈　第 4 部分：抗挤压环(挡环)

GB/T 3452. 5—2022 液压气动用 O 形橡胶密封圈　第 5 部分：弹性体材料规范

GB/T 5719—2006 橡胶密封制品词汇

GB/T 5720—2008O 形橡胶密封圈试验方法

GB/T 5721—1993 橡胶密封制品标志、包装、运输、贮存的一般规定

GB/T 6577—2021 液压缸活塞用带支承环密封沟槽形式、尺寸和公差

GB/T 6578—2008 液压缸活塞杆用防尘圈沟槽形式、尺寸和公差

GB/T 9877—2008 液压传动旋转轴唇形密封圈设计规范

GB/T 10708. 1—2000 往复运动橡胶密封圈结构尺寸系列　第 1 部分：单向密封橡胶密封圈

GB/T 10708. 2—2000 往复运动橡胶密封圈结构尺寸系列　第 2 部分：双向密封橡胶密封圈

GB/T 10708. 3—2000 往复运动橡胶密封圈结构尺寸系列　第 3 部分：橡胶防尘密封圈

GB/T 15242. 1—2017 液压缸活塞和活塞杆动密封装置尺寸系列　第 1 部分：同轴密封件尺寸系列和公差

GB/T 15242. 2—2017 液压缸活塞和活塞杆动密封装置尺寸系列　第 2 部分：支承环尺寸系列和公差

GB/T 15242. 3—2017 液压缸活塞和活塞杆动密封装置尺寸系列　第 3 部分：同轴密封件沟槽尺寸系列和公差

GB/T 15242. 4—2017 液压缸活塞和活塞杆动密封装置尺寸系列　第 4 部分：支承环安装沟槽尺寸系列和公差

GB/T 15325—1994 往复运动橡胶密封圈外观质量

GB/T 17604—1998 橡胶管道接口用密封圈制造质量的建议疵点的分类与类别

GB/T 19228. 3—2012 不锈钢卡压式管件组件　第 3 部分：O 形橡胶密封圈

GB/T 21873—2008 橡胶密封件给、排水管及污水管道用接口密封圈材料规范

GB/T 23658—2009 弹性体密封圈输送气体燃料和烃类液体的管道和配件用密封圈的材料要求

HG/T 2021—2014 耐高温润滑油 O 形橡胶密封圈
HG/T 2579—2008 普通液压系统用 O 形橡胶密封圈材料
HG/T 2809—2009 浮顶油罐软密封装置橡胶密封带
HG/T 2810—2008 往复运动橡胶密封圈材料
HG/T 2812—2005 软木橡胶密封制品第一部分变压器及高压电器类用
HG/T 2813—2005 软木橡胶密封制品第二部分机动车辆用
HG/T 3089—2001 燃油用 O 形橡胶密封圈材料
HG 3094—1988(1997)液压气动用多层唇形密封组件测量叠层高度的方法
HG/T 3096—2011 水闸橡胶密封件
HG/T 3326—2007 采煤综合机械化设备橡胶密封件用胶料
HG/T 3653—1999 椭圆截面塑性密封圈
HG/T 3784—2005 减压器唇形密封圈用橡胶材料
HG/T 3980—2007 汽车轴承用密封圈
JB/T 1090—2018 真空技术　J 型真空橡胶密封圈　型式和尺寸
JB/T 1091—2018 真空技术　JO 型和骨架型真空橡胶密封圈　型式和尺寸
JB/T 1092—2018 真空技术　O 型真空橡胶密封圈　型式和尺寸
JB/T 6639—2015 滚动轴承骨架式橡胶密封圈技术条件
JB/T 6656—1993 汽缸用密封圈安装沟槽形式、尺寸和公差
JB/T 6657—1993 汽缸用密封圈尺寸系列和公差
JB/T 6658—2007 汽缸用 O 形橡胶密封圈沟槽尺寸和公差
JB/T 6659—2007 气动用 O 形橡胶密封圈尺寸系列和公差
JB/T 6660—1993 气动用橡胶密封圈通用技术条件
JB/T 6994—2007VD 形橡胶密封圈
JB/T 6997—2007U 形内骨架橡胶密封圈
JB/T 7052—1993 高压电器设备用橡胶密封件六氟化硫电器设备用橡胶密封件技术条件
JB/T 8241—1996 同轴密封件词汇
JB/T 8448.1—2018 变压器类产品用密封制品技术条件　第 1 部分：橡胶密封制品
JB/T 8448.2—2018 变压器类产品用密封制品技术条件　第 2 部分：软木橡胶密封制品
JB/T 9669—2013 避雷器用橡胶密封件及材料规范
JC/T 748—2010 预应力与自应力混凝土管用橡胶密封圈
JC/T 749—2010 预应力与自应力混凝土管用橡胶密封圈试验方法
JC/T 946—2005 混凝土和钢筋混凝土排水管用橡胶密封圈
QC/T 639—2004 汽车用橡胶密封条
YB/T 4059—2007 金属包覆高温密封圈

硬填料密封

GB/T 1149.1—2008 内燃机活塞环　第 1 部分：通用规则
GB/T 1149.2—2021 内燃机活塞环　第 2 部分：术语
GB/T 1149.3—2010 内燃机活塞环　第 3 部分：材料规范
GB/T 1149.4—2021 内燃机活塞环　第 4 部分：质量要求

GB/T 1149.5—2008 内燃机活塞环　第5部分：检验方法

GB/T 1149.6—2021 内燃机活塞环　第6部分：铸铁刮环

GB/T 1149.7—2010 内燃机活塞环　第7部分：矩形铸铁环

GB/T 1149.8—2022 内燃机活塞环　第8部分：矩形钢环

GB/T1149.9—2008 内燃机活塞环　第9部分：梯形铸铁环

GB/T 1149.10—2013 内燃机活塞环　第10部分：梯形钢环

GB/T 1149.11—2010 内燃机活塞环　第11部分：楔形铸铁环

GB/T 1149.12—2013 内燃机活塞环　第12部分：楔形钢环

GB/T 1149.13—2008 内燃机活塞环　第13部分：油环

GB/T 1149.14—2008 内燃机活塞环　第14部分：螺旋撑簧油环

GB/T 1149.15—2017 内燃机活塞环　第15部分：薄型铸铁螺旋撑簧油环

GB/T 1149.16—2015 内燃机活塞环　第16部分：钢带组合油环

JB/T 5447—2011 往复活塞压缩机铸铁活塞环

JB/T 6016.1—2008 内燃机活塞环金相检验　第1部分：单体铸造活塞环

JB/T 6016.3—2008 内燃机活塞环金相检验　第3部分：球墨铸铁活塞环

JB/T 6016.4—2008 内燃机活塞环金相检验　第4部分：中高合金铸铁活塞环

JB/T 6016.5—2011 内燃机活塞环金相检验　第5部分：硼铸铁单体铸造活塞环

JB/T 9102.1—2013 往复活塞压缩机金属平面填料　第1部分：三斜口密封圈

JB/T 9102.2—2013 往复活塞压缩机金属平面填料　第2部分：三斜口刮油圈

JB/T 9102.3—2013 往复活塞压缩机金属平面填料　第3部分：三、六瓣密封圈

JB/T 9102.4—2013 往复活塞压缩机金属平面填料　第4部分：径向切口刮油圈

JB/T 9102.5—2013 往复活塞压缩机金属平面填料　第5部分：密封圈和刮油圈用拉伸弹簧

JB/T 9102.6—2013 往复活塞压缩机金属平面填料　第6部分：密封圈和刮油圈技术条件

QC/T 284—1999 汽车摩托车发动机球墨铸铁活塞环金相标准

QC/T 39—1992 汽车摩托车发动机活塞环检测方法

QC/T 554—1999 汽车、摩托车发动机活塞环技术条件

QC/T 555—2000 汽车、摩托车发动机单体铸造活塞环金相标准

QC/T 737—2005 轿车发动机铸铁活塞环技术条件

旋转轴唇形密封

GB/T 9877—2008 液压传动旋转轴唇形密封圈设计规范

GB/T 13871.1—2022 密封件为弹性体材料的旋转轴唇形密封圈　第1部分：基本尺寸和公差

GB/T 13871.2—2015 密封元件为弹性体材料的旋转轴唇形密封圈　第2部分：词汇

GB/T 13871.3—2008 密封件为弹性体材料的旋转轴唇形密封圈　第3部分：贮存、搬运和安装

GB/T 13871.4—2007 密封件为弹性体材料的旋转轴唇形密封圈　第4部分：性能试验程序

GB/T 13871.5—2015 密封元件为弹性体材料的旋转轴唇形密封圈　第 5 部分：外观缺陷的识别

GB/T 13871.6—2022 密封元件为弹性体材料的旋转轴唇形密封圈　第 6 部分：弹性体材料规范

GB/T 15326—1994 旋转轴唇形密封圈外观质量

GB/T 21283.1—2007 密封件为热塑性材料的旋转轴唇形密封圈　第 1 部分：基本尺寸和公差

GB/T 21283.2—2007 密封件为热塑性材料的旋转轴唇形密封圈　第 2 部分：词汇

GB/T 21283.3—2008 密封件为热塑性材料的旋转轴唇形密封圈　第 3 部分：贮存、搬运和安装

GB/T 21283.4—2008 密封件为热塑性材料的旋转轴唇形密封圈　第 4 部分：性能试验程序

GB/T 21283.5—2008 密封件为热塑性材料的旋转轴唇形密封圈　第 5 部分：外观缺陷的识别

GB/T 21283.6—2015 密封元件为热塑性材料的旋转轴唇形密封圈　第 6 部分：热塑性材料与弹性体包覆材料的性能要求

HG/T 2069—2022 旋转轴唇形密封圈两半轴式径向力测定仪

HG/T 2811—1996 旋转轴唇形密封橡胶圈材料

HG/T 3880—2006 耐正负压内包骨架旋转轴唇形密封圈

FZ/T 92010—1991 油封毡圈

MT/T 580—1996 采煤机油封技术条件

机械密封

GB 5661—2013 轴向吸入离心泵机械密封和软填料用空腔尺寸

GB 5894—2015 机械密封名词术语

GB/T 6556—2016 机械密封的形式、主要尺寸、材料和识别标志

GB 10444—2016 机械密封产品型号编制方法

GB/T 14211—2019 机械密封试验方法

HG/T 2044—2020 机械密封用喷涂氧化铬密封环技术条件

HG/T 2057—2017 搪玻璃搅拌容器用机械密封

HG/T 2098—2011 釜用机械密封类型、主要尺寸及标志

HG/T 2099—2020 釜用机械密封试验规范

HG/T 2100—2020 液环式氯气泵用机械密封

HG/T 2122—2020 釜用机械密封辅助装置

HG/T 2269—2020 釜用机械密封技术条件

HG/T 2477—2016 砂磨机用机械密封技术条件

HG/T 2478—1993 搪玻璃泵用机械密封技术条件

HG/T 2479—2020 机械密封用波形弹簧技术条件

HG/T 3124—2020 焊接金属波纹管釜用机械密封技术条件

HG/T 21571—1995 搅拌传动装置—机械密封
HG/T 21572—1995 搅拌传动装置—机械密封循环保护系统
JB/T 1472—2011 泵用机械密封
JB/T 4127. 1—2013 机械密封　第 1 部分：技术条件
JB/T 4127. 2—2013 机械密封　第 2 部分：分类方法
JB/T 4127. 3—2011 机械密封　第 3 部分：产品验收技术条件
JB/T 5966—2012 潜水电泵用机械密封
JB/T 6372—2011 机械密封用堆焊密封环技术条件
JB/T 6374—2020 机械密封用碳化硅密封环技术条件
JB/T 6614—2011 锅炉给水泵用机械密村技术条件
JB/T 6615—2011 机械密封用碳化硼密封环技术条件
JB/T 6616—2020 橡胶波纹管机械密封　技术条件
JB/T 6619. 1—2018 轻型机械密封　第 1 部分：技术条件
JB/T 6619. 2—2018 轻型机械密封　第 2 部分：试验方法
JB/T 6629—2015 机械密封循环保护系统及辅助装置
JB/T 7369—2011 机械密封端面平面度检验方法
JB/T 7371—2011 耐碱泵用机械密封
JB/T 7372—2011 耐酸泵用机械密封
JB/T 11107—2011 机械密封用圆柱螺旋弹簧
JB/T 7757—2020 机械密封用 O 形橡胶圈
JB/T 8547—2020 液力传动用合金铸铁密封环
JB/T 8723—2022 焊接金属波纹管机械密封
JB/T 8724—2011 机械密封用反应烧结氮化硅密封环
JB/T 8725—2013 旋转接头
JB/T 8726—2011 机械密封腔尺寸
JB/T 8872—2016 机械密封用碳石墨密封环技术条件
JB/T 10706—2020 机械密封用氟塑料全包覆橡胶 O 形圈
JB/T 10874—2020 机械密封用氧化铝陶瓷密封环技术条件
CB/T 3345—2008 船用泵轴机械密封装置
CB * 3346—1988 船用泵轴的变压力机械密封
YS/T 60—2019 硬质合金密封环毛坯

其他

HG/T 4074—2008 贮气柜用橡胶密封膜
HG/T 20201—2007 带压密封技术规范
JB/T 10463—2016 真空磁流体动密封件

参 考 文 献

[1] 郝木明．过程装备密封技术[M]．北京：中国石化出版社，2010.
[2] 魏龙．密封技术[M]．北京：化学工业出版社，2010.
[3] 魏龙，冯秀．化工密封实用技术[M]．北京：化学工业出版社，2011.
[4] 王金刚．石化装备流体密封技术[M]．北京：中国石化出版社，2007.
[5] 蔡仁良，顾伯勤，宋鹏云．过程装备密封技术[M]．北京化学工业出版社，2009.
[6] 郝木明．机械密封技术及应用[M]．北京：北京石化出版社，2010.
[7] 付平，常德功．密封设计手册[M]．北京：化学工业出版社，2011.
[8] 李继和，蔡纪宁，林学海．机械密封技术[M]．北京：化学工业出版社，1988.
[9] 顾永泉．机械密封实用技术[M]．北京：机械工业出版社，2005.
[10] 赵林源编．机械密封实用方法与技巧[M]．北京：石油工业出版社，2009.
[11] 胡国帧，石流，阎家宾．化工密封技术[M]．北京：化学工业出版社，1990.
[12] 徐灏编．密封[M]．北京：冶金工业出版社，1999.
[13] 陈德才，崔德容．机械密封设计制造与使用[M]．北京：机械工业出版社，1993.
[14] 寿振东，谢丰毅．机械设备密封知识[M]．石家庄：河北人民出版社，1984.
[15] 王向农，厉杏鹤．密封技术词汇[M]．北京：化学工业出版社，2009.